智慧家教

陪孩子走过小学六年

刘宝江/编

吉林美术出版社|全国百佳图书出版单位

目录 Contents

第一章　小学六年，是孩子华丽蜕变的六年

　　1. 从懵懂孩童成长为阳光少年 / 002

　　2. 一年级，从幼儿园到小学的过渡 / 004

　　3. 二年级，要认真考虑学习的问题了 / 007

　　4. 三年级，发现自己真的很棒 / 009

　　5. 四年级，一定要让孩子跟上老师的节奏 / 012

　　6. 五年级，明白为什么要努力学习 / 014

　　7. 六年级，交一份完美的答卷 / 017

第二章　小学六年，关键是培养学习习惯

　　1. 培养自主意识，让孩子主动学习 / 022

　　2. 帮孩子制订合理的学习计划 / 024

　　3. 预习加复习，成绩没问题 / 026

　　4. 优秀的学生一定是认真听课的学生 / 029

　　5. 粗心是学习过程中的大忌 / 031

　　6. 一手好字会让孩子受用一生 / 034

　　7. 99% 的孩子写作业都磨蹭 / 036

图书在版编目（CIP）数据

智慧家教.陪孩子走过小学六年/刘宝江编.——长春：吉林美术出版社,2022.1
　　ISBN 978-7-5575-7105-4

　　Ⅰ.①智… Ⅱ.①刘… Ⅲ.①小学生—家庭教育 Ⅳ.① G78

中国版本图书馆 CIP 数据核字（2021）第 271140 号

PEI HAIZI ZOUGUO XIAOXUE LIUNIAN
陪孩子走过小学六年

出 版 人	赵国强
作　　者	刘宝江
责任编辑	栾　云
装帧设计	于鹏波
开　　本	880mm×1230mm　32 开
印　　张	5
印　　数	1—5000
字　　数	128 千字
版　　次	2022 年 1 月第 1 版
印　　次	2022 年 1 月第 1 次印刷
出版发行	吉林美术出版社
地　　址	长春市净月开发区福祉大路 5788 号
	邮编：130118
网　　址	www.jlmspress.com
印　　刷	天津海德伟业印务有限公司
书　　号	ISBN 978-7-5575-7105-4
定　　价	198.00 元（全 5 册）

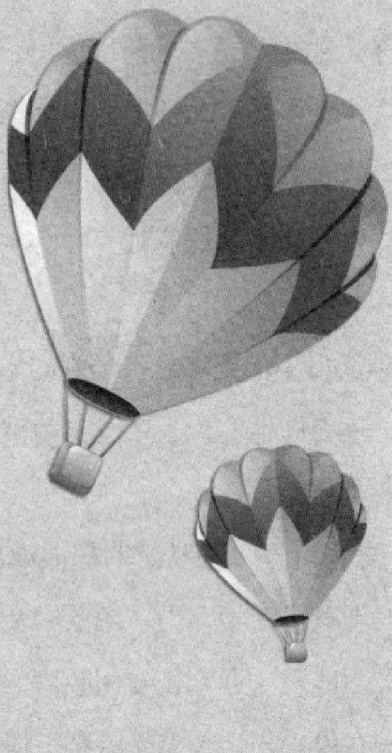

前言 Preface

小学的六年是孩子人生中最重要的阶段之一，从小学起，他们开始接受义务教育，开始系统地接受书本传授，也渐渐地开始塑造自己的性格和品质。小学这六年的时间对于父母来说同样重要。父母都希望自己的孩子能够拥有完美的人格和卓越的成就，而小学这六年正是培养孩子的黄金时期。

在小学这六年里，父母不仅要培养孩子好的学习习惯、好的性格特征、优秀的思想品德，还要让他们爱上运动，练就健康的体魄。只有这样把基础打好了，未来才会走得更好。

如何教育和引导孩子是一件看似简单却很艰巨的任务，父母需要用心观察孩子，及时发现孩子在学习中、生活中及心理上的问题，循循善诱，协商解决。父母不能急功近利，要用教育学的眼光和阳光、开放的心态看待孩子，多一些爱心与耐心，等待孩子慢慢成长，用心陪伴孩子，帮助孩子培养积极、健康、快乐、向上的生活态度，使孩子健康幸福地成长，并在人生道路上取得成功。

本书对小学各年级的特点进行了剖析，能帮助父母们掌握不同年级孩子需要注意的主要问题，同时分别从性格、品德、为人处世、运动、生活细节等方面入手，帮助父母们完善自己的育儿知识和教育方式，为孩子提供一个适宜的成长环境，帮助孩子成为一名优秀的小学生。

第三章　小学六年，着力培养孩子的性格

1. 培养孩子不怕困难的性格 / 040
2. 培养孩子永不放弃的性格 / 043
3. 培养孩子果断坚定的性格 / 045
4. 培养孩子雷厉风行的性格 / 048
5. 培养孩子活泼开朗的性格 / 051
6. 培养孩子冷静沉稳的性格 / 053
7. 培养孩子宽容有爱的性格 / 056

第四章　小学六年，精心呵护孩子的品德

1. 告诉孩子要乐于助人 / 060
2. 告诉孩子要信守承诺 / 062
3. 告诉孩子要敢于担当 / 065
4. 告诉孩子要尊敬老师 / 068
5. 告诉孩子要谦逊有礼 / 070
6. 告诉孩子要遵守规则 / 072
7. 告诉孩子要懂得感恩 / 075

第五章　小学六年，让孩子学会为人处世

1. 无法做到，就不要轻易答应 / 079
2. 不要鼓励孩子打小报告 / 081
3. 坦诚相待才能交到真心的朋友 / 084

4. 不拘小节和缺乏教养是两回事 / 086

5. 有人蛮不讲理，我自海阔天空 / 089

6. 要有所坚持，要学会变通 / 092

7. 现在没底线，未来有危险 / 095

第六章　小学六年，让孩子爱上运动

1. 足球或篮球，培养孩子的团队意识 / 099

2. 学游泳，多掌握一项生存技能 / 101

3. 轮滑，让孩子阳光洒脱起来 / 104

4. 滑雪，让孩子在白雪上飞翔 / 106

5. 学跆拳道强健体魄 / 108

6. 跑步，可以陪伴孩子一生的运动 / 111

7. 跳绳，和孩子一起跳起来 / 113

第七章　小学六年，很多问题出在细节上

1. 撒谎是孩子对父母教育方式的回应 / 117

2. 孩子擅自拿家里的钱怎么办 / 119

3. 说脏话的孩子只是在模仿 / 122

4. 一部手机足以毁掉孩子的未来 / 124

5. 从小养成守时的习惯 / 127

6. 发现偏科苗头要纠正 / 129

7. 发现畏难心理要鼓励 / 132

第八章 孩子小学六年，父母任重道远

1. 以身作则，做孩子的好榜样 / 136
2. 精心调配，让孩子吃得营养又健康 / 138
3. 悉心照顾，让孩子少生病 / 141
4. 耐心陪伴，为孩子答疑解惑 / 143
5. 留心观察，有问题及时纠正 / 146
6. 不断学习，用科学的方法与孩子相处 / 148
7. 不管多忙，要尽量抽出时间与孩子互动 / 150

第一章

小学六年,是孩子华丽蜕变的六年

小学的六年时光,是孩子一生中非常关键的时期,在这六年间,孩子将发生翻天覆地的变化。家长会发现,经过小学这六年的时光,孩子会从一个刚刚步入校园的稚嫩学童蜕变成一个意气风发、朝气蓬勃的少年。小学的六年,让家长感受孩子成长的每一步,感慨发生在他们身上的华丽蜕变。

1. 从懵懂孩童成长为阳光少年

孩子在上幼儿园时，主要以游戏为主，规则的束缚相对较弱，过着无忧无虑的生活。只要孩子不哭闹不捣乱，父母就很满足了。但是步入小学之后，学校的教学秩序要求孩子必须遵守各种纪律。很多孩子刚上小学的时候，不适应新环境，感到很苦恼，这时父母就需要帮助孩子慢慢地克服困难，逐渐适应学校的生活。

小学是孩子起跑的关键一步，孩子将在小学开启学习之旅。小学是孩子可塑性最强的阶段，孩子在这个时期形成的习惯、性格很有可能会伴随他的一生，所以父母在这一阶段一定要用心陪伴孩子，给予孩子足够的耐心和爱心，及时纠正孩子出现的一些不良习惯，正面引导孩子走好小学六年的每一步，让孩子成长为一个健康、阳光的少年。

小青是一个二年级的小学生，活泼好动，但他的成绩一直不太理想。小青的班主任告诉小青的妈妈："小青是个非常聪明的孩子，但他上课总是坐不住，经常会做一些小动作，或是东张西望，就是不好好听课，老师要提醒他很多次，他才能安静下来，认真听一会儿。他听课时只有'三分钟的热度'，过不了多久就又开始动了。"

妈妈刚开始觉得孩子还小，等大一点就好了。但当老师告

第一章

小学六年，是孩子华丽蜕变的六年

诉她孩子的这种情况已经很频繁的时候，妈妈开始重视起来，她下定决心要改变小青的现状。

通过与小青谈心，妈妈知道小青对老师有些惧怕，上课时只能通过小动作来排解自己的压力。所以妈妈首先努力消除小青对老师错误的感觉，塑造老师的美好形象。只要有机会妈妈就给小青讲老师的优点，还让小青说说他发现老师有什么优点，让孩子爱上老师。然后妈妈着力培养小青的专注力。她每天陪小青玩拼图、下棋，还和他玩命令类的游戏，因为这些游戏都需要一定的注意力和控制力。小青每天和妈妈玩得非常开心。

渐渐地，小青的专注力越来越强，上课也认真听讲了，状态变得越来越好，期末考试时他进步了好几名。

小青因为对老师有抵触情绪，所以上课注意力不集中，自控力比较差，进而导致他无法跟上老师讲课的节奏，无法吸收老师在课堂上所讲的知识，因此他的成绩一直不理想。相信很多孩子也面临这样的情况，有的妈妈得知自己的孩子上课不认真听讲便打骂孩子。但小青的妈妈是个智慧的妈妈，她在发现问题以后冷静分析，然后再想办法解决。

孩子在成长中不可能不犯错，父母要正确看待。父母要明白，孩子上课注意力不集中肯定是有原因的，就像上面案例中的小青，他对自己的老师产生畏惧感，导致缺乏听课的热情，所以妈妈就努力塑造老师美好的形象，让小青喜欢上他的老师，如此，小青上课时就能集中注意力，跟着老师的节奏走，好好听课也就不难了。

冬冬今年升入六年级了，他是一个优秀的孩子，同学们都喜欢和他一起玩。

冬冬的爱好十分广泛，如画画、跑步、踢足球，他经常和同学们一起去操场上踢足球。现在已经六年级了，马上面临着升初中。妈妈看到冬冬还是经常去踢球，有些担心地对冬冬说："冬冬，现在你已经六年级了，学习任务越来越重，踢足球会不会影响到你的学习啊？妈妈建议你暂时别去踢球了。"

冬冬说："妈妈，我会合理安排好自己学习和踢足球的时间，你放心吧，不会影响到我的学习。况且您一向是支持我并让我全面发展的，对不对？"

妈妈说："好，妈妈支持你，妈妈相信你的能力。"

冬冬的妈妈没有强迫冬冬立即停止踢足球，而是尊重冬冬，平等交流，妈妈相信冬冬能做好，冬冬也试着将自己的学习和生活安排得井井有条，这对母子的沟通方式值得我们学习。

在小学六年中，父母要有针对性地提高孩子的学习能力与运动能力，也要重视孩子在成长中出现的各种问题，通过一些方法和技巧帮助孩子矫正，从而形成良性循环，这样就会使懵懂的孩童逐渐成长为阳光少年。

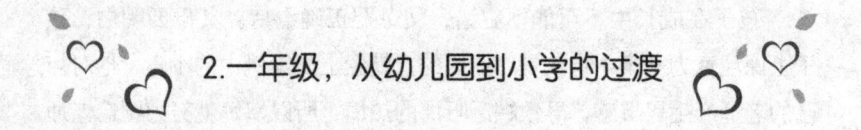

2.一年级，从幼儿园到小学的过渡

一年级是孩子从幼儿园步入小学的过渡阶段，需要父母用心陪孩子走过。

孩子升入小学一年级后，便开启了他们接受教育的第一个衔接期。相对于幼儿园，孩子学习的环境、曾经朝夕相处的小朋友，以及教他们

第一章
小学六年，是孩子华丽蜕变的六年

的老师，都发生了变化，一切都是陌生的，进入这样陌生的环境中，孩子的心态也会随之产生较大的波动。

今年9月份晶晶顺利升入小学一年级。开学第一天，晶晶背着妈妈给她买的漂亮小书包去了学校。到了教室里，晶晶发现有很多同学她都不认识，老师也不是幼儿园的老师了。上课时老师让大家坐在座位上，不许小朋友们随便走动，不许喝水，也不能随便和小朋友说话聊天。晶晶觉得上一年级一点都不好，不仅规矩比幼儿园多，而且一年级的老师有点凶巴巴的。晶晶心里有点儿害怕，她不想上一年级，想让妈妈快点来接她回家，她还想回幼儿园上学。时间慢慢地过着，到了中午，终于放学了。晶晶在回家的路上告诉妈妈："我不想上一年级，老师上课不让我们说话，不让我们喝水，不让我们走动，太不自由了，我好害怕。妈妈，我想回我的幼儿园，我不想去一年级上学。"

妈妈温和地对晶晶说："晶晶已经长大了，上小学才是晶晶现在该做的事情。幼儿园都是一些小弟弟和小妹妹，而且你以前幼儿园的小朋友都去新学校上小学了，他们也都升入了一年级。晶晶现在已经懂事了，上课时要认真听老师讲课，不能随便走动，也不能和同学说话，老师规定的那些纪律是为了让同学们能好好学习，认真听讲的。你刚刚升入一年级，刚开始接触新老师和新同学，等你们在学校相处几天，你就会发现新同学也很好，老师也很关心你。妈妈相信你在学校一定会有好朋友并且可以一起快乐地玩，晶晶长得这么可爱，老师也一定会很喜欢你的。"

晶晶听了妈妈的话，虽然似懂非懂的，但她好像不那么害怕了。

妈妈还鼓励晶晶先和自己的同桌在下课的时候聊聊天，一起玩，做好朋友。晶晶下午去了学校，鼓起勇气和她的同桌说："我们以后天天在一起学习，下课一起出去玩，我们成为好朋友吧！"她的同桌也很高兴，和晶晶一起玩了起来。就这样，晶晶有了一个好朋友，她也不那么害怕了，一下午很快就过去了。

晚上，在放学回家的路上，晶晶给妈妈讲了她下午的学校生活，妈妈很高兴，为晶晶的勇敢点赞。

孩子刚刚升入一年级，如果不能尽快适应学校的环境，就会一直处在紧张和不安的状态中，这对孩子的学习和成长会造成不良影响。作为一年级孩子的父母，可以有意识地帮助孩子适应小学生活，帮助他们排除烦恼。以下几点建议供父母们参考：

1.培养孩子的人际交往能力

对于一年级的孩子来说，认识新同学、交几个好朋友是非常重要的。父母们可以像上面的那位妈妈学习，引导孩子不要害怕、不要害羞，和新同学主动说说话聊聊天，一起玩，成为好朋友。这样孩子就不会害怕去上学了，因为在学校有好朋友和他一起玩，他能感受到在校园里也很快乐。孩子如果不懂得如何与新同学交往，就不能融入集体，也不能和同学友好地相处，就会感觉自己被同学们排斥，这样下去，孩子的性格就会变得孤僻，不利于孩子的学习，更不利于孩子的身心健康。所以，培养孩子的初步人际交往非常重要。

2.培养孩子良好的学习习惯

孩子在幼儿园时以游戏为主，老师对他们的学习习惯要求也不那么严格，但上了一年级后，老师的要求开始变得严格了。父母要告诉孩子先学习后玩的规则，教孩子自觉收拾自己的文具和书本，上课集中注意力听课,等等。如果不能培养良好的学习习惯,孩子就不能很好地适应小学生活,以后也会出现越来越多的问题。

3.培养孩子生活的独立性

孩子在幼儿园时,老师时刻关心着他们的安全,对他们的照顾比较周到,所以孩子对老师的依赖性也比较大。到了小学,老师会把主要精力集中在教学上,而对孩子的生活关心会相对少一些,因此孩子刚开始不适应,心理也会有一些落差。作为父母,在平时的日常生活中就要教会孩子独立完成自己的事情,如整理书包、自己穿衣服、自己系鞋带,遇到问题自己解决,培养孩子的自理能力。

总之,孩子从幼儿园步入小学这个阶段需要父母付出极大的耐心和爱心,父母要认真对待孩子出现的每一个问题,并加以正确的引导和纠正,从而帮助孩子健康快乐地成长。

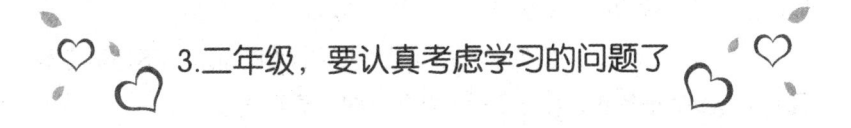

3.二年级,要认真考虑学习的问题了

经过一年级的学习与生活,孩子已经适应了小学的新环境,随即升入二年级。这时候的孩子已经习惯了这种集体生活,同时也恢复了他们自身的发展特点,那就是更加活跃,更加贪玩,而且他们不擅长掩饰自己的情绪。

平平是个活泼好动的小男孩,十分惹人喜爱。他喜欢画画儿,经常画一些画儿给同学们欣赏。

有一次,平平在上数学课时看到书上的小兔子很可爱,就趁老师不注意画了起来。他悄悄地画好一只可爱的小兔子，并偷偷地将画儿拿给同桌看，可同桌只看了一眼。平平见同桌这样的态度，就拽了拽同桌的衣角，问："难道我画得不好看吗？"平平非常想得到同桌的赞扬。这时他们的举动引起了老师的注意。老师叫平平站起来回答问题，平平刚才没有听课，怎么能回答出来呢？老师教导他："平平，你上课不听讲，和同桌说话，老师讲的知识你是不是都会了？"平平知道自己错了，便低下了头。老师接着又说："你已经上二年级了，应该知道上课该干什么不该干什么。"平平向老师承认了错误："老师，我知道错了，上课应该好好听讲，认真学习。"

二年级的孩子虽然有一定的自主能力，但自觉学习的主动性还远远不够，所以上例中平平出现那种情况是可以理解的。因此，父母不要操之过急，更不要打骂孩子，伤害孩子的自尊心。父母可以通过正面引导，让孩子理解为什么要学习，从而爱上学习。

二年级的孩子，主要的培养方向是学习习惯和方法，而不是学习本身。父母要有的放矢，让孩子爱上学习，拥有学习能力。

丽丽是个可爱活泼的孩子，自从上了一年级，写作业时就一直让妈妈陪着她，现在已经二年级了，丽丽依然要妈妈陪着她写作业。每次她都要妈妈先给她读一遍题，然后解释题目的要求，而丽丽则边听边在旁边转笔，或抠橡皮，或拿点零食吃。丽丽每天都这样，依靠妈妈帮她理解题意，甚至还要妈妈讲解具体的答案。丽丽的作业写完后妈妈还要帮她检查一遍，如果有错字或错题，妈妈就把正确的答案写在纸上让她照着抄上去。

期中考试如期而至，老师将卷子发下来，并不像一年级那

第一章
小学六年，是孩子华丽蜕变的六年

样读一道题同学们做一道题，而是先把整张卷子读一遍，同学们认真听，不许写，老师读完后同学们再开始写。丽丽在老师读题时注意力不集中，老师让做题时，她开始有些紧张起来。因为不是老师读一道她做一道，妈妈也不在身边，万一遇到不会的怎么办？紧张的情绪一直伴随着丽丽，前面简单的计算题做完后，丽丽开始做后面的应用题，但她有不认识的字，也有些理解不了题的意思，因此找不到解题思路，就这样，到考试结束丽丽也没把试卷上的题做完。

丽丽的妈妈每天全程帮助她学习，看似是很负责任的家长，其实对孩子学习习惯的养成非常不利，父母这样做会使孩子产生惰性，不去思考，在学习上一直依赖父母。而且，在上课的过程中，孩子也容易注意力不集中，无法形成独立思考，这样，孩子的自主学习能力也就无法被激发出来。所以，作为二年级孩子的父母，不能单一地关注孩子的学习成绩，更应该关注孩子学习习惯的养成，当孩子学习注意力不集中或者贪玩时要给予及时的纠正，但必须把握好尺度。

4. 三年级，发现自己真的很棒

当孩子升入小学三年级后，他们开始有了自己的想法，不像原来那样对父母的话言听计从，甚至变得有攻击性。在遇到这类问题时，父母要注意与孩子沟通时的语言，要多表扬、少批评，尊重孩子，并帮孩子建立自信。

小佳九岁了,性格活泼开朗,是个既聪明又漂亮的小姑娘。

今年,她升入了三年级,开始学英语了。因为一二年级她没有接触过英语,因此对英语一点兴趣都没有。在课堂上,英语老师带着同学们读单词,小佳跟着读了两遍后就不耐烦了。老师一遍又一遍地领读,同学们一遍又一遍地跟读,小佳却觉得没必要跟着读那么多遍,多浪费力气!于是小佳就光张嘴不发声。小佳为自己竟然能想到这么好的方法而暗自高兴,觉得自己真是太聪明了。几天之后,老师让同学们读单词,小佳被老师叫起来领读,小佳读了几个就卡住了。小佳竟然怎么也想不起来那个单词怎么读了,顿时羞红了脸,老师让小佳坐下,好好听其他同学读。几个同学读完后,老师要听写这些单词。小佳的英语单词只写对了几个,于是英语老师就把小佳的学习情况告诉了她的妈妈。

放学回家后,小佳妈妈问:"小佳,你最近的学习怎么样?有需要妈妈帮忙的地方吗?"妈妈温和地看着小佳。

小佳便把自己今天在英语课上的情况讲给妈妈听。妈妈听得很认真,听完后说:"孩子,出现问题不可怕,我们一起来分析,看看问题究竟出在哪儿。第一个问题,为什么你会出现不会读单词的情况?"

小佳本以为妈妈会骂她,结果妈妈却是心平气和地与她说话,还帮她分析问题。小佳便反思起来,随后告诉妈妈:"上课老师领读英语单词时,我读了两遍觉得我已经会了,之后就不好好跟读了。结果课上会了,但是回家后就忘了,不会读了。"

妈妈说:"上课没好好跟老师读单词,老师讲的内容你没有完全吸收,最后导致有的单词不会读,所以以后上课的时候应该认真听、认真学,一定要提高学习效率。"

第一章

小学六年，是孩子华丽蜕变的六年

妈妈停了停又接着说："第二个问题是单词不会背写。单词可以根据发音规律去读、去记忆，妈妈觉得这样比重复抄写单词效率会高很多，你觉得呢？"

小佳点点头，觉得妈妈说得对，于是小佳在妈妈的正确引导下逐渐进入状态。小佳的第一次英语月考考了85分，不是太理想，但妈妈依然鼓励小佳。妈妈在平时会给小佳放一些英语歌曲，有时还会将日常生活中常见的东西指出来教她英语单词和短语，培养小佳的学习兴趣。慢慢地，小佳对英语越来越感兴趣了。

期中考试时小佳取得了98分的好成绩，看着自己的试卷，小佳非常高兴，妈妈看着女儿开心的样子，觉得她越来越自信了，夸奖她："宝贝，你真棒。"

小佳的妈妈在得知孩子学习情况不是很理想的消息后，并没有训斥或打骂小佳，而是在尊重她的前提下和她交流，很好地引导小佳将自己遇到的困惑说出来，然后帮助她分析出现这些问题的原因，并且给出了很好的解决方法。由于妈妈的心态好，遇到事情不焦躁，所以孩子很容易接受妈妈的建议。

三年级的孩子，正是建立学习信心的关键时刻，孩子会说英语了，会查字典了，会认的字更多了，都是孩子的进步。如果父母能帮助孩子树立学习的信心，孩子取得理想的成绩也就再正常不过了。

5. 四年级，一定要让孩子跟上老师的节奏

从孩子上学的第一天起，相信很多父母就对孩子说："在学校要听老师的话，上课一定要认真听讲……"其实这句话的潜台词就是告诉孩子，上课的时候要跟上老师的节奏，不要沉浸在自己的世界中，想干什么就干什么。

孩子到了四年级的时候，所学的知识逐渐加深，抽象化的知识逐渐增多，知识点间的链接越来越紧密，有时候一个知识点学不好会直接影响到下一个知识点的学习，所以四年级的孩子是否能够跟上老师上课的节奏便显得非常重要。而在实际生活中，有很多因素都会影响孩子上课时能否跟上老师的节奏。

旭旭是个聪明活泼的孩子，今年上四年级了，他非常喜欢他的班主任李老师，李老师教他们语文。李老师上课不仅语言幽默诙谐，而且生动形象，同学们经常听得入迷。旭旭觉得李老师的课讲得非常精彩，上课一直跟着李老师的节奏，听课状态特别好，他的学习成绩也一直名列前茅。

到了四年级下半学期，他们的班主任李老师调走了，换了一位新老师。这位新老师十分严厉，上语文课严肃认真，从不和他们开玩笑。旭旭不喜欢这位新语文老师，上课时老

第一章
小学六年，是孩子华丽蜕变的六年

想着曾经教他的李老师，因此不听新老师讲课，经常走神，有时甚至看自己的书，导致跟不上老师上课的节奏。新语文老师提醒过他好多次，他依然没有改变。到了期中考试，旭旭有好几道题不会做，最后考试成绩很不理想。

旭旭觉得新语文老师没有以前的李老师讲课幽默，从内心排斥新语文老师，所以新语文老师的讲课方法他没有积极适应，再加上他上课不认真听讲，不跟着老师的节奏，最终导致自己成绩下降。故事提醒父母们，要及时发现并调整孩子的心态，给孩子讲明白：在每个人的求学路上，不可能一直都是你喜欢的老师教你，而且每个老师有自己的教学方法，拥有自己的教学风格，不可能因为某个学生而一下子改变自己的教学风格，因此，我们要去发现新老师的优点，去欣赏老师，调整自己，尽快喜欢上这个老师讲的课。

父母在教育孩子的过程中，也要注意培养孩子的适应能力，换了新老师，这在一定程度上属于不可抗力，需要孩子尽快接受和适应。另外，学习最好的场所就是课堂，孩子在课堂上一定要跟着老师的节奏走，课堂中老师会讲很多知识点，包括重点、难点，这些都是必须要掌握的知识。只有掌握了这些重要的知识点，孩子的学习才不会落下，才能更好地达到学习的目的和效果。

亮亮今年十一岁，刚升入四年级，学习任务比以前重了，这对于本来数学基础就不太好的亮亮来说，有些痛苦。因为他上课老走神，有些跟不上老师的讲课节奏，所以成绩一直不太好。

这次期中考试他的数学刚刚及格，而同桌丽丽考得非常好。亮亮情绪低落地回到家，妈妈看着亮亮刚刚及格的分数，愤怒地训斥亮亮，"你怎么那么笨，你的脑子是猪脑子吗？那么简单的题不会做？"妈妈边骂边抬起手朝亮亮的身上打去。"看看你的同桌，人家怎么那么聪明，为什么人家就能考好？你跟人家学着点行不行？"妈妈一边打着亮亮一边训斥着。

听着妈妈不停的指责，原本就心情低落、沮丧的亮亮更难过更伤心了。他觉得自己特别笨，什么也学不会。

亮亮在学习中遇到了问题，考试成绩不理想，妈妈对他又打又骂，给亮亮贴上负面标签，亮亮妈妈的做法显然是不对的，也值得各位父母深思。

当孩子遇到问题时，父母指责、打骂，不仅解决不了问题，还会给孩子留下心里阴影。其实，孩子出现问题的时候，也是孩子获得成长的最佳时机，这时父母应该鼓励和帮助孩子，找到问题的根源。父母可以帮孩子分析问题出现的原因是什么，然后想办法和孩子一起解决。

很明显，亮亮的问题就是上课没有专心听讲，没有跟上老师的节奏，导致听课效率低，考试成绩不理想。面对亮亮这样的情况，妈妈正确的做法应该是鼓励亮亮，可以对亮亮说："这次考试虽然成绩不理想，但并不代表你笨，以后上课的时候要专心听讲，别开小差，只要跟着老师的思路，就能提高你的听课效率，妈妈相信你下次考试一定能取得好成绩。"

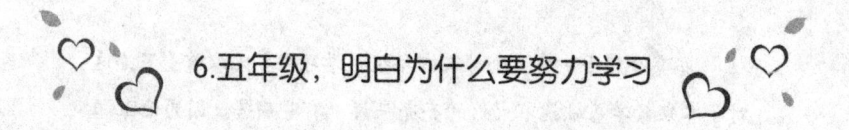

6.五年级，明白为什么要努力学习

进入小学五年级，孩子的学习压力随着年级的升高而变得越来越大，在这一阶段，父母有必要让孩子明白自己为什么要努力学习。如果孩子知道自己是在为什么而学习，那么就能获得学习的信心和动力，

第一章
小学六年，是孩子华丽蜕变的六年

也可以享受学习带来的成就感与快乐。

作为父母，一定要告诉孩子，学习不是为了父母，为了应付老师的要求而学习，学习是为了不断充实自己、提高自己的能力，是为了实现自己的理想。

假如孩子无法明白这一点，那么他的学习就是被动的学习，这种学习压抑而低效，侵蚀着孩子学习的乐趣，会对孩子的身心健康乃至成长造成严重的伤害。

玲玲已经上五年级了，是个听话懂事的孩子。爸爸妈妈从小就告诉她要好好学习，将来才能考上好大学，才能找到好工作，不好好学习会让别人笑话你没出息。玲玲听了很多类似这样的话，便记在了心里。每天放学回家，妈妈总是催她快点写作业，写完作业去看课外书，玲玲也总是按照妈妈的要求去做。

有一天，玲玲放学回家，想先坐在沙发上休息一会儿，妈妈看到了就开始唠叨："玲玲，你在沙发上发什么呆啊，怎么还不快点去写作业？你们现在作业那么多，晚了就写不完了。"玲玲每次回家只要干点别的事情，妈妈看到了都会说她："没写完作业就干这些，你把作业先写完了，然后爱干什么干什么。"

玲玲一直被妈妈"压迫"着，快点写完作业也是为了不让妈妈唠叨，为了让妈妈不生气。玲玲觉得自己每天就是在为妈妈学习，为妈妈写作业。

每次考试，玲玲考好了妈妈就高兴得不得了，成绩考得不理想，妈妈就批评她："这么简单的卷子怎么还有错？你平时都学了些什么？你是怎么听课的？你说你是不是笨？"玲玲回忆着妈妈的种种语言暴力，感到很痛苦，根本感受不到学习的快乐。

看到玲玲不写作业而是发呆，妈妈就着急了，开始唠叨，这样不仅没起到提醒的作用，反而让孩子反感。如果妈妈改变态度，转而关心地询问："玲玲，怎么了？是不是身体哪儿不舒服呀？有什么不开心的事儿可以和妈妈说说。"或是说："孩子，你要是累了就先休息一会儿。"这样，孩子就会感受到妈妈的关心与爱，接下来的亲子关系怎么可能不融洽？

另外，故事中的玲玲还不知道学习的真正意义是什么，妈妈也没有把这些道理讲透。玲玲只是每天在妈妈的逼迫下学习，因此痛苦万分，学不好也在情理之中。

其实妈妈正确的做法应该是不过分干预孩子的具体学习，给孩子留一点空间，只要正确引导孩子，让孩子明白学习的意义，剩下的事情就可以交给时间，孩子会在父母的引导与自己的努力下，一点点变强大。

小雨今年上五年级了，聪明又勤奋。以前的他，学习成绩在班里处于中上游，属于默默无闻的那种类型。妈妈知道自己的孩子很聪明，如果好好引导，有着很大的进步空间。于是妈妈在孩子写完家庭作业后，便和小雨随意地谈心，有说有笑，氛围轻松："小雨，你跟妈妈说一说你长大了的理想是什么。"

小雨一边畅想着未来一边说道："妈妈，我长大了想当一个发明家，发明很多很多好玩的东西。"

妈妈接着问："你想发明什么好玩的东西呢？可不可以先告诉妈妈呀？"

小雨说："我想发明一棵超级大树，让小朋友在上面自由自在地玩。"

"哇，你的想法太好了，这样可以给小朋友们创造快乐，相信一定会有很多小朋友们喜欢得不得了。"

妈妈又问："那怎么才能当上发明家呢？"

小雨想了一会儿，说道："我想我应该先努力学习吧，只有这样才能学到知识去发明东西。"

　　妈妈说道："孩子，你说得真好。妈妈为你的梦想而骄傲，有了梦想，就要努力去实现你的梦想。学习虽然很辛苦，但它是你通往梦想的必经之路。你现在学到的知识，在你通往梦想的道路上肯定会用到。现在每天的努力，都是在为将来做准备。孩子，加油啊，咱们一起努力。"

　　妈妈在电脑上查了很多关于发明家的相关知识，让小雨了解那些伟大的发明家，同时还告诉小雨成为发明家需要掌握哪些方面的知识，需要开发哪些必要的个人能力等等，从而让小雨知道自己应该做什么、怎么做。

　　妈妈跟小雨的谈话让小雨很受启发，他明白自己现在学习的每一点知识都是自己将来实现梦想的阶梯，只要脚踏实地地学好现在的知识，才能为自己的梦想打下坚实的基础。在后来的学习中，小雨更努力了，他明白，学习是在为自己学习，是在为自己的梦想学习。

　　小雨的妈妈是一位聪明的妈妈，她明白与其强迫孩子学习，不如先引导孩子明白学习的真正意义，这样孩子才会主动去学习，不但学习效率高，而且学习动力十足，学习成绩的提升自然就是水到渠成的事情了。

7. 六年级，交一份完美的答卷

　　进入六年级，孩子的学习任务更加繁重。与此同时，孩子的小学时光也进入了倒计时,这时候孩子即将面临人生中的第一个转折点——升学。升学的压力在无形中影响着孩子,孩子的情绪有时会很冲动,有时会很焦虑。孩子的情绪在这一年波动比较大,父母要多花一点时间和精力,对孩子要有足够的耐心,帮助孩子顺利完成这一阶段的学习和成长。

娟娟是一名小学六年级的学生,妈妈发现娟娟最近似乎不再像以前那么快乐了。以前的娟娟放学回来总是和妈妈有说不完的话,给妈妈讲她们学校发生的各种好玩的事情;周末,娟娟写完作业后,经常和同学们一起出去玩。可是现在的娟娟却像变了一个人似的,每天一副闷闷不乐、郁郁寡欢的样子,连话也不怎么和妈妈说了。娟娟的学习时间在不断地延长,最近妈妈总是看到娟娟卧室的灯到了半夜还孤零零地亮着,这种情况令妈妈十分担忧。

几天下来,妈妈终于忍不住询问起来:"娟娟,你在学习上遇到什么困难了吗?妈妈发现你最近很不开心,能和妈妈说说吗?"

娟娟有点儿不耐烦地说:"没什么事。"

妈妈心平气和地说:"孩子,你有什么事情别压在自己心里,说出来妈妈和你一起解决。"

"妈妈,其实没什么大事,就是我现在上六年级了,马上就要面临升学,老师每天布置的作业多了,让我们好好复习,毕业考试考出个好成绩,为自己的小学画上一个圆满的句号。妈妈,我也要好好努力,争取考个好成绩。"娟娟说道。

妈妈欣慰地对娟娟说道:"孩子,妈妈看到了你的努力,妈妈感到很欣慰。只要你尽力就好。"

第一章

小学六年，是孩子华丽蜕变的六年

"妈妈，我知道，我现在就怕考不好。万一到时候考不好怎么办呀？多丢人呢！"娟娟有点儿担心地说。

妈妈看出了娟娟的心理压力也陷入了深思中：娟娟整天闷闷不乐的，她现在哪里还像是一个小学生？她的压力太大了，这样下去，她的身体会受不了的。

想到这儿，妈妈对娟娟说道："孩子，妈妈看到你每天都很努力，非常高兴，你长大了。但你不要太累，要注意休息，注意自己的身体，别给自己太大压力，你考多少分都是妈妈的好孩子。"

娟娟紧紧地抱住了妈妈。

作为一名六年级的学生，由于课程的增加，完成作业就需要花费很大的精力，占用更多的时间，此时提高学习效率就显得十分重要了。当今社会，孩子考试的压力是由父母、学校和整个社会于无形中制造出来的，这些因素在潜移默化地影响着孩子，渗透进孩子的生活和心灵。但是有的时候，压力也可以看成一种动力，可以激发孩子积极向上的勇气，但压力过大肯定不行。作为父母，要加强正面引导，不给孩子过度施压，教孩子确立学习目标，掌握正确的学习方法，学习如何有效地利用时间，以平常心对待考试，陪孩子顺利度过这一阶段，让孩子为他的小学生涯交上一份完美的答卷。

桐桐自从上了六年级后，感觉突然就变成了一个大忙人，每天她都要学习到很晚才上床睡觉。妈妈深知孩子进入六年级后学习任务越来越重，但她也明白这样下去会影响孩子的身体健康，于是妈妈找桐桐聊了一会儿。

"桐桐，妈妈知道你每天学习很辛苦，也很累。妈妈刚刚在书上学到一些方法也许可以帮助你，让你不这么累，你有兴趣试试吗?"妈妈说道。

桐桐点点头,说道:"妈妈你快说,我非常想知道。"

妈妈说:"第一,你需要规划好你每天的时间,就是将学习内容按照时间段合理划分,按学习时间严格执行。第二,在做作业时尽量摆脱对课本的依赖,提高每个时间段的学习效率。第三,做题要追求质量,掌握题目中的知识点和考点。第四,劳逸结合,休息时就要彻底忘了学习,放松心情。"

妈妈又接着说:"如果你能按照自己的节奏,然后结合这些方法,将自己的学习和生活安排合理,你就不会那么紧张又忙碌了。"

桐桐按照妈妈的方法,首先规划了自己的时间,在做题时挖掘知识点,掌握了知识点,下次再遇到类似的题目就会很快做出来;然后在休息的时候听听音乐,到窗前眺望远方,忘记学习,彻底放松,做到劳逸结合。桐桐还做到了温故而知新,复习时她有针对性地先复习自己还没掌握的知识点,然后复习其他的内容,将自己复习的时间和频率调整好,做好规划。

就这样,桐桐不但提高了自己的学习效率,每天再也不用熬夜了,而且学习成绩还提高了很多呢。

孩子的学习情况只有自己最清楚,父母不能代替孩子学习,强逼也逼不出状元。父母只需引导孩子,让他根据自己的情况做好规划,劳逸结合,张弛有度,孩子就会获取"一分辛勤一分收获"的愉悦。

第二章

小学六年，关键是培养学习习惯

在小学这六年中，很多父母特别关注自己孩子的成绩，孩子每一次分数的波动都触动他们敏感的神经。其实各位父母大可不必这样，小学以基础知识为主，孩子只要认真学习，都能接受。这一阶段的关键是培养孩子的学习习惯，为日后学习更多的知识打下坚实的基础。学习习惯的培养要比试卷上的分数重要得多，各位父母要对这个问题有清晰的认识。

1. 培养自主意识，让孩子主动学习

自主意识是一种主人翁意识，这种意识无论在什么地方都有着不可估量的作用。一旦培养起自主意识，孩子就能够培养起学习兴趣，独立自主地学习，从而使学习的主动性增强。因此，父母必须注重孩子学习习惯的培养，帮助孩子更好地学习。

刚入小学时，形形上学非常积极，生怕自己迟到，每天早早起床，吃完早饭就出发去学校，下午放学之后，她总是积极完成作业，基本上能够做到心无旁骛。可是不知道从什么时候开始，形形渐渐变得懒怠了。每天早上，妈妈千呼万唤她才起床，刷牙、洗脸、吃饭没有一样不是在妈妈的催促下完成的。看着她的主动性越来越差，妈妈觉得这样下去对她的成长很不利，想要做点什么帮一帮形形。

为了更好地带动形形，妈妈决定同她一起学习。每天在形形完成作业之后，妈妈都会带着她预习功课，遇到难点时，妈妈会询问形形的想法，让她自己思考。当形形面对困难想要放弃的时候，妈妈就会鼓励她，让她坚持下去，慢慢地，形形上学的情绪变得积极了。

因为预习了，形形在课堂上理解起来更加容易，她一

第二章
小学六年，关键是培养学习习惯

直追随着老师的节奏，尤其是当从老师的眼中看到对自己的肯定时，她就更喜欢听课了。遇到难题时，形形不会再像从前那样发愁，而是先动脑思考。有时候，一个问题她会想很久，虽然中间也试图想要放弃，但想到妈妈的鼓励就又坚持下去了，并且几次坚持的成功让她更有信心。

就这样，形形逐渐培养起了自主学习的好习惯，妈妈再也不用为她的学习发愁了。

好习惯是慢慢培养的，在这个过程中，父母一定要有耐心，让孩子在潜移默化中形成习惯。有些父母不注重孩子的感受，喜欢采用高压强制的方式，结果往往适得其反，让孩子更加讨厌学习。

小刚的妈妈很溺爱孩子，从上幼儿园开始，小刚做什么事情都随心所欲，妈妈从来不加以管束。后来上了小学，小刚沿袭了幼儿园的懒散习惯，每天很晚才起床，收拾东西也是磨磨蹭蹭的，以至于经常迟到。

一天，小刚上学又迟到了。老师觉得小刚在上学的事情上一点积极性也没有，于是决定跟家长聊聊。接完小刚老师的电话以后，小刚爸爸感觉很没面子。他是一个急性子，决定非要好好管一管小刚不可。

晚上，小刚写完作业以后，正要打开电视看动画片，爸爸一把关掉电视，命令道："预习功课去。"小刚一脸不情愿，但忌惮爸爸发怒，还是慢吞吞地去了，但只是走马观花似的看了一遍课文。为了让小刚培养预习的好习惯，不管多晚，爸爸都让小刚坚持预习，不管他反抗情绪多强烈，都必须完成这项作业。结果小刚看见语文就发愁，成绩反而越来越不好了。

老师找来家长了解情况，小刚爸爸如实告诉了老师。老师说："培养习惯不能急于求成，要慢慢地进行引导。孩子有自己的思想，如果我们采用强制的方式让他去学习，反而会加重他们厌学的情绪。"

小刚爸爸若有所思地点点头。

好孩子是夸奖和鼓励出来的，父母想让孩子有自主意识，主动学习，就应该将教育建立在尊重的基础上，让孩子因为快乐而变得积极。试想，如果有人每天逼着我们做事情，我们是不是也会非常反感呢？孩子也是如此，他们需要父母的帮助和鼓励，需要一个养成好习惯的过程，切忌操之过急与简单粗暴。

2.帮孩子制订合理的学习计划

古语说："凡事预则立，不预则废。"一个孩子想要学习好，必须制订合理的学习计划，有目的性地进行学习，这样才能避免漫无目的地浪费时间，使学习更加高效。制订合理的学习计划，不仅能够让孩子有效利用时间，还可以培养孩子的意志力，使孩子获得更大的学习收获。

瑾儿的妈妈是一个公司的管理者，做事情向来井井有条，所以在女儿的学习上，她也注重计划。刚上学时，瑾儿写作业时很随心所欲，一会儿写语文，一会儿又写数学，经常一项作业没完成，又去做别的，最后既没完成作业，也没

第二章
小学六年，关键是培养学习习惯

有痛痛快快地玩，时间就在一团乱中流逝了。妈妈觉得这种学习方式不正确，以后随着所学知识的增多，瑾儿势必会很吃力，于是带着瑾儿一起制订学习计划。

她们一起商定学习计划和休息时间。妈妈告诉瑾儿："学习计划一旦开始实施，你就一定要坚持下去，否则形同虚设，那就没有意义了。"瑾儿很认真地点点头。

起初，对于按照学习计划做事情，瑾儿总感觉有点儿受约束，想要放弃。但每当她不按照计划进行时，妈妈就会在一边提醒她："现在是什么时间了？应该在干什么？"瑾儿只好又按照计划进行。习惯了计划以后，瑾儿的约束感消失了，她做事情变得有条不紊，再也没有因为忘记做什么事情而变得焦头烂额。

合理的学习计划，不仅能提升孩子的主动性，还能让孩子避免一些学习过程中的烦恼，让他们的学习过程相对轻松。相反，没有合理的计划，学习与生活肯定是一团糟，孩子会经常盲目做事。

笑笑妈妈觉得孩子既然已经上学了，一切都应该以学习为重，只要笑笑把时间都用在学习上就行，根本不用什么计划。

每天放学回家，笑笑做完作业后，妈妈会给笑笑再安排一些课外课程。

笑笑问："妈妈，我写作业已经很累了，能不能过一会儿再写？"

"还是过一会儿再玩吧，学习重要。"

于是笑笑咬牙坚持，心却早就飞到了九霄云外，课外知识根本没吸收多少。最后她实在困倦极了，妈妈才说让她玩一会儿，可她早已没了心情。

面对妈妈的安排，笑笑很不高兴，学习也没有什么积极性。

一个孩子的学习成绩是否优秀,有时候跟学习时间并不成正比,决定孩子学习成绩的是学习效率。怎样提高学习效率呢?帮孩子制订合理的学习计划必不可少。

在制订学习计划时,父母首先要教会孩子妥善管理时间。保证时间是完成学习计划的前提,否则一切都只是纸上谈兵。高效地管理时间会将时间充分利用起来,哪怕只是一点碎片时间,也不能让孩子虚度。

其次,计划要全面。好的学习计划不能只包括学习,还应该包括休息。孩子总是高强度学习,不仅会对身体产生不良影响,还可能激发其厌学情绪。让孩子劳逸结合,学习效率才有可能提高。

再次,要确定主要内容。孩子的学习时间和精力都是有限的,在制订计划时,要分清主次,抓住重点,这样才能提高学习效率。

最后,规定计划的可调整性。在制订学习计划时,父母要告诉孩子,学习计划不是一成不变的,过一段时间会检验学习成果,如果学习计划效果不好或者存在不合理之处,要及时修改,让学习计划更加合理。

3.预习加复习,成绩没问题

在孩子的学习过程中,"预习"和"复习"是两个非常关键的学习步骤。把握好这两点,学习就会变得相对轻松许多,有时甚至能达到事半功倍的效果。

预习可以让孩子在学习新知识时有目标,这样可以提高学习效率。

第二章
小学六年，关键是培养学习习惯

另外，预习还可以让孩子发现知识断层。知识具有关联性，预习时，当孩子发现一些知识已经忘了时，就会及时查漏补缺。预习还可以提高孩子的自学能力。在孩子的成长过程中所需要的知识远比学校中学到的要多得多，这时强大的自学能力就成了孩子成功的关键。所以，作为父母，一定要让孩子养成预习功课的好习惯。

自从乐乐上了三年级，乐乐妈妈就开始为她的学习担忧了，因为乐乐的英语成绩不理想。每天回家后，妈妈问单词时，乐乐总是支支吾吾，半天说不出一个来。起初，妈妈总是很生气，责怪乐乐上课不认真听讲，可是乐乐却很委屈，哭着说："妈妈，我真的听课了，不知道为什么就是记不住单词。"

为了证实乐乐的话，妈妈专门向老师询问了乐乐的课堂表现，老师说："乐乐上课的确在认真听讲，但是我看她好像总是很吃力的样子。如果您有时间，可以提前给孩子预习一下课文，这样上课相对来说就会轻松很多。"

听了老师的话，妈妈决定要帮助乐乐培养预习的好习惯。从那天开始，妈妈每天会抽出半个小时陪乐乐听课文点读，学习发音，理解单词意思，还会简单学习一下句型。这样坚持了一段时间后，乐乐的英语果然有了进步，她基本上可以说出所学的英语单词。这让妈妈很高兴，她觉得是预习起到了好作用。

看见预习有效果，妈妈和乐乐都更有信心了，妈妈每天坚持陪乐乐预习，直到她养成了自主预习的好习惯。

课后复习与预习同样重要。复习可以强化记忆，使学过的知识在脑海中加深，让知识和大脑建立更长时间的连接。另外，孩子在学习的过程中，难免会出现知识漏洞，而复习可以及时发现和补救。最重要的一点是，复习还可以帮助孩子整合碎片化的知识，搭建起知识体系。这样一来，孩子所学的知识就会更加深刻、牢固了。

燕燕放学回家完成了家庭作业之后，就打开电视看起了动画片。这时，妈妈问道："燕燕，你今天的知识学会了吗？"

"学会了妈妈，上课我非常认真地听讲了，老师讲的我基本上会了。"燕燕很高兴地回答着。

"是吗？那就好，要不妈妈考考你单词？"

"没问题，来吧！"燕燕信心满满地说道。

"熊猫！"

"p-a，p-a——"燕燕支支吾吾地半天没有说出来。之后妈妈继续考，还有好几个单词也没有记住。燕燕非常纳闷，说："我上课明明都记住了呀，现在怎么好多都想不起来了呢？"

妈妈并没有批评她，而是语重心长地说："学习知识是要不断巩固练习的，单凭上课短暂的记忆怎么能记牢固呢？"

后来，在妈妈的陪伴下，燕燕又把单词都好好地复习了一遍。第二天早上一起床，妈妈又提问了燕燕几个单词，她全部回答对了。妈妈说："看，复习还是非常有效的吧？"燕燕很认同地点点头。从那以后，燕燕每天晚上都会将一天所学知识简单地复习一下，甚至还有之前学过的知识，慢慢就养成了复习的好习惯。

所谓"术业有专攻"，就是说学习本身也有其方法和技巧，与其让孩子埋头苦学，付出多而收获少，不如遵循科学的学习方法，培养他们良好的学习习惯，既能减轻孩子的学习压力，又能使学习更加高效，何乐而不为？

4.优秀的学生一定是认真听课的学生

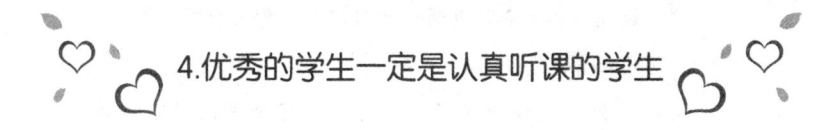

"我家孩子很聪明,就是上课不专心,不爱听讲。"这是很多父母对自己孩子的评价。你是不是也有这样的烦恼呢?

听课是孩子接受知识、理解知识、增长知识的重要环节与途径。无数事实告诉我们,优秀的学生一定是认真听课的学生,优秀的学生也一定能高效地听课。那么孩子怎样才能成为优秀的学生呢?这就需要父母培养孩子认真听讲,注意力高度集中的好习惯。

认真听讲不论在课堂上还是在生活中都非常重要。因为人绝大部分时间获得信息都要靠听,如果孩子不能养成认真听课的习惯,那么他接收到的信息可能就会断断续续,甚至会听成错误的信息,从而阻碍学习。

成成是一个顽皮的孩子,做事情总是毛毛躁躁的,没个安稳的时候。让他认真听别人说话好像是件很困难的事情,所以上课时他也不认真听讲,经常手里拿着橡皮玩。一次,课堂上老师布置家庭作业说:"课本25页,除了第3题,其余题都做。"可是成成忙着玩呢,没有听清老师的话,只听见了个"3题",于是回家只完成了第3题。第二天交作业的时候,成成发现只有自己和大家做的不一样,于是一下子急哭了。老师急忙安慰说："以后要认真听讲知道吗？"成成默默地点点头。

回到家，成成闷闷不乐的，妈妈询问之下才知道发生了这样的事。妈妈也说让成成以后注意听讲，可成成却说："我也很想认真听讲，可我总是管不住自己。妈妈，你说我该怎么办呢？"

"那妈妈帮你培养认真听讲的好习惯，你配合吗？"

"一定配合。"

妈妈首先给成成规定了睡觉时间，保证充足的睡眠才能更有精力听课。其次，她会在睡前利用半小时给成成读故事，让他端正坐姿，手里不拿任何小玩意儿，认真听讲，一旦走神，立刻纠正。慢慢地，成成的态度认真了很多，有时候妈妈故意读错的地方，他也能够及时发现，每当这时，妈妈就会夸奖鼓励他，成成感觉到了认真做一件事情的快乐。

孩子能否认真听讲，关键看他有没有高度集中的注意力。如果他把所有的心思都用在听老师讲课上，自然就能够跟着老师的思路走，把知识理解透彻；相反，如果上课注意力不集中，老师讲的知识点就很难吸收，继而产生一系列不好的影响，如回家后作业不会做，产生严重的挫败感，进而导致孩子渐渐对学习失去兴趣，考试成绩自然也就不尽如人意……

果果妈妈非常注重对孩子注意力的培养。她觉得孩子想要学习好，就必须学会专注。疫情期间，孩子每天在家上网课，为了不影响孩子，果果妈妈尽量给她营造一个良好的学习环境。每当果果听课时，妈妈就会停止走动，尽量让家里保持安静，不去打扰孩子。

有些朋友觉得果果妈妈很不可思议，说："听个课不至于，你只要别跟她说话不就好了？"

"那是不行的，只要我们有什么动作，孩子都会分心。如果总是这样,形成习惯就很难改正了。"果果妈妈很认真地说。

不仅如此,果果妈妈还经常陪果果玩一些提升注意力的游戏,帮她养成集中精神做某件事的好习惯。

后来,开学考试时果果的成绩很棒,并没有因为上网课没有老师监督而耽误了学习。在妈妈的教育和培养下,果果成了一个非常自律的孩子,学习成绩稳步提升,经常得到老师的表扬。

可能有些父母觉得,上课不注意听讲这样的事情应该由老师来纠正,父母毕竟不在课堂上,爱莫能助。事实上,这种想法是错误的。孩子是否能够高度集中注意力,不仅会表现在老师讲课时,也会表现在日常生活中,所以,父母不能只关注孩子的学习习惯而忽视在生活中的培养,应该从小让孩子做一些力所能及的事情,培养孩子做事的条理性,以此培养他集中注意力的能力,从而养成良好的学习习惯。

5.粗心是学习过程中的大忌

每次考完试,总会有一些孩子的成绩不是很理想,于是他们会拿着卷子跟妈妈说:"唉,这次又粗心了,我如果仔细一点肯定考得比这个分数要高……"在这些孩子眼中,他们已经掌握了每一个知识点,但总是因为粗心难以得到理想的成绩。不光是孩子,甚至有些父母也因为这个理由心安理得地接受了低分。事实上,这是一个极其错误的观点,粗心真的不能避免?答案是否定的,粗心的毛病可以改掉,它不是孩子拿不到高分的借口。

放学回家后，丽丽闷闷不乐地把一张数学卷子递到了妈妈手中，慢吞吞地说："妈妈，我这次又没有考好。"

"是吗？"妈妈说着接过卷子，鲜红的"78"映入眼帘，她一下子气得火冒三丈，马上就开始翻卷子，一边看一边数落，"你看看，这道题不是做过吗？怎么又错了？这道题这么简单还能错？"旁边的丽丽很小声地说："都怪我粗心，有的没审好题，有的弄混了运算顺序……"

"你什么时候才能够改掉粗心的毛病呢？下一次一定得认真，行吗？"

"妈妈，我知道了，你别生气了。"

之后妈妈就扔下卷子去做家务了。事实上，这样的情景已经在丽丽家出现了无数次，每次丽丽都答应下次认真，却始终没有兑现过，妈妈也从来没有认真地对待过这个问题，以至于丽丽每次考试时都满怀信心，分数却极不理想。

粗心马虎经常被认为是小学生的通病，因此并没有引起父母足够的重视，甚至认为这只是一个普遍的现象，并不是一个问题。事实上，粗心往往是注意力不集中造成的，特别是小学生还不善于有意识地分配自己的注意力，一心二用，如果不加以改正，可能对孩子以后的发展造成很大的影响。

在孩子学习的过程中，所谓的粗心可能会掩盖掉很多学习的不足之处，当孩子对一些基本概念不清晰时，他们会将知识性的错误当成是粗心，久而久之，知识面出现断层，整个知识体系就会受到影响。所以父母想让孩子学习好，就要让他们改掉粗心的坏毛病。

期中考试时小华考了98分，因2分之差没有满分。回到家

第二章
小学六年，关键是培养学习习惯

后，她心情非常不好，懊悔得直哭，嘴里一直在说着："如果我再细心一点，就能得满分了。"看着她伤心，妈妈赶紧过来安慰："别哭了，成绩只是对你过去一段时间学习的检验，代表不了以后，没关系的。你把卷子拿给妈妈看看。"

于是小华把卷子递到妈妈的手中。妈妈看了看那道错题，说道："这道题，之前确实出现过，不应该错的。"

"是的，我就是太粗心了。"小华很自责地说。

"女儿，你别哭了，你粗心可能是因为你学得不够扎实，要不妈妈再给你出几道相关的题，你看看会不会做？"

"好吧。"

于是妈妈出了几道与卷子错题相似，但是难度系数稍大一点的题。小华做了半天也没有做出来，感觉这几道题看似简单，但是解题思路却一点也不清晰。这时，妈妈说："你看，这种类型的题可能之前你看过一两次，心中有了一个模糊的概念，认为自己已经会了，但是你并没有注意到这些概念中的细节，它们之间存在哪些联系，还会发生哪些变化，所以当题型稍有变动时，你就容易出错。"

"哦，原来是这样啊！"

"所以，想要改掉粗心的毛病，就要从扎实学习开始。"

后来，小华在学习新知识时格外用心，基本上每种类型的题都能做到举一反三，再加上妈妈告诉她，学习时要放平心态，不能急躁，小华粗心的毛病有了很大的改善，基本上不再因为粗心而丢分了。

粗心是孩子学习过程中的一个大忌，父母一定要帮助孩子改掉这一毛病，要教育孩子认清自己的缺点，端正学习态度，认真地对待每一个知识点，做好每一道题，不因熟悉而掉以轻心。父母可以给孩子准备一个错题本,让孩子将易错的题记录下来,这样就能将知识学牢固,逐渐养成好的学习习惯。当然,并不是任何问题都能用粗心来解释,当遇到问题时,父母也要帮孩子看清真正的问题在哪里,然后加以改正。

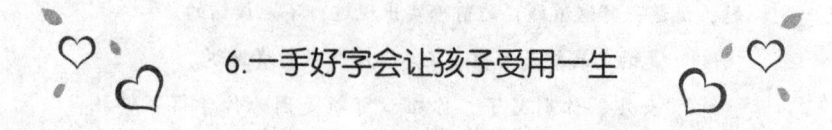

6.一手好字会让孩子受用一生

人们常说"字如其人",一个人的字可以投射出其性格、情绪、心理、能力等方面的信息。如果父母想让孩子成为一个品学兼优的好孩子,那不妨从培养孩子写一手好字开始。

写字是一个静心的过程,孩子只有在平静的心态下才能写出一手好字。让孩子经常练字,也能磨炼孩子的耐心,让孩子在学习的时候平心静气,认真学习。而写字潦草的孩子,心境也是烦躁的,在这种心理状态下,孩子想学好是很困难的。另外,一手好字,能给人一种赏心悦目的感受,养成良好的写字习惯是学生终身学习能力的基础。

明明和冬冬都是学习成绩非常优秀的孩子,两个人的学习成绩不相上下。一次偶然的机会,冬冬翻开了明明的作业本,发现上面粘着好多大拇指的贴纸,很明显是老师贴上去的。冬冬很纳闷:为什么我们两个的作业都没有错误,老师却只给明明贴了贴纸呢?不过,他不敢去问老师,只是在心里想:老师真是偏心眼儿。这件事让他很不开心,接下来的几天总是闷闷不乐。

后来老师看出了冬冬的情绪,于是问他:"冬冬,你最近怎么了,总是一副很不开心的样子?"冬冬很小声地问:"老师,你是不是不喜欢我?"

"你为什么这样问呢?"

"我看过明明的作业本了,我们俩的作业都没有错误,可他就有很多小贴纸,而我却一个也没有。"

听了冬冬的话,老师笑了,然后叫他跟自己到办公室去。老师同时打开明明和冬冬的作业,说道:"你对比看一下,还会觉得自己没有小贴纸委屈吗?"

冬冬发现明明的字迹清晰、工整,几乎没有什么涂涂改改的痕迹,再看看自己的作业,虽然没有错误,但是字写得很潦草。冬冬明白了老师的意思,不好意思地低下头,说道:"老师我明白了,以后我一定把字练好。"

写一手好字有利于孩子责任心的培养。如果孩子的字工工整整,让别人一看就明白,这表明他做事情很认真,学习不马虎。然而冰冻三尺非一日之寒,想要练一手好字并不是一件容易的事情,所以父母要帮助孩子,让他们持之以恒,专心致志,养成写好字的习惯。

上小学以后,丹丹妈妈逐渐意识到写一手好字的重要性,尤其是看到丹丹一塌糊涂的作业以后,更觉得有必要让她学一学写字,最起码不会让老师因为批改丹丹的作业而头疼。于是妈妈在征得丹丹同意之后,给她报了一个书法班。

起初丹丹也很有雄心壮志,兴致勃勃地说要写出最漂亮的字。然而练字并不是一朝一夕就能成功的。过了一段时间之后,丹丹就有些坚持不住了:"妈妈,我不想再练了,写字很枯燥,而且每天都要练习,真的很累。"

"乖女儿,没有哪件事情是容易成功的。现在你坚持了，用不了多久你就能看见自己的成果，到时候多高兴啊！妈妈相信你能练好。"

就这样，在妈妈的不断鼓励下，丹丹坚持了一天又一天，字逐渐变得工整了，横平竖直，再也不像之前那样横七竖八了，就连丹丹自己看着也觉得赏心悦目。渐渐地，在别人的夸奖声中，丹丹更加有信心了，终于练就了一手好字。

对于孩子，父母始终抱有最美好的期望，不仅希望他们聪明智慧，还希望他们有责任心，有良好的社会关系等，那么这些很可能会因孩子的一手好字而实现。因为一手好字往往受人尊重和喜欢，往往也会因字如其人而赢得更多的机会。

7. 99%的孩子写作业都磨蹭

孩子的家庭作业明明不是很多，却一直写不完，到了该睡觉的时候，还在继续写。这时候父母会怎样做呢？是让孩子赶紧睡觉，给明天的课堂留足精力，还是熬夜完成一份毫无质量的作业？无论是哪种情况，对于孩子的学习来说都是不利的。如果家中有这样的情况，那么父母就需要帮助孩子提高学习效率了。

人们常说："磨刀不误砍柴工。"学习效率对于孩子来说极为重要，它体现的是孩子的学习能力。如果孩子的学习效率高，对知识的吸收率就高，那么学习起来就会相对轻松一些，反之，学习效率低，对老师讲解的知识消化不了，作业不会做，渐渐地，孩子的学习兴趣就会下降，难以取得好成绩。

第二章
小学六年，关键是培养学习习惯

小乐和小阳是同班同学，虽说学习成绩不相上下，但是对两个孩子来说，她们有着完全不同的学习体会。课堂上，小乐与老师积极互动，思维能够跟随老师的节奏，课堂上的知识基本上能够学会。所以，她回到家很快就能完成作业，然后去做一些自己喜欢的事情：画画、做手工、看书。相比而言，小阳就要逊色很多，课堂上，她总是无法集中注意力，所以总是跟不上老师的节奏，尽管老师为了照顾同学们，已经放慢了讲课速度，但她还是有些吃力。因为课堂知识吸收不好，所以小阳在做家庭作业时经常会有很多不明白的地方，但她是一个好学的孩子，每次都认真复习课堂内容，然后再完成作业。这样一来，一晚上的时间都交给了作业，其他事情根本没有时间去做。

后来，小阳妈妈觉得，小阳现在学习就如此吃力，随着知识量的增加，学习成绩可能会大幅度下滑。于是她决定帮助小阳提高学习效率。

小阳妈妈先是了解小阳学习效率低的原因，然后有针对性地帮她锻炼，提高注意力，同时不断地鼓励她。慢慢地，小阳在课堂上分神的次数越来越少，吸收的新知识也越来越多，觉得学习都变得轻松了。

其实，孩子学习效率低，无非就是注意力不集中、喜欢搞小动作或者写作业拖拉等造成的，只要改掉这些坏习惯，学习效率自然就有所提升了。对于家庭教育来说，只需要给孩子营造良好的学习空间，尽量多给他们一些陪伴和鼓励，坏习惯慢慢就消失了。

亮亮的学习一直是妈妈最为头疼的事情。每天放学回到家，亮亮就一头钻进自己的房间写作业。看似非常自律的孩子，但是作业完成情况却非常差，常常一点作业就能写一个晚上。有好几次妈妈悄悄地观察他，发现亮亮写作业时，手里总要玩点儿什么才行，有时是一块橡皮，有时是一把尺子，有时甚至还会拿一个小玩具。妈妈制止时，他才将这些东西扔到一边。过了一会儿，他又开始抓耳挠腮，似乎手里空着就感觉难受。为此，妈妈没收了他屋里所有的小玩意儿。

后来妈妈发现亮亮写作业还是拖拉，有时候他会自己发呆，有时候又会竖起耳朵听家里的动静，好像怎么也不能专心学习。妈妈觉得亮亮再这样下去，学习一定会出问题的，必须帮他改掉才行。

经过商量，爸爸妈妈一致认为要配合亮亮的学习。他的房间里不放与学习无关的东西，全家人保持安静的状态，妈妈尽可能地陪伴亮亮，他写作业，妈妈就在旁边安静地看书，这样不仅能够带动亮亮学习，也能警醒他全神贯注。另外，每天爸爸还会带着亮亮进行户外锻炼，放松紧张的神经，劳逸结合。经过一段时间的坚持，亮亮的学习果然有了起色，写作业时常常能一鼓作气，课堂表现也好了很多。

看着亮亮的变化妈妈很欣慰，她觉得所有的用心和付出都值得了。

今天的社会，竞争力极强。如果父母希望自己的孩子能够激流勇进，在社会浪潮中展露自己，就要帮助他们养成好的学习习惯，认真专心学习或做事，不拖拉磨蹭，这样他们未来的人生才会更加精彩。

第三章

小学六年,着力培养孩子的性格

有句话讲:性格决定命运。确实如此,一个人的性格如何,直接决定着他未来命运的走向。好性格成就好人生,而不好的性格最终会毁掉人生。小学六年,正是父母培养孩子性格的黄金时期,抓住这宝贵的六年,培养孩子的好性格,对孩子的发展至关重要。

1.培养孩子不怕困难的性格

孩子在成长的过程中难免会遇到各种各样的困难，有些孩子很勇敢，敢于战胜困难，于是获得一次又一次的进步；有些孩子很胆小，遇到困难就退缩，于是变得越来越畏畏缩缩，瞻前顾后。父母都希望自己的孩子是勇于面对困难的那一个，所以，如何培养孩子不怕困难的性格就成了众多父母关心的问题。

不怕困难的性格在很大程度上与孩子的自信心有关。当遇到困难时，孩子有足够的自信去尝试、去进取，就能不断获得经验，通常来说也都能最终战胜困难；而当孩子缺乏自信时，一旦遇到不如意的事情，就会认为自己一定不行，从而选择退缩和放弃。久而久之，便会影响他的自信心。所以，想要培养孩子不怕困难的性格，首先要帮助孩子树立足够的自信心。

小雪是一个非常娇弱的女孩，平日里什么都害怕，什么都不敢干，一遇到困难就让爸爸妈妈解决，而她则蜷缩在父母安全的港湾内。看着小雪的同龄人个个活泼勇敢，自己的女儿却唯唯诺诺，小雪妈妈心里很不是滋味。她想，如果一直这样下去，那小雪还能谈何未来，于是她和小雪爸爸商量，要帮助小雪勇敢起来。

第三章
小学六年，着力培养孩子的性格

周末，爸爸妈妈带着小雪去爬山。刚开始的时候，小雪高兴得又蹦又跳。可刚走了几步山路，小雪就叫苦连天，一会儿说自己脚疼，一会儿说自己累死了，不肯往前走。这时，爸爸妈妈鼓励她说："爬山本来就是一项运动，你既然选择了，就要坚持一下，怎么能刚开始就放弃呢？"在爸爸妈妈的鼓励下，小雪又走了起来。很快，他们前面出现了一个陡坡，道路看上去也崎岖难行，小雪直接退缩了："不行，这个坡我肯定爬不上去，咱们还是回家吧。"

"爬山哪有一路平坦的啊！这个坡对我们来说不算什么，你先休息一下，等会咱们继续爬，等你真正爬上去的时候，就不会觉得有多困难了。"爸爸开导她说。

休息了片刻之后，一家人又继续向上爬去，回头望望自己走过的路，小雪觉得爸爸说得有点儿道理，爬上这个山坡似乎没有想象的那么困难。快到山顶的时候，小雪已经很累了，这时爸爸又鼓励她："再坚持一下，咱们马上就要到山顶了，那里的风光可是无限好呢。"后来，他们一家人终于到达山顶。感受着习习凉风，看着眼前美不胜收的景致，爸爸说："如果在山脚你就放弃了，还能看到这美丽的风景吗？"小雪默默地摇摇头。

从那以后，每当遇到困难不想坚持的时候，小雪就会想起这次登山的经历，心想再坚持一下或许就成功了。就这样，她战胜了生活中的很多困难，就连学习也勤于思考了。

父母的鼓励和支持是孩子建立自信心非常关键的一步。当孩子遇到困难时，父母要与他一起面对，帮他分析和研究，商讨如何解决，对于孩子的点滴进步都要加以夸奖，慢慢地，孩子面对困难时就不会在第一时间感到害怕了。另外，父母永远要给孩子传播正能量，而不是凭借自己过往的经验，随意在孩子面前放大困难，使他们"知难而退"，这与教育孩子的初衷是相背离的。

  点点的爸爸是一个十足的悲观主义者，在他眼中，什么事情都是有困难的。他常常会把这种消极的情绪带给点点，从而让孩子因为畏惧困难而不敢前行。
  一年一度的校园运动会将要在一个月后举行，同学们都踊跃报名参加各种体育项目。放学回家后，点点很高兴地说："爸爸，我们学校要开运动会了，我打算参加。"
  "就你那小体格，哪有什么合适的项目呢？"
  "我可以跑400米。"
  "你那小短腿，一定赢不了。"爸爸半开玩笑地说着。
  "我可以跳高。"
  "跳高不好，容易崴脚。"爸爸的再次否定，让点点很不高兴。
  "我扔铅球总行吧？"
  "你那点儿力气还是别想了。"听到爸爸这样说，点点"哇"的一声哭了，大喊道："那我就不参加了。"
  在爸爸这样的教育下，慢慢地点点越来越不敢进行任何尝试，在困难面前，变成了十足的胆小鬼。

  在孩子的教育上，父母不应该成为困难的"放大者"和"恐吓者"，而是要成为困难的"分析者"和"建议者"，让孩子面对困难时变得无所畏惧，从而使孩子具备遇到困难就去思考、寻求解决方式的思维模式，逐渐把孩子培养成不怕困难的人，那样孩子在未来才有可能真的强大。

第三章
小学六年，着力培养孩子的性格

2.培养孩子永不放弃的性格

失败是成功之母。有时候，孩子经历失败反而是一件好事，它有利于培养孩子永不放弃的性格。当遭遇失败时，父母要帮助孩子总结失败的经验教训，鼓励他们站起来，然后再进行尝试，直到最后取得成功。在这个过程中，孩子经历失败的伤心与成功的喜悦，本身就是对意志的不断磨砺。自古成大事者大多有着永不放弃的性格，父母希望孩子是优秀的，就要在性格塑造上给予他们最大的帮助。

一天，小雨和妈妈在家中闲来无事，看了一个生发豆芽的视频，两个人都觉得很有意思，决定尝试一番。

妈妈从厨房找来一捧黄豆，和小雨精挑细选之后，就泡在水里等着发芽了。由于第一次尝试，小雨和妈妈都没有经验，黄豆在水中足足泡了三天后，全部腐烂了。看到实验失败了，小雨感叹道："唉，可惜那捧黄豆了。"可妈妈二话没说，又捧来一捧，重新开始。小雨赶紧制止说："妈妈，别再浪费黄豆了。"

"这一次失败了，说不定下一次就成功了，我们必须再尝试一下。"妈妈说。

小雨无奈地跟着妈妈又尝试了一次。这一次，他们每天给黄豆换水，豆子很快就出芽了。小雨和妈妈很高兴。可到了第三天，小小的豆芽又变软了。这下小雨彻底失望了，冲着妈妈说道："你看，又失败了吧，我们别再试了。"

"小雨，做什么事情都不能半途而废，只要我们总结失败的经验，最后一定能培育好豆芽，你可不能这么轻易就放弃了。"

后来，妈妈向有经验的人请教，可能是由于浸泡豆子的水温度太高而导致豆芽还没长大就腐烂了，所以妈妈这次在水温上也进行了严格的控制。几天后，豆芽终于培育成功了。妈妈很高兴，而小雨的脸上则隐隐露出了羞愧之色。妈妈告诉他："做事情不轻言放弃才能获得成功。"小雨使劲点了点头。

父母是孩子的榜样，也是孩子的精神支持者，如果连父母都遇事动辄放弃，又凭什么要求孩子？相反，当孩子想要放弃时，应鼓励其坚持下去，并且参与其中，帮孩子一起想办法，那结局就是另外一番情景了。

在面对孩子的失败时，很多时候最难受的其实是父母，甚至比孩子失败了还要痛苦，于是就有父母采取掩盖或者安慰的方法，让孩子逃避失败。殊不知，父母这种害怕失败的心态反而会伤害到孩子，使他们一蹶不振。

最近，冬冬的好多同学都在学习轮滑，让冬冬羡慕不已。他央求妈妈给自己报了轮滑培训班。

第一次上体验课，妈妈陪着冬冬去了。隔着教室的大玻璃，妈妈看着冬冬摔了一次又一次，心疼不已。回去的路上，妈妈问冬冬："今天摔得疼不疼啊？"

"还可以，有护具呢。"

"妈妈看着都觉得疼，你还想继续学吗？"

冬冬稍稍犹豫了一下,问道:"那我还学吗?"

"要不就别学了,万一摔着怎么办呢?"

"好吧,不学就不学吧。"冬冬也没有想要坚持的意思了。

回到家以后,妈妈跟爸爸说了上轮滑课的事情,爸爸马上对冬冬说:"小男子汉了,摔几跤有什么要紧的。万事开头难,你要是遇到困难就放弃,那什么都干不成。"

听了爸爸的话,冬冬好像又有了信心,再加上他本身对轮滑也没有太大的抵触心理,所以还想继续学习。几节课过后,冬冬已经掌握了基本的轮滑技巧,不再摔跤了,于是就更坚定了学下去的想法。

父母不能成为孩子勇于面对失败的绊脚石,当孩子遭遇失败时,要帮助他们分析原因,鼓励他们不断尝试,这对孩子的成长是更有利的。坚持就是胜利是一个亘古不变的真理,一旦培养起孩子永不言弃的性格,那么他们在未来的人生中,就不会因为困难轻易放弃,这对他们的人生来说有着至关重要的作用。

3.培养孩子果断坚定的性格

孩子刚出生时,性格是不稳定的。在趋于稳定的过程中,他会受到各种因素的影响,其中就包括父母潜移默化的培养。帮孩子塑造一个良好的性格,是决定其人生是否精彩、能否成功的基础。在众多良好性格特征中,果断坚定是十分重要的一项。

通常情况下，优柔寡断的孩子不仅总会给自己增添烦恼，还会因此失去很多机遇；相反，如果孩子做事情果断坚定，那么他们遇事就能够当机立断，获得成功的可能性先不必说，起码成功的机会与机率都会加大。

那么，身为父母该如何培养孩子果断坚定的性格呢？首先就是鼓励孩子下定决心就立即行动。

周末，爸爸妈妈带着星星去某个景区旅游。那里有山水风景，有寺庙建筑，还有儿童游乐场等，有好多好玩好看的地方。星星和爸爸妈妈在景区玩了大半天，还有好多地方没有去。下午两点多，星星实在走不动了，于是，一家人坐在长椅上休息。这时爸爸说："星星，我们现在该何去何从了？我和妈妈听你的！"

"我也不知道啊。"

"现在摆在你面前的有两个选择：第一，休息之后，咱们就回家，你好完成家庭作业，准备明天上学；第二，休息之后再去那两个没去过的景点玩一玩，但是晚上得多学习一会儿，完成作业。"

听了爸爸的话后，星星很犹豫：他累了，想回家休息，完成作业早点睡觉；可是他又想着既然来了，如果其他景点没去，回去之后一定会后悔。他也不知道该怎么办了。这时爸爸又说话了："给你一分钟时间，赶紧决定。想好了我们立刻就执行。"

"那就去玩吧。"星星好像做了非常大的决定一样，坚定地说道。

于是，他们玩遍了整个景区。回到家之后，虽然一家人都累瘫了，但星星的心中是高兴的，他没有为自己的决定而后悔。

第三章
小学六年，着力培养孩子的性格

有时候，做事情寻求万全之策无可厚非，但是很多时候事情并不能保证十全十美，尤其是一些情况比较急迫或者必须要进行取舍的时候，就必须果断坚定。这种果断坚定的品质是需要从小培养的。如果父母认为孩子还小，凡事只要听父母的话就好，给孩子过分的保护，或者严格要求孩子，那么孩子很可能就会成为没有主见、缺乏自主意识的孩子，因为他们害怕犯错而不敢去决定。

小虎是一个十岁的男孩，从名字来看，人们或许会以为他是一个虎头虎脑、非常顽皮的孩子，但实际上，他是个十足的乖宝宝。生活中，小虎只管学习就好，其余的事情一概不用操心，妈妈全权代理了，以至于小虎凡事都喜欢依靠妈妈，自己不愿意去做事情，更不愿意去想事情，也因为怕不符合妈妈心意。

一次，妈妈带着小虎跟朋友出去玩，朋友问："你们想去什么地方玩呢？"朋友的孩子马上回答说："动物园。"

"你呢？"朋友问小虎。

小虎没有回答，而是看了看妈妈。妈妈说："你自己决定吧！"可是小虎犹豫了半天也没有说出去哪里。后来，他们干脆就去了动物园，因为再晚的话，游玩的时间就不多了。游玩的过程中，小虎似乎并没有太大的兴趣，妈妈问小虎怎么了，他只是悄悄地告诉妈妈："我其实想去电玩城。"

"那你刚才怎么不说呢？"

"我害怕你不同意，所以不敢说，我自己也没有想好。"

"现在已经没有时间了，等下次再去吧。"

就这样，小虎因为自己的一时犹豫，错过了自己选择的机会。

作为父母应该多给孩子选择的机会，培养他们做决定的习惯，平时多表扬孩子，支持孩子的决定，让他们对自己充满信心，进而逐渐形成果断坚定的性格。这不仅对孩子的成长有帮助，同时还会影响他未来的人生道路。

4.培养孩子雷厉风行的性格

雷厉风行是一种做事风格，这种风格干脆利索、不拖泥带水，效率极高，是大家都非常认可的做事方式。而具体到孩子的性格培养上，雷厉风行则是一种积极向上的性格类型，孩子一旦养成这样的性格特征，不管是在学习还是在做事上，都能有极高的效率，更易获得别人的认可。所以父母在孩子小学阶段，有必要培养孩子雷厉风行的性格。

周末妈妈有事需要出门，于是就想把做家务的任务交给爸爸和可可。可可提起做家务还蛮有兴致的，于是一口答应妈妈："保证完成任务。"随后妈妈就出门了。

谁知道妈妈一走，可可就开始拖拉了。他正在扫地时，看见一个自己喜欢的小玩具，就忙扔下扫帚玩去了。爸爸看见了，说道："可可，快点儿打扫吧，照你这速度可不行呀。"

"哎呀，没关系的，我先玩会儿再说。"可可漫不经心地说。

"你既然给妈妈立下了'军令状'，那就要做完，这样才是信守承诺。"

第三章
小学六年，着力培养孩子的性格

虽然可可还想玩，可是听爸爸这样一说，心中不免有些羞愧，于是再次拿起了扫帚。之后，爸爸时不时地夸奖可可："哟，儿子干得不错，妈妈一会儿回家一定会感到非常惊喜。"

很快，家务就做好了，看着自己的劳动成果，可可也非常高兴。爸爸说："如果那会儿我没有制止你玩玩具，你现在能有这种成就感吗？"

可可摇摇头。爸爸接着说道："做事情要果断、迅速才好，慢慢你就能有所体会了。"

后来，只要有机会，爸爸就会强化可可做事情雷厉风行的思想，慢慢地，可可改掉了之前做事情拖拉的坏习惯，变得积极主动了。而更让爸爸妈妈惊喜的是，可可的学习效率也提高了不少，以前完成家庭作业总要熬到很晚，现在明显轻松了很多。

孩子性格的养成，绝不可能是一蹴而就的，父母需要在生活中不断引导和督促孩子。在平时的生活中，当孩子有磨蹭现象出现的时候，我们要及时提醒孩子，告诉孩子做事情要干脆利落，雷厉风行，并且自己以身作则，让孩子看到你雷厉风行的做事风格，在这样的耳濡目染下，孩子逐渐就会养成雷厉风行的性格特征。但是，我们也要预防孩子对雷厉风行产生错误的理解，这样不但养不成孩子的好性格，反而让孩子变得毛毛躁躁。

周末，学校组织同学们去乡间体验生活。同学们来到一个农场，这里种着庄稼，养着很多小动物。很快农场主就宣布了今天的任务："同学们，我们今天的任务是到田地里拔草，然后将拔完的草喂给小动物吃。接下来我会告诉同学们哪些是庄稼，哪些是草，大家千万不要搞混哦。"说完，他带着大家向农田走去。还没等农场主介绍完，强强就迫不及待地说："叔叔，我们都认识了，赶紧让我们开始吧。"

很快，农场主给大家介绍完毕，并且分配每人负责两垄。接到任务之后，强强就开始了。他想，爸爸妈妈常说，做事情要雷厉风行，今天正是我大展身手的时候，我要让大家看看我做事情有多利索。于是他横冲直撞地走进了田里，看见草一顿狂拔，不一会儿就把同学们落了很远，正在他得意扬扬的时候，农场主叫住了他："小同学，拔草可不是你这么个拔法，咱们得爱护庄稼。"农场主的声音引来了其他同学的围观，大家一看，强强走过的两垄庄稼已经面目全非了：有的东倒西歪，有的没了叶子，还有的草只拔了半截。强强看到以后低下了头。好在农场主并没有计较，只是叮嘱他之后要认真一些。

回到家以后，强强把农场里的事情告诉了爸爸。爸爸说："想要雷厉风行是好的，但是它并不等于蛮干，做事情还是要认真负责的，更不能给别人或自己造成损伤。"强强若有所思地点点头。

爸爸妈妈在培养孩子雷厉风行性格的时候，一定要让孩子明白什么是雷厉风行，如果孩子不了解雷厉风行的真正含义，那在行动的过程中肯定就会出现偏差。我们只有关注孩子的点点滴滴，才能在孩子出现错误的时候加以引导，帮孩子养成良好的性格，让孩子健康地成长。

第三章
小学六年，着力培养孩子的性格

5.培养孩子活泼开朗的性格

孩子健康快乐地茁壮成长，是每位父母的心愿。如何让自己的孩子养成活泼开朗的性格，也是大家共同的话题。要想让孩子养成活泼开朗的性格，父母就需要为孩子创造适当的条件。比如家庭环境，对孩子性格的影响极为关键。一个和谐快乐的家庭氛围会让孩子更有安全感，情绪也更加良好；相反，一个充满打骂声的家庭，很难培养出真正快乐的孩子。

小静的家庭原本是一个和谐的三口之家。爸爸经营着自己的公司，妈妈则全心全意地照顾着小静。每天，妈妈都准备可口的饭菜，精心打理着家里的一切。晚上，爸爸妈妈还会陪着小静做游戏、讲故事，生活过得美好而惬意。小静整天无忧无虑的，脸上常常挂着最美的笑容。在班里，她活泼开朗，很多同学都愿意跟她玩。可是，慢慢地，大家发现小静从前的快乐消失了，她变得不喜欢说话了，甚至有些抗拒和同学们交流。谁都不知道小静到底经历了什么。

原来，爸爸的公司遇到了很大的问题，他的心情很低落，甚至有些沮丧，经常借酒消愁，回家后对妈妈的态度也变差了，于是两个人经常吵架，互相不理对方。因为情绪不好,他们对小静的态度也冷淡了很多,有时候还会很不耐烦。小静觉得自己再也不是之前的小公主了,心中失落难过,常常一个人落泪。

由上面这个故事可以看出,一个家庭对孩子的影响是巨大的,甚至会影响孩子的一生。有些消极的因素会给孩子造成难以磨灭的阴影,所以父母在面对孩子时,即使心中有负面情绪,也要适当进行控制,给孩子做好管理情绪的榜样。以快乐面对孩子,孩子才会以快乐迎接你。

当然,除了用爱去温暖孩子,培养他们的兴趣爱好,给予其表扬和肯定,同样能够让孩子活泼而开朗。孩子心中的快乐源于各个方面,培养他们的兴趣爱好,可以让他们的生活变得多姿多彩,只要他们愿意,父母就应该让他们去学习,去探索每一个可能带给他们快乐的兴趣。不仅如此,当孩子在某些事上表现得很棒时,父母也要及时送上自己的表扬与支持,让他们自信心爆满,从而获得快乐。有研究显示,自信的孩子比自卑的孩子更乐观,有更强的社会适应能力。

李乐是一个特别自信开朗的男孩。生活中,他很少有不开心的时候,每天都是微笑面对每一个人。几乎见到他的人都会夸他:"多活泼的孩子啊!"其实这一切都得益于爸爸妈妈的培养。

李乐的爸爸妈妈对李乐的教育很开明,他们很尊重孩子的想法,注重他的性格塑造,觉得好性格才能有好未来。于是,只要是李乐喜欢的事情,他们就给予支持。李乐喜欢画画,妈妈就给他报了兴趣班,有空的时候带他到处写生。李乐喜欢旅游,爸爸就带他到处旅游,别人在埋头做卷子时,他在感受祖国的山山水水;别人在背单词时,他在名胜古迹中体味历史的厚重……虽然在旅途中,李乐有时候会感到疲惫,有时候还会磕磕碰碰，但他总觉得一切都很美好。上学时他会在课余时间把自己的快乐分享给每一个同学，大家也都被他的快乐所感染着。

对于李乐父母的做法，很多人表示并不赞同，觉得这样会浪费掉孩子很多学习时间，但是李乐的父母说："书本之外的知识无穷无尽，孩子在精彩的世界中不仅能学到更多知识，还能养成活泼开朗的性格，不比强迫他坐在课桌前更好吗？"

开心、快乐与乐意之间，是递进关系。孩子不开心，首先要解决的就是他的心理问题，学习可以放在其次；孩子开心快乐，才会有心情去学习，学习效率也才会提高。父母要注重孩子的性格培养，这才是他们一生的财富。父母要给予孩子足够的爱与陪伴，让他快乐，而不是漠不关心，用负面情绪去毁掉他。

6.培养孩子冷静沉稳的性格

你有没有过遇事心浮气躁、慌慌张张，不知如何是好的时候？你有没有过关键时刻内心无法冷静、大脑一片空白的经历？这其实是性格缺乏冷静沉稳造成的。

遇事不慌张是一个重要的性格特征，它适用于人生的每个阶段，小到上学时的一次小测验，大到人生抉择。遇事不慌张会让我们平心静气地做出理智的判断和选择，发挥出自己最好的水平，有利于我们的人生发展。所以，父母要帮助孩子养成这样的好性格，为他们成就自己的人生助力。

想要培养孩子冷静沉稳的个性,阅读是一个不错的选择。看书能够让孩子保持内心平静安宁,也有利于孩子养成遇问题思考的好习惯,能在一定程度上克制慌张、焦虑等坏情绪的生成。

提起兵兵,可能认识人的都会很头疼。因为他是个非常爱着急的小孩,一遇到什么事情,马上就无法冷静,大哭大闹不止。一次,在送他上学的路上,爸爸的车子坏了,兵兵一下子着急了,大喊着:"怎么办呀,我要迟到了,老师一定会生气的。"

爸爸看了看时间,说道:"别着急,还有一会儿时间,我看看能不能修好。"可这时兵兵不由分说地哭起来,还不停地催促着:"爸爸,你快点儿啊,快点儿啊……"后来干脆坐在马路边上大哭起来。虽然爸爸一再保证绝对不会让他迟到,可他丝毫听不进去。看到他这个样子,爸爸只好拦了一辆出租车,先把兵兵送到学校,再折返回来修自己的车。

类似这样的事情还有很多,每次兵兵都会着急,然后催促抱怨,根本不会去想解决问题的方法。爸爸觉得兵兵总这样下去一定不行,长大后如何独立面对问题呢?想要让他的性子变得沉稳一些。

后来,爸爸给兵兵买了好多书,所幸的是兵兵也很喜欢这些书,于是兵兵渐渐养成了阅读的习惯,慢慢地,兵兵在家里不大吵大叫了,遇到问题总会先想一想。看到兵兵的进步,爸爸妈妈都很高兴,鼓励他要向男子汉一样沉稳,兵兵也对自己越来越有信心了。

听音乐也是一种让孩子冷静下来的好方法。舒缓流畅的曲调能够平

第三章
小学六年，着力培养孩子的性格

复孩子激动的心情，将他们带入到一个平和的环境中，从而能够很好地把控自己的情绪。

西西是一个聪明乖巧的女孩，长得也甜美可爱，可就是性格太柔弱，一遇到事情就紧张。每次考试，她都紧张得手心冒汗，以至于考试成绩总是不太理想。一次，班级开联欢会，西西和其他几个同学合排了一个小品。轮到他们上场时，西西紧张得要命，大脑仿佛一下子清空了，台词都忘光了，看她快要急哭了，同学们赶紧安慰道："冷静一点，都是自己的同学观看，没关系的。"在同学的带动下，西西才勉强完成了演出。

回到家，西西伤心地哭了好久。爸爸妈妈知道后，安慰她，告诉她遇事要沉稳一些，不要着急。可是西西却说，道理自己明白，可就是控制不住自己。于是爸爸对她说："其实爸爸知道一个能够让你快速冷静的小妙招。"听了这话，西西一下子来了兴致，赶紧问道："什么，什么？爸爸，快告诉我。"

"你每次难以冷静的时候，就听听音乐，很快就能平静下来。"

"真的吗？"

"当然！"

"那我每次考试前听听音乐就能考理想吗？"

"你可以试试。"

西西决定要试一试，于是爸爸就给她买了能随身携带的音乐设备。每次她感到紧张的时候，就听一听，感觉心情真的平复了许多。慢慢地，她喜欢上了音乐，闲来无事的时候就听一听。后来，她发现自己的内心越来越平静，不再像从

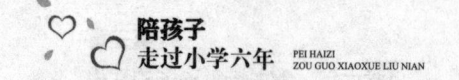

前那样动不动就紧张了。

另外，父母也要做好孩子的榜样，遇事沉着冷静，因为孩子其实会非常在乎父母做事的态度。父母的暴躁与紧张不可避免地将影响到小朋友。父母希望孩子遇事能够平心静气地去思考，然后将事情处理好，但要注意告诉孩子的是，冷静并不等于冷漠，不必让孩子收敛起所有的情绪。父母在教育和培养孩子时，要掌握好尺度，不能把他们变成冷漠的人。当孩子无法控制自己的情绪时，父母要给孩子足够的空间和宽容，让他们发泄情绪，然后陪着他们一起去面对困难。

7.培养孩子宽容有爱的性格

培养孩子宽容有爱的性格，对于孩子的成长非常重要。父母要告诉孩子学会包容，用爱对待这个世界，孩子会慢慢成长为一个包容、博爱的人，会以善意的眼光看待这个世界，同时，孩子自身的修养也会得到充实提高。

丹丹是一个养尊处优的小公主，是被一家人捧在手心里长大的。因为害怕丹丹在外面不安全，妈妈基本上没怎么带丹丹在外面玩过，除了幼儿园的小朋友，丹丹几乎没有跟别人玩过，所以丹丹有些霸道和自私，但家人似乎从来没有正视过这个问题。

上小学的第一天，老师安排座位，丹丹的同桌是一个小男孩。他皮肤黑黑的，穿的衣服虽然很干净，但明显是旧的。于是丹丹大声地跟老师说："老师，我不想跟他同桌，我不喜欢穿旧衣服的人。"话一出口，丹丹立刻成了全班的焦点，那男孩更是尴尬到不知如何是好。老师把丹丹叫到外面，耐心地开导她，对同学不能有偏见，丹丹这才勉强同意，并且跟同桌道了歉。

可是，丹丹在班里跟同学相处得很不愉快，别人不小心碰她一下，她不依不饶；别人需要她帮助，她视而不见；别人有不如她的地方，她就讥笑挖苦；别人比她优秀，她又闷闷不乐。所以她每天回到家时都是不开心的，经常会跟爸爸妈妈发火。看着孤独的丹丹，爸爸妈妈反思自己对孩子的教育，认为丹丹之所以不宽容，没有爱心，跟他们有很大的关系，于是决心要把丹丹培养成一个宽容有爱的孩子。

培养孩子宽容有爱的性情，首先要教会孩子换位思考，懂得去理解别人。当孩子遇到觉得自己无法宽容的事情时，父母要让孩子站在对方的立场上去看一看、想一想，试着去理解别人的真实想法，从而逐渐改变从自己的角度出发片面地看待问题的思维。如果孩子渐渐懂得了理解别人，他就不会再纠结于某些事情，就会宽容很多。

另外，多和其他同学交往也能培养孩子宽容有爱的性格。人无完人，有缺点和不足是必然的。父母要教会孩子与别人相处时求同存异，只要对方没有品质方面的问题，就不用斤斤计较，尤其是在面对与自己条件不对等的孩子时，父母更要引导孩子不嫉妒强者，不嘲笑弱者。慢慢地，孩子就会学会容忍，体会到宽容的乐趣。

当然，父母的榜样力量依旧必不可少。父母是孩子的第一任老师，他们往往会受到父母潜移默化的影响。所以父母在待人接物时，要宽容大度，不计较得失，与邻里朋友之间和睦相处，为孩子营造一个友爱和谐的家庭氛围，这样，孩子才能在相应的时候做到宽容他人。

  铭铭爸爸是出了名的"护犊子"。一天放学，铭铭一脸不高兴地走出了校园，爸爸看出了不对劲，于是追问铭铭到底发生了什么事情。铭铭说："上体育课的时候，小亮把我绊倒了。"

  爸爸一听这话就着急了，检查过铭铭身体之后，拉着他就向办公室走去。在体育老师的办公室里，铭铭爸爸问道："老师，铭铭说有人把他绊倒了，这到底是怎么回事？"

  "铭铭爸爸是这样：大家在跑步的时候，铭铭和小亮挨得很近，所以一不小心就绊了一下铭铭，我已经让校医给铭铭检查过了，应该没有问题。"

  "不小心？我看他就是故意的，那么大操场非要把人绊倒才高兴啊？"

  老师好一顿安慰才把铭铭爸爸劝回去。然而铭铭爸爸并没有因此作罢，而是在家长群找到了小亮家长，再次谈这件事情。结果两个人闹得非常不愉快。其他家长也都知道了铭铭爸爸是个"不好惹"的家长。

  从那以后，没人愿意跟铭铭玩了。有好几次，铭铭回到家还伤心哭泣，为此铭铭爸爸又大动肝火，他想不明白，为什么做"坏事"的是小亮，但是同学们要疏远铭铭这个"受害者"？

  宽容是一种品格也是一种境界。孩子的宽容心是一种非常珍贵的感情，富有宽容心的孩子往往心地善良、性格温和，有良好的人际关系。孩子终究是会长大的，帮孩子扎下德行之根，让他怀有一颗真诚善良的爱心，那无论在什么境界里，他的世界也依然那么光彩、美丽。

第四章

小学六年，精心呵护孩子的品德

孩子的成长需要父母精心呵护，在小学的六年时光中，很多父母都密切关注着孩子的学习成绩，而对于孩子思想品德的培养用心不够。这就导致有的孩子思想的成长发生偏差，甚至步入歧途。我们常说一句话：要成才，先成人。只有拥有了高尚思想品德的人，才是对国家、对社会有用的人。小学这六年正是孩子思想品德形成的关键时期，而家庭是儿童教育的主体，所以各位父母一定要配合学校共同为提高孩子的思想道德素质教育而努力！

1. 告诉孩子要乐于助人

助人为乐是中华民族的传统美德，然而在当今社会，不少父母却认为如果孩子太善良，乐于助人，难免会吃亏，于是在教导孩子时，有意无意地把孩子带向了自我与冷漠之中，这对孩子的成长是不利的。一个人的快乐不仅仅在于他得到了多少，还在于他付出了多少，帮助了多少人。乐于助人的孩子都有善良的性格，总是为别人着想，也将得到别人的帮助。培养孩子从小乐于帮助他人的美德，对孩子今后具有高尚的情操、健全的人格有不可估量的影响。

浩浩和亮亮是一对好朋友。虽然两个人的性格并不相同，但是关系非常好。他们的友谊是从一次帮助开始的。

一天，亮亮放学回家，走着走着，不小心踩到了一颗大石子滑了一下，脚扭伤了。正在他发愁怎样走回家时，同一学校的浩浩路过了。浩浩看到亮亮走路一瘸一拐的，一下子想起了妈妈的教导，要乐于助人。于是他很关切地问道："同学，你怎么了？"

"我扭脚了。"

"没人接你吗？"

"没有，我家很近的，就在前面的小区，平时都是我自己回家。"

第四章
小学六年，精心呵护孩子的品德

"你也住那个小区呀？既然这样，我背你回去吧！"

"你能背得动我吗？我好像比你胖。"

"试试吧，要不然你走回家可费劲了。"

说完，浩浩就把亮亮背了起来，最后送回了家。他们互相介绍了自己，从此认识了。浩浩回到家时，虽然满头大汗，但脸上却是笑嘻嘻的，他对妈妈说："妈妈，我今天做了一件助人为乐的好事，一位同学脚扭了，我把他背回家了，他的妈妈还表扬我了呢，现在我们已经成为朋友了。"

看着浩浩高兴的样子，妈妈赶紧夸奖道："好儿子，知道帮助别人了。你看，帮助别人你自己是不是也很快乐呀？这就是人们常说的'赠人玫瑰，手有余香'。"

浩浩高兴地说："妈妈，我知道了。"

父母在教育孩子助人为乐时，有一点要特别注意，那就是教会孩子辨别真假的能力。孩子还小，对社会上的尔虞我诈、人心险恶等丑陋现象还知之甚少，在他们的认知里，世界是绝对美好的，所以很容易被欺骗。父母在教育孩子时，要认真给他们分析，让他们懂得思考与辨别，以免想要帮人却伤害了自己。

星期天，森森跟妈妈去逛街，走到闹市区时，森森看见一个跪在街边乞讨的残疾人。他看上去四十多岁的样子，自称因车祸双腿失去知觉，无法行走，家中上有老下有小，希望好心人能够帮助一下。森森顿时心生怜悯，想要将自己包里的20元零花钱给他。这时妈妈一把拉住她，走向前去。森森很纳闷："妈妈，你平时不是教我要乐于助人吗？这位叔叔都这么可怜了，你怎么还不让我帮助他呢？"

"妈妈是教你助人为乐，却不是教你上当受骗。"

"上当受骗?"

"你有没有想过,他双腿既然不能走路,每天又是怎样来的呢?"

"这我倒没想过。"

"这是常见的街头骗术,专门针对你这样单纯的孩子和善良的成年人。"

淼淼对妈妈的话将信将疑。快中午了,街上的人越来越少,淼淼提议要到公园去休息一会儿。于是妈妈带着她向公园走去,这时,正好远远地看见了刚才的那个乞讨者。只见他爬到一个很高的台阶跟前,向四周望了望,看没有其他人,竟然站起来走了上去。看到这一幕,淼淼惊呆了,她想:原来妈妈说的话并没有错,以后想要帮助别人,可真的要小心一些才行。

当然,社会上的黑暗仅仅只是一小部分,父母要避免矫枉过正,把孩子培养成一个冷漠的孩子,要教孩子认真地观察生活,留心身边人的需求,当他们需要帮助时,尽自己的绵薄之力,量力而行。另外,要想培养乐于分享、善于关心、主动帮助他人的孩子,父母要先做出表率。父母要利用一切可能利用的机会在语言和行动上教育孩子,让他们逐渐学会关心别人,帮助别人。只有这样,才能使孩子养成乐于助人的好品格。

2. 告诉孩子要信守承诺

孔子说"人无信不立",从古至今,信守承诺始终是人际交往以及

第四章
小学六年，精心呵护孩子的品德

衡量一个人的人品的重要指标。信守承诺是有责任感的表现，一个人能说到做到，对自己说过的话负责任，是非常难能可贵的，也不难因此获得别人的信赖和尊重。

小孩子的责任感不强烈，有时候他们说过的话，一转眼就会因为一些事情的吸引而淡忘，这时如果父母能及时引导，就有利于培养孩子信守承诺的好品格。

周末，桐桐写完作业去楼下玩耍，结识了一个新朋友，两人玩得非常开心。午饭时间到了，两人感觉还没有玩尽兴，于是约好下午两点在楼下认识的地方见面。桐桐回到家以后，兴冲冲地跟妈妈说了自己的约定。

吃过饭后，桐桐打开电视看起了动画片，一边看还一边笑，看上去一副兴致勃勃的样子。快到两点的时候，妈妈看桐桐没有一点打算出去的迹象，于是提醒她说："桐桐，马上就两点了。"

可是桐桐似乎早已忘记了约定的事情，一心只想着动画片，很随意地回应了一声，却没有动。妈妈又说："你不是还有事情吗？"

"没事啊。"

"你不是说好两点要跟新朋友去玩吗？"

"哦，想起来了，可是妈妈我不想去了，我想看动画片。"

"那怎么能行呢？你答应的事情就得信守承诺，否则人家会在楼下等你的。"

"那好吧，我这就下去。"

"这就对了嘛。如果你这次爽约了，人家下次就不信任你了，对吧？"

桐桐点点头，出去玩了。

063

在培养孩子信守承诺的过程中，想要给孩子树立榜样，首先要自己信守承诺，这样才能让孩子信服。父母不仅在与别人相处时要信守承诺，面对孩子时同样需要做到说话算话，这样才能在孩子心中建立起威信。有些父母认为孩子还小，根本不懂得什么承诺，经常给孩子开"口头支票"，结果孩子对父母越来越没有信心，对周围的人也不再信任。所以，父母一旦承诺孩子就要努力去实现，如果因为某些原因无法兑现自己的承诺，要及时给孩子道歉，解释原因，这样孩子就能感受到父母的尊重，促进其养成信守承诺的好习惯。

一天，妈妈一边做着家务一边想着事情，小楠跑到妈妈的跟前说："妈妈，最近学校附近开了一个自助餐厅，我们好多同学都去过了，我也想去。"

妈妈想也没想地说："这周六中午带你去就是了，我这儿忙着呢，你快玩去吧。"

周六上午，小楠去上兴趣班，兴高采烈地跟同学说中午会去自助餐厅吃饭。在回家的路上他都想好了自己到自助餐厅要吃点什么。然而他满心欢喜地回到家，准备叫妈妈赶紧出发的时候，却发现妈妈正在厨房忙着做饭。

"妈妈，今天中午不是去吃自助餐吗？"

"哦，妈妈把这事都忘了，你看我都准备好菜了。咱们下次再去吧。"

"不行，你答应要今天去的，现在怎么又反悔了？"

"我菜都准备了，别去了。"妈妈说完继续忙着做饭。小楠则哭着回到了自己的卧室。吃过饭后，妈妈收拾好碗筷对小楠说："咱们准备出发吧！"

"去哪儿？"

第四章
小学六年，精心呵护孩子的品德

"咱们不是说好每周六晚上跟爷爷奶奶一起吃饭吗？"

"我不去了。"

"去吧，你都答应过爷爷奶奶了。"

"答应了就必须得信守承诺吗？你答应我的事情怎么做不到呢？"

妈妈一时语塞。她知道这次自己做得不对，没给孩子起到好的榜样作用，于是主动给小楠道歉，这下小楠才不再纠结，跟着妈妈出了门。

如果父母不珍惜孩子对我们的信任，随意许诺，又不肯兑现，不仅会失去孩子的信任，还会潜移默化地让孩子有样学样，后果极其严重。另外，父母在教育孩子信守承诺的时候，必须告诉孩子承诺就是责任，不能随随便便承诺，而一旦承诺出去，就要努力做到。这样才能让孩子获得友谊，获得别人的尊重。守信是父母送给孩子最好的精神财富，所以，让我们从小事做起，多一点耐心，多一份态度，多一些交流，与孩子共同信守承诺。

3. 告诉孩子要敢于担当

你有没有见过这样或者类似这样的场景：一位奶奶哄着自己的宝贝孙子，孩子一边跑一边回头，于是摔倒了，疼得直哭。这时，奶奶赶紧把孩子抱起来，嘴里说着："乖孙子不哭，不哭，都怪地把你摔疼了，奶奶打它。"说完就开始打地，慢慢地孩子就不哭了。很多人觉得这是一种哄孩子的好方法,殊不知在这种哄的过程中已经给孩子传递了负能量,如果孩子长时间接受这样的教育,就会逐渐养成不敢承担责任,甚至毫无担当的性格,这对他的成长极为不利。

父母总认为孩子还小,其实他们已经有了是非观念。所以,父母在教育孩子上要格外用心,不能故意帮他推卸责任,也不能对他太凶,以免他因为害怕批评而习惯性地推卸责任。

成成的妈妈在教育上非常严厉,甚至有些苛刻。她觉得孩子就要乖乖听话,时不时犯错、惹祸是绝对不行的。每次成成不小心做错事情,妈妈都会严厉地批评,并且让他保证以后绝对不会再犯。甚至有时候在盛怒之下她还会动手打他。这让成成心中非常害怕,一犯错误就胆战心惊。一天,成成自己在家,不小心打碎了一个杯子,妈妈回来后,他害怕被骂,于是就说小猫跳到桌子上碰倒了杯子,杯子掉到地上摔碎了。妈妈相信了他的话,没有再追究。成成心中一阵窃喜。后来成成就学会了这种推卸责任的方法,并且屡试不爽。于是他慢慢养成了说谎话、推卸责任的习惯。

如今,只要成成一犯错,不管别人有没有看见,他首先就说"不是我""我没弄"之类的话,毫无责任和担当。

起初大家并没有太关注,但是成成总说"不是我"就引起了爸爸的注意,他觉得一个男孩子如果总是这样没有担当,将来怎样在社会上立足,又有谁愿意与他交往呢?于是爸爸和妈妈专门找成成平心静气地进行了一番长谈。爸爸讲了不敢担当的危害,妈妈也保证以后改正对成成的教育方法,成成答应以后一定勇于承担自己的责任,做一个勇敢的人。

所以,父母要正确对待孩子的错误,当他们勇于承认错误的时候,

第四章
小学六年，精心呵护孩子的品德

要鼓励其担当，纠正错误，并给予正确的引导，而不是大声呵斥和打骂，避免孩子因为害怕而不敢认错。父母要给孩子一个机会，让他们学会自我约束，进而去承担责任，这才是教育的目的。

孩子经历的事情越多，他们对于事情的应对准备就越充分。当孩子犯了错误的时候，恰恰是我们帮助孩子成长的好时机。

小东和小刚放学后在小区一时兴起玩上了恶作剧。他们捡起小石子在车上作画，车主通过小区监控找到了他们的家长，希望妥善解决赔偿事宜。

小东的妈妈知道事情后，并没有第一时间逃避责任，她在家批评了小东，还带着他逐户给车主道歉，并表示一定承担责任，支付修理费用。小东也意识到了事情的严重，向每一个车主道歉说："对不起，我当时只是一时贪玩，没想到给您造成了损害，请您原谅。"大多数车主看小东妈妈明事理，小东认错的态度也很诚恳，于是一腔怒火渐渐平息。

小刚的妈妈知道这件事后，首先维护小刚："说我儿子划车，你们看见了吗？"看见妈妈给自己撑腰，小刚底气十足，推卸责任说："我反正是没有划车。"后来在监控的证明下，母子二人不得不承认了划车的事实。这时，小刚妈妈又说："小孩子淘气在所难免，我们赔就是了。"看到母子二人这样的表现，车主们更加生气，表示一定让他们负责到底。

从那以后，小东再也没有犯过类似的错误，可小刚依旧没有长记性，不断闯祸。

两个孩子之所以会产生不同的教育结果，是因为妈妈对于事情的态度不同。小东的妈妈教育小东要勇于担当，让孩子认识到一个人做错事情必须要负责；小刚的妈妈则包庇小刚，让他觉得做事情只要可以就一定要推卸责任，实在不行还有父母为其承担，从而放心大胆地再次犯错。

想要培养孩子敢于担当的品质其实并不难，凡事从小事做起，如让孩子饲养动物、干力所能及的家务、面对财物损害赔偿等，循循善诱，严格要求，这样孩子的责任心就会一点一滴地培养起来。当孩子学会勇于负责任时，他必然会成为一个热爱生命、热爱生活的人。

4. 告诉孩子要尊敬老师

中华民族向来把尊师重道当作一种美德，不惜用最美的语言来赞美老师。在封建社会，即使贵为天子，也要祭拜为我国教育事业做出了突出贡献的孔子。

现代社会，孩子从幼儿时期就开始接受教育，所以父母要从小教育孩子尊敬老师，理解老师。尊敬老师不仅是谦逊有礼的体现，也能与老师形成良好的师生关系，进而促进孩子的学习。

优优是一个乖巧懂事的孩子，妈妈从小就教育她要尊重他人。上学后，她对老师极其尊敬，认真对待老师的每一句话，上课也认真听讲。优优的入学成绩并不是很好，但她尊敬老师有礼貌，老师们都很喜欢她。每当她有不会做的题，老师会主动给她讲解，直到她听懂为止。

第一学期期中考试，优优的成绩依旧不太理想，这多少让她有些不自信了。老师鼓励她说："一次成绩代表不了什么，你学习态度很好，听课也很认真，老师相信你一定能学好的。"老师的话给了优优莫大的鼓励。后来,每当她不自信的时候,就想起老师的鼓励,从而敢于面对困难,慢慢地学习成绩也提高了。

无论从哪方面讲,尊敬老师都是每一个学生必须做到的事情。老师是园丁,精心地浇灌着祖国的花朵。从某种意义上说,没有孩子对老师的尊重,就不会有理想的教育。如果父母总是当着孩子的面说老师的不是,就会对孩子形成负面影响,使他从内心深处对老师产生排斥,从而无法建立良好的师生关系,影响孩子的学习热情。

球球是一个拖延症非常严重的孩子。每天放学回家,他不着急写作业,而是先这里看看那里瞧瞧,实在推不过去才开始写作业。不仅如此,他还一边写作业一边玩橡皮,磨磨蹭蹭的,于是原本可以早早完成的作业,每天都要写到十一二点。为此妈妈非常恼火,不过她说的最多的并不是球球的拖拉,而是抱怨老师布置的作业太多。

每天当着球球的面,她就说:"你们老师每天留这么多作业干什么呀?就这样写到大半夜能有什么学习效率?成绩提高难道就要靠多留作业吗?"

慢慢地,球球也觉得自己之所以每天这么辛苦,就是因为老师布置的作业太多了,这下更心安理得地磨蹭起来。不仅如此,他还开始反感老师,上课不认真听讲,还跟老师顶嘴。一天,球球上课走神了,老师说:"球球同学,要专心听课。"球球很不礼貌地说:"老师您布置的作业太多,以至于我总是晚睡,所以课堂上才难以集中精神。"类似这样的事情还有很多。后来老师跟球球妈妈进行沟通,球球妈妈对老师也不是很尊重。就这样,球球的成绩一滑再滑,退步明显。

如前所述，父母对老师的态度在很大程度上影响着孩子对老师的态度。老师和家长都是教育者，但是从总体上说，老师的教育观念、教育技巧、教育经验显然比家长更专业、更权威，所以家长不但要充分尊重学校教育、尊重老师，更要教育孩子尊重老师。

5. 告诉孩子要谦逊有礼

谦逊有礼是一种非常好的品德，在人际关系中发挥着重要的作用。在与人相处的过程中，谦逊有礼的人，能够包容、理解和接纳别人，也能够得到他人的尊重与理解；相反，狂妄自大、不可一世的人，很少有人愿意与之相处。孩子就是一张白纸，有着美好的未来，父母必须从小培养他们谦逊有礼的品质，才能使他们的人生画卷更加绚丽多彩。

莉莉和小雨都是班级里名列前茅的学生，但是同学们对待她俩的态度天差地别，这是为什么呢？

原来，莉莉从小在一家人的宠爱下长大，养成了自私霸道的性格，凡事喜欢以自我为中心。课间活动做游戏时，她让大家必须听她的，否则就不高兴，有什么好事也是自己争着抢着去做，丝毫不谦让给同学。不仅如此，她平日里还经常以学习成绩好自诩，这让同学们很反感，于是渐渐疏远了她。

小雨与莉莉的性格恰恰相反，她的爸爸妈妈从小教育

第四章
小学六年，精心呵护孩子的品德

她要谦逊有礼，与别人和谐相处，要懂得谦让和理解。有东西分享时，小雨总是让同学先挑，在与同学玩耍时，也很有礼貌。同学们跟她在一起觉得非常开心，于是总喜欢围绕着她。

与谦逊有礼之人相处很舒服，这是连小学生都知道的道理。但是滑稽的是，很多父母都是一方面告诉孩子要谦逊有礼，另一方面却满口粗话，天马行空，说话做事都不负责任。父母一定要学会以身作则，要明白任何美德与成就都不是凭空说教就能得来的，潜移默化地去影响孩子，才能收到润物细无声的效果。

近几年来，网络直播越来越火，于是很大一部分人希望以此来作为一种新的生活方式。小美的邻居就是如此。她辞职在家做起了直播。因为晚上直播间的人相对较多，所以小美的邻居总是白天睡觉，晚上直播，这样一来，给周围邻居造成了很大的困扰，毕竟人们都是在晚上休息的。

最近，小美妈妈的神经衰弱变得严重了，总是睡不着觉，加上有邻居直播打扰，更是经常难以入眠。很多人都劝小美妈妈去跟邻居说一说，但她总说远亲不如近邻，大家住在一起要相互理解包容。后来，实在是因为身体难以坚持，她才决定要去找邻居谈谈。

小美妈妈敲开了邻居的门说道："实在不好意思来打扰您。我就开门见山地说了，请您见谅。您每天晚上直播的声音我家都是能听到的，之前虽然对我的生活有一点影响，但没什么要紧的，可是最近我神经衰弱严重，医生让我保持充足的睡眠，所以您看，您直播的时候能不能稍微放低一点音量，就算是照顾我这个生病之人了？"

看着小美妈妈谦逊有礼的样子,邻居也有些不好意思了,说道:"不好意思,是我疏忽了这个问题,我以为咱们的房子隔音足够好呢,给您带来困扰真是不好意思。以后我会注意这个问题的。"

小美妈妈道谢之后就回家了。小美说:"没想到这个邻居还挺好说话的。"

"那是因为妈妈在好好跟她说话。人与人相处就好像彼此照镜子,你对他有礼,他就对你有礼,你对他嚣张,他就会对你嚣张。"一旁的爸爸说道:"如果今天你不可一世地去责备她,那邻居也不一定会是这个态度了。"听了爸爸的话,妈妈只是笑着点头,而小美似乎对谦逊有礼有了更加深刻的认识。

孩子未来要面对的世界,是一个远比今天更加纷繁复杂的世界,如果他们缺乏谦逊有礼的品质,只会在学业和事业的发展上举步维艰。作为父母已经有了这方面的经验,所以一定得好好教育和引导孩子,让他们虚心向学,依礼而行。

6. 告诉孩子要遵守规则

我们所生活的社会由很多人组成,人们按照规则分享自然资源与社会资源,和谐共处。规则是社会公共生活的基本准则。如果没有规则,任何社会活动都难以有序展开。所以我们每一个人都必须遵守规则,如果每个人都只顾自己的利益,不顾他人的意愿,社会必定无法和谐。孩

第四章
小学六年，精心呵护孩子的品德

子是社会的一分子，将来也要独自步入社会，养成遵守规则的品质宜早不宜晚。

通常来说，言传身教的力量非常大。如果父母能够做到凡事遵守规则，孩子看在眼里，自然也会受到教育，养成相应的品质。如果父母总是偷奸耍滑，不按规则办事，很可能会带偏孩子，对他们的成长造成不利的影响。

蕊蕊上小学了，爸爸妈妈希望她能够在新环境中尽快适应，并且得到老师和同学的喜欢，学习上更有动力。于是他们决定想一想办法。一天，他们通过各种途径找到了老师的家，然后给老师送上自己的"意思"，希望老师能够对蕊蕊多加照顾。可是老师坚决不肯收，他说："我是蕊蕊的老师，您不来找我，我也一定会对她好的，您就放心吧。"临别，老师坚持让蕊蕊爸妈带走了拿来的礼物。

蕊蕊原本以为这件事情过去了，可世上没有不透风的墙，不知道为什么蕊蕊爸妈私下找老师的事情被同学们知道了。大家都觉得蕊蕊吃了老师的"偏饭"，于是对她有了很大的成见，不愿意跟她玩。面对同学的孤立，蕊蕊伤心极了。爸爸妈妈也意识到了不遵守规则的确是一件让人不屑的事情，于是告诉蕊蕊，以后做事情一定遵守规则，不能贪图捷径而打破社会和谐，这样对自己是没有好处的。父母的错误示范则给蕊蕊深深地上了一课。

想教育孩子遵守规则，就要不断给孩子传递正能量。生活中，父母要细心观察孩子的言行举止，如果他们有什么不符合规则的地方，要及时给予提醒，强化孩子的规则意识。当孩子战胜了自我，遵守了规则，还要给予鼓励和夸奖，从而使他能坚持做正确的事情。

周末，爸爸带小新到超市买东西，然后要去爷爷奶奶家吃饭。他们在超市转悠了很长时间，马上就要到中午了，结账的时候，小新很用力地向前挤去。爸爸一把拉住他，说："儿子，你没看见大家都在排队结账吗？"

"我看见了，但是快到中午了，爷爷奶奶一定等着急了，我们得快点。"小新着急地说。

"那咱们也得遵守规则呀。你想想看，这里排队的人谁没有家人在等呢？如果大家都往前挤，那是不是就乱套了？"

"好吧！"听了爸爸的话，小新只好跟着排起队来。

"这样才是遵守规则的好学生嘛。"爸爸夸奖道。

走出超市以后，小新和爸爸要到马路对面去坐车，这时，小新看没有车辆经过，径直向马路对面走去，爸爸再一次拉住了他，说道："走人行横道，这是交通规则。"

"可是并没有车过来呀。"

"那也不行，很多交通事故都是人们疏忽大意造成的，给受害者带来无尽的痛苦。生命可不是儿戏。"

"好的，我记住了。"

在爸爸的教育下，小新逐渐养成了遵守规则的好品质。

人们常说，没有规矩不成方圆。孩子生来是一张白纸，他能变成什么样的人，在很大程度上与父母有关。父母希望孩子有美好的未来，就先从做一个讲规则的父母做起。

7.告诉孩子要懂得感恩

爱孩子是父母的本能。从孩子呱呱坠地，父母就开始对孩子付出爱，倾其所有，不求回报。然而面对父母无穷无尽的爱，有些孩子竟然理解为天经地义，逐渐养成自私、霸道的性格，丝毫不懂得体谅父母、关心父母，甚至有些孩子还会对父母充满敌意，毫无感恩之心。没有谁希望自己的孩子冷酷无情，没有责任感，所以父母要从小培养孩子的感恩之心，这样他长大了才会回报父母与社会。

感恩是一种心态，是一种生活态度，不是与生俱来的品质，需要在生活中对孩子谆谆教导，让孩子逐渐树立起相应的意识。

琪琪上一年级的时候，一个冬天的晚上，奶奶上厕所时突然晕倒了，这可急坏了琪琪一家人。当时，他们家还没有自己的汽车，住在郊外离市医院较远，如果叫救护车可能得好长时间才能过来。就在大家忙作一团的时候，邻居听到动静来敲门问询情况，得知老人晕倒后，邻居说："我开车去送吧！"情急之下，琪琪爸爸千恩万谢地同意了，因为奶奶被及时地送到了医院，这才没有了生命危险。这件事爸爸一直记在心上。

后来有一次，邻居家遇到了难事，需要用钱，爸爸和妈妈商量拿出了家中仅有的三万块钱，打算借给邻居。虽然琪琪还是个小学生，但她也明白了钱的重要性，于是问爸爸："爸爸，这可是咱们家全部的钱呀，你打算都借出去吗？"

"是的，叔叔现在需要用钱。"

"可是没了钱，我想买什么就买不了了。"

"爸爸妈妈还可以再挣钱呀，或者叔叔还回来不就有钱了？"

"可是我不想借出去。"

"那怎么能行呢？你忘了那年是叔叔大半夜把奶奶送到医院了吗？做人呀，得知道感恩才行。"

"那我们少借他一点不就行了？"

"你没听说吗？'滴水之恩当以涌泉相报。'我们要感恩就得尽心。"

琪琪点了点头。看着爸爸拿钱出去的样子，她觉得爸爸的形象瞬间高大了许多。

父母是孩子最好的榜样，其一举一动都会进入孩子的视野，对他们造成无法估量的影响。想要教育出好孩子，父母首先要做好自己，懂得感恩，孩子才会效仿。反过来，如果父母不知道感恩，孩子也会有意无意地效仿。

有一年，甜甜的奶奶检查出了结核病。她一个人在乡下无人照顾，于是爸爸提议把奶奶接来，让妈妈照顾几天。可妈妈听完爸爸的话，脸色立刻就变了："你不知道结核病是要传染的吗？接来我可不照顾，你是她儿子，要照顾你回去照顾吧。"

"你怎么能这样说话呢？你生甜甜的时候，妈不是也没白天没黑夜地照顾你、照顾甜甜吗？"爸爸很生气地说。

"她伺候儿媳妇月子，照顾孙女是天经地义的，谁让她养儿子呢。"妈妈回道。

爸爸跟妈妈大吵了一架，摔门走了。两个人的日子倒也清闲，妈妈每天变着花样给甜甜做吃的。有一天，妈妈生病感冒了，高烧不退，她躺在床上想喝点水，于是叫甜甜给自己倒水。可甜甜直接拒绝了："你自己去倒吧，我怕你把感冒传染给我。"

"我是你妈，我感冒了你不应该照顾我吗？"妈妈有些生气地说道。

"可是你还能动啊，我可不想被你传染，感冒可难受了。"

听了甜甜的话，妈妈气得流下了眼泪，自己掏心掏肺地对孩子好，到头来她却如此冷漠。想到这些，妈妈不由得生气地骂道："你这个小白眼儿狼。"

"我是小白眼儿狼，那你就是大白眼儿狼。"甜甜丝毫没觉得什么，笑嘻嘻地回应着。妈妈这下明白了，原来甜甜是在学自己。通过这件事情，妈妈深深地反思了自己，一直以来自己只爱孩子，却不懂得感恩长辈，所以甜甜这样对待自己也无可厚非。可是甜甜未来的道路还很长，如果她一直不懂感恩，那她还能有朋友吗？还能在社会上立足吗？想到对孩子的不良影响，妈妈不寒而栗，赶紧拨通了爸爸的电话："还是把妈接来吧，我照顾！"

第五章

小学六年，让孩子学会为人处世

小学六年，是孩子成长非常关键的一个时期，在这个时间段，孩子接触的人越来越多，面对的事情越来越复杂，这就要求孩子要有一定的为人处世的能力。孩子终究是会长大的，是要自己走完人生的。作为父母，能在孩子小时候，教会孩子一些为人处世的道理，让孩子在与他人的交流过程中应对自如，这对他建立良好的人际关系是大有益处的。

第五章
小学六年,让孩子学会为人处世

1. 无法做到,就不要轻易答应

古人常说"轻诺必寡信",生活中不乏这样的人,为了所谓的面子,胡乱吹嘘自己的能力,答应别人的事情却根本无法办到,从而让人一次又一次失望,严重影响社交关系。

学校是一个微型社会,虽然小学生们对为人处世的学问知道得并不多,但是谁值得信任,谁不能依靠,他们还是知道的。父母要教导孩子,要想跟同学们相处融洽,就得做别人值得信任的朋友,就要做到言出必行;对于自己做不到的事情,也不要轻易答应,以免影响他人对自己的期望。

小明班上有个同学想在课间活动时间踢毽子玩,于是就问大家谁有兴趣一起玩。没想到一呼百应,大家都想参与进来。之后,大家就开始商量买毽子的事情。这时小明说:"我知道哪里能买到毽子,我在我家附近的小卖部见过。"

"那你明天能帮我捎一个吗?"一个同学问道。

"当然可以!别说是一个了,一百个都能给你买来。"小明很自信地说道。

"那既然这样,我们就派你当采购员吧,我们把钱给你,你帮大家买。"同学们异口同声地说道。

079

"没问题，一定完成任务！"小明很爽快地答应了，并且每人收了一块钱。

放学回家，小明赶紧跑到小卖部去买毽子，可是因为很少有人买，所以店主人只进了5个，没有那么多。小明只好买下了这5个。

第二天，小明一到学校，同学们就围了过来，可当小明拿出5个毽子后，同学们都失望极了，原本打算好好玩一天的，结果毽子没买来。虽说小明把钱退给了大家，可同学们还是失望极了，抱怨小明说话不算话，那些没有毽子的同学都生气不再理他了。

晚上，小明沮丧地回到家，把这件事情告诉了妈妈，妈妈说："自己没有把握办到的事情就不要随便答应别人，总是这样，别人会认为你是一个言而无信的人，就不愿意和你交朋友了。"

小明点点头，答应妈妈以后再也不这样了。

守信是重要的人格素质，它影响到一个人的整体形象。一个人只有诚实守信才能得到别人的尊重和信任，才会结交更多的朋友，得到更多的帮助，而一个不守信的人，即使其他方面再优秀，也很难成大器。所以，父母从小就要教育孩子诚实守信的做人原则。

班里要选班长了，为了体现民主，老师拟订了两个候选人，让同学们投票决定。康康是候选人之一，他学习成绩好，个子很高，也比较会说话，很得老师的喜欢；斌斌是另一个候选人，他学习成绩一般，但是管理能力比较强，也适合当班长。

班会时间，投票活动开始了。康康看上去很高兴的样子,他觉得自己学习成绩好,平时很多同学都请教自己问题,当选的可能性非常大。然而让他没想到的是,最后自己竟然落选了,斌斌得到了一多半同学的投票。

后来,老师私下了解到,原来康康一向很不守信,答应别人的事情常常办不到,同学们对他很失望。大家觉得,如果让他当班长,有可能不会给同学们办事。可斌斌不同,他不会轻易答应别人什么,可只要他答应的事情就一定能够做到,同学们都很信任他。

通过这件事,康康认识到了轻易许诺的后果,决定以后一定要改正轻易许诺的毛病,做一个真正守信的人。

诚信教育对孩子而言是一堂必修课,父母要在他们很小的时候就告诉他们,做人要守信用,因为"人无信不立",没有信用的人无法立足。在日常生活中,父母要做有心人,为孩子创造愉悦的讲诚信的氛围,以感染孩子的心灵。一个守信用的孩子,长大以后,也一定会成为对自己、对家庭、对社会都能承担起责任的人。

2. 不要鼓励孩子打小报告

我们身边经常有这样的小朋友,他们特别喜欢告状:在家里时,他会说:"爸爸,姐姐打我!""妈妈,爸爸在阳台抽烟啦!"等等;在学校,他会说:"老师,他弄坏了我的铅笔盒!""老师,这件事情是他干的!"甚至完全跟自己没关系的事,他也会向老师告状:"老师,他上课不认真听讲!"……这些都属于打小报告的行为。

其实,年少的孩子爱告状是其年龄特征决定的。对家长而言,更为重要的是要弄清楚孩子告状的原因。不要随意斥责孩子,要帮助他分析,引导孩子换位思考,让他依靠自己的能力化解矛盾,解决问题,而不能动不动就去找老师告状。

东东是一个三年级的小学生。一天放学回家,他看上去一脸苦恼,妈妈询问缘由,他说:"同学们都不跟我玩。"

"为什么呢?"

"他们说我爱打小报告,怕我把他们的秘密告诉老师。"

"你真的爱打小报告吗?"

"我打过几次,不过那都是很早以前的事了,最近我一直没有报告老师。"

"因为你过去曾经跟老师打过小报告,给同学们留下了爱打小报告的印象,所以他们才会认为你只要有事就会告老师,就不愿意跟你玩了。"

"那该怎么办?"

"以后如果你遇到问题,要试着和同学协商解决,不能总是去告诉老师。你只要改掉这个毛病,同学们自然就跟你玩了。"

东东体会到了被孤立的滋味,认识到了打小报告伤害了同学们对自己的信任,决定以后有什么非说不可的事情会当面和同学们说,不会向老师打小报告了。

孩子喜欢打小报告,父母不能站在成人的视角将其看成是不道德的行为,对孩子责备呵斥。当孩子有打小报告的行为时,父母应该透过行

第五章
小学六年，让孩子学会为人处世

为去发现孩子的问题。很多时候，孩子之所以要打小报告，是因为孩子独立解决问题的能力不足或者不自信，这才求助于老师或者父母。如果长时间这样下去，孩子会对老师和父母形成依赖，失去独立解决问题的能力，这对他之后的成长是不利的。

周末，小旭妈妈的几个朋友带着各自的孩子来小旭家玩。为了方便大家聊天，妈妈们就让孩子们去另外一个房间玩。可是孩子多，纷争就多，时不时地就会有孩子前来告状："妈妈，他们抢我的玩具。""妈妈，他们骂我。""妈妈，小旭霸占了所有的零食。"……告状声不断。起初，妈妈们会出面调解一下，可后来她们发现，家长越是参与，告状声越多，这让大家很无奈。

这时，又有一个小朋友跑来了，说道："他们又不跟我玩了。"小旭妈妈正要起身去调解，这时，这个小朋友的妈妈说话了："他们为什么不跟你玩呀？你自己好好找找原因，自己去解决吧。妈妈也管不了这事。"

小朋友一脸不情愿地跑回去了，之后再也没有来过。之后又有其他小孩子跑来告状，同样被自己的妈妈拒绝了。后来，他们竟然相安无事，整整玩了一个下午。

当孩子告状的时候，父母不要急着批评孩子或者替孩子出头，而要了解清楚他们告状的原因，然后鼓励他们自己去解决问题。平日里，父母要注重培养孩子独立自信的能力、与别人沟通表达观点的能力，这样孩子就会逐渐变得强大起来，养成遇到问题自己解决的习惯，减少对父母的依赖，更加独立自主。同时他们也能变得更会为人处世，知道什么事情该做，什么事情不该做，从而与他人建立良好的关系。

3. 坦诚相待才能交到真心的朋友

坦诚相待是一种难能可贵的品质，坦诚相待的人，很容易赢得真诚善良的朋友。所谓"心如赤子"，即是说孩童时期的情谊是最难能可贵的。如果我们的孩子能够对同学坦诚相待，不仅能在小学阶段收获美好的友情，还能增强其交际能力，对日后的学习和生活都有很大的益处。

天天和小楠是同班同学，又住在一个小区，所以天天很珍惜这份缘分，经常去找小楠玩。不过小楠似乎并没有太在乎天天。没人跟他玩的时候，他就来找天天，一旦有别人跟他玩，他就拒绝天天的加入。

一天，天天像往常一样去找小楠玩。看见小楠正和一个新朋友玩，天天也想加入，可小楠却好像并没有看见他一样，完全没有理会他。天天在他们身边站了好久，始终没有等到小楠的招呼，于是就默默回家了。

隔天，在班里遇见，小楠去跟天天玩，天天却没有理会他。放学回到小区，天天也没有再出来玩，小楠只好生气地回家了，嘴里还嘟囔着："真是小心眼儿。"

妈妈听到了，问道："你在说谁呢？"

第五章
小学六年，让孩子学会为人处世

"还不是天天，昨天我没跟他玩，他今天就不跟我玩了，真是记仇。"之后他就把昨天的事情说给了妈妈听。

妈妈说："你能怪人家天天不跟你玩吗？你作为同学对人家坦诚相待了吗？人家是你的好朋友，你召之即来挥之即去，对人家没有起码的尊重，所以他伤心了。"

小楠听了妈妈的话，才意识到自己的错误，于是问妈妈："那该怎么办呢？"

"你去给天天道歉，他原谅你就继续玩吧。"

小楠听妈妈的话和天天重归于好了。经过这次的事情，他认识到交朋友要坦诚相待，否则没有人愿意同自己交朋友。

坦诚是交往的基础，如果连这一点都做不到，肯定交不到真心的朋友。在孩子与同学相处的过程中，很多时候，他们会因为彼此不够坦诚而产生误会，从而使原本很要好的朋友渐行渐远，错失珍贵友情。反过来说，坦诚相待也是避免误会的最好办法，更是友情能够持之以恒的动力。

丁零零——下课铃响了，同学们一窝蜂似的跑出了教室，只有阳阳坐在座位上没动。她的爸爸妈妈吵架了，她心情很不好，今天不想出去玩了。临上课的时候，同学们都回来了，这时同学小爽没头没脑地叫起来，原来是她的五块钱丢了。于是她怒气冲冲地走到阳阳跟前问道："你看见有谁来过吗？"

"没有啊，我一直在教室呢。"阳阳回答说。

小爽本来还想说点什么，可忍了忍什么都没说。其实大家都心知肚明：小爽看阳阳支支吾吾的态度以为是她拿了自己的钱，阳阳又害怕大家笑话她不想跟小爽解释。就这样，俩人虽没有明说，但彼此心中产生了误会。之后的几天，她们互相不理睬了，这两个很要好的同学一下子变得形同陌路。直到有一天，小爽在自己的书包夹层里发现了那五块钱，这才明白自己冤枉了阳阳，于是主动跑去跟她道歉。

阳阳说："也怪我对你不够坦诚，我家里的事本来是不想说的，结果却被你误会了。"

其实，要是阳阳跟小爽说明自己的原因，再让她仔细找找，或许就不会产生误会，但她的态度让小爽误以为她是理亏才不说话，也就没有再认真去找。而小爽也缺乏对朋友的信任，将自己最要好的朋友当作怀疑的对象，最终导致了两人的不愉快。幸好最后误会解除，否则这段珍贵的友情就会告一段落。

作为父母，一定要告诉孩子坦诚地面对每一个同学，只有对方感受到自己的真诚，才愿意向你敞开心扉，这样培养出来的情谊才最珍贵。如果孩子从小没有养成对人坦诚相待的习惯，那他长大后待人接物也很难做到坦诚，就很难有什么真心的朋友，这对他未来的发展是一个极大的障碍。

4. 不拘小节和缺乏教养是两回事

人们常说，做大事者不拘小节。因此，不拘小节被看成一种大方、潇洒的气度。通常来说，不拘小节的人开朗大方，不斤斤计较，能够与人很好地相处。不拘小节是一种豁达的处世之道。父母想让自己的孩子将来有所成就,有广泛的交际圈,就要让他学会不拘小节,从而赢得他人的信任和欣赏。

引导孩子不拘小节其实很简单,只要父母遇事不斤斤计较,做好他们的榜样,同时教育他们不要太在意别人的无心之过,这样,不拘小节的品质就逐渐培养起来了。

芳芳是一个文静的小姑娘,她喜欢阅读,家中有很多书。一次,同学来她家里玩,看见她有一本《宝葫芦的秘密》,正是自己好长时间以前就想看的,于是就提出要借回去看看。芳芳很大方地借给她了,并且叮嘱她不要弄坏了。

一晃几天过去了,同学来还书,很不好意思地说:"芳芳,对不起,有一页我看得太入神了,不小心给折了个印子。"听完之后,芳芳赶紧打开书查看,心疼得不得了。看着同学一脸愧疚的样子,芳芳妈妈赶紧说:"没关系的,书折了再压平一样看,芳芳不会怪你的。"听妈妈这样说,芳芳也就没再说什么,愉快地跟同学玩去了。

一次,芳芳跟小区里的几个同学一块儿玩"老鹰捉小鸡"。她充当的是小鸡,向前跑的时候被"老鹰"盯上了,一把抓住了她,芳芳的裙子被撕破了。这可是芳芳最爱的裙子,于是她伤心地哭起来,一旁的"老鹰"也手足无措。妈妈循声赶来,问清楚原因之后,安慰芳芳说:"乖女儿,你想想看,同学是故意撕坏你裙子的吗?"

"不是的。"

"那既然是无心之过,你还这样计较干什么呀?裙子破了妈妈再给你缝一缝,如果你太责怪同学,人家下次还敢跟你一起玩吗?"

"可这是我最爱的裙子。"

"你裙子坏了心里难过是正常的,可要一直哭,对方就会心里不舒服了。既然跟大家玩游戏,就不要太拘小节,这样大家才玩得愉快。"

听了妈妈的话,芳芳不哭了,回家换了衣服继续玩起来。就这样,芳芳养成了不爱计较的好品质,大家都喜欢跟她玩。

当然,不拘小节针对的是一些没有恶意的人,如果有谁刻意伤害自己,那自然不能忍气吞声、任人欺凌。所以父母在教育引导孩子不拘小节的同时,还要让他学会辨别事情的本质,这样才能让孩子朝着正能量的方向发展。

如今,有一部分父母对不拘小节的认识有偏差,认为不拘小节就是不注重细节,这是不对的,这样教育引导出来的孩子是不受他人欢迎的。

过年了,妈妈带着扬扬去朋友家做客。进屋后,朋友的家人都很热情地说:"扬扬来啦!"可扬扬什么话都没说,直接拿起房间里的玩具就玩起来。妈妈略有些尴尬,笑着说道:"这孩子就是贪玩。"

"没事儿,小孩都这样。"朋友忙着说道。

过了一会儿,午饭准备好了。朋友喊自己的孩子和扬扬吃饭,正好扬扬有些饿了,就迅速来到桌边,拿起筷子就开始狼吞虎咽起来。看到大家都还没有落座,妈妈有些难为情地说:"扬扬,大家都还没吃呢,你别着急。"

"没关系的,孩子饿了就赶紧吃吧。"朋友的家人说道。

"我们这孩子在家不拘小节惯了,到哪儿都特别随意。"妈妈解释说。

吃过饭后,妈妈带着扬扬回去了。朋友家人纷纷感叹说:"这个小孩有点儿被宠坏了。"

不拘小节和不懂礼仪是两码事,前者是处世态度,后者是缺乏教养。如果父母常用不拘小节来理解孩子一些不遵守规则、不懂礼仪之类的问题,那么在孩子心中就会形成错误的想法,认为他的这种行为是不拘小节的表现,是值得提倡的。照这样发展下去,孩子很有可能会变成一个没有自我约束能力的人,言行无状,缺乏公德心,最终难以愉快地与他人相处。因此,父母要正确地理解不拘小节,然后正确地引导孩子,将其培养成一个心胸开阔、乐观豁达的人。

5. 有人蛮不讲理,我自海阔天空

生活中,有很多人在为人处世时喜欢钻牛角尖,一旦跟别人有了矛盾就喜欢较劲,往往跟他人争论得面红耳赤。如果这时懂得退让一步,那就可能是"柳暗花明又一村"了。所以,父母在陪伴孩子的过程中,要不断地引导和鼓励孩子成为心胸豁达的人,遇到问题时可以换种思维,退让一步,这样就可能拥有更加广阔的发展空间。

星期天,爸爸带晨晨去看电影。因为电影很火,所以排队的人接起了长龙。这时一个排在他们身后的妇女一直往前挤,晨晨爸爸几次提醒，可她就是不听。突然，前面的人不知道什么原因向后靠了一下，爸爸无路可退，踩了一下后面妇女的脚，差点儿摔倒。还没等爸爸开口说话，后面的妇女就不依不饶地叫起来，一副很凶的样子拦住买票的人给她评理，于是爸爸开始跟她理论。可爸爸不管怎么解释，她始终在那里喋喋不休。眼看着影响到了大家买票，爸爸只好退一步说："好了，你也别说了，我踩了你的脚，是我不对，对不起。"

看到爸爸退了一步，那个妇女才让开了别人的路，一脸气呼呼地到其他地方排队去了。

看完电影在回家的路上，晨晨问爸爸："今天排队的时候本来你是没有错的，是她一直向前挤才被踩的，你为什么要给她道歉呢？"

"你说我一直跟她争执有什么用呢？只会让自己生气，浪费大家的时间。道个歉解决了不就完了？"

"可那样你不就认输了？"

"傻孩子，这是一种处世技巧，不是输赢的问题。你看，我们今天看的电影多有意思，如果把这时间拿来跟她吵架，有什么意义呢？"

"哦，爸爸，我明白了。"

忍让有时也是一种前行的方式，父母要教会孩子懂得忍让的智慧。很多时候，在一段关系中，如果自己不能站在别人的立场上考虑问题，不能退一步，那么这段关系就可能面临结束，这对人际交往是极为不利的。如果孩子不懂得退让，一直想做交际场上的"常胜将军"，那么他长大后很有可能成为心胸狭窄的人，处理不好人际关系。

第五章
小学六年，让孩子学会为人处世

音乐课下课铃响了以后，同学们你争我抢地走出音乐教室，这时，凡凡不小心碰了一下强强，强强手中的葫芦丝一下子就摔到了地上，葫芦丝的末梢出现了一道细细的裂纹，强强大声喊起来："你摔坏了我的葫芦丝，你给我赔！"凡凡吓坏了，赶紧向强强道歉，可强强就是不依不饶，坚持让他赔偿。后来，事情闹到了老师那里，家长们也都被叫来了，强强爸爸的态度和强强一样，坚持让凡凡赔偿，他说："这葫芦丝有了细纹就会影响音准，所以必须得买一个新的。"凡凡爸爸觉得，既然给人家摔了，赔也是理所应当的，于是就给了强强一个新葫芦丝的钱。

事实上，家长们都明白，那条细纹并不影响什么，即使有了裂纹也是可以修补的，实在没有必要让对方赔偿，更何况都是一个班的同学。经过这件事情之后，刚开始强强还很得意，觉得自己很厉害，可是慢慢地他发现同学们都不怎么理他了，尤其是涉及他的物品的时候，更是能躲多远就躲多远。为此，他感到非常纳闷……

试想，如果当时强强或者强强爸爸退一步，选择宽容，也就不会有今天强强的被疏远。所以父母要告诉孩子，金无足赤，人无完人，有缺点和不足乃是人性的必然。与人交往时，要学会容忍别人的缺点和错误，只要他们的缺点不是品质方面的，不是反社会的。不要事事计较，事事都要求公平合理，这样才能与人正常交往，友好相处。当然，父母还要让孩子知道宽容并非懦弱，不是盲从，不是对坏人坏事的妥协。

6. 要有所坚持，要学会变通

灵活变通是生活中不可缺少的智慧，也是为人处世最重要的一种能力。然而现在很多孩子缺乏这种能力，父母让他们干什么，他们偏不干，非要按照自己的方法一意孤行，直到在现实面前屡屡碰壁，才勉强承认自己的方法确实不行。有时候，孩子有所坚持的确很好，它能够让孩子更有毅力，但如果孩子始终一根筋，不懂得灵活变通，那就会出问题。

一天，妈妈在忙着做晚饭，发现家里没有盐了，于是赶紧掏出五块钱，对岩岩说："儿子，快去给妈妈买两包盐，家里没盐了。"

"好的！"岩岩接过钱，正要出门，妈妈又说："快点回来啊，妈妈等着用呢！"

"好的，知道了！"

过了一会儿，岩岩气喘吁吁、两手空空地跑回来了，说道："妈妈，你给我的钱根本就不够买两袋盐，现在每袋盐三块呢。"

妈妈听了他的话哭笑不得，问道："那你怎么不先买一袋回来呢？"

第五章
小学六年，让孩子学会为人处世

岩岩不好意思地挠挠头，说："我一心只想着买两袋了。"

还有一次，岩岩妈妈和朋友约好第二天去郊游，为此他们买了很多好吃的。可是第二天一早，天就下起了小雨，妈妈只好跟朋友商量，取消出行的计划。这下岩岩可气坏了，他蹦着说："不行，说好的要去郊游，怎么能变卦呢？"

"你没看见外面下着小雨吗？"妈妈问道。

"我不管，反正昨天已经说好了，今天必须去。"岩岩坚持着自己的想法。

后来，爸爸妈妈坚持不出门，岩岩气得哭了好一阵呢。

未来，孩子要独立面对社会，如果他只会固执己见，不顾他人的建议和实际情况，就很容易影响与他人的合作，在将来的发展中更容易受到伤害，这是父母所不愿意看到的。那么父母应如何教会孩子灵活变通呢？

首先，父母要多让孩子做主，孩子总是自己处理事情，慢慢就会总结出经验，懂得灵活变通；其次，要引导孩子打破常规思维，弱化思维定式；最后培养孩子多向思维，做一件事情时父母多向他提问，这样他慢慢就会考虑事情的多重可能性，逐渐变得灵活。

李新是一个思维极其灵活的孩子，这与父母从小的培养有着很大的关系。从李新懂事开始，他的爸爸妈妈做事情时就开始征求李新的意见，例如明天天气好的话，你要穿什么衣服？天气不好的话，你要穿什么衣服？我们要去姥姥家，怎样坐车会更省时间？……后来，李新上小学了，思路变得更广，对于家里的事情爸爸妈妈基本上都会考虑他的意见，尤其是旅行，爸爸妈妈完全不必操心，李新自己会通过手机做好攻略，只要爸爸妈妈跟着走就可以了。

周末，李新一家人想外出游玩，于是李新制订了出行计划：第一站植物园，第二站海底世界，第三站电视塔。看到这个计划，妈妈问道："你不是很早之前就说想去香山公园看枫树吗？为什么不设成第二站呢？"

"妈妈，我已经看过天气预报了，下午会有小雨，去香山公园不合适。明天我们可以随时观察天气情况，如果天气一直很好，我们从植物园直接去香山公园就好，距离很近的。"

第二天上午，他们一直在植物园中游玩，临近中午的时候，天气有些转阴了，于是李新一家开始出发到第二站，路上果然下起了淅淅沥沥的小雨。很快，他们就到了海底世界，好好地在室内游览了一番。渐渐地，太阳偏西了，李新带着爸爸妈妈向中央电视塔走去，它就在太平洋海底世界的上面，所以在小雨中漫步几分钟就到了，没有什么影响。在电视塔上，他们俯瞰了北京全城，晚上又看了北京夜景，在旋转餐厅吃过晚餐，这才结束一天的出行，心满意足地回家。

在回家的路上，爸爸妈妈不禁夸奖李新："儿子，你的头脑真灵活，这一天安排得简直太好了。"

如果孩子从小学会灵活变通，那他的应变能力就会不断增强，这对孩子日后立足社会有着非常重要的作用。通常情况下，能够灵活变通的人工作能力都非常强，他们能够面对一切可能出现的问题，并有条不紊地应对。未来的世界是复杂多变的，充满了不确定性，它需要孩子灵活变通，所以父母必须重视培养孩子的这个能力，让他们在面对困境时，能有更多的方法去解决问题。

7. 现在没底线，未来有危险

有这样一类孩子，他们到别人家做客时乱翻东西，在小区里搞破坏、横冲直撞、无法无天，到处惹是生非，这些孩子之所以成为这般让人讨厌的模样，大多与他们的父母对他们的过度娇惯有关。因为父母的宠爱，使他们缺乏底线思维，不知道什么事情不该干。这样的孩子长大后极有可能逾越法律的红线，酿成不可估量的恶果。

人不能脱离社会单独生活，每个人都会与他人产生各种密切的联系，言行举止往往会影响其他人。如果父母没有教会孩子树立底线思维，这对孩子来说是极危险的一件事，很可能影响他的人际关系，难以成大事不说，还可能因为做出损人害己的事情，给他人和自己造成不可挽回的伤害。

临近春节，街上卖鞭炮的摊位多了起来。皮皮放学后回到家，拿上零花钱就去跟小朋友买鞭炮玩了。刚开始，他们只是点燃鞭炮向空中抛去，偶尔还会朝着路过的行人扔去，看着行人吓一跳，他们咯咯地笑。行人看他们几个是孩子，也就没有太追究。后来，皮皮觉得这样玩太没意思了，应该想点新鲜的花样。于是他点燃鞭炮顺着下水井的孔洞扔了进去，正当他准备要跑开的时候，井盖一下子被炸开了，因为受到井盖的冲击，他被甩出去好几米远，头也磕破了。

  皮皮的爸爸妈妈得到消息以后，赶紧带着皮皮去了医院，经过医生检查，皮皮只是受了点皮外伤，并无大碍，爸爸妈妈这才放心。不过这次皮皮可着实吓得不轻，他原本只是想听听鞭炮在井下炸裂的声音，没想到下水道有沼气，产生了这么大的威力。经过这件事，爸爸妈妈也觉得皮皮已经顽皮到没有底线了，下定决心要好好教育他，以免将来做出什么让人意想不到的事情。

树立底线思维对于孩子来讲是很有必要的。可能有些父母对底线思维不太理解，认为这样会束缚孩子的成长，抑制孩子内在潜力的挖掘。然而事实并非如此，孩子有了底线思维之后，才能明白哪些事能做，哪些事不能做，在这个前提下，孩子才能更好地自主学习、自主探究。

  那么父母应该教会孩子树立哪些底线思维呢？通常来说，生命底线、尊严底线、生活底线都是孩子应该具备的底线。父母要告诉孩子：人的生命只有一次，任何威胁到生命安全的事情都不能去做；人要活得有尊严，如果有谁不尊重自己，绝对要远离他，以免自己受到伤害；人无论何时都要有生存的本领，父母不是一辈子的依靠，孩子在离开家之前必须要具备基本的独立生存能力。

  航航过去的家在农村，大街上总有一大群孩子在玩耍，随随便便就能找到玩伴，航航从来没有感到孤独过。自从上了小学，他的家搬到了市里。楼房拉开了人与人之间的距离，他谁也不认识了，心中倍感孤独。

第五章
小学六年，让孩子学会为人处世

后来，他发现同班同学小宇跟他住同一个小区，心里别提多开心了。虽然小宇在班里是出了名的调皮，可航航觉得聊胜于无，有一个总是好的，再说又是同班同学，玩一会儿还是可以的。

刚开始几次，航航去找小宇玩，小宇都很爽快地跟他一起玩。可是慢慢地，小宇又认识了新朋友，他对待航航的态度就转变了。

一天，航航像往常一样去找小宇玩，看见小宇正跟别人开心地玩，他说："小宇，咱们一起玩吧！"

"想让我跟你玩也可以，你只要学几声狗叫我们就带你一起玩。"

航航心想，学几声狗叫又没什么，回去自己多孤单呀，于是就学了几声，加入了小宇的队伍。

后来，航航的爸爸听说了这件事情，对航航说："儿子，一个人要活得有尊严，这是做人的底线。如果小宇不尊重你，你大可以不跟他玩。如果你不在乎自己的尊严，将来也没有人会尊重你的。"

航航点点头，把爸爸的话记在心里了。

对于孩子来说，只有树立起底线思维，才能严格约束自己，让自己变得越来越好，活出最精彩的人生。所以父母陪伴孩子不能只是单纯地守护他，溺爱他，父母更重要的任务是教育和引导孩子，成就孩子。

第六章

小学六年,让孩子爱上运动

　　小学时期的孩子,活泼好动,让孩子在这六年中爱上一项或几项运动,将对孩子的成长产生非常积极的影响。爱上运动的孩子,不但能练就健康的体魄,还能造就阳光般的心态,这种心态会延伸到孩子的学习与生活上,延伸为全家人的幸福。

第六章

小学六年,让孩子爱上运动

1. 足球或篮球,培养孩子的团队意识

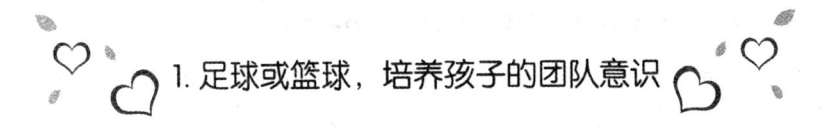

在众多的运动中,足球和篮球是比较典型的团队运动,它们要求队员要有比较强的团队意识,如果孩子经常踢足球或者打篮球,对团队意识的培养是有很大好处的。

如今社会分工越来越细,越来越明确,这就要求人与人之间要进行分工协作,而一个人能否与他人进行良好的协作,取决于他是否具备团队意识。想要培养孩子的团队意识,父母不妨让孩子从踢足球或打篮球开始,让他从潜意识里明白,团体活动中充满了快乐,自己也能在团体中实现价值。

过去,王蒙做事情总是非常自我,无论做什么事情,他只想着自己,从来不管别人。班里卫生评比,他只把自己的位置收拾干净就好;团队大合唱,他自己在家不停练习,却不乐意参加大家的排练,诸如这类的事情还有很多,因此同学们经常说他"不合群"。

后来,学校要组建校园篮球队,王蒙身强体壮,被选上了。从那时起,每天下午活动课他都会去练习打篮球。在篮球队中,他担任过中锋,也充当过后卫,明白每一个角色对整个团队都有着重要的意义,只有大家齐心协力,才可能赢

得比赛。慢慢地，团队意识开始在王蒙的心中生根发芽，并且越来越强烈。

如今，王蒙在班级活动中非常积极，因为他明白了一个人无论多优秀，如果跟团队协调不好，那整体也是差的。于是，班级评选先进班集体时，他主动给功课较差的同学辅导作业；表演节目时，他也不再单独行动，而是积极地把大家聚在一起排练……看着王蒙的变化，大家都非常高兴，纷纷夸奖他越来越为大家着想了。

不仅在学校如此，王蒙在家也有了很大的变化，他不再像从前一样自己想干什么就干什么，而是会考虑爸爸妈妈的感受。为此，爸爸妈妈经常夸他："儿子，你的团队意识越来越强了。"

缺乏团队意识的孩子，即便他自己非常优秀，有着丰富的学识和出色的技艺，但"独木难成林"，走入社会后，他也无法与别人建立良好的合作，难以融入集体中去。当然，他也体会不到集体的荣誉感和在集体中实现自我价值的满足感。

陈乐是班级里的"足球小王子"。他之所以能够得到这个称号，那是因为他的球技非常棒。陈乐酷爱踢足球，从很小的时候就已经开始踢了。他会花式踢球，课间活动时经常会给同学们展示一下自己的球技。

最近，学校要选派一支足球代表队参加市里的小学生足球联赛，陈乐因为在学校足球社团表现突出，于是被选拔出来，跟其他班级的几个小朋友组队参赛。为了能够获胜，足球队的同学们希望除学校安排的练习之外，还可以利用课间活动或周末的时间练习，可是陈乐却说："你们觉得踢不好可以再练练,我感觉我自己的球技没有问题,所以不想在这上面花那么多时间。"面对陈乐的拒绝,大家都很无奈,纷纷表示:"足球是团队比赛,你一个人好有什么用呀?"

"那就在临比赛前多练习一下不就好了。"说完陈乐就去忙自己的事情了。

比赛那天,陈乐所在足球队的同学们默契度很低,要么不知道在恰当的时候传球,要么急着传球队友接不住,总之,进球很少。一场比赛下来,被对方足球队踢得落花流水,输得非常惨。

经过这次比赛,陈乐深深地意识到了团队意识薄弱的危害,他说:"过去我太自我了,以为只要自己的球技好就行,忽略了团队默契合作的重要性,实在是太不应该了!"

是否具备团队意识,对孩子日后的成长非常重要。拥有团队意识的人,更容易融入陌生的环境中,适应能力也更强,也更容易受到他人的认可。但这种团队意识需父母从孩子小时候就开始培养,所以父母要多带孩子参加一些体育项目,让孩子在训练与比赛中感受协作的乐趣,感受个人与团队共同努力的力量。

2. 学游泳,多掌握一项生存技能

游泳是生活中常见的运动,这项运动对人的新陈代谢、心脑血管系统、呼吸系统、肌肉系统等都有很大的好处。多参加游泳锻炼，对孩子身体的成长发育很有好处。另外，游泳作为一项基本的生存技能，当出现溺水事故的时候，能够挽救自己或他人的生命。因此很多父母重视游泳课程，甚至从婴儿时期就开始让孩子尝试游泳，希望他们从游泳中获得乐趣，避免伤害。

  2018年，某地四个小学生到小河边玩水，其中一个小孩子不小心栽进水中，其余三个小孩子慌忙施救，遗憾的是，几个小孩没有一个会游泳，于是很快被湍急的河流冲走了。这一不幸的消息震惊了无数人的心。四个小孩花一样的年纪，本可以有大好的未来，却被大水永远地吞没了。这时人们不禁感慨，如果这几个孩子会游泳该多好，就不至于发生这样的悲剧了。

  孙阳的妈妈看到这一消息后，一颗心不由得紧张起来，她觉得一定要让孙阳学会游泳，以便应对突如其来的危险。

  起初孙阳非常怕水，但在妈妈和教练的鼓励下，他一天比一天进步。撤掉辅助教具的时候，孙阳其实还是很害怕的，但是他想起妈妈的话，"游泳是一项生存技能，是必要的运动"，就咬牙挺过了这一关。当他能够自由在水中游动时，心里别提多开心了。

  看着他学会了游泳，妈妈也格外开心，她说："儿子，现在你学会游泳了，至少遇到危险的时候能够自救，妈妈就放心了。"

有些人对于学习游泳存在认知上的误区，从而阻碍了很多孩子的热爱与学习，这是不对的。更有些人觉得游泳没什么技巧，只要在浅水里多玩一玩，自然就会了，这种想法更加不对，而且极其危险，因为孩子一旦踩不到水底就有可能发生溺水事件。还有人认为，只要远离水源就

第六章
小学六年，让孩子爱上运动

可以，只有会游泳的人才会去玩水，才会发生溺水的事故。这种想法是偏执的，人的一生无法预知会遇到怎样的危险，多掌握一项生存技能总是好的。有一些父母心疼孩子，认为整日学习已经很累了，没有必要浪费精力去学习游泳。事实上，游泳可以强身健体，缓解疲劳，甚至还能让孩子变得越来越聪明。

> 石头是一个非常喜欢游泳的人。每次到海边度假，或者听说同学们到游泳馆玩，心中都渴望自己会游泳。可是妈妈觉得学习游泳没有什么必要，只要孩子知道陌生水域危险，不随随便便下水就可以了。
>
> 五一长假，石头爸爸开车载着一家人回乡下奶奶家度假。途径一个水塘时，突然迎面来了一辆车，速度非常快，石头爸爸想停下来已经来不及了，但如果不躲必定会被撞上，情急之下，石头爸爸躲了一下，但整个车却栽进了旁边的池塘里。眼看水从车窗流了进来，一家人干着急却没有办法，虽说车窗没有关，但是谁也不会游泳，也没法自救，所幸的是，车子栽进池塘的位置是浅水区，水没有将整个车子淹没。最后一家三口只得爬上车顶等待救援。后来，有几个路过会游泳的好心人，下水把他们搭救起来。
>
> 有了这次惊心动魄的经历之后，妈妈总是心有余悸，再也不说游泳没有用处了，并且积极主动地给石头报了游泳班，希望他以后再也不会经历这样的危险。

虽说天灾人祸不常有，但是谁都无法保证绝对不会遇到。父母希望孩子健康安全，但不能只是希望，应该鼓励孩子去参加游泳这类运动。如果父母因为一些无关紧要的原因让孩子放弃这类关乎生命安全的运动，才是最不明智的。

需要强调的一点是，父母一定要告诉孩子，即使会游泳了，也要对水有敬畏之心，不能因为自己会游泳了，就把危险不当回事儿。很多溺水事故都是孩子过于自信，忽略了客观环境的危险，诸如水底有淤泥、水草等，最终导致孩子溺水。所以，父母要让孩子时刻认识到水的危险，不能在野外随便下水，防止发生安全事故。

3. 轮滑，让孩子阳光洒脱起来

轮滑是一项低冲击、全身性的有氧运动，以速度取胜，趣味性非常强，它不仅能够提高孩子的体能和耐力，调节身体协调性、灵活性，还能对孩子良好性格的形成有非常大的帮助。通常情况下，学习轮滑可以排遣孩子的学习压力，放松神经，使孩子心情愉悦，更加阳光洒脱。

飞飞是一个性格内向的男孩，平日里很少说话，再加上身体也很柔弱，在班里似乎没有什么存在感。那一年，爸爸和妈妈离婚了，家庭的巨变让这个原本就不爱说话的孩子变得更加沉默，眼看他终日不快乐，妈妈心里别提多难受了。

有一天，飞飞突然对妈妈说："妈妈，我最近的学习压力太大了，我想学习轮滑放松一下。"

妈妈听了也没有多想，既然孩子喜欢，不管他最后能不能坚持下来，她都会支持，于是答应了飞飞的要求。从那以后，

第六章
小学六年，让孩子爱上运动

飞飞每天都坚持练习，刚开始，他总是摔跤，可他从来不喊叫，妈妈默默地心疼着他。经过一年多的练习，飞飞的轮滑已经练习得相当熟练了。后来，他征得妈妈同意，参加了轮滑马拉松。最后飞飞完成了整个赛程，妈妈为此感到骄傲。

现在的飞飞，早已不是当初那个没自信、胆小的男孩，他变得阳光积极、开朗热情，每当看见他开心的笑容，妈妈总会不由得热泪盈眶。她觉得是轮滑给了飞飞第二次生命。

有时候，孩子之所以不快乐，是因为他们没有足够的自由，也没有释放心情的地方。这时，父母可以让孩子学习一下轮滑，让他们在速度中将烦恼遗忘，从而找回原本属于自己的快乐。

轮滑不仅可以培养孩子不怕苦不怕累的精神，还能帮助他们更好地树立自信。孩子在学习的过程中，每完成一项动作都会产生一种自我满足感，从而提高孩子的自信心和参与集体活动的积极性，有助于孩子形成良好的心理素质。

小左天生左脚残疾，走起路来稍微有点儿跛脚，虽说并不严重，却严重影响了他的自信心。他常常为此伤心，不敢参加学校的任何活动，生怕看到同学眼中的异样。尽管同学们并没有区别对待他，但他始终过不了心中的那道坎儿。一些要好的同学劝他要自信一些，可道理他懂，真正做起来却并不容易。

一次偶然的机会，小左认识了轮滑。过去他一直认为自己左脚有残疾，根本无缘这项运动，但是现在教练说，他可以试一试。小左心情激动了好久，决定要学会轮滑，因为滑行起来就再也没有人能看出他跛脚了。

经过无数个日夜的勤学苦练，小左终于能够完全驾驭轮滑了。每当他穿上轮滑鞋，就感觉自己踩在了风火轮上，心中有了从未有过的自信。尤其是听到别人的夸奖后，小左更是自信满满，心想：我终于也有强于别人的时候了。有了自信的小左，变得阳光积极了许多，就好像完全变了一个人一样。

如果孩子不够自信，不妨让他学一学轮滑，让他在一次次跌倒中学会坚强，理解勇敢和不放弃的含义，让他因为能够轻松驾驭轮滑鞋而自信满满，逐渐变得快乐洒脱，给自己的未来提供更多的机会和更广阔的发展空间。

4. 滑雪，让孩子在白雪上飞翔

滑雪是有氧运动，运动量大，能够增强肺活量，同时还能锻炼身体的协调能力、平衡能力、柔韧性和应变能力，而且对于儿童的骨骼生长发育也能起到非常好的促进作用。滑雪是一项在户外进行锻炼的有益身心健康的运动，可以提高孩子的抵抗力，降低感冒的发生概率。父母可以带着孩子参加这项运动，让孩子在白色的雪花中感受滑雪的魅力和激情。

伟伟是一个柔弱的男孩，从小身体就不怎么好，每到冬天总要感冒两三次才行。临近平安夜时，伟伟读到了一个关

第六章
小学六年，让孩子爱上运动

于圣诞老人的故事，他说："妈妈，圣诞老人坐着雪橇，在皑皑白雪间行走，一定是一件非常美的事情。"

"你喜欢雪吗？"妈妈问道。

"当然了，有机会我一定学一学滑雪。"

"这还不简单，只要你想学，妈妈一定让你去尝试一下。不过学习滑雪不容易，需要坚持才行。"

"妈妈，我能坚持的。"

之后，妈妈就让伟伟去学习滑雪。起初，他受不了滑雪场寒冷的天气，三天两头感冒，但是他没有放弃。慢慢地，他适应了那个环境，抵抗力越来越强，几乎不怎么感冒了。妈妈感叹地说："滑雪真的是太好了，过去我悉心照顾，伟伟也总生病，现在结实多了。"

滑雪这项运动不仅能够增强孩子的身体素质，同时还能磨炼人的意志，让人学会独立。滑雪相对其他运动，天气条件更具挑战性，如果孩子缺乏毅力，很难坚持下来，如果他能战胜各种困难，享受到滑雪的乐趣，那他就成功了。在这个不断失败与挑战的过程中，孩子的心理素质也逐渐趋于完善，变得更好。

牛牛是一个性格内向的男孩，平日里在学校很少愿意与同学们交流，就算跟爸爸妈妈也很少说自己的心里话。最近一段时间，妈妈发现牛牛的情绪很不好，学习下滑得比较严重，询问缘由，他也不说。后来妈妈决定带他去放松一下心情。

一个本该活泼开朗的年龄，正是孩子最美好的时候，牛牛却每天把自己包裹得严严实实。

刚开始，牛牛看到滑雪场地时似乎并不怎么想玩，后来还是妈妈不断鼓励他，他才穿上装备学了起来。掌握了基本的要领之后，牛牛尝试着自己去滑。这一次，他大胆地向前滑着，害怕的时候他会高声地叫起来，仿佛周围并无其他人，整个滑雪场就他自己一样，这让牛牛感到格外轻松。快要结束的时候，牛牛穿着装备滑到妈妈的面前，开心地冲妈妈笑了。妈妈瞬间激动得热泪盈眶，因为她也记不得有多久牛牛没有这样发自内心地笑过了。

有了这次尝试，牛牛似乎寻找到了真正的乐趣。每当他不开心时，就会让妈妈带他去滑雪，他告诉妈妈："当我在白雪间穿行，我就全然忘记烦恼的事了，我很开心。"

因为滑雪，牛牛渐渐变得爱说话了，至少跟妈妈是这样的。有时候在回家的路上，他还会跟妈妈分享一些滑雪的心得，真的好像变了一个人一样。

滑雪这项运动具有一定的刺激性和挑战性，无论是大人还是孩子，滑雪时都会感到心情愉悦。父母培养孩子，不仅希望他们身体健康，还希望他们快乐向上，所以父母应该鼓励孩子积极参加滑雪运动，让孩子在飞驰中放松自己的身心，协调自己的身体，享受运动的乐趣。

5.学跆拳道强健体魄

说起跆拳道，可能很多人第一反应就是"打"，于是不太赞成自己的

第六章
小学六年，让孩子爱上运动

孩子参加这项运动，认为女孩子学了以后会变得不淑女，男孩子学了以后脾气会更暴躁。事实上，这是一种错误的理解。跆拳道是一种有益身心健康的运动，它能够帮助孩子练就健康的体魄，还能使孩子拥有积极乐观的心态。

浩浩是一个小学四年级的男孩，身材瘦小，性格软弱，一点男孩的样子也没有，经常一遇到事就哭鼻子。有时候爸爸气急了，就会冲着他说："你呀，活脱脱一个林黛玉转世。"虽说浩浩还小，但自尊心却很强，每每听了爸爸这话，他心里都难过极了。他很想改变自己，但是却没有什么合适的方法。

后来，有人建议爸爸让浩浩学一学跆拳道，一方面强身健体，另一方面还可以让他变得坚强一点。听了这个建议爸爸表示赞成，在他心中，只要浩浩能变成小男子汉，让他干什么都乐意。

暑假刚一开始，爸爸就带着浩浩去了跆拳道馆。一路上浩浩的心情紧张极了，生怕自己会坚持不下来。开始的那段时间，学习的确非常艰苦，浩浩每天都特别累，每当躺在温暖的被窝中时，一想到自己一直被打倒在地，就想着干脆放弃算了。可是第二天，他却说不出口，害怕爸爸笑话自己。下定决心学习以后，浩浩每天练得很辛苦，渐渐地，拳来脚往，打得不亦乐乎。就这样，他居然咬牙坚持了过来。

如今浩浩再也不是之前爱哭鼻子的小孩了。虽说他还不壮实，但是肌肉却紧实有力，很有"练家子"的风范。

跆拳道是强身健体的一项好运动，父母应该鼓励孩子去尝试。当然，有些父母让孩子爱上跆拳道，目的并不单纯，他认为学习跆拳道可以用来防身，如果有谁敢欺负自己的孩子，就让孩子给他点儿颜色看看。在父母这一想法的影响下,孩子会认为学习了跆拳道就比别人厉害,于是不害怕惹祸生事,做事情肆无忌惮,从而影响孩子良好的人格塑造,给成长造成不利的影响。

张力的爸爸是一个特别疼爱孩子的人,舍不得孩子受一点委屈,他对孩子的教育方式就是"人不犯我我不犯人,人若犯我十倍奉还",所以张力在外面从来不吃亏,即使吃亏了,父母也会为他出头。为了让张力有更好的自我保护能力,爸爸给张力报了跆拳道班。张力为此也非常得意,心想:这下看谁还敢欺负我。

尽管跆拳道老师一直强调学习跆拳道的目的就是强身健体,不能以此为优势欺负弱小,可张力根本听不进去。

一次,一个同学不小心踩了张力一下脚,虽说同学已经赶紧道歉了,可张力还是不依不饶,认为对方是故意的,狠狠地踹了同学一脚。老师知道后,让张力给同学道歉,可张力却振振有词,态度非常不好,后来双方家长来了,在老师的劝说下,事情才算过去。

在回家的路上,张力爸爸对他说:"儿子,爸爸今天是看在老师的面子上才给他道歉的,你做得对,有人欺负你就是不行。"张力听了点点头。

慢慢地,大家都知道了张力的"家教",不敢跟他玩了。而张力的脾气也越来越暴躁,动不动就想打人,有时候在家控制不住自己,还会跟爸爸妈妈动手。可张力的爸爸妈妈却根本没意识到这是一个多么严重的问题。

为人父母,谁都不希望自己的孩子受人欺负,但是不能鼓励孩子好胜斗狠,不能去欺负别人。所以父母应该正确认识跆拳道这一项运动,让孩子真正地热爱这项运动,用以强健体魄,而不是以此为工具,把孩子培养成一个蛮横无理的人。

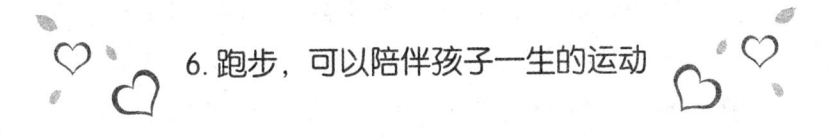

6. 跑步,可以陪伴孩子一生的运动

在适合孩子的运动项目中,跑步绝对是一项不可错过的运动,这项运动对客观条件要求低,只要孩子愿意,随时随地都可以跑几步锻炼自己的身体。跑步不仅能够锻炼心肺功能,让孩子的身体更健康,而且跑步运动后的畅快感还能让孩子心情愉悦,对孩子专心学习很有益处。

盛阳是一个十足的小胖子,十岁的年龄已经快要一百斤了。生活中,他最大的爱好就是吃东西,看见食物就非常开心。每天放学回家,他完成家庭作业之后,就开始坐在沙发上吃东西。因为太胖,他经常困倦,在课堂上也打瞌睡,学习效率非常低。每到周末,他总要睡到日上三竿才起床。看着他终日慵懒的样子,妈妈特别发愁。

一天,妈妈想了一个好方法,她对盛阳说:"儿子,妈妈最近感到身体很不舒服,医生让妈妈多运动一下,所以我打算每天早上跑步半小时。"

"妈妈,你不要紧吧?"

"没事,医生说运动运动就好了。"

"那你就运动吧。"盛阳事不关己地说道。

可这时妈妈却面露难色地说道:"我自己跑步太孤单了,怕是坚持不下来,你能每天陪我跑吗?"

盛阳心里虽说有一万个不愿意,但他是一个孝顺的孩子,于是硬着头皮答应了。

起初的几天,盛阳过得格外艰难,早起床、多运动,每一样对他来说都是巨大的挑战,可为了妈妈他始终没有放弃。再后来,他养成了习惯,也就不感觉那样艰难了。

现在的盛阳,每天早上精神百倍,上课的精神状态也明显好了很多。跑步燃烧了脂肪,他成功地减重了,这让他更加自信、快乐,整个人的生活状态发生了颠覆性的变化。

应该说,上面故事里的妈妈的做法未必对其他孩子奏效。那么父母该如何让自己的孩子爱上跑步呢?最简单的做法就是潜移默化地去影响。父母坚持每天跑步,无论春夏秋冬、严寒酷暑始终不间断,慢慢地,孩子也会对跑步产生兴趣,进而去尝试。另外,父母还要刻意引导孩子学习一些跑步知识,让孩子科学锻炼、健康跑步,不能乱跑和瞎跑,那样还不如不跑。

马克的妈妈是一位跑步爱好者。她参加了一个跑步团队,每天早上都会跑十几公里。除了极其恶劣的天气之外,她们的团队活动从不间断。为了让家人也爱上跑步,妈妈总是动员爸爸和马克也跟着跑一跑,可是他俩却没有太大的兴趣,后来妈妈也就不再强求了。

一天,马克看了一篇报道,说美国有着浓浓的运动氛围,很多孩子从两三岁开始就要学习一两项运动,再大一些的孩子会加入各种运动队,甚至进行专业的训练,参加比赛。在运动方面,父母非常支持孩子,经常会陪着孩子跑步、游泳、爬山、踢球……这时,马克想到了每天坚持跑步的妈妈,于是就想:运动真的有神奇的魔力,让人如此喜欢吗?

自从产生了这样的疑问以后,马克开始认真地关注妈妈,她每次跑步结束都很愉快,精神状态也非常好。后来,马克对妈妈说他自己也想去试试,妈妈很高兴地答应了。

第二天,马克跟着妈妈的团队出发了。这个早晨,他有了不一样的体验,感觉整个人神清气爽,虽然身体很累,心情却很放松,就连课堂上的表现也更积极了。

跑步对人的身心健康有益是毋庸置疑的,它还是其他运动的基础,所以父母为了孩子的健康成长应该培养孩子爱上这项运动。当然,父母要特别注意适度,不能让孩子过度锻炼。父母在陪伴孩子的过程中,要根据孩子的年龄特点和身体发育情况给孩子做出正确的跑步计划,循序渐进,这样孩子才更容易爱上跑步,长期坚持下去。

7. 跳绳,和孩子一起跳起来

一直以来,跳绳都被拳击运动员所青睐,以此当作训练灵活与速度的手段。对于孩子来说,跳绳也是一项非常不错的运动,是体育课上经常进行的运动项目。

跳绳对孩子的好处有很多，它需要手脚一起来协调运动。通过跳绳，不仅能够起到锻炼身体的作用，还可以锻炼手脚的协调性，平衡孩子左脑和右脑的协调发展，使孩子节奏感更强。

  小霞是家里的"小公主"，从小在家人的怀抱中长大的，经常是爸爸妈妈抱完，爷爷奶奶抱，基本上能够自由爬行的机会很少。小霞大了一点，开始学走路了，总是摇摇晃晃走不好，因为怕她摔跤，家人去哪里都是抱着她，很少让她自己走。有时候，妈妈会说："这孩子走路总是东倒西歪的，协调性不好，应该多让她走走。"可是爷爷奶奶心疼孙女，总说："孩子还小，慢慢长大就好了，现在老自己走，万一走坏腿怎么办。"

  不知不觉中，小霞已经成了一名小学生，可她的身体协调性仍旧不好，走路经常被绊倒，只要有障碍物就不会灵活地躲避，为此妈妈可发愁了。后来她知道跳绳可以增强身体的协调性，于是决定让小霞多练习练习跳绳。她告诉小霞，跳绳简单易学，而且塑造形体，这一下子就吸引了这个爱美的小姑娘。

  起初，小霞总是会被跳绳绊倒，可慢慢地，她跳得越来越好，手脚的协调性增强了。不仅如此，她还参加了学校校庆表演的花式跳绳，真真让人眼前一亮呢。

跳绳是一种很好的有氧运动，如果孩子每天坚持跳绳，就能提高身体的免疫能力，不容易生病。另外，跳绳还能够促进孩子骨骼增长，帮助体重超标的孩子控制体重，达到减肥的效果。

  小婷是一个胖胖的矮个子女孩，再加上性格内向，经常会被其他的小朋友嘲笑。在学校,同学们给她取了一个绰号"小胖墩"。这让小婷幼小的心灵极度受伤。慢慢地,小婷不愿意跟那些小孩玩了,每天就待在家里自己玩。好几次妈妈都鼓励她出去,可她就是不去,妈妈也只好不再勉强。

看着小婷自己在家很无聊,妈妈就给小婷买了一根跳绳,让她无聊的时候就到院子里去跳。小婷很喜欢跳,因为自己在家实在是太无聊了,跳绳既可以锻炼身体,又可以打发时间。慢慢地,她就爱上了这项运动,只要有时间就会去跳。因为跳绳越来越熟练,小婷还研究出很多新奇的跳法,并为此乐此不疲。

第二年六一儿童节,在班级节目的征选中,小婷报名了花式跳绳并入选。当天,在宽阔的操场上,小婷跟着大家一起轻快地跳着,同学们这才惊奇地发现,之前的"小胖墩"不知道从什么时候消失了,现在的小婷身材修长苗条,早已发生了蜕变。

表演结束后,很多女同学将小婷团团围住,问道:"小婷,你什么时候学的跳绳啊,跳这么好?"

"对呀,你现在长高了,也变瘦了。"

……

听着大家七嘴八舌地问着,小婷都快要来不及回答了,她说:"我也没有刻意干什么,可能就是每天跳绳的缘故吧。"这下,女同学们更来了精神:"那你以后教教我们跳绳吧。"

"没问题,大家组个队一起跳好了。"小婷开心地回答。

跳绳简单易学,也不用什么投资,对于孩子来说,的确是一种很好的锻炼方式。父母闲暇时,不妨带着孩子到小区、公园或者其他开阔一点的地方跳一跳,在运动上和孩子同步,有了共同话题,才能更好地深入他的学习和生活。

第七章

小学六年,很多问题出在细节上

培养一个孩子,父母费尽了心血,渴望孩子成为优秀的人、有用的人。但是很多时候都事与愿违,很多父母怎么也想不通:为何我费劲心力培养自己的孩子,他却不按照我的想法发展呢?其实很多问题出在细节上,细节决定成败。孩子在成长过程中有许多细节需要父母格外留意,如果在这些细节上没有做好,那么孩子的成长就会偏离预期轨道。

第七章

小学六年,很多问题出在细节上

1. 撒谎是孩子对父母教育方式的回应

撒谎是孩子成长过程中比较常见的一种现象,但父母们的态度各不相同。有的父母认为,孩子嘛,在成长的过程逐渐有了趋利避害的思想,撒点小谎无伤大雅,不必太过认真;有的父母则认为撒谎是品质问题,这对孩子未来的成长有很不好的影响。事实上,撒谎确实是一种不好的现象,虽然对于孩子撒谎作为父母不能站在人品的高度上去批判,但也必须重视起来,以免孩子形成不健康的人格。

最近一段时间,妈妈发现芳芳的文具损坏率非常高,不是尺子断了,就是钢笔丢了,总之每天都有新东西要买。起初妈妈并没有太在意,要多少钱就直接给芳芳了。后来,芳芳要的钱越来越多,妈妈就开始有点儿担心了。妈妈问:"芳芳,你最近怎么总是丢三落四的?"

"我也不知道,总之就是丢了。"

"在学校里没有什么事情吧?"

"没有,妈妈,确实是我弄丢了。"

"那你以后能不能注意点自己的东西呢?"

"我会的。"芳芳如愿地又得到了钱。

一天,妈妈心血来潮给芳芳整理文具盒,发现自己很久之前给芳芳买的笔还在,根本就没有丢。这下妈妈意识到芳芳是在说谎。等芳芳从外面回来的时候,妈妈直接问:"芳芳,这支笔是妈妈给你买的,你不是说丢了吗?"

"对呀,丢了,可是我又找回来了。"芳芳支支吾吾地说。

"那你要钱买的新笔呢?"

"嗯——嗯——新笔又丢了。"芳芳又说了一个理由。

"妈妈再给你一次机会,你说要钱买什么了?"

"好吧,妈妈,我撒谎了,我用那些钱买零食吃了。"

"你想买零食可以直接和妈妈说明,为什么要撒谎骗钱呢?"

"你总说那些零食对身体不好,我跟你说了以后,你肯定不让我买。"芳芳说道。

妈妈告诉她,无论什么时候都不能撒谎。因为一旦开始撒谎,很可能就会养成爱撒谎的习惯,这是一个不好的现象。总撒谎的人很难得到他人的信任。芳芳知道了撒谎不好,向妈妈保证,以后绝对不撒谎了。

孩子撒谎看似并不要紧,但如果放任下去,孩子长大后也会习惯性地撒谎,长此下去就很难得到他人的信任,从而影响人际关系的展开,对个人发展会起到极大的阻碍作用。所以父母不能因为一时对孩子的放纵,毁掉孩子的未来生活。

当然,孩子撒谎时,父母不能一味埋怨孩子,很多时候孩子撒谎是对父母教育方式的回应,这时父母不仅要告诉孩子不能撒谎,还要改正自己的教育方式,以免孩子的撒谎升级。

王阿姨最近发现,自己的宝贝女儿涵涵总是撒谎,于是狠心教训了几次,不仅没有效果,反而让孩子说谎的程度升级了。

涵涵喜欢挑食，王阿姨觉得这样不利于她的身体，于是每天强迫她吃菜。一天，涵涵把自己不喜欢吃的菜倒进了马桶冲走了，王阿姨看见了，可涵涵就是不承认，气得王阿姨脸都白了，直接给了涵涵一个大巴掌。涵涵哭闹了一番，然后回到自己屋里去了。王阿姨以为经过这次的事情，涵涵一定不敢再撒谎了。然而她想错了，几天后，她发现涵涵每次说吃完了，其实是趁她不注意把饭倒进了塑料口袋，然后装在书包里带到外面扔掉了。

后来朋友劝说王阿姨不应该这样强迫涵涵，否则涵涵只能被"逼上梁山"了。想让她不撒谎，只能慢慢教导，强行压制是不行的。

作为孩子，他们一方面被教育不能说谎，另一方面却常常因为说了实话而遭到责罚，正因为有了这种矛盾的心理，孩子才会趋利避害，用撒谎作为手段来免于责罚。所以父母发现孩子撒谎时，一定要冷静对待，不能冲动之下给孩子贴上爱撒谎的标签，伤害孩子的自尊心，而是要耐心地引导孩子，告诉他们撒谎对自己成长的负面影响，帮其改掉撒谎的毛病。

2. 孩子擅自拿家里的钱怎么办

在给孩子钱的问题上，不同的父母有着不同的态度。有的父母大大咧咧，满不在乎，只要孩子要钱，就会给；有的父母认为不能让孩子养成乱花钱的习惯,所以要也不给;还有的父母把给钱当成是控制孩子的工具,只要孩子听话就给……由于处理不好这个问题,又引发了很多相关问题,而最典型的就是孩子擅自拿家里的钱,这让许多父母感到苦恼。

事实上,孩子擅自拿家里的钱,一方面是自己认识不清,认为拿自己家里的钱花没什么;另一方面则是因为父母对孩子的零花钱管控太严格,孩子又有需求,就只能私自去拿了。遇到这种问题时,父母一方面要告诉孩子不能擅自拿钱,另一方面则要审视自己的教育方式,从自身改变去培养孩子。像上面提到的几种父母对待给孩子钱的问题的态度,都是有问题的,父母需要根据不同的情况,具体来分析这个问题。

丽丽很小的时候,爸爸妈妈就外出打工了,她由奶奶一手养大。尽管如此,妈妈和奶奶的关系并不好。

上小学了,爸爸妈妈把丽丽接到他们的身边,从此不跟奶奶生活在一起了。奶奶的生日快到了,丽丽想跟妈妈要钱给奶奶买个礼物,可是无论她怎样说,妈妈就是不给钱。丽丽很想给奶奶买个礼物,于是就偷偷从妈妈的钱包里拿出一百块钱,花掉了。纸终究包不住火,妈妈很快发现少了一百块钱,于是追问到了丽丽的头上,没办法,丽丽只得承认。这下可不得了了,妈妈好像火山爆发了一样,对丽丽连打带骂,说她是个"狼崽子""小偷"。

被妈妈打骂一顿之后,丽丽的情绪一下子变得低沉了,她心里懊悔、害怕,渐渐不喜欢跟人沟通,也不想跟同学们玩耍了,就连上课也无法专心听讲,从此成绩一落千丈。

父母在处理孩子擅自拿家里钱的问题时,一定要谨言慎行,否则一不小心就会伤害到孩子。如果父母不问青红皂白,就给孩子贴上"偷"的标

第七章
小学六年，很多问题出在细节上

签，那可能会给孩子造成不可逆的心理伤害。相反，如果父母能够好好地跟孩子讲道理，耐心引导，可能会产生另一种结果。

小红的同学要转学到其他城市了，大家都很舍不得他。小红想买个礼物送给他，可同学是个男孩，她觉得告诉妈妈的话，妈妈一定不会同意，说不定还会因此而盘问一番，于是，她就偷偷从妈妈的钱包里拿了一些零钱，给同学买了礼物。不出所料，妈妈很快就发现了。在妈妈的询问下，小红只得说出实情。虽然妈妈对小红擅自拿钱的行为很生气，但是为了不伤害孩子，她还是平心静气地说："你是一个重情义的孩子，给同学送个礼物是应该的。不过你要钱应该跟妈妈说。"

"可我怕你不同意。"

"你还没说怎么就知道我不同意呢？再说，不管同不同意，你都应该跟我说一声。"

看着小红疑惑的眼神，妈妈解释说："钱包是我的，如果你没有经过我的允许从里面拿了钱，可以被认为是偷。不过你现在还不太明白，所以妈妈并不怪你。女儿，你要记住，如果你有合理的理由需要用钱，妈妈一定会给你的。"

听了妈妈的话，小红自知做错了事情，于是表示不会再有下次了。从那以后，小红每次跟妈妈要钱都讲得清清楚楚，再也没有擅自拿过钱。

同样的事情，不同的态度，对孩子的影响也是不同的。所以父母在教育孩子的过程中，一定要有爱心和耐心，还要有智慧、有方法。就像上面故事中的妈妈一样，既纠正了孩子的错误，又完善了孩子的自我观和道德观，远比通过暴力让小红"长记性"来得好。

3. 说脏话的孩子只是在模仿

当人愤怒、生气或者是激动时，容易说脏话，这叫情绪发泄。虽然有时候脏话说出来让人感觉很有"力量"，但它却是有伤大雅的话，往往是一个人缺乏素质的表现。孩子受环境的影响，很可能会学到脏话，并且运用到实际中。然而孩子的是非观念还不清晰，很多时候他们说脏话只是在模仿别人的样子，但对脏话的内容并不了解，所以当孩子说出脏话时，父母不能有过激的反应，而应耐心地引导他们，让他们知道说脏话是一种不好的行为，不仅会伤害到别人，也会影响到自己。

下课了，文文跟几个同学在操场上玩。他们互相打闹着，追逐着。同学小楠一不小心打到了文文的眼睛，文文生气了，一边捂着流泪的眼睛，一边大声骂。

"我打到你了是我的不对，可是你怎么能骂人呢？"小楠也生气了。

"我骂你怎么了，谁让你打我呢！"

"我回家告我爸去，让他来收拾你。"

"你爸算个老几呀，我才不怕呢！"

说着两个人就扭打在了一起。后来有同学向老师报告，文文和小楠都被叫到了办公室。

第七章
小学六年，很多问题出在细节上

小楠委屈地说："老师，我是不小心打到他的，可是他骂脏话。"

"老师，我是气急了才骂脏话的。"文文也觉得委屈。

后来，在老师的耐心调解下，两个人互相道歉和好了。老师对文文说："骂脏话是很不礼貌的行为，很容易伤害他人的情感，如果你总是骂脏话，同学们还会喜欢跟你一起玩吗？"

"老师，我也是听见别人说好奇才说的，我以后不说了。"文文很后悔地说道。

"嗯，知错就改就是好孩子。"老师说道。

孩子受环境影响不可避免地会说脏话，如果孩子说脏话，父母该怎样应对呢？通常情况下，当父母听见孩子说脏话时，反应都是很强烈的，例如"谁让你说脏话的，再说小心我揍你""你说的这是什么话，这么难听怎么能说出口呢"，然而这种严禁和命令往往并不奏效，甚至父母越三令五申不许说，他们说得越来劲，这是为什么呢？其实，当父母因为孩子的脏话而暴跳如雷时，孩子就找到了点燃父母情绪的法宝，当他们感到无聊的时候，就会用脏话来刺激父母，从中寻找快乐和刺激。

郑东的爸爸妈妈每天非常忙碌，即使晚上回到家也各自忙着自己的事情，因此他们很少有时间跟郑东交流。他们对郑东的陪伴，不过是每天早送晚接，见见面而已。有时候郑东想跟他们说说话，可是总是被"自己玩去吧，我忙着呢"给堵回来。

一次，郑东跟同学打电话，男孩间放肆地聊着，时不时就会蹦出一两句脏话来。当他还打着电话时，就已经感觉到了爸爸妈妈的愤怒。果然等他一挂电话，爸爸妈妈就迅速围过来，一顿劈头盖脸的数落，一阵义正词严的质问。他们好像已经好久没有在家说过这么多话了，虽说郑东是在挨骂，可心中却有些小小的窃喜，因为爸爸妈妈终于意识到了他的存在。

  这天过后，郑东就掌握了爸爸妈妈的"软肋"，于是无聊的时候，他就跟同学聊天，说上几句脏话，这时爸爸妈妈瞬间就会关注到他。

  有时候，孩子说脏话并不是学坏了，只是在求关注而已。所以当孩子说脏话的时候，父母做出强烈的反应反而会强化他们说脏话的欲望。这时，父母最直接的反应应该是用平静的语气告诉孩子要做一个讲文明、有涵养的孩子，而不是做一个粗俗的人。这样孩子就会觉得自讨没趣，也就不会再继续说下去。当然，如果父母了解孩子的内心，就要给予一定的关怀，以免孩子长时间得不到关爱而真的养成说脏话的习惯，最终成为一个没素质的人。

  除此之外，父母在陪伴孩子的过程中，要给孩子树立好榜样，坚持做到自己不说脏话，还要关心孩子的活动环境，禁止他跟一些爱说脏话的孩子玩耍，或者是看一些语言不文明的动画片等，这样也能在一定程度上杜绝孩子说脏话。

4. 一部手机足以毁掉孩子的未来

  在现代生活中，手机已经成为人们必不可少的工具。随着它的功能日益强大，人们越来越依赖它，好像它存在一种魔性，使人为之着迷。

第七章
小学六年，很多问题出在细节上

如今，不仅仅是大人难以离开手机，就连很多孩子也沉迷手机无法自拔。沉迷手机，对孩子的危害是巨大的，一部手机，足以毁掉一个孩子的未来。

> 因为上网课需要，露露开始用上了手机，这下可不得了了，她好像发现新大陆一样爱上了手机。过去她觉得手机的功能无非就是通讯，可现在她才知道，但凡是你能想到的东西，手机里都有，刷视频、购物、上课、打车、叫外卖……所有事情都毫无压力。尤其是里面还有各种各样的小游戏，让她无法自拔。
>
> 每当爸爸妈妈不注意，露露就跳出学习的页面，开始玩游戏。因为长时间保持一个姿势，她常常觉得自己的脖子有些僵直、酸痛，活动缓解之后，她又继续玩起来。后来，露露经常感到头痛，有时还想吐，于是爸爸妈妈赶紧带她上医院，经过医生检查，露露是因为颈椎病导致的头痛，罪魁祸首就是手机。
>
> 这件事情让露露有些害怕了，对爸爸妈妈说自己以后再也不玩手机了。从那以后，除了必要的上网学习，妈妈就不让露露再接触手机了。经过一段时间的调理，露露的颈椎病终于好转了，每每想到头痛的感觉，露露都心有余悸，再也不敢沉迷手机了。

孩子的身体正在发育当中，如果长时间沉迷手机，很可能就会造成不可逆转的身体伤害，特别是孩子的眼睛。所以父母要关心孩子身体健康，就不能太娇惯孩子，只要孩子一撒娇耍混，立刻就把手机给孩子，这种行为是不负责任的。

沉迷手机不仅对身体健康影响很大，对心理健康的影响也不容忽视。当孩子沉迷手机中时，他会变得不愿同外界交往，性格可能会越来越孤僻，另外还会伴有记忆力减退、注意力不集中等问题，如果这些问题得不到及时的纠正，严重时可能会导致孩子产生自闭症等心理疾病。

  不知道从什么时候开始，奇奇就对爸爸妈妈的手机产生了兴趣，闲暇时总会要过来玩上一会儿，因为时间短，爸爸妈妈并没有太在意，也没有过多地阻止。后来，疫情期间，孩子们需要在家上网课，为了方便孩子学习，爸爸妈妈专门给奇奇配备了一部手机。这下奇奇可高兴坏了，终于有一部完全属于自己的手机了！因为爸爸妈妈工作忙，没有时间陪伴在侧，奇奇就更有了手机的独立支配权。刚开始，他每天上完课就开始打游戏，玩得不亦乐乎，后来老师讲课时他也不能专心听讲了，满脑子想的都是打打杀杀的游戏画面，有时候会完全沉浸在那个虚幻而美妙的世界中。渐渐地，奇奇的游戏瘾越来越大，干脆上网课时也开始玩了起来。在无人监管的那段日子，奇奇玩得放肆极了，学习成绩大幅度下滑，整个人的精神状态变得越来越差，脾气也变得越来越暴躁，经常会因为一件小事就跟爸爸妈妈大声吵闹。
  后来，妈妈发现了奇奇沉迷手机这个情况，开始增加了对奇奇的陪伴，这才让奇奇从无法自拔的手机中慢慢脱离出来，回归到正常的学习生活中。

  通常情况下，孩子对自己的管控力并不够，他们一旦沉迷手机中，就很难自救，这时父母要细心观察孩子的情况，如果发现孩子对手机非常痴迷，就要及时干预，避免孩子越陷越深。
  为了避免孩子沉迷手机，父母要给孩子多一些实质性的陪伴，让他们不会因为孤独而寻求手机的慰藉，同时父母也要告诉孩子手机对身心健康的不利影响，自己也要少玩手机，要以身作则地去影响孩子。

5. 从小养成守时的习惯

可能我们经常会听一些孩子刚上小学的家长说："上幼儿园去晚了没关系，现在上小学可不行了，每天得早起啦。"说这话的，大多是一些时间管理比较差的家长，他们时间观念不强，做事情拖拉、缓慢，养成了不守时的习惯。这种生活习惯会潜移默化地影响孩子，给孩子造成不利的影响。

做事情守时是一个人认真负责的表现，对于孩子来说，最起码应该做到的就是上学尽量不要迟到。首先，当孩子迟到时，会打扰老师正常的讲课秩序，使其他同学的注意力转移过来；其次，孩子迟到会错失老师讲的知识点，很可能接下来的整节课他都无法进入状态，影响学习。

小旭妈妈是一个做事马虎大意、喜欢拖拉的人。在她的影响下，小旭也养成了遇事不紧不慢的性格。一天，妈妈忘记了上闹钟，结果一睁眼已经七点半了。"完了，要迟到了！"妈妈着急地喊起来。小旭看上去却不慌不忙，洗脸刷牙之后，穿衣服还磨磨蹭蹭的，在妈妈不停地催促下，才出了家门。等来到学校时，已经上课十多分钟了。

"报告！"小旭在门外高声地喊了一声。老师和同学们的目光齐刷刷地落在他的身上，在大家的注视下，小旭坐到了自己的座位上。她感觉脸红发烫,当时真恨不得找个角落躲起来。她坐下后,老师接着开始讲课,而小旭的心还扑通扑通跳个不停,因为是新知识,所以她也有点儿跟不上老师的节奏,就这样,一节课在恍恍惚惚中结束了。

放学回家后,小旭的家庭作业完全不会做,她越想越难过,后来干脆哭了起来,妈妈安慰她说:"别哭了,咱们以后争取不再迟到了好吗?"小旭点了点头。虽然之前小旭也总迟到,但每次都是晚一两分钟,并没感觉到什么,可这次迟到太久了,她自己也被吓到了。经过这件事情,小旭认识到了上学迟到的坏处,暗自下决心,以后一定要改掉这个坏习惯。

上学迟到看似是一件小事,有些父母甚至认为把错过的知识再补一下就可以了,但实际上它对孩子产生的影响是深远的。遵守时间,对孩子来说是一种好习惯,对他交往的人来说也意味着一种礼貌的信用。所以,每一位父母请从现在开始认真培养孩子遵守时间,让他成为一个守信用,让人乐于结交的孩子吧。

元元的爸爸妈妈常年在外地工作,元元和奶奶生活在一起。奶奶非常宠爱她,凡事都由着元元的性子来。元元上小学了,需要每天早起,这可愁坏了奶奶。上幼儿园时,入园时间要求并不严格,一般情况下元元都是睡到自然醒才去的,所以她养成了迟到的习惯。刚上小学那段时间,元元几乎每天迟到,老师强调了无数遍,可一点效果没有。

学校要举办迎新生联欢会,临时决定让一年级的小朋友演节目。得到这个消息后,同学们都跃跃欲试。于是学校特意拿出一点时间让孩子们表演,然后选出合适的节目。因为时间很紧,学校只留出了半小时的报名时间,之后就不再接受报名,并且通知报名时间为第二天早上七点。

元元也很想上台表演,可是第二天她却再次迟到了,错过了报名时间。这让她非常懊恼,于是坐在座位上伤心地哭了。这时老师走过来对她说:"元元,别难过了,以后还会有机会的。"

"可是我很想表演。"

"但是你迟到了呀。有些事情错过机会就没有了,这就是我们为什么要养成守时的好习惯。"

有了这次的教训,元元认识到了自己的问题,以后上学很少迟到了。元旦晚会上,老师特意给了元元一个上台表演的机会,作为元元改正迟到习惯的奖励,元元为此开心极了。

如果孩子还没有养成好的起居习惯,千万不要认为这是无关紧要的小事,这是一个足以影响孩子一生的习惯。父母要教育和引导孩子做事情守时,不做懒散拖拉之人。当然,父母要想取得好的教育效果,还要以身作则。父母是孩子最好的老师,如果父母经常日上三竿才起床,上班天天迟到,干活拖拖拉拉,孩子耳濡目染,想要养成守时的习惯就很难了。

6. 发现偏科苗头要纠正

小学是教育的初始阶段,各个学科都是基础学科,都是在为以后的学习打基础,如果孩子对某一学科表现出不感兴趣,或者是不愿学习,有偏科的现象,那么他的基础就不全面,这对未来学习的影响是无法估量的。

偏科的危害显而易见,孩子在不喜欢的学科上产生知识缺陷,势必影响学习的全面性,长期这样下去,就会影响之后的中考、高考,进而改变自己的人生轨迹。所以父母要帮助孩子改正偏科这一现象,一旦发现苗头,就及时进行纠正,让孩子重新回到全面发展的道路上。

小刚是一名三年级的学生。他喜欢学数学和英语,对语文丝毫兴趣也没有。因为爱学,所以他在数学上的主动性非常高,数学成绩在班里总是名列前茅。可是语文成绩就不太尽人意了。为了纠正他的偏科现象,妈妈决定要好好地跟小刚谈谈。

"儿子,你告诉妈妈,为什么你的语文成绩总是赶不上数学呢?"

"我不喜欢学语文。"

"为什么呢?"

"语文每次都要写那么多字,太累了。相比而言,数学和英语要简单得多。"

"学习要不怕苦不怕累才行,不能因为怕累就不学呀!"

"妈妈,我的理想是长大当数学家,所以语文少学一点就行了。"

"你的理想很好,可你的想法是错的。你想过没有,如果你不好好学习语文,将来你连好的初中、高中都上不了,怎么考大学,怎么当数学家呢?"

小刚不说话了,他从来没有想过这个问题。

"即便你当上数学家了,一点语文功底也没有,你该怎样写论文、做报告呢?所以学好语文对数学也是有帮助

第七章
小学六年，很多问题出在细节上

的。"妈妈接着说道。

这次谈话让小刚认识到了偏科的危害，渐渐地不那么排斥语文了。

一般来说，孩子对于自己喜欢的学科，注重研究学习，即使有困难也愿意挑战，从而能够取得不错的成绩。但是对于自己不喜欢的学科，孩子往往会将其看成一种负担，即使短短一节课时间，他们也无法安心听讲，所以对老师讲的知识并没有深刻的印象，从而导致学习成绩不佳。因此，父母想要帮助孩子纠正偏科的现象，想办法培养孩子的兴趣，从而改善偏科现象。

小东是一个四年级的学生。因为在上小学之前从没有接触过英语，所以他对英语并不感兴趣。从上了小学有了英语课程开始，他就非常排斥英语，偏科现象很明显。为此，妈妈和老师跟他沟通过很多次，但始终没有什么效果。小东不仅不为自己偏科发愁，还笑嘻嘻地说："我是中国人，学好语文和数学就可以了，对外国人的话实在不感兴趣。"

对于他的偏科现象，妈妈始终觉得是因为没有语言环境，于是专门给他报了一个英语俱乐部，里面有很多外教，大部分时间都是陪着孩子们玩，在玩耍中培养孩子对英语的兴趣。

刚去俱乐部的时候，小东一下子就傻了。俱乐部里有很多小朋友年龄比他还小，可人家英语说得非常流利，大家一起做游戏，玩得非常开心。小东很想参与进来，可是他不知道该如何跟其他人交流，只能不知所措地站在那里。后来老师把他介绍给大家认识，大家才一起玩了起来。从那时开始，小东对英语的态度大为改观，强烈的交流欲望促使他开始好好学习英语。后来在老师的帮助下，小东的英语成绩终于缓步提高了，他学习英语的兴趣也越来越浓厚了。

父母都希望自己的孩子能够全面发展，所以从小学开始就要正确引导孩子，避免偏科。如果孩子已经出现了偏科的苗头，父母不要着急，最重要的是要让孩子意识到偏科的危害，让他自己产生要提高成绩的意愿。所以，父母要及时给予孩子鼓励，陪他一起想办法，根据他的实际情况进行纠正，这样才能让孩子保持各科平衡，获得好成绩。

7. 发现畏难心理要鼓励

初生牛犊不怕虎。孩子们在小时候，对什么都无所畏惧，因为他们还不懂得害怕。随着年龄的增长，孩子的思想越来越复杂，渐渐懂得了害怕，这时畏难心理就产生了。当孩子表现出胆怯时，大部分是源自他们心底的害怕与恐惧。这时，身为父母，要给予孩子最大的鼓励，帮助他们战胜恐惧，勇敢地迈出去。很多时候，畏难只是孩子心中的一道坎儿，只要跨过去，前面的路就没有他们想象的那样艰难了。

为了提升小学生的体能素质，学校专门给孩子们开设了轮滑课。雨雨听到这个消息既开心又担心。他热爱运动，只要能让他动起来他就非常开心，但他知道自己的平衡力不好，担心那几个轮子怎么能站得稳，要是摔跤了该怎么办？

第七章
小学六年，很多问题出在细节上

开始的几节课，老师教了大家怎样正确穿鞋、穿护具，又教了基本的滑行技巧，并且嘱咐孩子们回家多练习。放学回家后，雨雨拿着自己的轮滑鞋就出门了，爸爸紧跟在他的身后，以便必要时给他一些帮助。

在公园的广场上，雨雨找了一块空地，开始穿鞋穿护具，然后就小心翼翼地开始滑了。公园里的人真多，雨雨心想：我平衡力不好，可千万不能摔跤，否则可就真的丢人了。他这样想着，就分神了，前面一个小石头垫了一下他的轮滑鞋，他打了一个趔趄，还没等爸爸上前来扶就摔倒了。

从这次后，雨雨心中就更加害怕起来，生怕再次摔倒。有了这样的心理暗示后，他就开始不停地摔，最后干脆要脱掉鞋子准备回家了。他说："爸爸，我不想练了，我可能真的学不会，你跟老师说说行吗？我真的不想再练了。"

可是爸爸并没有责怪他，反而鼓励他说："你之所以老摔跤，是因为你老认为自己会摔，这样消极的心理暗示自然是不好的。我们是小男子汉，可不能被困难吓倒，只要你敢于挑战，就一定能学会的。"

在爸爸的鼓励下，雨雨再次穿上轮滑鞋，这次他内心安稳了，身体也平稳了不少，滑起来也顺畅了很多，再没有摔倒过。临回家时，雨雨很高兴地对爸爸说："爸爸，我觉得我学轮滑应该没有问题了。"

当孩子说出"我不行""我不敢"等负面词汇来表达自己想要放弃的意思时，父母要耐心地陪伴孩子，感同身受，用鼓励的话语和一些具体的方法，帮孩子克服恐惧心理。如果这时父母对孩子大声呵斥，或者漠不关心，甚至冷嘲热讽，只会加重孩子的害怕情绪，更难以战胜自己。

五一假期,妈妈带着乐乐到外地游玩,走到一个广场上的时候,看见一个家长正在给自己的孩子录跳舞视频。这个广场视野开阔,风景优美,拍个视频发朋友圈一定很棒,于是妈妈就对看得很起劲儿的乐乐说:"乐乐,你也跳一段自己学过的舞蹈,妈妈给你拍下来。"可是乐乐十分害羞,摇了摇头,准备扭头离开。妈妈一把拉住了她,鼓励她说:"走什么呀,你看这里多美呀,你就随便跳上一段吧。"

可乐乐还是十分抗拒,一直在说:"我不行,我跳得没有她好。"

"没事儿的,随便跳就行。"

"可是妈妈,真的不行,我怕我跳不好。"

这时,妈妈突然脸色变得严厉起来,大声说道:"看你那点儿出息,跳个舞而已,有什么难的?"

听了妈妈这句话,乐乐一下子涌出了泪水。妈妈紧接着又说:"还说不得了,你还委屈了,有什么好哭的!既然你不愿意跳,那以后都别跳了,我回去就给你把舞蹈班的钱退了……"

听了这些,乐乐哭得更厉害了。

事实上,孩子因为害怕自己表现不好,从而产生畏难心理是很正常的现象。但是乐乐妈妈不站在孩子的角度去想,反而大声斥责她,这对孩子的打击无疑是巨大的。乐乐妈妈不明白,当孩子表现出畏难心理时,父母首先要认同孩子的害怕,给孩子退缩的权利,然后用足够的耐心和细心陪伴孩子一起适应,并发现畏难情绪的根源所在,最后采取合适的办法帮助孩子面对和克服恐惧,才能从根本上消除畏难情绪。

第八章

孩子小学六年,父母任重道远

小学六年,为了孩子健康成长,父母需要付出很多,任重而道远。父母不光要在孩子的饮食穿着上照顾好孩子,更要在孩子的心理成长上时刻引导孩子,让孩子积极向上,健康阳光。

1. 以身作则，做孩子的好榜样

大教育家孔子曾说："其身正，不令而行；其身不正，虽令不从。"这句话告诉我们，教育孩子的时候，父母要做孩子的好榜样，即便不告诉孩子这件事怎么去做，他也会以你为榜样，做好该做的事；如果父母的品行不端，即便你强行命令孩子去做好事，他也不会服从。

父母每天早早起床，为孩子准备早饭，在孩子写作业时坐在旁边看书，孩子就会学着你的样子，好好学习，作息规律；父母每天睡到日上三竿，每天抱着手机刷视频，却命令孩子赶快起床、好好上学、努力写作业，孩子会听你的吗？

小策上四年级了，是班里的学习委员，他一直把学习当成一种乐趣，每次考试基本上能拿满分。但是最近一段时间，小策的学习成绩却在直线下滑，上课也不认真听讲了，老师感到很奇怪，就问小策是怎么回事。

小策说："我也不知道爸爸妈妈最近一段时间怎么了，他们不像以前那样每天辅导我做作业了，而是每天都拿着手机，一直在那里打游戏，有时候他们还坐在我身边，那打游戏的声音太吵了，我实在没有心思学习。"接着小策又说："爸爸妈

第八章
孩子小学六年，父母任重道远

妈晚上也玩游戏，一直玩到很晚才上床睡觉，我也睡得很晚，因为没有人辅导，我要查资料，一查就查到很晚。"

老师发现，小策这几天的学习状态的确不好，还总是犯困。放学后，老师和小策的爸爸妈妈关于孩子的学习沟通了一下，爸爸妈妈答应得很好，但回到家之后，他们就又控制不住自己了，继续玩着游戏。小策看到有一部闲置的手机放在那里，在好奇心的驱使下，他也开始玩起了游戏，这一玩不要紧，从此，小策也迷恋上了游戏。

迷恋上游戏的小策再也无心学习了，他每天就只想着玩，成绩一直退步，甚至退到了全班倒数第一名。

父母是孩子在这个世上的第一任老师。其一言一行都直接影响着孩子。在孩子面前，父母一定要注意自己的言行举止，为孩子做好榜样，这样孩子才能学着父母的样子，严格要求自己，不断进步。

林林的爸爸是大学教授，妈妈是大学老师，他们一直都严于律己，在孩子面前注重自己的一言一行。林林受爸爸妈妈影响，在班里的学习一直名列前茅，即便如此，她学习依然非常努力，经常得到老师的夸赞，还是班级所有同学学习的榜样。

林林的爸爸妈妈都很喜欢学习，每天他们回到家都会给林林讲成功人士的故事，让林林向优秀的人学习。爸爸妈妈在家的时候，总是在备课、查阅资料，有时也写论文，空闲时，会辅导林林作业，和林林一起讨论书本上和课外的知识。

林林受爸爸妈妈影响，也很喜欢看书，她的书房里堆满了书，没事的时候她就喜欢待在里面。林林很喜欢看爸爸妈妈努力的样子，她经常学着爸爸的样子，在电脑前查资料。她很喜欢家里的那种学习氛围，很温馨。爸爸妈妈经常和林林说："林林，在学校里要听老师的话，学习上有疑问，一定要及时解决，不要拖拉。"林林谨记爸爸妈妈的话，从不怠慢。

因为有爸爸妈妈做榜样，林林的学习一直很好，每次考试都在学校前三名。

孩子都善于观察，洞察力很强，他们的模仿能力也超乎我们的想象，因为父母要做好自己，不管是在平时还是在孩子面前，都要充满正能量。如果父母的品行不端正，那么教育出来的孩子多半也会品行不端；如果父母处处以身作则，为孩子做好榜样，孩子就会在无形中被感染，时时处处、心心念念，都在想成为父母那样的人。

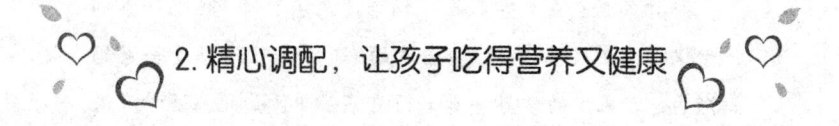

2. 精心调配，让孩子吃得营养又健康

对正在长身体的小学生而言，每天的一日三餐直接关系着孩子的健康，因此父母每天要尽量精心烹调可口的饭菜，让孩子吃得可口、吃得健康。遇到孩子挑食的情况，父母需要通过变换烹调方式等手段，让孩子摄入全面的营养，保证身体的营养需求。

小丽妈妈每天早上为孩子做营养可口的早餐，但最近一段

第八章

孩子小学六年，父母任重道远

时间，妈妈找了一份工作，没有那么多精力来给孩子做饭了，所以，给小丽做早饭时只是简简单单地糊弄一下，有时候来不及准备早饭时，小丽就只能饿着肚子去学校。

最近小丽的成绩明显下降，上课时的注意力也不集中，有时候是因为肚子饿得咕噜咕噜响，常常伴有头晕、心慌、出虚汗。回到家后，小丽将自己在学校里的表现告诉了妈妈，妈妈很担心。她意识到小丽之所以有这些症状，是因为自己给孩子做的早餐太马虎了。孩子头一天晚上休息，体内的能量和营养素已经消耗了很多，早上需要及时补充早餐，为身体提供营养，当营养跟不上时，小丽就会出现这些反应。

从这天开始，妈妈每天早上都按时给小丽做早餐，不仅如此，妈妈还每天变着花样，今天是豆浆，明天是包子，小丽摄入了丰富的营养，身体再也没有出现过异常。

在妈妈的精心照顾下，小丽上课精神百倍，学习成绩也提升了。

父母想要保证孩子吃得营养又健康，首先要为孩子提供营养的早餐。早餐很重要，所以孩子的早餐里牛奶、鸡蛋少不了，它们可以为身体补充充足的蛋白质，还可以搭配小面包、馄饨、米饭等，如果能再加一点水果和蔬菜就更好了；午餐要荤素搭配，让孩子摄入充足的营养；晚餐要清淡，最好为孩子准备脂肪少、容易消化的食物。另外，晚饭不能吃太饱，不然容易导致消化不良，还容易让孩子发胖，影响健康。

小钟比别的小朋友长得壮实，抵抗力也强。小家伙之所以有这么好的身体，完全归功于妈妈。小钟很喜欢吃妈妈做的饭,她每天都给小家伙做可口的饭菜,而且一日三餐不重样。

早上,妈妈要保证小钟的体内摄入充足的蛋白质、维生素等食物,因此准备了小酥饼、米饭、鸡蛋、面包、牛奶、橙汁等,小钟每天都吃得津津有味。

中午,妈妈为小钟准备的大餐总能勾起他的食欲。妈妈会为小家伙准备荤菜,有牛肉、鸡肉、鱼肉等,为能保证小钟的体内摄入充足的蛋白质、脂肪、钙等营养成分,她为小钟准备的素菜有绿豆芽、胡萝卜、菠菜等,为的就是能让小钟的体内含有充足的膳食纤维、维生素、矿物质等。生活要有仪式感,每天中午妈妈至少要为小钟准备三菜一汤,她换着花样做菜,色、香、味俱全,这样一来,小家伙就更有食欲了。

晚餐,妈妈会做得清淡一些,很少会有肉类,而是做各种粥、面条、素馅包子,还会给小家伙准备一些水果,因为她怕孩子吃多了会肥胖,而且每次吃饭之前,她都会提醒小钟要少吃一些,要不然上床睡觉时肚子会不舒服。

小钟在妈妈的精心照顾下,身体棒棒的!

应该提醒一下孩子的父母:很多孩子都喜欢喝酸奶,饭后两小时为最佳喝酸奶时间,不可以让孩子空腹喝,也不能过量饮用;要经常给孩子备好白开水,不要等到孩子口渴了再喝。大部分小学生都喜欢吃油炸食品,父母不要让孩子经常吃,偶尔解解馋为宜,要控制孩子吃零食,不能让孩子把零食当成正餐。

3. 悉心照顾，让孩子少生病

在孩子的成长过程中，最让父母操心的就是孩子生病的时候了。孩子生病的时候，父母常常整夜整夜睡不着，一会儿摸摸孩子的额头，一会儿看看孩子出没出汗，喂了感冒药、退烧药、消炎药，还是担心得睡不着。看着孩子难受，焦急的父母恨不得代替孩子。父母都希望自己的孩子不受病痛的困扰，而让孩子少生病的最好办法，就是在平时细心地照顾孩子，防病于未然。

可可上幼儿园的时候，总是生病，一生病她就躺在床上，吃不好，更睡不好。再看一旁的妈妈，对可可悉心照顾，每次可可生病，妈妈都很担心。为此，妈妈询问了有经验的宝妈，问她们如何才能预防孩子生病，妈妈们有的说孩子如果是冻感冒的，就给她多穿衣服，如果孩子上火了，那就是孩子体内热，这时候就要找医生去咨询一下，然后对症下药。妈妈在照顾可可的这段时间里，累积了很多经验，她会适时为可可添加或减少衣服，科学调配小家伙的作息时间和饮食规律，及时为可可补充身体所缺元素，妈妈最怕的就是可可生病了，所以，她无微不至地照顾着这个小家伙。

现在，可可已经上小学了，在妈妈的照顾下，她很少生病了，现在的她身体棒棒的。天冷的时候，妈妈会嘱咐她多穿衣服，她想吃什么就告诉妈妈，妈妈会用心给她做。如果最近一段时间班里有同学感冒，妈妈会提醒可可佩戴口罩。这些可可都记得，现在，她已经不用妈妈时刻提醒嘱咐了，会主动做这些事，而且还会嘱咐妈妈爸爸也照顾好他们自己。她还告诉自己，要照顾好自己，要不然爸爸妈妈会担心的。

可可真是个懂事的孩子。

父母要尽可能地多关心孩子，尽全力为孩子的健康保驾护航。这说起来事无巨细，但有些要点还是可以把握的。例如：

换季时，尤其是天气变冷，要给他适当添加衣服。

晚上睡觉，为了不让孩子着凉，要及时查看，给孩子盖被子。

孩子都贪玩，外出回来时妈妈要时刻提醒孩子洗手，避免细菌进入体内，导致孩子生病。

有的孩子食欲非常好，看到吃的东西就控制不住自己，所以会一直吃，父母要控制孩子的饮食，不能让小家伙暴饮暴食。

父母还应该引导孩子养成良好的生活习惯、作息规律，保证有充足的睡眠，适当的运动，等等。拥有良好的生活习惯，孩子就会有健康的身体。

小玲拥有良好的生活习惯，她的身体也很好，很少会生病，这一切都要归功于妈妈，是妈妈培养了她拥有的这个好习惯。

小玲每天早上7点起床，晚上9点准时上床睡觉，中午还会午睡一会儿，这样下午上课的时候就不犯困。小玲每天都有充足的睡眠，所以，她每天上课的精神状态都很好。当然，一开始小玲很不习惯，但在妈妈的耐心劝导和悉心照顾下，她慢慢就习惯了。

妈妈每天都会精心给小玲准备早餐、午餐和晚餐。早餐她会为孩子准备蔬菜、水果和牛奶，中午时会给小玲做她最喜欢吃的肉。小玲的体内获得了充足的营养，免疫力自然就增强了。平时，妈妈还会带她参加一些体育锻炼，如跳绳、踢毽子，每次妈妈和小玲出来，小玲都玩得非常开心。

在妈妈的精心照顾下，小玲的身体很好，抵抗力也很强，换季时班上有很多同学都生病时，小玲却很少生病，为此，她很感激妈妈。

孩子生病，不但自己难受，父母也很担心，同时还会导致孩子无法跟上老师的教学进度，身体恢复后要花很大力气去弥补耽误的课程。所以，父母在平时要悉心照料孩子，提高孩子的免疫力，努力减少孩子生病的可能。

4. 耐心陪伴，为孩子答疑解惑

小学阶段的孩子，脑海中总有很多小问号存在，他们有各种千奇百怪的问题，所以总是缠着爸爸妈妈，当他们纠结一个问题时，会打破砂锅问到底，这个时候，作为父母要很有耐心地回答这些问题，满足孩子的好奇心。当孩子遇到烦恼的时候，父母也要关注孩子遇到的问题，倾听他们的倾诉，帮他们解决问题。

　　星期天，天气晴朗，万里无云，爸爸妈妈带着果果去了汽车博物馆。一家人来到博物馆时已经快到中午了，一开始爸爸妈妈先带着果果来到博物馆的空地上，果果在这里遇到她班上的同学，于是两个孩子玩起来。就在孩子玩得正高兴的时候，果果妈妈突然想起了下午4点时果果还要上补习班。现在才刚刚中午12点，妈妈有些迫不及待了，她很着急地催促着果果说："果果，不可以玩了，我们要回家了，你下午还要上补习班。"

　　"妈妈，现在几点了？"果果问。"12点，但是我们还要回家准备呢，要不然就来不及了。"果果说："可是我还没有进博物馆呢，我想进去看看。"妈妈说："那好吧！不过要快一点啊！"

　　就这样，爸爸妈妈带着果果进了博物馆。果果游览着每一个展区，她有好多问题要问妈妈，她想问这里一共有几层，每一层都有什么。哦，对了，那还有一辆公交车呢，不知道能不能坐。果果刚一开口，妈妈就打断了她："果果，我们简单地看一下就可以了，等下次有时间，妈妈还会带你来这里的，妈妈答应你。"

　　妈妈的这句话就像一盆凉水浇在了果果的头上，果果低着头一句话也不说了。今天的出游让果果觉得很郁闷，她暗暗下决心："我以后再也不来了，妈妈连一点耐心都没有，爸爸也不说一句话，真没意思！"

第八章
孩子小学六年，父母任重道远

父母对待孩子一定要有耐心，因为耐心是育儿的基本功，也是培养优秀孩子的捷径。如果你对孩子很有耐心，你就会收获很多惊喜。

欣欣生活在一个幸福的家庭里，爸爸工作很忙，平时她和妈妈在一起的时间比较长，她有什么问题都会问妈妈，妈妈每次都会耐心地为她解答。她很喜欢妈妈给自己讲故事，妈妈讲到一半时，只要她对故事中的人物或情节有疑问，就会问妈妈，妈妈总会为她解答。

只要爸爸有时间，就会在家里陪着欣欣。欣欣写作业的时候，爸爸不打游戏、不聊天，也不追剧，他会拿起一本书，坐在孩子身边，一句话都不说，只是安静地陪着欣欣。欣欣可喜欢和爸爸聊天了，尤其是一家人在一起的时候。那天，吃过晚饭后，爸爸和欣欣坐在沙发上，欣欣给爸爸讲在学校里发生的事，当讲到有趣的地方时，一家人都会哈哈大笑。

不过，有时候欣欣也会遇到烦恼，这时她就会把烦心事告诉爸爸妈妈，一家人总会共同想解决的办法。有一次，欣欣说自己学习很累，爸爸和妈妈什么都没有说，只是认真聆听，他们觉得欣欣在学校里学习了一天，回到家说出来，孩子的压力也就小了。等到欣欣说完之后，爸爸妈妈安慰了她，然后给了她一个拥抱，欣欣就又觉得有信心了。

欣欣和爸爸妈妈的相处模式一直都是这样，她很信任爸爸妈妈，爸爸妈妈也很乐意和她沟通交流，为她答疑解惑，一家人其乐融融。

耐心是父母给孩子最好的礼物，父母和孩子相处时最重要的就是要控制好自己的情绪。在父母的耐心呵护下，孩子也会变得不骄不躁、性格温和，将来走向社会，通常会有不错的人际关系，被更多的人接纳。

5. 留心观察，有问题及时纠正

如果孩子今天做任何事情注意力都不集中，那么做父母的就应该留心观察，看是因为晚上睡觉太晚了还是孩子学习太累了。如果孩子突然心情不好，看到谁都爱搭不理，这时候父母就耐心地找出他心情郁闷的原因。如果有一天孩子对父母说谎了，这时候就需要父母先明确他为什么要说谎，再引导他如何改正错误。

小冬是个很活跃的孩子，平时写作业也很积极，成绩还不错，经常得到老师的表扬。最近小冬有些骄傲了，马上就要期中考试了，他对身边的人说："这次考试我门门都能考95分以上。"小冬的这一切表现都被妈妈看在眼里，期间，妈妈也委婉地提醒过小冬，要谦虚，不骄不躁，可是小冬丝毫都没有听进去。

期中考试结束后，小冬的成绩出来了，他没有考到预想中的成绩，还有一门功课只考了70多分，这时小冬就想："这次都已经在众人面前夸下了海口，回去要怎么交代呢？"小家伙的心理压力很大。

第八章

孩子小学六年，父母任重道远

这几天，小冬每天回到家都低着头，以前，他一进门会先和爸爸妈妈打招呼，这几天却不和任何人说话，一进门就进了书房。妈妈一开始也尝试着和小冬沟通，可是这孩子却什么都不说。妈妈只好和老师沟通了，老师告诉妈妈，小冬这次考试的成绩不理想，在学校里的精神状态也不是很好。妈妈听老师这么说，一下子恍然大悟。

回到家后，妈妈将整个事情为小冬分析了一下，并给小冬鼓气加油，告诉他成功就是由无数个失败累积起来的，还给小冬讲了关于自傲的故事。小冬听了妈妈的一番话，不再陷入沉郁当中，又变回了从前那个活跃的孩子，并纠正了自己的错误。

在父母眼里，孩子是这个世界给自己最好的礼物。父母将孩子捧在手心里，亲着，爱着，疼着，宠着都可以，但宠孩子要有度，孩子身上难免存在一些不好的习惯，父母要留心观察，及早发现，正确引导。

朵朵学习很自觉，从来都不用爸爸妈妈督促，可最近一段时间，老师开始频繁地喊爸爸妈妈去学校了，原因是朵朵这几天字迹潦草，作业也不认真，一错就是很多，尤其是计算题，简直错得一塌糊涂。爸爸妈妈从这一刻开始关注朵朵的学习了。

这天，朵朵放学回家一进屋，先去书房写作业了，妈妈悄悄跟着朵朵，发现朵朵拿出作业时先偷偷地往门外看了看，然后悄悄从抽屉里拿出一个小玩具，一边写作业一边玩着玩具。妈妈等到朵朵写完作业后，拿着朵朵的作业看了一下，发现里面有很多错题，字迹也很潦草，妈妈看了看朵朵，并没有说什么。

过了一会儿，妈妈对朵朵说："朵朵，你认为你的作业做得怎么样？"朵朵摇了摇头。妈妈又说："我在你作业里发现了很多错题，你要和妈妈说为什么会错这么多吗？"朵朵不好意思地低下了头，她向妈妈承认了错误，并说下次再也不会在写作业的时候玩玩具了。妈妈说："那么接下来你应该如何处理这些错题呢？"朵朵说："我会认真检查并改正。"

朵朵说完，就开始认真地检查了起来。从这天开始，朵朵果然一天比一天好了，每次她都认真完成作业，作业本上很少有错题了，得到了老师的夸奖。

总之，父母要时刻观察发生在孩子身上的一举一动，一旦发现异常表现，要马上查找原因，及时帮孩子纠正。

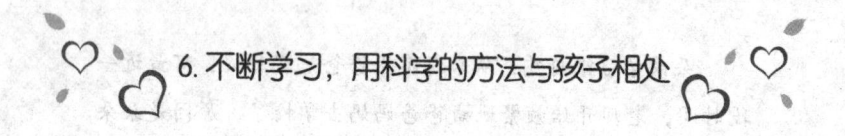

6. 不断学习，用科学的方法与孩子相处

看到孩子的长处，父母要主动表扬，让他变得更自信，促使他变得更优秀；当孩子犯错误时，父母也要及早查找原因，帮孩子分析利弊，引导他们改正。如果做不到，父母和孩子之间的关系会越来越疏远；如果做到了，父母和孩子之间的关系将会越来越亲密，进而建立起良好的亲子关系。

第八章
孩子小学六年，父母任重道远

小龙的爸爸妈妈工作忙，经常出差，平时小龙总和奶奶在一起，奶奶的教育理念就是疼爱孩子，孩子要什么就给什么，孩子想干什么就干什么。爸爸妈妈即使回家和小龙在一起，他们也很少交流，爸爸妈妈都拿着手机忙着，小龙则在一旁，要么写作业，要么打游戏。

这天是星期天，爸爸妈妈没事干，就带着小龙去游乐场玩。在那里，小龙交了几个好朋友，他们在一起玩。玩着玩着，小龙和其中的一个小朋友就动起手来。爸爸妈妈听到吵闹声赶忙过来，看到小龙把小朋友打了，那个小朋友的脸都肿了，爸爸不问青红皂白，上前就质问小龙为什么打人家，小龙说："是他先动手的。"爸爸说："人家怎么能动手？你看看你把人家的脸都打肿了。"这时，妈妈也开始埋怨起了小龙。

小龙觉得很委屈，明明是对方先动的手，爸爸妈妈却偏偏向着对方，自己还是他们的儿子吗？想到这里，小龙一转身，生气地跑回了家。

爸爸妈妈看到小龙跑了，紧跟在小龙的后面。回到家之后，小龙不理爸爸妈妈，也不想和他们说话。妈妈尝试着和小龙沟通，但小龙就是不理他们。这时候，在爸爸妈妈的眼里，小龙很叛逆，就这样，爸爸妈妈和小龙的关系越来越僵硬。

在和孩子相处的过程中，父母应该更新自己的观念，摒弃权威意识，尊重孩子的想法，要像对待朋友一样对待他们，真诚地面对他们，不然就得不到孩子的认可，无法拉近彼此的心灵距离，就更谈不上有效沟通了。

小刚上学没几天，妈妈就发现他的文具盒里多出了一把尺子，一开始妈妈以为小刚拿了其他同学的文具，就和小刚说："小刚，怎么回事，你文具盒里怎么多了一把尺子呢？是拿小朋友的吗？"小刚回答说："没有，这是我从地上捡的，我同桌和我说了，班里地上的东西，谁捡起来就是谁的。"

"小刚，这么做是不对的，那是其他同学不小心掉在地上的，该还给人家。"小刚又说："妈妈，可是我的铅笔掉在地上的时候，就有人捡起来不还给我，所以，我就拿他们的。"妈妈听小刚这么说，就告诉他："那你和同学说，这是你的文具，如果他不还，你就请求老师帮忙，他会给你的。"

小刚听妈妈这么说，点了点头。小刚在学校里按照妈妈说的做了，果然，后来小刚的文具盒里再没有多出其他文具，也没有再少文具了。

父母在教育孩子的同时，也应该不断地学习，提升自己，运用科学的方法和孩子相处。慢慢地，你会发现，你已经是别人眼中优秀的父母了，因为你们良好的亲子关系让你培养出了一个优秀的孩子。

7. 不管多忙，要尽量抽出时间与孩子互动

不管多忙，父母都应该尽量陪伴孩子，创造各种机会，与孩子互动，让孩子切切实实体会到父母的爱。比如，当孩子喜欢阅读时，你就带着他去书店挑选书籍；孩子喜欢某项运动，你就带着他经常训练；孩

第八章
孩子小学六年，父母任重道远

子喜欢下棋，你就利用闲暇时间陪着他下棋……亲子关系，需要的是陪伴，以及陪伴过程中的有效互动，这是让孩子感受到父母爱他的最直接的方式。

瞳瞳写作业总是磨蹭，有时要写到晚上11点，因此第二天经常在课堂上睡觉。妈妈知道之后，想要改掉瞳瞳的这个坏习惯。妈妈和老师商量了之后，老师给出了建议说："这个习惯一下子改不了，需要慢慢改，每天给他减少10分钟的写作业时间，慢慢地，她的速度就会提升上来。不过，这需要你的认真监督和耐心教育。"妈妈答应了老师。

接下来的时间里，妈妈每天都给瞳瞳减少10分钟的写作业时间，一开始，瞳瞳有些反感，但后来她知道妈妈在时时刻刻监督自己，就自觉起来，慢慢形成了习惯，没过多长时间，她写作业的速度就提上来了。这完全要归功于妈妈的坚持，为了让瞳瞳改掉这个坏习惯，妈妈会先将其他事都放在一边，把瞳瞳的事放在第一位。

功夫不负有心人，瞳瞳写作业拖拉的坏习惯改掉了，为此，瞳瞳还很感激妈妈呢。

想培养出优秀的孩子，就要坚持和孩子互动。在孩子眼里，父母就是他的榜样，就是他行动的动力，他的成功离不开父母的带动，父母的参与无可取代。

小叶的学习成绩优异，这一切都离不开妈妈在背后的默默付出。每天，小叶写作业时，妈妈都会和她一起学习。小叶有不会的题，妈妈会通过查资料来和她讨论，直到她会了为止。小叶写完作业后，妈妈会带着她一起预习第二天要学习的新知识，因为妈妈始终都觉得，孩子懂得"温故而知新"才能把知识学得更加透彻。

平时，妈妈在小叶面前总是提问题，小叶和自己说话的时候，妈妈也在认真听。有妈妈做榜样，小叶在学校上课时也会认真听课，有不懂的问题，也会及时提问。

小叶总是和妈妈说，自己写作文总是找不到灵感，妈妈知道后，每到星期天就带着小叶去图书馆去看书，看完书之后，妈妈还会让小叶写读后感，这样一来，就很好地锻炼了小叶的表达能力，这是妈妈从一次班会上学来的。

慢慢地，小叶写作文的能力也提升了。小叶的每一次进步，都离不开妈妈在背后的默默付出。小叶很懂事，她平时赚了好多零花钱，要在今年的母亲节为妈妈用心挑选一个礼物，感谢妈妈，她要用实际行动表达对妈妈的爱。

维系亲子关系的除了血缘，最重要的一点就是长期相互陪伴与互动过程中建立起来的深厚情感。父母要尊重孩子、爱护孩子，要支持他、鼓励他，要给他理解、给他帮助，这个过程是培养优秀孩子的过程，也是建立和谐美满之家的必经之路。

智慧家教

最美的教育最简单

刘宝江/编

吉林美术出版社 | 全国百佳图书出版单位

图书在版编目（CIP）数据

智慧家教．最美的教育最简单/刘宝江编．——长春：吉林美术出版社，2022.1

ISBN 978-7-5575-7105-4

Ⅰ．①智… Ⅱ．①刘… Ⅲ．①家庭教育 Ⅳ．① G78

中国版本图书馆 CIP 数据核字（2021）第 271137 号

ZUI MEI DE JIAOYU ZUI JIANDAN
最美的教育最简单

出 版 人	赵国强
作　　者	刘宝江
责任编辑	栾　云
装帧设计	于鹏波
开　　本	880mm×1230mm　32 开
印　　张	5
印　　数	1—5000
字　　数	128 千字
版　　次	2022 年 1 月第 1 版
印　　次	2022 年 1 月第 1 次印刷
出版发行	吉林美术出版社
地　　址	长春市净月开发区福祉大路 5788 号
	邮编：130118
网　　址	www.jlmspress.com
印　　刷	天津海德伟业印务有限公司
书　　号	ISBN 978-7-5575-7105-4
定　　价	198.00 元（全 5 册）

前言 Preface

哲学家爱尔维修曾经说过：孩子在刚生下来的时候都是一样的，但是由于环境和教育的不同，有的孩子可能会成为天才，但是有的孩子变成了凡夫俗子甚至是蠢材。通过爱尔维修的这句话，我们可以知道一个孩子的成长环境和所受教育对于他的成长是多么重要。

如今越来越多的父母开始重视家庭教育，希望能够给予孩子最好的教育，让他们快乐成长，变成最优秀的孩子。但很多父母找不到恰当的教育方法。如何教育孩子，高质量地陪伴孩子成长成为当下父母共同关注的话题。

那么，什么样的方法可以让教育变得简单一些呢？本书为您进行了深入的剖析，以理论结合故事的形式，告诉父母孩子是一个独立的个体，要给予他足够的成长空间，在他成长的道路上，父母要始终做孩子的引导者和支持者，而不是越俎代庖，代替他成长，否则，父母之爱很可能会成为阻碍孩子发展的最大障碍。

孩子的成长只有一次，父母要好好地陪伴。希望您能够在本书中找到适合自己孩子的教育方法，把自己轻松地变成孩子的良师益友，让他时时刻刻都能够感受到父母的关心与爱护，从而快乐成长。

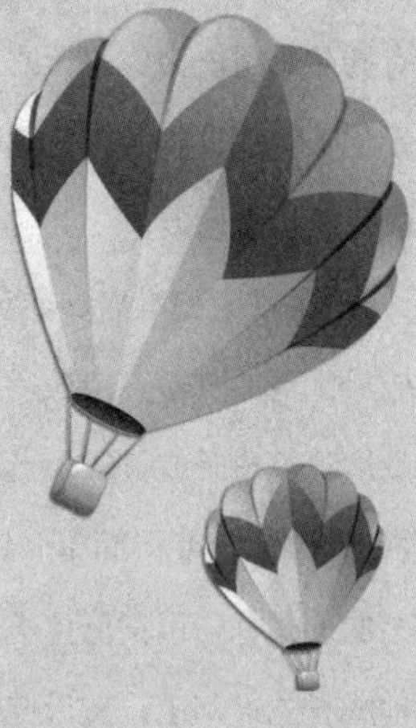

目录 Contents

第一章 给孩子留下自己的空间

1. 孩子不是在破坏，是在努力创造 / 002
2. 事事争第一是父母给孩子的魔咒 / 004
3. 请尊重孩子纯真的想法 / 007
4. 别把你的压力转嫁给孩子 / 010
5. 不要急着提反对意见 / 012
6. 逼得越紧逆反越激烈 / 015
7. 留足空间才能更好地沟通 / 018

第二章 你越焦躁孩子越茫然

1. 你的严厉对孩子是梦魇 / 022
2. 你跟孩子的认知不在一个维度 / 024
3. 孩子的心中其实很委屈 / 026
4. 规矩太多未必是好事 / 029
5. 你的沉稳是孩子的依靠 / 031
6. 焦躁的情绪会传染 / 034

7. 唠叨是慢性毒药，让孩子受伤害 / 036

第三章　你的优秀决定了孩子的未来

1. 给孩子一个温馨的家庭 / 040

2. 你的修养决定了孩子的素质 / 042

3. 孩子自私父母要反思 / 045

4. 父母脾气不好孩子就会暴躁 / 047

5. 父母冷漠孩子也会缺乏爱心 / 050

6. 你的鼓励是孩子最大的动力 / 052

7. 不懂放手会阻碍孩子成长 / 055

第四章　压制永远不是最优的选项

1. 尽量不要用负面词汇跟孩子交流 / 059

2. 命令式语言给孩子无形的压力 / 061

3. 简单粗暴教育不出好孩子 / 064

4. 给孩子发表自己意见的权利 / 066

5. 当你压制不住的时候孩子已经毁了 / 069

6. 孩子顶嘴不一定是坏事 / 071

7. 不要培养一味顺从的乖宝宝 / 074

第五章　站在孩子的视角看问题

1. 蹲下来与孩子一起欣赏世间万物 / 078

2. 你认为的并不是孩子心中想的 / 080

3. 孩子的委屈源于父母的不理解 / 083

4. 站在孩子的立场去沟通 / 086

5. 孩子的眼中全是你 / 088

6. 孩子的想法有时会让你震撼 / 091

7. 高高在上的沟通无法让孩子认同 / 093

第六章　用你的智慧呵护孩子成长

1. 奖励与惩罚是门大学问 / 098

2. 让孩子获得参与感 / 100

3. 面对"小霸王"，绝对不能硬碰硬 / 103

4. 孩子其实很简单，拐个弯他就跟你走 / 106

5. 跟孩子较劲你就输了 / 109

6. 顺着孩子的思路会有不一样的发现 / 112

7. 聪明的父母应学会将计就计 / 114

第七章　坦然面对孩子的不完美

1. 善于发现孩子的优点 / 118

2. 没有十全十美的孩子 / 120

3. 别把孩子当成攀比的工具 / 123

4. 不要轻易否定孩子 / 126

5. 孩子是待开发的宝藏 / 128

6. 不要将自己的想法强加给孩子 / 131

7. 望子成龙不能走火入魔 / 133

第八章　陪伴让教育更温暖

1. 孩子渴望爸爸妈妈在身边 / 137

2. 帮孩子找到自己的乐趣 / 139

3. 父母是孩子快乐的源泉 / 141

4. 陪伴不是简单的守候 / 143

5. 做孩子的榜样 / 146

6. 及时解开孩子的心结 / 148

7. 关键时刻送上你的支持 / 150

第一章

给孩子留下自己的空间

在教育孩子方面,很多时候父母都会陷入"欲速则不达"的怪圈当中,越是想让孩子按你的想法去做,取得的教育效果往往越差。造成这种现象的根源,就是父母越界了,没有给孩子留下自己的空间,导致孩子压力过大,无所适从。所以,空间感在亲子关系中非常重要,父母想要让孩子与自己顺畅沟通,快乐成长,就要给孩子留下自己的空间。

1. 孩子不是在破坏，是在努力创造

有人说孩子是"小天使"，有人说孩子是"小魔头"，这是孩子带给父母"惊喜"和"惊吓"之后，父母最直接的反馈。所谓惊喜，一定是孩子做出一件让父母意想不到的事情，甚至完全超出了父母对他们的预期；而惊吓则是由于他们具备令人匪夷所思的破坏力。事实上，没有哪个孩子喜欢被叫成"小魔头"，没有哪个孩子天生就爱搞破坏，他们只是在用自己的方式努力创造，尝试去实践自己的想法。这时，面对孩子，父母需要做的就是给予孩子足够的空间去证明自己，而不是去怒吼和制止。

接孩子放学回家之后，妈妈安排儿子小军写作业，自己则一头扎进厨房开始张罗晚饭。她不知道这样忙碌的日子是从什么时候开始的，繁重的工作和家务常常让她精疲力竭，脸上很少露出舒心的笑容。

吃过晚饭，妈妈收拾了碗筷，擦干净了厨房，又把屋子好好地打扫了一遍，心想：终于可以安心地休息一下了。于是她到书房看起了书，让小军自己在客厅玩一会儿。差不多该睡觉的时候，妈妈走出书房，准备让小军上床休息，可当她走到客厅的一瞬间，被眼前的场景震惊了：小军手中拿着剪刀，正在剪着什么，桌子上、地上满是碎纸片，茶几上几瓶颜料东倒西歪地躺着，有的已经洒了出来，而小军自己也变得不成样子，满脸满手的颜料，衣服上

第一章
给孩子留下自己的空间

沾满了胶水，尽管这样，他还是一脸开心的样子。

妈妈瞬间怒火中烧，自己好不容易打扫干净的房间变成了这个样子，又得费一些工夫清理！妈妈越想越气，冲着小军就大声地吼道："你这个破坏分子，妈妈已经够辛苦了，你就不要给我搞破坏了行吗？"

"妈妈，我没有搞破坏，你看——"

"我不想看！你的任务就是学习，每天把学习搞好就可以了，其余的事情想都不要想好吗？"妈妈生硬地打断了小军的话，"回你自己房间反省去吧！"

小军一脸委屈地拿着手里的东西回到房间，妈妈则一边为小军搞破坏生气，一边给他收拾"战场"。

过了一会儿，小军悄悄从房间探出头来，伸出一只手，说道："妈妈，这是我送给你的，我今天刚学的，做了很多遍才成功的。"

看着小军手中的纸戒指，妈妈不禁心生愧疚，原来孩子并不是在搞破坏，而是在给自己做礼物。

我们不难发现，小军妈妈对孩子的教育方式是存在问题的，她的一顿训斥让孩子倍感委屈，或许再也不敢有下一次了，这对孩子的成长是不利的。而有些父母照顾孩子的感受要多一些，他们以孩子的探索和快乐为关注点，给孩子营造足够的成长空间，因此孩子更快乐，更富有创造力，也更有勇气去探索生活。

星期天，爸爸带乐乐回乡下奶奶家。正值春季，奶奶家的菜园子漂亮极了。蔬菜刚刚冒出绿色的新芽，两棵杏树开着芳香浓郁的花朵，蜜蜂嗡嗡地歌唱着。乐乐跟奶奶打过招呼之后，撒腿就跑进了菜园子，想在花草之间寻找点儿快乐。

过了一会儿，奶奶看见乐乐手中拿着一根长竹竿，正在敲打杏树树枝。只见杏花随着震动飘落下来，乐乐不仅没有停下来，眼睛还滴溜溜地转向更加浓密的花枝。爸爸看到这样的场景赶紧去阻拦，奶奶却说："杏花那么多，就让她玩去吧，开心就好。"

转眼夏天来了，爸爸去乡下探望奶奶时带回了很大的杏子，就连妈妈都吃惊了："今年的杏子真大，足足比往年的大一倍多。"一旁的乐乐笑了，一脸骄傲地说："妈妈，你知道今年的杏子为什么大吗？那是因为我给它'打顶'了。我在劳动课上学的。"

爸爸瞬间想起了乐乐敲打花枝的画面，原来她是在实践"打顶"，而不是故意搞破坏。于是爸爸脸上不由得现出欣慰之色。

作为父母，要相信破坏的另一面就是创造。当孩子专注地干一件事时，父母不要以自己的想法去训斥和判定，而要给孩子解释的机会，或者尝试去了解孩子内心的想法。即便孩子的创造最后没有成功，只是单纯变成了一种"破坏"，父母也要微笑面对，至少他们曾经为这件事努力尝试过了。父母要珍惜孩子的天真和想象力，让他们自己去探索长大，而不是孩子每每有了想法之后，父母不断地阻拦和训斥。如果父母真的训斥了孩子，或许他们的创造力就会被扼杀，逐渐变成一个没有半点儿想法的笨孩子。

2. 事事争第一是父母给孩子的魔咒

不知道从什么时候开始，"第一名"这三个字成了父母嘴里对孩子说得最多的词汇。"第一名"放大了父母对孩子学习的焦虑，也削弱了孩子的学习乐趣，让父母和孩子都倍感压力。"第一名"固然是好的，它不仅是对孩子努力成果的一个考核，也是充分的肯定。然而努力的孩子有很多，但第

第一章
给孩子留下自己的空间

一名只有一个,如果大家都要争第一,那岂不是要头破血流?那是不是得不到第一的孩子就不优秀呢?答案一定是否定的。所以父母在教育孩子的过程中,一定要给孩子留有自己的空间,让他们尽最大的努力去做一件事,而不是必须去争得第一,这样孩子才能在学习和生活中感到快乐,而不是压力。

楠楠妈妈在孩子的教育上非常严苛,总是希望楠楠能够出类拔萃,无论是学习上还是生活上,处处都要强过别人。妈妈的教育方式让楠楠压力很大。每次考试,无论大考小考,哪怕只是一次简单的测试,妈妈都要细细地过问同学们的成绩。如今班级里不排名,她就找其他家长询问成绩,只要发现谁的成绩高于楠楠,她就会在楠楠的耳边唠叨不停:"宝贝,你看看人家佳佳这次考试超过你了,你什么时候给妈妈考个第一名呢?"楠楠听后苦恼地低下了头。

有一次,楠楠考了99分,心里很高兴,因为这次比上次高出好几分呢。她原本以为妈妈会为自己的进步而高兴,甚至夸一夸自己,谁知妈妈看了成绩单之后,反而一脸不满意地说:"唉,跟第一名只差一分,你下次一定要考个第一名才好。"楠楠又失望又伤心,轻轻地应了一声就回屋了。

慢慢地,在妈妈的反复强调下,楠楠的心理压力越来越大,每次考试都紧张得要命,生怕考不上第一名。在这种心理状态下,楠楠每次都考不好,尤其是遇到难题时,根本无法冷静思考,满脑子都是"完了,完了,我考不上第一名了"。于是,她逐渐变成了妈妈口中"关键时刻掉链子的孩子",而她也对自己失望到了极点。

楠楠妈妈的教育方式是存在问题的,她给孩子设立的目标都是最高点,没有给孩子属于自己的空间,这样反而让楠楠失去了努力的信心,影响了她的健康成长。

父母要让孩子有荣誉感,用争得第一的方式去证明自己,而不是得第一是做任何事情的唯一目的。有些父母争强好胜,认为不论什么事情,得了第一脸上才光彩,于是在孩子的教育上下狠功夫,不断给孩子灌输得第一的思想,本以为是对孩子的鼓励,结果却矫枉过正,让孩子变得不快乐。

第二届学校夏季运动会即将开始了,冬冬参加的是跳高比赛。从决定参加比赛开始,冬冬每天都会在爸爸的陪同下刻苦练习,他一边练习,爸爸一边给他上课:"你可得好好练习,只有得了第一名才是真正的荣誉。"

"可是爸爸,我只要尽力不就好了吗?"

"你个傻孩子!自古以来,人们记住的都是冠军,谁知道第二名是谁呢!"

"很努力了但还是得不到第一名怎么办呢?"

"不要说这没出息的话!不想当将军的士兵不是好士兵,不想得第一的孩子就是没出息!成王败寇,失败了就是不行!"

"那要是我得不了第一,你是不是觉得很丢脸呢?"

"当然!我的儿子必须得第一,可不要给爸爸丢脸哟!"

冬冬默默地练了起来。爸爸觉得有了自己的这一番激励,冬冬一定能全力以赴得个第一名,毕竟他还是很有跳高天赋的。

比赛开始了,冬冬跳得很努力,成绩也相当不错,远超前几跳,如果不出什么意外,他的第一势在必得了。很快,最后一跳上场了,看见这位同学个头不高,冬冬心中不由得一阵暗喜,做好了得第一的准备。然而让他没有想到的是,只见这位同学纵身一跃,就像一根弹簧一样,轻松地打破了冬冬的纪录。这匹跳高黑马的出现致使冬冬退居第二。

比赛结束后,冬冬无法面对自己没得第一的事实,在教室里痛哭起来,老师安慰他说:"你是第二名已经很好了,不要对自己太苛刻。"

第一章
给孩子留下自己的空间

"可是老师,我爸爸说得不了第一是很丢脸的事情,我不是个好孩子……"

后来,无论干什么事情,冬冬的好胜心都特别强,得不到第一他就难过大哭,心理极度脆弱。

冬冬的性格特点在很大程度上与爸爸的教育有关。所以父母在教育孩子时,不必事事要求他做到最好,而是要给他留有足够的空间去努力,这样不仅可以让孩子减轻心理压力,还能坦然面对失败,逐渐打磨自己的坚强意志。身为父母应该明白怎样的教育对孩子的成长有利,而不是一味强调事事争第一,让虚荣心在孩子的心里生根发芽。

3. 请尊重孩子纯真的想法

提到孩子,我们就会忍不住想到一些与他们有关的词语来,如活泼可爱、天真善良、单纯无瑕……没错,每个孩子都是美好而纯真的。他们来到这个世界才短短几年,正懵懂无知、小心翼翼地探索着生活,所以他们的脑袋里总是有很多天马行空的想法,他们想要探寻答案,逐步去了解社会。这时,作为父母,对其最好的做法就是尊重他们的想法,进行合理的诱导,让他们发挥自己的潜能,将来成为出类拔萃的人才。

李玲小的时候,有一天爸爸给她带回来一只漂亮的小鸟。李玲非常高兴,立刻找来鸟笼养了起来。从那以后,她每天精心饲养,还用心地教小鸟说话。

一次,她正在教小鸟说话,家里来了几位客人,其中一位阿姨看见李玲认真的样子非常可爱，于是就逗她说："这只鸟说不定不是本地的，你说方言它也许听不懂。"于是，李玲马上换了普通话继续教小鸟说话，这下把客人们都逗笑了。那位阿姨接着说道："宝贝，阿姨逗你玩呢，小鸟怎么可能听懂人话呀！"

"我觉得它一定能听懂，我也会听懂它的话。"

屋里又是一阵笑声，这让李玲非常难过。晚上，躺在被窝里，李玲和妈妈说："我觉得只要努力，小鸟和人类一定能交流。"

"好孩子，现在妈妈还不知道你说得对不对，不过我尊重你的想法，你可以继续努力。自然是一门很神奇的学科，那里有大量的奥秘等待人们去探索。"

李玲带着这个想法长大了，她成了一位鸟类专家。她和自己的团队每天在树林中、高山上寻找不同的鸟类，了解它们的声音。鸟儿觅食会怎样叫，求偶会怎样叫，呼唤同伴又会怎样叫，她基本上都有了了解。她和她的团队为鸟类研究做出了很大的贡献。

孩子的心灵敏感而脆弱，尊重和鼓励会让他们得到精神上的支持，更加勇于探索和思考，甚至激发出更大的灵感。试想，如果牛顿没有苹果为什么会落到地上而不是飞到天上这样天真的想法，他会不断思考，最终成为大物理学家吗？如果瓦特不是天真地思考壶盖为什么会跳动，他能发明蒸汽机吗？所以，很多天真的想法都是未来某一重大发现的原动力，父母要给予孩子足够的尊重，让他们有想象的空间，说不定就会激发出无限的潜能来。相反，当孩子向父母提出非常天真的想法时，父母却凭借自己有限的社会阅历否定了他，并且用"现实"去教育他，很可能就会挫伤他的自尊心，使他不再有探索世界的自信心。

兰兰原本是个"小话痨"，每天在家有说不完的话，不是问这，就是问那，小小的脑袋里总有许许多多天真的想法。可是父母觉得她的那些想法实在是太幼稚了，孩子逐渐长大，应该越来

第一章
给孩子留下自己的空间

越了解社会，明白人情世故。所以，每当兰兰有奇怪的想法时，他们总是不耐烦地制止她再说下去，并一再否定她的想法。

"爸爸，我把苹果埋在地里了，明年这里就能长出苹果树啦！"

"你以为苹果树那么好长吗？你想得太简单了。"

"妈妈，天上到底有多少星星呢？数也数不清。"

"你数它干什么？有时间看会儿书不是更好？"

"老师说，助人为乐是一种美德，下次遇到老奶奶，我一定会扶她过马路。"

"傻孩子，现在的老奶奶可是不能碰啊，你没看报道吗？很多人就是这样被讹钱的。"

……

慢慢地，兰兰回家不再爱说话了，因为她觉得自己是个傻瓜，至少每次爸爸妈妈就是这样说的："这个孩子太傻了！""你怎么能这么傻呢？""这样的话只有你这样的傻瓜能说出来。"……她再也不敢表达自己的想法了，因为那全是一些"幼稚"的想法。

后来，爸爸妈妈发现兰兰越来越沉默，似乎有些自闭的倾向，于是就去求助老师。经过一番了解之后，老师对兰兰的父母说："你们对孩子的尊重太少了，她的想法总是得不到正面的回应，所以就不再说话了。孩子是需要鼓励的，纯真是他们最可贵的地方，我们大人不应该用现实去打击她。太阳可以是七彩的，可以是任何一种颜色，只要在他们心中足够美就可以。如果我们非要纠正他们，那就可能是在扼杀他们的想象力和创造力。"

听了老师的一番话，兰兰的爸爸妈妈若有所思地点点头。

父母的教育对孩子的成长有很大的影响，当面对孩子天真的想法时，父母要学会尊重，并且将他们引到正确的轨道上来，然后给他们空间自己去探究真假对错，不断成长学习。天才是被鼓励出来的，而父母的尊重就是最大的鼓励。

4. 别把你的压力转嫁给孩子

社会的快速发展促使生活的方方面面都进入快节奏的状态，使得社会竞争日益突出。作为父母，一方面要应对工作上的竞争压力，另一方面还要照顾孩子的学习，难免会有些力不从心，感觉压力很大。一些心态好的父母懂得自我调节，能够以一种轻松的姿态来面对身边的一切；也有一些自我调控能力差的父母，他们会越来越焦虑，甚至不经意间把压力转嫁给了孩子。

孩子是单纯善良的，他们的心理很敏感，也很脆弱，当他们所肩负的压力太大时，内心很容易受到伤害，从而失去健康快乐的童年，甚至影响到学业。

小新的妈妈是普通的工薪阶层，每天过着朝九晚五的生活。最近公司事情特别多，她也因此忙得不可开交。或许是因为累的缘故，她每天回到家都不是很开心，饭桌上，总会给小新讲一些工作上不愉快的事。

"公司最近来了好几个新人，他们什么都不会干，妈妈干的活越来越多了。"

"他们学一学不就会了？"小新说道。

"学？他们才不愿意学呢，谁干活不累啊！"

"那妈妈可以换一个地方工作啊！"

"哪有你说的那么容易？换工作得适应，一时间也挣不到钱，

第一章
给孩子留下自己的空间

到时候你就别想吃肉了。看看妈妈多辛苦呀。"

诸如此类的谈话,几乎每天都会出现在饭桌上,刚开始小新还会安慰妈妈,可是后来,他觉得无能为力,也就不说什么了。不仅如此,小新在学校总是唉声叹气的,整天一副老气横秋的样子,学习也没有那么积极了。老师不明白之前快乐阳光的小新到底发生了什么事情,于是就找他谈心。小新说:"我妈妈工作太累了,我很不开心,没有心情学习了。"

老师这才明白,原来是父母的负面情绪太多了,以至于让小新感到了巨大的压力,所以完全变了个样子。

事实上,孩子的承受能力还很弱,如果父母把烦心事一股脑儿地说给他们听,他们很难自我调节和消化,以至于郁积在心中,逐渐占满自己的成长空间,成为一个不快乐的孩子。所以身为父母,在陪伴孩子时应该给他们营造一个轻松快乐的空间,尽量避免出现不停诉苦的精神状态,以免增加孩子的心理负担。

当然,有些父母让孩子有压力是故意而为之的,因为他们信奉一句话"有压力才有动力",所以在生活中不断给孩子施压,希望能够激发出孩子无限的潜力。这种做法是很危险的,很可能会让孩子走上消沉或叛逆两个极端。

"宝贝,你猜猜妈妈今天给你买什么了?"

"不会又是卷子吧?"

"恭喜你,答对了!"妈妈说着把练习卷摆在了乐乐的面前。

"哦,天哪!我的敌人!"乐乐看着卷子愁眉苦脸地说道。

"可不能这样想啊,宝贝。做了这个卷子,你就有力量了,就像大力水手吃了菠菜一样。"

"妈妈净骗人,我真的很累,不想做了。"乐乐一边嘟囔,一边拿着卷子去做了。

虽然乐乐每天按照妈妈的意思学习着,可是他真的不情愿,他感觉身上的压力有千斤重,根本没有什么动力。因为长时间没有自由时间,乐乐越来越渴望自由,上课开始出小差,经常望着窗外发呆;回家也是佯装学习,在书桌底下玩弄一些小玩意儿。如此一来,乐乐的成绩下降了。妈妈急得好像热锅上的蚂蚁,赶紧给乐乐报补习班,买学习资料,利用一切可利用的时间,甚至饭桌上也会问东问西。面对妈妈变本加厉的施压,乐乐干脆什么都不干了,似乎找到了前所未有的轻松。这下更急坏了妈妈,她不明白为什么原本乖巧的乐乐会变得如此叛逆。

乐乐妈妈的教育显然是失败的。孩子的成长需要自己的空间,无论学习还是生活,轻松快乐才更有效果。父母不能拔苗助长,用错误的方法去催促他们。

有时候,孩子就像一根弹簧,而父母的压力就像是一块重石,父母无法预期把石头放上去会有怎样的后果,是恰到好处,还是压到弹不起来,抑或是彻底反弹。父母一定要控制自己,要自我消化压力而不是转嫁给孩子,让他们有自己的成长空间。

5. 不要急着提反对意见

生活中,我们经常会遇到一些这样的父母:孩子一旦做一件事情或说一句话,不符合自己的心意或观点,立刻就打断孩子,不由分说地提出自己的反对意见,不管孩子是不是还想继续说下去,或者会不会感到委屈,他们觉得没有必要在错误的行为和表达上浪费时间。这样的父母通常不太了解孩子内心的想法,也很难与孩子建立相互信任的沟通桥梁。

第一章
给孩子留下自己的空间

孩子的内心是需要被倾听的，只有父母听完了孩子所有的话，才能完全明白他们想要的到底是什么，想法是否正确，这时父母再提出自己的反对意见也不迟。

一天早上，临出门上学的时候，丽丽向妈妈提出了一个请求："妈妈，我今天上学想带两个梨。"

"不行，快走吧，小心迟到！"妈妈很干脆地回答道。

"我只带两个，很快的。"

"一个也不行，上学哪有时间吃梨。"

"妈妈，我带梨……"

"别说了，上学不让带零食。"妈妈一边说着，一边拉着丽丽准备出门。

看到妈妈不给自己说话的机会，丽丽急得直跺脚，带着哭腔说道："妈妈，我想带两个梨。"

妈妈有些生气地问道："你倒是说说，带梨准备什么时间吃呢？"

"我不吃，我们老师生病了，听说冰糖雪梨可以治咳嗽，我是想送给她的。"

"原来是这样啊，你怎么不早说呢？"

"你给我说的机会了吗？我刚开口你就说不行。"

妈妈脸上露出了微微的羞赧之色，说道："好了，妈妈这就给你拿。"

于是，丽丽高高兴兴地带上两个梨出门了。

有时候，孩子还不能立刻完整地表达出自己的意思，身为父母要有些耐心，认真听他们把话说完，不要急着提出反对意见。否则，孩子的想法长期得不到完整的表达，很可能就会放弃与父母沟通，从而影响孩子的表达能力和沟通能力，这对他以后的性格、心理等方面的成长都是很不利的。

春天来了，田野里渐渐绿了起来，正是踏青赏景的好时候。涛涛妈妈跟班里的其他几位妈妈约好周六带孩子们去郊游。

到了目的地之后，孩子们开心地玩起来，妈妈们则坐在一起吃东西聊天。不一会儿，涛涛跑到妈妈的跟前，说道："妈妈，你听我说，小宇说山上有小鸟呢！"

"好的，我们知道了。"

"妈妈，小东说山上很危险，路很难走。"

"好了，我们知道了，你跟小朋友们玩去吧。"

"可是妈妈，我很喜欢小鸟。"涛涛继续说着。

这时，另外一位妈妈问道："你是想说要到对面的小山上玩是吗？"

涛涛点点头。于是几个妈妈商量了一下，说道："你们去玩吧，不过要小心一点啊。"还没等话音落地，涛涛就一溜烟跑掉了，冲着其他小朋友高声地喊着："走吧，她们同意我们去玩了。"

这时，一位妈妈对涛涛妈妈说道："你家宝贝说话真有趣，每次说话之前总有一个前缀'妈妈，你听我说'，一下子就让我想起了《红灯记》。"

"还真是！"另一位妈妈也附和道。

大家这样一说，涛涛妈妈也意识到了这一点，于是说道："可能是平时我不怎么认真听他说话的原因。"

"这样可不行，涛涛妈妈，孩子是需要充分练习表达的，如果我们总是不给他说话的机会，孩子会很着急，久而久之，表达能力就会受到影响。"

听了对方的话，涛涛妈妈才意识到自己的问题。平日里，她是一位比较强势的妈妈，很少会认真地倾听孩子，她总觉得孩子还小，只要听话就行了，从来没有想过对孩子有什么不好的影响。

第一章
给孩子留下自己的空间

其实很多父母往往会沉浸在自己的世界里，忘记尊重孩子的话语权，只要孩子说的东西自己不感兴趣，就会立刻打断。孩子虽小，但也是有自尊心的，当他们的倾诉长时间被否定，他们就不再愿意同父母交流。父母想要与孩子建立良好的关系，好好地陪伴孩子长大，就要在与孩子交流时认真听完他们说的话，然后再表达自己的想法，这样孩子更容易接受一些，也能避免对其产生伤害。

6. 逼得越紧逆反越激烈

在陪伴孩子成长的过程中，几乎每一对父母都经历过甚至正处于孩子的逆反阶段。这是一个令人头疼的阶段，孩子特立独行，不管对错，随心所欲地做一些自己想做的事情，如果父母加以管教约束，他们就会变本加厉地闹腾，可如果真的放手不管，父母又担心孩子在错误的道路上越走越远。那么父母该如何帮孩子顺利度过这一阶段，好好地陪伴孩子呢？父母需要张弛有度，给孩子留下足够的自我空间。

有些父母觉得爱孩子就要无微不至，时刻守在他们身边嘘寒问暖、加油鼓劲，哪怕孩子对这种关怀表现出明显的反感和逆反，也要坚持，毕竟孩子还小，还不能很好地理解父母的爱。其实这种想法是不对的，俗话说"距离产生美"，父母和孩子之间亦是如此，父母紧跟在他们身后反而会使他们的逆反情绪更强烈。

凡凡一直是一个听话的乖乖女，每天按照妈妈的想法按部就班地生活着。一次课间活动，她跟同学们聊天，发现大家的生活很精彩：小明周末去郊外放风筝，无意间发现了一个鸟窝，

015

里面的小鸟正在孵化，可有趣了；小丽利用自己的手工工具，居然自己动手做了一条裙子，穿上别提有多美了……于是凡凡想，什么时候自己能够脱离妈妈的呵护，自己干点儿什么就好了。她越这样想，越觉得妈妈的无微不至让她反感。尽管这样，妈妈始终跟在她的身边。她学习，妈妈陪在桌前；她出去玩，妈妈跟在身后，跟谁玩、去哪儿都要听妈妈的安排。每当凡凡表示出不情愿时，妈妈就会说："小家伙，有人照顾你还不好啊？"

"妈妈，你让我自己待会儿行吗？我又不是两三岁的小孩。"

"怎么，现在就嫌我烦啦？不管用的，只要你还在这个家，妈妈就得照顾你。"

"可是妈妈，你照顾得太周到了，我好像被你紧紧地攥在手里，快要喘不上来气了。"

"嘿，你这个小家伙，翅膀硬了不是？想逃出我的五指山了？"

凡凡没再说什么，第一次摔门出去，妈妈仍紧跟在身后。走到大街的一个长椅前，凡凡一屁股坐了下来，号啕大哭。妈妈无所适从地站在那里，她实在想不明白，为什么自己费心费力地照顾孩子，到头来却是这个样子？

生活中，的确有些家长像盘旋在孩子头顶上的一架直升机，他们严密监控着孩子的一举一动，随时进行干预和指导。这种"照顾"把孩子逼得太紧，孩子没有了属于自己的空间，于是叛逆的情绪逐渐滋生并壮大。

还有些控制型的父母，经常打着"我是为你好"的旗号，以父母的威严居高临下地看着孩子，所说的话就像命令一样，不管孩子是否愿意，必须执行，终于把孩子逼迫得越来越叛逆。

宁宁的爸爸是一个非常强势的人，几乎容不得别人不同的意见。在孩子的教育问题上，他更是说一不二，很少跟孩子商量。

前段时间，宁宁的数学成绩有些落后，还没等宁宁自己加油，

第一章
给孩子留下自己的空间

爸爸就赶紧给她报了补习班,还买了很多的学习资料。宁宁觉得只要自己再加把劲儿学习,根本不用上什么补习班。可在爸爸的坚持下,她还是不情愿地去了。后来,爸爸又给她报了书法班,这让宁宁几乎崩溃,她大声哭喊着:"我不去练书法!"可是爸爸根本无动于衷。

妈妈去跟爸爸商量,爸爸却说:"父母之爱子,则为之计深远(出自《战国策》的《触龙说赵太后》)。现在多学点没坏处。"

"可宁宁还是个孩子,她太累的话就完全没有学习的心思了。你看她现在,一点儿都不听话了,如果再这样下去——"

"再下去还能怎样,想反天不成?"

妈妈也没什么可说的了。一天,宁宁放学回家,爸爸兴高采烈地拿着一张宣传单,走到她的面前,说道:"闺女,快看,爸爸给你报了一个特别棒的英语班。"

宁宁先是一愣,然后什么话也没有说就回房间去了。晚饭时,妈妈几次喊吃饭也不见宁宁出来,于是就到屋里去叫,这才发现宁宁早已出去了,桌子上还留着一张字条:爸爸,我走了,补习班你自己去上吧!

爸爸妈妈慌了神,赶紧出去寻找,好在宁宁没跑太远,很快就平安地找了回来。这一次,爸爸也意识到是自己把孩子逼得太紧了,才让她做出如此过激的行为。

父母在教育孩子时,要给孩子留有空间,凡事多站在孩子的立场上想想,而不是想当然地认为只要对孩子好,孩子就必须得接受。孩子小的时候,虽然理解不了父母寄予厚望的心情,但仍然会按照父母说的去做;可孩子长大了,有了自己的思想,父母如果步步紧逼,反而会让他们害怕地跑远。

7. 留足空间才能更好地沟通

沟通是建立在人与人之间的一道桥梁，良好的沟通可以拉近彼此之间的距离。父母要想好好地陪伴孩子，真正地了解孩子，沟通必不可少。那么如何才能进行好的沟通呢？其中最重要的一点就是给孩子留足空间。

面对问题时，孩子因为思想不成熟，往往不能迅速保持理智的思考，如果这时与其沟通，孩子的抵触情绪会很高，很可能无法达成沟通的目的；但如果父母给孩子足够的空间让他去冷静思考，然后再进行沟通，或许情况就会改观很多。

小明和小亮是同桌，也是好朋友，他们经常一起学习。一天自习课上，他们遇到了一道难题，小明说应该这样做，小亮说应该那样做，两个人争论得面红耳赤，最后竟然大打出手。虽说都没有受伤，但老师还是通知了家长，希望回去之后耐心教育孩子，让孩子认识到打架是一件不对的事情。

之后，父子关系出现两种不同的情况、两种不同的结果：

A：小明爸爸接到小明以后，一路上喋喋不休地数落他："你长本事了啊，居然还学会打架了，小小年纪怎么不学好呢？"

"又不是我先动的手。"小明为自己申辩道。

"谁先动手也不行啊，打架就是不对。你说，以后还打不打架了？"

第一章
给孩子留下自己的空间

"不打了,行了吧?"小明生气地说道。

回到家之后,小明怒气冲冲地回到自己的房间,一句话也没说,心想:我爸爸根本不爱我,丝毫关心我的样子都没有,劈头盖脸就是一顿数落,就好像都是我的错一样。小明越想越生气,越想越委屈,干脆大哭起来,这时爸爸走进房间,再次询问打架的事情,可小明只是说:"爸爸,你出去吧,我不想再谈这件事了。"

B:小亮爸爸接到小亮以后,一路上彼此都沉默着。回到家之后,爸爸对小亮说:"先给你半小时时间自己冷静一下,想想自己的对与错,然后咱们再谈。"过了一会儿,小亮打开房门走了出来,说道:"爸爸,我想过了,这件事情我确实做得不对,不该跟好朋友动手。"爸爸看到小亮的情绪已经稳定了不少,于是开始和小亮讲怎样去处理争执,又该怎样维护友情,小亮一边点头,一边说:"爸爸,你说的有道理。"

同样是打架,一个小朋友以愤怒收场,另一个以反省自己的错误收场。之所以会产生不同的结果,最关键的一步就是孩子与爸爸之间的沟通。所以,父母在教育孩子时,首先要留给他们自己思考的时间,让孩子自己建立是非观念,有了这样的基础沟通才更有效。

有些父母想要跟孩子沟通,但大多都苦于没有方法,以至于最后亲子关系越来越紧张,整个家庭氛围都不利于孩子的成长。

梅梅一向是个听话的孩子,妈妈在生活上对她的照顾也是无微不至。妈妈经常说:"你只管好好学习就行,其他的交给老妈就好了。"

妈妈对梅梅的管教非常严格,只要妈妈认定的事情就是好的,她看上的东西也是最适合的。每次妈妈带梅梅去买衣服,总是问:"宝贝,你想要什么样的呀?"

"妈妈,我想要一条公主裙。"

"那样的裙子虽然漂亮,但是不利索,你现在还是小学生,朴素一些好。"

"可是,班里很多人都有。"

"你是你自己,不要看别人。"

妈妈虽然询问了梅梅的意见,但最后还是自己做了决定。妈妈总是这样,以至于后来梅梅也不再发表什么意见了,只是遵照妈妈的想法去做。

有一段时间,妈妈发现梅梅认识了一些高年级的女生,她们还在星期天约梅梅出去玩。后来,妈妈发现这些女孩还跟社会上的女孩有来往。这下妈妈着急了,赶紧制止梅梅跟她们来往。可是梅梅一改常态,非跟她们玩不可,并跟妈妈在家闹腾起来。

妈妈不明白梅梅为什么会突然变得如此叛逆,她问,可梅梅就是不说,两个人已经无法沟通了。后来爸爸来找梅梅谈心,梅梅说:"我跟那些女孩在一起很轻松,想干什么就干什么。"

"那你在家也可以想干什么就干什么啊。"

"不,我得按照妈妈的想法去做,我自己没有空间,她虽然询问我的意见但从来不采纳,我们是无法沟通的。所以我有心事更愿意跟那些朋友说说。"

爸爸明白了,他告诉梅梅交朋友可以,但是要有选择,不能沾染不良的社会习气。梅梅也明白爸爸的意思,默默地点点头。

当父母不能与孩子进行很好的沟通时,孩子就会去找愿意跟他们沟通的人,在这种情况下,孩子可能会接触到各种类型的人,或许就会对他们产生不利的影响。所以,作为父母,想要给孩子高质量的陪伴,就要进行高质量的沟通,首先要做的就是给孩子一个发展的空间,使其以一个独立的个体身份与父母交流。父母允许孩子有想法,有选择,有隐私,孩子才能向父母敞开心扉。

第二章

你越焦躁孩子越茫然

很多时候,孩子在成长过程中的很多问题都是父母造成的。父母将本来简单的事情想得很复杂,不知不觉间焦躁烦恼起来,导致孩子也跟着茫然失措,慌乱烦躁。其实很多时候问题都是父母自己造成的,父母静下心来,才能真正明白该如何去教育孩子,如何让孩子健康快乐地成长。

1. 你的严厉对孩子是梦魇

"严师出高徒"是很多严厉式家庭的教育宗旨，父母认为对孩子严厉甚至苛刻，孩子才能每时每刻保持警醒，做事情才不会出错。但这只是父母自以为是的想法，事实上父母的严厉在孩子的心中会有很多种解读，如爸爸妈妈不爱我，爸爸妈妈只是想让我听话……甚至父母的严厉还可能一度成为孩子的梦魇。

大明的爸爸是一个沉默寡言、很严肃的人，他的思想中有着极为严重的长幼尊卑观念，认为父命如天，不得反抗。所以自大明出生以来，爸爸就一直在塑造自己的高高在上、一身威严的形象，他很少跟大明谈心，每天只是专注于教育他成长。

在家里，没有爸爸的允许，大明是不能看电视的，因为爸爸觉得大明应该花更多的时间去读书。每当课间听到同学们谈论动画片的时候，大明就羡慕不已，对电视越来越渴望。所以每天放学回到家，大明第一件事就是打开电视，看两眼动画片，然后在爸爸回来前关掉。为了不让爸爸发现，大明每次看动画片时都会竖起一只耳朵听着外面的声音，生怕爸爸突然回来。等真正听到爸爸的脚步声时，内心又非常纠结，一方面对动画片恋恋不舍，另一方面又害怕爸爸的批评，只好万般无奈地关掉电视。有一段时间，大明几乎每天都会经历这样紧张而焦灼的过程。

有一次，大明还没来得及关电视爸爸就进门了。爸爸非常生

第二章
你越焦躁孩子越茫然

气,严厉地批评了大明,并且惩罚他一边看着电视一边写作业。大明哪儿还有写作业的心思?他一会儿看看作业,一会儿看看爸爸,耳朵里全是动画片的声音。他委屈极了。

后来,大明上课时也很难集中注意力,写作业也是一会儿玩玩橡皮,一会儿抠抠桌子,总觉得心里还有什么事情没完成。他内心的焦灼和纠结与日俱增,甚至已经影响到了他的身心健康。

其实爸爸也是爱大明的,只是他没有找到合适的表达爱的方式。孩子还年幼,父母在教育他们的同时,一定要细心呵护他们幼小的心灵。当孩子集中注意力在做一件事情的时候,父母不要轻易去打断,当孩子有什么需求的时候,也不要大声呵斥,否则很可能在孩子心中留下阴影,成为他们一辈子的梦魇。

其实,严厉教育并不一定奏效,相反,它不仅会伤害孩子的心灵健康,还可能让孩子更加逆反。

小丹是一个让人又爱又气的孩子,爱是因为她在家是一个十足的乖乖女,从来不违背爸爸妈妈的意愿,也不做什么过分的事情;气是因为只要爸爸妈妈不在身边,小丹就像完全变了一个人似的,专门做一些让人意想不到的事情,如搞破坏、没礼貌……起初,爸爸妈妈发现的时候,觉得小丹的不听话只是意外,可慢慢地他们发现,小丹就是有着"双重性格"。这让他们非常懊恼。每次小丹闯祸回家,爸爸妈妈都将她狠狠批评一顿,有时甚至还动手打她,尽管小丹嘴上说会改,可一旦脱离爸爸妈妈的监管,她又开始变本加厉。

爸爸妈妈不知道小丹为什么会变成这样,不明白为什么一个胆小的孩子竟会如此叛逆。于是他们开始反思自己的教育方法,觉得可能是在家管教小丹太过严厉,以至于她在脱离父母之后感到轻松自在,所以放飞自我,逐渐滋生出叛逆的心理。

后来,爸爸妈妈对小丹的教育方式做了一些调整,逐渐不再那么严厉了,慢慢地小丹的情况好了一些,也变得快乐起来了。

有时候，父母以为的乖孩子并不是真正的乖孩子，他们只是忌惮父母的威严，甚至害怕父母的批评与拳脚，心中胆怯，委曲求全而已。父母是孩子最亲的人，也是最爱孩子的人，何必要逼迫孩子去听话，恐惧父母的严厉呢？教育孩子的方法有很多，父母在培养孩子的时候，要遵其天性，正确引导，该温柔的时候温柔，该严厉的时候严厉，这样孩子才能形成健全的人格和乐观的心态，不会生活在恐惧父母的梦魇中。

2. 你跟孩子的认知不在一个维度

孩子上课经常开小差，不是玩手中的笔，就是向四处张望；孩子写作文的能力太差，只能写一些"太阳像个大火球"之类的句子；孩子学过的知识转眼就忘，即使反复复习，还是无济于事……这些情况，你家的孩子有过吗？相信很多父母的回答都是肯定的，为什么会出现这种情况呢？是不是我们正巧遇到了顽皮的孩子或者是笨孩子呢？当然不是。事实上，这些情况有时并不是孩子故意造成的，而是他们在成长过程中所经历的一个阶段。因为孩子的认知和父母的并不在一个维度，他们在抽象思维、记忆力等方面还没有发育完善，所以认知上会有不足，如果父母总是以自己的认知去要求孩子或者不理解孩子，很可能会影响与孩子的交流，不能与其和谐相处。

小兰的妈妈在生活上非常宠爱小兰，只要她喜欢的东西一定会想方设法地满足她。可在学习上，小兰妈妈却始终爱不起来，每次辅导小兰写作业，家里总是鸡飞狗跳的。原来，小兰记忆很短暂，刚背过的东西转眼就忘记了，妈妈怪她不用心，于是俩人闹得很不愉快。

一天，老师布置了背诵课文的家庭作业。小兰一回到家就开

第二章
你越焦躁孩子越茫然

始背诵,可背了好久也没有记住,妈妈觉得是小兰不专心,于是一屁股坐在小兰跟前,看着她背。

刚开始的时候,小兰很认真地回想着课文里的内容,一句一句地背着,偶尔会把中间的一两句话丢掉,于是又重新开始背,如此反复,没有一次完整背下来的。过了大约20分钟,小兰突然问道:"妈妈,晚上吃什么?"

"你背着课文也能想到吃饭啊?真是服了你了。"妈妈哭笑不得地回答着,"别想吃饭的事情了,赶紧背吧。"

小兰又背了起来,可还是不太理想。妈妈无可奈何地问道:"这么短的几句话,你怎么就背不下来呢?"

"妈妈,我也不知道。我根本就不理解。"

"好吧,既然这样,我先给你讲一下意思再背。"说完妈妈就开始给小兰讲。理解意思之后,小兰很快就背会了。妈妈心想:"原来小兰久久背不会是因为不理解,可明明很简单啊!"

事实上,很多父母跟孩子沟通不畅,往往是因为父母从自己的认知角度去看待问题,认为孩子应该会,或者应该记住,于是对孩子寄予很高的期望,提出更高的要求,一旦孩子没有达到自己的期望,就会觉得孩子没有用心,没有全力以赴。父母应该知道,孩子的认知和成人的是不同的,他们无法轻而易举地去完成自己不理解的东西,注意力也很难长时间集中,所以学习效率相对较低,思维也不够敏锐。

周末,老师要求同学们写一篇关于水果的作文。冬冬最爱吃草莓,于是就打算写一写草莓。可是,他刚写了两句话就继续不下去了。妈妈拿起他的作文本,只见上面写着:"草莓是我最爱吃的水果。它红红的、尖尖的,又酸又甜,可好吃了。"于是,妈妈告诉他:"你可以把草莓描写得生动一些。另外,它的植株、叶子都可以写啊。"

"可是我没见过它的植株和叶子,那该怎么写呢?我不会。"

"既然你没有灵感,我带你采摘草莓去吧,玩的同时多观察。"

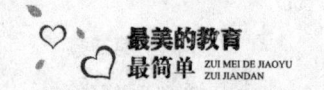

"好啊好啊!"

采摘园里,冬冬玩得可起劲儿了,妈妈反复叮嘱他要注意观察。回到家之后,冬冬又开始写:"今天妈妈带我去摘草莓,我非常高兴。草莓长在绿色的植物上面,没成熟的时候是绿色的,成熟之后就变成了红色,酸酸甜甜的,真好吃。"然后又停笔了,这时妈妈也着急了,大声地呵斥道:"你这孩子的脑袋怎么这么死板啊,你可以发挥想象,把草莓描写得更有趣一些啊!"

"可是妈妈,我想不到啊!"

"怎么会想不到呢?你可以把草莓想象成一个穿着鲜红外衣的小仙女啊。"

"哦。"于是冬冬在他的作文里又加了一句话:"成熟之后就变成了红色,就像穿着鲜红色外衣的小仙女,酸酸甜甜的,真好吃。"

妈妈顿时像泄了气的皮球,心想:"天啊,这孩子的写作可怎么办呀!"

妈妈被冬冬气得够呛,但问题其实并不出在冬冬身上,而是出在妈妈身上。父母在教育孩子时,不能根据自己的认知去要求孩子,违背孩子的思维发展规律,这样或许只能事倍功半。事实证明,父母越焦躁,孩子越茫然,大脑一片空白。父母要戒躁,循循善诱,逐渐培养孩子的抽象思维、形象思维,还可以跟孩子做一些有趣的游戏来提升他的记忆力,只要孩子的认知提升了,一切问题也就迎刃而解了。

3. 孩子的心中其实很委屈

很多父母在教育孩子的过程中或许都有过这样的经历:当孩子在做

第二章
你越焦躁孩子越茫然

一件事情时,还没等父母说什么,他自己就先哇哇大哭起来,而且并没有害怕、恐惧之类的征兆,这使得父母经常说:"我没骂你,也没打你,你哭什么呀?"没有哪个孩子天生是喜欢哭的,他们之所以要哭,是因为心里不舒服,很多时候,他们不是难过,也不是害怕,只是心中蓄积了太多的委屈。那么孩子的委屈从何而来呢?可能很多父母又会觉得不可思议:我们每天好吃好喝地供养着,怎么会委屈呢?其实孩子的委屈大多是因为不被父母理解。

下周一是同学小美的生日,彤彤很想送一个别出心裁的礼物给她。她记得小美曾经说过自己很喜欢放风筝,于是彤彤就想:今天正好是周末,那我就自己扎一个风筝送给她吧,这可比买的有意义多了。说干就干,她拿出自己的零花钱,上街买回了所有做风筝的材料,然后努力回想着外婆给她做风筝的步骤,一步一步操作着。

自己做风筝的确不是一件简单的事情。彤彤需要固定竹条做框架,还要自己绘制风筝图案,然后进行裁剪、粘贴、绑线等,每一道工序都花费了很长时间。但是彤彤的心里是高兴的,她想如果爸爸妈妈看了自己的"杰作"一定也会为她高兴的。

很快,爸爸妈妈下班回来了,当他们推开门的一刹那,简直不敢相信自己的眼睛:屋子里一片狼藉,地上有半截的竹条,还有碎纸片、线绳、胶水、剪刀什么的,而彤彤还在忙碌着。

"天哪,你在干什么呢?"

"妈妈,我在给同学做生日礼物,你快看!"说完,彤彤拿着自己的风筝走到妈妈面前。然而妈妈匆匆瞥了一眼说道:"你想送我给你买不就得了,自己做多浪费时间啊,你看看这屋子被你折腾的。"

彤彤一句话没说,哭着就回屋了。只听妈妈对爸爸说:"你看看这孩子,又没骂她,她哭什么呀!"

"人家为了同学情谊付出了很大的努力,你不表扬就算了,还一顿数落，她心里当然委屈了。"

"有什么好委屈的！别管她，一会儿就好了。"妈妈一边收拾屋子一边嘟囔着。

生活中，像彤彤妈妈这样的家长比比皆是，他们并不重视孩子的心理感受，认为他们还小，根本没有那么多情绪，所以随意在孩子面前表达自己不满、焦躁的负面情绪，殊不知这种情绪会在孩子心里产生很大的波澜，他们要么大闹一场，要么默默把情绪装在心中，逐渐转变成各种委屈。所以在孩子面前，父母是需要适当收敛一下不良情绪的，然后从孩子的视角去审视问题，这样就会让孩子少一些委屈。

一位阿姨来家里做客，给小刚带了一套磁力拼图，小刚高兴极了，爱不释手。很快，他就打开拼图，回到自己房间研究起来。大约一个小时以后，他兴致勃勃地跑到了客厅，满脸成就感地说道："妈妈，我已经完成了拼图，这可是我一个小时的研究成果呀！你快去看看。"说完，他就拉起妈妈的手向自己的房间走去。

可是他只顾自己开心，根本没注意5岁的妹妹偷偷溜进了他的房间。当他推开房门进去的时候，妹妹正把拼图一块块地抠下来，整个拼图已经面目全非了。小刚瞬间哇哇大哭起来，一边指责妹妹，一边疯狂地乱喊乱叫，还把妹妹的玩具扔在地上泄愤。

看到这样的场景，妈妈并没有第一时间为妹妹的不懂事辩解，她说："宝贝，你费了那么大的力气才把拼图拼好，被妹妹就这样破坏掉了，的确让人很生气，很难过。"

小刚看妈妈没有维护妹妹，而是向着自己，心里稍稍好受了一些，哭声也缓和了。妈妈见状，接着说道："既然已经坏了，那你就再给妈妈示范一次吧，让妈妈也好好学学拼图的本事。"

小刚听了以后，停止了哭泣，说道："好吧！"于是又动手拼起来。小刚的委屈得到了安抚，慢慢地就从激愤的情绪中脱离出来了。

小刚妈妈是其他父母学习的榜样。试想,如果当时小刚妈妈只是说:"妹妹还小不懂事,弄坏了拼图,你再拼一次不就好了?"那小刚的心中一定有一万分的委屈。所以,孩子能够拥有懂自己的父母是一件幸运的事情。遇到问题时,作为父母首先不要焦躁,而要去体会孩子的心情,尽量去安抚他们,即使孩子做了错事,也要将他们的情绪稳定下来后再讲道理,这样就可以避免孩子因为父母的不问青红皂白而感到委屈。因此,要想使孩子不委屈,父母只需做好三步:理解,安抚,沟通。想要化解孩子心中的委屈,就如此简单。

4. 规矩太多未必是好事

俗话说,无规矩不成方圆。如果一个孩子在幼年时期没有形成良好的规则意识,会对其未来的发展形成障碍,甚至还会给其他人造成不必要的困扰。规则也是社会公共生活的基本准则,孩子只有明白自己做事情的界限,才能更好地成为一个自律、有责任心的人。为此,很多父母会给孩子立规矩,以此好好教育孩子。然而,有些父母为了让孩子变得更优秀,会给孩子立各种各样的规矩,甚至有些规矩只适用于大人,而对孩子来说,就未必合适。在众多的规矩约束下,孩子很可能会反其道而行之。

> 晓琳的爸爸是一个喜欢立规矩的人,尤其晓琳还是个女孩,爸爸更加注重规矩,想要把晓琳培养成一个大家闺秀的样子。
> 在家里,爸爸有很多规定:吃饭不能说话;女孩不能开口哈哈大笑;站有站相、坐有坐相;吃东西必须长辈或客人先动筷

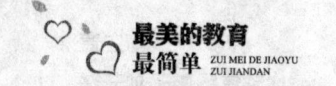

子……爸爸要求晓琳严格按照这样的规矩来做。

有一天，家里要来客人，妈妈做了一桌子菜。晓琳放学回家之后，肚子饿得咕咕叫，看见一桌子好吃的更是眼冒金光，于是她请求爸爸，先让自己吃一点儿，可爸爸果断拒绝了，哪怕少拨出来一点儿吃也不行，就这样，晓琳一直饿到客人来才吃上饭。

类似这样的事情在家里还有很多，在爸爸的长期教育下，晓琳越来越胆小，尤其是在外面的时候，做什么事情总要先看看爸爸妈妈的脸色，自己根本无法独立自主地决定要做什么，不做什么，因为她害怕违反了爸爸的规矩，挨爸爸的批评。看着她畏首畏尾的样子，妈妈有点儿心疼，可爸爸却并不以为然，他觉得女孩子做事情就该小心翼翼才好。

晓琳在规矩的约束下失去了自我，影响到了独立人格的形成，显然成了规矩的牺牲品。孩子是天真活泼、自由快乐的，如果父母非要用太多的规矩去约束，规矩就会成为套在他们身上的枷锁。当然，确实有些孩子在规矩的约束下，学习成绩很优秀，生活上也自律出色，但是他们并没有感受到童年应有的快乐，也较难形成乐观开朗的性格。

小贝是一个非常守规矩的孩子，该在什么时间干什么，一件事情先干什么再干什么，对于他来说都是固定好的，因为这些时间规划和办事方法已经潜移默化地成为他要遵守的规矩。

最开始上学的时候，小贝跟其他小朋友一样，回家就扔下书包，跟妈妈撒娇要好吃的，然后看会儿电视，吃过饭之后才开始写作业。可能很多孩子都是这样，但是在小贝爸爸看来，这样的孩子太没规矩了。于是他规定，小贝每天放学回家必须先写作业，什么时候写完，什么时候吃饭，另外，晚上绝对不能看电视，零食也一律不准吃。不仅如此，爸爸还给小贝报了周末辅导班，小贝也欣然接受了。

在大人眼里，小贝俨然一个小大人，经常得到别人的夸奖。

第二章
你越焦躁孩子越茫然

尽管他也经常羡慕其他孩子的自由快乐，但最终还是向父母妥协了。就这样，小小年纪的小贝经常会表现出一副老气横秋的样子，他甚至看不惯那些喜欢吃零食的同学，也看不惯那些课余时间只知道玩的同学，因此不愿意跟他们做朋友。

如今的小贝，做什么事情都必须有规矩，不能按照自己的想法随心所欲，有时候看见别人开心游戏、撒娇耍赖，笑得很开心，他就在想：童年的快乐到底是什么样的呢？

父母都希望自己的孩子是健康快乐的，希望他们成为优秀的人，所以父母不应该给孩子设定太多的规矩，以一己想法剥夺孩子自由发展的权利，束缚他们的天性。在一些必要的规矩之外，父母要给孩子绝对自由的成长空间，允许他们做一些孩子可以做的事情，生活中少对孩子说一些"不可以"，多劝自己"他还是个孩子"，那样就可以轻松避免给孩子立太多规矩的念头了。

5. 你的沉稳是孩子的依靠

父母是孩子的第一任老师。当孩子还小的时候，父母是他们最信赖的人，他们要通过父母的言行举止去了解这个世界，所以父母的表现在很大程度上影响着孩子。如果父母做事情畏首畏尾，孩子就会表现出胆怯，没有信心；如果父母做事情沉着稳重，孩子就会表现出踏实，从容淡定，所以，在教育孩子的问题上，父母肩负着重要的使命。如果父母希望孩子将来能够有担当，踏实稳重，就要做好他们坚强的依靠，提高自身的修养，在性格情绪上不给孩子以负面影响。

031

最近，班级要选一名小班长，每一个同学都可以参与竞争上岗。竞争的方式就是完成好老师布置的作业——班级规划，然后再进行竞争演讲，虽说只是选一个班长，但是竞选丝毫不含糊，大家非常认真地对待，积极准备着。

放学之后，小明回到家，把竞选班长的事情说给了爸爸妈妈听，妈妈给了小明很多意见，他开始仔细地罗列着，一边写一边说，花了很长时间。这时在一边的爸爸不耐烦了："一个小小的班长，用得着这样麻烦吗？你大概弄一弄得了。"

"可是爸爸，我很想当班长的——"

"就你？做事情丢三落四的能当好班长吗？"

"我想我可以的。爸爸，你知道吗——"

"好啦好啦，你觉得行就去做吧。"爸爸打断了小明的话。

听了爸爸的话，小明心想：也是，我也不一定能当上。于是草草结束了自己的规划就睡觉了。

和小明一样，同学小旭放学回家后也在完成老师布置的任务。爸爸告诉他："只要想做的事情就一定要全力以赴，今天一定要把这个规划做好，爸爸陪着你。"

小旭之前没有做过这样的事情，写了一遍觉得不好，又写了一遍，不断地改进和完善。爸爸默默地坐在他的身后陪着他。时间一点点过去了，小旭自己都有些懊恼了，可当他回头看到爸爸稳稳地坐在那里，好像在默默给他加油一样，于是又坚定了做好规划的决心。

之后，爸爸问他："如果你选上班长了，你能做好吗？"

"我想我可以的。有不懂的地方，你会帮我的，对吗？"

"当然了。"爸爸很爽快地回答着。

后来，果然小旭当上了班长，因为他不仅规划做得好，就连演讲也是沉着稳重，自信满满。

有时候，孩子是父母的一面镜子，从孩子的身上就能看见父母的影子。

第二章
你越焦躁孩子越茫然

如果父母没有良好健全的人格魅力，就会影响孩子待人接物、做人处世的态度，影响他们心中的安全感。

> 暑假期间，花花的父母因为公司安排需要出差，带着花花不方便，爷爷奶奶又远在乡下，于是就把花花拜托给对门邻居照顾。正好邻居家也有一个年龄相仿的孩子，两个人可以一起玩。
> 在玩耍的过程中，邻居阿姨发现花花总是很小心，一会儿看看这个，一会儿看看那个，一副心不在焉的样子。邻居阿姨以为花花是因为在别人家做客才这样，于是告诉花花不要拘谨，想玩什么就玩什么，就跟在自己家里一样。
> 后来，邻居阿姨发现花花并不是拘谨，只是不知道要干什么好。有时候她会生气地跟邻居家小孩发脾气，有时候又会安静地坐在那里发呆，总是一副患得患失的样子。于是邻居阿姨走上前去询问，花花说："我在家也不是这样啊，爸爸妈妈心情好的时候，我就可以多玩一会儿，他们心情不好时总是训我，我就要老实点，我可不想挨训。"
> 花花父母回来以后，邻居很善意地提醒他们，对待孩子的情绪要好一些，如果父母总是忽冷忽热，脾气暴躁，很容易让孩子不知如何是好，越来越缺乏安全感。

父母是孩子的老师，是孩子的依靠。父母沉稳乐观，就能给孩子营造一个良好的家庭氛围，给孩子的性格发展提供给养，从而使他们没有后顾之忧地健康成长。所以，教育孩子并不是让父母每天给他们讲道理、立规矩，而是用自己的言行举止去影响他们。想要孩子变得优秀，有时父母只需修身养性，做好自己就可以了。

6. 焦躁的情绪会传染

情绪也会传染？听上去似乎非常神奇，然而它几乎每天都在我们的生活中上演。当我们快乐时，微笑地面对周围的一切，得到的回应自然也是微笑；当我们懊恼沮丧时，别人也不苟言笑，甚至因你而悲伤，这不就是情绪的传染吗？通常来说，成人会有自己的思想和理性判断，不容易被他人的情绪所左右。但是孩子还很单纯，他们很容易受到他人的情绪感染，尤其是父母。如果父母总是在孩子面前表现出焦躁的情绪，那么孩子也会变得越来越焦躁，甚至这种情绪还会伴随他的成长。所以，父母在孩子面前要收起不良情绪，让孩子看到乐观开朗的自己。

最近公司业务繁忙，心心爸爸的工作压力大，今天还因为做错一组数据受到了老板的批评，心中更是烦闷不已。

下班回到家，爸爸一屁股坐在沙发上，也不怎么说话。妈妈见状，走上前去问道："发生什么事了吗？"

"没什么，快些做饭吧，我饿了。"爸爸简略地回答着。

"到底发生了什么事嘛？"妈妈有些担心地继续问道。

"跟你说没事就是没事，还老问什么呀？"爸爸不耐烦地说道。

妈妈一转头进了厨房，再也不说话了。过了一会儿，心心在屋里喊道："妈妈，饭菜什么时候做好啊，我饿了。"

"催什么催！做好了自然会叫你的，好好做你的作业就行了！"

第二章
你越焦躁孩子越茫然

　　心心无缘无故挨了一顿怼，心里很不开心，于是悄悄撕烂了自己的作业本。

　　这样的情景在心心家隔三岔五就会上演，以至于最后全家人一个比一个焦躁。只要家中有一人稍不顺心，必定会引起一番吵闹。因为受家庭的影响，心心在学校跟同学也不能友好地相处。

　　老师几次找心心父母沟通，希望多给心心一些帮助，爸爸妈妈才意识到坏情绪在家中发酵的后果，于是决定从焦躁情绪的怪圈中跳出来，以免影响孩子未来的人生。从那以后，他们尽量不把工作情绪带回家，总是微笑地面对心心，心心觉得自己的家是一个温暖的家，慢慢地，她也变得快乐起来，跟小朋友的摩擦也少了很多。

坏情绪谁都会有，但能做到消化、转移坏情绪，不让它影响别人的人并不是很多。也很少有人会认真思考父母的坏情绪对孩子的伤害到底有多大。然而身为父母，这是一个必须考虑的问题，因为好的性格能够成就孩子绚烂的人生，而坏的情绪则可能严重影响孩子的身心健康。

　　刚刚的爸爸妈妈经营着一家公司，虽说规模不大，但足够家人衣食无忧，所以一家人其乐融融。可是最近爸爸的一笔投资失败了，几乎赔进去了整个家当，这让他一下子变得焦躁起来，就连回家也没有个好心情。妈妈几次劝说留得青山在不愁没柴烧，只要自己有信心，就还可以从头再来。爸爸却不耐烦地让妈妈闭嘴。自从公司出了事情之后，爸爸一直都烦躁不安，妈妈哭哭啼啼，以至于刚刚整天茫然无措，不知道自己该说点什么做点什么，心里莫名地紧张。

　　后来，刚刚总在课堂上要求上厕所，起初老师以为只是喝水太多的缘故，可是每天这样老师不得不注意了。他观察到刚刚看上去总是一副害怕的样子，东瞅瞅西望望，一会儿又要求上厕所。他询问刚刚，可刚刚自己也不知道怎么回事。于是老师将情况反

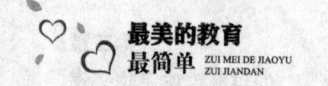

映给了刚刚的爸爸妈妈。

爸爸妈妈带刚刚去看了医生,医生说没有什么病,可能是心理作用。之后,他们又带刚刚去看心理医生,医生询问、检查之后说刚刚有轻微的焦躁症。这让爸爸妈妈大吃一惊,小小年纪怎么会焦躁呢?医生说可能是受家庭氛围的影响。这句话一下子戳痛了爸爸:没错,最近只顾自己心情不好,完全忽略了孩子的感受,以至于给孩子造成了这样的伤害。

回家的路上,刚刚爸爸懊悔不已,什么都没有孩子重要,他决心用快乐去感染孩子,帮他找回快乐的自己。

父母对孩子的教育有言语上的教育,也有行动上的影响,两方面都应该重视,并双管齐下。在日常生活中,不断加强自己的品格和身心修养,遇事理性一些,不为一些鸡毛蒜皮的小事而发火动怒,凡事多一分耐心,这样就能有效避免出现焦躁的情绪,也就不会传染给孩子了。具体做来,就是三思而后行,看看这件事情值不值得伤害自己、伤害孩子,不做一些无谓的消耗,这样就能逐渐变成一个传递快乐的人。

7. 唠叨是慢性毒药,让孩子受伤害

说起唠叨,可能人们最先想到的就是女人和妈妈。在很多小学生的作文里,妈妈都被塑造成一个"唠叨老妈"的形象。很多妈妈并不认为唠叨是一件坏事,至少不是一件严重的坏事,甚至还将"唠叨"解读为苦口婆心的教导、无微不至的关怀。殊不知唠叨对于孩子来说是一种慢性毒药,正一点一滴地侵蚀着孩子的快乐和耐心,严重影响亲子关系的培养。

第二章
你越焦躁孩子越茫然

芳芳的妈妈非常关心芳芳，但是由于每天下班晚，爸爸只好担负起每天接芳芳放学的任务。可是，妈妈似乎对爸爸并不是很放心，每天总是掐着时间打电话过来询问芳芳的情况。起初，芳芳对妈妈的电话很热情、很兴奋，毕竟这是妈妈对自己的关心和爱。然而时间一长，芳芳就有些不耐烦了，有时候甚至不想再接妈妈的电话，总是嘟囔着："又是妈妈！"

因为每次打来电话，妈妈都问些无关紧要的问题，还要问好几遍，换着花样地问，芳芳每天要重复回答好多次。不仅如此，妈妈还关注着芳芳说话的语气，如果她没有及时回答，妈妈就会问是不是出了什么事情，并且不停地追问，如此反复，让芳芳的耐心一点点消失。慢慢地，芳芳不但对妈妈的电话没有了耐心，对妈妈也没有了耐心。以前放学回家，芳芳总是有很多话跟妈妈说，说班里发生的事情，说同学之间的趣事，可是现在，妈妈下班之后，芳芳总是唯恐避之不及。

妈妈很快发现了芳芳的变化，她觉得是爸爸接芳芳放学才导致芳芳与自己疏远的，完全没有想到是自己的问题。直到一次偶然的谈话，芳芳对妈妈敞开心扉，说她疏远妈妈只是为了不想听妈妈再唠叨，妈妈这才恍然大悟。

后来，妈妈试着改变自己唠叨的毛病，告诫自己不要过分担心。她做的第一步就是不在放学时间给芳芳打电话。慢慢地，芳芳对妈妈的抵触情绪好了一些，母女关系逐渐恢复如前。

事实上，父母的唠叨对孩子的伤害很大。首先，唠叨是一个过度提醒的行为，是对孩子能力的不认可、不信任，这使自尊心强的孩子觉得心里不舒服，从而产生抵触情绪；其次，父母的反复唠叨会让孩子对自己的能力产生怀疑，从而做出错误的自我认识，变得不再自信；最后，唠叨会让孩子心理崩溃，从而激起逆反心理，一发不可收拾。

小雨是一个性格内向的孩子，平日里不怎么喜欢说话，所以在班里要好的同学并不是很多。起初，妈妈并没有在意这件事情，认为孩子不爱说话也不是什么大事，将来会好的。

有一次，小雨妈妈在等小雨放学，无聊时就跟一些家长闲聊起来。聊天中小雨妈妈发现家长们似乎对小雨这个孩子没有什么印象，妈妈的心中有些不是滋味。

从那天以后，每天放学回家妈妈都会给小雨讲一些关于社交的技巧，并且追问小雨有没有跟同学交流，是怎么交流的，有没有什么效果。小雨几乎每天回家都会面对这些问题，这对不爱说话的她来说，简直就是一种折磨。在请求妈妈无数次不要再问之后，她干脆一句话都不说了。可让小雨没想到的是，她越不说话妈妈唠叨得越厉害。终于有一天小雨忍无可忍，跑出了家门，只在桌子上给妈妈留了一张字条：妈妈，我快要被你唠叨死了。

为人父母，无不希望孩子健康快乐，所以父母有则改之无则加勉，一定要杜绝唠叨孩子。可能有些家长会说，道理明白，可是不知道该如何控制自己。其实很简单，第一，要对自己限时管理，管教孩子的话决不重复去说，比如叫孩子吃饭，只喊一遍，没有第二遍、第三遍；第二，要做好自己，给孩子树立榜样，养成言出必行的好习惯，帮助孩子改掉磨蹭拖拉的坏毛病。

第三章

你的优秀决定了孩子的未来

我们常讲,通过孩子就可以看到他的家庭,什么样的父母养育什么样的孩子。孩子是否优秀,关键因素在于父母,父母如何去教育孩子,直接决定着孩子的未来。作为父母,一定要端正自己的态度和行为,做孩子的表率,用科学有效的方法教育孩子。

1. 给孩子一个温馨的家庭

说到对孩子的教育，可能每一对父母都有一肚子话要说，孩子健康快乐、成绩优秀是所有父母共同的心愿。纵观父母的教育，虽然家庭情况各不相同，教育方式也各有千秋，但优秀的孩子身上都有一个共同点，那就是他们大多有一个温馨的家。

人们常说，家庭是孩子的第一所学校，家庭氛围和父母的言行举止对孩子有着非常重要的影响。一个孩子如果总是被爱包围着，被良好的品德浸润着，耳濡目染，他也会成为一个优秀的人。

瑶瑶的家是一个温馨的三口之家。爸爸妈妈都是普通的工薪阶层，瑶瑶是一个乐观开朗的小姑娘。她的家虽然不富裕，但是爸爸性格温和，妈妈知书达理，俩人从来不吵架，家里总是一团和气。

从瑶瑶记事起，爸爸妈妈的脸上就始终挂着微笑，即使遇到难题的时候，他们也很少把烦恼写在脸上。在他们的感染下，瑶瑶也成了一个开朗热情、懂礼爱笑的女孩，认识她的人都夸她乖巧。

为了培养瑶瑶，爸爸妈妈尽心尽力，只要对瑶瑶的成长有好处，他们就会毫不犹豫地支持。

五岁那年，瑶瑶喜欢上了画画，于是妈妈就给瑶瑶报了绘画班。可是几节课下来之后，瑶瑶就有点儿想打退堂鼓了，因为她发现上课并不能随心所欲地画。妈妈知道她的情绪后，给了她很

第三章
你的优秀决定了孩子的未来

多鼓励,甚至还专门跑到乡下去给瑶瑶拍了很多照片回来,让她看着画。结果那次瑶瑶的作品获奖了,从此,她更有了学习画画的动力,兴趣也越来越大了。

瑶瑶妈妈总说,教育孩子不能光凭嘴说,而是要用实际行动去感染她,努力营造一个温馨的环境让她保持良好的心态,这样她就能对生活有足够高的热情,也自觉地朝着美好的方向发展。

瑶瑶妈妈的教育理念朴实而有效,她明白一个家庭对孩子的重要性,所以和爸爸一起给瑶瑶打造良好的成长环境。然而有很多父母并没有意识到这一点,在家里随意发泄自己的负面情绪,把家里弄得鸡飞狗跳,不得安宁,甚至经常因为孩子的教育问题而争吵不断,从而给孩子带来伤害,逐渐把孩子影响成一个脾气暴躁或性格孤僻的人。

小旭的家是一个"重视教育"的传统家庭。爸爸妈妈觉得孩子想要未来优秀,唯一的出路就是学习。因此,爸爸妈妈狠抓小旭的成绩。虽说在这一点上两人的观点是一致的,但仍会因为一些鸡毛蒜皮的小事而吵架。

一次,小旭想去一个爱国主义基地参观,爸爸答应了。可是妈妈觉得这种参观并不能学到什么,反而浪费半天时间,倒不如在家写作业更实际。为此,爸爸妈妈你一句我一句地开始争论,最后竟然吵了起来。小旭站在一旁左右为难,最后他大声喊道:"你们别吵了,我不去了!"说完,哭着跑回了自己的房间。

之后,妈妈安排小旭写作业,可小旭根本没有心情,结果可想而知。看着小旭的错题,妈妈先是一顿批评,然后又指责爸爸,一家人鸡飞狗跳,吵翻了天。

在这样的家庭环境影响下,小旭上课总是无法集中注意力,成绩也没有明显的提升,于是开始参加没完没了的补习班。后来,小旭的性格越来越暴躁,干脆跟爸爸妈妈对着干,完全放弃了学习。

一个家庭的氛围对孩子的影响非常大。父母是否优秀，是否能够很好地经营一个家庭在很大程度上影响着孩子的性格塑造，以及他对生活的态度、对学习的兴趣，可以说父母影响着孩子的未来。所以当父母心中有负面情绪时，要尽量自我消化，或者通过其他方式转移发泄，而不是把微笑留给别人，把最坏的情绪宣泄在家中。父母要做更好的自己，读书学习，努力工作，热爱生活，积极向上，把最好的状态呈现给身边的亲人，那么整个家就会变得温馨而有爱，孩子自然也就会越来越好，这种教育方式对于孩子来说如细雨润物，最为简单、有效。

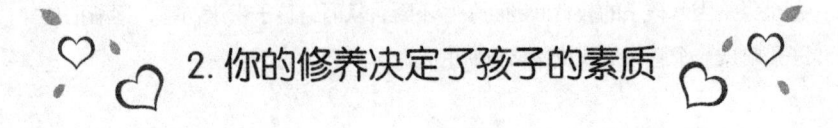

2. 你的修养决定了孩子的素质

　　有人说，"你的修养，就是你孩子的教养"。修养注重的是一个人的后天自我完善，而教养注重的则是一个人的家庭教育。孩子受原生家庭的影响很大，父母是孩子的榜样，父母要想培养出优秀的孩子，首先要完善自己的修养，这样才能更好地去教育孩子。对孩子来说，任何优越的物质条件都比不上给他塑造一个正确的三观。

　　前年，小兵的奶奶因为腰椎受伤，下肢不能自由活动了，瘫痪在床。这对小兵家来说可是一个不小的打击，也给这个原本并不富裕的家庭带来了沉重的负担。爸爸妈妈一边照顾奶奶一边工作，尽最大的努力给奶奶医治。

　　看着妈妈整日给奶奶擦洗喂饭、端屎端尿，小兵觉得妈妈很辛苦。一天，他问妈妈："你整天照顾奶奶麻烦吗？"

　　"不麻烦呀，人老了都需要人照顾。"

第三章
你的优秀决定了孩子的未来

"可是奶奶是爸爸的妈妈,又不是你的妈妈。"

"妈妈和爸爸是一家人,所以奶奶也就是妈妈的妈妈。我照顾她也是应该的。"

"哦,原来是这样啊,那等你老了,我也照顾你。"

"小兵真懂事!"

有了妈妈的夸奖,小兵可高兴了。后来,每当小兵放学回家,他就学着妈妈的样子,给奶奶揉脚、捏腿、读故事,还会帮妈妈做一些力所能及的事情,他说:"这样妈妈就不用那么累了。"

看到小兵小小年纪就懂得关心他人,妈妈的脸上露出了欣慰的笑容。

小兵妈妈没有教育小兵要孝顺,也没有告诉他尽孝是中华民族的传统美德,甚至连黄香温席、戏彩娱亲之类的故事都没有给小兵讲过,但是她用自己的实际行动教会了小兵什么是孝道,在孩子的心中埋下了孝心的种子。

相反,有些父母自己缺乏修养,用自私和无礼去教育孩子、包庇孩子,从而使孩子从小缺乏教养,得不到他人的喜爱,长此以往,孩子就会发展成为一个不懂尊重他人,也不受他人尊重的人,很难拥有美好的未来。

两位打扮时髦的妈妈带着各自的孩子去自助餐厅吃饭,她们看上去也就三十出头的样子,孩子也就七八岁。选好座位之后,两位妈妈就去拿吃的,把孩子们留在了座位上。

妈妈们刚离开,两个孩子就站到了座位上,开始大声叫嚷起来,完全不理睬别人异样的眼光。不一会儿妈妈们回来了,可她们并没有告诉孩子们在公共场合不要大喊大叫,而是叫孩子赶紧吃饭。

没一会儿,两个孩子就吃饱了,他们开始拿起桌上的食物对打,还向其他地方乱扔,甚至扔到了隔壁桌上。邻桌的客人好意提醒说:"麻烦您让小朋友安静一些,这里人挺多的,打打闹闹不好。"

　　谁知其中一位妈妈立刻回答道："又不是你家，嫌吵别出来吃饭呀。"

　　"这里是公共场合，再说他们都把吃的扔到我桌上了。"对方显然有些生气。

　　"小孩子扔点东西还计较，那么大人了，真是的。"那位妈妈不屑地说道。

　　"你们这是浪费粮食，知道吗？"

　　"浪费的又不是你家的，管得真宽。"另一位妈妈也说道。

　　这时，服务员走来了，告诫她们不能浪费粮食，否则会按比例罚款，两位妈妈赶紧笑着说道："别，别，别，我们不再扔就是了，他们小孩子不懂事。"

　　可服务员刚一转身离开，两位妈妈就小声嘀咕说："才扔了多大一点儿东西就要罚款，就想方设法占顾客便宜……"

　　之后，她们继续聊天，孩子继续吵闹，就好像周围没有其他人一样，直到吃完饭离开。

　　可想而知，上面案例中那样的妈妈很难教出有出息的孩子。孩子在成长过程中，对外界信息的吸收缺乏基本的甄别能力，如果父母给了孩子错误的引导，他们就会觉得世界原本就是这个样子，于是按照父母的言行举止去做。有人说，如果原生家庭是一块土地，那父母就是养料，孩子的素质是种子，最后结出什么样的果实，与土地有关系，与养料也有关系。所以，为了给孩子提供积极正能量的养分，父母应该修身养性，自我完善，给孩子树立好榜样，教育自然也就水到渠成了。

第三章
你的优秀决定了孩子的未来

3. 孩子自私父母要反思

在当今社会，小朋友扶老奶奶过马路、在公交车上给老弱病残让座等向他人伸出援助之手的情景越来越少了，相反，公交车上对老奶奶视若无睹，对需要帮助的人冷眼相看，辱骂老师和同学的情形倒是屡见不鲜，为什么这些本该天真善良的孩子表现得如此自私冷漠呢？作为父母，这是需要反思的。孩子就像一张白纸，是天真的，他学到什么就会记录什么，然后照着去做，因此当孩子表现出种种自私时，可能问题的根源就在于父母自己。

周末是可可妈妈的生日，爸爸提议到外面吃一顿，可可妈妈却说在家过才温馨，一家人做一桌子好菜，然后围在一起吃，是一件幸福的事情。于是大家最后一致决定在家里做饭庆贺。在安排菜单的时候，妈妈最先想到的就是儿子可可喜欢吃的鸡翅。

做饭时，爸爸和妈妈在厨房忙碌，可可自己在客厅玩。妈妈把做好的菜一个个端上桌，然后又回到厨房忙碌最后的大菜。可可看见自己爱吃的可乐鸡翅上桌了，高兴得一蹦三尺高，马上坐到桌前大快朵颐。等爸爸妈妈把最后一个菜端到桌上时，他们愣住了：可可已经吃光了一盘子鸡翅，其余的菜也都被可可挑拣过了。爸爸有些生气，问道："你怎么没想着给妈妈留一个鸡翅呢？"

"妈妈又不爱吃，每次做鸡翅她都说自己不爱吃。"

"那你至少也等我们一块儿吃呀！"

"为什么要等？平时我也是饿了就吃的呀。"

"可今天是妈妈的生日，你就没想想吗？"

"有什么可想的？妈妈的生日又不是我的生日，我吃完了还要找同学玩去呢。"

爸爸已经气到无言以对，妈妈强忍着内心的失落对爸爸说道："算了算了，他还小，让他吃了饭就去玩吧。"爸爸本想再说点什么，可妈妈却阻止了他，示意他坐下来吃饭。

可能可可妈妈这样的人在生活中非常常见，他们把好吃的东西都让给孩子吃，还欺骗孩子说自己不爱吃，所以在孩子的印象中，妈妈是一个挑食的人，什么东西都不爱吃。妈妈以为这是对孩子无私的爱，可悲的是，孩子一时间根本理解不了这种爱，反倒变得越来越自私。

孩子的自私与父母有很直接的关系，过分地溺爱、拒绝孩子的爱、体罚孩子都可能导致孩子形成自私自利的性格。溺爱会使孩子觉得父母甚至他人对自己好是理所应当的，自己就应该被呵护；当孩子想要为父母的付出表达自己的爱时，如果父母总是拒绝，那么孩子自然也就不会再感恩；而经常受体罚的孩子，他们的心灵受到创伤，很容易形成孤僻等不良性格，不仅不会去体谅父母，甚至还会模仿父母的暴力。

星期天，姥姥去看珍珍，她刚进门，就看见家里乱糟糟的，珍珍坐在沙发上一边看电视，一边嗑瓜子，妈妈则忙着整理、打扫。姥姥在珍珍的身边坐下来，看着她一副安闲自在的样子，问道："乖孙女，你没看见屋子里很乱吗？"

"看见了，妈妈会打扫的。"

"可是你妈妈已经很忙了，你是大姑娘了，怎么不帮她呢？"

"我妈妈不需要我帮的，每次我想干点什么她总是不让我干。"珍珍说，"我想帮妈妈洗菜，她说我太小了干不了；我想帮妈妈做家务，她说我只负责学习就好了。我觉得这些活我妈妈完全能应付的，姥姥你也跟我一起看电视吧！"

"可是你想过没有，这样你妈妈很累的。"

"都是一些小事，应该没有多累吧？我还小，干不了那么多活，就让妈妈自己干去吧。"

姥姥一时间语塞。她清楚自己的女儿，平日里大包大揽，舍不得让孩子干一点儿活。到头来，孩子不仅没有体会到她的爱，反而变得越来越自私了。

自私是一种不好的品格，它影响孩子未来的人际关系和学业事业的发展，所以父母一定不能让孩子养成自私的品格，给他们的未来设置拦路虎。教育孩子的方式有很多种，但父母不能选择溺爱或体罚来实现。生活中，父母要平等对待孩子，正视他们的成长，适当地让他们独立起来，如独立收拾房间，帮妈妈分担家务，接受并夸奖他们的付出，让他们因为爱人而快乐。当遇到问题时，父母要与孩子冷静地分析讨论，培养孩子坚强乐观的性格。这样，孩子的自私就会慢慢消失。

4. 父母脾气不好孩子就会暴躁

可能很多父母都会有这样的烦恼：孩子的脾气一天比一天大，稍有一点儿不顺心，他们就大发脾气。面对孩子的暴躁脾气，父母却无所作为，认为孩子脾气大是天生的，或者用"孩子正处于叛逆期，再过一段时间就好了"来安慰自己。殊不知，孩子的脾气虽然有遗传的因素，但是后天的生活环境对其有更大的影响，尤其是父母的影响尤为重要。

通常情况下，父母脾气暴躁，孩子的脾气也会不好，因为他们会认为大喊大叫是最有效的交流方式，暴力相向是解决问题的基本手段。孩子在待人接物方面还没有经验，如果父母总是给孩子展示暴躁的一面，孩子学习到的自然也是暴躁的方式。

课堂上，冬冬一直在搞小动作。老师看见了，说道："马冬冬同学，上课要注意听讲，老师讲的可是重点知识。"

冬冬没说什么，安静了下来。可刚过了一会儿，冬冬又坐不住了，一会儿东扭扭，一会儿西扭扭，还用手捅前面座位上的同学，老师再次强调："马冬冬同学，注意听课，不要影响其他同学好吗？"

"老师，我已经知道了，你就别再说了。"

"可是老师说的话你并没有听啊，知道了就要改正。"

老师的话音刚落，冬冬就一屁股坐了下来，气呼呼地撕烂了自己的作业本。老师与其说是生气，倒不如说是被冬冬的行为惊呆了，他没想到冬冬小小年纪竟然有这么大脾气。后来，老师通知了冬冬的父母。

冬冬的爸爸妈妈来到老师的办公室，听老师说了冬冬的课堂表现后，冬冬爸爸一把拉过来站在一边的冬冬，照着他的屁股上就是一巴掌："你这个孩子，谁让你不好好听课的？"

老师见状，赶紧制止了冬冬爸爸，说道："我叫你们来是想谈谈如何帮冬冬纠正学习态度的，不是让你打他的。你好好跟他讲道理，不要动手。"

跟老师进行了简单的沟通之后，冬冬爸爸和妈妈就离开了，冬冬爸爸一边走一边对冬冬说："看我回家不收拾你！"

听了这些，老师突然明白冬冬为什么会撕掉作业本了，原来他的暴躁脾气是从爸爸那里学来的。

第三章
你的优秀决定了孩子的未来

有时候,孩子的确是父母的一面镜子,孩子身上的问题就是父母身上的问题。当孩子脾气暴躁时,父母就应该审视自己,是不是平时在家里表现的负面情绪太多,或者对孩子的要求太过严苛,以至于他们不能形成良好的性格。一旦父母认清了这一点,想要改正也就相对容易了。

星期天,楠楠一家跟朋友约好了早上去郊游。吃过早饭以后,楠楠一家人就开始收拾东西准备出发。这时,楠楠发现自己最喜欢的挎包不见了,于是她在房间里一顿翻找,可就是没有挎包的影子。她很着急,又到其他地方去找。眼看就要七点了,妈妈提醒他说:"要不咱们换一个包吧?"可是楠楠却表示只想背那个包。

爸爸一直在旁边不动声色地看着、等着,后来实在忍不住了,大声地说道:"楠楠,你还想不想去郊游了,非得找那个包不可吗?别找了,马上走。"

"那可是我专门为郊游准备的。"

"那也别找了,赶紧走。"说完,他一把把楠楠拽了过来,推出了家门。楠楠一路生气不已,到了目的地,他不吃不喝不玩,一直耍脾气,整个郊游的愉快心情全部没有了。

爸爸又想教训楠楠,被妈妈制止了,她说:"如果你刚才好好跟他讲,他也不至于生气,当爸爸的就该有个好样子,你着急了,他比你更着急。"

于是爸爸冷静了一下,走到楠楠跟前安慰了几句,楠楠的心情这才有所缓和,渐渐地融入玩耍的队伍中。

很明显,楠楠的情绪源自爸爸。试想,如果爸爸能够给他正确的引导,那他还会暴躁地发脾气吗?所以,在孩子的情绪管理中,父母应该充当良师益友,帮助孩子向快乐的心情发展,而不是火上浇油,让孩子更加暴躁。当孩子有情绪时,父母得首先让自己平静下来,避免做错误的示范,然后再让孩子平静下来,这样一场吵闹就避免了,如此往复,暴躁的脾气自然就会远离我们。

5. 父母冷漠孩子也会缺乏爱心

不知道你是否留意过,当面对贫穷、疾病或灾难时,人们会有不同的心理和表现。有的人急切地伸出援手,给予最大的帮助;有的人幸灾乐祸,冷嘲热讽;还有的人态度冷漠,满脸事不关己的不屑。显然,后两者是缺乏爱心的表现。如果身为父母缺乏爱心,那么孩子耳濡目染,也会成为一个冷漠的人。

冷漠是一种不好的性格,是孩子正常社交的绊脚石。如果一个人总是非常冷漠,一般很难交到真心的朋友。我们生活在社会上,不可能孤立生活,所以培养孩子的爱心就相当于在拓宽其未来的发展道路,这是父母义不容辞的责任。

一天,阳阳妈妈在小区里看见了旧衣物捐赠箱,于是赶紧回到家,开始翻箱倒柜地收拾衣服。她把自己平时不穿的衣服一件件找出来叠好,放在一起,然后又去收拾爸爸和阳阳的衣柜。阳阳看见了,以为妈妈在找什么东西,于是问道:"妈妈,你把这些旧衣服找出来干什么呢?"

"我打算把咱家的旧衣服都捐赠给山区的人们。"

"捐给他们干什么,他们自己又不是没有衣服。"阳阳一脸不情愿地说道。

"山区贫困,好多人缺衣服穿呢。"

第三章
你的优秀决定了孩子的未来

"那跟我们有什么关系?"

"我们都是中国这个大家庭中的一员,他们有困难,我们理所当然就要伸出援手,尽自己的微薄之力帮助他们。山区那些与你同龄的小朋友,有的吃不饱穿不暖,多可怜呀。"

"好吧,那就把我的衣服捐给他们一些吧。"

从那以后,每当自己有什么用不着的东西,阳阳就会说:"妈妈,咱们要不要捐给那些有需要的人呢?"不仅如此,她在大街上看见流浪猫狗也可怜它们,经常给它们送一些吃的东西。人人都夸阳阳有爱心,是个好孩子,阳阳的心里美滋滋的。

阳阳妈妈用自己的行动教会了阳阳要做一个有爱心的人。一个有爱心的人,是受人尊敬和欢迎的。如果我们的孩子能够对他人或社会奉献自己的爱心,那么他也会获得他人的爱心,这对孩子未来的发展大有助益。相反,如果孩子缺乏爱心,那么他们的未来就好像在黑暗中行走。试想,没有光明该有多么可怕!

月月的学校离家比较远,每天放学她都需要坐公交车回家。这天月月和爸爸刚坐了一站路程,就上来一位老奶奶,月月一下子想起了老师的教导,于是站起来说道:"老奶奶,您坐我这里吧。"老奶奶道谢之后,就坐了下来。爸爸只好把自己的座位让给了月月。就这样,爸爸站了一路,沉默了一路。

回到家,爸爸对月月说道:"你这个孩子,以后不能那么傻了,你看别人有让座位的吗?"

"可是那个老奶奶那么老了。"

"她老跟你有什么关系?现在最不能碰的就是老奶奶,说不定她能做出什么事情来呢。"

虽然月月不知道老奶奶能做出什么事情来,但她明白了爸爸的意思。从那以后,她就不再给别人让座位了。慢慢地,她觉得不让座位也没什么，就算有老人站在自己跟前，她也权当看不见。不仅如此，她还经常同身边的同学说："我爸爸说了，给陌生人献爱心有什么用呢？他们根本就不会记得我们的好，扶老奶奶还反被讹钱呢，所以还是保护自己最要紧。"

后来，同学们渐渐不喜欢月月了，也不想跟她来往了，大家都说月月是个没有爱心的孩子。月月为此感到非常孤独，常常一个人偷偷地哭泣。看着月月伤心，爸爸丝毫没有认识到是自己教育产生的后果，反而告诉月月一定要远离那些不喜欢她的人。月月心想：那我将来还能有朋友吗？

教育孩子冷漠待人实际上就是对孩子的一种伤害，它影响了孩子正确三观的形成，而这对孩子是没有好处的。所以，父母不能做冷漠的父母，也不能让自己的孩子做一个冷漠的人。父母要给孩子进行爱的教育，给孩子足够的关爱，但又不能过分宠溺，让他们在有爱的环境中成长，让他们以父母为榜样，关心一切，热爱一切，做一个热情对待生活的人。

6. 你的鼓励是孩子最大的动力

不可否认，现在还有很多父母不懂得赞美和鼓励自己的孩子，在他们心中总是住着一个"别人家的孩子"："你看隔壁家儿子今天数学又考了一百分！""你看王阿姨女儿今年居然考上了清华。""如果你有李叔叔家孩子一半聪明，我也就知足了。"……父母不经意的话深深地刺痛着孩子的心，让他们觉得，在父母的眼里，他们永远不如别人，他们无论怎样都得不到父母的一句赞美和鼓励，于是，他们逐渐变得胆小、怯懦、缺乏自信，甚

第三章
你的优秀决定了孩子的未来

至失去了前进的动力。

放学铃声响了,强强的心忐忑不安起来,因为今天的数学成绩公布了,他不出所料地考了70分,这个分数已经不是第一次了,他知道等待他的是什么,他不敢回家,怕面对爸爸妈妈,可是又无可奈何。

回到家以后,强强小心翼翼地拿着卷子走到爸爸的面前,开口说道:"爸爸,你千万别生气啊,我的数学又没考好。"要是往常,爸爸一定一把扯过卷子,暴跳如雷地说:"你是怎么考的?考个高分就那么难吗?"这时妈妈也会凑过来,补充说:"唉,这次又没有隔壁孩子考得好。"可是今天,爸爸的心情很好,他看了卷子不仅没有生气,反而语重心长地说:"孩子,以后得加油,好好学一定能考好。"强强半天没有说话,泪水在眼眶中打转,然后哇的一声哭了出来,一边哭一边说:"爸爸,你从来都没有鼓励过我,这是第一次。"妈妈也闻声赶来,看着哭着的强强也没说什么。

从那天后,强强学习很努力,他想证明爸爸说得没错。每当学习中遇到困难,他也不会像之前那样沮丧,而是想方设法去解决它。功夫不负有心人,期末考试时强强居然考了92分!虽说这个分数在班级中仍算不上优秀,但是对于强强来说,却有着非常重要的意义。

放学后,强强迫不及待地把卷子拿回家给爸爸妈妈看,果然他们没再批评他,而是鼓励他再努力一些,强强也暗自下决心:下次一定要考个100分才好。

没有哪个孩子是不需要鼓励和认可的,父母的鼓励就是莫大的动力。因为对孩子来说,成功没有绝对的定义,只要孩子能不断地挑战自己,战胜自己,就能获得更大的快乐和自信。而父母的鼓励就是帮助孩子建立自信、

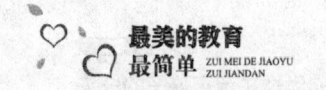

保持勇气的良药。

丹丹是学校里出了名的淘气鬼，她经常会捉弄同学，虽然爸爸妈妈再三强调不能这样，可丹丹就是不听，她觉得自己对同学们并没有恶意，只是用这种方式跟他们玩而已。可是，慢慢地她发现，同学们都对她避之唯恐不及，甚至干脆不理她了，到最后，她身边居然一个朋友都没有了。她懊恼极了，也失望极了。

爸爸妈妈知道这件事之后，鼓励她去跟同学们承认错误，可丹丹就是不好意思去道歉，她几次试图去尝试，可始终无法说服自己，爸爸鼓励她说："如果你现在连这一个小小的挑战都无法战胜，你将来还会面临更多的困难和挑战，那你该怎么办呢？爸爸相信你可以的。当你害怕的时候，你就默默告诉自己'我要战胜自己'，那样你就不害怕了。"

听了爸爸的话，丹丹真的给同学们道了歉，同学们也原谅了她，又和她快乐地玩耍在一起。自从那次后，丹丹改变了很多，尤其是爸爸的鼓励也让她成长了很多。在之后的日子里，无论在学习上还是生活上，只要遇到困难，丹丹就会想起这件事，想起爸爸的话，她就觉得身体中充满了力量，敢于去面对困难了。

我们姑且不再赘述鼓励对孩子的影响有多重大。单纯从父母的角度来说，鼓励孩子应该算不上什么难事。我们要给孩子的努力制定一个我们所期望的具有实际意义的标准，当孩子达到标准时，我们就对孩子的成绩表示肯定，如果达不到，就去鼓励他们再接再厉。在对孩子的教育鼓励中，有一点我们绝不可取，那就是永远不满足地给孩子提要求，给孩子树立遥不可及的目标，这样会让孩子看不到希望，尽管我们不断地鼓励，他们也可能找不到前进的动力。所以我们要学会鼓励，因为满意和期望而鼓励。

第三章
你的优秀决定了孩子的未来

7. 不懂放手会阻碍孩子成长

在生活中,有很多父母为了不让孩子在成长的道路上遇到任何困难和伤害,对孩子百般呵护,他们以为这是爱孩子的最高境界,殊不知这样做不仅对孩子没有太大的好处,甚至还可能害了孩子。

孩子独立生活的能力能够反映出他独立发展的能力,如果父母将孩子呵护得太好,慢慢地就会使孩子没有了生活自理能力,那父母培养的很可能就是一个巨婴。这是任何一个父母都不希望看到的结果。要想避免这种情况的发生,父母能做的就是学会放手,让孩子自己去成长,这样才不会阻碍他前行的道路。

婷婷是家中的独生女,可以说是含着金汤匙出生的。爸爸妈妈把她捧在手心怕摔了,含在嘴里怕化了,生活上照顾得无微不至。

每天早上起床,妈妈都会第一时间给婷婷穿衣服,然后挤好牙膏,让她洗漱。有时候,婷婷自己懒得吃饭,妈妈还会端着碗喂给她吃,就连上学的书包也是妈妈给背着。每当有朋友对妈妈事无巨细的照顾提出异议的时候,妈妈总是说:"我就这一个女儿,一定要像公主一样呵护着。"

暑假期间,学校组织为期15天的夏令营,同学们都报名了,婷婷也非常想去,在她的再三恳求下,妈妈终于答应了。然而到了夏令营的目的地以后,婷婷就开始不适应了。早上起来,别人都准备好洗漱了,婷婷还没有穿好衣服。洗漱时,她将牙膏挤得到处都是,急得直哭。看着别人不可思议的眼神,她感觉自己跟别人一点儿都不一样。吃饭时,她是最慢的一个,看到大家吃完饭都在等着她,婷婷羞愧极了。

夏令营结束后回到家,婷婷愁容满面,妈妈关切地问:"怎么样,玩得不开心吗?"婷婷哇的一声大哭起来,说道:"妈妈,你以后少照顾我点好吗?我什么都不会,好像根本就没有长大。"

听了婷婷的话,妈妈也进行了深刻的反省,她认识到,对孩子的爱或许可以用其他的表达方式,这样紧紧地把她护在手中,反而让她变成了生活的低能儿。

在孩子的教育上,父母应该做的是正确引导,而不是事无巨细地包揽安排。孩子从出生起就是一个完完整整的人,无论是精神、生理、情感等哪一方面,他最终都需要独立,因为未来他会在没有父母的陪伴下走很长的路。当孩子尝试着去做什么事情或者做什么决定时,即使违背了父母的意志,那也并不是孩子"不听话",而是他正在努力成长。所以父母应该懂得放手,哪怕前面会有困难和坎坷。老鹰把幼鹰推出巢穴,就是为了让它能更好地翱翔于蓝天中,父母也应该学习老鹰,放手——为了孩子更快地成长。

晨晨从小在爸爸妈妈的呵护下长大,什么事情都由爸爸妈妈代劳,他只负责开心长大就好。晨晨一点点长大了,爸爸发现他的胆子很小,什么事情都不敢独自去做。爸爸觉得晨晨现在应该有小男子汉的样子了,如果他一直这样下去,未来很可能就会变得唯唯诺诺、一无是处。于是爸爸和妈妈商量后决定尝试着放手,让晨晨开始真正地面对生活。

一天,妈妈做饭没盐了,让爸爸去买,爸爸就把这件事情

第三章
你的优秀决定了孩子的未来

交给了晨晨。小区门口就有超市,可就算这么短的距离,晨晨还是不敢,他害怕一个人去做事情。看到他这个样子,爸爸更加坚定了让他去买的决心,于是开始不停地鼓励他,最后晨晨终于答应了。

从窗户上看着晨晨的背影,爸爸妈妈既高兴又担心,就好像小鸟第一次飞出巢去觅食一样。晨晨很快就回来了,并且很兴奋地说:"自己出去其实也没那么可怕。"从那以后,晨晨不仅经常给爸爸妈妈帮忙,自己还能独立去做好多事情,变成了真正的小男子汉。

其实,主动放手并没有想象中那么难,可以从一点一滴的小事开始。在日常生活中,父母可以让孩子适当分担一些力所能及的家务,培养他们独立自主的能力,并鼓励他们自己去做决定,不溺爱不包办,只要父母能够做到这样,孩子自然就开始真正地成长了,或许哪一天,父母会突然发现原来孩子真的长大了。

第四章

压制永远不是最优的选项

　　压制孩子,永远是最糟糕的教育方式。很多没有耐心的父母,都喜欢用压制的方法来教育孩子,在这种教育方法的影响下,孩子的天性、快乐、兴趣统统被压制得无影无踪,这对孩子而言是毁灭性的打击。在孩子的教育过程中,压制永远不是最优的选项,毁掉的只能是孩子。

第四章
压制永远不是最优的选项

1. 尽量不要用负面词汇跟孩子交流

"你怎么这么笨啊?""你能不能不要这么懒?""做事情不要这样拖拉行不行?""你就这样吧,将来能有什么出息!"……类似的话你曾经对孩子说过吗?你在过足了嘴瘾之后,注意过孩子的变化吗?

我们不难发现,"笨""懒""拖拉"这些负面词汇都是对孩子各方面的评价性用语,其具有结果导向,也就是说在这样的语言作用下,孩子就会朝着这些负面词汇发展,最后就可能真的成了这样的人。因为父母经常这样说,孩子就会将思绪聚焦在这个负面的结果上,他们会想:"笨?我可能真的很笨,所以什么都不会。""懒?我可能真的很懒,所以也不用再去勤快了。"在这种心理状态下,孩子的性格、品行以及能力就逐渐改变了。换句话说,是父母用负面词汇毁掉孩子。这是多么可怕的一个结果!

贝贝放学了,从他背着书包走进家门那一刻开始,家里就开始弥漫起了烟火气息,没错,辅导作业大战马上就要拉开序幕了。

只见贝贝放下书包,掏出了作业本,妈妈马上就说道:"今天快点写啊,不准拖拉!"

"知——道——了!"贝贝拖长声音,懒洋洋地回答道。

过了一会儿,妈妈看见贝贝正在发呆,于是又催道:"你磨蹭什么呢?"

"妈妈,这道题我不会做,你给我讲讲吧。"

于是妈妈停下手中的活,开始给贝贝讲题,可是左讲右讲,贝贝就是听不明白,妈妈气得火冒三丈,大声斥责说:"我怎么就生了你这样一个笨儿子!"

贝贝一脸委屈和茫然,不知道该如何是好,妈妈只好又讲了一遍,可是贝贝早已沉浸在痛苦的情绪中,完全没听明白妈妈讲的是什么。妈妈再次训斥:"你怎么这么笨呀,老天!"说完用手指点了一下贝贝的脑袋。这下可好,贝贝就好像被摁了开关一样,大声地哭起来:"我就是笨,行了吧?"说完就坐在一边肆无忌惮地大哭。妈妈也气得泪水直打转。

过了好长时间,两人的心情都稍微平复了一些,妈妈又接着给贝贝讲题,贝贝这次总算是听明白了。

贝贝家辅导作业的情景你家曾有过吗?可能有些父母的确误入了用负面词汇教育孩子的歧途。当父母用太过负面的词汇跟孩子交流时,因为潜移默化的作用,孩子会逐渐养成一些不好的习惯,并且随着年龄的增长,父母所灌输的负面情绪就会在孩子心中根深蒂固,想要改变,那可就难上加难了。所以父母在与孩子交流时,要注意语言艺术,要用充满正能量的话去表达自己的爱,这样效果就会完全不同。

蕊蕊是一个胆小、心思细腻的孩子,所以生活中父母很照顾她的情绪。上学后,蕊蕊的学习成绩并不是很好,但是,她始终在努力,成绩也在逐步提升,这与她的爸爸妈妈有着密切的关系。

以前写作业时,蕊蕊经常会因为一道难题而哭泣,甚至还抱怨自己太笨了。这时,爸爸妈妈虽然替她着急,却不敢有丝毫责备的话语,因为他们知道,如果这时有什么负面词汇出现,对于蕊蕊就是雪上加霜。所以他们安慰她、鼓励她:"宝贝,我们相信你可以的!"看着爸爸妈妈笃定的眼神和肯定的语气,蕊蕊就安静下来,继续做题。心中没有了负面情绪,思路反而更清晰了。

在蕊蕊的教育上，爸爸妈妈从来不会用语言去伤害她，反而总是鼓励、表扬。慢慢地，蕊蕊变得越来越自信，真的变成了一个优秀的孩子。

父母在教育孩子的问题上，大可以向蕊蕊的父母学习，从心里认为自己的孩子是最棒的，目前一切让人不满的地方都只是暂时的。有了这样的思想，父母与孩子交流时，自然就可以告诉自己"我的孩子有爱懂礼，应该跟他礼貌地交谈"，"我的孩子勤苦努力，应该给他鼓励和支持"，关于孩子的方方面面均可按照这样的模式来做，这样一来父母就不会张口就来负面词汇了。

2. 命令式语言给孩子无形的压力

生活中，总有一些父母望子成龙心切，而忘记了自己作为爸爸、妈妈的角色，却像教官对士兵那样用命令的方式与孩子互动，让孩子完全感觉不到亲子关系中的爱。在这种奉行命令式教育的父母眼中，"听话"是衡量孩子品行好坏的一个硬指标，也是管理孩子、让孩子服从的有效手段。的确，命令式教育很多时候能起到立竿见影的效果，但是后患无穷，甚至会毁掉孩子的一生。

经常命令孩子的父母很少会走进孩子的内心去倾听孩子，也不会平等地与孩子进行交流。当父母用居高临下的姿态对孩子说话时，孩子感受到的是无形的压力而不是父母的爱。久而久之，孩子就会变得越来越没有安全感，不善交流，也无法做到真正的自律。

"如果在古代，你妈妈一定是一代女王，听听人家说话的口气，多么霸气！"这是新宇爸爸经常调侃妈妈的话。没错，在新宇家，妈妈很少心平气和地跟新宇交流，她总觉得，孩子嘛，直接告诉他要怎样做就好了，讲太多深奥的道理他也不明白。

每天早晨妈妈会叫新宇起床，哪怕他只是赖床一分钟，妈妈也会马上就喊："让你起床没听见吗？"早饭是雷打不动的牛奶和鸡蛋，只要新宇说："妈妈，我不想吃鸡蛋。"妈妈就一定会说："不行，吃鸡蛋有营养，快吃吧。"在妈妈这样的管教下，新宇觉得无助极了，他不敢反抗，又不愿接受，感觉很压抑。

因为长时间不被允许有自己的想法，新宇干脆就什么都不想了，一切等着听妈妈的指挥，慢慢地他成了一个不自律的孩子。在家中，新宇还是一个没有安全感的孩子，他什么都不敢干，因为他不知道妈妈同意不同意，做了之后会不会又让妈妈不高兴。

看着新宇一天唯唯诺诺的样子，爸爸很心疼，他总是劝妈妈要多给孩子一些自己的空间，可妈妈却以新宇听话为傲，觉得只有这样的孩子才能脚踏实地，创造美好的未来。

显然，新宇妈妈的做法对孩子的成长是不利的。身为父母都希望孩子成为一个独立的人，而不是一个思想的奴隶。如果父母总是用命令式口吻与孩子进行交流，就会逐渐扼杀孩子独立思考的能力，这对孩子来说是一种巨大的伤害。相反，如果父母能够以平等的姿态去对待孩子，对孩子的教育往往会更成功。

一次，琳琳妈妈去朋友家做客。她发现朋友家的小孩简直是个"小话痨"，整个上午都在跟妈妈说这说那。妈妈也会征求一下她的意见，例如茄子是红烧好还是凉拌好，什么时间应该去拜访奶奶等，孩子也会很认真地思考，给出自己的建议。看着她们

第四章
压制永远不是最优的选项

其乐融融的画面，琳琳妈妈竟然有些莫名的伤感，因为琳琳和自己的关系与朋友家的完全不同。

琳琳很小的时候，每天都跟妈妈聊天说话，可是随着年龄的增长，她的话越来越少了，有时看见妈妈还会躲进屋里，母女关系还不如陌生人。在没来朋友家之前，琳琳妈妈觉得没什么，认为可能是孩子大了有了自己的心思，可是看见朋友家和琳琳年龄相仿的孩子，她才知道自己的亲子关系是有问题的。

朋友好像看出了琳琳妈妈的情绪，于是问道："怎么了？"

"我女儿从来不会像你女儿那样跟我说话。"

"为什么呢？"

"我也不知道。"

"那你像我一样跟她说话吗？"

"不，我好像没有征求过孩子的意见，也没有跟她商量过什么事情。"

"我知道了，你一定是个命令式的妈妈，唯我独尊的那种。"

琳琳妈妈笑了，似乎明白了什么。回到家以后，妈妈对琳琳说："我想给你买件衣服，你想要什么样式的？"

琳琳先是一愣，然后弱弱地问："我能自己挑吗？"

"可以。"

话音刚落，琳琳就一蹦三尺高："那我想要一件连衣裙。过去您总说连衣裙不方便，从来都不许买的。"

琳琳的话居然让妈妈有些心酸，于是说道："以后你可以自己挑衣服了。"看着琳琳高兴的样子，妈妈也感到非常开心。

所以，孩子的成长也是父母的第二次成长。父母只有不断进步才能更好地带领孩子进步。如果父母一味地使用命令式语言，只会伤害孩子，扼杀孩子的成长，这与父母的本心是相背离的。因此，想要培养良好的亲子关系，不给孩子带来教育压力，父母改变一下说话方式或许就很容易实现了。

3. 简单粗暴教育不出好孩子

有研究表明，现在越来越多的父母会采用"吼"的方式教育孩子，并且认为吼孩子是一种再正常不过的教育方式。或许大声呵斥孩子，的确能对孩子起到一时的震慑作用，但从长远的效果来看，"吼"绝对不是可取的教育之道。如果父母教育孩子就是简单粗暴地命令和呵斥，孩子很容易出现心理问题，在行动或语言上表现出一定的攻击性。也许有父母会说，吼又不是严重的打骂，不会有什么大的影响。此言差矣。对于孩子来说，吼和打本质上的区别并不大，二者都是对心灵的暴击，会给孩子带来巨大的心理创伤。

星期天，志强在家里看电视。这时，妈妈有事要出门，于是对他说："儿子，天气预报说今天下午有雨，一会儿变天了，你记得把院子里晒的衣服收回来啊！"

"嗯。"志强只顾看电视，随便应了一声。

"千万记住啊。"

"好的，妈妈，我知道了。"

然而，志强看电视太入迷了，早把妈妈的叮嘱忘得一干二净。等妈妈冒着雨回到家时，看见了院子里全部湿透的衣服和看着电视哈哈大笑的志强，顿时火冒三丈。她气冲冲地走进屋，大声地吼道："我临走的时候交代你什么了？怎么每次让你干点什么都

第四章
压制永远不是最优的选项

干不好呢？你这样还会有人信任你吗？"志强没有完成妈妈交代的任务，自知不对，但是他心中有一万个说不出的委屈。自己只有这一次忘记了，就被妈妈说成干什么都干不好，甚至还被贴上了不值得信任的标签。为此，志强难过了很久。

后来，只要志强有什么地方做得不好，妈妈就会说"干什么都干不好"之类的话，虽说妈妈只是随便说说而已，但是志强自己渐渐也有了这种错觉，觉得自己干什么都干不好，所以他变得越来越不积极，生怕自己担不起那份责任。后来，老师发现他的情况不太好，不断地给他鼓励，志强的自信才慢慢地有所提升。

有时候父母不经意间简单粗暴的一句话可能就像一把刀子一样插进孩子的心口，把孩子伤得体无完肤。为了避免这种情况，父母在教育孩子时就要设立一定的底线，慎重对待每一句说给孩子的话，以免在他们幼小的心灵留下永远的伤疤。

聪明的父母懂得压制永远不是最优的选项，所以在孩子的教育上，从来不会将孩子看成是自己的附属品而随意指责、粗暴对待，而是将孩子放在一个平等的位置上，细心引导，使其走向更好的道路。

鹏鹏是一个很贪玩的小朋友，做事情总是不能专心。一天，妈妈有事需要外出一小会儿，于是就留鹏鹏自己在家写作业，鹏鹏也满口答应一定会完成作业。可妈妈前脚刚出门，鹏鹏后脚就扔下笔去玩了。他玩得实在太高兴了，完全没有察觉到妈妈带着朋友回到了家中。

平日里妈妈对鹏鹏比较严格，所以鹏鹏心想：这下可完了，妈妈一定会不高兴的。然而让他没有想到的是，妈妈心平气和地对他说："好了，快去写作业吧。"

晚上，妈妈的朋友走了。妈妈走进鹏鹏的房间，问道："鹏

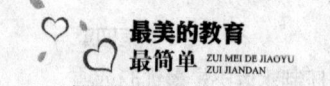

鹏，你觉得自己今天做得对吗？"鹏鹏没有说话。

妈妈接着说："我今天没有当着朋友的面指责你，是想给你留面子，但不表示赞同你的做法。你已经答应我好好写作业了，为什么言而无信呢？你应该对自己的学习负责，而不是妈妈勒令你去学习，我说得对吗？"鹏鹏羞愧地点点头。

从那以后，鹏鹏在学习上用心了很多，也不再言而无信了。

试想，如果妈妈进屋看到鹏鹏在玩就一顿批评，然后再将他拉进屋里学习，那么鹏鹏的心情会是怎样的呢？他会有之后的变化吗？身为父母，应该学会控制自己的情绪，理性地对待生活中的问题，用最合理的方式解决，而不是让发脾气成为生活中的常态。当父母能够用平和的心态去对待孩子时，孩子才能变得更好，拥有更加阳光的未来。

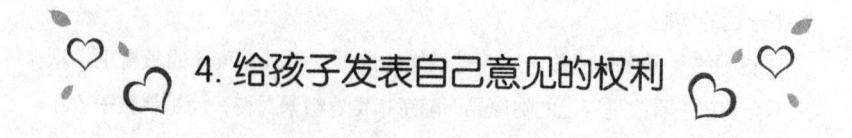

4. 给孩子发表自己意见的权利

有人说，一个人的独立是从思想独立开始的。所以在家庭教育中，父母应该给孩子充分发言的权利，这样，父母才能从孩子的话语中了解其内心的思想，为其做更好的引导。

事实上，孩子发表自己意见的权利是与生俱来的，从他们懂事开始，他们就可以按照自己的喜好去选择与谁亲近，玩什么玩具，那时，几乎所有的父母都是尊重孩子的。然而随着孩子的长大，很多父母就逐渐压制了孩子这种自主的权利，这对孩子来说是一种莫大的伤害。

灵灵已经10岁了，她觉得自己已经是个大孩子了。可在妈

第四章
压制永远不是最优的选项

妈心里,她始终都没有长大,依旧是个"小屁孩"。这让灵灵觉得非常不舒服。

平日里,爸爸和妈妈聊天时,灵灵也很想凑上前去说上几句,可是妈妈从来都不允许。她总说:"大人说话,小屁孩别插嘴。"或者"小屁孩,你懂什么!"这时,灵灵就会满脸委屈地走开。因为每次都是这样,灵灵渐渐就对表达自己的意愿失去了兴趣,即使爸爸妈妈讨论的是关于自己的事情,她也只是侧耳听听,不再参与。

一次语文课上,老师提问了一个问题:"当你走在放学的路上,有个陌生人需要帮助,你会怎样做?"同学们各抒己见,唯有灵灵什么也不说。老师鼓励她说:"没关系,你只说说自己的想法就好。"

可灵灵仍旧沉默不语,老师再次鼓励,灵灵说:"我自己没有想法,通常遇到事情都是妈妈帮我出主意。"

后来,老师向妈妈说明了灵灵的情况,并表示家长应该在家里多让孩子发表意见,这样孩子才能逐渐有自己的思想,遇到问题才能够独立解决。妈妈这才意识到自己的做法对灵灵产生了不好的影响,决定以后凡事多征求孩子的意见。

如果父母总是不给孩子发言的机会,不仅孩子表达能力得不到提高,对他良好人格的形成也会造成影响。不允许孩子发言实际上是对孩子的不尊重。在家庭生活中,孩子拥有与父母同等的权利,也需要平等对待。父母只有尊重孩子,孩子才能从父母的关爱中建立起自信,找到自身的价值,自然也就懂得尊重父母、尊重他人。

宝宝的爸爸妈妈是非常开明的父母,在家中,他们和宝宝像朋友一样相处。闲暇时,他们会坐在一起聊天谈心,遇到问题时,爸爸妈妈也会征求宝宝的意见,以至于宝宝小小年纪就有自己的思想，独立性也非常强。

一次，爸爸妈妈有事出门，请奶奶帮忙照顾宝宝。原本奶奶还在为怎样管束小孩而发愁，事实上她多虑了，宝宝自我管理得非常好。

放学回家，宝宝主动写作业。等奶奶做好饭以后，宝宝马上洗手吃饭。饭后她要休息一会儿，奶奶害怕她贪玩，可她却说："奶奶，我只休息半个小时，然后就要读一会儿书。"果然，半个小时之后，宝宝主动回到了书桌前。

晚上八点多了，奶奶催促宝宝去睡觉，宝宝又说："奶奶，我知道时间的，我每天九点准时睡觉，不会玩太久的。"

第二天早上，还没等奶奶叫，宝宝自己就开始穿衣服，洗漱完毕后等着吃饭了。看到宝宝如此自律，奶奶又惊讶又欣慰，说："我的乖孙女，你真棒！你怎么就把自己管得这么好呢？"

宝宝说："我平时就是这样的。妈妈说我有权利安排自己的时间，只要我的想法合理，爸爸妈妈就会听我的。"

"原来是这样啊，爸爸妈妈给你自主的权利，倒是给他们省了不少事儿呢！"说完奶奶和宝宝都笑了。

父母允许孩子有自己的想法能够帮助孩子更好地成长。所以，父母应该尊重孩子是独立的个体，给他们充分自主的权利。在一些小事上，父母要让孩子自己拿主意；遇到问题时，也让他们参与发表意见，并且积极鼓励他们去表达自己的思想，这样孩子的责任心就会变得更强，思维也会更加活跃，而这对他们未来的发展是非常有利的。

第四章
压制永远不是最优的选项

5. 当你压制不住的时候孩子已经毁了

在家庭生活中，很多父母认为自己比孩子拥有更大的权利，甚至可以用父母的身份让孩子完全得不到任何权利。这样的想法是不对的。父母不断地压制孩子，原本以为可以让孩子按照自己预设的轨道去发展，成为一个尊重父母、成绩优秀的孩子，实际上却造就了一个没有主见、没有责任感的孩子，或者是一个脾气暴躁而叛逆的孩子。

为什么会出现这样的结果呢？因为孩子有自己的思想。人们常说，不在沉默中爆发，就在沉默中灭亡。当孩子的情绪和思想长时间被压制而得不到释放时，他们可能会越来越没有主见，成为只听父母话的"乖孩子"，也可能自己的思想越来越强烈，从而挣脱父母的管束，彻底放飞自我。

芳芳从前是一个乖孩子。在学校时，同学们打打闹闹地玩，她就安静地坐在座位上，因为妈妈说女孩子应该学会端庄稳重，不允许她大喊大叫地玩。在家里，芳芳只想着写作业，其他什么事情都不想，因为妈妈根本不允许她去做。就算是隔壁的小朋友来找她玩，也得妈妈点头同意她才能出去。在别人眼中，芳芳是听话的好孩子，可只有她自己知道，听话的孩子并不快乐。

后来，芳芳偶然间遇到了一个比自己高一年级的姐姐，她看上去是一个活泼开朗的女孩，跟她说话让芳芳觉得特别有趣。不过那个姐姐不怎么喜欢学习，经常在外面玩。她教给芳芳很多能够偷偷到外面玩并且还不被妈妈发现的"好方法"。一次,芳芳听见外面有小朋友们的欢笑声,羡慕得不行,于是就用了那个姐姐教的方法,跑了出去。有了这一次的"成功"经历之后,芳芳胆子大多了,她发现不听话快乐了很多。她对妈妈的话越来越反感了,即使妈妈说得有道理也不想听了。

看着一天天再也管不住的芳芳,妈妈满脸愁云,心想:这可怎么办呀?

父母对孩子的压制让孩子体会到的不是快乐,而是痛苦。童年本该是活泼快乐、自由自在的,如果被太多条条框框所约束,就无法体会到这种快乐。人的童年只有一次,人的成长也只有一次,父母不能自以为是地去"对孩子好",这样很可能会适得其反。有时候,孩子就像一根弹簧,父母就是他们身上的一块重石,如果父母压得太用力,弹簧反弹时就会弹得很高,达到极限时孩子就彻底被毁了。

航航的爸爸妈妈常常用父母的身份来压制他,尤其是在学习方面。在家里,航航几乎没有空闲时间,不是在做卷子就是在看书。爸爸妈妈常说:"天将降大任于斯人也,必先苦其心志,劳其筋骨。"面对爸爸妈妈的压制,航航敢怒却不敢言。

都说爱玩是孩子的天性,可是航航几乎连一点儿玩的机会都没有,面对的永远是做不完的题,听到的永远都是爸爸妈妈的"这不行""那不行"。航航几次想要反抗,但是又害怕爸爸妈妈生气,只好强忍着听他们的安排。

一天晚上,航航用了好长时间才做完一套卷子,原本想着可以休息一会儿,甚至奢望能看一会儿动画片。可是妈妈却很严厉地说不行,然后又给他拿来一张卷子。这下航航彻底崩溃了,蓄积在心中的苦恼一下子迸发出来,他大声地哭喊着:"我不做,我真的不想再做了!就算你们骂我、打我,我也不做了!"

第四章
压制永远不是最优的选项

妈妈被航航的反应吓了一跳,一时间反倒不知如何是好了。后来还是妈妈妥协了,航航心想:原来不听话也不过如此。后来,航航便不再听话了,随心所欲地做事。爸爸妈妈清楚,如今的航航已经成了断线的风筝,他们已经掌控不了了。后来他们请老师帮忙劝劝航航,并且向航航承诺以后再也不会像从前那样压制他了。

终于,在老师和爸爸妈妈的共同努力下,航航渐渐又爱上学习,做回了一个正常的孩子。

在孩子的教育中,压制可能是最笨的一种方法,也是父母最错误的决策。父母是孩子最亲近的人,应该用爱去引导他们,而不是冷酷无情地去压制。

6. 孩子顶嘴不一定是坏事

很多父母在幼年时期所接受的教育方式是极端权威的,几乎完全听从于父母的话,从来没有悖逆过父母。所以这种教育方式深深地烙印在他们心中,并以此来教育自己的孩子。在他们看来,孩子对自己的话唯命是从就是好孩子,相反,孩子为自己争取主动的权利,或者对父母的话提出异议,那就是顶嘴,就是坏孩子。

然而,不论父母幼年时接受过怎样的教育,现在都应该与时俱进,学习更好的教育方式,而不是一味地传承守旧。父母不能单纯地以成年人的思想去直接判定孩子顶嘴就是不好的行为,就该被教育甚至惩罚。其实,孩子顶嘴是成长的标志。孩子逐渐长大了,独立意识越来越强,当他们认为父母

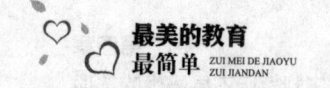

的言行不合理时,就会用所谓的顶嘴来表达自己的看法。

华华的妈妈对华华的教育是非常严格的。无论是学习还是生活,她都希望华华听自己的话,做一个听话的孩子。因为华华的体重有一点儿偏胖,所以妈妈平日里不允许华华喝饮料。

一天早上,妈妈发现餐桌上自己昨晚喝剩下的半瓶饮料变成了空瓶,于是叫来华华,说道:"我不是说过不让你喝饮料吗?"

"我没喝饮料呀。"

"我昨晚放在桌子上的半瓶饮料没了,难道不是你喝了?"

"饮料没有了就能说是我喝了?"华华有些着急地说着。

"现在家里就咱们两个人,除了你还有谁?我昨晚看饮料还是有的。"

"谁知道你问谁去!"

第一次听到华华用这样的口气说话,妈妈气不打一处来,说道:"学会顶嘴了?长本事了是不?"

华华哭着回了卧室,只留下餐厅里气呼呼的妈妈。

晚上,妈妈和爸爸聊起这件事情,爸爸说:"饮料是我喝了,早上出门刚好口渴了,随手一拿就喝了。"

妈妈这才知道自己冤枉了华华,怪不得华华那么生气地顶嘴呢。后来,妈妈主动去华华的房间道歉,华华的心情才平复了一些。

有时候,与其说是孩子在顶嘴,倒不如说孩子是在为自己申辩。孩子的顶嘴并不是凭空而来的,当父母意识到孩子顶嘴的次数越来越多的时候,也应该进行反思,是不是自己的言行有什么不当之处,引起了孩子的不认同,还是自己在不经意间伤害了孩子,给孩子做了错误的示范。

优优在爸爸妈妈眼中一直是一个乖孩子,他在家从来不大吵

第四章
压制永远不是最优的选项

大闹，就算有什么不高兴的情绪，转眼就忘记了。最近，爸爸因为工作的原因去了外地，照顾优优的任务就落到了妈妈一个人的身上。妈妈发现，自从爸爸出门以后，优优发生了很大的变化，他居然开始顶嘴了。

一次，妈妈让优优去帮忙买酱油，优优直接说："我不去，妈妈你怎么那么懒呢？"虽然妈妈有些不高兴，可还是说道："快去买吧，等着用呢！"

"神经！"优优甩下这样一句话就出门了。

吃过饭后，妈妈越想越生气，于是问优优："你最近为什么老顶嘴？"

"我没有顶嘴呀！"

"你觉得说妈妈懒、神经合适吗？"

"可是，你最近总是这样说我呀！"

妈妈回想起来，这段时间自己的压力的确很大，可能无意间就伤害了优优。于是妈妈先承认了自己的错误，并且告诉优优这样的话是非常没礼貌的，以后即使心里不舒服也不该这样说。看见妈妈的态度，优优也表示自己做得不对，以后不再跟妈妈顶嘴了。

父母要认真地对待孩子的顶嘴，不能以坏习惯一概而论。父母应该尝试去了解孩子的内心，与孩子耐心沟通，并且做到以身作则。如果父母和孩子说话时能够做到像与长辈一样平心静气，那么孩子也会愿意好好跟父母说话，而不是用顶嘴的方式来表达自己。

7. 不要培养一味顺从的乖宝宝

鲁迅先生曾说过：驯良之类并不是恶德，但发展下去，对一切事情无不驯良，却决不是美德，也许简直是没出息。他认为把听话、顺从作为家庭教育的首要要求，对孩子来说并不是一件好事，它只会培养孩子的奴才性格。很多父母在聊天时常常会说："这个孩子听话，真好，妈妈让干什么就干什么，一点儿都不用父母操心。""那个孩子整天只会顶嘴，管起来可真费劲儿。"……然而，只知道一味教育孩子顺从真的好吗？是否又有人去感受过顺从背后的心情是怎样的呢？

亮亮是妈妈心中的骄傲，因为他不仅学习成绩优秀，而且非常听话，是一个人见人夸的小伙子。在培养亮亮上，妈妈付出了很大的心血。她白天上班，晚上守在亮亮跟前看他写作业。自己省吃俭用，给亮亮报各种辅导班，为的就是亮亮能够名列前茅，将来能有一个好的未来。

对于妈妈的安排，亮亮一向都是顺从，因为他知道即使自己有不同的想法，妈妈也不会采纳。在妈妈的世界里，学习是至高无上的，只要是对学习有影响的事情，她决不允许亮亮去做。亮亮喜欢踢足球，可妈妈觉得浪费时间，她说："足球队里缺你一个又不是不行，你们难道还能踢进国家队不成？有那时间还不如多做几道数学题更实在。"为了听话，亮亮只能忍痛不再踢球了。

第四章
压制永远不是最优的选项

一次班级交流会上,孩子们轮流上台发言,轮到亮亮时,台下的妈妈满心期待,她本以为儿子会说感谢妈妈之类的话,但是亮亮第一句却是"我的妈妈不爱我"。紧接着,他又说道:"她每天会逼着我做一些自己不喜欢的事情,没完没了地让我做题,有时候,我已经很累了,可妈妈却根本看不见……"

后来,妈妈发现了更加严重的问题,亮亮总是自言自语,就好像身边还有另外一个人一样。无奈之下,妈妈带他去看了心理医生。医生说,孩子可能太过压抑了,如果内心真实的想法长时间得不到表达,只是被要求顺从父母的意思,慢慢地,孩子就会沉浸在自己的世界里,出现各种心理问题。

妈妈泪流满面,心中五味杂陈,她这才意识到一味培养顺从的孩子竟然扼杀了孩子的心声,让他成长得如此不快乐。

没错,教育孩子是父母义不容辞的责任。通常来说,听话的孩子会在父母的要求下认真学习、踏实做事,表面上看是一件好事。但是如果我们一味进行"顺从"教育,就可能把孩子培养成没有主见、唯命是从的人,这就有点儿过犹不及了。过分地让孩子顺从会阻碍他们创造力的发展,淹没其个性,对孩子未来的成长危害严重。

灵儿妈妈是一个心地善良的人,她总是希望灵儿能够与人和善,大方有礼貌,所以从灵儿很小的时候,妈妈就教育她要学会分享。一次,妈妈给灵儿买了一个很好玩的玩具,在小区玩的时候,被别的小朋友看见了,于是妈妈拿过灵儿手中的玩具递到对方手里,说:"拿着玩吧。"灵儿正要抢回来,妈妈教育她说:"宝贝,你要学会分享。"

"可是我还没有玩够呢。"

"你先让他玩一下,等他不玩了你再玩也可以是吧?你要明白,分享是快乐的。"

灵儿拗不过妈妈，噘着嘴跑到了一边，她不想分享，也不快乐。之后妈妈总是这样，后来，灵儿干脆自己喜欢的东西也不去争了。

不仅在玩的方面，妈妈要求灵儿顺从听话，其他方面也是如此。妈妈带着灵儿去买裙子，总是会征求灵儿的意见："宝贝，这两条裙子哪条好呢？"

"妈妈，我喜欢粉色的那条。"

"可我觉得绿色的这条质量更好。"

"妈妈，我喜欢粉色的。"

"乖，听话，我们就要绿色的这条吧。"

最后，灵儿只能顺从妈妈的意思。之后，买衣服，灵儿自己也不挑了，似乎自己也不知道该喜欢什么样的衣服了。

习惯顺从妈妈的灵儿渐渐没了自己的想法，只要遇到事情，她就问妈妈怎么选择，怎么办，由妈妈给自己决定，就连在学校报一个喜欢的运动项目，她也要听妈妈的话。同学们讨论事情，灵儿也从不发言，她说自己没有什么想法。

因此，我们不能一味地对孩子进行顺从教育，要求孩子无条件地听话，这就会让他们失去表达自己的意愿，渐渐成为一个没有主见的人。这不是我们教育孩子的根本目的。从无数的现实故事中我们不难发现，很多成大事者，往往有自己对事情独到的见解，所以我们一味强调"乖宝宝"，可能正一点点破坏孩子未来无限发展的可能。

第五章

站在孩子的视角看问题

在与孩子交流的时候,父母试着蹲下身子弯下腰,会发现一个不一样的孩子的世界。当然,这里所指的并不仅仅是身体上的姿势,而是父母要在心理上站在孩子的视角看问题。站在孩子的视角,父母才能真正了解自己的孩子,知道他们看到了什么,想到了什么,懂得了什么。父母只有在这一前提下教育孩子,才能取得理想的教育效果。

1. 蹲下来与孩子一起欣赏世间万物

著名的教育家陶行知先生曾经说过，人生百年，立于幼学。意思是说孩子得到的教育会影响他的一生。父母想要给孩子好的教育，引导好孩子，最重要的一点就是站在孩子的视角与之交流，这就需要父母蹲下来与孩子一起欣赏世间万物。

蹲下来看孩子的世界，从表面上看，只是转换了一下视角而已，但实际上，它改变的却是整个亲子关系。父母与孩子的差别不仅仅是身高上的不同，还是心与心之间的距离。当父母蹲下来与孩子交流时，孩子会在心中感受到来自父母的关爱、尊重与平等。

五一假期，爸爸妈妈带着元元去了奶奶家。久居城市，来到农村，元元看到什么东西都是新鲜而好奇的。大家忙着在屋里做饭的时候，元元发现了一个蚂蚁窝。蚂蚁们正奋力搬运一个大虫子，他蹲在那里看得出了神。

没一会儿，爸爸叫他吃饭，刚开始，他并没有听见，等爸爸走到他身边，他才察觉到，这时爸爸很大声地说道："我喊你吃饭，你没有听见吗？走！"说着一把拉起了他，就往屋里走。爸爸这样粗鲁的动作让元元很生气，他觉得爸爸分明就是不分青红皂白地发脾气，于是抽回手，蹲回到了原来的地方。这让爸爸更生气了，站在他身边一顿数落，最后留下他在那里不管了。

第五章
站在孩子的视角看问题

过了一会儿,妈妈过来了,说道:"你这孩子怎么这么犟啊,让你吃饭你偏蹲在这里,故意惹人生气吗?"元元原本以为妈妈会理解自己,他想告诉妈妈自己在观察蚂蚁,可妈妈一顿指责让他更生气了,于是哭着说道:"我不吃了。"妈妈一甩手回去了。

后来,奶奶来了,她没有俯视着他说话,而是蹲在他的身边问道:"孩子,你在干什么呢?"

"奶奶,我在看蚂蚁,准备写一篇观察日记。"

"那也得吃饭呀。"

"我没想着不吃,就是爸爸妈妈太气人了,他们什么都不问就骂我。"

"哦,那就是他们的不对,等会儿奶奶让他们跟你一起来观察蚂蚁,好吗?"

"好。"说完,元元就跟着奶奶到屋里吃饭了。

孩子的快乐何尝不是父母的快乐呢?很多时候父母没有站在孩子的视角看问题,凭着自己的想法就对孩子一顿责骂,自己生气的同时也伤害了孩子。然而当父母蹲下来,从孩子的视角去看一切时,才发现你所看到的、想到的并不一定就是真相。

妈妈给乐乐报了一个网课班,每天在家上网课学习。为了了解孩子的学习情况,妈妈也会跟着乐乐一起坐在电脑旁听课。

网课老师有着很丰富的教学经验,讲得也非常有意思,可妈妈发现乐乐根本就不认真听,一会儿揉揉眼睛,一会儿扭扭头,就好像完全坐不住的感觉。于是妈妈说道:"好好听课啊,乐乐,你看老师讲得多好,课件做得也非常美。"

只见乐乐点点头,继续看起来。可是没一会儿,她又开始不安分了,妈妈说道:"乐乐,你怎么不听话呢?屁股坐在钉子上了吗?再不好好听,作业都不会写。"

"可是妈妈,我看不清楚。"乐乐委屈地说道。

"怎么就不清楚了?这多清楚呀,你就别给自己不想听课找借口了。"

"我不是找借口,就是看不清楚。"

"我能看清你怎么就看不清了?认真点吧!"

"妈妈,我真的看不清楚。"乐乐再次说道。

看见乐乐如此坚持,妈妈只好坐到乐乐的座位上,稍微低下身子去看电脑。让她没有想到的是,电脑屏幕上面晃动着并不清晰的画面,真的完全看不清楚。妈妈这才明白自己错怪了乐乐,于是赶紧给乐乐压低电脑屏幕,乐乐这才津津有味地看起来。

很多时候,父母能看到孩子,却看不到孩子看到的东西。亲子关系的不和谐在很大程度上源于父母不能设身处地站在孩子的立场上看问题。孩子的视角与父母的是不同的,所以内心感受也与父母的不同。在教育孩子时,父母一定不能忽略了这个重要的问题。当父母与孩子之间出现意见分歧或者是摩擦时,父母要学会蹲下来看一看、听一听、感受一下,或许就会豁然开朗,彻底地明白孩子的内心世界。当父母与孩子在情感上产生共鸣时,那么问题就能迎刃而解。

2. 你认为的并不是孩子心中想的

在教育孩子的过程中,你有没有遇到过"我都是为你好,但是你不领情"的苦恼呢?有没有过"我以为你错了,其实是误会你了"的尴尬呢?在亲子关系中,很多父母是真心想为孩子好,最后却得不到孩子的认同,甚至在无

第五章
站在孩子的视角看问题

意之间伤害了孩子。为什么会出现这样的情况呢？根本原因就是父母不了解孩子，自以为是地去做事情，结果自然就不尽如人意。

生活中，很多父母总是按照自己的想法去为孩子付出，却不知道孩子真正想要的是什么，最终导致南辕北辙，背离了孩子的真实需求。这种亲子关系，像极了《安琪的礼物》——彼此都拿出了最珍贵的东西，却没有达到期望的效果。父母要明白一点：你认为的并不等于孩子所想的。

学校美术社团要搞一次创意作品展，要求同学们别出心裁，展示自己的绘画水平，载体可以是任何东西。兰兰想了很久，决定做一件涂鸦衣服，展示当天自己当模特穿上时，画面的立体感会更强。

回到家，兰兰很快找到自己的一件白衬衫，这是妈妈前不久刚给她买的，是崭新的，可以用来作画。因为对于画画妈妈一直都很支持，所以兰兰就没有特意告诉妈妈。周末，兰兰用了好大的功夫把作品内容构思好，然后拿出衬衫，将画面内容的大致比例点画出来，有的地方还大致勾出了轮廓。这些基础工作用了好长时间，于是兰兰想休息休息，就出去找小朋友玩了。

妈妈下班回到家，收拾房间时在兰兰屋里看见了白衬衫，顿时气不打一处来，心想：这孩子，画画居然能把衣服涂抹成这样，真是个邋遢孩子！因为生气，妈妈并没有仔细看上面的轮廓，只是赶紧拿到卫生间里洗起来。彩笔画在衣服上太难洗了，妈妈特意用漂白粉泡了一下，然后费了九牛二虎之力才洗干净，成就感满满地挂在了晾衣架上，心想女儿回来一定会夸她是田螺姑娘。

兰兰回到家想要继续创作的时候，却发现衣服挂在晾衣架上，洁白如新，顿时哇哇大哭起来。妈妈闻声赶来，兰兰一顿责备："你把我的画都洗了——"

"可谁知道那是你的画呢？我以为是你弄脏了衣服。"

好在时间还来得及，兰兰赶紧又重新画起来，否则非把兰兰急坏了不可。

这件事虽说只是生活中的一个小误会，却充分揭示了父母与孩子之间交流的重要性。有时候父母认为的东西并不是自己所想的那样。所以在亲子关系的培养中，父母的爱不能盲目。有些父母经常会打着"为你好"的旗号理所当然地让孩子做一些事情，不管孩子愿意不愿意，都必须去做，实际上这是父母利用自己的威严在逼迫孩子、伤害孩子。

有一天，佳佳妈妈在收拾房间时，偶然看见了佳佳的作文本，于是就随手翻看了一下，上面有一篇作文竟然是《写给妈妈的一封信》，这个题目一下子吸引了妈妈，她赶紧读了下去。

亲爱的妈妈：

一直以来，您在教育我、培养我的过程中付出了很大的心血，我是知道的，所以我愿意听您的话，做您乖乖的女儿。可是您知道吗？我的心里是不快乐的，因为您认为好的东西并不是我心中所想的，但是我不敢说，我怕您生气。

您认为给我报了那么多辅导班，我应该开心地感谢妈妈的付出，可我想的是，如果不上辅导班，我可以有更多时间做点自己喜欢的事情。

您认为每天把我照顾得无微不至是对我最大的爱，可我想的是，如果妈妈给我机会，我愿意变成一个更加独立的人。

您认为胡萝卜有营养，每天必须让我吃一点儿，可我想的是，什么时候不用吃胡萝卜该是多么美好的一件事。

您认为我趴在草地上弄脏了衣服是一个邋遢的孩子，可我想的是，不趴在地上怎么能看见蚂蚁搬动着它眼中的"庞然大物"呢；

您认为不让我看电视是对我的眼睛好，我应该明白，可我想的是，妈妈居然又关闭了一扇我了解世界的窗口。

您认为您对我付出了所有的爱，我为什么总是惹您生气，可我想的是，妈妈居然完全看不到我心中的委屈。

……

看着佳佳的作文，妈妈不由得泪流满面，原来自己对佳佳太不了解了，她听话的背后竟是满满的委屈。妈妈默默地合上了作文本，决心以后一定要多听听佳佳的想法，尽量让她做一个快乐的孩子。

很多时候，父母认为的并不是孩子心里的真实想法。父母想要对孩子好，给予他们最好的教育，就应该设身处地地站在孩子的立场上去了解他们真实的想法，好的想法就鼓励和支持，不好的想法就正确引导，加以纠正，这样对孩子的教育才会更有成效。

3. 孩子的委屈源于父母的不理解

"不就是一件小事嘛，你何必暴跳如雷呢？""不就是说错一句话嘛，你何必号啕大哭呢？"你这样说过自己的孩子吗？是不是常常觉得他们总是小题大做、不可理喻呢？父母在为如何改变孩子这些情况发愁时，有没有想过孩子为什么会这样呢？事实上，孩子有时在意的并不是事情本身，而是父母的反应和态度。当父母对他们的行为或语言不理解时，他们的内心就会充满委屈，在不能清晰表达的情况下，结果就变成了父母眼中的"无理取闹"。

珂珂是一个文静的小姑娘。周末,爸爸妈妈带她到陶艺馆去玩,珂珂花了很长时间精心制作了一个陶艺作品,拿在手中如获至宝。可就在她端详着自己的成果时,不小心脚下一滑,好好的一个陶罐就这样摔烂了。珂珂顿时伤心地哭起来。爸爸见状赶紧上前制止:"别哭了,不就是一个陶罐嘛,不值当的。"可是哄了好长时间珂珂还是哭个不停,爸爸有些不耐烦了:"别哭了,你自己走路不小心摔碎了,你怪谁呀?"听了这话,珂珂哭得更加伤心了。

这时妈妈走了过来,安慰道:"陶罐虽然不是什么要紧的东西,可它是你亲手做的对不对?"珂珂点了点头。妈妈继续说道:"妈妈知道你很难过,但是它确实摔碎了,伤心也于事无补啊,妈妈抱抱不哭了好吧?"

终于,在妈妈的安慰下珂珂渐渐停止了哭泣。这时,爸爸又说道:"不哭不是挺好嘛!"

"哼,你根本就不懂我,难道你觉得摔碎的是一个陶罐吗?摔碎的是我的心血!"

听了这话,爸爸一下子笑了,说道:"好了,好了,爸爸没理解你,是我不对,那你要不要再费点心血重新做一个?"

珂珂这下高兴了,又开始制作一个新的作品。

很多时候,孩子的情感是不容忽视的。他们的情感很单纯,在父母看来很小的一件事可能在他们心中就是惊天动地的。他们得到一块糖的喜悦丝毫不亚于我们领到了额外红包奖励;他们没有得到老师夸奖的失落丝毫不亚于我们职场竞选落空。所以父母在教育孩子时,要特别注重他们的内心世界,利用情感共鸣教育效果可能会更好一些。否则,很可能会给孩子的心灵造成创伤。

洋洋是一个非常淘气的男孩,至少妈妈是这样认为的。最近

第五章
站在孩子的视角看问题

爸爸出差，妈妈一个人既要上班，又要洗衣做饭做家务，忙得不可开交。这天妈妈下班之后，一回到家就开始收拾，洋洋自己写作业。

不知道过了多久，天色暗了下来，雨点噼里啪啦地落下来，妈妈赶紧到院子里收衣服，转眼间，大雨就来了。可当妈妈回到屋时，发现洋洋不见了，一回头才发现他正在雨中来回跑动着，手里捧着装修房子时剩下的沙土。

"这个淘气鬼，大雨天还故意跑到外面去玩。"妈妈这样想着，于是赶紧喊道："赶紧回来，你真是淘出新花样了。"

可是洋洋对妈妈的话丝毫没有理会，就好像没听见一样。于是妈妈又继续喊，可洋洋还是没有回来。妈妈气极了，跑出去一把拽住了洋洋，不顾他的挣扎将他拉回了屋里，以至于洋洋手中的沙土也撒落一地。洋洋的衣服湿透了，还撒了一地土，妈妈不由分说地骂了洋洋一顿。洋洋生气得一句话也不说。

雨停了，洋洋赶紧跑到了院子里，蹲在一片泥泞中伤心地哭了起来。妈妈走过来，发现洋洋正盯着一个蚂蚁窝，好些蚂蚁都粘在泥土上。洋洋说道："妈妈，你看看，都怪你，要是我给蚂蚁把防水墙做好了，它们会死吗？它们也是有生命的呀！"

原来洋洋是在保护蚂蚁的生命。知道这些之后，妈妈的气顿时消了，原来自己的儿子是一个有爱心的孩子。

在教育孩子时，父母要学会换位思考，当觉得孩子不可理喻的时候，站在他的位置上想一想，看一看他的内心是怎样的，或许就会发现，原来不可理喻的是我们自己。当父母与孩子的情感相互契合、情意相通时，那么引导、教育他相对来说就变得容易多了。

4. 站在孩子的立场去沟通

共情在孩子的教育上是一个非常有效的技巧，它指的是站在孩子的立场上，与孩子建立感情的共鸣，情意相通。然而很多父母常常忽略这个重要的技巧。孩子犯错的时候，很多父母的第一反应是指责孩子，结果导致孩子的情绪更加激烈，与父母的冲突升级。所以，当孩子出现情绪时，不管是什么样的状况，父母首先要做的是与孩子共情，在此基础上加以引导，孩子才能够真正听得进去，否则孩子会对父母有很大的抵触情绪，很难接受任何与他想法不同的意见。

小旭妈妈正在上班，突然接到小旭班主任的电话，说孩子在学校打了同学，妈妈着急了，慌忙就赶往学校。

在老师办公室，妈妈一看见低着头的小旭就是一顿指责："你这孩子，怎么还学会打架了？怎么这么不给我省心啊！"

小旭只顾低着头，一句话也没有，眼泪扑簌簌地掉了下来。妈妈赶紧又说道："别哭了，到底怎么回事啊？"可小旭就是不说话，脸上还一副气愤的表情。老师因为还有其他课要上，所以也没有介绍太多，只说让小旭妈妈把孩子领回去好好了解一下情况就出去了。

一路上，不管妈妈怎么问，小旭就是不说话，而且妈妈越问哭得越伤心。回到家，妈妈生气地不再理小旭了，这时爸爸走过来，

第五章
站在孩子的视角看问题

说道:"爸爸知道你打同学是有原因的,可是如果你不说,我们怎么知道你的委屈呢?"

"他说我妈妈不漂亮,我就打他了。"小旭低声地说道。

"你懂得维护妈妈了,是好样的。不过解决问题的方式有很多,但最不能用的就是动手。"

"爸爸,我知道动手不对了,以后我会想其他办法解决问题,不会鲁莽了。"

听了小旭的话,妈妈顿觉有些后悔,孩子本就是为了维护妈妈,没想到却被妈妈狠狠地批评一顿,她暗暗在心中想:我以后也不能这样鲁莽了。

小旭之所以对待妈妈和爸爸的态度有所不同,就是因为爸爸和妈妈的立场不同。在问题面前,孩子需要有人站在自己的立场上理解自己,哪怕最后同样是为了教育,也会让孩子心里感到舒服,这样孩子才愿意打开心扉与父母沟通。试想,对于一个完全不理解我们,只会埋怨指责我们的人,我们还愿意跟他们交流吗?孩子也是如此。

静静是一个小学三年级的女孩。一次老师布置了一篇作文,写一个最好的朋友,题目自拟。可当静静把作文交给老师后,老师着实吓了一跳,因为静静的作文题目是"我们的爱"。在作文里,静静写了一个跟自己从小玩到大的男孩,他们现在分开了,她每天都很想念他。这篇作文语句通顺,符合题意,但老师觉得思想是有问题的,于是把作文发给了静静的爸爸妈妈。

爸爸妈妈读了静静的作文后,发现其中的确有很多用来形容爱情的词语。他们不知道这些词语静静是从哪里学来的,是否理解这些词语的含义,但是他们又不敢贸然去问静静,以免她觉得尴尬。

一次聊天,爸爸看似不经意地提到了那个男孩,静静立刻就

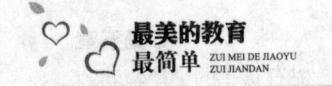

说:"哎呀,真不知道他现在怎么样了,我可想他了。"

看着静静这样大大方方地说出了自己的想念,爸爸和妈妈赶紧旁敲侧击地询问起来,静静也很自然地回答着,他们这才知道一切只是虚惊一场。后来爸爸问起作文中静静所写的词语,她果然不知道是用来形容爱情的词语。爸爸妈妈相视而笑,静静不明所以,在一旁也跟着笑了起来。

试想,如果静静的爸爸妈妈看到老师发来的作文时,不问青红皂白,就给静静当头棒喝,那静静必然觉得委屈,也就不想再跟父母进行交流了。孩子是家庭中的一员,是一个独立的个体,父母必须平等地去对待,而不是以父母的身份对他们颐指气使。很多时候,父母与孩子之间相处得不和谐,很大程度上是因为父母没有找到正确的沟通方法。孩子以其独特的思维方式在体验成长,父母只需要站在孩子的立场上去理解他们,学着用孩子的思维方式去思考问题,那么所有的问题就会迎刃而解了。

5. 孩子的眼中全是你

从出生时起,孩子第一眼看到的人就是父母,听到的第一句话来自父母,最先认识的也是父母,所以在孩子成长的阶段中,父母对于他们的教育是别人无法替代的。人们常说,身教重于言教。无数的教育实践也告诉我们,对孩子最好的教育往往是父母好品质的浸润和影响。在与孩子相处的时间里,孩子接触最多的就是父母,所以父母是他们眼中的全部,以至于他们一度以为父母就是这个世界,父母做的都是对的。因此,父母的一言一行都对孩子具有导向作用。

第五章
站在孩子的视角看问题

一个天气晴好的秋日，球球一家去郊外游玩。郊外的景色真美，蓝蓝的天空下，绿草地变成了金黄色，果园里的苹果露出了红红的笑脸，空气中到处弥漫着苹果的香味。

走到一处果园旁边时，妈妈顺手摘了一个苹果递给球球，说道："给你个新鲜苹果吃！"

"可是妈妈，我们还没有付钱！"

"没事的，这里这么多苹果，给你吃一个而已，即使被人看见也没事。快吃吧！"妈妈回答道。

爸爸白了妈妈一眼，没说什么，球球则满脸疑惑地吃起了苹果。

然而让妈妈没有想到的是，就是这样一个摘苹果的事情，却给球球造成了很不好的影响。一天，球球去同学家玩，回来时竟然带了一颗珍珠，不仅如此，他还向妈妈炫耀："妈妈，你看这个珍珠好看吗？"

"你从哪儿弄来的？"

"我同学家呀，他们家有一盒子珍珠呢！"

"他给你的？"

"没有，是我自己拿的。"

"那可不行，赶紧给人家送回去。"

"送回去干什么？他家有那么多，我拿一颗没事的。"

"再多也是人家的东西，你不能拿的。"

"可你还不是摘了人家的苹果？"

妈妈顿时语塞，脑海中立刻浮现出了自己摘苹果，球球在一边看着的情景。原来，在孩子的眼中，他的妈妈就这样给他做了一次示范。

妈妈自知当时的做法有些欠考虑，于是主动跟球球承认了错误："妈妈不应该私自摘人家的苹果，这种行为属于偷窃，很不好，你不要学妈妈这样好吗？妈妈再也不会那样了。"

球球想了一会儿，说道："好吧，既然这样，我就给同学送回去吧。"

　　父母在做事情的时候，不能光想着自己，而是要站在孩子的立场上看看自己的行为会给他们带来怎样的影响。

　　在教育孩子时，父母首先要完善自己，做好榜样，让孩子的眼中全是正能量的东西，只有这样，他才能更好地成长，最终成为对社会有贡献的人。

　　小帆的妈妈是一名清洁工，每天勤勤恳恳地工作，一丝不苟。她虽身处平凡的岗位，但是觉得劳动不分贵贱，可在儿子小帆面前，她多少还是有些负担的。因为每天下午接孩子放学时，家长们都穿得光鲜亮丽，她怕小帆因为自己而产生自卑感，毕竟孩子懂得还不是太多。因此，每次接小帆之前，她都会脱下工作服，换上自己的衣服。

　　一天，因为一点儿工作耽误了时间，她来不及换衣服就去接小帆了。来到学校，家长们都在门口等候着，她没有到前面去，想着等孩子们快走光时再上前接小帆，可谁知小帆刚一出校门，四下看了一下，就朝她飞奔而来，嘴里高声地喊着："妈妈，妈妈……"

　　"妈妈在这么远你是怎么看见我的？"

　　"怎么看不见？我一眼就看见你了。"

　　"哦，妈妈今天没来得及换衣服就来了。"

　　"没关系，我觉得妈妈穿什么都好看。"

　　妈妈的眼睛湿润了，孩子是多么单纯，在他心里没有什么身份地位的差别，他所看到的只是妈妈，与其他无关。

　　父母不能凭自己的想法就认为孩子可能会怎样，而要从孩子的视角去看。孩子的眼里只有父母，那父母就做好自己给他们看。阳光积极、乐观向上、三观良好的孩子在成长过程中很难偏离正确的轨道,会成为一个快乐向上的好孩子。

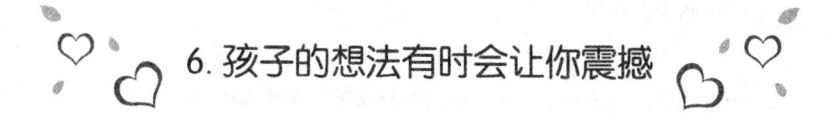

6. 孩子的想法有时会让你震撼

生活中父母常常会犯这样一个错误,那就是认为孩子什么都不懂,至少对大人的世界不是很懂,因此说话或做事很少会考虑孩子的感受,甚至从来不征询孩子的意见。事实上,孩子在一天天长大,他们已经逐渐有了自己的思想,对生活也有了自己的见解。

作为父母,我们想要更多地了解孩子的内心,与之建立良好的亲子关系,就要以尊重作为相处的前提,并且重视他们的每一个想法。

从出生开始,洛洛就是家中的宝,一家人把他捧在手心里,围着他团团转。父母更是宠爱他,但凡是洛洛的要求,只要不太过分,基本上都会尽量满足。长期生活在这样的环境中,洛洛逐渐成为一个霸道、以自我为中心的孩子。

随着二胎政策的开放,很多人都劝洛洛爸妈再生一个,好让洛洛将来不受独生子女的孤单。不仅如此,他们还不停地逗洛洛:"生了小弟弟或小妹妹,爸爸妈妈就不要你了怎么办?""将来有了好吃的一定要分给弟弟妹妹吃哦!""小弟弟或小妹妹抢你玩具怎么办呢?"这些话虽然让洛洛很伤心,但是他还没有听爸爸妈妈说过一定要生二胎,所以心中即使有波澜也没有爆发出来。

一天,一位朋友来家里做客,和洛洛爸爸妈妈再次谈起二胎的事情。朋友问:"你们决定生二胎了吗?"

"嗯,打算生呀!"妈妈很肯定地回答道。

"你敢生,我就敢死!"一旁的洛洛突然大声地叫了起来,着实把大家吓了一跳。爸爸妈妈一直以为洛洛对于这件事情并不在意,实在没有想到他会说出这么激烈的话。于是爸爸赶紧说道:"小孩子,别瞎说!"

"我没有瞎说,你们生二胎都不问问我同意不同意,我现在告诉你们,我不同意。如果你们真的生了,我就死给你们看。"

这下爸爸妈妈才意识到,一直以来在这件事情上对洛洛的忽略已经伤害了他。从那天以后,爸爸妈妈就开始做洛洛的思想工作,站在他的立场上分析有个弟弟或妹妹的好处,并且表明,不管生多少孩子,他始终都是爸爸妈妈的宝贝。经过一段时间的开导与安慰,洛洛终于想通了,对生弟弟或妹妹不再有抵触情绪。而他的反应也深深地给爸爸妈妈上了一课:任何时候都不能忽略孩子的感受。

孩子对外界的感受很敏锐,心灵也很容易受伤,当他们发现自己没有得到理解或应有的尊重时,内心就会掀起波澜,渐渐变成苦恼与伤害。父母想要好好地教育孩子、陪伴孩子,就要从他们独特的视角出发去看待问题,父母会发现,孩子的世界绝非我们想象的那样,他们的心中蕴藏着父母看不到的难过和美好的情怀。

今天老师布置了一份家庭作业——做一幅贴纸画,回到家后畅畅就做了起来。只见她拿着剪刀不停地剪着,又用胶水粘着。不一会儿,一张白纸上就粘满了大大小小、五颜六色的纸片。这时,畅畅喊妈妈过来,说道:"妈妈,你看我做的是什么呀?"妈妈看了一下,只是各种纸片拼凑在一起,根本看不出来是什么图案,于是回答说:"看不出来。"

"你再好好看看!"

妈妈又看了一下,还是看不出来。于是畅畅说:"你看我粘的像不像钢铁侠机甲呢？这是手臂，这是腿，这是他的机甲……"

在畅畅的一一解说下，妈妈似乎看出了一些眉目，确实有点儿那个意思。

"上次咱们和小胖一起去商场，他看上了那个钢铁侠机甲，可是央求了妈妈半天，阿姨也没给他买。他一定非常喜欢那个玩具，我想等我做好了，就把这幅画送给他，他一定会非常开心。"畅畅接着说道。

"天哪，"畅畅的话很让妈妈吃惊，"这都是一年前的事情了，你还记得？"

"当然了，小胖是我的朋友，我希望他快乐。"畅畅高兴地说道。

妈妈顿时觉得，孩子的纯真实在是难能可贵，有时候连大人都忘记的事情，他们却在心中牢牢地记着。妈妈被畅畅心中这份美好的友情深深地感动了。

孩子的想法总是特别的、独一无二的，甚至是令人震撼的。父母想要了解孩子，就要走进他的世界，细细地观察、倾听，才能发现他们的兴趣、爱好与情感，疏解孩子苦恼的东西，赞扬他美好的品质，孩子就会变得越来越好。

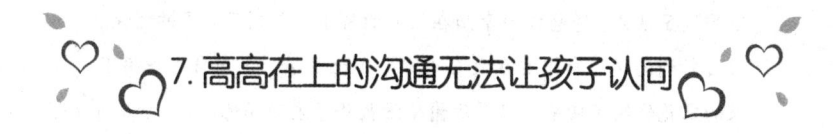

7. 高高在上的沟通无法让孩子认同

你是高冷型的父母吗？高冷型的父母就是，当孩子有问题来向你请教时，你端出一副高高在上的姿态跟他说话；当孩子犯错时，你盛气凌人地指责他；当孩子乖乖听话时，你又对他们颐指气使。在现实生活中，有些父母的思想观念非常陈旧，认为父母就该有父母的威严，不容侵犯，在孩子面前就得端着点架子。他们以为这样可以让孩子认同自己，对自己言听计从。殊不知，父母越是这样，越难以与孩子沟通，因而也得不到孩子真心的认可。

人们常说"父爱如山"，这确实不假，在李阳家中，爸爸的确像一座山，他魁梧、深沉、不苟言笑，可不就是一座"山"吗？有时候李阳还会跟其他同学开玩笑，戏称爸爸是一座"冰山"。

在家里，表面上，李阳对爸爸的话言听计从，但实际上，他心中有很多自己的想法。一次，李阳看上了一个手办，想要买回家，于是找爸爸商量："爸爸，我想跟您商量一件事情。"

"说！"爸爸回答。

"我看上一个飞机模型，你能买给我吗？"李阳试探地问道。

"模型？要那玩具有什么用呢？不行！"爸爸直接拒绝了。

"可是，我们几个要好的同学想开一次航空展，唯独我没有。"李阳有些委屈地说道。

"有那时间学习一会儿不好吗？买飞机模型纯属浪费钱。"

"爸爸，我选的并不是很贵，只是想跟同学们热闹一下。"

"那也不行。再说了，攀比可不是好现象，你现在还是小学生……"爸爸开始了老学究式的长篇大论。

"好了，我不要了。"说完，李阳回到了自己的房间，偷偷地难过了很久。爸爸以为李阳在他的教育下认识到了自己的错误，可没想到的是，李阳实在太喜欢那个小玩具了，早用自己积攒下来的零花钱买了回来，只是偷偷地没被爸爸发现而已。

姑且不论李阳做法的对错，单从这件事情上，我们就会发现孩子有时候对父母的服从并非真心，他们只是不想再与高高在上的父母沟通，让父母误以为自己的威严起到了重要的作用，殊不知，这样的做法正悄悄地伤害着

第五章
站在孩子的视角看问题

亲子关系，对孩子也没起到半点作用。只有当父母站在与孩子相同的位置上，平等地进行交流，这时的沟通才是纯粹的心与心的交流。

小亮的爸爸去朋友家做客，刚进门就看见朋友正与儿子做"弹脑瓜儿"游戏。他感到非常惊讶：孩子怎么能随便去爸爸头上乱弹呢？这样还如何树立父亲的威严，孩子还会听话吗？当然，这只是他的内心独白，出于礼貌，他并没有说出来。

看到有客人来了，朋友的儿子起身站起来，跟小亮爸爸打过招呼之后就回到了自己房间。后来要留小亮爸爸吃饭，朋友就吩咐儿子去买酒。可是儿子拿过钱之后，并没有马上出门，只是笑嘻嘻地站在那里不动。"剩下的钱你可以支配三块，其余的拿回来，行吗？"朋友好像突然想起了什么似的说道。听到这话，儿子一溜烟跑了出去。

"你不怕儿子养成乱花钱的习惯吗？"小亮爸爸问道。

"没事的，小孩子嘛，让他付出劳动就适当给点报酬，否则他心里会不好受的。让他自己买东西顺便锻炼一下他的独立能力。"

"哦，你和你儿子的关系不错！"

"我们就像朋友一样，这小子有什么事情都找我聊！"

"那你不怕哪天父亲的身份压不住他了吗？"

"我压他干吗？我感觉朋友相处的模式更好，交流更顺畅，他不对的地方我给他提意见他很容易就接受了。"

"哦，原来是这样啊！"

回家的路上，小亮爸爸一直回想着去朋友家进门时看到的情景，那是他家从来没有过的。一直以来，他都以父亲自居，小亮在他面前总是谨小慎微，一副胆小怯懦的样子，这与朋友家儿子谦逊有礼、热情顽皮形成了鲜明的对比。他忽然觉得自己对小亮的管教方式或许真的有问题，以至于自己总不能与孩子亲近，亲子关系极度冷漠。

　　小亮爸爸的触动很深,他决心要向朋友学习,让家中充满欢乐,而不是整日面红耳赤、鸡飞狗跳。

每一位父母都是爱孩子的,都希望孩子可以成为真正的人才,但是如何让孩子理解这份爱,并健康快乐地成长是一个重要的问题。生活中大量的事实证明,父母站在孩子的角度看问题,与孩子成为朋友,更容易建立良好的亲子关系,孩子的发展也会更好。所以,父母在孩子面前,必要时必须放下身份,与孩子平等交谈,这样会收到意想不到的教育效果。

第六章

用你的智慧呵护孩子成长

呵护孩子成长是父母的本能,让孩子吃饱喝足,这是对父母最基本的要求。然而如何用智慧去呵护孩子成长,却是一门学问,它需要父母认真去研究学习。如果在教育孩子的过程中,父母经常有种种不明智的做法,这将给孩子造成很不利的影响,甚至影响孩子未来的人生幸福。所以父母要动用智慧,理性而科学地去对待孩子,做到赏罚分明,张弛有度,这样孩子才有更加广阔的生长空间。

1. 奖励与惩罚是门大学问

奖励和惩罚是教育孩子常见的两种手段。只要运用得当，都能培养出优秀的孩子。然而每种方法都有其要领，我们在使用时要注意分寸的拿捏，过犹不及，如果起到反向作用，就可能对孩子产生不利的影响，甚至毁掉孩子。

在奖励孩子方面，父母最应该掌握的就是时间。在正确的时间点奖励孩子，孩子会在奖励的作用下不断约束自己，从而让自己变得更好；而在错误的时间奖励孩子，不仅起不到教育的作用，还会让孩子产生错误的观念，结果适得其反。

周末，小芳妈妈和小婷妈妈各自带着孩子去了超市，相同的是小芳和小婷都得到了布偶娃娃，不同的是小芳欢天喜地地走出超市，小婷则一脸生气地走出超市，这到底是为什么呢？

原来，临进超市前，小芳妈妈叮嘱小芳说："如果你今天不在超市大声喧哗，不乱要东西，好好地跟着妈妈，我最后就会答应你一个合理的请求，怎么样？我说话算话。"小芳很愉快地答应了。而小婷的妈妈什么也没说，就带着小婷进了超市。

路过玩具区的时候，小芳停了下来，想要挑选娃娃，妈妈说："我们先买别的东西，只要你整个过程表现得好，临走时一定买给你。"看着妈妈鼓励而坚定的眼神，小芳答应了，继续跟妈妈妈去买其他东西。最后，她通过自己的良好表现赢得了布偶娃娃，

第六章
用你的智慧呵护孩子成长

自然非常高兴。

小婷在超市不停地跟妈妈要东西,让妈妈很不高兴。路过玩具区的时候,小婷看上了一个布偶娃娃,让妈妈买。可是正生气的妈妈一口回绝了,于是小婷生气地甩开妈妈的手,坐在地上不肯挪步,并且大声地哭喊着。看着周围人异样的眼神,为了摆脱这样的窘境,妈妈只好向小婷妥协:"好了好了,我给你买这个玩具,你别再耍赖了好吗?"尽管最后买了布偶娃娃,可小婷的心中还是不高兴。

同样是买东西,小芳得到的是奖励,而小婷得到的则是"贿赂"。前者是妈妈的教育手段,后者是妈妈无奈的妥协;前者会让孩子表现得越来越好,后者则会让孩子认为只要自己表现不好,就会得到自己心爱的东西,从而变本加厉。所以,掌握好奖励的方法和时间点至关重要,好的奖励可以促进孩子成长,而错误的奖励则会对孩子起误导作用。

惩罚相对奖励要难以把握一些,因为错误的惩罚很容易伤到孩子,但正确的惩罚会让孩子真正地认识到错误,并且避免再犯。生活中,当孩子犯错时,真正善于利用惩罚教育孩子的父母并不多,大部分父母或过分宠溺孩子,包庇孩子的错误,从而纵容他们继续犯错;或直接打骂孩子,命令其纠正过错,这两种惩罚方式都是不可取的。所以,父母在使用惩罚手段时,一定要格外谨慎,既不能伤到孩子,又要起到教育作用。

放学后,小刚和小明在小区里踢足球,原本场地很开阔,并不会影响到谁,但是他俩突发奇想,要到楼下草坪去踢,结果一下子踢碎了一楼人家的玻璃。当小刚的爸爸接到赔偿通知以后,非常气愤,拉过小刚照着他的屁股就是两脚,嘴里还骂道:"让你小子出去惹祸,看你还敢不敢了!"小刚挨了一顿打,爸爸替他赔了玻璃钱。

而小明的爸爸接到赔偿通知以后,并没有大发雷霆,而是问

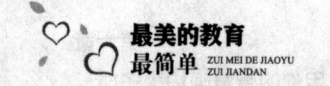

小明:"该怎么办呢?玻璃是你踢碎的,你负责吧!"

"可是我没有钱啊爸爸!"小明无奈地说道。

"那这样吧,这钱我先给你垫上,你用做十天家务来换,怎么样?"

"那也只能这样了。"

就这样,爸爸真的让小明做了十天家务。

最后,小刚好了伤疤忘了疼,早就忘记了那顿打骂,继续到草坪上踢球;而小明实实在在地做了十天家务,累得刻骨铭心,再也不敢去草坪上踢球了。

因此,父母在教育孩子时,应该好好地学一学奖励和惩罚这门学问,让孩子在奖励中得到鼓舞,获得前进的动力;在惩罚中获得经验,丢掉成长中的不良言行,更好地发展。很多时候,奖励和惩罚并不需要很大,它们就蕴含在生活的点点滴滴中,只要父母善于把握和发现,教育孩子就会变得轻松而高效。

2.让孩子获得参与感

在日常生活中,很多家庭不乏这样的画面:"赶紧起床,妈妈跟李阿姨约好到郊外游玩的,要迟到了!"在妈妈的召唤声中,孩子慢吞吞地起身穿衣服、洗脸刷牙、吃早饭,而妈妈则在一边不停地催促:"快点!快点!"为什么对于游玩这样的事情孩子会是这样的态度呢?试想,如果郊游这件事情是孩子们之间约好的,需要父母带着去游玩,那着急的是谁呢?答案当然是孩子。为什么组织者的不同会使孩子产生不同的主动性呢?其原因就是参

第六章
用你的智慧呵护孩子成长

与感。

参与感能够激发人的主动性,当孩子心中有参与感的时候,他就会愿意去做这件事情,以此来体现自己的价值。亲子关系的培养也是如此,必须让孩子有参与感,亲子关系才会更加融洽。

慧慧是家中的独生女,爸爸妈妈格外宠溺她。她的生活起居全部由爸爸妈妈一手包办,可以说是衣来伸手、饭来张口,家中的大事小情爸爸妈妈也从来不让慧慧参与,妈妈常说:"你只要健康快乐长大就好了。"然而慧慧并不是很快乐。

一次,老师布置家庭作业:和爸爸妈妈一起做一件手工,然后带到学校展示。回到家之后,爸爸妈妈商量做什么好,完全没有征求慧慧的意见。慧慧擅长画画,于是建议画一幅绘画作品,可是爸爸妈妈并不擅长,于是对她说:"你去玩吧,爸爸妈妈给你做一个漂亮的手工就好了。"最后爸爸妈妈选择了他们擅长的竹编。

在爸爸妈妈编制的过程中,慧慧拿起竹条,也想参与进来,可是妈妈却说:"宝贝,小心竹条划伤你的手,别弄了。"

"没关系的妈妈,我可以。"

"你快去玩吧,我们一定给你做得很漂亮。去吧,去吧。"在妈妈的催促下,慧慧只好离开了。

第二天到了学校,同学们都高兴地拿出自己的作品,互相点评炫耀着,"看,这是我做的。""这一部分是我独自完成的。"……看着大家开心的样子,慧慧却始终高兴不起来。因为她的作品她根本就没有动手,丝毫成就感都没有。最后,因为慧慧的作品很完美,所以老师给她颁发了小奖状。

回到家后,爸爸妈妈看见奖状很高兴:"慧慧,你得奖了呀!"

"不,我没有得奖,得奖的是你们。"说完,慧慧就回到了自己的房间。爸爸妈妈看出了慧慧的不开心,答应以后多让她动动手,让她的心里得到满足。

获得参与感可以让孩子进一步获得自我价值。然而有时候，父母往往会忽略孩子的感受和重要性，认为他们只是孩子，没有必要劳心费力，只需按照父母计划好的道路去走就行。但是在孩子眼中，他不能理解父母呵护的苦心，只是认为这件事情与他的关系不大。教育孩子成长怎么能与孩子没有关系呢？于是父母就会常常发出"皇上不急太监急"的感慨，殊不知这是父母的教育方式出了问题。

有一个大学生到偏远的地区支教。那里贫困落后，很多人对学习知识认识不足，所以很多小孩子都没有上学。后来，由于大学生的到来以及政府的鼓励支持，孩子们才愿意走进学校，开始读书。然而因为不习惯上学的约束，很多小孩经常旷课。

为了改变这一状况，大学生决定亲自去找他们。找到那些旷课玩耍的孩子后，大学生问他们为什么不去上学，其中的一个孩子说道："你教你的，我们上不上学也不影响你呀。"这句话让大学生非常震惊：原来在孩子们心中，上学根本就不是自己的事情，而是老师的事情。

回到学校以后，大学生给每个学生都安排了职务，让他们都当了"官儿"：有的负责收作业，有的负责管纪律，有的负责管卫生，总之人人都有事情需要做。虽然孩子们在外面"疯"惯了，但责任心还是有的。当了"官儿"就要负责，如果纪律组长旷课，那纪律就没人维持了；卫生组长旷课，卫生就没人管理。他们觉得自己无可替代。

从那以后，孩子们再也不旷课了，他们都惦记着自己那点小小的责任。

这就是参与感的作用。学校教育如此，家庭教育亦如此。当孩子在家中总是得不到发言权，或者建议总是不被采纳，他参与不到家庭的事情中来时，渐渐地就会对家庭事宜失去兴趣，自己也会失去应有的自信。这对孩子的发展是不利的。身为父母，应该积极鼓励孩子参与到家庭中间来，一是培养孩子的积极性和思维发展能力，二是加强亲子关系，以便与孩子进行更好的沟通。当孩子有了参与感之后，父母会发现，孩子比我们想象的要聪明得多、灵活得多、积极得多。

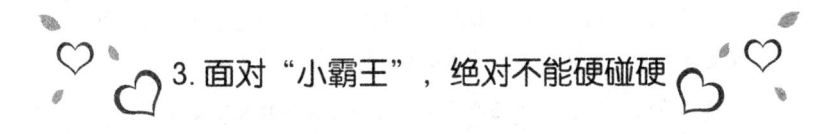

3. 面对"小霸王"，绝对不能硬碰硬

如今，很多父母对孩子都极为宠爱，舍不得管束，对其提出的要求尽可能满足，于是就培养出了十足的家庭"小霸王"。他们蛮横无理，油盐不进，很难管教，成了父母的教育难题。

对孩子的过分宠溺，表面上是对孩子的爱，实际上却是在伤害孩子。首先，它会导致孩子的自我价值感知错位；其次，孩子在未来的生活中遇到问题时容易冲动、焦虑，从而形成消极情绪；最后可能无法正常与他人相处，错失学习社会生存技能的时机。因此教育改造"小霸王"是每一个父母都必须重视的问题。

> 超超是家中的"小霸王"，无人敢惹，因此，爷爷常打趣他说："咱们家超超是属螃蟹的，在家是横着走的。"因为家人的宠溺，超超成了一个蛮横无理、吝啬霸道的孩子。
>
> 一天，爸爸的朋友带着孩子来做客，爸爸拿出超超的玩具给朋友的孩子玩。超超看到以后，一下子把所有的玩具都抢了回来，还冲着爸爸吼道："谁让你动我玩具的？"爸爸无奈而尴尬地冲朋友笑了一下，最后只跟超超要了一件玩具给朋友家孩子玩，好

在超超勉为其难地答应了。

朋友的孩子非常喜欢那件玩具，因此朋友临走时超超爸爸很大方地说："既然你喜欢就拿回去玩吧！"这下超超可不干了，大声喊道："那是我的玩具，不许拿走！"说完一把抢了回来。超超的无礼让爸爸很没面子，于是生气地说："你的玩具也是我买的，我今天非要送人不可。"超超听了不依不饶，把自己的玩具全摔在了地上，号啕大哭起来。最后，朋友带着孩子走了，并没有带走超超的玩具，可超超还是哭闹不止。爸爸忍无可忍，打了超超一顿。最后还是妈妈当和事佬，才把这件事情平息下去。后来又有过几次，超超还是这样，爸爸的棍棒教育完全没有起到任何作用。

后来，妈妈专门跟别人学了改造"小霸王"的方法，慢慢地与超超沟通，给他讲道理，这才使超超逐渐变得温顺了一些，不似从前那么霸道了。

以暴制暴绝不是教育"小霸王"的好方法，不仅不能解决问题，还会让孩子学会暴力，从而变得更加不可理喻。试想，当我们情绪正激动时，有人比我们还激动地跟我们唱反调，我们容易接纳他的意见吗？小孩子也是如此，当他们情绪正激烈时，任何说教都是无效的。"小霸王"不是一朝一夕形成的，所以在教育上父母要极富耐心，认真分析孩子情绪爆发的原因，从而有针对性地进行安慰和引导，这样孩子才会逐渐纠正自己的性格缺陷，朝着好的方向发展。

小杰的父母工作非常忙，经常没有时间陪伴小杰，内心中感到对孩子有所亏欠，所以他们一有时间就会带小杰去买他喜欢的东西。在这种补偿心理的作用下，他们允许小杰随意索取，逐渐把小杰培养成了一个只要提出要求就必须满足的孩子。每次小杰看上什么东西，就会对爸爸妈妈软磨硬泡，撒娇打滚，直到自己的愿望实现。他这样不分场合地胡闹，也让爸爸妈妈逐渐意识到问题的严重性。

后来，小杰在班里也变得蛮不讲理，只要看见自己喜欢的东西，就要抢到手，或者回家百般缠着爸爸妈妈买，根本不管这些东西是不是有用。看着小杰的这些表现，妈妈觉得如果再不加以教育引导，好好的孩子可能真的就毁了。于是，她下定决心要把小杰的坏毛病一一改掉。

一天，小杰看上了一款上千元的玩具，要求妈妈给自己买。妈妈告诉他这已经远超了小学生的消费范围，不能再买了。小杰听了之后，立刻躺在地上打起滚儿来，嘴里还高声地叫嚣着："你今天不给我买，我就躺在这里不起来了！"妈妈无奈之下只好把他强抱回家。

到家之后，妈妈十分耐心地同小杰说："你现在情绪很激动，妈妈跟你说话你一定听不进去，等你冷静下来，咱们再谈吧。"说完回了自己房间。小杰在家里又闹腾半天，看没人理会，渐渐就消停一些了。这时妈妈又走过来安慰他："妈妈知道你很想要那个玩具，但你现在还是小学生，还没有挣钱的能力，什么时候花自己的钱买来才会真正高兴，对吧？"

经过妈妈的一番耐心劝导，小杰终于说道："好吧，那我暂时就不买了。"

妈妈赶紧夸奖说："小杰真懂事，一说就明白了。"

从那以后，妈妈总是尝试着好好与小杰沟通，好言相劝，竟屡试不爽。她这才发现，教育"小霸王"不能蛮干，得智取才行。

如果孩子自私蛮横、乱发脾气、不尊重他人，父母不必与他们唇枪舌剑、冷眼相对，更不必以暴制暴、大打出手，而要启动智慧的大脑，分析原因，寻找突破口，与孩子耐心地沟通，逐渐去引导他们，改变他们。

4. 孩子其实很简单，拐个弯他就跟你走

很多人总是愿意把孩子分成两类：乖巧的和顽劣的。但无论哪一类都不是孩子天生的，绝大多数是父母教育的结果。每一个孩子都很单纯，他们就如同一张白纸，父母如何教育，孩子就如何去成长。

如果父母简单粗暴地对孩子、命令孩子，那么孩子可能就会变成一个性情暴躁、调皮顽劣，或者沉默寡言、性格懦弱的孩子；如果父母对孩子循循善诱、耐心引导，孩子就会变成一个知书达理、乖巧懂事的孩子。没有哪个孩子是不好教育的，有时候父母觉得这种教育方式不好进行时，或许拐个弯孩子就跟着你走了。

马肖是一个性格有点倔强，脾气有点儿大的小孩，所以在家经常不听爸爸妈妈的话。眼看他就要上小学了，爸爸妈妈很担心他跟同学们相处不好，融入不到集体中去，于是就想改改他的小脾气，让他更加积极、随和一些。爸爸妈妈经常为如何教育他而苦恼。

一天，妈妈的同事来家里做客，妈妈忙着做饭，这时楼下有快递需要去拿，爸爸不在家，妈妈只好让马肖去一趟。于是她说道："儿子，楼下有妈妈的一个快递，你去帮我拿一下！"马肖正津津有味地看着电视，很果断地说："妈妈，你自己去拿吧，我看电视呢。"

第六章
用你的智慧呵护孩子成长

"可妈妈腾不开手,你快去吧!"

"我不去!"他的小倔脾气上来了。

这时,妈妈的同事说道:"马肖,我听你妈妈说,你在家可是个勤快的孩子,经常帮妈妈干活的。"

"也没有经常啦!"马肖有些不好意思地笑了。

"你现在是小伙子了,跑得一定比妈妈快,拿快递的速度也远超过她,你说呢?"

"那当然!好吧,我去拿快递吧!"说完,马肖一溜烟跑下楼了。

妈妈很奇怪同事是如何说动马肖的,因为在家里一般没人能治得了他那小脾气。同事说:"小孩子其实很简单,你只要拐个弯跟他说话,他就会听你的了。"

"看来跟孩子说话也是需要讲究艺术的,以后,我得换种方式跟他交流了。"妈妈有所顿悟地说道。

在教育孩子时,很多时候夸赞要比命令更奏效,小孩子思想单纯,喜欢听对自己有利的话,不喜欢被命令和支配。如果父母在与他们相处的过程中,以父母的身份去压制他们做一些事情,或者用他们不乐意接受的方式说话,他们就会放弃与父母沟通。

考试成绩一直是学生们最在意的问题,也一直是家长们关注的焦点。马上临近期中考试了,很多家长开始在家里积极地给孩子辅导功课,让孩子多做练习题,希望能够在考试中大放光彩。

云云放学回家后,妈妈拿出一套卷子对她说:"云云,一会儿把这套卷子做一下吧!"

"我上学已经很累了,不想做。"

"不想做你能考过同学夏琳吗?比人家笨还不知道努力。"

"反正我也比她笨了,干脆就这样好了。"

"不行，这套卷子你今天必须做，还管不了你了！"

"我就不做！"云云一边哭一边跑回了房间，怎么叫都不肯出来。

云云的同学丽丽回到家，妈妈也准备了卷子想让她做。妈妈心里清楚，如果直接让她做题，她肯定不乐意，于是妈妈就说："丽丽，你们马上就要期中考试了吧？你对自己有什么期望吗？"

"我希望自己比之前更进步！"

"那你想没想过得第一名呢？"

"第一名总是夏琳，我恐怕很难考过她。"

"你不努力试试怎么就知道考不过呢？我觉得只要你多加练习说不定就能超过她了。"

"真的可以吗？"

"多加练习总是有好处的，即使超不过她，那知识点也更加巩固了，学习基础也越来越扎实了。"

"嗯，妈妈说得没错，那我就多练练吧。"

之后，妈妈给她拿来了那套卷子，丽丽认真地做起来。

同样的事情，不同的表达方式，结果迥然不同。这就是说话的智慧。所以，当孩子在成长过程中出现问题时，父母不能冲动，按照自己的习惯去说话做事，那样很可能会得不到孩子的理解和认可。父母应让自己保持冷静，认真反省自己的教育方式：为什么孩子会越来越叛逆，越来越不听话？是不是我们没有给到他们乐意接受的方法？分析出原因之后，再巧妙地引导孩子，婉转地教育他们，效果会更理想。所以，掌握孩子的心理，用他们喜欢的方式去表达父母的关心与爱，这样能够让孩子更好地发展。

第六章
用你的智慧呵护孩子成长

5. 跟孩子较劲你就输了

在孩子的教育上,你是不是这样类型的人:对孩子的教育非常严苛,几乎要求他们唯命是从,一旦孩子有不听话的表现,就跟孩子拼命较劲儿,直到孩子认输?事实上,这样的父母非常多见,他们的控制欲非常强,认为孩子只有听父母的话才有更好的未来,因此,只有当孩子跟自己低头认错时,他们才能变得晴空万里。但他们不知道,这样的教育方式赢了孩子的现在,却输掉了孩子的将来,甚至最后两败俱伤。

通常情况下,喜欢跟孩子较劲儿的父母跟孩子的关系都不是很好。当父母太过强势,不允许孩子有自己的想法时,孩子会在高压环境下逐渐放弃自己的思想,认为父母说什么都对,即使有不同的意见也不敢提出,从而养成懦弱的性格。

李阿姨是个性格和善的人,对待别人总是笑容满面,但唯独对自己的孩子非常严苛,就好像完全变了个人似的。李阿姨的丈夫是一个非常老实憨厚的人,甘心做一个普通的打工族,这让李阿姨非常生气。为了能够扬眉吐气,改变生活,她把所有的希望和精力都寄托在儿子身上,所以对孩子的管教格外严格。

一次,回家路上,李阿姨的儿子看见公园里有人玩蹦床,于是就想去玩一会儿,可是天阴沉沉的,似乎快要下雨了。于是李阿姨说:"今天不行,要下雨了,改天有时间再来玩吧。"可是

109

儿子特别想玩，眼睛一直盯着蹦床，不肯挪动脚步，央求妈妈说："妈妈，我只玩一会儿，行吗？"

"不行，就要下雨了，你有这会儿时间还是回家看会儿书吧。"

儿子一听更气恼了，死活不肯走。李阿姨也生气了，大声说道："好，今天就让你玩个够。"说完拉着他向蹦床走去。

刚玩了一小会儿，天就下起了小雨。这时，儿子说："妈妈，下雨了，咱们回家吧。"

"你不是想玩吗？玩吧。"

"可是下雨了，不玩了。"

"我刚才跟你说要下雨了，你偏不听妈妈的话，现在知道不对了吗？"

"我只是想玩一会儿。"

"那你就冒着雨玩吧。"

"妈妈，回吧。"

就这样，李阿姨和儿子大概僵持了几分钟。这时，旁边一个避雨的奶奶劝说道："快带着孩子回去吧，这雨天就别跟孩子较劲了。"

后来，还是孩子承认了错误，李阿姨才带着他回家。结果因为淋雨儿子也感冒了。李阿姨心里默默后悔，真不该跟孩子较劲儿置气。

有的孩子脾气特别倔，父母越是压制，他反弹得越严重。如果这时父母还是一味地与其较劲儿，孩子不仅不会顺从父母的意思，还可能与父母教育的初衷相背离，想法越来越偏激，甚至叛逆到肆无忌惮。

如今，手机已经成了人手必备的通讯工具，在家庭中也非常普遍，所以孩子很容易就能接触到手机。

自从用手机上过网课之后，高阳就觉得手机是个好东西，过去他只知道手机可以用来打电话、发微信，现在才知道上面有太多好玩的东西了。手机不仅可以看视频，还能用来打游戏，于是

第六章
用你的智慧呵护孩子成长

高阳开始沉迷手机,尤其是手机游戏。只要爸爸妈妈一回家,高阳就抱着手机不离手。

看着他手机瘾越来越大,爸爸觉得该好好管管他了,于是就下令再也不能玩手机了。这对一个已经玩手机成瘾的孩子来说,不亚于晴天霹雳。高阳很难接受,于是开始跟爸爸闹腾。妈妈跟爸爸说:"你这样突然不让他碰手机,他的情绪太激烈了,我觉得这个事情可以慢慢来。"

"不用慢慢来,我要的就是快刀斩乱麻的效果。"爸爸很干脆地说道。

高阳每天在家里又哭又闹,可爸爸丝毫都不理会。后来在妈妈的调解下,高阳同意每天只看二十分钟手机,并且保证不打游戏,只看一些动画片之类的东西。可爸爸说:"这件事情没商量,别说是二十分钟,就是两分钟也不行,你就让他想也不要想了。"

后来,高阳不再要手机了,放学回家就直接钻到自己屋里,也不再跟家人交流了。爸爸以为是自己的执着打败了高阳,心中还暗暗高兴。但让他没想到的是,高阳不哭不闹是因为他发现了另一种好玩的东西——网游,只要一有时间,他就会偷偷地溜进网吧,有时甚至哄骗老师,偷偷旷课上网。

这下妈妈可着急了,看着网瘾一天比一天大,一天比一天叛逆的儿子,妈妈抱怨爸爸说:"你非得跟他较劲,慢慢教育他不好吗?现在好了,孩子已经毁了,你说怎么办呢?"

高阳爸爸因为心中的执念而跟孩子较劲,结果把孩子逼得更加叛逆,更加离谱,这就是失败的教育。所以在与孩子的较量中,父母应该学会适当妥协,对孩子管控太紧未必是件好事,孩子没有了自我成长的空间,就不会朝着好的方向发展。孩子的理解力和父母认为的是不同的,当父母态度强硬,想要在孩子心中树立起高大伟岸的形象时,孩子感到的是父母的冷漠、不好交流。所以,每位父母要在尊重孩子的意见的前提下面对孩子,父母去教育他们,而不是拼死较劲,最后伤了孩子,自己也难过。

6. 顺着孩子的思路会有不一样的发现

生活中，管控型的父母认为只要顺着孩子就会惯坏孩子，所以但凡孩子提出的要求、建议，一律不重视或者不接受，一心只按自己的想法来，除非孩子的思路正好与自己的相契合。这样的父母显然是不了解孩子，也不愿意深入了解孩子的人。

孩子的想法很天真。有时候，顺着他们的思路，父母反而会有不一样的发现。父母经历了生活的打磨，想法已经被各种条条框框所束缚和影响，可孩子是单纯的，他们看到的、想到的，大部分都是新奇而美好的，顺着他们思路走，父母或许会找到教育、引导他们的更好的方法。

萱萱妈妈是一个业余绘画爱好者，只要有空闲时间，她就会在家作画。有时候女儿萱萱也会在身边欣赏。

一天，妈妈要画一幅参赛作品，构思了好久才决定画一幅风景画。上周末他们一家刚刚去郊游，那美丽的画面已经深深地刻印在她心里。她画了山，画了河，画了农田，又画了田埂上的大树和落叶。忽然，站在一边的萱萱说道："妈妈，我感觉你画得不对，上次我看到的树和落叶不是这个样子的。"

"那是什么样子呀？"

"我也不知道，反正每一片叶子都是不一样的。"

萱萱的话似乎一下子点醒了妈妈。顺着萱萱的思路，妈妈再

第六章
用你的智慧呵护孩子成长

一次去了郊外,专门去看看大树和落叶。原来,秋天的大树并非全部都是金黄色,落叶有的全黄,有的半黄半绿,有的一部分黄、一部分枯萎,还有的边缘已经残缺。妈妈回头看看自己的作品,虽然树叶的形状略有不同,但看颜色上的差异并没有变化,虽然亮丽,但让人觉得死板。

于是妈妈按照萱萱的这个思路加以修改。没想到这幅画竟让她获得了优秀奖,评审团的点评就是:大树灵动真实,尽显大自然的秋季美。

孩子的心思总是细腻的,观察也非常独到。很多时候,父母顺着他们的思路走,反而能够发现不一样的美好。对于孩子来说,顺着他们的思路去引导和教育,他们的主动性和积极性会更强。当孩子有想法时,父母要适当地给予支持和认可,那样孩子就会在自己的思维领域寻找到美好的东西,并且因此而快乐。

甜甜很不开心地回到家,妈妈追问了好久,她才吞吞吐吐地说在学校和同学美美吵架了。原来,课间时大家在一起玩踢毽子比赛,美美输了,心中很不服气,于是就当着同学的面,说甜甜是"丑八怪"。甜甜听了非常生气,就跟美美吵了起来,最后两人赌气地互不理睬。

妈妈知道了情况以后,劝甜甜说:"美美是因为输了比赛一时情急才那样说你的,你别跟她计较了。"

"不,她当着大家那样说我,显然是不尊重我,我不想理她。"

看见甜甜还在生气,妈妈只好随她去了,并没有极力劝说她要大度,要与同学友爱,更没有要求她主动去跟美美和好。

过了一段时间,一天放学,甜甜和美美在路上遇到了,甜甜没有说话,美美主动走过来道歉:"甜甜对不起,我那天不该那样说你,我们和好吧。"

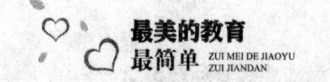

"好吧，其实我早就不生你气了，只是觉得你应该认识到自己的错误，以免以后再不尊重别人。"

说完，两个人手拉手地向前走去。甜甜妈妈这才理解了甜甜，原来她心中什么都清楚，早已不再为那件事情耿耿于怀，她不去主动和好只是不想助长美美的坏习惯。同时，妈妈也庆幸自己始终顺着孩子的意思，没有劝她主动和好，否则，她很有可能会慢慢变成一个没有耐心的孩子。

随着年龄的增长，孩子逐渐有了自己的思想，父母应该尝试着去了解他们的内心，顺着他们的思路去看看他们想要的到底是什么东西，如果是充满正能量的，是美好的，那父母就要顺应其发展，而不必费心费力，使劲儿把他们拉到父母设定的轨迹上来，让教育变得困难重重。在教育孩子的过程中，读懂孩子很重要，父母参不透的时候，不妨顺着孩子的思路去看看，说不定会发现很多精彩。

7. 聪明的父母应学会将计就计

淘气的孩子总是会给父母制造各种难题，考验父母如何去应对。这时，将计就计就是一种超强的教育智慧。父母与其挖空心思跟孩子反着来，激起他们强烈的反抗情绪，倒不如顺水推舟，不动声色地应变，这样反而会使难题更容易化解。

将计就计要求父母能够了解孩子的心态，知道他们想要什么，想达到怎样的目的，所以父母要与孩子站在一起，就如陶行知先生所说：我们必须会变成小孩子，才配做小孩子的先生。

第六章
用你的智慧呵护孩子成长

妈妈正在家中睡午觉,突然哗啦一声响动把她惊醒了,妈妈跑出卧室一看,客厅里的镜子碎了,原来是小东在客厅踢足球,把镜子踢碎了。看着小儿子小东瑟瑟发抖的样子,妈妈顿时生不起气来了。

"谁踢碎玻璃的?"妈妈问道。

"妈妈,是我踢碎的。对不起,我以后不在家里踢球了。"旁边的大儿子小刚主动承担责任。

其实从两个孩子的表现上,妈妈已经看出来球是小东踢的,只是哥哥怕弟弟挨揍,所以自己主动承担责任。

看着哥哥如此爱护自己的弟弟,妈妈心里非常欣慰,但小儿子不敢承担责任的行为也让她有些失望,她决定教育教育小儿子。

妈妈对小刚说道:"没事,儿子,只要你没受伤就行了。你能够主动承担自己的错误,妈妈很高兴,你是个诚实的好孩子。"

见哥哥没有挨骂,还被妈妈夸奖,小儿子忙跑过来说:"妈妈、妈妈,球是我踢的,不是哥哥踢的,小东也是诚实的孩子。"

看小东能够过来主动承认错误,妈妈笑着说:"你们俩都是妈妈的好儿子。走,妈妈请你们出去喝饮料。"

对孩子的教育方法有很多,有时候顺着孩子反而会起到好的教育效果。试想,妈妈出来之后对孩子们一顿训斥,并且直接指明是小东在说谎,那么小东很可能内心就不会产生愧疚,也不会勇敢承认自己的错误。但妈妈的宽容让他更轻松,使他反而能够面对真实的自己。

最近一段时间,文文的学习压力很大。在学校要上课,回家还要面对无休止的试题,他的情绪越来越坏了。他觉得爸爸妈妈根本就不爱自己,一心只想让他考高分来给自己争面子。他越这样想,心里就越不舒服,所以经常莫名其妙地发脾气。起初爸爸妈妈并没有太在意，只是像往常一样督促他学习。

　　一天，文文在学校因为几道题不会而心生闷气，回到家爸爸又递给他一套新买的试卷，这对文文来说无疑是雪上加霜，于是他的小宇宙爆发了。趁着爸爸妈妈出门买菜的工夫，他跑到他们的卧室，剪破了爸爸的睡衣。

　　爸爸回家后，看到睡衣时瞬间明白了是怎么回事。他没想到文文居然心情坏到了如此地步，但他并没有发火，反而很认真地把睡衣穿在身上。而且从那以后，只要在家，他就穿着那身剪破的睡衣走来走去。而这身睡衣在文文眼里，就好像随时在提醒他自己犯的错误一样，让他坐立不安。

　　后来，文文终于鼓起勇气向爸爸承认了错误，于是爸爸趁机跟文文好好地交流了一番，这还是父子俩第一次彼此说自己的心里话。文文明白了爸爸妈妈的苦心，爸爸也明白了文文的不快乐。最后他们商定：课外作业适当做一些，不能不做，也不能过分。有了这样的约定，文文轻松了不少，也快乐了不少，学习兴趣也慢慢提高了。

　　作为父母，面对孩子的错误时，大可不必直接批评，甚至狂风暴雨般地责骂，有时候，要给他们认识自己错误的空间。这种自我反省，有时候远比直截了当的教育有效得多。父母的宗旨是好好地引导孩子、教育孩子，既然如此，何不运用智慧去实现呢？

第七章

坦然面对孩子的不完美

俗话说人无完人,我们成人尚且如此,何况一个孩子呢?面对孩子,不要过度苛责,要允许孩子犯错,要接纳孩子的不完美,在这样的教育环境下孩子才能健康地成长。如果一味地苛责孩子,孩子每天在责难中生活,就会逐渐丧失自信心,最终成为胆小怯懦的人。接受孩子的不完美,帮助孩子改正自己的缺点,孩子才能变得越来越好。

1. 善于发现孩子的优点

美国著名的教育学家拿破仑·希尔曾经表示过,每个孩子都有许多优点,而父母恰恰相反,他们总是盯着孩子的缺点。认为管好孩子的缺点,才能让孩子更好地成长。其实,这样做就像蹩脚的工匠,是不可能造出完美瓷器的。

正如他所说,很多父母看到的总是孩子的缺点,只要提到孩子,就牢骚满腹,抱怨连天,把孩子说得一无是处。

父母不看重孩子的优点对孩子的成长极为不利。皮格马利翁效应告诉我们,孩子的行为会受到家长的心理暗示作用:当父母认为他很差、一无是处的时候,他就真的会变得很差;当父母认为他很优秀时,他就会拥有让自己变得更好的力量。所以父母要善于发现孩子的优点,给他们积极的心理暗示,这样他们才会朝着父母期望的样子发展。

形形的爸爸是一个完美主义者,在孩子的教育问题上也是如此,他总希望形形凡事能够做到完美,所以对她的教育十分严苛。

形形喜欢画画。一天家里来了客人,大家知道形形画画很好,就让她现场给大家展示一下,形形很听话地画了起来。很快,她就画好了一幅山水画,然后拿给客人们看。大家啧啧称赞,夸形形有天赋,形形心里可高兴了。这时,爸爸接过画,认真地说:"形形,这幅画有很多败笔。你看,山的着色并不匀称,河流的线条

第七章
坦然面对孩子的不完美

也不够流畅……"在爸爸的一番品评下,形形脸上的笑容越来越少,最后失望地回到了自己的房间。

爸爸每次都是这样,总在形形高兴的时候说一些煞风景的话。

"爸爸,我这次模拟考试得了99分!"

"你总是要丢那么1分,什么时候才能考个100分?"

"爸爸,周末我想去参加一个合唱聚会。"

"你唱歌不行,去了也没啥意义。"

"爸爸,我们今天去看孤寡老人了,帮她打扫屋子、洗衣服,干了好多活呢。"

"你洗衣服总是洗不干净,正好锻炼锻炼。"

……

在爸爸一次次的话语打击下,形形觉得自己什么都干不好,慢慢地,干什么都不积极了。这下爸爸更加着急了,每天不停地在她耳边数落,这让形形苦恼极了,心想:我怎么就是这样一个一无是处的孩子呢?后来,形形越来越沉默寡言,完全没有了之前的阳光快乐。

其实,像形形爸爸这类父母对孩子的爱并不少,他们只是想把孩子打造得更完美一些,因此对孩子大有"恨铁不成钢"的意味。殊不知,他们的不肯定对孩子来说是莫大的伤害。孩子长时间得不到肯定就会对自我价值产生怀疑,认为自己一定是没有什么优点值得人肯定,这就给他们自信心的建立设置了极大的阻碍。但如果父母善于发现孩子的优点,就会让孩子更快乐,从而塑造良好的性格。

青青是一个胆小怯懦的女孩。她长得不漂亮,小眼睛,塌鼻子,皮肤还有些黑,经常被一些调皮的孩子叫成"丑小鸭",这让青青变得更加胆怯,甚至不敢跟同学们玩耍。为了让她自信一点儿,妈妈经常会找各种优点来夸赞她。

放学路上，青青给流浪猫喂食，妈妈会说："青青真是一个有爱心的孩子，心灵美的人最可爱。"

青青在院子里发现一个鸟窝，妈妈会说："青青真是个观察细腻的孩子，心思细腻的人做什么事情都会让人更放心。"

校园运动会上，青青坚持跑完了800米，虽然没有取得名次，但妈妈说："妈妈看见你跑到一半儿就累了，但你还是坚持跑了下来，这种毅力是最宝贵的，也是校园运动会追求的体育精神。"

……

虽然很多时候青青做得并不好，但妈妈总是能够从中发现她的优点，并加以夸赞。妈妈的鼓励让青青越来越自信，她觉得自己虽然长得不出众，但身上有很多闪光点，一点儿都不比别人差。有了这种想法之后，青青就不再胆小怯懦了，做事情积极，乐观开朗，很自然地融入到同学之中，大家的关系也变得更加融洽了。

每一个孩子都是父母的最爱，父母也都希望他们成为人中龙凤，所以父母在教育上就要多多用心。通常情况下，父母奚落孩子，打击孩子，会让他们否定自己，渐渐变得消极，而鼓励和赞扬则会让他们信心满满。每一个孩子身上都有优点，哪怕微不足道，哪怕沙里淘金，父母也要去发现并赞扬，因材施教，才会让孩子朝着更好的方向发展。

2. 没有十全十美的孩子

俗话说，"金无足赤，人无完人"，没有谁是完美到无可挑剔的。然而这个简单的道理，很多父母并不明白，他们用几近完美的眼光审视孩子，

第七章
坦然面对孩子的不完美

一旦发现孩子的缺点,就开始严厉地管教,不能坦然面对孩子的缺点。想让孩子变好的心谁都有,但过于追求完美反而不利于孩子的成长。

当父母不能坦然面对孩子的缺点时,孩子的情绪就会受到负面影响,他们很可能会认为自己什么都不好,爸爸妈妈不爱他们,从而开始自我否定,无法积极乐观地面对生活,进而影响他们的一生。

人们常说,天底下没有两片相同的树叶,因此人与人自然也各有不同。但是小乐妈妈总喜欢拿小乐与别人对比,希望她活成对方的翻版。

小乐邻居家有一个与她年纪相仿的女孩,漂亮聪慧,言谈举止得体大方,记忆力好,学习成绩也非常好,这让小乐妈妈羡慕不已,经常跟小乐夸奖邻居家的小女孩,同时也不忘刺激小乐一番。

"你看看,隔壁女孩长得多好看,再看看你,唉,你要是有人家一半儿好看,妈妈也知足了。"

"你就不能给我争气点,考个第一?你看看人家,每次都是第一名。"

"吃饭的时候学学人家,多斯文,你就知道吧唧嘴。"

"看看人家那舞姿,天生是跳舞的好苗子。你要是腿也那么长,妈妈一定培养你好好跳舞。"

……

在妈妈不停的对比下,小乐早已伤心不已。一天,妈妈又开始唠叨起来,小乐实在忍不住了,哭着喊道:"隔壁家女儿好,你去养人家吧,别养我这个女儿了,反正我浑身上下没有一处你满意的地方。"

看着崩溃的小乐,妈妈才意识到自己平时的话语对她造成了很大的伤害,一定是负面情绪不停地在心中堆积,才让她在今天爆发。于是妈妈想,以后再也不能那样说话了。

没有哪个孩子是完美的，明白了这一点，父母就能够说服自己去接受孩子的不完美。当父母降低对孩子的要求时就会发现，原来孩子也是很优秀的！这时，无论是父母还是孩子，都能以一个轻松的心态去生活，而父母也能给孩子营造一个良好的成长环境，让他们变得更自信、开朗、阳光、积极。

王阿姨是一名高级知识分子，名牌大学生，上学期间是名副其实的学霸。女儿玛丽能歌善舞，画画也很好，只是学习有些吃力，尤其是英语成绩欠佳。期中考试，玛丽的英语成绩名列全班之末，这让追求完美的王阿姨心一下子凉了半截，情绪也变得异常焦躁起来。

给女儿辅导英语作业时，王阿姨常常生气地批评女儿，一道题反复讲解也不明白的时候，王阿姨就会冲着玛丽大吼，甚至盛怒之下还会动手。直到玛丽委屈地哭起来，王阿姨心中的火气才会稍微平息一些。

有段时间，鸡飞狗跳成了家里的常态，一家人的生活糟糕透了。在这种情况下，玛丽的学习成绩自然也没有什么提高。经过屡屡"打击"之后，王阿姨觉得，女儿在学习的道路上也许真的走不下去了。

为了改变一家人的相处模式，王阿姨进行了深刻的反思。她想，玛丽再不完美也是自己的女儿，自己吼骂她不仅不会提高她的成绩，还伤了母女情分。与其费尽心力去改变女儿的不完美，倒不如坦然接受，这样大家还能心平气和地相处。自己最初对玛丽的期望，不就是健康快乐吗？那现在为什么要给她背上沉重的枷锁呢？

从那以后，王阿姨降低了对玛丽的期望，她不求玛丽能够万众瞩目，闪闪发光，只求她健康快乐就好。一家人的心态改变了，家庭氛围变得温馨了，玛丽的成绩反而有所提升。

第七章
坦然面对孩子的不完美

虽然坦然面对一个不完美的孩子很难过，但是为了孩子，父母必须接纳他们，积极称赞他们的优点，让他们变得更好。当面对他们的不完美时，父母要告诉自己，每一个孩子都是一颗花的种子，每个人的花期都不同。有的花，很早就灿烂绽放；有的花，则需要漫长等待。父母要相信自己孩子的花期，耐心地等待他绽放。

3. 别把孩子当成攀比的工具

不知道从什么时候开始，优秀的孩子成了我们炫耀的资本。同事聊天，同学聚会……到处都有一批"炫娃狂魔"。大家通过孩子互相攀比，赢的人自然扬扬得意，就好像自己获得了莫大的成功；而输的人则垂头丧气，满腹不悦，甚至将坏情绪一股脑儿地发泄到孩子身上。可是，孩子本身有什么错呢？这时的他们不过是父母争面子的一个工具而已，这对孩子来说是不公平的。

> 小王和小张是高中同学，很多年没有见面了。再次见面时，两人已经各自有了家庭和孩子。当妈妈的人见面，聊得最多的自然就是孩子。
> 小王家庭条件一般，但是在孩子的教育问题上非常重视。她给孩子提供了非常广阔的学习空间，她的女儿会跳舞，会唱歌，会弹钢琴，会游泳。而且，不仅如此，女儿哪一方面的学习成绩不理想，她就会另外请老师辅导，所以孩子的学习成绩也非常棒。
> 小张家庭条件优越，给孩子创造了各种好的学习条件，可是孩子就是不怎么用心，什么也学不会，学习成绩更不值得一提。

123

所以，小张只是听着小王滔滔不绝地说着自己的孩子，她则一句话也说不出来。相比之下，小张觉得自己太没面子了，明明自己生活条件比小王好很多，却在孩子上比不过她，心里很不舒服。

回到家之后，看见自己的女儿，小张就想起了今天丢面子的事，不由地冲着女儿发了一顿火。女儿完全摸不着头脑，一脸委屈地想：我今天没犯什么错误呀，妈妈怎么对我这样呢？

小王回到家之后，看见女儿非常开心，于是对她讲："宝贝，你可是妈妈的骄傲，今天让我着实在同学面前威风了一把。你可得加油努力，不能落后于其他人，否则妈妈的面子可就没地方搁了。"听了这话，女儿就好像背上了一座大山，心想：我得多努力才能一直维持好妈妈的面子呢？可是我真的很累了……

事实证明，越是把孩子当成攀比工具的父母，越难以接受孩子的不完美，甚至还认为孩子丢了自己的脸，于是对孩子失去了温柔和耐心，给孩子脆弱的心灵蒙上伤心的阴影，使他们不能快乐地成长。另外，父母一味地在别人面前炫耀孩子，还会给孩子造成非常大的心理压力，生怕自己哪天比不过别人，让父母失望，从而逐渐养成争强好胜的性格。

炫耀孩子还可能影响亲子关系。当父母总是向外人炫耀时，孩子的心里就会产生一种错觉：我各方面都好就会给爸爸妈妈争面子，否则他们可能就不爱我了。而父母也可能因为自己的孩子比不过别人，脸上无光而迁怒于孩子，从而导致亲子之间矛盾不断。

一天放学回家，小丽一进家门就把一张奖状放在桌上，说道："妈妈，这次期中考试，我的数学成绩得了班级第二，老师给我发奖状了。"

"是吗？那还挺好的。"妈妈说着走到跟前，拿起奖状看了一眼，开心地对小丽说，"玩去吧。"

第七章
坦然面对孩子的不完美

于是小丽拿出了自己的新玩具,一边看动画片,一边玩起来。

突然,门铃响了。原来是隔壁阿姨来串门。阿姨刚坐下不久,妈妈就拿来了小丽的奖状,炫耀说:"你看,这次我们小丽期中考试,数学考得还可以,班级第二呢。"

"不错,不错,继续努力。"阿姨连连称赞。小丽妈妈一脸开心,随口又问道:

"你家孩子考得咋样呢?"

"也还行,班级第一。我儿子就喜欢数学,经常参加市里的奥数比赛呢?"

"是吗?"

"现在已经获得大大小小很多奖励了。现在他又对英语的兴趣非常浓厚,只要有空闲时间,就会缠着我们给他读英语听……"

邻居阿姨还说他的儿子喜欢画画、乐器等,听上去完全就是一个小小的全能型人才,相比之下,小丽的第二名太过微不足道了。妈妈心中的自豪感早已荡然无存了。等阿姨走后,妈妈看见小丽还在玩,于是一脸不高兴地说道:"听见没有?人家的兴趣爱好多么广泛,你就只知道看电视,玩玩具,赶紧学习去吧。"

看着妈妈翻脸比翻书还快,小丽也很不开心,噘着嘴就回到房间学习了,心想:妈妈真讨厌!

正如上面的例子所揭示的,当着别人的面指责孩子,很容易对孩子的自尊心造成伤害。父母们一定要明白,良好的亲子关系不是孩子对父母言听计从,而是相互平等,互相尊重。把孩子当成攀比工具,让孩子为我们争面子,就会打破该有的平等关系,让孩子感受不到我们的尊重和爱,从而与我们疏离。

在教育孩子的过程中,很多父母会走进类似的迷途,想让孩子在比较中变得更好,事实上,却往往打击了孩子的上进心和积极性。所以,我们要掌握好"炫娃"的尺度,要尽可能地让我们的"炫耀"成为孩子的成长动力,而不是成长的负担或障碍。

4. 不要轻易否定孩子

也许大家都发现了，当一个成年人发脾气时，我们会好言相劝，他做错事情时，我们会体谅理解，但是当孩子发脾气或者做错事情的时候，父母很可能会一通训斥或者一顿打骂，为什么会这样呢？究其原因，就是父母轻易地否定了孩子。

很多父母在与孩子相处的过程中并不能平等地对待孩子，对于孩子的语言、行为或者情绪，很轻易地就给否定了。在他们看来，孩子就是孩子，他们的思想不成熟，性格不稳定，所以没必要在乎他们。事实上，这样的想法大错特错。首先，孩子是与父母平等的个体，需要父母的尊重和理解；其次，孩子正在成长中探索世界，父母有义务引导和鼓励他，使他发展越来越好。或许父母不经意间的一次否定，就会给孩子带来抹不去的伤痕，影响他的一生。

曼曼是一个热情开朗的女孩。一天放学后，她在学校门口收到了很多宣传单，都是一个个兴趣班的宣传册。她很高兴地拿回家给妈妈看，因为她在上面看到了自己喜欢的舞蹈班。

曼曼一边把宣传册递到妈妈的手里，一边说："妈妈，你看上面那个舞蹈班好吗？"

妈妈没有说话，只是拿起宣传单认真地看起来，过了一会儿，她对曼曼说："我觉得你报一个钢琴班更好。"

"不，我喜欢舞蹈班，我就想跳舞，将来可以有机会登上舞

第七章
坦然面对孩子的不完美

台表演。"曼曼的眼睛里充满了憧憬,就好像自己已经穿上美丽的舞蹈服,在灯光璀璨的舞台上翩翩起舞了。

"你跳舞估计也没什么前途,倒不如报个钢琴班学一学音乐。"

"为什么就没有前途啊,我还没学你怎么就知道没有前途了?"

"你看看你那两条腿,又粗又短,一看就不是跳舞的料子。"

听了妈妈的话,曼曼又看看自己的腿,彻底地失望了。从那以后,她再也没有提过跳舞的事儿,甚至非常抵触舞蹈。更加让人不可思议的是,曼曼夏天连裙子也不穿了,成了别人眼中的"怪孩子",在妈妈的再三追问下,曼曼才说:"我的腿又短又粗,当然不适合穿裙子了。"妈妈听了以后,非常惊讶,原来自己的一句话对曼曼造成了如此大的影响。

有时候,说者无心听者有意。父母在教育孩子的时候,不仅要管理好自己的语言,还要注意不能轻易否定孩子。父母经常在气急败坏的情况下,失去理智,说出一些让人伤心的话,或许自己并没有太在意,但是对于孩子来说,却是满满的负能量,甚至是十分恶毒的语言攻击,给他们造成非常大的伤害。

或许孩子在某一方面并不完美,但是父母不能凭自己的主观臆断去判定孩子,甚至断送孩子的前途,这对孩子来说是不公平的。

晓星在看过一次轮滑比赛之后,兴致勃勃地对妈妈说:"妈妈,我也要玩轮滑。"

"你快得了吧,见风就是雨,什么都想干。"妈妈想也没想就直接拒绝了。一旁的晓星很纳闷,追问道:"我为什么就不能玩呢?我看见玩轮滑很有意思呀。"

"我告诉你吧,你从小平衡感就不好,走路还经常摔跤呢,怎么去玩轮滑?"妈妈拿出了慈祥老母亲的语调给他解释了一通。

"可是我现在长大了,我想试试,说不定还行呢?"

"快别试了,你肯定滑不了。"

127

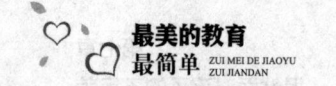

晓星生气地不理妈妈了。晚上，爸爸下班回家，看见晓星闷闷不乐，询问之后知道了事情的经过，于是就去跟妈妈商量，先让晓星试试看。在爸爸的劝说下，妈妈终于同意了。晓星高兴极了，暗自下决心一定要滑好。

起初，晓星总是摔跤，脑海里似乎总有"平衡感不好"五个字。他告诉爸爸："或许我的平衡感真的不够好。"爸爸鼓励他说："平衡感是会随着你的长大变好的。刚开始学习轮滑时谁都很难掌握平衡，不是你平衡感不好。"

有了爸爸的鼓励，晓星放宽了心，很快就学会了。每当他从妈妈面前滑过的时候，心里都可骄傲了，似乎在告诉妈妈："你不是在否定我吗？给你看看！"

作为父母，如果自己的孩子在某个方面真的有不足，更要鼓励他，培养他的自信心，而不是否定与打击。孩子都很敏感，当他们感受到父母的否定时，就会自我否定，甚至认为自己确实不行，一无是处，心中对美好的渴望就会逐渐熄灭了。父母要接受孩子的不完美，给予他们关心和爱，让其信心百倍地成长。

5. 孩子是待开发的宝藏

著名儿童心理学家皮亚杰曾经说过："孩子的潜能是个巨大的宝库，要仔细观察和发现，懂得开发。"这一点说起来容易，做起来却很难。当孩子一有不尽如人意的表现时，很多父母就认为孩子就是这个样子的，如果不能好好地教育引导，将来一定会一事无成。事实上，这种想法太过武断，孩子外在的表现常常是冰山一角，父母不能凭借露在水面上的一小部分就去判

第七章
坦然面对孩子的不完美

定冰山的大小。孩子身上都有巨大的潜能，能否开发出来这种潜能在很大程度上取决于父母。如果父母在教育孩子时，懂得遵循其成长规律，给予正能量的引导，他们就可能成为栋梁之材；反之，如果父母不断给予孩子负面魔咒，那他们真正的价值就可能永沉海底，难以开发。

方方是一个早产儿，由于妈妈孕晚期出现各种不适的症状，医生担心地告诉妈妈，这孩子长大后可能会有智力方面的问题。

上学以后，方方的成绩始终不好，基本上每次考试都是倒数。每次老师批评方方学习不努力的时候，妈妈都会向老师解释："方方是个早产儿，医生曾经说过，她可能有智力问题。"可是，除了学习，方方在其他方面都是正常的，于是爸爸决定带她到医院去检查，结果显示，方方智力正常。可为什么她的学习成绩就是上不去呢？爸爸不断地鼓励方方，可是她每次遇到问题都会退缩，还会毫无信心地说："我太笨了，可能真的智力有问题。"

为了帮助方方，爸爸又带她去做心理咨询。心理医生给方方出了一道题，可她刚想了一下，就说道："我做不出来，我的脑袋太笨了。"医生鼓励她，让她平复一下心情，然后大声说"我智力没有问题，我一定能解出这道题"。方方连着说了好几次，然后开始解题，这一次她思考了更长的时间，不过还是没有做出来："我真的做不出来。"

心理医生继续鼓励她，给她出了一道新题，没想到方方一下子就做出来了。她高兴极了，因为自己从来没有这样迅速地做出过题。

医生告诉爸爸，方方并没有智力问题，她是因为受到了"早产儿智力有问题"的心理暗示，所以才遇见困难就放弃退缩。后来，在心理医生的指导下，爸爸妈妈相互配合，坚持不懈地给方方鼓励和积极正面的心理暗示，方方终于走出了"智力有问题"的阴影，学习成绩发生了惊人的变化。

孩子的潜能是无限的，只是父母不善于发现，一心只盯着他们不尽如人意的地方进行说教，然后给孩子下定论、贴标签，传递各种负能量，这对孩子来说是巨大的伤害，也是父母教育孩子最大的失误。很多时候，孩子的不完美只是表象，父母坦然接受之后就会发现，那些不完美的背后，蕴藏着巨大的完美。

一直以来，爸爸妈妈都认为小梁在绘画方面完全没有天赋，因为他每次的绘画作品都非常糟糕，山不像山，水不像水，就连房子也是歪歪扭扭的。所以在绘画上，他们对小梁基本处于放弃状态。

一次，爸爸带小梁到一个艺术展厅浏览。小梁看见了墙上的一幅抽象画，停在那里就不肯往前走了，他说："爸爸，你看这幅画多有意思。"

"有什么意思呢，爸爸根本就看不懂。"爸爸坦白地说道。

"我也看不懂，就是觉得很好，要是我能画出来就好了。"小梁说。

"你想学吗？你不是很讨厌画画吗？"爸爸问。

"想学，我不讨厌画画，只是一直画不好而已。"

回到家，爸爸跟妈妈说了小梁喜欢抽象画的事情，妈妈觉得那只是他好奇而已，根本什么都不懂。可爸爸觉得应该给孩子一个尝试的机会。于是他联系自己的朋友，几经周折给小梁找了一位抽象画老师。

后来，经过学习和努力，小梁的画获得了很多奖项。这让所有人都非常惊讶，没想到小梁小小年纪居然能够有如此成就，真是一个深藏不露的绘画天才。

小梁这样一个曾经被爸爸妈妈认定在绘画上没有天分的孩子，居然能够突破自己，成为绘画高手，关键是得益于爸爸的发现和开发，使得他的潜能被激发出来。所以,父母要学会发现孩子,挖掘他们的闪光点,然后加以深耕,或许就能成就孩子不一样的人生。

6. 不要将自己的想法强加给孩子

父母之爱子,则为之计深远。很多父母为了孩子将来能够成为栋梁之材,在教育上倾注了自己全部的爱,决心"帮到底"。他们认为自己必须给孩子规划好一条光明大道,然后让孩子心无旁骛地照着去走,只有这样,孩子才能免受各种挫折与困顿,一帆风顺地成就梦想。然而这仅仅是父母的想法,孩子是否愿意如此,父母未尝可知。

纪伯伦的诗中曾经这样写道:"你的孩子,其实不是你的孩子,他们是生命对于自身渴望而诞生的孩子。他们通过你来到这世界,却非因你而来,他们在你身边,却并不属于你。你可以给予他们的是你的爱,却不是你的想法,因为他们自己有自己的思想。"

最近小羽妈妈的情绪很不好,觉得现在的小羽实在是太叛逆了,一点儿都不听话,这让她很为他的将来担忧。为了跟其他家长取取经,她参加了周末的妈妈会。在会上,她分享了自己的苦恼:

"过去小羽是个非常听话的孩子,为了让他长身体,我每天早上都给他安排鸡蛋、牛奶,他都乖乖地喝完再去上学。对于我的话,他从来都不反对,只要是我给他安排的学习任务,他都能一一完成,他知道我是爱他的,一切都为了他好。

"可是不知道从什么时候开始,他开始不乖了,早上的鸡蛋和牛奶一口都不再动了，我花了很多钱才抢到的兴趣班也不好好去上了，只要是我让他干的事情，也统统不想干了。我真的不知道小羽为什么会如此叛逆，大家都有过这样的情况吗？"

听到小羽妈妈的苦恼，好些家长深有同感地附和着。突然有一位妈妈问道："你没有和孩子沟通过吗？"

"没有，问他什么都不说。"

"那你让他做的事情都是他喜欢的吗？"

"很多都不是，不过那对他都是有好处的。"

"孩子不喜欢的事情我们非要逼着他们去做，一开始他们会选择顺从，慢慢地厌恶的情绪积攒多了，就开始变成了抗拒，也就是我们所说的叛逆。孩子们都有自己的思想，如果我们一味地把自己的想法强加到他们头上，孩子自然是不愿意的……"

听了这位家长的一番话，小羽妈妈点点头，决定自己好好反思一下。

孩子是父母最亲近的人，可是有多少父母了解孩子内心的想法，尊重他们的思想呢？教育并不是说教，孩子就是孩子，父母必须尊重他们发展的个体差异，允许他们犯错，让他们有自己的思想，在自我探索中学习和成长，这样才能让他们终生受益。

燕燕放学总会路过一家钢琴店，每次妈妈都会被宛转悠扬的钢琴声吸引，于是就想让燕燕也学钢琴，可是燕燕并不愿意："妈妈，我不喜欢，不想学！"妈妈则因为燕燕的"不想上进"而生气，两个人每次都闹得很不愉快。

爸爸知道这件事后，劝妈妈说："孩子不想学就别再强迫她了，毕竟她不是你，她不喜欢那也没办法。"后来妈妈也就放弃了这个念头。

一天，她们再次从钢琴店经过，里面正弹着一首新曲子，非

第七章
坦然面对孩子的不完美

常动听,燕燕仿佛被吸引了,驻足听了起来。之后她缓缓地走到橱窗前,看见一个身材苗条的女孩正在弹奏,那形象美极了。燕燕心想:"或许我也可以这样。"

之后的几天,燕燕每次经过钢琴店都要听上几分钟,她竟然喜欢上了钢琴曲,于是对妈妈说:"妈妈,我现在想学钢琴了,那声音很好听。"

看着燕燕的转变,妈妈很开心。之前费了九牛二虎之力让她学习,她偏不学,现在竟然主动提出要学!妈妈很快就给燕燕报了名,决心好好培养她。

孩子的想法对于他们的成长很重要,他们愿意做什么事情才能够做好,如果只是迫于父母的压力去做事情,很可能事与愿违。

父母都是爱孩子的,都要让他们在快乐的基础上成长,所以父母的教育方式也要有所改变。与其一味地让孩子听话,倒不如给孩子一些思想的空间,以免培养出毫无主见和自理能力的巨婴。其实,教育孩子并不是很难,有时候父母只要多问几句"你是怎么想的""你认为怎样""你喜欢什么"……就可以了。

7. 望子成龙不能走火入魔

望子成龙,几乎是每一个中国家庭对于孩子共同的期待。然而在孩子的教育问题上,每个家庭却各有不同。有些父母偏执地认为,人的一生只有成为人群中的佼佼者才算是成功,于是疯狂地给孩子施压,希望孩子能够战胜一切困难,脱颖而出。有些父母则完全不顾及孩子的感受,以自己的想法去培养孩子,几乎达到了走火入魔的地步。

海洋的爸爸妈妈是普通的工薪阶层，他们对自己的人生并不满意，所以从海洋出生的那一刻起，他们就决定好好培养他，将来让他大有作为。在爸爸妈妈看来，普通人家的孩子唯一的出路就是好好学习，考上好大学。因此他们对名牌大学几乎已经到了痴迷的地步，每天都给海洋灌输考名牌大学的思想。

从海洋懂事开始，爸爸妈妈就给他报各种才艺班，海洋上了小学以后，又给他报各种辅导班，而且每天苦口婆心地教导海洋："好好读书，现在不吃学习的苦，将来就要吃生活的苦。考个名牌大学是你唯一的出路。"类似的话几乎每天都在海洋的耳畔回荡。

海洋每天除了正常上课，还要往返于各种课外班，他实在太累了，很多次想要放弃，可是爸爸妈妈软硬兼施，用尽浑身解数，让他继续学下去。在爸爸妈妈的强制要求下，海洋每天咬紧牙关学习，觉得自己的童年毫无快乐可言，而自己的爸爸妈妈就好像走火入魔了一样，完全不在乎他到底累不累。

后来，海洋的身体出现了问题，经常出现幻觉，还幻听，似乎爸爸妈妈总站在他的身边，说着"听话，好好学习，等你考上名牌大学就好了"之类的话。他听不进去课，甚至还自己和自己说话，这可吓坏了爸爸妈妈。

经过医生的诊断得知，海洋患上了抑郁症。看着已经精神崩溃的儿子，爸爸妈妈这才恍然醒悟过来。他们不再给海洋施加任何压力，积极地配合医生治疗，慢慢地，海洋的病情有了好转。爸爸妈妈下决心，以后再也不逼迫孩子了。

在家庭教育中，孩子的声音总是很微弱，父母大多数时候觉得孩子什么都不懂，就以自己的想法去约束孩子，以为这样可以让孩子更成功，结果却彻底地淹没了孩子。望子成龙固然是好的，但是太过高压，不顾孩子的承

第七章
坦然面对孩子的不完美

受能力反而会伤害孩子。

随着年龄的增长,孩子逐渐有了自己的思想,如果父母一味强制,给他们施压,反而会强化他们的逆反心理,与父母的教育初衷相背离。所以凡事适可而止,多尊重孩子的想法,教育效果会好一些,亲子关系也会更加融洽。

> 小西妈妈小时候出于家庭条件的原因,接触英语晚,所以在英语方面有所欠缺。后来她去应聘一份工作,因为不会英语而被拒之门外。这件事让她很受打击,发誓以后一定不让自己的孩子吃这样的亏。
>
> 小西出生以后,妈妈就开始对小西进行英语启蒙,之后又给她报各种英语班。然而小西似乎对英语并没有太大的兴趣,成绩总也不是很突出,这让妈妈心急如焚。后来,妈妈给小西请了私教,只要有空闲时间,就让小西学英语。
>
> 看着同伴们自由自在地玩耍,小西崩溃了:"妈妈,你的经历是你的经历,为什么你没有实现的事情必须让我来完成呢?"
>
> "妈妈是过来人,你听我的总没错,你现在还小,不懂英语的重要……"
>
> 既然胳膊拧不过大腿,那小西就开始想自己的对策。她开始不听讲,上课总是玩,有时候她还会觉得没有妈妈的盯梢和唠叨挺轻松的。就这样,尽管妈妈给她报了很多班,付出了很大的心血,可是对小西却没起到多大作用,只是让她的童年有段"不堪回首"的学习时光而已。

在孩子的教育问题上,你是否也有这样的执念呢?把孩子当成是自己的延续,让他去完成自己未完成的梦想?孩子是一个独立的个体,父母要尊重他们,用爱去教育引导,而不是以爱之名绑架孩子,一厢情愿地牵着孩子走,这样很可能会毁掉他们的前程。如果父母想让孩子变成优秀的人,就要时刻保持冷静,不要执着于自己的想法,让孩子成为你们的牺牲品。

第八章

陪伴让教育更温暖

在教育过程中什么最重要?不同的人有不同的理解。有的人说是让孩子按时完成作业;有的人说是给孩子报几个辅导班;还有的人说是给孩子买足够的书……然而真正从孩子的角度去考虑的人却非常少。其实,陪伴很重要,父母的陪伴能让孩子心理安宁、学习用心、健康成长,它会让教育更加温暖。

第八章
陪伴让教育更温暖

1. 孩子渴望爸爸妈妈在身边

社会经济的快速发展给我们的生活带来了翻天覆地的变化，同时也带来了巨大的生存压力。为了更好地生活，我们将大部分时间安排在工作上，很少能够抽出足够的时间来陪伴孩子，甚至在部分农村地区，还有大量的留守儿童。陪伴的缺失就是教育的缺失，以至于一部分孩子因为得不到足够的关爱而产生性格缺陷，内心极为孤独。因此，"希望爸爸妈妈多陪陪我"成了一大部分孩子共同的心声。

小雅的爸爸是公司高管，妈妈是个体经营者，他们的工作都非常忙碌，所以每天接送小雅的任务就落到了爷爷奶奶的身上。

每天早上，还没等小雅醒来，爸爸和妈妈就各自忙自己的工作去了。晚上，妈妈回家后已经很累了，喜欢窝在沙发上看会儿电视；爸爸经常有应酬，一般都很晚才回家。小雅和爸爸妈妈之间的交集也就仅限于每天能见面打声招呼。

在学校里，经常有同学问："小雅，我怎么从来都没有见过你的爸爸妈妈呢？"小雅总说他们很忙。然而有些同学很调皮，经常会说："你骗人，你根本就没有爸爸妈妈，要不我们怎么一次也没看到过啊？"这些话惹得小雅哭了好久。其实，她并不是真正地怪同学，只是想不明白爸爸妈妈为什么就不能在自己的身边多陪陪她。在她上学的几年里，爸爸妈妈从来没有参加过学校的亲子活动，看见别的同学和爸爸妈妈玩得那么开心，小雅多么渴望自己爸爸妈妈也在身边呀。

由于长期缺少陪伴，小雅的内心很孤独，逐渐养成了沉默寡言的性格，甚至脾气还有点儿暴躁，动不动就跟同学生气、怒吼。后来，老师与小雅的爸爸妈妈沟通，希望他们在兼顾工作的同时也照顾一下小雅的情绪，不要让孩子成长在一个孤单的世界里。小雅的爸爸妈妈也认识到了问题的严重性，于是协商彼此的时间，争取给孩子最多的陪伴。

很多父母认为，父母对孩子的爱就是要让他吃饱穿暖，有更好的生活条件，常常忽略孩子的情感需求。或许在孩子看来，优越的生活条件远比不上父母的陪伴，所以父母关爱孩子就要关爱孩子的身心，让他们切实地感受到爱。只有长时间地陪伴，父母才能更了解孩子的喜好和性格特点，从而更好地进行教育和引导。

在陪伴孩子方面，很多父母的意识并不强烈，觉得孩子会自我发展，父母的陪伴并没有想象的那么重要。事实上，这个想法是极为错误的。父母是孩子的依靠，孩子长时间得不到父母的陪伴，就会失去安全感，进而逐渐影响人格的发展。

凯凯妈妈参加了一个爱心组织，周末要到农村看望留守儿童。在去之前，她并没有太大的感触，只是觉得孩子们长时间见不到爸爸妈妈很可怜，但是去了之后，她被震撼了。那里的生活环境很差，卫生也很差，孩子们三五成群地在一起玩着，等着爷爷奶奶喊着回家吃饭。看到村长带着爱心组织的人在村子里走动，有的孩子怯生生地看着，看上去一副很害怕的样子；有的孩子很冷漠，就好像完全没有看见他们一样；有的孩子很顽皮，跟在他们后面指指点点地嘲弄着。唯独没有人热情大方地上前打招呼。村长说："这些孩子的爸爸妈妈都不在身边，只有爷爷和奶奶教育着，有些孩子善良胆小，有些孩子顽皮不懂礼貌。很多孩子都不听爷爷奶奶的话，很难教育。再说，老人的思想也跟不上潮流了，给孩子们吃饱穿暖就不错了……"虽然村长说的只是一些特别的孩子,但道理是相同的。凯凯妈妈感触颇深。

之后,他们来到一户生活困难的人家,爸爸妈妈都外出打工了,只留下孩子跟奶奶在家,生活条件异常艰苦。凯凯妈妈问小女孩:"如果现在让你许一个愿望,你最想干什么呢?"她原本以为女孩会说要好多好吃的好玩的,不要生活得像现在这样辛苦,然而女孩却说:"我希望爸爸妈妈能够在我身边。"凯凯妈妈瞬间热泪盈眶。

后来,她想到了自己的孩子,几乎孩子一有空闲时间,她就会把孩子丢给爷爷奶奶或者姥姥姥爷,自己一身轻松。现在想来,或许自己的孩子也有着同这个小女孩同样的心愿。这时,她的内心升起了一丝愧疚,决心以后一定要多陪陪孩子。

在孩子的世界里,父母的爱就是一切。所以,父母要多多陪伴孩子,让他们不会因为孤单而伤心难过,不会因为受人欺负而失落自卑,不会因为无人分享而变得暴躁霸道。每一个孩子都是父母种下的幼苗,需要父母用心去灌溉与呵护,陪伴就是无声的教育,能够帮助孩子更好地成长。

2. 帮孩子找到自己的乐趣

孩子从出生开始就是非常好学的,他们的求知欲很强,想知道这个色彩斑斓的世界到底是什么样子的。他们喜欢黏着爸爸妈妈,跟他们一起快乐。可是慢慢地,他们就不愿意跟在父母的身后了,有时候还会因为父母的跟随而很不开心,这是为什么呢?其实,孩子只是没有找到自己的乐趣罢了。

最近爸爸听说海底世界很好玩,于是就想着带自己的宝贝女儿芸芸去看看。可当他跟芸芸提出要去玩的时候,芸芸却是抵触的情绪。芸芸是一个非常胆小的女孩子,她害怕那些游动的、爬动的小家伙儿们,常常会因为害怕毛毛虫而哭泣。然而爸爸很坚持,对芸芸说:"乖女儿,你还没去怎么就不想去呢,那里可好玩了。"在爸爸的劝说下,芸芸终于答应去了。

在海底世界,爸爸和妈妈玩得不亦乐乎,芸芸却没有表现出太大的兴趣,甚至当一条大鲨鱼隔着玻璃游过来的时候,芸芸还吓哭了。最后爸爸妈妈只好带着闷闷不乐的芸芸走出了海底世界。

回来的路上,妈妈还不忘抱怨几句:"你这孩子,你看看人家都喜欢去海底世界玩,你怎么就这么与众不同呢?也不知道什么好玩的才能看进你的眼里。"听了妈妈的话,芸芸一脸委屈,小声嘟囔起来:"我本来就说不来的,是你们非要让我来,我又不喜欢。"就这样,一次家庭旅游以不愉快而告终了。

很多父母总是自以为是地去对孩子好、培养孩子,却很少去了解孩子喜欢什么,需要什么。在父母的意识中,"这个对你好,你就得接受","这个有意思,你一定喜欢"……然而,所有的一切只不过是父母站在自己的角度上认为的。孩子有他自己的兴趣所在,如果父母想要孩子快乐成长,就应该帮他们找到属于自己的乐趣。

小旭的妈妈在对小旭的教育上付出了很大的心力。她很宠爱小旭,只要孩子提出的要求合理,她就会尽量满足,因此朋友们经常说她是"宠娃狂魔"。小旭妈妈常常觉得女孩子多才多艺一点儿会更加出色,于是很注重培养小旭的兴趣爱好。起初她给小旭报了很多兴趣班,唱歌、跳舞、钢琴……可是小旭似乎对这些都没有什么兴趣。

妈妈问:"乖女儿,你喜欢什么呢?"

"我也不知道,不过你给我报的那些班我都不怎么喜欢。"

后来,妈妈干脆把那些课都停了,说一切要尊重孩子的想法，并帮小旭找到自己喜欢的东西。从那以后，妈妈带着小旭进行各种尝试，游泳、插花、陶艺……很多东西都尝试过了。妈妈发现，小旭似乎对书法很感兴趣，于是就给她买了一些名家字帖。果然，小旭一有时间就看字帖，乐此不疲，甚至还经常练习。妈妈还发现，小旭对赵孟頫的字情有独钟，每一个笔画都认真地研究，妈妈私底下也悄悄地练了起来，希望有一天可以跟小旭切磋一二。在妈妈的培养下，小旭的书法日益精进，整个人的状态也非常好，乐观开朗，落落大方，很受大家喜欢。

一些家长见此向小旭妈妈取经，她说："教育孩子其实并不难，我们只要帮他们找到自己的乐趣，他们就会自己去探索发现，根本不需要父母再去多操心。"

孩子也有自己的乐趣，他们在自己喜欢的世界自然愿意积极主动。而父母的义务就是帮他们找到乐趣，甚至包括学习乐趣。上学时，孩子们都会高高兴兴地背着小书包去上学，但后来为什么就越来越不愿学习了呢？因为父母没有帮他们找到乐趣，而是将其看成一种任务施加在孩子身上，孩子自然就不愿意了。其他事情也是如此。所以，父母想要孩子成为一个积极向上、健康快乐的孩子，就从帮助他寻找乐趣开始吧。

3. 父母是孩子快乐的源泉

孩子的快乐往往很简单，也常常让父母意想不到。有时候，他们在意的并不是去哪里玩，或者是拥有多少玩具，而是父母给不给自己真心实意的陪伴。在孩子眼中，父母就是最好的玩伴。孩子快乐与否在很大程度上由父母所决定。

周末,小玉家买了一个新的大床垫。吃完饭后,爸爸换上了新床垫,正打算把旧床垫处理掉,被小玉看到了。她立刻脱掉鞋子跳到了旧床垫上,开始蹦起来,一边跳还一边喊:"这个蹦床真是太好玩了,爸爸,你看我跳得多高。"

"有那么好玩吗?"爸爸微笑着问道。

"当然了,平时妈妈都不让在床上跳,现在拿下来了,我可以放心地跳了。"

后来妈妈居然也跟着跳了起来。过了一会儿,爸爸又把床垫的一头搭在沙发上,形成了一个斜坡,说道:"来吧,看我做的滑梯好不好?"

小玉开心极了,马上滑了起来。不仅如此,她还时不时地从床垫下的小洞钻过去,玩得不亦乐乎。看着她玩得如此开心,爸爸妈妈也感到非常快乐。小玉兴奋地说:"爸爸妈妈,咱们家就像是个游乐场。"

"游乐场就这点玩具呀?这可比不上游乐场好玩。"妈妈说道。

"可是游乐场里没有你们跟我玩呀,没意思。"

小玉随口的一句话却让妈妈湿了眼眶,原来在孩子心中,爸爸妈妈和家远比游乐场更让她开心。

如今很多父母崇尚物质生活,认为只要让孩子拥有足够的物质他们就会快乐,甚至他们很难理解生活困难的家庭的孩子怎么会有快乐。于是他们拼尽全力去给孩子创造优越的生活条件,经常用"为了孩子的快乐而努力"来勉励自己。然而他们并不知道,孩子最需要的快乐是父母陪伴在他们身边。

果果的家庭条件很好,爸爸经常会给她买玩具,妈妈经常会给她买漂亮衣服,可是她并没有因此开心不已,反而在家经常说羡慕小婷的生活。起初,爸爸妈妈并没有在意,觉得果果

第八章
陪伴让教育更温暖

只是随口说说而已,但因为她总在家里提起小婷,于是爸爸妈妈决定周末去小婷家拜访一下,看看这个让女儿羡慕的生活到底是什么样子的。

在果果的带领下,他们找到了小婷家。这是一个破旧的小胡同,在旁边高楼大厦的映衬下,显得更加残破。他们走进屋时,小婷妈妈正在做饭,小婷爸爸陪着小婷在玩拼图,一家人笑声朗朗,不到40平方米的小屋一片和谐。果果爸爸看见了小婷脸上的笑容,这是果果从来没有过的。

看见果果带着爸爸妈妈来了,小婷一家人忙着招呼。饭桌上,果果爸爸说:"果果常跟我提起小婷,她很羡慕小婷的生活。"

"我们的生活?没什么可羡慕的,粗茶淡饭,破旧房屋,唯一能给孩子的也就是好好陪在她身边了。"

"孩子快乐最重要!"果果妈妈说道,大家一致地点点头。从小婷家离开以后,果果爸爸妈妈明白了,小婷的快乐源自父母的陪伴。

父母都想让自己的孩子快乐。当父母发现给孩子买玩具、买衣服等不能使他快乐的时候,就要反省自己,有没有让孩子从自己身上得到快乐。父母要放下手中的工作,耐心地陪伴孩子,寓教于乐,让他们真正地快乐起来,同时也受到教育。

4. 陪伴不是简单的守候

孩子需要父母陪伴,这是一个人人皆知的道理。然而很多人对"陪伴"的解读却不正确。有些父母认为自己只要待在孩子身边就是对他的陪伴。

143

这种理解是不对的。可能有些父母又会说："就差 24 小时都在一起了，还要怎么陪伴呀？"事实上，陪伴不是时间和空间上的守着，而是心与心之间的交流。

有些父母看似在陪伴孩子，但是与孩子完全没有交流。这样的陪伴算不上是陪伴，充其量也就是一个"监工"，这对孩子的成长和亲子关系的培养都是不利的。

> 学校家长会上，老师深情地呼吁各位家长要给孩子多一点陪伴和关爱。很多家长很受感动，在心中默默地下决心好好陪伴孩子。汐汐妈妈就是其中的一位。
>
> 下午汐汐放学回家之后，妈妈满脸愧疚地对她说："汐汐，过去妈妈可能给你的陪伴少了一些，今天经过老师的提醒，妈妈才意识到父母的陪伴对孩子多么重要，原谅妈妈一直忽略了你的感受好吗？"
>
> "好吧。"汐汐有些不知所措地说道。
>
> 吃过饭之后，汐汐开始写作业，妈妈就守在她的身边自己看书；写完作业之后，汐汐开始玩积木，妈妈就守在她身边看手机。两个人各做各的，互不干涉。
>
> 过了一段时间，一天，汐汐突然对妈妈说："妈妈，你以后还是像以前一样好了，我已经习惯了之前的生活。您说是要陪伴我，可是我总觉得您只是在盯着我，以至于我浑身不舒服。"
>
> 妈妈一时间不知道如何是好，怎么自己的陪伴和老师说的效果不一样呢？

陪伴不是简单的守候。父母需要付出爱与心力，去了解孩子真正需要的陪伴是怎样的。孩子在成长的过程中，需要有人来分享他们的喜悦，疏解他们心中的不快，解答他们心中的疑惑，引导他们性格的塑造。这时，父母的陪伴就显得尤为重要。如果在这个过程中孩子感受不到父母的关爱，他们很可能因为无人倾诉而变得沉默寡言，因为无人引导而偏离正确的成长轨道。

第八章
陪伴让教育更温暖

最近一段时间，老师常常感到球球上课时的精神状态不是很好。他看上去异常疲惫，心情也很差，如果谁不小心惹到他，他就会大发雷霆，以至于同学们都不太敢靠近他。过去的球球并不这样，这让老师很担心。询问球球发生了什么事情，他什么也不说，老师只好找来了球球的家长。

"球球最近的变化很大，是不是你们总不在他身边呀？"老师开门见山地问道。

"没有啊，我们一直陪在他身边呢！"

"可是他最近精神状态很差，你们应该多跟孩子沟通沟通，看看到底发生了什么事情。"

回到家以后，妈妈坐在球球跟前询问他到底怎么了，球球还是一言不发。劝说了好久，妈妈有些生气了，大声地质问："你到底怎么了，跟爸爸妈妈说一下有这么难吗？"

"我觉得很累，很孤独。"球球见妈妈生气了才回答道。

"孤独？我们每天陪伴着你，为什么还会孤独？"

"可你们根本就没有真正地关心我。你们的陪伴不过是坐在我身边盯着我写作业，守在辅导班外面等我下课，看着手机陪我听网课。我很累，你们根本就不知道，也不想知道。"

球球的话一句句地落在妈妈的心上，让她由最初的生气慢慢地转变成了愧疚，她突然有些心疼球球。过去，她一直以为自己为孩子付出了很多，但是今天才明白，原来，她所谓的陪伴可能都只是无用功罢了。

在陪伴孩子上，父母要真正地走进孩子心里，让他们切切实实地感觉到父母的爱与关心的存在，这样的陪伴才是对他们最好的教育和引导。如果你现在还是一个徘徊在孩子心门之外的父母，那就请全心全意地去陪伴孩子，爱他所爱，想他所想，从精神上与他进行交流，你会发现，你们之间的亲子关系大踏步地向前迈进了。

5. 做孩子的榜样

虽然孩子上学以后，有了真正的老师，与父母相处的时间减少了，但是在他们心中，父母始终是他们最重要的老师。通常情况下，孩子很少会明确地说"我要向爸爸妈妈学习"之类的话，但是父母说话的方式和待人接物的态度会潜移默化地影响他们，所以做好孩子的榜样是对孩子无声的教育。

馨儿家买新房之前，一直和爷爷奶奶生活在一起。虽然空间比较局促，但一家人其乐融融，相当幸福。奶奶身体不是很好，经常会手脚冰凉，为此爸爸每天晚上都会给奶奶准备一盆热水泡脚，好让她感到舒服些。那时馨儿还小，不知道奶奶为什么需要每天泡脚。爸爸告诉她，泡脚的作用很大，不仅有利于睡眠，还可以解乏。

后来，馨儿爸爸买了新房，不再跟爷爷奶奶住一起了，爸爸也就没机会再每天给奶奶打水泡脚了。一天晚上，爸爸工作到很晚才回来，回到家就躺在沙发上休息，一脸疲惫的样子。馨儿不知道自己能干点什么，突然，她想到了泡脚可以解乏，于是就去打来一盆热水，端到爸爸的跟前。

"爸爸，泡泡脚吧。"

"咦？怎么想起给爸爸泡脚了？"

"过去您给奶奶泡脚，现在我长大了也可以给你泡脚。"

看到馨儿如此懂事，爸爸非常感动，直说："我的馨儿长大了。"

第八章
陪伴让教育更温暖

人们常用"近朱者赤，近墨者黑"来形容一个人受所处环境或他人的影响。父母与孩子朝夕相处，对他们的影响自然也是最大的，所以做好孩子的榜样是父母最重要的事情。留心观察我们就会发现，在一个家庭中父母的性格、爱好、气质、品味以及价值取向决定了一个家庭的文化，它对孩子的成长有着决定性的影响。

成成爸爸是一个喜欢贪小便宜的人，无论跟谁相处，他从来都不让自己吃亏，甚至还有一点儿小偷小摸的坏习惯。妈妈是个比较正直的人，常常因为这个事情跟爸爸吵架，可他的习惯就是改不了。

一次，爸爸下班回家时手里拿着几个西红柿，妈妈问道："你买西红柿了？"

"没有，我们今天给一个菜农干活，临走时跟他要几个西红柿吃，他偏不给。"

"人家付给你工钱了，不给也是正常的，毕竟现在菜价那么贵。"

"看他那么小气，我就自己摘了几个，他看见了也没说什么。"

"你呀，不占点便宜心里就不舒服。你这样会带坏孩子的。"

可是爸爸却不以为然，依旧不约束自己。成成将爸爸的所作所为都看在了眼里，也觉得爸爸并没有做错什么。

上学后，成成每次回家情绪都不是很高，妈妈询问他，他也只说同学们都不愿意和自己玩，妈妈只当是小孩子间的矛盾，没有太在意。直到有一天，成成拿回来一个漂亮的铅笔盒，妈妈才意识到成成真的被爸爸带坏了。于是，伤心的妈妈冲着爸爸一顿责备："你真的想毁掉儿子吗？他现在都以你为榜样了，他还有大好的前途吗？你都不管了吗？"妈妈的责备句句敲打在爸爸的心上，他虽没有文化，没有胸怀，但对儿子的爱是真的。于是他当着儿子的面进行了自我批评，保证以后做一个正直的人，希望儿子不要学习自己。

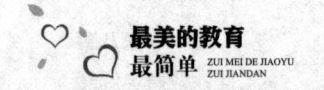

父母想要孩子健康成长，就要给孩子营造一个积极向上、幸福美满的生活环境。通常情况下，孩子更愿意看到父母有文化、有教养、举止文明、作风民主、待人友善。所以，想要成为孩子的榜样，父母就从自我完善开始吧。

6. 及时解开孩子的心结

孩子的内心总是纯粹而干净的，然而生活中总有一些不如意的事情会污染孩子的心灵，从而使他们产生一些心结，变得忧虑、困惑，烦恼重重，给成长带来极为不好的影响。但孩子并不会自我疏解，有时候他们会把心结深深地埋在心底，看似已经忘记，但在未来的某一天可能就会出现，再次造成困扰。面对这样的情况时，父母就要及时帮助孩子解开心结，让他们从内心深处忘记烦恼，快乐地成长。

小柯是一个从小就很热爱音乐的孩子，尤其喜欢各种曲调。每次听到悠扬的曲子，总会情不自禁地停下脚步去认真聆听。后来，妈妈给他报了钢琴班。他非常高兴，虽说刚开始学习他觉得很吃力，可很有信心能够学好。

小柯的爸爸并不赞成他上这个兴趣班。他觉得现在学习钢琴还为时尚早，同时还会分散掉小柯一大部分学习精力，得不偿失。不过小柯非要坚持去学，爸爸也就没说什么。

一次，家里来了一位懂音律的客人，爸爸让小柯把新学的曲子弹给客人听。小柯兴致很高地弹了起来。之后，这位客人毫无保留地指出了小柯的错误之处，丝毫没有因为他是一个孩子而嘴下留情，最后还有意无意地叹了两声气。这让爸爸更加坚定了不

第八章
陪伴让教育更温暖

想让小柯学习钢琴作曲的想法。爸爸说:"你看,学习了这么久还是错误百出,我看你以后还是专心学习吧。"

从那一次后小柯自尊心受到了打击,虽说没有放弃学钢琴,但是却再也不敢在公开场合弹奏了。这也成了他的心结。因为这个心结,小柯的信心少了很多,钢琴学习也进步缓慢了。

元旦联欢会就快到了,老师知道小柯学习钢琴,就想让他给大家弹一首,可小柯一下子就拒绝了。妈妈知道小柯的心结,于是不断地鼓励他,告诉他别人的认可就是对自己的证明。经过一番思想挣扎之后,小柯终于答应了老师的任务。

晚会上,小柯刚开始很紧张,老师和同学们热情地给他鼓掌,他再次想到妈妈的话,于是认真弹了起来,一首曲子最后很出色地完成了。

有了这次的经历,小柯的心结也解开了,钢琴进步很快。他说:"妈妈,谢谢你鼓励我,我再也不害怕给别人表演了。"

孩子的心灵很脆弱,有时,一个小小的心结就可能对他产生严重的伤害,甚至影响他良好性格的塑造。这是父母不愿看到的现实。父母要好好地陪伴孩子,就要帮助他清扫成长道路上的负能量,使他拥有更多的健康快乐。

小霞以前是爸爸妈妈的掌上明珠,只要是小霞想要的东西,他们就想方设法地去满足她。因此,小霞常常觉得自己就是公主,生活在一个幸福的王国里。然而她的公主梦随着弟弟的到来结束了。

爸爸为了维持一家人的开销起早贪黑地努力工作;妈妈每天都要照顾嗷嗷待哺的弟弟,忙得分身乏术,于是很多家务事就落在了小霞这个姐姐身上。每天回到家,小霞不是要给妈妈递这递那,就是要帮忙照看弟弟,总是被呼来喝去。有时候,妈妈心情烦躁时还会责怪小霞没有把事情做好,辅导功课时也是责备怒吼,有时还会打骂她。面对爸爸妈妈这样的转变,小霞的心都碎了。她觉得这一切都源于自己的弟弟,所以她不喜欢弟弟,甚至曾经还希望他从这个家彻底消失。

慢慢地，小霞的心里被委屈和无助填满，脾气变得越来越暴躁，同学们都不敢再靠近她了，学习成绩也直线下滑。妈妈不知道小霞为什么会变成这个样子，每当她与小霞独处的时候，她还算是乖巧，可每每看见弟弟，小霞就变得霸道、烦躁。后来妈妈才明白，原来小霞的心结就是她的弟弟。爸爸妈妈在有了弟弟之后太忽略小霞的感受了。

妈妈给小霞解释，之所以要生下弟弟，就是想给她留一个最亲的人。后来，爸爸妈妈也为自己的态度向小霞道歉，小霞终于解开了心结，接纳了弟弟。慢慢地，她改变了自己的坏脾气，学习成绩也稳步提升了。

在日常生活中，父母要时刻关注孩子的情感，给他们关心和爱护。我们不能成为漠视孩子无助的父母，更不能成为给孩子制造心结的父母。当孩子出现情绪问题时，父母要及时地与孩子进行沟通交流，并自我反省，从而更快地解开孩子的心结，将对他们的伤害降到最低。

7. 关键时刻送上你的支持

孩子在成长的道路上总会遇到无数选择，有时候，他们会茫然无措，因为他们没有生活经验，不知道该如何去做。这时，父母就该给予孩子一定的支持，帮助他跨越各种障碍，快速地成长。

当孩子面对困难想要放弃的时候，父母要给予一定的支持，让他从父母的支持中获得坚定的力量，从而战胜困难，因为父母的鼓励和帮助会使孩子面对困难时充满勇气。

第八章
陪伴让教育更温暖

平平是一个小学三年级的女孩。她的学习成绩很好,喜欢助人为乐。一次平平和妈妈在小区里玩耍,认识了一个一年级的小妹妹。从小妹妹的奶奶口中,她们知道,小妹妹的爸爸妈妈常年在外打工,家中只有奶奶和小妹妹居住。奶奶上了年纪,根本辅导不了小妹妹的功课,家庭条件不好,就请不起家教,所以小妹妹的学习成绩并不好。

听了这些,平平自告奋勇:"以后,我可以帮助小妹妹学习,毕竟我是三年级的大姐姐嘛。"看见女儿古道热肠,又想正好可以巩固之前学的知识,妈妈也没有反对,于是平平就跟小妹妹商量,每周周末就去给她讲功课,让她把一周的错题都收集起来。之后,两人交换了住址,愉快地决定了。

刚开始,平平的热情还很高,每个周末都会去给小妹妹讲题,可慢慢地,她就不想再去了。"妈妈,最近天气太冷了,虽然咱们一个小区,可也有段距离,我走在路上可冷了。"

"那好办呀,妈妈给你找件厚外套就好了。"

"可是,我还是不想再去了。"

"为什么呀?"

"因为,因为我也有好多题弄不明白,没办法给她讲。"平平不好意思地说道。

"原来是小老师遇到了困难呀!没关系,老妈支持你,不会的问题我帮你讲。你既然答应小妹妹帮助她一个学期,你就不能轻易放弃,半途而废呀!"

"真的吗?你愿意跟着我去吗?"平平又惊又喜地问道。

"当然了。"

从那以后,为了支持平平帮小妹妹讲功课,妈妈尽量把周末的事情都提前办好。有了妈妈的支持,平平的信心更足了,她心想:有困难就退缩的确不怎么好,幸好有妈妈的支持让我明白坚持的意义。

当孩子需要父母给他一些支持时,父母要凭借自己的经验去给他提供帮助,从而推动他成长。例如,当他害怕与人交往时,父母要给他鼓励,教他一些处世技巧;当孩子想要放弃一件有意义的事时,父母要告诉他应该克服一切困难，给予精神上的鼓励和支持。另外，孩子还需要父母情感上的支持，当孩子伤心难过时，父母可以帮他疏导情绪，排解忧愁。

　　小娇从小就对画画很感兴趣，尤其是素描，她觉得一些简单的线条就能创造出各种惟妙惟肖的图案来，很有意思。为了支持她的兴趣，妈妈给她报了素描班。

　　可是学了一段时间之后，小娇觉得素描远没有自己想象的那么有趣，整天只是用黑色的铅笔画一些立体的图形，完全没有乐趣可言，于是就想要放弃。当她跟妈妈表达了自己的想法以后，妈妈说："做任何事情都需要持之以恒，没有哪一个成功是随随便便得来的。你看看那些大画家，有谁不是这样开始的呢？只要你坚持过这段时间，未来可期呢。"

　　在妈妈的鼓励下，小娇坚持了下来。熬过了那段枯燥期以后，她又重新爱上了素描，并且还获得了不少儿童组的素描奖项呢。

所以，在教育孩子时，父母应该适当地坚持自己的立场，在关键时刻给孩子以支持，这样他们才能感觉到强有力的后盾，更加敢于勇往直前，成就更好的自己。

智慧家教

养育男孩

刘宝江/编

图书在版编目（CIP）数据

智慧家教．养育男孩/刘宝江编．-- 长春：吉林美术出版社，2022.1

ISBN 978-7-5575-7105-4

Ⅰ．①智… Ⅱ．①刘… Ⅲ．①男性—家庭教育 Ⅳ．① G78

中国版本图书馆 CIP 数据核字（2021）第 271139 号

YANGYU NANHAI
养育男孩

出 版 人	赵国强
作　　者	刘宝江
责任编辑	栾　云
装帧设计	于鹏波
开　　本	880mm×1230mm　32 开
印　　张	5
印　　数	1—5000
字　　数	128 千字
版　　次	2022 年 1 月第 1 版
印　　次	2022 年 1 月第 1 次印刷
出版发行	吉林美术出版社
地　　址	长春市净月开发区福祉大路 5788 号
	邮编：130118
网　　址	www.jlmspress.com
印　　刷	天津海德伟业印务有限公司
书　　号	ISBN 978-7-5575-7105-4
定　　价	198.00 元（全 5 册）

前言 Preface

很多家里有男孩的爸爸妈妈都有一个共同的心愿：我的儿子，我就要他健康快乐！还有爸爸妈妈会有这样的感受：相比乖巧、听话、懂事的女孩，培养男孩的难度要更大一些。他们看着男孩一天天长大，感到无比幸福，但烦恼也接踵而来，因为天生贪玩、淘气的小家伙，几乎每天都会给人带来"麻烦"。

他每天只知道疯跑，还会故意把自己的玩具弄坏，把家里弄得乱七八糟，他就是人们口中典型的"淘气鬼""破坏大王"。他虽然淘气，但毕竟是男子汉，是有尊严的。爸爸妈妈在培养孩子的过程中，要学会尊重你的儿子，用心呵护他那颗柔软的心。爸爸妈妈培养男孩时，要将夸奖式教育和批评式教育结合起来，掌握与孩子相处的主动权，用正确的方式与孩子沟通交流，最终才会培养出一个有良好习惯、优秀品质的男孩。

本书以理论结合故事的形式告诉父母该如何培养优秀的男孩，希望通过本书，帮助爸爸妈妈学会"扬长避短"，在培养男孩的过程中，重新认识自己，提高自己，培养出有自信、有担当、有爱心的男孩，让他成为杰出的人才。

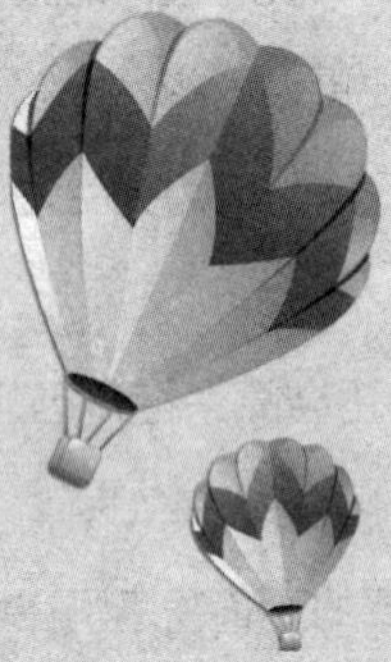

目录 Contents

第一章　这个男孩，他是你的儿子

1. 曾经他是缠着妈妈的跟屁虫 / 002
2. 不知道何时，他成了"小冒险王" / 004
3. 凡是新鲜的东西他都好奇 / 007
4. 好像总有用不完的力气 / 010
5. 家里的家具让他破坏遍了 / 012
6. 总是扮演电影中的超级英雄 / 015
7. 常常说要保护妈妈 / 017

第二章　尊重孩子是养育的基础

1. 孩子的尊严需要你来保护 / 021
2. 自尊的男孩长大更优秀 / 023
3. 尊重男孩就是不强迫他 / 026
4. 尊重男孩就是不羞辱他 / 029
5. 尊重男孩就是不拿他跟别人比 / 031
6. 尊重男孩就是尊重他的隐私 / 034

7. 尊重男孩就是呵护他心中的梦想 / 037

第三章　男孩的内心也是柔软的

1. 男孩有时候也需要倾诉 / 041
2. 观察男孩的心理波动 / 043
3. 与男孩沟通要有技巧 / 046
4. 男孩坚强的内心需要你的培养 / 049
5. 心理疏导对男孩成长很重要 / 052
6. 男孩需要理解和支持 / 054
7. 男孩也会脆弱，也需要呵护 / 057

第四章　对男孩要进行赏识教育

1. 他的上进心与你夸他的次数成正比 / 061
2. 夸奖要真诚，否则适得其反 / 063
3. 善于寻找孩子可夸奖的点 / 066
4. 根据孩子特点采取正确的夸奖方法 / 068
5. 不要为了夸自己孩子而贬低别人 / 071
6. 夸孩子是为了让他自信而非自负 / 073
7. 无效夸奖侵蚀孩子的荣誉感 / 076

第五章　养育男孩一定要懂得如何批评

1. 父母不忍心批评是对孩子的不负责任 / 080

2. 批评要就事论事 / 083

3. 批评的同时不要损伤孩子的尊严 / 086

4. 批评是引导而非呵斥 / 088

5. 不要与他针尖对麦芒 / 091

第六章　掌握与孩子相处的主动权

1. 对男孩一味放纵后患无穷 / 095

2. 站在他的角度了解他的想法 / 097

3. 不要武断地否定他 / 099

4. 坚持原则温和交流 / 102

5. 将是非对错清晰地告诉他 / 105

6. 原则性问题不可以妥协 / 107

第七章　培养自立的小男子汉

1. 要让孩子做力所能及的劳动 / 111

2. 让孩子摆脱依赖心理 / 113

3. 培养孩子独立思考解决问题的能力 / 117

4. 让孩子学会担当 / 120

5. 培养孩子自信乐观的性格 / 123

6. 培养孩子的抗挫折能力 / 126

7. 培养孩子坚韧的意志力 / 129

第八章　培养孩子的好习惯

1. 培养一个爱干净的小帅哥 / 133

2. 培养一个有礼貌的小男孩 / 136

3. 温文尔雅，不做暴力男 / 139

4. 粗心的毛病要克服 / 142

5. 合理安排自己的时间 / 145

6. 坚持体育锻炼，不做小胖墩儿 / 147

7. 爱护身体，远离烟酒 / 150

第一章

这个男孩，他是你的儿子

家里有个男孩，当他还是个小屁孩儿的时候，每天缠着你，跟在你的身后，对周围的一切事物都感到好奇。男孩在不知不觉中慢慢长大，突然有一天，他变得勇敢了，有力气了，也淘气了，他会把家里翻个遍，把好好的东西弄得乱七八糟，他的顽皮让你很生气又很无奈。他有一个梦，就是成为电影里的超级英雄，他会在现实生活中扮演这个角色，小的时候，他就只知道玩，不过，他也是个小男子汉，经常会对妈妈说："妈妈，没事，有我在，我保护你！"他，就是你的儿子。

但是，有时候他也会不听话，也会惹你生气，不要烦恼，不要难过，他从心底是爱你的，用你的智慧和爱意来好好教育他吧，盼望他能够在自己的人生路上健康快乐地成长。

1. 曾经他是缠着妈妈的跟屁虫

相信每位晋升为宝妈的人，都曾经有过这样的体验：在你的身后，总有个小不点儿跟着你，他就像你的小尾巴，你走到东，他跟到东，你走到西，他跟到西，他那双带着渴望被带走的小眼神，时刻盯着你，仿佛在提醒你："可不要把我一个人留在这里，我可是很聪明的，我就是要跟着妈妈。"当你在家里打扫卫生时，他会拿着小扫把在旁边"捣乱"；当你和朋友坐下来聊天时，他会跟着你说一句，或者安静地坐在你旁边摆弄着手里的玩具；当你逛超市时，他会跟着你，顺便选点自己喜欢的小零食……他就是妈妈眼里的跟屁虫。

丁丁今年3周岁半，小家伙长得虎头虎脑，聪明伶俐。这个时候的他，最大的爱好就是缠着妈妈，当妈妈的小跟屁虫，不管妈妈走到哪里，他都想跟着。他觉得，跟着妈妈才有安全感。

一天，妈妈陪着丁丁在家里玩玩具，到上午10点时，妈妈对丁丁说："宝贝，妈妈要去菜市场买菜，等一下你去奶奶家好吗？"妈妈话音刚落，丁丁立马果断地摇了摇头，说："丁丁要和妈妈一起去，我要保护妈妈。"

"可是菜市场的人很多啊！妈妈担心你会走丢，还是

第一章
这个男孩，他是你的儿子

去奶奶家吧！就一小会儿，好吗？"妈妈说道。丁丁看到妈妈的表情有些严肃了，于是小嘴一噘，生气了。他迈着小步，扭着小屁股，走到了门口，穿上自己的小鞋，他边做这些边嘟囔着："不嘛，我就要跟着妈妈，哪里都不去，就不去！"

妈妈看着这个小家伙做出的一系列动作，听着他说的这些话，有些哭笑不得，她觉得这个小家伙简直太可爱了，就像个小大人似的，她的心被小家伙的举动萌化了。于是，她临时决定带着小家伙一起出去，大不了少买一些菜，因为她被小跟屁虫的那句"我要保护妈妈"感动到了。

孩子是每个家庭生活中幸福与快乐的源泉，小家伙从出生的那一刻起，就开始了与爸爸妈妈的交往，他喜欢在妈妈的怀里撒娇，喜欢吃妈妈做的美味小蛋糕，喜欢听妈妈讲的童话故事，反正，小家伙不在乎做什么，关键是要和妈妈在一起。孩子和妈妈待在一起的时间最长，久而久之，建立的感情也最深厚。在接下来的日子里，他会时时刻刻地黏着妈妈，如果妈妈在他的视野里消失了一小会儿，他立刻会感到焦虑不安，没有安全感，这是小家伙依恋妈妈的表现。婴幼儿时期，小家伙对妈妈的依恋，让妈妈十分受用。有时，小家伙跟在她的身后，她会转个身，逗小家伙开心；有时，出门时一定会为站在门口的"小门神"穿好衣服，妈妈会时刻都将这个"掌中宝"带在身边，不让他离开自己的视线。当有一天小家伙长大了，他也会以同样的方式照顾爸爸妈妈，在爸爸妈妈需要自己的时候，给予关心和照顾。

凡凡小的时候总爱黏着妈妈，尤其是妈妈为一家人准备晚饭时，他总跟在妈妈的身后，每次妈妈都会回头对着他笑，他会一直跟着妈妈到厨房。这时，刚刚爸爸下班回来了，他

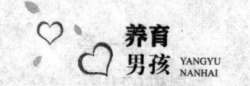

正要抱走"捣乱"的凡凡，凡凡开始哭闹了起来，爸爸无奈，只好将凡凡放在地上。凡凡又一次来到厨房，妈妈很有耐心地对凡凡说："要帮妈妈干活吗？"凡凡点了点头。妈妈顺手拿过了一小把菜让凡凡帮忙择，不一会儿，他就完成了"任务"，还展示给妈妈看，妈妈夸赞了凡凡。

　　凡凡就是这样一直充当着妈妈的跟屁虫。渐渐地，他长大了，现在的他虽不再是妈妈的跟屁虫了，但和妈妈的感情很好，他很信任妈妈，经常和妈妈请教学习和生活上的事。他在潜意识里认为，现在的自己一定要好好学习，将来好好照顾家人。在学校里，他和同学们的关系都很好，很多同学都得到过他的帮助，大家都很喜欢他，愿意和他做朋友。

　　男孩儿在小的时候非常依恋爸爸妈妈，在这个阶段爸爸妈妈无微不至的关爱会在孩子幼小的心灵深处留下难以磨灭的印记，会让孩子获得满满的安全感。只有在这一基础之上，孩子才能形成健全的人格，变得有责任感、有担当，成为真正的男子汉。

2. 不知道何时，他成了"小冒险王"

　　男孩从刚出生，来到这个新奇的世界，就紧紧地攥着拳头，蹬着小腿，开始了"探险"。不知道何时，男孩看到爸爸翻身，便学了起来：他先把小腿翻向一侧，然后小屁股一扭，小胳膊再一挥，哈，翻过来了，他抬起了头，似乎在等着爸爸妈妈夸赞自己；不知道何时，男孩在妈妈

第一章
这个男孩，他是你的儿子

的帮助下，能够直挺挺地坐在那里，拍着小手，似乎在鼓励自己；不知道何时，男孩的胆子变得更大了，他开始伸着小手往前爬，像极了战斗中匍匐前行的小战士；不知道何时，男孩从爬爬垫上撅着屁股站了起来，然后小心翼翼地往前走着，向爸爸妈妈的怀里扑去。

今天是鑫鑫1周岁生日，妈妈正在布置房间，邀请朋友来为鑫鑫过生日。妈妈坐在沙发上，把不同颜色的气球粘到房顶上。鑫鑫特别喜欢那个蓝色的气球，他伸着手去够，却够不着，他着急地用两只手扶着地面，上身缓缓直立，终于，他站了起来，冲向气球。

妈妈看到鑫鑫站了起来，别提有多激动了。她想要过去扶这个小家伙，鑫鑫却躲开了妈妈，他不想让妈妈扶自己。扑通一声，小家伙摔倒了，小屁股直接坐在了地上，妈妈原本以为小家伙会哭，让人意外的是，小家伙只看了妈妈一眼，又一次站了起来，一副若无其事的样子，继续用小手够着气球。

妈妈很欣慰，她看到了一个勇敢的小家伙，心想：这男孩长大了！她想要让小家伙达到目的，故意将气球压到小家伙能够到的高度。小家伙还真是不屈不挠，最后，在妈妈的帮助下，他终于够到了气球，在拿到气球的一瞬间，他别提有多高兴了。

小家伙挥动着两只小手，大概他觉得自己是今天的"王者"。今天，小家伙迈出了人生的第一步，战胜了自己，够到了气球，完成了自己想要做的事，脸上充满了自信，他拥有了成就感。

不知道从什么时候开始，男孩不想再待在爸爸妈妈的怀里了，他喜欢疯狂地跑，像风一样，任凭妈妈在后面喊着："小心一点！看，前面有汽车，停下来！"他不知道摔了多少跤，摔得胳膊上、腿上青一块、紫一块的，不过，他却满不在乎，觉得一点都不疼。不知道从什么时候开始，他和小伙伴一起玩起了"海盗帆船"的游戏，小家伙们用树枝搭船，腰上别着玩具枪，分成两队，开始了战斗。不知道从什么时候开始，太阳已经落山，可是他还没玩尽兴，继续疯玩着，任凭爸爸妈妈喊着自己回家。不知道从什么时候开始，小家伙当起了小采购员，在不远处的超市为家里买着生活用品和食材。不过，每次小家伙出门时，窗户的那边总会有一个身影在默默地守护着他，是爸爸或者妈妈，他们要锻炼这个男孩，让他独立，让他勇敢，让他觉得自己是一个"小勇士"。

多多今年10岁了，是个勇敢的男孩，他很聪明，喜欢冒险。暑假里，爸爸妈妈带着他去了当地旅游区。一家人刚来到旅游景点的门口时，多多一眼就看到了地图上的"冒险大考验"，来不及说什么，他拉着爸爸妈妈直接来到了"冒险大考验"所在的地方。

冒险从攀岩开始，当主持人说谁愿意第一个上来攀岩时，多多毫不犹豫地举起了手。一开始，妈妈有些担心，告诉多多："多多，我们别去了，有些危险。"爸爸却说："没事，男孩就要尝试冒险。多多，爸爸为你加油！我带着你一起上去。"多多安慰妈妈说："放心吧，妈妈，这里很安全。"他得到了爸爸的鼓励，朝着攀岩的方向走去。

工作人员为多多系好安全绳索，多多向上爬着，爬到终点时，他和爸爸朝着站在原地的妈妈挥了挥手。多多通过这次勇敢的尝试，得到了一个大奖杯，内心感到无比高兴。

通过这次尝试，多多更加勇敢了。

第一章
这个男孩,他是你的儿子

男孩从出生的那一刻起,不知道何时就会给爸爸妈妈带来惊喜,他不断地做着勇敢的尝试,从会翻身开始,他就一直在"冒险",在"冒险"中积累经验。男孩在"冒险"的过程中,最需要的是爸爸妈妈的鼓励,需要爸爸妈妈给予正确的引导。有的时候,爸爸勇敢的举动也会给"小冒险王"带来"冒险"的动力。

3. 凡是新鲜的东西他都好奇

"爸爸,那是什么?""妈妈,我们要去哪里?""叔叔,我们还有多长时间到达目的地?"小家伙不管遇到什么,只要是新鲜的东西,他都会问来问去,他的世界里充满了好奇,他的小脑袋里装满了十万个为什么。孩子的世界里满是好奇,因为年龄小,吸收的知识有限,他自然会带着好奇去探索。小家伙想知道煤的颜色为什么是黑色的,下雨时为什么会电闪雷鸣,玩具小汽车为什么安上电池就能跑起来……

几个小家伙放学回家,在小区的院子里看到了一只螳螂,于是蹲在那里研究了起来。

他们把螳螂团团围住,螳螂大概有些害怕了,举起了前面的两把"大刀",挥舞了几下。小明很好奇,和小伙伴讨论了起来,他说:"看,这家伙是绿色的,这是什么啊?"一个小伙伴说:"是螳螂,妈妈告诉我的!"另一个小家伙说:"那突起来的是它的眼睛吗?它的眼睛为什么会长成这样呢?"

这时，站在一旁的一位妈妈告诉他们："小家伙们，螳螂的眼睛被称为复眼。你们可不要小看螳螂的这对复眼，它能够360度无死角观察周围事物，还可以把周围一切活动的事物放成慢动作，尤其是在捕食昆虫时，准确率可是很高的。"

"啊！"孩子们不由自主地发出了感叹，他们认为小小的螳螂竟然有这么大的威力，实在是太牛了。接着，他们又继续观察了起来，一个小家伙像发现了新大陆似的大声地喊着："看！螳螂的前肢上还有一排锯齿呢，末端处还有一个小钩子。"一个胆子大的小家伙让螳螂爬到了一根棍子上，螳螂毫不费力地悬挂在上面，小家伙们又一次惊叹地发出了声。

时间差不多了，小家伙们都要回家吃饭写作业了，大家分开之后，小明回到了家，螳螂的样子还不时地出现在他的脑海里，于是，他将自己看到的告诉了妈妈，还清清楚楚地为妈妈讲了螳螂的外形，妈妈认真地听着。小明说："妈妈，等一会儿我写完了作业，要上网继续研究一下螳螂，明天我要把收集的知识讲给大家听。"妈妈微笑着点了点头。

如果男孩的求知欲很强，他就会珍惜一分一秒，坚持学习，遨游在知识的海洋里。作为爸爸妈妈，我们最应该做的就是保护好孩子渴求知识的欲望，为他们创造学习知识的机会，引导孩子不断接受新的知识，让孩子自己主动去探索发现知识，不断用知识来武装他们幼小的大脑。

颜颜今年3岁了，前两天爸爸带着他坐地铁去姑姑家，这是男孩从记事以来第一次乘坐地铁，他既兴奋又好奇。在地铁上，小家伙学着爸爸的样子，端端正正地坐在座椅上。

第一章

这个男孩，他是你的儿子

没一会儿工夫，地铁就到站了。颜颜和爸爸在去姑姑家的路上时，他一直很纳闷，他感觉这次去姑姑家用的时间很短，比爸爸开车还快。

于是小家伙抬起小脑袋，用稚嫩的声音问道："爸爸，我们这次坐地铁来姑姑家的时间好短，很快啊！"

"对啊，因为地铁是一路畅通的。爸爸开车时要礼让行人，要等红灯，有时路上还要堵车，所以时间会久一点。"爸爸回答道。

"爸爸，我还有个问题，就是我们快要下车的时候，我听到一个阿姨用好听的声音说，'本站是开右侧车门，请注意下车安全'，我找了找，没看到那位阿姨，她在哪里呢？爸爸看到了吗？"

"颜颜，那阿姨的声音是从广播里发出来的。地铁上有个广播器，每一次广播员都通过广播器为乘客传达信息。等下次坐地铁的时候，我们一起找一找广播器在哪里。"

颜颜听爸爸这么说，开始期待着下一次坐地铁了。

爱因斯坦曾说："我们思想的发展，在某种意义上常常来源于好奇心。"所以，爸爸妈妈要正确对待孩子的好奇心，和孩子一起用有趣的眼光观察世界，用开放的态度迎接新事物，激发孩子的创造力。

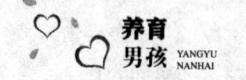

4. 好像总有用不完的力气

男孩从会走路的那天起，就总是不老实，一会儿跑到这里，一会儿跳到那里，跟着后面的妈妈总是不停地唠叨着"慢一点，小心摔倒"，可是，小家伙就好像没听到一样，继续疯着。男孩的精力很旺盛，只要抓住机会，就会跑跳。无聊时，他会踢开地上的石子；看到小伙伴时，几个小家伙就会在一起追逐打闹；看到假山时，他会毫不犹豫地攀爬到顶端。男孩一刻都不停歇，不会像小女孩那样安安静静地坐在那里玩芭比娃娃，男孩会拿着棍子或玩具手枪四处乱跑，弄得跟在后面的妈妈身心疲惫。

小光今年 5 岁，爸爸从外地出差回来时给他带回了一辆小朋友可以开的小汽车，小光可高兴了。

爸爸回到家的第一件事就是给小光安装汽车，小家伙也"帮忙"和爸爸鼓捣起来。小汽车安装好了之后，爸爸想要坐下来休息一会儿，可是，小光却有些迫不及待了，缠着爸爸，让爸爸教他怎么玩。

爸爸说："想要玩汽车，第一步要先充电。"说着，爸爸就给汽车充起了电。此时的小光一会儿摆弄一下汽车的这边，一会儿又搞鼓一下汽车的那边，有时还坐在小汽车里面，

第一章
这个男孩，他是你的儿子

学着爸爸开车的样子。还别说，真像那么回事。

几个小时过去了，妈妈做好了饭，让小光来餐桌前吃饭，小光却好像没听到一样，他问爸爸："爸爸，小汽车的电充好了吗？我想玩。"爸爸微笑着对他说："我们先吃饭，等下我带你去外面玩。"小光点了点头，来到餐桌前，心不在焉地吃了几口饭，就又摆弄起了自己的小汽车。

饭后，爸爸带着小光来到小区院子里。小光可真是有使不完的力气，他帮着爸爸把汽车抬了出去，来到院子里，他开起了汽车。因为是第一次开，汽车好像不听使唤，总是撞到东西，每次撞到东西时，小光都要下来扭正小汽车，然后再坐上去继续玩。

就这样，他玩了整整一下午，却一点都不觉得累，当爸爸喊他回家的时候，小光的小嘴噘了起来，还有些不高兴呢！孩子的精力就是这么充沛！

有的爸爸妈妈认为，男孩总是这么不老实，是不是有多动症呢？爸爸妈妈总希望男孩能安静地坐下来，看看书、下下棋，通过静态活动来改变他好动的行为。其实，爸爸妈妈通过安静的训练方式让孩子坐下来，不是一种好的方式，这样一来，孩子体内的旺盛精力得不到释放，即使坐下来，也会坐立不安，还会伴随有一些小动作，结果只会适得其反。

暑假，妈妈报了旅游团，要带着小强参观科技馆。到达目的地后，导游为大家介绍了科技馆。小强和妈妈来到了4层，这里有很多可以亲自操作的展品，他觉得很好奇，于是，这里瞧瞧，那里逛逛。

小强看到了"地球述说"展项时，急忙朝着那边跑，妈妈看到他要跑，害怕小家伙和自己走散，一下子就拉住了这个小家伙。小家伙开始挣脱，可是怎么都摆脱不了，无奈，他只能让妈妈领着自己，随便参观一下。小家伙在参观的过程中，看到了很多展品，有安全岛、科学城堡、体验空间、宇宙之奇等，他好想过去研究一下，但是妈妈总是阻拦，生怕自己的宝贝丢失。

大概一个小时以后，大家都去找导游了。回到家之后，妈妈让小强写作业，可是，小家伙玩得一点都不尽兴，还在想着在科技馆的事，他好想再去一次，好好地玩一下。此时小强虽然在写字台旁，却是心不在焉，无法专注学习。

男孩要比女孩更加活泼好动，因为大多数男孩天生精力充沛，运动基因强。活泼好动是男孩的天性，我们必须给男孩锻炼的机会，让他更好地发展运动机能，鼓励男孩参加一些有挑战性的活动，从而充分开发孩子的潜能，这样也有利于他的智力发展和身心健康，而使他能够更快地适应陌生环境，长大后，也更能够适应社会。

5. 家里的家具让他破坏遍了

家里有个男孩，那他十有八九是"破坏王"。在家里，男孩会将每个抽屉都翻遍，然后将里面的东西扔得到处都是；他会拿着爸爸的笔记本电脑，把上面的键抠掉，然后丢在某一个角落；他会跑到鞋柜旁，取出一双又一双鞋子，穿在脚上，踩得地板脏兮兮的；

第一章
这个男孩,他是你的儿子

他会趁爸爸妈妈不注意,走到厨房,拿着碗跑来跑去,最后一个不小心,手一滑,碗摔在了地上……每次闯祸之后,他都会用无辜的小眼神看着你,让你无可奈何。他只要不睡觉,就一定会把家里的家具破坏个遍,每当这时,你是不是会这样安慰自己:"没事,亲生的,亲生的!"

"妈妈,我和弟弟在玩蹦蹦床呢。好玩,嘿嘿!"两个男孩又开始搞破坏了——他们在床上跳来跳去。这时,在厨房做饭的妈妈还不以为然,她单纯地认为孩子只是在玩,没想到,他们却是在床上跳!

妈妈做好饭之后,来到卧室喊两个小家伙吃饭,眼前的一幕让她火冒三丈,只见这时的床上凹凸不平,两个小家伙却还在床上蹦着、笑着,别提有多快乐了。妈妈想要发火,可是看到这两个小家伙稚嫩又快乐的脸庞时,怒火顿时就烟消云散了。她让小哥俩停下,耐心地说:"好了,停下。妈妈做好了美味的食物,我们一起去吃饭吧!"

吃完饭后,妈妈看到小哥俩又要往卧室跑,知道他们又要去搞破坏,赶忙喊住了他们,说:"大波、小波,床是用来睡觉的,不是你们的蹦蹦床,不可以这么玩了!"两个小家伙听妈妈这么说,嘴上虽然答应了,但他们相互看了看对方,露出了狡黠的笑。妈妈了解这两个小家伙,无奈,她只能暂时放下手里的活,先看着两个"破坏王"了。

家里只要有个"破坏王"或"捣蛋鬼",家里的家具就有可能是直接的受害者。小家伙可是很机灵的,总会趁你不注意时把电视机弄得伤痕累累,将桌椅弄得缺胳膊少腿,将沙发弄得歪歪斜斜。如果有一天你的电脑启动不了,不用说,一定是小家伙动过它了;如果你家里扫把的

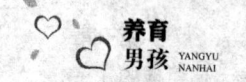

头和把儿分了家,一定是小家伙的"杰作";如果你听到卫生间的马桶一直在哗哗地流水,一定是小家伙在冲水玩!

今天是星期天,妈妈不上班,小刚和妈妈待在家。不一会儿,有一位阿姨带着一个小男孩来家里玩,小刚很高兴。妈妈和阿姨坐下来聊天时,小刚和小伙伴玩了起来。两个小家伙来到小刚的房间,玩起了小汽车,玩着玩着,他们想要看看小汽车的构造,于是把玩具拆开来,可是想要安装时,却怎么都安不上了。

这时,妈妈和阿姨来到卧室看花盆里的花,小刚突发奇想,想要和小伙伴一起玩滑梯,但怎么搭滑梯呢?看到沙发,小刚有了主意。两个小家伙意见达成一致之后,把沙发的垫子搬下来,一头搭在沙发上,另一头放在地上,一个简易的滑梯就搭好了。他们从上往下滑了起来,两个小家伙一边滑还一边高兴地大喊着:"真好玩!"两位妈妈看到两个孩子这么玩,觉得又可气又好笑,这俩小家伙怎么会想到这么玩的?真是玩出了新花样。

这个时候,她们并没有去制止两个小家伙,这么玩还是比较安全的,毕竟沙发还可以重新拼装。两个小家伙整整玩了一天,傍晚阿姨要带着小伙伴回家了,小刚喜欢这个小朋友,不想让小伙伴走。阿姨看出了小刚的心思,说道:"小刚,不要不高兴,明天让妈妈带着你来阿姨家玩,好吗?"

小刚听到阿姨这么说,点了点头,答应了。

小捣蛋鬼,是上天赐予你最棒的礼物,他破坏了家里的梳妆台,你不要生气;他打碎了家里的镜子,你不要生气;他弄坏了家里的衣柜,

第一章
这个男孩，他是你的儿子

你不要生气。你只需要耐心地告诉他：这么做是不对的，下次一定不能再犯同样的错误，这便是给了男孩足够的尊重，也才能更有效地帮助男孩成功地表现自己，从而促进他健康成长。

6. 总是扮演电影中的超级英雄

男孩在玩耍的时候，总会将自己想象成超级英雄，手里拿着爸爸妈妈给买的宝剑，挥舞着小胳膊，一副惩治坏人的样子。有的时候，小家伙看到电视里的超级英雄，会不由自主地跟着做武打动作。男孩的模仿力强，他攥着小拳头，露着严肃的表情，摆出酷炫的动作，抬着灵活的小腿，就像是真的练过似的，每一个动作都那么标准。有的时候，他会把家里所有的玩具手枪都别在腰间，在客厅里走来走去，突然学着超级英雄的样子，一个转身，单腿席地，掏出手枪，对准目标，开始射击。

最近几天，小易在幼儿园听其他小伙伴说《复仇者联盟》很好看，里面有很多超级英雄，如钢铁侠、美国队长、绿巨人、鹰眼等，他们为维护宇宙的秩序集结在一起，共同携手应对邪神洛基。

小易听得很认真，回到家后，小家伙哭着喊着让妈妈带着自己去看。妈妈为了满足儿子的心愿，决定星期天带着他去电影院看一看。看完电影后，小易迷恋上了影片中的蜘蛛侠。之后，和小伙伴一起玩耍时，小家伙

015

总是学着蜘蛛侠的样子,伸出拇指、食指和小指,假装发射着蜘蛛网。

爸爸看到小易玩得不亦乐乎,就给他买了一套蜘蛛侠的服装。这下子,他和其他小朋友一样了,因为他们也穿着超级英雄的服装,他们在一起嬉戏、打闹,各自施展自己的本领。有的时候,小易真的把自己当成了真正的蜘蛛侠。

妈妈告诉小易,电影里的人物都是编出来的,真实的世界里是不存在的,只要小易玩得开心就好。小易时刻记得妈妈的话,不过,在小家伙的内心深处,仍然住着一个超级英雄。

大部分男孩的心目中都有一个超级英雄梦。他们喜欢《西游记》里面的孙悟空,喜欢奥特曼,喜欢铠甲勇士……这些英雄人物个个身怀绝技,他们的志向就是除恶扬善。小家伙们崇拜超级英雄,证明他们的内心是勇敢又充满了希望的;小家伙们模仿超级英雄,说明吸引他们的是勇敢地拯救危难之人的行为。他会把自己想象成令人敬仰的英雄。

小豪最喜欢钢铁侠了。平时,小家伙经常和小伙伴们交谈关于钢铁侠的问题。有时候,他们在玩耍时还会拿上各种"武器",相互"对打",边玩耍边说着即兴台词。

小豪的爸爸也经常在家里为这个小家伙扮演钢铁侠,和他一起玩耍。一天,小豪来到学校和同学们说:"我爸爸是勇敢的钢铁侠。"周围的同学们听到之后,都笑得前仰后合,因为他们不相信小豪的爸爸会这么和他疯玩。小豪看到大家都在嘲笑自己,很伤心,回到家之后也是闷闷不乐。

爸爸看到小豪一副萎靡不振的样子,就问了缘由,小豪把事情的来龙去脉告诉了父亲。第二天,爸爸送小豪去学校

第一章
这个男孩，他是你的儿子

的时候，当着很多同学的面，用钢铁侠说话的语气仪式感十足地对小豪说："小伙子，努力开启你今天快乐的生活吧，今天将是你全新的一天。"小豪也一本正经地回答说："好的先生，你也一样。"听了小豪与爸爸的对话，这次同学们都相信了，还夸赞了小豪的爸爸，说他才是超级英雄。小豪听到同学们的夸赞之后，别提有多开心了。

哪个男孩没有看过电影里的超级英雄？可以这么说，几乎每个男孩都是伴随着电影里的超级英雄长大的，所以，超级英雄在男孩的心里烙下了深深的印记，也正因为这样，超级英雄才成为孩子们之间交流与扮演的角色。男孩崇尚这些英雄形象，是因为他们充满了正能量，他们生而不凡，锄强扶弱。成为"英雄"能让男孩感受到自己的力量，能为他们赢得强烈的自尊和荣誉。父母要做的是要尊重男孩内心的英雄主义心理需求，有义务和责任帮助、引导他们，使他们成为有荣誉感、责任心和进取心的"英雄"男人。

7. 常常说要保护妈妈

男孩虽然淘气，但与生俱来地拥有一种责任感。很小的时候，他就会对妈妈说："妈妈，我可以保护你。"听，小家伙说这句话的时候就是那么干脆、那么直接。看得出来，他是爱妈妈的。他可不只是嘴上说说，他还会付诸实际行动。妈妈做饭缺了油盐酱醋，他会立马跑出去买；妈妈生病时，他也会端来一杯热水；妈妈累了，他会坐在妈妈的背后，给她捶背……每当这时，妈妈看到懂事的儿子，心里就感到无比欣慰。

小乐特别懂事，一天，妈妈带着他外出取快递，当妈妈将快递拿在手里时，小乐突然和妈妈说："妈妈，我帮您拿。"妈妈听了之后，对小家伙说："我拿就可以了，这个对你来说挺重的。"小乐边和妈妈抢快递边说："没关系，我想帮妈妈做事，要不然妈妈会很累。放心吧，以后我就是妈妈的好帮手。"

小乐之所以会这么做，全都是和爸爸学的。平时，爸爸很关心妈妈，还经常对小乐说："我们是男子汉，要保护妈妈。"一天，妈妈生病了，小乐很心疼，立刻给医生打了电话，医生给妈妈开了些药，并嘱咐小家伙一定要让妈妈多喝水。小家伙记住了医生的话，过一段时间就给妈妈端一杯热水。妈妈看到小乐这么懂事，顿时被这个小家伙感动了。

爸爸知道了这件事后，在妈妈面前不停地夸赞着儿子，说他是个懂事的小家伙。

每个男孩的骨子里都隐藏着一种保护欲，想要激起他的责任感，妈妈一定要懂得示弱，学会适时放手，这样的妈妈培养出来的男孩才会更优秀。如果爸爸妈妈将男孩照顾得非常好，会使孩子对家长产生依赖，而大部分的依赖都源自一种溺爱。因此，在教育男孩方面，妈妈一定要适时偷个懒，让男孩往前冲，让他做你的保护伞，通过这种方式来锻炼男孩的胆量。

星期天，妈妈带着小浩去游乐场玩。进入游乐场时，他们见到一个小超市，妈妈给小浩买了些零食，然后继续往里面走。小浩在里面玩得非常开心，不一会儿，他和妈妈就把

第一章
这个男孩，他是你的儿子

所有的食物都吃光了。

这时，小浩有些口渴，妈妈对他说："现在我们一点水都没有了，要去原来的那个小超市买水喝。"小浩说："妈妈你自己去买，好吗？我在这里边玩边等你。"妈妈犯了难，她对这个小家伙说："可是……我不认识进来时的路了，怎么办？"

小浩听妈妈这么说，一下子担心了起来："万一妈妈一个人出去，走丢了怎么办？"他仔细回想了一下，记起了来时的路，于是他拍了拍胸脯，对妈妈说："放心吧，妈妈，我记得路，我带你去。"说着，他领着妈妈往前走，还边走边说："妈妈，来，这边。"

其实，妈妈记得当时的路，只不过她担心小浩一个人在这里，但强制让这小家伙走，他肯定不愿意，所以妈妈灵机一动，才那样说。不过，回头想一想，这孩子还真有小男子汉的气概，懂得了保护妈妈。

爸爸妈妈想要让男孩有责任、有担当，那么在男孩面前一定要懂得示弱。有的妈妈在孩子面前表现得很强势，其他家庭成员在她面前不敢发表自己的观点，小家伙也会像小刺猬一样，用身上的刺将自己包裹起来，他不会去保护妈妈，而是会保护自己。因此，家有男孩，妈妈一定要懂得示弱，示弱可以让亲子关系变得更加融洽，让男孩心甘情愿地成为保护妈妈的小卫士。要知道，男孩需要用爱来灌溉，也需要悉心呵护，得到了父母的爱和呵护，小家伙就会常常在妈妈面前充当男子汉，还会经常对妈妈说："不要怕，有我在，我来保护你！"

第二章

尊重孩子是养育的基础

如果说孩子的生命是树,那尊严就是根,尊重孩子是养育的基础。孩子虽小,却也是一个独立的个体。爸爸妈妈养育孩子,要从尊重孩子开始,在孩子成长与学习的过程中,不可以采用粗暴的方式干涉孩子的生活与学习,要容许孩子发展自己的爱好和追求,鼓励孩子朝着自己的理想前行。爸爸妈妈要用心呵护孩子的尊严,才能培养出一个自信的孩子,当孩子长大后才能变得更加优秀。

第二章
尊重孩子是养育的基础

1. 孩子的尊严需要你来保护

小家伙在你的眼里是一个完美型小帅哥,不过,他也有犯错误的时候,这个时候一定要告诉他,犯错不怕,及时改正就好,在这个过程中一定不要挫败他的自信心。期中考试,他的成绩不理想,不要生气,不要懊恼,放平心态,轻轻地对他说:"不要难过,这次没有考好,下次努力,用心了才是最棒的!"小家伙很粗心,经常丢三落四,不要着急去责备孩子,跟孩子一起找到问题的根源所在,帮助孩子努力克服掉这个毛病,做一个稳重细心的小帅哥。

小宝今年 5 岁,妈妈带着他来到了游乐场,他在这里找到了很多小伙伴,小家伙们一起玩了起来,而妈妈们则坐在一旁聊起了天儿。

小宝和小伙伴们跑累了,就坐下来玩起了小汽车。一个小朋友拿着一辆蓝色的小汽车,小宝也想要,就把汽车一把夺了过来,一不小心,汽车磕到了小伙伴的嘴角,小伙伴因为疼而大声哭了起来。

这时的小宝不知所措,他连忙把夺过来的小汽车放回到小伙伴的手里,但这时已经晚了,小伙伴一直哭。两位妈妈看到孩子们有了矛盾,一开始并没有上前,她们先观察了一会儿,想让孩子们自己解决他们之间的矛盾。

小宝往妈妈那边看了一眼，然后也委屈地哭了起来。这时，两位妈妈都来到了孩子们身边，小宝妈妈过来安抚着小宝和小伙伴，她和小宝说："小宝，我们先把小汽车给小伙伴，好吗？"小宝再次递上了小汽车，他原本以为妈妈会责怪自己误伤了小伙伴，出乎意料的是，妈妈没有那么做，而是代替自己和小伙伴说："对不起！阿姨代替小宝和你说抱歉！"

在妈妈们的帮助下，两个小家伙又和好了，他们相互拥抱了对方，没过一会儿，两个小家伙就又嘻嘻哈哈地玩闹了起来。

在爸爸妈妈的眼中，小男孩就是"捣蛋鬼""闯祸精"，不过，作为一名合格的家长，一定要学会接受孩子的错误，最重要的是帮助小家伙改正，改正的过程中要直截了当，快刀斩乱麻，不要总是抓着孩子的错误不放。小孩子难免犯错，这时，爸爸妈妈要将注意力集中在孩子怎么做不会犯同样的错误上，不要只关注做错的事，否则会给孩子带来压力，让小家伙不知所措。这就好比学英语，如果我们听到小朋友读错了单词或句子，要为他传递标准的读法，而不是一味地指出孩子的错误，到时候只会让小家伙不敢开口，进步缓慢。

过年了，小星一家人来到爷爷奶奶家，妈妈和奶奶在厨房做饭，厨房里缺少了一样食材，妈妈给了小星钱，让他出去买。小星拿着钱跑了出去，当他来到超市将手伸进兜里时，发现钱丢了。

小星垂头丧气地回到家，把丢钱的事告诉了妈妈，但妈妈当时并没有责备他，而是为他分析了丢钱的原因。妈妈说：

"小星把钱放在哪里了?"小星指着自己的口袋说:"这里。"妈妈掏了掏小星的口袋,接着说:"这个兜太浅了,你跑出去时钱掉出去你并没有在意,而且人一旦跑起来,就会一颠一颠的,所以钱才会被甩出去。"

小星听妈妈这么说,觉得有些道理。妈妈接着说:"以后放钱的时候,一定要放在安全的地方。妈妈再给你拿上钱,这次放在裤子的兜里,这个兜还有拉锁,不会丢了。这个买食材的任务还需要你来完成。"

这一次小星很小心翼翼,没有跑,走在路上会时不时摸一摸自己的裤兜,确定钱还在。他来到超市,为妈妈选了所需的食材,然后拎着食材,高高兴兴地回家了。

小家伙犯错,有时并不是故意的,请不要埋怨他。孩子之所以会犯错,是因为孩子缺乏生活和学习经验,思维具有一定的局限性,偶尔会粗心大意、丢三落四的。爸爸妈妈要善于发现孩子的错误,用爱来维护孩子的尊严,并帮助小家伙克服这些弱点,及时纠正孩子的不当行为。

2. 自尊的男孩长大更优秀

大人需要维护自尊,孩子也需要。男孩总会把心思放在玩上面,不用心学习,所以成绩一塌糊涂,看到成绩的你做出的第一反应是什么?有些家长会用攻击性极强的言语去伤害小家伙,对他说:"你真没出息。""你的脑子是生锈了吗？""考这么一点分数，我简直对你失望透顶。"可是，你有没有想过，当你说出这些话的时候，是多么伤孩子的自尊心！他的内心受到了伤害，以后很可能会一蹶不振。最好的方法是分析一下原因，鼓励孩子给予建议和指导，帮助孩子重建自信，多给他一点时间，也许他以后会取得更好的成绩。

期末考试结束了，小刚的发挥有些失常，本来挺简单的卷子错了好几道不该错的题。小刚心中也有些懊恼，他埋怨自己考试的时候不知道自己想什么呢。虽然妈妈一直在鼓励他，但他的心情依然有些低落。

而小刚的同班同学小军这次发挥得不错，考了满分。而小军的妈妈是个非常爱炫耀的人，以前小军的成绩一直不如小刚，所以小军的妈妈也没有发挥的机会，但这次终于让她逮着机会了。

这天小刚和妈妈在小区里散步，远远地看到小军妈妈兴奋地走过来，还有挺远的距离，小军妈妈就已经迫不及待地叫了起来："小刚这次考得怎么样啊？我们家小军这个臭小子，这次终于给我挣了口气，拿了个一百分回来，他爸爸看到成绩高兴坏了，当下就带着他去玩具店买了一把玩具枪，好好奖励了这个臭小子。哦，对了，听小军说他们班这次就他一个一百分，也不知道是不是，小刚不会也考了一百吧？"

面对小军妈妈这一通连珠炮式的炫耀，小刚心里难受极了，他觉得小军妈妈就是故意来讽刺自己的，小刚更加自责了。他深深地低下头，不想看小军妈妈炫耀的神态。

这时候小刚的妈妈面带微笑地说道："小军这次考得挺好，恭喜孩子了。我们小刚这次没发挥好，不过好在错的几道题

第二章
尊重孩子是养育的基础

都是因为粗心导致的,知识结构没有出现问题。我们家长也理解孩子,怎么可能每次都考第一呢,偶尔发挥失常一次也算正常,我想下次考试小刚一定能正常发挥的。"

听小刚妈妈这样说,小军的妈妈也不好再说什么,确实,一直以来小刚的成绩确实要比小军好。妈妈的话维护了小刚的尊严,小刚从内心深处感激妈妈的维护,他暗暗告诉自己一定要努力学习,不让今天这样的局面再次发生。

自尊是一个男孩在生活或学习中不断向上的动力,孩子的自尊需要爸爸妈妈来维护。父母的尊重就是对儿子的正面评价,无论他做了什么。苏联教育家苏霍姆林斯基曾说:"让每个孩子都抬起头来走路!"孩子拥有了自尊,才拥有自信。当然,有的小家伙难免犯错,这个时候,爸爸妈妈要保持冷静,先不要急于惩罚,而要用正确的方式来维护孩子的尊严,未来,等到孩子成功的那一天,他会用最真挚的心来感激你。不过,爸爸妈妈也要切记,不可盲目地维护孩子的自尊,否则会对孩子的教育起到反作用。

小武和小斌在同一所幼儿园。一天,两个小朋友在一起玩滑梯,小武和小斌一起来到滑梯上面,小武是个莽撞的孩子,来不及站稳,就一头朝着滑梯下面栽了下去,结果,在滑到滑梯口时,一不小心,摔伤了胳膊。

小武觉得自己受了委屈,等到妈妈来接自己的时候,他说是小斌推自己下去才摔伤的。妈妈看到儿子受伤,很心疼,还埋怨了小斌的家长。小斌家长说:"我们应该先搞清楚事情的缘由,问问孩子们是怎么回事。"

当妈妈问小斌时,小斌说:"妈妈,是他自己摔倒的,我没有推他。"可小武的妈妈却不依不饶的。幼儿园的老师出面说:"我们幼儿园有摄像头,孩子们在上面玩耍,都看得清清楚楚。"听老师这么说,大家都来到了房间调监控,监控里的画面显示是小武自己不小心摔下去的。

小武妈妈看完监控之后,还在不停地理论,她说:"我要给我的孩子讨回公道。"这时的小武觉得妈妈在为自己撑腰,就沾沾自喜,朝着其他小朋友扮了个鬼脸。不过,在证据面前,最后小武妈妈带着小武灰溜溜地回家了。

从此,小武就养成了做什么事都推卸责任的习惯,犯了错,从来都不肯承认,也不认错,他总觉得自己是对的,总觉得妈妈会为自己撑腰。

上面的例子告诉我们:信任并非盲信,盲信等于纵容。如果孩子做错了事,他必须承受后果,并重新赢回信任。爸爸妈妈要适时改正孩子的错误,并善于发现他们的优点,在尊重他们人格的基础上,给予帮助、给予鼓励,小家伙在爱的浇灌下,一定会成为一个正直的男子汉。

3. 尊重男孩就是不强迫他

别看男孩尚未成熟,但他也是一个独立的个体,如果他有不愿意做的事情,那爸爸妈妈就不应强迫,而要尊重他。儿子在和小朋友们玩耍时,如果他不愿意把自己的玩具分享给和自己不熟的小朋友,爸爸妈妈不要强迫他;儿子手里拿着零食,如果他不愿意把好吃的食物分享给周围的小朋友,爸爸妈妈不要强迫他;儿子是个跳舞天才,如果他不喜欢跟着

第二章
尊重孩子是养育的基础

舞蹈老师学习,爸爸妈妈不要强迫他。在大人的世界里,你不愿意和谁做好朋友,你不愿意做哪份工作,你不想去什么地方,都由你自己选择,没有人强迫你,那么,在男孩的世界里,只要是不违反原则的事情,就请尊重他,不要强迫他。

小亮2周岁了,这天,妈妈买了很多好吃的,然后带着他来到了体育场玩耍。在体育场里,妈妈和一位带着宝宝的阿姨坐在一边聊天,两个小朋友也玩得很开心。

玩了一会儿之后,小亮和妈妈说饿了,妈妈从包里拿出了一盒饼干递给小亮,并嘱咐说:"要和小朋友一起分享,好吗?"小亮随口说道:"不,这是我的,我不要分享,不要给别的小朋友。"

这时,那位阿姨也从包里拿出了好吃的东西,和小亮说:"看,你的小伙伴也有好吃的,你要交换吗?"小亮站在那里思考了一会儿,说:"好吧!"两个小朋友你给我一块,我给你一个,吃得很开心。小亮妈妈这时说道:"怎么回事儿呢?小亮平时在家里很愿意分享东西,怎么一出门就这么小气呢?"

这时,另一位妈妈说:"这个阶段的小孩子正处于'物权敏感期',他认为那是自己的东西,是因为他在进行物权归属的认知。我在育儿书上看到了,孩子在这段敏感期内做出这样的反应很正常,我们大人要做的,就是不要去强迫这些小家伙。"

小亮妈妈听了这位阿姨说的话,长了见识,她回过头来想一想,的确,在孩子的世界里,大人不必做出过多的干涉,等到小家伙的"物权敏感期"一过,小家伙就会做正确的事了。

"我讨厌妈妈,她每天都不停地唠叨我,让我写作业,考出好成绩。""我讨厌爸爸,当我一打开电视时,他就让我关闭。"这是一个小家伙的心声,爸爸妈妈这样强迫孩子,就是不尊重孩子的表现。孩子虽然小,却有很强的自尊心,所以,大人不论做什么事,都要尊重孩子的内心,不能强迫孩子。小家伙的学习不能急于求成,应该在平时培养孩子的学习兴趣,让孩子主动学习。孩子在闲暇时间,可以看动画片,爸爸妈妈要和孩子约定好娱乐时间,让孩子有时间观念,有自制力。

"妈妈,我不想学街舞,看看我这么瘦,太累了!"小东央求着妈妈。妈妈说:"小东,学街舞能锻炼身体,而且妈妈也想看到你在舞台上又帅又酷的样子。"小东又一次被妈妈逼迫着来到了舞蹈室,舞蹈老师教大家动作的时候,小东一点都不想学,因此跳舞时无精打采,动作也不标准。

一天,妈妈带着他去邻居阿姨家串门,邻居阿姨家的小男孩会武术,他为大家表演了一段,脸上带着自信。这时,妈妈将小东推了出来,说:"我们小东会跳街舞,跳得特别棒!"小东被妈妈这样吹捧,有些不知所措,他哪里会跳完整的街舞啊!小东噘着嘴,生气地看着妈妈,说:"我不会!"妈妈说:"怎么能不会呢?你明明跳得很好啊!"

小东一动不动地站在那里,因为他不愿意为大家表演。一旁的妈妈一再催促着他,小东实在忍不住了,回过头对妈妈说:"我不想跳,为什么总要强迫我做自己不愿意的事呢?"说完,他冲到了门外,把妈妈一个人丢在了邻居阿姨家。

第二章
尊重孩子是养育的基础

孩子拥有自己选择自由的权利,爸爸妈妈要学会尊重孩子,不应该在外人面前强迫他做这做那,那样只会让孩子越来越叛逆。平时,爸爸妈妈要与孩子勤沟通,不要觉得你是大人,就用命令的口吻来要求孩子做他自己不喜欢的事,应该从心里承认孩子平等的存在,给他表达的权利。不要给孩子带来过多的压力,他的健康快乐才是最重要的。

4. 尊重男孩就是不羞辱他

男孩好面子,可是,一些爸爸妈妈却总是给孩子泼冷水,用一些让孩子寒心的言语来打击他。爸爸妈妈这么做的时候,从来都不考虑孩子是否能承受得了这样的打击。有的爸爸妈妈还经常在外人面前夸赞人家的孩子好:"瞧,这小家伙多聪明,不管做什么,一教就会。不像我家的这个小捣蛋鬼,就知道玩,还那么笨!"如果这时孩子就在家长身边,孩子一定处于无比尴尬的境地,他会觉得自己不是爸爸妈妈眼里的优秀孩子,会变得自卑,自信心也会受到打击。

可可是一名二年级学生,因为是男孩,难免淘气。这天放学,妈妈来接他回家,迎面看到了老师,可可妈妈开始和老师聊起可可上课的情况。

老师也很关心可可,见妈妈问,就说了可可在课堂上的情况。老师说可可在课堂上的注意力不集中,一会儿玩手里的铅笔,一会儿东张西望。妈妈听老师这么说,有些生气,还没等老师把话说完，妈妈就一把拽过了可可，在老师面前批评起了可可。

"可可，怎么回事儿啊？怎么能在课堂上玩呢？你如果下次再不好好听课，暑假的时候妈妈就不带你出去玩了。"说完，她又在可可面前对老师说："老师，如果可可明天上课的时候再捣乱，您就把他留在学校里，让他待着，直到不淘气了为止。"可可听到妈妈说的这些话，而且还是在老师面前说的，顿时觉得很尴尬，恨不得把头藏到地底下，因为他觉得好丢人。

这几句话，在大人看来没什么，却给孩子的心灵造成了伤害，为此，可可沉闷了好多天。有那么几天，他上课不玩了，下课之后目光呆滞，也不和其他同学一起玩，小家伙的耳边一直回荡着妈妈和老师说的话。

有的时候，爸爸妈妈的话在他们自己看来只是寒暄之词，觉得这么说能提高孩子的上进心，有的时候他们还会用满不在乎的语气随便说上几句："看看你，怎么又是这个样子呢？简直笨到了家。"殊不知，这些话却像针一样刺痛了小家伙，他们会偷偷悲伤，会觉得自己在这个世上最信任的人在挖苦自己，渐渐地，孩子觉得得不到爸爸妈妈最起码的尊重，就会将自己屏蔽起来，从此，开始与父母拉开距离，疏远自己最亲近的人。

磊磊今天5岁，他是个懂事的孩子，很愿意帮爸爸妈妈做家务活。这天，妈妈正在打扫屋子，磊磊想帮妈妈，便和妈妈说："妈妈，我能帮你做点儿什么吗？"妈妈却说："小家伙，你不捣乱就行了。好了，自己去玩儿吧！"

磊磊很失落，他来到了阳台，看到那里的花枯萎了，就拿起了一个小瓶子，去卫生间接了些水，来到了卧室阳台。

他回头一看,因为自己没有拿稳水瓶,水洒得到处是,他想:"没有关系,我在帮妈妈的忙,妈妈不会责怪我的。"

他来到阳台,正为妈妈浇花时,一不小心打碎了一个花盆。妈妈听到响声之后,立即跑到了磊磊身边,当看到小家伙安然无恙时,妈妈开始发火了:"你这个小笨蛋,我都说了不让你动这些东西,看看我心爱的花,都成什么样了!"妈妈边说边整理着花。磊磊被吓了一跳,他呆呆地站在那里,一副不知所措的样子,只能用无助的眼神盯着妈妈。

磊磊原本想减轻妈妈的负担,帮妈妈做些家务,没想到却帮了倒忙,最后不但没有得到表扬,还挨了一顿骂,于是"哇哇"地哭了起来。

作为合格的爸爸妈妈,原本就不应该用讽刺、挖苦,甚至恶劣的语言来打击孩子,因为这些言语可能会导致他们一生的性格缺陷。男孩将来会成为顶天立地的男子汉,但前提是他们的精神不受到伤害。爸爸妈妈应该做孩子的好榜样,用充满正能量的言语和行动来引导孩子,同时更应该理解孩子,爸爸妈妈作为成年人,不能冲动,不要用"语言暴力"打击孩子,要做个遇事冷静、做事理智的好爸爸、好妈妈。

5. 尊重男孩就是不拿他跟别人比

你有没有对你家的小男孩说过这样的话:"看看邻居家的小弟弟多乖,再看看你。""看,那个小朋友学习好认真,你整天就知道疯玩。""别人家的小男孩怎么就那么酷，是妈妈的好帮手，你呢？""看，那个小孩会自己吃饭了，你怎么还要爸爸妈妈喂呢？"你正在对自己的孩子说别人家的小家伙是多么的优秀，如果现在你家男孩反过来对你说："看，那个妈妈好温柔，做饭好吃，又漂亮，妈妈，你就不行了。""爸爸，我朋友的爸爸可有钱了，每次出差都给他带回来玩具。""康康的爸爸是科学家，妈妈是音乐家，如果我的爸爸妈妈也能像他们一样，那该多好啊！"听到孩子说这样的话，你是不是觉得很扎心？对，当你拿自己的孩子和别人家的孩子比的时候，孩子的感受和你的感受是一样的，所以，请尊重每一个有尊严的孩子，不要总是拿自己家的孩子和别人家的孩子比。

"小浩，赶快起床，要不然又该迟到了。"小浩妈妈每次送孩子去学校，都会和其他同学的妈妈聊天，谈论教育孩子的问题。她经常说："我们家小浩一点儿时间观念都没有，每天起床都慌慌张张的，来学校都差点儿迟到。"

这时，一位妈妈说："我家孩子还不错，每天早上都不用我喊他起床，晚上睡觉的时候会把衣服都叠得整整齐齐的。"小浩妈妈听完之后，觉得应该拿这位同学做榜样来激励小浩了。

下午放学回到家之后，妈妈对小浩说："小浩，你们班有位同学，每天起床特别准时，你应该向人家学习啊！我觉得他很棒！"

小浩说："妈妈，你说的是我们班里的小凯吗？我告诉您啊，他妈妈可厉害了。他告诉我们，他什么时候该做什么事，妈妈都会和他约定好，他的妈妈很守约，所以他才会守时的。就不像你，妈妈，你答应了我的很多事情都不遵守约定，我反对！"

妈妈听小浩说出了自己的心声，还夸赞了别人家的妈妈，

第二章
尊重孩子是养育的基础

她心里很不是滋味,但她一下子反应了过来,原来孩子一直都在和我学!对啊,爸爸妈妈就是孩子的榜样。她下定了决心要改正,从此不再拿别人家的小孩和小浩比了,她要做一个优秀的妈妈,做孩子的好榜样。

小家伙的妈妈总是在他的面前夸赞别的小朋友,这会让他做什么事都没有信心,总担心自己做不好。孩子觉得自己是个小男子汉,但是当妈妈在众人面前夸赞其他小孩的时候,他的自尊心受到了伤害,妈妈的话在他的内心深处留下了阴影,这让他变得很无助。从此,他心中没有了爱,不想和爸爸妈妈交流,总喜欢一个人待着,因为他害怕遇到比自己优秀的伙伴,害怕自己不能得到爸爸妈妈的认可,所以小家伙选择了将自己屏蔽起来。

小聪妈妈和同事一起怀孕,她生下了小聪,小家伙虎头虎脑的,特别可爱。孩子们很快就长到1岁了,妈妈们没事时就喜欢聊孩子,聊孩子们的身高、体重,什么时候会走路。小聪到现在还不会走路,妈妈很着急,回到家后总会提起同事家孩子已经会走路,小聪还不会。

等到小聪上学时,妈妈们又在一起讨论孩子们的学习。同事说自家的宝贝能背《唐诗三百首》,学着书法,写得一手漂亮字,还说得一口流利的英语。小聪妈妈听到之后非常羡慕,暗自感叹:"瞧瞧人家的孩子,真是聪明伶俐。看来以后得让小聪加紧学习,赶上同龄孩子。"

回到家之后,妈妈和小聪讲了同事家的孩子特别优秀,希望小聪也能变得那么优秀,并要制订学习计划,让小聪超越同事家的小朋友。妈妈的话弄得小聪一头雾水,他心想:"妈妈怎么总是拿我和别的小朋友比较呢?

小聪很不开心，因为妈妈夸别人的孩子，自己就要做自己不喜欢的事情了。他认为自己完成了学校里老师布置的作业就可以了，为什么要增加学习负担呢？他觉得大人很霸道，想让孩子做什么，孩子就得做什么。自从妈妈提出来让小聪学习之后，小聪在家里动不动就发脾气，他觉得好懊恼。

爸爸妈妈要相信自己的孩子，尝试着走进孩子的世界，了解孩子喜欢什么，然后从那个方向努力，而不是盲目地跟着别人家孩子的脚步往前挪，这样的话，你的孩子会很累，而且他做出的努力也不一定能达到爸爸妈妈的预期。最好的办法是让孩子自己和自己比，比自己的进步、成长、成熟。爸爸妈妈要乐观地看待自己的孩子，积极发现孩子身上的闪光点。无论什么时候，爸爸妈妈都要告诉孩子，凡事做自己就好，未来朝着自己喜欢的方向努力，成功就会离他越来越近。

6. 尊重男孩就是尊重他的隐私

儿子书房里的日记本上了锁，你整理屋子时看到了，是不是有想要打开的冲动？儿子写完了作业，拿着手机一直聊天，你是不是想走上前看看他在和谁联系？他们在说什么？突然有一天，儿子的文具盒里有一张纸条，他看到你的瞬间立刻收了起来，这时你会不会从他手里抢过来，一探究竟呢？如果你这么做了，那就是不尊重孩子，更不尊重他的隐私。

布布从三年级开始就有写日记的习惯了，第一次写日记

第二章
尊重孩子是养育的基础

的时候，他主动拿给妈妈看，让妈妈为自己提一些意见或建议。妈妈也很配合，为他指出了日记里存在的问题。布布的妈妈一直都很尊重布布，尊重他的隐私，就拿看布布写的日记这件事来说吧，她总会在孩子允许时才去看。

布布妈妈尊重孩子的隐私权，从来都不翻布布的书包和抽屉，还嘱咐他：如果你有很保密的东西，一定要放到一个可以上锁的柜子里，这样一来你的东西就被自己保护起来了。她还对孩子说："布布，请放心，爸爸妈妈尊重你，没有得到你的允许，我们不会随便翻看你的任何东西。你要学会自立，但如果有一天，你遇到了自己解决不了的问题，完全可以找我们帮忙。"听妈妈这么说，布布很放心。平时，布布有高兴的事，愿意分享给妈妈，有烦恼的事，也愿意告诉妈妈，妈妈总会给他想很多办法，帮助他解决问题。

男孩在慢慢长大的过程中，为了获得更多的行动自由，更多的选择，会隐藏更多的东西，他们有了自己的隐私和秘密。隐私权是一个人应有的权利，即便是家长也无权侵犯孩子的隐私。如果孩子的隐私遭到侵犯，会给他的健康成长带来危害，导致他的自尊心受到伤害，慢慢就会失去自信心。有的时候，在大人看来一件事原本没什么，但对孩子而言，却是特别在乎的。有些事情，孩子愿意告诉爸爸妈妈，不过，他会嘱咐你："请不要告诉任何人，帮我保守秘密。"这时候，爸爸妈妈就要做个言而有信的人，做一个孩子最信任、最亲的人，否则，孩子就会对你产生戒备心，你们的亲子关系也将越来越淡。

康康不喜欢爸爸妈妈进自己的屋子，可是爸爸妈妈却不这么认为，他们觉得康康是他们的孩子，爸爸妈妈有权利干涉他的任何事。其实，爸爸妈妈也是出于关心才这么做的，但是他们却忽略了一个问题,那就是他们的做法侵犯了康康的隐私权。

康康每天都坚持写日记,为了防止妈妈偷看自己的日记,他特意买了一把小锁,将日记本锁了起来。有一天,妈妈未经康康的允许,来到他的房间打扫卫生,当妈妈擦桌子的时候,看到康康的一个抽屉上了锁,她四处找了一下,在一个小盒子里找到了钥匙,打开抽屉后,她看到了康康的日记本。

一开始,妈妈有些犹豫,她不知道应不应该打开这本日记本,后来转念又一想,小孩子能有什么秘密呢?于是,她打开看了一下,康康在日记里竟然写了抱怨爸爸妈妈的话:"我不喜欢妈妈总是进我的房间;我不喜欢爸爸每天翻我的书包;我不喜欢他们总是窥探我的隐私……"

妈妈看到这里开始反思了,怪不得最近一段时间康康总是疏远爸爸妈妈呢,他们也有了隔阂。晚上,康康爸爸下班回来之后,她和爸爸说了这件事,最后他们一致认为,从今天开始要尊重康康的隐私权。从此,每次爸爸妈妈进康康的房间之前,都会征求康康的同意,也不随便翻看康康的任何东西了。康康发现爸爸妈妈的变化之后,也开始慢慢地和他们亲近了。

青春期男孩保护隐私说明他们有了保护自己的意识。爸爸妈妈应当感到高兴,尊重他们的隐私权,但这并不意味着放任不管,因为孩子毕竟还小,有些事会处理得不当,这时候就需要爸爸妈妈的帮忙。爸爸妈妈要用自己的语言和行为去赏识和尊重孩子,对孩子的隐私给予充分的关注和积极的引导。这样,他们遇到问题或者心中有秘密的时候,才会主动与爸爸妈妈谈起,父母与孩子的距离才会越来越近。

第二章
尊重孩子是养育的基础

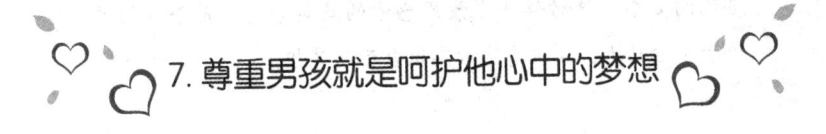

7. 尊重男孩就是呵护他心中的梦想

你家的男孩有没有和你说过:"爸爸,我长大了想当一名警察,专门抓坏人。""妈妈,我想当医生,我想给病人治病。""我要当太空人,遨游在宇宙空间。"孩子竟然有这么美好的梦想,这时爸爸妈妈要给予怎样的回应呢?你最应该和他说的就是"这个志向很棒"。孩子的梦想,需要爸爸妈妈用心去呵护,这是尊重男孩的一种表现。

洋洋看了《冲破天际》这部动画片,拥有了一个太空梦,他想探索宇宙世界。他把自己的梦想告诉了爸爸,爸爸听完之后微笑着对洋洋说:"很好啊!爸爸支持你!"

从这之后,爸爸陪小家伙一起做起了太空梦,他和洋洋一起玩航天飞机升空的游戏,嘴里还喊着倒计时:"十、九、八……五、四、三、二、一!"他陪着洋洋一起看宇航员登上太空的电视,看宇航员的航天服,洋洋的眼神中散发着羡慕和幸福的亮光。

爸爸给洋洋买了一套宇航员的衣服和一双鞋,并用纸箱为洋洋做了一个"大飞船",他还买了很多航天书籍,只要有时间,就陪着洋洋一起看书,给小家伙讲太空故事。爸爸在用心呵护洋洋的梦想,他爱这个小家伙,也在守护自己的愿望,爸爸的愿望就是希望洋洋每天都开开心心。

正因为有爸爸的用心呵护,洋洋长大后考上了航天大学,因为他的体力和文化课都很优秀,被选拔为航天员,实现了自己的梦想。这时候洋洋最想感谢的就是爸爸,是爸爸的爱给予了他动力,让他有信心实现自己的梦想。

有的爸爸妈妈会将自己没有实现的梦想寄托在孩子身上,让孩子摒弃自己的梦想,按照爸爸妈妈的计划去帮他们实现梦想。作为家长,如果你这么做了,那就是折断了孩子理想的翅膀,会弄得小家伙遍体鳞伤。你这么做,就是在为孩子营造一种所谓的"实现梦想"的假象,从心理学角度分析,这种现象叫作"代偿心理"。每个小男孩都是一个有思想的个体,有自己的爱好,有自己的奋斗目标,爸爸妈妈原本就不应该代替他们去选择梦想。如果孩子的梦想得不到最起码的尊重,他们有些人就会对生活失去信心,变得软弱无能,甚至心理扭曲,严重时还会导致孩子得抑郁症。

明明不喜欢弹钢琴,喜欢弹吉他,可是妈妈喜欢弹钢琴,但是她每天要上班,没有时间,她想要明明代替她来完成自己的心愿。

明明学钢琴的地方大多数都是女孩,他和妈妈提过,但是妈妈却不以为然,总对他说:"女孩怎么了,男孩成为钢琴家的也不少,他们都有好好学啊!"

"可是成为钢琴家的人都是因为喜欢弹钢琴啊!而我不喜欢!"

他说完用乞求的眼神看着妈妈,说:"妈妈,我真的很想学弹吉他,真的。"

第二章
尊重孩子是养育的基础

妈妈见明明开始反感了，于是开始做起了明明的思想工作。妈妈说："好孩子，你都已经练习了这么长时间，就再坚持一下，慢慢地你会喜欢上钢琴的。小孩子做事情可不能半途而废啊！"

明明察觉到妈妈不会同意自己，于是又继续练起了钢琴。他将双手甩在钢琴上，顿时钢琴发出了刺耳的声音。星期天，要去上钢琴课时，明明故意装肚子痛骗妈妈，妈妈为了孩子的身体，给明明请了假。

从那以后，明明经常以同样的方法躲避练琴，慢慢地，他的脾气变得暴躁了，动不动就对妈妈大吼大叫。他越来越讨厌钢琴了，连碰都不想碰，他弹奏钢琴的水平也逐渐下滑，越来越不好了。

作为父母，不能把孩子看作自己的替身，要调整好自己的心态。孩子是一个独立的人，他有他的强项和弱项，有他的天赋和爱好。我们要尊重孩子的选择，只要他的选择合理合法，没有危险；我们要尽力支持孩子的梦想，为他们提供合适的环境；当他们气馁时，要想办法鼓励他们，帮助他们树立自信心，让他们不忘初心，继续努力实现他们的梦想。

第三章

男孩的内心也是柔软的

我们都说男孩是男子汉,所以要坚强,其实他的内心也有很柔弱的一面。他表面上大大咧咧,其实内心深处也需要爸爸妈妈的关心,也有很多小秘密想要告诉爸爸妈妈,爸爸妈妈要认真倾听,从交流中了解孩子、相信孩子、鼓励孩子。让孩子将心中的压力释放出来,真心给予关心,让孩子感受到来自爸爸妈妈的爱。

第三章
男孩的内心也是柔软的

1. 男孩有时候也需要倾诉

小家伙今天又不高兴了,放学回来时耷拉着脑袋,你开着车,他坐在后面,不像平时喜笑颜开,说个不停了。"好了,让这个小家伙安静一会儿吧!"或许你会这么想。但是,从小家伙的状态能看得出来,他遇到了烦心事。那么,爸爸妈妈要引导他一下,男孩虽然要坚强,但也需要倾诉。"来,告诉妈妈,今天在幼儿园发生了什么呢?"这样,他就会像抓到了救命稻草,将心里话讲出来。而爸爸妈妈一步一步地引导,会让小家伙感受到爸爸妈妈在关心自己。

小海5岁半了,上幼儿园大班。一天放学,他见到妈妈时说的第一句话就是:"妈妈,我明天不想上幼儿园了"。妈妈觉得很奇怪,小家伙每天回来都特别开心,今天怎么一下子就说出这样的话了呢?

妈妈觉得小海在幼儿园一定发生了什么,于是耐心地问道:"小海怎么了?是在幼儿园发生了什么吗?"孩子"哇"的一声哭了:"妈妈,今天老师拥抱了别的小朋友,没有拥抱我,我好难过,是老师不喜欢我了吗?"

妈妈听小海这么说,先是给了小海一个拥抱,然后安慰道:"幼儿园的小朋友有很多,老师不可能每天都一个一个去拥抱,对吗?老师和妈妈说过,老师很喜欢小海,因为小海聪明、伶俐,还懂事。"小海听妈妈这么说,点了点头,他回想了一下,的确,老师并不是拥抱了每一个小朋友。

小家伙在妈妈的开导下,又活泼了起来,一下子变得轻松起来。妈妈告诉他:"小海,以后如果有什么心思,可以和爸爸妈妈说,爸爸妈妈可以帮你,可以告诉你怎么解决你所遇到的问题。"小海郑重地点了点头。

爸爸妈妈在教育孩子时,首先要了解孩子,而想要了解小家伙,最直接的方式就是聆听他的倾诉。小家伙哭了,爸爸妈妈要耐心地询问:"儿子,怎么了?发生什么事了?"小家伙开始沉默寡言,爸爸妈妈就要想办法走进孩子的心里,与小家伙产生共鸣,渐渐地,小家伙就会和你越来越亲近,他会将自己的心思都讲给你听,接受你的建议和帮助。爸爸妈妈听完了孩子的倾诉,一定要适时做出回应,让孩子感觉到你是重视他的。男孩向爸爸妈妈倾诉的前提是以成人和他建立亲密友好关系为基础的,成人的态度决定了小家伙是否要将心里话说出来。作为爸爸妈妈,要正确对待孩子的倾诉,让他愿意将心里话说出来。

天天的学习成绩一点都不好,他总觉得自己很笨,于是和爸爸说:"爸爸,我是不是很笨啊?"其实,爸爸已经观察天天好几天了,这小家伙整天耷拉着脑袋,一副心事重重的样子。这时他对着天天微笑着说:"我的孩子怎么会笨呢?我觉得你很聪明啊!"

"但是我觉得我很笨,我不会做数学题,语文课文也总是背不会,我觉得好难啊!"爸爸对天天说:"可是老师和爸爸说天天很聪明,只是吸收知识的速度慢了一点,但是记得牢固啊!你说呢?"

第三章
男孩的内心也是柔软的

"爸爸,老师真的这么说了吗?什么时候和您说的呢?"天天问道。"昨天晚上啊,爸爸想要问一问天天在课堂上的表现,老师就和爸爸说了。老师还说天天上课听课可认真了呢。"

"可是,您看了我的分数了吗?很低的,我甚至都开始怀疑我自己了,我也知道,这些题老师明明讲过的。""没有关系,爸爸上班接受培训的时候,听了一遍的东西也吸收不了,但是,我会先把它记下来,然后在空闲时间仔细研究,反反复复几次下来,我就懂了。以后你也可以试一试这个方法,很管用的。"

天天得到了爸爸的鼓励,精神状态好了很多,他也不再认为自己很笨了,又做回了从前那个开心快乐的小孩子了。

小家伙在爸爸妈妈前面否定自己,表现出消极的一面时,爸爸妈妈需要给予孩子鼓舞,温和地和小家伙交流,让小家伙说出原因。在孩子倾诉完之后,爸爸妈妈要针对孩子担心的问题悉心安慰,引导孩子以积极的态度面对人生、面对学习。记住,到最后别忘了给小家伙一个拥抱。

2. 观察男孩的心理波动

小家伙刚一出生就开始"哇哇"大哭,当把奶瓶放到他的嘴里时,他瞬间就止住了哭声,原来是这小家伙饿了。稍稍长大一点的时候,这个淘气包因为不想上幼儿园而赖床,常常弄得爸爸妈妈焦头烂额。他好不容易从床上坐起来,带着怨气在去幼儿园的路上,还会一直踢着小石头子,就是为了拖延时间。上小学了,他整天在外面疯玩,但只要一开始写作业,就闹小脾气。进入青春期,他开始了叛逆,呼喊着"青春万岁"。作为男孩,他对各项活动充满热情,但有时候也会因为兴奋过头而变得盲目急躁,有时还会感情用事。

小强很小的时候是个性格温顺的男孩,他听爸爸妈妈的话,也很懂事;他待人和善,很有礼貌,见到长辈就问好,但凡认识他的人,都夸他是个好孩子。不过,有的时候小强也会闹一些小情绪,他会因为和好朋友吵架而心情不好,然后将自己关进房间,任凭爸爸妈妈怎样问他,他都不说一句话。但小孩子闹情绪就那么一小会儿,很快就会自我调节好,然后又成为一个活蹦乱跳的小家伙。

可是,当小强15岁时,就像变了个人似的,稍有不开心就会在房间里乱扔东西,有时还会和爸爸妈妈顶嘴。在一年放暑假时,原本爸爸妈妈和小强都商量好了要外出旅行,但到第二天,小强突然改变了主意,他告诉爸爸妈妈说自己不去了。爸爸说:"我们约定好了的,怎么能临时改变呢?而且我们的票都已经订好了。"

小强说:"不去了就是不去了,你们自己去好了。"说完,他拿着衣服摔门而出,房间里留下了爸爸妈妈两个人。他们知道,处于青春期的孩子就是这个样子,但不知道要怎么处理和孩子之间的关系。他们好想小时候的小强,那时候的他最起码是可以沟通的,还很懂事,可是现在的他脾气是那么急躁,为此,爸爸妈妈都很着急。

对于男孩而言,尤其是处于青春期的男孩,由外倾性的情感过渡至

第三章
男孩的内心也是柔软的

内隐型,他们的思维发生了改变,不再像小时候那样依赖爸爸妈妈,而是转向了独立,自我意识也开始增强,很难控制自己的情绪,会说出让爸爸妈妈伤心的话,做出一些过激行为。对此,爸爸妈妈不必表现得很受伤或者报之以冷漠,而要继续关心孩子,在孩子需要的前提下随时与他交流并陪伴他,用爱与尊重来化解孩子的情绪,但如果孩子在短时间可以自我调节与治愈自己的情绪,那爸爸妈妈就不必太过担心。

小佳上初二时,考试成绩一直都很好,但在一次期中考试的时候考砸了。他回到家之后,闷闷不乐,一个人躲进了房间。晚饭时爸爸见他还不出来,觉得孩子一定是遇到了什么问题,但转念又一想,孩子都已经这么大了,有些问题还是需要他一个人解决的,于是就没有理会他。爸爸觉得这个时候小佳最需要的是一个人冷静。

可是,这时的小佳却不这么想,他看到爸爸妈妈都不理会自己,于是就胡思乱想了起来:"难道爸爸妈妈已经知道自己考糟糕了吗?如果是这样,我现在出去,爸爸妈妈岂不是要埋怨我了吗?"

晚上8点时,小佳有些饿了,他来到厨房找吃的东西。当他经过沙发的时候,看到上面放着一张纸条,纸条上写着:"小佳,爸爸妈妈知道你为什么情绪低落,这次没有考好,没有关系,爸爸妈妈知道你努力了。人生谁能不失误?我们只需要在错误中总结经验教训就好。我们相信你下一次遇到同样类型的错题,肯定不会错了。不过,爸爸妈妈只希望你健康快乐就好,在学习上努力了就好,爸爸妈妈永远是你的坚强后盾,加油!"

小佳看到这个纸条后,流下了泪水,他感谢爸爸妈妈能懂自己,现在,他的心情放松了很多,从这一刻开始,他不

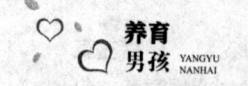

再沉默。第二天一早,他第一个起床,给爸爸妈妈做好早饭,留下了爱心便条后背着书包上学去了。

男孩应该坚强,但也需要爱,爸爸妈妈要适时地让小家伙把坏情绪宣泄出来,让他沉郁的心情得到排解。也可以带他到户外运动,以此来宣泄自己的情绪。爸爸妈妈要懂得怎样欣赏男孩的阳刚之气,不管它以何种形式表现出来,都不要压制它。

3. 与男孩沟通要有技巧

孩子总是不听话,让他干什么他偏偏不干什么,不让他干什么他偏偏就干什么。看吧,你和他说话,他把耳朵捂了起来,太气人了,他开始厌烦你了,你很伤心,在想:"我为孩子付出了这么多心血,他怎么就不懂我呢?"你会羡慕别人家的那个小孩:"好听话啊!不像我家的那个淘气包,真是没法沟通。"孩子和你有了沟通障碍,你有没有想过是为什么呢?他天生就是这样吗?不是的,是你平时和孩子沟通时没有采取有效、科学的沟通技巧。

今天,小波和同班同学肖肖打架了,被老师叫了家长,小波的爸爸第一时间赶到了学校。爸爸来到小波面前说的第一句话就是:"你这个小淘气,是不是又是第一个动的手?""我没有,是他先动的手,我才打他的。"

爸爸说:"怎么可能?你在家里就不听话。来,给小朋友

第三章
男孩的内心也是柔软的

赔礼道歉。"小波的身子一扭,头侧到了墙角,不理爸爸了。小家伙的泪水在眼眶里打转,心想:"明明是他先动的手,爸爸怎么就不相信我呢?"

这时,肖肖的妈妈来到学校,她先和老师了解了情况,然后问肖肖事情的来龙去脉,最后,妈妈了解到是自己孩子先动的手,于是和小波赔礼道歉。

回到家之后,爸爸想和小波说一下今天的事,小波却怎么都听不进去,因为他不想听爸爸说话,心想:"爸爸总是向着别人,一点都不爱我!"从这之后,小波在家里时总爱无理取闹,经常发脾气,他不喜欢爸爸妈妈,因为他们遇到任何事总是不问青红皂白,第一个指责自己。爸爸妈妈和他说话时,他就像没听到一样,完全将自己屏蔽了起来。

爸爸妈妈想和他聊聊天,他也总是躲避着他们,有时候会借故写作业,有时候会说约了小伙伴要出去玩,他不想和爸爸妈妈说话,因为他们不了解自己,更不理解自己。

爸爸妈妈想要走进孩子的内心,建立良好的亲子关系,就要掌握科学的沟通技巧,首先要知道孩子不管是小时候还是长大了,都是一个独立的个体,需要爸爸妈妈给予最起码的尊重和最基本的信任。孩子可是很聪明的,他可以轻而易举地感受到你是不是真的想要和他聊天,从你谈话的语气和内容来判断你的态度,以此来决定他对你的态度。爸爸妈妈在和孩子交流的时候,一定要让孩子感受到,你是相信他的,你要相信你的孩子是最好的。

小鹏上三年级了,他的房间总是乱糟糟的,每次都是妈妈在替他收拾。可是,当妈妈收拾干净了之后,他又会将房间弄得一团糟。妈妈和小鹏说过几次,让他收拾房间,可是他就像没事人一样，还是等着妈妈收拾弄乱了的房间。

妈妈想和小鹏就这件事交流一下。这天小鹏写完作业之后，妈妈坐在他的旁边，和他说了起来："小鹏，老师和妈妈说，你在学校里打扫卫生可是非常积极的。""对呀，老师还经常夸奖我呢！"

"那你每天是不是要把自己的房间收拾一下呢？""可是我没有时间啊！"小鹏这样回答妈妈。

妈妈说："比如，现在你刚刚写完作业，就可以收拾一下的。今天妈妈可以帮你一起收拾，我相信你可以收拾得非常干净。"

小鹏听妈妈这么说，就开始行动了。他先整理好自己的书，擦了桌子，又把地上收拾干净，还把刚刚扔在床上的衣服也叠平整了。妈妈也在一旁帮忙，并不停地问小鹏这个怎么弄，那个放在哪里。小鹏和妈妈说的时候非常认真，他自己也做得很好。

妈妈看到小鹏将房间打扫得这么认真，心里暖暖的，觉得小鹏长大了。

孩子是爸爸妈妈的希望，要想他将来优秀，沟通是必不可少的，但在沟通之前，要让孩子先信任爸爸妈妈，这样，他才愿意和你互动，才愿意和你交流。爸爸妈妈在和孩子沟通的过程中，一定要尊重孩子，不要太强势，不能一味地认为大人就是对的，而是要和孩子一起学习亲子教育，学习与孩子的沟通技巧。

第三章
男孩的内心也是柔软的

4. 男孩坚强的内心需要你的培养

男孩在院子里踢足球,把邻居家的玻璃打碎了。他低着头回来认错,这时你觉得小家伙太敏感,不能批评,于是他做错的事,你只能一个人来邻居家赔礼道歉,但是你这么做,换来的是他下一次的变本加厉,他会觉得自己做错了事也没有关系。遇到这样的爸爸妈妈,你会怎么做?看看小家伙,正在摆积木,扑通一声响,积木倒了,小家伙生气了,一下子把所有的积木都推向一边,嘴里还说:"不玩了,一点都不好玩!"遇到这样的孩子,你又会怎么做?

多多出生在一个普通的家庭,爸爸赚钱养家,妈妈一心只照顾家庭,他们不想让多多觉得自己的家是一个普通家庭,因为害怕小家伙受到伤害。他们给多多买最好的衣服,给他买他想吃的东西,从小到大,多多的生活都很"富有"。

突然有一个月,家里的开销比较大,因为奶奶生病了,所以要拿出一部分钱来给奶奶看病,正好这个月多多的学校要开运动会,别的小朋友都买了新的跑步鞋,多多没有买。小家伙和妈妈提过,妈妈说:"我们有旧鞋啊,可以穿的。""可是别的小朋友都买了新鞋,我也要。"多多边说边哭了起来,任凭妈妈怎么劝,他都不听。

最后，没有办法，他还是穿着旧鞋子去学校参加运动会了。多多低头看了一眼别的小朋友的新鞋子，再看看自己的旧鞋子，心情一下子就不好了，他觉得自己没有信心参加比赛了，觉得自己不会赢。

哨声一响，小朋友们就开始比赛跑步了，唯独多多还站在那里。老师来到他身旁，让多多赶快进入状态，跑起来，可是多多的注意力却在其他孩子的运动鞋上，怎么都迈不开脚步。结束的哨声响了，多多得了最后一名，与奖牌也没有了缘分。

多多带着失落的心情回到了家，他告诉妈妈不想去上学了，他觉得这次失败很丢人，害怕去了学校之后别的小朋友会嘲笑自己。妈妈劝说了多多，但无济于事。

男孩要有责任感，更要有坚强的内心，但是年轻气盛的他们又是那么的脆弱，那么容易犯错。男孩的成长过程不是一帆风顺的，他们的成长要经历一个特定的过程，没有捷径。男孩在成长过程中总会遇到一些挫折，爸爸妈妈这时候就应该慢慢培养他们的抗压能力，让他们不会因为遭遇小小的挫折就一蹶不振。爸爸妈妈培养孩子强大的内心，首先要增强孩子的自尊心，发现孩子的优点，尤其要鼓励小家伙注重为一件事努力的过程。爸爸妈妈要认真观察孩子具有哪些性格优势，并引导小家伙发挥这一长处，落实到实践当中。小家伙难免有心情不好的时候，这时候爸爸妈妈要引导小家伙学会控制自己的情绪，学会自己调节自己的坏心情，最为重要的是要培养小家伙拥有乐观的心态。

小浩很小的时候，妈妈就让他学了武术，因为妈妈认为武术能够让小家伙拥有坚韧不拔的精神，同时也能锻炼小家

第三章
男孩的内心也是柔软的

伙强大的内心。小浩也很喜欢武术,所以他答应了妈妈,开始学了起来。

学习武术是一个艰难的过程。有时候,小浩想要选择放弃,每当这个时候,老师和妈妈都会鼓励他,说他在练习的时候是最努力的一个,也是学习最快的一个。听到这样的鼓舞,小浩又有了信心,决定不放弃了。

一次跑步的时候,小浩不小心崴了脚,爸爸妈妈都很担心他,还专门带他去了医院,小浩看到爸爸妈妈都很紧张的样子,反而很轻松,他安慰爸爸妈妈说:"没事的,爸爸妈妈,我不怎么疼,过几天就好了。"他说这句话的时候还一副满不在乎的样子,爸爸妈妈就放心了,他们觉得儿子很坚强。

小浩的心态就是这么好,在学习上遇到困难时从来都不放弃,他会一遍又一遍地问老师,回家查资料,直到弄懂为止。这个小家伙在前进的道路上就是这么执着,他成了全班同学学习的榜样,同学们都很崇拜他,都嚷嚷着说要向小浩学习。

男孩就要有强大的内心,未来他还会遇到很多挫折,如果他不坚强,就难以支撑生活和学习带来的压力。如果他拥有强大的内心,就拥有了抗压能力,将来才能更好地面对人生,才能在逆境中获得成功。

5. 心理疏导对男孩成长很重要

当成绩一直很好的孩子最近一段时间学习成绩直线下滑，当一直阳光外向的孩子最近一段时间总是躲在家里不想出去时，爸爸妈妈应该如何应对呢？这时候，爸爸妈妈需要与小家伙进行沟通，进行心理疏导，否则，孩子长期处于抑郁状态，很容易导致各种心理问题，进而影响到孩子的健康成长。

赫赫3岁之前说话很流利，是个活泼的小孩儿。但自从上了幼儿园，他就变了。因为从上幼儿园的那天开始，爸爸妈妈就学着其他人，开始重视他的学习，为他报各种辅导班，爸爸妈妈的想法就是不让小赫赫落后于其他孩子。

赫赫不喜欢爸爸妈妈为自己做这样的安排，但他无力反抗，只能按爸爸妈妈的要求去做。上小学后，爸爸妈妈一直埋怨说："小赫赫怎么回事啊，我们为他做了这么多，这个家伙怎么就是不努力呢？"从幼儿园到小学，爸爸妈妈几乎没有夸赞过赫赫，只是一味地给他施加学习压力。

赫赫很想让爸爸妈妈夸自己一次。有一天，他兴高采烈地跑回家，对爸爸说："爸爸，我……为班里……打扫卫生，可……可……干净……了，老师还……夸我了呢！"赫赫结

第三章
男孩的内心也是柔软的

结巴巴地说。爸爸第一次发现赫赫说话变成了这个样子，一开始吃了一惊，然后说："打扫卫生干净有什么用，学习成绩好才有用。"

赫赫再一次被爸爸否定了，从这天开始，孩子就变得口吃，惹得别的小朋友总是嘲笑自己，赫赫变得不敢说话了。下课时，他经常一个人躲在角落，回到家也不再和爸爸妈妈交流了。

男孩在成长的过程中，受某种因素的影响，会出现心理问题，或者产生困惑，这时候就需要对他进行心理疏导，而爸爸妈妈是对其进行心理疏导的关键。如果小伙子遇到了学习、生活、情感方面的问题，爸爸妈妈要多倾听，千万不能太着急，对于孩子的优秀或者失败，都要从客观的角度去评价，并和孩子一起面对，引导孩子克服困难。爸爸妈妈可以经常带孩子参加户外活动，拓宽他的视野，也可以举办家庭聚会，让孩子感受家的温暖，提高孩子的积极性与自信心，让他变成一个真正的男子汉。

小宝很小的时候，自我保护意识很强，妈妈带着他和别的小伙伴一起玩儿的时候，他手里有好吃的东西，从来都不分享给别的小朋友，他也不随便接受别的小朋友给自己的玩具或者吃的东西，如果有小朋友伸手给他一块糖，他会用小手拍一下小朋友，然后生气地跑开。

妈妈和爸爸就这个问题进行了沟通，爸爸为妈妈出了很多主意，他先让妈妈带着小宝感受这个世界的美好，让小宝感受关爱和感恩。妈妈带着小宝来到离家不远的公园玩，然后指着公园里的花对小宝说："看，这些花真美，小宝好好看一看。"小宝一下子跑开了，但在跑开之前他还是偷偷地看了一眼妈妈刚才指着的花,心想:"嗯,确实挺漂亮的。"

晚上,小宝躺在床上,妈妈拿着故事书给小宝讲故事,妈妈给小宝讲了"分享"带来的快乐,让他懂得感恩之后的美好,小宝似懂非懂,但他在听了故事之后感觉很轻松,很快乐。

第二天,妈妈带着小宝来到了汉堡店,给他点了最爱吃的汉堡,这时小宝在心里就想:"妈妈爱吃什么呢?妈妈说过,懂得分享是一件幸福的事。"小宝想到这里,突然对妈妈说:"妈妈,我想用我的零花钱给妈妈买妈妈爱吃的东西。"妈妈笑了。

从这之后,小宝敞开了心扉,不再拒绝别的小朋友,他和小朋友们玩得很开心。

爸爸妈妈应该多关心孩子,如果发现孩子的表现异常,就要认真观察,及时对孩子进行心理疏导,纠正孩子的人生观、世界观和价值观,培养一个身心健康的男子汉,对爸爸妈妈和孩子来说至关重要。

6. 男孩需要理解和支持

作为男孩的爸爸或妈妈,你是否冤枉过孩子:原本是邻居小弟弟送给他的小汽车,你却说他是未经大人允许私自拿的?他没有欺负过小朋友,却被小朋友冤枉说他揍了那个小家伙,当你得知了这件事,批评了

第三章
男孩的内心也是柔软的

他?孩子在被批评的时候也许会一直在辩解:"我没有打他,真的没有!"他辩解的时候很委屈。如果你不问青红皂白就冤枉孩子、批评孩子,就是你对孩子的不尊重。男孩,需要尊重,也渴望被尊重,作为爸爸妈妈要理解孩子,遇事要站在孩子的角度去思考问题,搞清楚事情的缘由,给予孩子最大的支持。

> 小申的爸爸妈妈都很忙,小家伙上幼儿园时,爸爸妈妈总是最后一个来接他回家。他们觉得,养孩子,就是要让孩子吃得好,穿得好,平时也没有时间带小申玩。小申看到别的小朋友和爸爸妈妈其乐融融时,他很羡慕。
>
> 小家伙想和爸爸妈妈说说话,他们却总是以忙为借口,让小家伙离自己远一点。有时,他们会给小申一些零花钱,让他自己去买好吃的,可是,这些不是小申想要的。小家伙为了引起爸爸妈妈的注意,开始淘气了,他有时会故意摔个杯子,妈妈见状,会赶忙走到他身边,问一句:"小申,你这个小家伙怎么这么不小心,看摔碎了吧!"妈妈边说边检查着小申的手,看他有没有受伤。
>
> 小申觉得这样很管用,最起码能引起爸爸妈妈的注意啊!一次,他在学校里故意和小朋友打架,老师把小申的爸爸喊到了学校,并指出了小申的问题。爸爸知道小申很淘气,于是回到家之后,就把小家伙揍了一顿。小申的屁股很疼,他开始犹豫要不要闯祸了。
>
> 之后,小申就变得不爱说话了,见到爸爸也总躲着,但一等到爸爸不在的时候,他还是会在妈妈面前做一些出格的事,让妈妈关心自己。

孩子虽小,但也和大人一样,有丰富的情感,需要大人的理解与支持，需要爸爸妈妈的关怀，需要和爸爸妈妈交流和沟通。爸爸妈妈在教育孩子方面，不要推脱责任，觉得孩子犯了错和自己一点关系都没有，把责任都推在孩子的身上。爸爸妈妈要知道小家伙为什么会犯这样的错，他犯错的目的是什么。当然，孩子犯错了不要用武力来威慑，而应认真倾听孩子的心声，尊重他，让他在被理解、被支持的摇篮中幸福成长。

布布今年5岁，已经是一个中班小朋友了。这个小家伙可爱玩了，整天缠着妈妈在外面疯玩。这天，布布玩累了，下午回到家连饭都顾不上吃，一头扎在沙发上睡着了。妈妈做好了饭，看到布布睡得正香，也没喊他吃饭，只是轻轻地把他抱到了床上。

布布一觉睡到了第二天凌晨5点，这时，他突然感到屁股下面湿答答的，于是他喊着："妈妈，妈妈！"妈妈来到布布身边，问他："怎么了，布布？""妈妈，我被窝里有水，你看！"说着，他掀起了自己的小被子，妈妈一看，笑了，说："布布是不是玩累了啊？你尿床了！"妈妈很温柔地说，还边说边为小家伙整理床铺。小家伙一听妈妈这么说，急了，带着哭腔说："妈妈，对不起，我已经长大了，还尿床。"小家伙的眼里闪烁着泪花。

妈妈见小家伙很内疚，于是安慰道："你还是小孩子，偶尔尿床没有关系啊，你又不是故意的，对不对？不管你怎么样，妈妈都是爱你的，宝贝！"

布布听妈妈这么说，觉得妈妈是这个世上最懂自己的人，妈妈爱自己，那自己也爱妈妈。

爸爸妈妈爱孩子，就要尊重孩子、理解孩子，不管他做什么，都要

第三章
男孩的内心也是柔软的

接纳他。在教育孩子方面,接纳是很重要的。爸爸妈妈要真正支持小家伙,如果你做到了,你就是这个世上真正懂他的人。不过,爸爸妈妈理解与支持孩子,并不只是说说而已,关键的是要付诸实际行动,用事实说话,用孩子对你的认可来证明。

7. 男孩也会脆弱,也需要呵护

男孩就喜欢疯跑,跑着跑着就会摔倒,摔倒了就放声大哭,因为疼;男孩就是淘气,出门在外就喜欢去玩具店买个心爱的玩具,不给买就躺在地上耍赖,哭泣;小家伙在外面玩耍时,被几个小家伙合伙欺负了,回来时带着委屈,流着眼泪,把苦水倒了出来。这时候,有些爸爸妈妈会让男孩儿将泪水收回,告诉他:"男子汉流血不流泪,来,把眼泪擦干,不要哭!"谁说男孩就不能哭了!不哭,小家伙怎么能将脆弱的一面展现出来,怎么能把肚子里的委屈倒出来,怎么能宣泄自己内心的愤愤不平呢?

小杰有一个很心爱的玩具——小警车,那是去年爷爷外出旅行时给他买的,还是限量版。小杰有个梦想,就是当一名警察,因此他格外珍惜这个玩具。

一天,小杰和邻居小妹妹在一起玩,小杰想让小妹妹看看自己心爱的玩具,于是就把玩具拿到了小妹妹家。玩了一会儿之后,小杰想要回家了,可邻居小妹妹手里一直拿着小杰的玩具不放手。

"小妹妹，哥哥要回家了，把小警车还给我好吗？""不，我还要玩。不，这已经是我的了，因为在我家。"小女孩儿说。

小杰想要把玩具夺过来，就在这时，小女孩儿大声哭了起来。小杰妈妈听到哭声之后，也来到了邻居家，当妈妈问明缘由时，对小杰说："不就是一个玩具吗？给小妹妹好了。"小杰说："可这是爷爷送我的礼物，我可以给她别的玩具，这个不可以。"

"不嘛，我就要这个。"小女孩儿哭着说。任凭邻居阿姨怎么劝说小女孩，她就是不撒手。这时，妈妈只能说："先让妹妹玩，等一下她就会给你的。"

小杰说："她才不会给我，我就要自己的玩具。"说着，小家伙的眼泪涌了出来。妈妈看到小杰哭了，说道："你是男孩，怎么能哭呢？要坚强。"

小杰听妈妈说了这句话后，强忍着泪水跑回了家，他一个人躲进了自己的房间。小家伙眼睛红红地躺在床上，躲进了被窝里，他觉得无比压抑。

有的爸爸妈妈用"哭，没有出息"来衡量一个男孩，这种衡量标准是不对的。男孩心里有苦，或受了委屈，也可以哭出来。当然，这里排除男孩无理取闹地哭。哭可以缓解孩子的心理压力，发泄孩子内心的负面情绪，减轻悲伤与痛苦，让孩子紧张的精神得到释放，让整个人变得轻松。如果这个时候爸爸妈妈不让孩子把眼泪流出来，会大大影响孩子的身心健康。

小蒙很喜欢踢足球，上了三年级，他加入了学校足球队，跟着老师学习。每个星期的训练很苦，但是小蒙却不在乎，他珍惜每一次的训练机会。当然，在训练的过程中小蒙也曾

第三章
男孩的内心也是柔软的

受过一些小伤。

这个星期天,学校要举行一次足球比赛,可是在前一天训练的时候,小蒙因为太过努力而受伤,没办法,这次比赛他去不了了,只能待在家里。

比赛马上就要开始了,小蒙眼里含着泪水对妈妈说:"妈妈,我好想参加比赛,好想好想!"这时妈妈安慰道:"妈妈知道小蒙此时的心情,你想哭就哭出来吧。"小蒙听妈妈这么说,流下了眼泪。

妈妈又给了小家伙一个拥抱,小蒙的头靠在妈妈的肩膀上,瞬间他放声哭了起来,妈妈轻轻拍着小蒙的背,安慰道:"我们只是受伤了,等伤好之后还有很多参加比赛的机会,对不对?"

小蒙说:"对!"得到了妈妈的安慰,他哭了一会儿之后感觉不那么难过了,整个人轻松了很多。

男孩如果将委屈咽下去,憋在心里,会更加让爸爸妈妈担心,而通过长时间的积累,孩子的内心会压抑,更容易惹出事端。小家伙通过哭泣将情绪发泄出来,也是一种自我调节的方法。所以,爸爸妈妈要"男女平等",孩子想哭,就让孩子哭出来。

第四章

对男孩要进行赏识教育

有人说：优秀的孩子是夸出来的，尤其是男孩。但是父母对孩子的夸奖应该是经过认真品味后的真正欣赏。爸爸妈妈的用心夸奖，就是对孩子的及时肯定。男孩的自尊心很强，父母的赏识能够建立孩子的自信。爸爸妈妈夸奖孩子的时候，一定要讲求方式方法，否则会适得其反。运用正确的方法夸奖孩子，能够让孩子更加信任爸爸妈妈，彼此建立更加亲密的亲子关系，让孩子健康快乐地成长。

第四章
对男孩要进行赏识教育

1. 他的上进心与你夸他的次数成正比

孩子的学习成绩很差,不是他懒惰,而是你从来都没有夸过他,没有激起他的上进心;孩子不懂礼貌,不是他不知道尊老爱幼,而是你从来都没有夸过他,自然而然地,他就不是众人眼中的好孩子了;孩子没什么爱好,不是他不喜欢,而是你从来都没有夸过他,所以,他对周围的一切都不感兴趣。有上进心的孩子是夸出来的,这就需要爸爸妈妈在教育孩子的过程中,及时发现他的优点,激发他的上进心,让他一点点进步,然后将孩子新的优点放大来夸赞和鼓励,让孩子不断进步,变得优秀。

小睿的哥哥很喜欢阅读,小睿很小的时候也会学着哥哥的样子,拿着一本书假装读着,不过,他这个样子坚持不了太长时间,因为小家伙比较贪玩,他老实坐在那里的时间最多也就10分钟,10分之后他就跑得无影无踪了。

哥哥考上了重点中学,妈妈也想让小睿像哥哥一样优秀,但是,看这个小家伙的状态,很难达到那个水平。

小睿上小学之后,还是那么贪玩,作业写得很潦草,也不能安静地坐在那里看书。但每次哥哥回来时,他都会在哥哥身旁假装拿着书看一会儿。这时,妈妈就会抓住机会夸赞小睿:"看,我们的小睿也像哥哥一样认真学习了呢!"

小睿听妈妈这么说，心里还挺自豪的，别看这个小家伙贪玩，但很崇拜哥哥。妈妈夸完了小睿，他就要比平时认真好多，而且坐着的时间也变长了，为了在哥哥面前表现，他把所有的作业都写完了。

　　这次期中考试，因为小睿认真了很多，所以成绩要比平时好一些，妈妈看到小睿的成绩之后夸赞道："看吧，我就说我们的小睿可以考好。不错，这次进步了，希望下次再接再厉！"

　　妈妈的夸赞增强了小睿的信心，小睿这次在学校里还获得了进步奖呢。从这以后，小家伙开始努力了，他暗暗下决心，还要考出更好的成绩，让自己变得像哥哥那么优秀。

　　爸爸妈妈教育男孩的时候，想让孩子变得越来越优秀，就要运用正确的夸赞方式，不可盲目夸赞，更不能不停地夸赞，夸奖孩子应该有度，不能纵容孩子的骄傲自大，否则只会适得其反。在很多爸爸妈妈的眼里，总觉得自己的孩子是最优秀的，从而高估了孩子的实力，对孩子抱有不切实际的幻想，让孩子迷失在前进的方向中。爸爸妈妈应该从实际出发，适当降低对孩子的要求，给孩子留足进步的空间，从孩子身上的闪光点出发，让他慢慢进步。当然，在夸孩子的时候一定要有具体内容，即夸赞孩子的具体行为和行动，以激发孩子的荣誉感，使他一路向前。

　　小军今年上四年级，一直是班级里的中等生，妈妈想让小军进步，听说夸奖孩子可以激发孩子的上进心，于是孩子一回到家就开始夸赞他："我们家小军这几天表现很好，如果学习能这么积极，那就更好了。"

　　妈妈的夸奖让小军一头雾水，小军不知道自己做什么了会被无缘无故夸赞。期中考试结束后，小军的数学考了70分，其实他平时数学也是这个成绩，妈妈看到小军的成绩后，立刻夸赞了起来:"考得很好啊,争取下一次考100分,这样一来,进入全校前三名是没有问题的。"

妈妈的这次夸赞给小军带来了压力,他现在才考了这么一点点分数,离100分还差得远呢!他不由自主地想:"最近一段时间妈妈是怎么了呢?好奇怪,怎么办?"

妈妈一连串的夸赞并没有起到很好的作用,小军一点儿进步都没有,而且在最近这段时间开始躲着妈妈了。妈妈很郁闷,她不知道自己怎么做才能让小军变成一个优秀的男孩……

相信每个小男孩都希望得到爸爸妈妈的赏识,但赏识不等于一味地赞美,爸爸妈妈在夸孩子的时候,也要适时适当。当孩子做出正确的事情时,就不要吝啬,一定要及时夸赞,孩子才会更有动力和激情接着做下去。

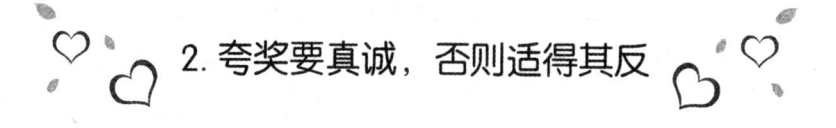

2. 夸奖要真诚,否则适得其反

今天孩子帮你扫地了,你心想:"这小家伙也开始懂事了,得夸赞他一下。"不过,不善言表的你只是用一句"我的好孩子,你真棒"来敷衍地夸赞了孩子一下。你自认为完成了赏识教育,殊不知这么随意的夸奖对孩子来说,并不能激发他积极向上的心态,反而会增加他的逆反心理,因为小家伙感受不到你的真诚。如此草草了事的夸奖并没有什么用。

小冉的成绩一直都不怎么好,爸爸妈妈想让他变得优秀一些,便商量着要对小冉进行赏识教育。

小冉今天的考试成绩出来了，不是很理想，爸爸妈妈看到成绩之后对小冉说："成绩还不错，继续努力吧，爸爸妈妈相信你。"小冉原本以为自己会挨一顿训，结果却受到了这样的夸赞，他感到一头雾水。

小冉想："我在学校里明明并不优秀，也没有其他同学考试成绩好，爸爸妈妈为什么要这样夸赞我呢？搞不懂！"

虽然爸爸妈妈夸奖了自己，但小冉还是一点都不自信，因为他知道自己没有那么聪明，所以并没有把爸爸妈妈的夸奖当一回事，反而出现了逆反心理，爸爸妈妈说什么，他偏偏朝着相反的方向去做。

有一个星期天，小冉看到妈妈在做家务，就跟着一起收拾了起来，但收拾了一会儿小冉开始不耐烦了，他想要出去玩。小家伙正要丢下手里的活儿时，妈妈说："哎哟，小冉可真是妈妈的小帮手，你真能干，是妈妈的骄傲！"小冉听了之后，顿时就有了压力，他原本是要出去玩的，心想："完蛋了，这下出不去了，怎么办？"他只能硬着头皮帮妈妈打扫完了。

之后小冉再也不想帮妈妈干活了，他怕受到这样的夸奖。爸爸妈妈这样的夸奖对小冉来说，简直就是一种压力。

爸爸妈妈毫不吝啬地去夸奖孩子，初衷是正确的，但要讲求方式方法，要拿出百分之百的诚意来夸赞，让孩子真正感受到自己做一件事的价值。爸爸妈妈为了帮助孩子建立自信，会经常说："真不错""太棒了""真聪明"。当孩子在和其他伙伴比较时，发现自己并没有那么优秀，便会在心里产生疑问，陷入自我怀疑和对父母的不信任。所以，真正的赏识，是发现孩子在行为中的优点，并放大它，以此来激发孩子的积极性。夸赞孩子，是以让孩子实现自我价值为前提的，夸奖时不要

第四章
对男孩要进行赏识教育

给孩子带来压力,不要为了赞美而赞美。

小帅总欺负弟弟,爸爸将这一切都看在眼里。小帅这样的行为在大家看来,是一点当哥哥的样子都没有。一家人出去玩的时候,小帅总是跑在前面,弟弟在后面喊着:"哥哥,哥哥,等等我!"小帅却回过头,做了个鬼脸,跑了。

爸爸妈妈觉得小帅如果一直这样下去是不行的,但他们又不能直接去批评指责孩子,于是就想通过夸奖的方式来改变这个孩子。

这天,爸爸在家给小哥俩做了好吃的糖醋排骨,爸爸把菜装进盘子里,让小帅端到桌子上。小帅将菜端到桌子上之后,看到弟弟看着自己,于是他拿起筷子夹了一块肉,放到了弟弟的碗里,弟弟高兴地拍了拍手。爸爸看到了小帅的举动,于是不紧不慢地说:"弟弟,谢谢哥哥给你夹的肉。你看,哥哥在关心你,你也要关心哥哥啊!"爸爸的话让小帅的心里暖暖的。爸爸的夸奖很真诚,小帅也能真真切切地体会到来自爸爸的认可。

就因为爸爸对自己这样的夸奖,小帅好像一下子长大了一样,出门时他经常拉着弟弟的手,有好吃的东西他先给弟弟留着,弟弟淘气的时候他会告诉弟弟什么是对的、什么是错的。

父母随口的夸奖,可能意识不到会带来怎样的影响,直到有一天,发现孩子变得害怕失败,经不起一点挫折……方知有针对性的具体表扬才会让孩子更容易理解,并且知道今后应该怎么做,如何努力。

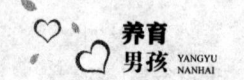

3. 善于寻找孩子可夸奖的点

培根曾说："即使是真诚的赞美，也必须恰如其分。"每个人一般都有缺点也有优点，尤其是小孩子，爸爸妈妈可以帮助小家伙纠正缺点。更重要的是爸爸妈妈要善于观察自己的孩子，发现他身上独特的闪光点，适时提取、放大，对孩子进行真诚的赞美，这样就会做到恰如其分。如果小家伙的字写得漂亮，爸爸妈妈就可以说："今天的字写得很好，工工整整的。"小家伙的记性好，爸爸妈妈可以这样夸奖："嗯，看几遍就会背了，不错哟！而且背诵的时候没有错字。不过，要是再熟练一些就更好了！"爸爸妈妈找到了可夸奖孩子的点，孩子就会以夸奖点为标准，继续努力，这样一来，爸爸妈妈的夸赞就奏效了。

鑫鑫特别喜欢看动画片，但是妈妈担心他看电视时间长了损害自己的眼睛，于是想了个办法。妈妈对鑫鑫说："宝贝，我们来约定一下看电视的时间吧！我可以监督你，你也可以监督妈妈，我每天看手机可以看15分钟，你看电视也可以看15分钟。15分钟后，我们一起看书、玩游戏，怎么样？"

鑫鑫开始有些犹豫，但后来他还是答应了。在接下来一个星期的时间里，鑫鑫和妈妈都遵守了约定，他们也养成了

第四章
对男孩要进行赏识教育

好的生活习惯。这时，妈妈对这个小家伙说："鑫鑫，我们都遵守了约定，谢谢你，因为有你的监督，妈妈才能不长时间看手机。你的自制力也很强，看动画片的时候，说好的15分钟，到了时间就关掉电视了，妈妈为你点赞！"

鑫鑫得到了妈妈这样的夸奖，觉得很自豪。妈妈给了鑫鑫监督妈妈的权利，鑫鑫自己也做到了守约，虽然中间也有妈妈的监督。他觉得自己长大了。

之后，鑫鑫和其他小朋友玩儿的时候也会告诉他们，看电视的时间不能太长，否则会伤害眼睛。在鑫鑫的带动下，小家伙们回到家之后，再也不长时间看电视了。

如果孩子很努力，那爸爸妈妈就要在夸奖的时候肯定他的付出；如果他是一个坚持做事的孩子，那爸爸妈妈在夸奖的时候要肯定他的耐心和毅力；如果他做事的态度很认真，那爸爸妈妈就要在夸奖的时候肯定他积极向上的正能量；如果他在某一方面不断提高，就证明他是个细心的孩子，爸爸妈妈在夸奖的时候就要注重细节；如果他在生活或学习中有一些新的想法，那爸爸妈妈就要在夸奖的时候说他是个有创意的聪明男孩……总之，夸奖孩子，就要夸奖到点子上。

小洋的爸爸下班回家后，总喜欢和小洋待在一起：小洋写作业的时候，他会静静地待在小家伙的身边看书；小洋朗读的时候，他会像个听众一样认真地听；小洋玩的时候，他会像个孩子似的和他一起疯玩……

在与小洋相处的过程中，爸爸发现小洋朗读课文时特别有感情，还很流利。小洋告诉过爸爸，他长大了想当一名主持人，他要朝着这个方向努力。爸爸也发自内心地想要让小洋梦想成真，他要支持小洋，帮助小洋，可怎么帮呢？他觉得夸奖是帮

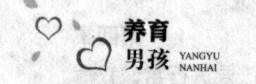

助小洋实现梦想最好的办法。

　　一天，吃过晚饭后，小洋又开始在爸爸面前朗读了，他给爸爸朗读了一篇《燕子》的课文。"一身乌黑光亮的羽毛，一对俊俏轻快的翅膀，加上剪刀似的尾巴，凑成了活泼机灵的小燕子……"

　　当小洋朗读完后，爸爸用崇拜的眼神盯着小家伙，说："孩子，你朗读得太流利了，普通话很标准，还那么有感情，真像个小主持人一样！"

　　听爸爸这么说，小洋的自信心满满，后来，他在朗读方面更加努力了，小家伙要朝着梦想不断前行，让自己梦想成真。

　　爸爸妈妈夸奖孩子，就要让小家伙知道自己哪里优秀、哪里棒。如果孩子考试比上次多了3分，爸爸妈妈就可以抓住这个点对孩子说："不错啊，儿子，进步了，比上次多了3分。"这样孩子就会想着下次考试要比这次还多，哪怕是1分，也会换来爸爸妈妈的认可。爸爸妈妈对孩子的赏识要基于客观事实，这样孩子才能有更清晰的认知，知道自己应该朝哪个方向努力。

4. 根据孩子特点采取正确的夸奖方法

　　孩子每天都会给爸爸妈妈不一样的惊喜。今天他拥有了责任心和领导能力，爸爸妈妈就应该抓住这一点夸奖他："你在做这件事的时候很负责任，完成得很好。"明天，他勇气可嘉，仅仅用了8天的时间就学

第四章
对男孩要进行赏识教育

会了游泳,爸爸妈妈就应该抓住这次机会夸奖他:"小伙子,你一点都不怕困难,太难得了!"他助人为乐,弘扬中华民族传统美德,因为老师告诉过他,"赠人玫瑰,手有余香",爸爸妈妈就应该抓住机会夸奖他:"儿子,真不错,帮助小朋友完成了任务。"爸爸妈妈夸奖孩子时,要根据孩子的实际行为采取正确的夸奖方法,这样才有效,才能让孩子变得更优秀。

小景是个说话算数的孩子。在家里,他和妈妈说几点完成作业,就可以在规定的时间做完;和爸爸说每天坚持阅读,就可以做到每天阅读;和同学约好了玩耍的时间,他总是第一个到。妈妈通过长时间的观察,发现小景是个讲信用的人,她觉得孩子这一点做得很好。

妈妈觉得应该夸奖一下这个小家伙,但是也要讲求方式方法,于是在网上查了应该如何来夸赞孩子。

妈妈知道小景最不擅长的就是英语,她想通过鼓励的方式让小景在这一方面有所提高,于是和小景约定说:"小景,我们每天早上阅读10分钟英语,好不好?""可是我不会!"小景很不自信,妈妈见状赶忙说:"我可以帮你。你阅读的时候,妈妈会在你身边,放心吧!"小景说:"好吧!"接着妈妈又说:"妈妈知道小景一直都是个讲信用的人,我们一起遵守彼此的约定。来,加油!"小景心想:"对,既然答应了妈妈,我就要做到。我可以!"

一个月的时间过去了,这期间,小景一直坚持朗读英语,他成功了!学校小测试时,他考了98分。看到自己进步了,小景很高兴。妈妈看到他的成绩之后,也很欣慰。

也许你的孩子有些淘气,但是他有很多好朋友,人缘还挺好,有那么多人喜欢他;他学习不好,但是却很爱干净,总是帮着妈妈打扫屋子;他爱耍小性子,但总认为自己是一个正义的"小战士",只要他的同伴受了欺负,他就会奋不顾身地冲上前,给自己的好朋友打抱不平。其实爸爸妈妈应该为此感到高兴,因为人无完人,孩子有自己的缺点,也有自己的优点,爸爸妈妈应该将注意力放在孩子的优点上,欣赏他独一无二的个性,发掘他身上无限的潜能。

放暑假了,妈妈带着小斌回外婆家。这小家伙可是很淘气的,来到外婆家,他看到院子里放着足球,就跑上前踢了起来,一个侧身翻,咣当一声,外婆家的玻璃碎了,小家伙吓了一跳,呆呆地站在原地,一动不敢动。

这时外婆说:"小斌,不要怕啊,没有关系,等下让外公来修一修!"他见外婆这么说,跑开了。外婆的院子里养着几只大白鹅,这小家伙刚刚才闯了祸,现在又不老实了,他拿着棍子,四处追赶那几只鹅,玩得不亦乐乎。妈妈见状,赶忙让小家伙停下来,但任凭妈妈怎么喊他,他都好像没听到一样,继续玩着。这么淘气的小家伙让妈妈很无奈。

不过,小斌也有懂事的一面。当外婆洗衣服时,小斌会来到外婆身边,帮着外婆一起洗,他看到外婆额头上流汗时,就会进屋拿一块毛巾为外婆擦汗。这时,妈妈就会夸奖小斌知道心疼外婆,外婆会很欣慰。

中午吃饭的时候,小斌会把自己碗里的鸡腿夹到妈妈碗里,说:"妈妈,您辛苦了!多吃一点!"这时,妈妈会说:"小斌长大了,知道心疼妈妈了,妈妈好幸福!"

妈妈虽然每天都会为这个淘气的家伙感到头疼,但是她觉得这个小家伙虽然淘气,但是很懂事,他很关心每一位长辈!妈妈为有这么懂事的儿子而骄傲。

第四章
对男孩要进行赏识教育

父母的赏识和积极的评价会对孩子自信心的培养起着至关重要的作用,因为孩子会在父母的赏识中感受到期望和肯定,会变得更加自尊、自爱、自信、自强!

5. 不要为了夸自己孩子而贬低别人

朋友聚会,大家在一起吃得正尽兴时,你为了在众人面前炫娃,于是开始了对自己孩子的夸奖:"来,小宝,把你今天学习的东西给大家讲一讲。"孩子有些不愿意,但还是讲了,讲完之后你会说:"我们小宝的学习能力就是强,一节课的时间就能熟练地掌握老师教的知识。"说完,你将矛头指向了朋友家的孩子:"你家的孩子上课的情况怎么样啊?孩子,来,为大家展示一下!"在你说出这句话的时候,场面会很尴尬。

聪聪妈妈觉得自己的孩子是最好的,在外人面前总是通过贬低别人家的孩子来夸奖自己家的孩子。

一天,聪聪和好朋友在玩耍,一旁的妈妈突然间说道:"你看,我们家聪聪的皮肤好白,再看看你家小浩,皮肤怎么那么黑啊!"小浩妈妈听聪聪妈妈这么说,心中不悦,但也什么都没有说。

又有一次,聪聪和小伙伴们在一起玩,一个小朋友不开心了,就大哭大闹,聪聪妈妈觉得这个时候聪聪好乖,于是对哭闹的那个小朋友妈妈说:"我家聪聪可乖了,一点都不磨人,小家伙很懂事。不像你家小朋友,总是哭个不停。"接着,聪聪妈妈又调侃了一句:"小家伙是在释放体内的洪荒之力吗?"

聪聪妈妈总是在别人面前夸奖聪聪,如果有别的小朋友在,她还要顺便贬低一下别的小朋友。妈妈的这种夸奖方式让聪聪觉得自己总是比别人优秀,和其他小朋友玩时,聪聪觉得自己应该高高在上,要压别的小朋友一头。聪聪觉得自己是这个世界上最优秀的孩子。

爸爸妈妈要知道,在众人面前夸奖自己的孩子而贬低别人家的孩子,是一种不礼貌的行为,会让你的朋友或邻居都疏远你,也会给孩子带来不好的影响。以这种方式来夸奖自己的孩子,会让孩子不能正确认识自我,变得虚荣,而被贬低的小家伙也会产生自卑心理,总觉得自己是最差的。

过年了,小旭和爸爸妈妈一起回到爷爷奶奶家,一家人在一起吃饭时,奶奶因为太疼爱小旭了,于是开始问东问西,问小旭都有什么特长,小旭说:"奶奶,我会弹吉他。不信,我给您表演一下。"说完,小家伙拿出吉他为大家展示了一番。

奶奶看到小旭这么优秀,不由自主地说:"看看,我们小旭学什么都快。记得今天暑假来奶奶家时还不会弹吉他,是吗?"小旭点了点头。

第二天,奶奶邀请了很多人来家里吃饭,在饭桌上,奶奶让小旭表演了吉他。这时,在同一个饭桌上还有另一个小朋友朵朵,奶奶就说:"朵朵学了什么啊?也给大家表演一下。"小家伙摇了摇头,奶奶接着说:"看吧,还是我们家小旭棒！弹得真好！"朵朵的脸一下子沉了下来，眼里还有泪水，在一旁的朵朵爸爸妈妈也略显尴尬。这时，小旭的爸爸觉得朵朵受了委屈，立马打圆场说："朵朵还小，小旭像朵朵这么大的时候也还没有学吉他呢。朵朵不急啊，叔叔觉得你如果学会了吉他，弹得一定也很棒！"在一旁的小旭妈妈也说："是啊，阿姨也相信！"

小旭还对朵朵说："朵朵，没事，等到你学习的时候，哥哥教你！"好暖心的一句话，一瞬间，朵朵笑了，笑得很开心。

吃完饭后，爸爸把奶奶拉到一旁，嘱咐奶奶不能因为疼爱自己的孙子，就贬低另一个人的孩子，这么做对两个孩子都不好。奶奶认识到了自己的错误，保证下次再不会这么做了。

爸爸妈妈总觉得自己的孩子是最优秀的，可以运用正确的方式来夸奖自己家的孩子，但却不能以贬低别人家的孩子为衬托，否则不仅会破坏两个家庭之间的关系，还会给两个孩子带来负面影响。

6. 夸孩子是为了让他自信而非自负

每个小孩的长相不同、性格不同、爱好不同，各自都拥有先天的优点，有自己擅长的东西，爸爸妈妈应该根据自己孩子的特点采取正确的夸赞方式，尤其是在夸赞的时候不能让孩子有骄傲的心理，要让他知道取长补短。小家伙长得帅气，是先天优势，如果一味地夸奖他："这小家伙真是个小帅哥！"这样的夸赞会让孩子觉得自己很优秀，夸奖来得太容易，就会让孩子骄傲自大。正确的夸奖方式，应该是将他的先天优势淡化，而夸奖他通过努力获得的成就。比如，小家伙今天收拾了房间，爸爸妈妈就可以这样夸赞："看，我们的小帅哥把房间收拾得这么干净，真是让人眼前一亮，你给了爸爸妈妈一个惊喜！"接下来，小家伙很有可能会成为一个爱干净的小帅哥，也可能会帮着爸爸妈妈一起打扫房间。

冬冬有一张能说的小嘴，不到1周岁时就会说话了，凡是见到小家伙的人都夸他。一开始，小家伙的嘴可甜了，见到和妈妈一样的同龄人就喊"阿姨"，还说："我喜欢阿姨，阿姨很漂亮！"见到和爸爸一样的男同志就喊"叔叔"，当叔叔给自己买好吃的东西时，他会一直说"谢谢"。

爸爸妈妈看到冬冬这么懂事，便一直夸着小家伙："你真棒，你怎么这么会说呢？"这样的夸奖冬冬听了好多，也就习以为常了。

小家伙上小学了，因为经常得到爸爸妈妈的夸奖，他有些骄傲了，变得想说什么就说什么了。一次，一家人外出吃饭，冬冬看到了一位很胖的阿姨，于是说："妈妈，那位阿姨好胖！"妈妈见冬冬这么说，赶忙说："冬冬，每个人都喜欢别人夸奖自己，就像你以前总是说"阿姨很漂亮""叔叔谢谢你给我买好吃的东西"这样。如果你说别人胖，这是在贬低别人，知道吗？以后注意改正，做回你自己，妈妈相信你可以做到。"

冬冬立刻认识到了自己的错误。这时，妈妈也开始反思：之前是自己没有对孩子做出正确的引导，总是一味地夸奖，是自己的"赏识教育"出现了问题，才使冬冬走入了误区。经过反思之后，妈妈在平时开始注意了，她会夸赞冬冬，不

第四章
对男孩要进行赏识教育

过在赏识教育的时候,她也会对冬冬某些不佳的表现做出适当的提醒和纠正。

其实孩子很看重爸爸妈妈对他们的夸奖与鼓励,希望爸爸妈妈夸奖自己。爸爸妈妈用正确的方式夸奖,会让小家伙变得越来越积极;但如果夸奖的方式不对,就会让孩子变得自负,进而产生负面效果。

小宁的爸爸妈妈工作都很忙,他从小就一直和奶奶在一起,奶奶很疼爱他,不管他做什么事,奶奶都一个劲儿地夸奖他,所以他被奶奶惯坏了。

他做得好,奶奶夸奖他;他做得不好,奶奶也会夸奖。有一次,他把在一起玩的小朋友给打了,奶奶过来说:"看,我们的小家伙多厉害,以后长大了可吃不了亏!"当被打了的小男孩找上门的时候,小宁的爸爸妈妈开始赔礼道歉,而奶奶却一边和对方理论一番,一边还在夸奖着小宁。

就因为奶奶的夸奖,小宁变得自负起来,小家伙在班上经常目中无人,总觉得自己很优秀,同学们都比不上自己。小宁和同学打架而被老师批评,因为难以接受,所以回到家之后就大发脾气。因为小宁的自负,班里的同学们都不愿意和他做朋友,大家经常孤立他。

夸奖孩子,夸奖的是他给自己和身边人带来的正能量,也就是对小家伙正确的行为结果进行夸赞,夸赞的目的是让他变得更加优秀,或者能够激发他的兴趣。爸爸妈妈在夸奖的同时要教育孩子懂得自谦,只有谦虚的人才能不断进步。

7. 无效夸奖侵蚀孩子的荣誉感

爸爸妈妈对孩子进行无针对性的夸奖，孩子听多了，就会不以为然，也不会放在心上，这是无效的夸奖。爸爸妈妈溺爱自己的孩子，所以会不切实际地夸奖他，只要逮着机会，不管他做了什么，你都会不加思索地夸奖一番，这种脱离实际的夸赞，只会将孩子引入歧途。在孩子正需要爸爸妈妈给予鼓励、称赞的时候，爸爸妈妈却处于茫然无知状态，当反应过来想要夸奖的时候，为时已晚，孩子丝毫感受不到爸爸妈妈的爱，会觉得自己被冷落了。

成成是个懂事的孩子，他喜欢写日记、写作文，总爱将自己的思想感情抒发出来。每次他写完作文，都会放在爸爸的书桌上，想让爸爸看一看，可是，每次爸爸都以没时间来搪塞他。成成好想得到爸爸的表扬。

这天，一家人正在一起吃饭，妈妈拿着成成的作文给爸爸念了起来，题目是《我的爸爸》。"我的爸爸那浓浓的眉毛下面，有一双明亮透彻的大眼睛……他是一名外科医生，救治过无数病人，他好辛苦，经常忘记吃饭……"

爸爸听完了妈妈念的作文之后，从妈妈手里将作文拿了过来，不由自主地夸奖道："成成，你的作文写得太好了，

第四章 对男孩要进行赏识教育

什么时候写的呢?"

成成一把将作文夺了回来,然后冷漠地说:"前几天就放在你桌子上面了,你都没有看,我原本想让爸爸看一看我写的作文,老师还给我的作文写了评语、贴笑脸了呢。"

当时的气氛让所有人都很尴尬,爸爸也意识到他刚刚对成成的夸奖太迟了。孩子原本可以早一点听到自己的表扬,如果那个时候他把作文一放在自己的桌子上,自己就立刻看,成成一定不会用这个态度对他,孩子一定会很高兴,说不定还会兴高采烈地拥抱着爸爸,说:"谢谢你,爸爸!"

夸奖孩子,时机很重要,我们必须在合适的时候给予孩子我们的赞赏,只有这样孩子才能感受到我们对他们的认可,才能起到激励孩子的作用。如果我们的夸奖时机不对,只能让孩子感受到我们的敷衍,非但不能让孩子感受到鼓励,反而会让孩子反感,起到反作用。夸孩子是门学问,作为父母,我们必须了解其中的门道,做会夸孩子的爸爸妈妈。

小昊是个很优秀的孩子,而他的优秀一定程度上归功于妈妈的夸奖。

小昊的字写得很漂亮,每次写字的时候,妈妈都在他的身边时不时地夸奖道:"小昊,妈妈观察了一下,你写字时的那个力度很像书法家用的力;还有那个钩,很有书法的韵味;这个'的'字,和书法书上的一样,写得不错。"小昊得到了妈妈的认可,写字时更加认真了,字也写得越来越漂亮了。

小昊很心疼爸爸和妈妈,他为爸爸捶背的时候,在一旁的妈妈会说:"小昊给爸爸捶背,解除了爸爸一天的疲劳,看,爸爸的脸上笑开了花!"睡觉的时候,小昊又给妈妈端来了洗脚水，妈妈说："谢谢你，小昊，你给妈妈端来了洗脚水，妈妈很感动，妈妈爱你！"

  有了妈妈的夸奖，小昊做每一件事时都很用心，因为自己每一次用心做事，都能换来妈妈的认可，而且，每一次他都会按照妈妈的夸奖来要求自己，所以这个小家伙变得越来越优秀了。

当恰当的时机爸爸妈妈给出发自内心的夸奖的时候，你根本想象不到孩子当时是多么的开心，对他们的激励是多么的有效。在孩子小的时候，爸爸妈妈在他们心中是那么的重要，你对他们的每一次夸奖都能让他们信心满满，所以，在合适的时间，不要吝啬你的夸奖，这样真的可以让孩子变得更棒。

第五章

养育男孩一定要懂得如何批评

很多爸爸妈妈都给了男孩一个标签式的评价：不听话！"人非圣贤，孰能无过。"男孩做错了事，或者不听话时怎么办呢？该批评的时候就批评。但批评男孩一定要抓住重点，不能唠叨个不停，要就事论事。男孩很爱面子，批评的时候要讲求方式方法，不要大声呵斥，要心平气和地告诉他那件事做错了，通过批评引导他改正错误，保证下次不再犯错。

1. 父母不忍心批评是对孩子的不负责任

有的小家伙心情不好时，只要看到自己身边站着其他人，就会抡起拳头打人。如果此时妈妈就在身旁，看到他打人也不忍心批评，不仅如此，妈妈还会在一旁给小家伙找着借口说："这个小淘气一定是困了，想睡觉，但是又不回家，唉，真是没办法！"小家伙听妈妈这么说，会感觉妈妈在为自己撑腰，所以更加肆无忌惮了。每位爸爸妈妈都爱自己的孩子，但在教育孩子方面要采用鼓励式的教育和批评式的教育相结合的方式，因为批评式教育能够让孩子认识到自己的错误，吸取教训，保证以后不再犯同样的错误。

星期天，小光的妈妈带着他来到图书馆。小家伙非常淘气，进门处明明写着"请保持安静"的牌子，可他一进门就故意发出了声响——磨着地面走，发出了嘎吱嘎吱的声音。图书管理员一开始只是做出了"嘘"的手势，可小光就像没看到似的。

图书管理员给了妈妈一个眼神，示意她告诉自己的孩子，这里是图书馆，禁止大声喧哗。可小光妈妈就像没看懂似的，没说一句话。妈妈一直都很纵容这个小家伙，从来都不舍得说一句，所以这次也一样，她认为孩子淘气是天性，应该任

第五章
养育男孩一定要懂得如何批评

由他发展。

　　这时，小光正在看着漫画书，看到有趣的地方就大声地笑了，所有人都抬起头来看了一眼这个小家伙，随后，大家又继续低着头看书了。图书管理员实在忍不住了就批评了小光几句："这位小朋友，这里是图书馆，不允许大声喧哗，如果再有下一次，我会让保安叔叔带你出去！"

　　妈妈听管理员这么说，顿时就和她理论了起来："怎么回事？一个小孩子，你至于这么吓他吗？有什么事和我说就可以啊！"小光看妈妈生气了，就走到管理员身边，用小拳头打了人家。妈妈扬扬得意地说："看，我儿子替我出头呢！"就在这时，图书馆里的其他人忍不住了，有人说："是你的孩子先发出笑声的，就是你们不对，为什么要打人？"接着，所有人都开始为管理员打抱不平。

　　妈妈看到有这么多人埋怨自己，为了躲避这些人，她只好领着小光离开了。

　　当孩子做事、学习或玩的时候，犯了错误，爸爸妈妈该批评的时候还是要批评的，不然，孩子怎么会认识到自己的错误呢？孩子犯了原则性的错误，不批评就意味着是在纵容，孩子自认为没有错，下次很有可能会继续犯同样的错。爸爸妈妈如果不通过批评让孩子改正，今后这些错误的行为或语言很可能会让孩子受到更大的挫折，或有更极端的行为，所以，爸爸妈妈的纵容，就是对孩子不负责任的表现。

　　小轩平时认真的时候，写的字很漂亮，每次爸爸看到他的字都会夸奖一番。这天，小轩急着和小伙伴出去玩，写作业的时候就有些心不在焉，再看字迹，写得非常潦草，中间还有很多错别字。

081

爸爸拿起小轩的本子看了一下,然后心平气和地说:"小轩,今天怎么回事呢?写的字怎么这么潦草呢?"说着,爸爸随便指出了一个字让小轩读,小轩看了一眼,说:"啊,不认识,我当时是怎么写的呢?"爸爸说:"看吧,你自己写的字都不认识,老师又怎么会认识呢?我希望你下次不要再犯同样的错误。你明明可以写得好的,爸爸相信你!"

小轩认识到了错误,低着头说:"好吧,爸爸,那我重新写,保证不再犯同样的错误了。"

爸爸听小轩这么说,点了点头,又摸了摸小轩的脑袋,说:"对啊,学习就要有认真的态度,要做到不急不躁,要不然就得像今天一样,还要再重新来一遍,是不是很浪费时间呢?"小轩点了点头,重新写了起来。

从此以后,小轩再没有犯过同样的错误,写字的时候一直都很认真。

爸爸妈妈舍不得批评孩子,无疑就是担心孩子无法承受,怕孩子的心灵受到伤害,其实,孩子并没有我们想象的那么脆弱。孩子很聪明,拥有一定的判断能力,知道哪件事是对的,哪件事是错的,爸爸妈妈的批评会给他提示,告诉他以后不可以再犯同样的错误,他会心领神会。

第五章
养育男孩一定要懂得如何批评

2. 批评要就事论事

爸爸妈妈在评判孩子的时候大多喜欢东拉西扯，很长时间以前孩子犯过的错误都会被拿出来再次批评，导致孩子不服爸爸妈妈的批评，觉得爸爸妈妈是在故意跟他们过不去。这就要求爸爸妈妈在教育孩子的时候一定要有针对性，尽量简单明了，让孩子一听就明白，要遵守就事论事的原则，不要将问题扩大化。

一天，写作业的时间又到了，妈妈在做晚饭，小刚在写作业。今天留的作业稍稍有些多，他不想写，从书房探出小脑袋看了看妈妈：哇，她在做饭，看不到我，我可以放松一下，但又不能离开书房。咦！这里有张空白纸，在上面画个妖怪。小家伙这么想着，就画了起来。

一个小时过去了，妈妈说："开饭了，小刚，作业应该写完了吧！"小刚答应得很快："马上！"小家伙说谎了，怎么能马上呢？作业才刚刚开始写。他又写了一会儿，就和爸爸妈妈开始吃饭了。晚饭过后，他又来到了书房，继续写着作业，半个小时过去了，他还在写作业。妈妈喊他上床睡觉，他却迟迟不动，依然坐在书桌旁。

这时，妈妈走过来问小刚："你好好写作业了吗？""妈妈，没有。"妈妈看到了书桌上的画，一下子什么都明白了。妈妈说："你今天犯了两个错误。第一，没有好好写作业；第二，你说谎了。你要知道，现在已经晚上9点了，该上床睡觉了，但是，因为你今天是初犯，所以我可以破例再给你半小时时间。但如果下次你再这样，即使到晚上9点你没有写完作业，我也会让你上床睡觉。没有写完的作业，自己和老师解释，好吗？"

小刚听妈妈这么说，点了点头。10分钟过去了，他写完了作业，但妈妈的话一直回荡在他的脑海里，之后，他在写作业时再没有玩过，也不再对爸爸妈妈说谎了。

爸爸妈妈要针对孩子的错误提出批评，告诉他什么是对的、什么是错的，接下来该如何纠正就好。在批评的过程中，不要讲与他的错误言行和行为无关的事，否则很可能让孩子反感，批评也起不到应有的作用。有的爸爸妈妈发现孩子犯了错误，就意气用事，将自己的烦心事也一起发泄在了孩子的身上，这样宣泄的后果常常会造成孩子的自责和自卑，也就达不到纠正错误的目的。

冬冬和妈妈，还有同班同学的几位妈妈一起外出旅行，出行之前，妈妈和冬冬说："冬冬在外面的时候，一定要跟紧妈妈，千万不能乱跑，不然就跑丢了。"冬冬点了点头。

来到目的地，冬冬发现这里一切的事物都那么新奇，于是，东瞅瞅，西看看，把妈妈在家里和他说的话都抛到了九霄云外，他开始跑来跑去地玩了起来。他和其中的一个小伙伴一起看到了一个机器人，便朝着机器人跑去，他们和机器人打着招呼，说着话。玩了好一会儿之后，一回头，却看不到妈妈了，两个小家伙一下子着急了。

第五章
养育男孩一定要懂得如何批评

他们就像无头的苍蝇开始乱跑,却还是找不到妈妈。就在这时,冬冬想起了自己的电话手表。他拨通了妈妈的电话,电话的那头传来了妈妈急促的声音:"孩子,你去哪里了?临出门的时候我是怎么交代你的?"

当妈妈找到冬冬时,严厉地说:"怎么能乱跑,丢了怎么办?像你这个样子,我下次肯定不会再带你出来玩了。你要把妈妈急死吗?"冬冬听妈妈这么说,很伤心,他原本想和妈妈赔礼道歉的,但这个时候怎么都说不出口了。妈妈看到冬冬一声不吭,更加生气了:"怎么,你还觉得自己有理了,是不是?难道你不想承认一下错误吗?"冬冬依然没有说话。

这次旅行就以找孩子为主了,大家都没有玩好,这时妈妈又开始埋怨了:"看看吧,就因为你,大家都玩得不尽兴,我们好不容易才有这样的出行机会,都被你给浪费了。"

冬冬听妈妈这么说,也很内疚,一路上都默不作声,一直听着妈妈唠叨,他的内心好压抑。

爸爸妈妈发现孩子身上存在问题时需要批评,但批评的目的是什么?是让孩子不再犯同样的错误。所以爸爸妈妈在批评孩子的时候就要对事不对人,动之以情,晓之以理,让小家伙明白他的错误所在并及时纠正。这样,小家伙才会更加容易接受,也更容易改正。

3. 批评的同时不要损伤孩子的尊严

爸爸妈妈可以批评孩子，但需要注意场合和时间，要控制好情绪，把握好尺度，不要伤害了孩子的尊严。孩子虽小，但也是要面子的。当孩子在一个人很多的地方做了错事，这个时候如果爸爸妈妈毫不留情地斥责他，小家伙就会用小眼睛看向四周，偷瞄着周围人的表情，然后和你说："好了，爸爸（妈妈）我知道错了，下次再也不敢了。"其实，他说这句话很有可能是在敷衍你，让你不要再批评了，他觉得这个时候被批评，很丢人。

妈妈刚刚带小涛去蛋糕店吃了一块蛋糕。但是，当他们又经过了一家蛋糕店时，小涛又吧唧着小嘴，拉着妈妈说："妈妈，我还要吃蛋糕。"妈妈说："你不是刚刚才吃过吗？我们要赶快回家了，妈妈有要紧的事要办。"

小涛见妈妈不给自己买，一下子躺在了地上，晃动着自己的小胳膊小腿，就让妈妈买。四周都是商店，来来往往的人很多，妈妈才不管这个，看到小涛这样无理取闹，便批评道："都已经和你说了，我有急事要回赶。你刚刚不是已经吃过了吗？现在怎么又要了呢？不给买！如果你愿意躺着，就躺在那里好了。"

第五章
养育男孩一定要懂得如何批评

小涛用小眼睛瞟了一下四周——有好多人都在看着自己。他有些害羞了,于是慢慢地站了起来,拽着妈妈的衣角,小声说:"妈妈,好了,不要再说了,我知道错了,我们赶快回家吧!"

说完,小涛拉着妈妈回家了。但妈妈还是不依不饶地说着小家伙,小涛忍不住哭了起来。妈妈甩开了他的小手,他边哭边跟着妈妈,跌跌撞撞一路向前,让人看得心疼。

爸爸妈妈可以批评孩子,但是千万不要伤害他的自尊。如果不分场合地批评孩子,会给孩子的心灵带来创伤;如果批评孩子的时候带着语言暴力,会深深地伤害到孩子的自尊心,严重时还会给孩子造成心理阴影,一生都挥之不去。所以,爸爸妈妈批评孩子要分清场合和措辞,在人多的时候批评孩子,会让他感到难堪和不满,也听不进你的批评。

今天,小雨和妈妈一起去公园散步。小雨一来到公园,就遇到了很多小伙伴,大家玩了起来,妈妈们则坐在一旁聊天。

有一个小伙伴拿了一个救护车玩具,小雨家里也有一个这样的玩具,他以为是自己的,就和小朋友抢了起来,嘴里还念叨着:"放开,这是我的玩具。"小朋友就是不给,还说:"这是我的,是我爸爸给我买的。"

妈妈听到孩子们的争吵声之后,立即走了过去。这时小雨依然认为玩具是自己的。妈妈轻声告诉小雨:"小雨,这个玩具是小朋友的,你的在家里啊!"小雨说:"不,我就要。"妈妈看到在这里无理取闹的小家伙,知道当众批评他必然会失了他的面子,于是妈妈说:"小雨,妈妈有事情和你说。"她把小雨拉到了没有人的地方,批评道:"小雨,不要无理取闹,好不好?很明显,那个玩具是小朋友的,你这样做是不是有些过分了呢?"

小雨也发现自己是不对的，于是低着头向妈妈承认了错误。妈妈带着小雨又回到了玩耍的地方，小雨主动和小朋友赔礼道歉了，小家伙们又开心地玩了起来。

爸爸妈妈要明白，批评孩子并不意味着在众人面前宣扬孩子的过错，如果你懂得维护孩子的名誉，他就会更加在乎自己的尊严。爸爸妈妈们，请不要认为你是家长就蛮横无理，不管发生什么，首先要控制好自己的情绪，不能在众人面前批评孩子，要尽力去滋养孩子的自尊，而不是削弱孩子的自尊。

4. 批评是引导而非呵斥

"我妈三天没有打我了……"这是多少小男孩调侃妈妈的一句话。而爸爸妈妈面对孩子的故意挑衅，又该怎么办呢？是大声呵斥吗？或许你也经历过大声呵斥小家伙的过程，当你呵斥完之后，小家伙暂时会"乖乖听话"，但接下来他是不是又重蹈覆辙了呢？孩子很有可能会继续犯错，甚至变本加厉。

瞳瞳是个捣蛋鬼，每天都把家里弄得乱七八糟的。妈妈刚刚收拾好了玩具，他就走过来，顺手拿起其中的一个，丢到了沙发上，接下来，他又会把刚收拾好的玩具扔到处都是。没过一会儿，他又来到书房，踩着小凳子，爬上桌子，把书架上的书一本一本地拿下来，把书弄得乱七八糟。妈妈提醒

第五章
养育男孩一定要懂得如何批评

过瞳瞳,让他把玩过的玩具和看过的书收拾起来,可是小家伙就像没听到似的,拿起一支笔,打开其中的一本书,挥动着小手,画了起来。

妈妈多次提醒后,瞳瞳仍然我行我素,妈妈心中的怒火一下子被点燃了,她大声呵斥道:"瞳瞳,妈妈刚刚收拾好屋子,就被你又弄得乱糟糟的,你怎么就不知道尊重别人的劳动成果呢?"瞳瞳被妈妈的声音吓了一跳,赶忙从桌子上下来,开始变得"乖乖的"了。妈妈边收拾边唠叨着:"妈妈不止一次和你说过,让你把自己玩过的东西收拾一下,你就像没听到一样。告诉你,我生气了!"

现在的瞳瞳已经被彻底吓到了,小家伙"哇哇"大哭了起来。妈妈知道,瞳瞳哭的那一瞬间就是要无理取闹的开始,于是她抬高了嗓门,吼叫着:"不许哭!"瞳瞳立刻止住了眼泪。

妈妈以为这样,孩子以后就不会再犯同样的错误了,但是,她的呵斥只起到了两天作用,两天过后,瞳瞳全忘了,又开始乱丢家里收拾好的玩具和书本了。而且,这次瞳瞳在丢玩具的时候还故意用力甩一下,甩完之后,还不时地用小眼睛看看妈妈,见妈妈没有反应,他便继续捣乱。

小孩子犯错,爸爸妈妈大声呵斥批评,甚至还表现出不耐烦,会在一定程度上打击孩子的自信心,随着年龄的增长,孩子很有可能在做事情的时候畏畏缩缩,常常会感到自卑。在他哭闹的时候,爸爸妈妈去呵斥他,他会哭得更厉害,如果他瞬间止住哭闹,就会压制住自己的情绪;和小朋友闹矛盾打架,爸爸妈妈呵斥他,他会变得叛逆;因为成绩差,爸爸妈妈呵斥他,他会厌学。其实,爸爸妈妈批评孩子,原本没有错,但要采取引导式批评,让孩子认识到自己的错误并改正。爸爸妈妈要善于观察孩子在成长过程中的每一点进步,将孩子好的一面看在眼里、记在心里、挂在嘴边。当孩子表现出自己的弱项时，可以将他好的一面展现出来，与弱项比较完之后，再给予必要的指点，挖掘孩子自身的潜力，提升他的自信。

小陶今年8岁，小家伙在学校里做事很积极，但一回到家就变懒了，什么都不想干。在家里，妈妈擦玻璃时让小陶帮自己递东西，小陶说："妈妈，我在写作业，不能帮你！"妈妈做饭时让小陶帮自己出去买酱油，小家伙会说："我在房间里拼图呢，妈妈，你自己去吧！"

但是在学校里，同学擦黑板时，小陶会帮着一起擦；同学扫地时，他会拿起扫把跟着一起扫；同学擦玻璃时，他会忙前忙后，给他们递东西。

妈妈对小陶在家里和在学校里的表现很无奈，不知道该怎么批评小陶，批评得严重了，怕小家伙心里受伤，不批评吧，这孩子在家里实在不像样。于是妈妈将苦恼告诉了小陶爸爸。爸爸听后笑着说："没有关系，我来引导小陶，放心！"

这天，小陶放学写完作业后，爸爸来到了他的房间，对他说："小陶，我听妈妈说你在学校里劳动可积极了呢，不错啊！"小陶自豪地回答道："那当然了，老师都夸我了呢。"爸爸接着说："我觉得你应该把这个优点继续发扬啊！比如说，你现在可以把自己的房间收拾一下，妈妈每天要上班，回到家还要给我们做饭，很辛苦！所以我们应该帮她。爸爸觉得你可以做到，在学校里都那么棒，在家也一样！"

小陶听爸爸这么说，马上整理了起来，爸爸说："来，我们一起收拾。以后爸爸不在家的时候，帮助妈妈干活的任务可交给你了啊！"小陶回答道："放心吧，爸爸！"

经过这次的谈话，小陶在家里一点都不懒惰了，他经常帮着妈妈一起干活，特别勤快。

理解孩子行为背后的意义远比批评指责更重要。所有的孩子都会犯错，都会偷懒，都会逃避责任。爸爸妈妈要明白，纠正孩子错误的前提是尊重的态度和对孩子有信心，相信孩子更愿意向更好的方向发展。养育男孩的本质，就是通过尊重与信任的力量唤醒男孩的生命感与价值感。

5. 不要与他针尖对麦芒

小家伙手里拿着吃的东西，却不好好吃，还撒得满地都是，你轻声细语地和他说："宝贝，不要把东西都撒在地上，这样弄得屋子里很乱。"小家伙就像没听到似的，还故意往地上撒了一下，你生气了，大声地吼了他，还强硬地制止了他的行为。他暂时停止了淘气。过了一段时间，你发现他变得很叛逆，于是继续严加管教，可你越严，小家伙就越叛逆。如果爸爸妈妈强硬地制止小家伙的行为，他会变得毫无主见，到最后就会缺乏自主意识。爸爸妈妈和孩子经常吵架，就会为家庭营造压抑的氛围，进而影响孩子的心理状况，让孩子产生各种心理问题。

"小波，妈妈出去买菜，你自己在家里乖乖写作业，妈妈回来给你买好吃的啊！"妈妈觉得孩子听到好吃的会心动，一定会好好写作业。谁知，小波一看到妈妈离开，就坐不住了。"谁要写作业？不如先看一会儿电视！"他脑子里的"懒惰小精"和他说。

小波把电视打开了,这一看不要紧,竟然忘记了时间,不知过了多久,妈妈回来了,她看到小波正坐在沙发上看电视,就问了一句:"作业写完了吗?"小波回答说:"没有。"妈妈听小波这么说,顿时火冒三丈:"不是让你写作业吗?你怎么看电视了呢?去,赶快写!"小波看到妈妈生气了,急忙将电视关了,然后"乖乖"地坐在那里写作业。

妈妈觉得自己发火很有效。又有一次,妈妈要出去,她让小家伙在家里写作业。这次小波没有看电视,但是也没有写作业,而是跑到邻居家玩了。妈妈回来还是发了脾气,又开始唠叨,小波却压制不住内心的怒火了,开始与妈妈怒目相对,还说:"少管我!"妈妈一下子呆住了,这孩子做了没理的事情竟然还顶嘴?就这样,母子俩吵了起来。

从那以后,小波变得越来越不听话,不管做什么事,都和妈妈对着干,妈妈也发现这个小家伙变得越来越叛逆了。

孩子有逆反心理,爸爸妈妈要以平常心看待,不要将小小的事情扩大,要知道你的针尖对麦芒,只会让亲子关系越来越僵化。当孩子不听话时,爸爸妈妈应该站在孩子的角度去想问题,也可以问一问小家伙该怎么做,他会给你明确的答案。孩子虽小,但也需要尊重,他不喜欢做的事,爸爸妈妈不要强迫;必须做的事,爸爸妈妈要正确引导;做了违反原则的事,爸爸妈妈要及时纠正。爸爸妈妈一定要和小家伙勤沟通,用爱的语言去感化他,平时说话的时候要注意方式方法,要调整好自己的情绪,让小家伙感受到爸爸妈妈是懂自己的人,让他感受到自己被在乎、被理解、被尊重,最后,小家伙会以同样的方式去爱爸爸妈妈。

第五章
养育男孩一定要懂得如何批评

阳阳每天上学都坐校车，可是今天放学回来，他却对妈妈说："妈妈，我明天早上上学想骑自行车。"妈妈在心里是排斥的，因为她觉得骑自行车不安全，很不放心。但是，孩子都已经上六年级了，明年就要上初中了，也是该锻炼的时候了。

妈妈的心里一直在挣扎：坐校车，可以保证孩子的安全，但是如果直接否定了孩子，他肯定不高兴，万一两个人起了冲突，那就不好收场了。这时，妈妈想听一听阳阳的想法，于是就问："阳阳为什么一下子就想骑自行车上学了呢？"阳阳说："我们班上有几个同学就骑着车上学，我也想，我都已经长大了！"

"阳阳，妈妈最想要保证你的安全了，我建议你先乘坐几天校车，因为你骑自行车不熟练。从明天开始，妈妈带着你先练习骑自行车，等到你骑熟了，就可以骑着自行车上学了，可以吗？"阳阳觉得妈妈说的有道理，他又反过来想了一下，因为妈妈关心自己，不放心自己，才会这么安排，再加上自己的车技确实不怎么好，还是要多练习练习。

就这样，母子俩商量好了。第二天，妈妈就带着阳阳练习骑自行车了。

爸爸妈妈和孩子的友好相处来源于双方的平等对待。爸爸妈妈要尊重孩子，孩子也要尊重父母；爸爸妈妈要以对待朋友的方式对待孩子。当亲子之间发生意见分歧时，爸爸妈妈要给孩子发言的机会，如果有必要，适当地幽默一下，也可以缓解紧张的气氛，让双方的矛盾缓和下来。

第六章

掌握与孩子相处的主动权

在教育孩子方面,爸爸妈妈是否会产生这样的困惑:小家伙刚上学的时候,让他写什么,他就写什么,成绩也不错,现在怎么就开始厌学了呢?孩子在家挺听话的,怎么在学校里就总是打架呢?这孩子,无时无刻不在和我作对,真是个叛逆的家伙……其实,孩子"变坏"并不是一朝一夕之事,而是爸爸妈妈在教育孩子、与他相处的过程中,没有及时沟通与交流,或放纵了他,或管得太严,或总是否定他,或不理解他,诸多原因才导致爸爸妈妈在教育方面没有掌握主动权。

第六章
掌握与孩子相处的主动权

1. 对男孩一味放纵后患无穷

你的孩子有没有和你上演过这样的戏码：当你带着他去超市时，走到玩具区域，小家伙的眼睛一下子就亮了起来，原来是看到了一款喜爱的玩具汽车，于是就伸着手要去拿，你不让他拿，他就又哭又闹，当这一招没有用时，他就会使出自己的"杀手锏"——躺在地上撒泼，这时，周围人都会投来异样的目光，你碍于面子只能妥协，给小家伙买了这个玩具。家里的玩具已经那么多了，而且还有一款这样的汽车，这个小家伙为什么还要买呢？小家伙无时无刻不在试探你的底线，他想要做什么事，或者买什么东西，只要你不同意，他就会在那里撒泼打滚。这时，只要你心一软，退步了，小家伙的要求就会越来越过分，到时候你在他面前的威信就一点都没有了。

小君是一个单亲家庭的孩子，跟着妈妈一起生活。从妈妈带他的那一刻起，她就已经下定决心，要给小君最好的生活，不让他受一点苦。所以，但凡是小君提出来的要求，妈妈都会去满足他。

小君每天都会和妈妈要零花钱，一拿到零花钱，他就会带上自己的几个好朋友，一起去买零食。小君要零花钱的数目在逐渐增加，这一次小君竟然和妈妈要100元。开始，妈妈还有些犹豫，问小君拿这么多钱去买什么。小君只说："不用你管，我有用，快点给我！"

妈妈见小君这么说，也没有反驳，直接把钱给了小君并说："下不为例啊！"小君"嗯"了一声，就跑了。妈妈一个人站在原地，安慰着自己："好了，好了，就今天给他一次，以后绝对不会给了。"

谁知有了这一次，小君就狮子大开口了，和妈妈要更多的钱，妈妈不给，小家伙就在妈妈面前哭闹，妈妈看到小君一哭，心一软，就又给了。后来，这小家伙的脾气越来越大了，只要妈妈不给他钱，他就顶撞妈妈。妈妈没有那么多钱给他，就"切断"了他的经济来源，小君觉得很懊恼，在和朋友商量了之后，想到了偷妈妈的钱。

这天晚上，趁妈妈熟睡，他悄悄来到妈妈房间，把抽屉里的钱全部都拿走了。妈妈知道这件事之后很生气，狠狠地把小君打了一顿，但这个时候已经无济于事了。妈妈开始后悔总是溺爱孩子了，她的溺爱非但没有让孩子健康成长，反而害了孩子。

放任孩子的行为，偷走的是孩子的边界感，毁掉的是孩子做人的底线。法国教育家卢梭曾说过："你知道运用什么方法，一定可以使你的孩子成为不幸的人吗？那就是对他百依百顺。"所以，爸爸妈妈如果希望孩子将来生活得好，做出一番成就，一定要注意孩子小时候的习惯养成，不能放纵。

第六章
掌握与孩子相处的主动权

2. 站在他的角度了解他的想法

爸爸妈妈在教育孩子方面，是不是感觉自己的生活和工作阅历丰富，然后就将自己的想法强加在孩子身上，让他成为实现你当年理想的"机器人"？要知道，孩子也有自己的想法。爸爸妈妈总感觉自己在孩子面前是对的，孩子不懂事，一切都要按照你为他规划的道路前行，如果孩子在前行的道路上走了你所谓的岔路，你就会对他的表现不满意，制止他的行为；孩子觉得自己不被爸爸妈妈理解，进而与你发生冲突，慢慢地，孩子会对你产生反感，时时刻刻寻找机会来发泄心中的不满。

小杜的爸爸做什么事都喜欢追求完美，他和朋友一起开了一家公司，一家人的生活过得还算殷实。小杜一出生，爸爸就给他规划好了人生，他希望小杜长大后能像自己这样优秀，等到小杜成人之后就接手自己的公司，父子俩一起打拼。

但小杜对爸爸的安排很不满。他喜欢音乐，喜欢唱歌，所以他让妈妈给自己报唱歌班，但爸爸不同意，他对小杜说："你喜欢唱歌，家里有音响，在你学习累了的时候，可以娱乐一下。"接着爸爸又说："我给你报了数学班，你还要去上课，哪有时间学音乐呢？"小杜听爸爸这么说，生气了，却不敢发泄出来，只是低声地反抗："我数学已经很好了，不需要再上其他课了，我就是喜欢音乐。"

爸爸听小杜这么说，就抬高了自己的声音说："你一个小孩子懂什么？好了，听我的安排就好了。"说完，爸爸就离开了。

小杜看着爸爸离开的身影，跺了跺自己的小脚丫。他好生气，他好想现在就长大，长到爸爸那么大，那样的话，爸爸就无权干涉自己的自由了，到时候自己想做什么就做什么，谁都管不了自己。

爸爸妈妈爱孩子，但要注意爱的方式，不要把一些事情强制性地加在孩子身上。在孩子的思想里，他需要爸爸妈妈的关爱，但却是以尊重他为前提的，因为孩子也有自己的想法，爸爸妈妈没有剥夺孩子想法的权利，此时，爸爸妈妈就应该站在孩子的角度去理解问题，平时多听听孩子的想法，了解他、理解他，这样孩子才会放下对你的戒备心理，将心里话讲出来。当爸爸妈妈从孩子的言语中得知他遇到了难事，或做了错事时，爸爸妈妈要引导孩子去化解自己的难事，改正自己的错误，做事的时候像个小男子汉一样，而不是用哭闹的方式来解决问题。总之，任何时候爸爸妈妈都不要拿做父母的权威逼孩子顺从，要学会感受孩子的内心感受，和孩子平等地交流。

小冬很喜欢看漫画，妈妈为了让小冬增长更多的漫画知识，就带着他看漫画展。小冬今年才刚刚5岁，漫画都在中间的墙上挂着，有的甚至更高，他看不到，这让小家伙有些郁闷，于是他一会儿去拉拉隔着漫画的护栏，一会儿又看看其他人。

妈妈觉得很奇怪：小冬原本很喜欢看漫画的，今天是怎

第六章
掌握与孩子相处的主动权

么了？妈妈这么一想，脸上就显现出了不开心的表情。小冬看出来了，于是问妈妈："妈妈，你怎么了，我看你好像很不开心的样子。"妈妈俯下身对小冬说："我有些不开心。小冬不是很喜欢看漫画吗？今天怎么一副心不在焉的样子呢？"

小冬说："妈妈，不是我心不在焉，是漫画太高了，我看不到。"说完，小家伙一脸的委屈。妈妈知道了小家伙的想法之后，就蹲了下来，这时的妈妈和小冬一样高，她再去看漫画时，的确，这个角度看不到什么，妈妈理解了小家伙。再站起来的时候，她把小家伙抱在了怀里，小家伙看到漫画之后，眼前一亮，开始问关于漫画的问题。妈妈耐心地为小冬讲解着，母子交谈的画面很温馨。

孩子虽然年纪小，但是他们愿意了解爸爸妈妈的想法，这就是对爸爸妈妈尊重。爸爸妈妈经历过像孩子一样的年纪，就更应该站在孩子的角度去理解他，了解他的想法，尊重他，引导他正确地解决问题，千万不要主观臆测错怪孩子。

3. 不要武断地否定他

在孩子的心里，有一种无奈，是为"大人说你错了，你就是错了"。有一些爸爸妈妈因为生活环境和生活习惯而觉得自己说什么做什么都是对的，孩子说什么做什么如果不遵从自己的意愿，那就是不尊重自己的表现。爸爸妈妈武断地否定孩子，会直接伤害到孩子幼小的心灵，从而拉开孩子与爸爸妈妈之间的距离，慢慢地，孩子就会疏远爸爸妈妈，变得不愿意和爸爸妈妈交流。

小菲今年 10 岁了，他遇事总有自己的想法。这天，妈妈爸爸正在商量关于小菲学习上的事，小菲也开始发表意见了，他说："爸爸妈妈，我是这么想的……"他的话刚到嘴边，妈妈就一下子否定了他："小孩子懂什么啊，你不需要发表什么意见，乖乖地听我们安排就好了！"

妈妈是一家公司的高管，手底下管理着 100 多人，平时她总爱和小菲这么说话，有的时候小菲想要帮妈妈打扫屋子，妈妈也会说："你一个小孩子能收拾干净吗？去，去，去，外边有小朋友等着你玩呢，出去吧！"

小菲被妈妈否定不止一次了，这一次是他最受伤的时候，他想：这明明是我自己的事情，我有发言权，为什么我还没有说出来，就直接否定我了呢？哼，你们尽情地安排，反正我不会去"执行"。

之后，小菲在爸爸妈妈面前就变得不愿意说话了，因为他觉得说出来也没有人听，即使听了也会被否定，还不如不说。慢慢地，小菲和爸爸妈妈的关系变得疏远了。

爸爸妈妈不要武断地去否定孩子，应当让孩子发表自己的意见或提出建议，爸爸妈妈要有意识地改变观念，减少对孩子的溺爱和迁就，从小培养孩子的独立生活能力，经常给孩子发表观点的机会，锻炼孩子解决问题的能力。要以积极的、正面的态度去接纳孩子的各种行为，用鼓励的语言引导孩子。爸爸妈妈平时要多观察孩子，注意他的言行和心理变化，发现问题后及时和孩子沟通，不要急于否定孩子，要和他一起认真反思、分析原因、引导他走出误区。爸爸妈妈要和孩子多沟通，倾听他的心中

第六章
掌握与孩子相处的主动权

所想,有些事情要让孩子自己去悟,这样他通向成功的道路才会变得越来越宽阔。

明明是一名四年级小学生,他是个不爱干净的小家伙,也不爱学习。不过,在妈妈眼里他并没有那么糟糕,他是个好孩子,只不过暴露出了这个年龄段的孩子都会有的天性罢了。平时,明明的手总是脏脏的,妈妈说:"来,我们两个比一比,我感觉你的手如果干干净净的话,一定比我的还白。"明明听妈妈这么说,很自觉地来到洗手间,把手洗得干干净净。

这次,明明的数学考了80分,妈妈说:"还不错嘛,上次考了79分,这次进步了呢,明明,恭喜你啊!"明明得到了妈妈的鼓励,在心里默默地为自己定下了目标:下一次他要向90分迈进。

明明有了努力的目标,就开始向目标前进,这一段时间他学习很努力,每天放学后吃了饭,就躲在书房里,做数学题。早上不到6点半就起床了,记英语单词,背课文。努力了几个月后,明明的成绩提高了,达到了自己的目的,不仅如此,他的语文和英语成绩也提高了。

明明很感谢妈妈,因为妈妈的态度决定了自己努力的方向,如果当初妈妈否定了自己,自己一定不会奋发图强,不会这么努力。

孩子还小,对周围的一切都充满了好奇,在好奇心的驱使下,他会去做一些自己认为是对的事。孩子行动了,做的事就有对也有错,但无论如何,爸爸妈妈都不要武断地否定孩子,而是要在适当的时候给予指导和引导。这样,孩子才会变得独立、自信,才会体会到通过努力获得成功的喜悦。

4. 坚持原则温和交流

假如家里有个淘小子,想必他的爸爸妈妈一定体会过被气得脑袋瓜子嗡嗡的感觉吧!想知道你为什么会被淘小子气成这个样子吗?或许大多数情况是因为你当时没有用温和的语气和孩子交流。爸爸妈妈用温和的语气和孩子交流,小家伙的关注点就会放在交流的内容上;如果爸爸妈妈一味地发泄情绪,嘴里不停地唠叨,那他的关注点就会放在你糟糕的情绪上,会主动屏蔽你说话的内容。所以,爸爸妈妈教育孩子时,要和孩子温和交流,当然,如果孩子接受了你温和交流的信息之后,你一定要坚持原则,否则前面的交流就都白费了。

> 小龙每次写作业都很磨蹭,妈妈不止一次和他说:"好好写作业,提高效率。"这小家伙也听得进去,可一到了写作业的时候,就管不住自己了,总是东瞅瞅西看看,有时望着窗户外面看着别的小朋友玩,有时作业写到一半就跑出去玩了,剩下的作业就只能放到以后写,一写就写到很晚。
>
> 妈妈观察了几次之后,知道孩子贪玩,于是对他说:"小龙,如果你好好写作业,就可以出去玩,回来还可以看一会

第六章
掌握与孩子相处的主动权

儿电视。"如果你还继续磨蹭，那就一直写，中间不可以再跑出去玩了！"这次小龙根本就不理会。第二天当他要跑出去的时候，妈妈拦住了他，说："我已经说过了，写不完作业不可以出去。"

小龙只好回到了书桌旁，他好想出去玩，可是今天妈妈比以往任何时候都严肃，他就只能乖乖坐下来写作业了。"要快一点了，要不然等一下天黑了，小伙伴就都回家了！"小龙这么一想，手里的笔也加快了速度，没过一会儿，他就写完了作业。

正像妈妈所说的，他写完了作业，妈妈就让他出去玩了，回来时妈妈说，可以看半小时电视，然后洗漱，上床睡觉。

有了这次"教训"，小龙写作业不再拖拉了，每天放学回来他都早早完成作业，然后出去玩、看电视，慢慢地就形成习惯了。

爸爸妈妈在教育孩子时在温和交流的基础上，坚持原则是必不可少的。有的时候，好好和孩子说话并不奏效，唯有坚持原则，进行行为示范才能将有用的信息传输给孩子。爸爸妈妈一旦给孩子制定了规则，想让他遵循就要坚持，中间不论出现什么状况，都要坚定不移地执行，绝对不能网开一面。否则，爸爸妈妈在孩子的心目中就失去了权威。

小桐很贪玩，每次吃饭的时候，他都不好好吃，而是四处跑着玩，一开始妈妈会拿着他的小碗，四处追着给他喂饭。有一次，爸爸在家吃饭时看到了妈妈的行为，对妈妈说："追着孩子喂饭吃不是个好习惯，不利于孩子成长。"

一家人吃过饭后，爸爸把小桐喊到身边，对他说："小

103

桐，我们每天吃饭的时候要坐在桌子边吃，如果每天都要妈妈追着喂，那是一种不好的习惯，知道吗？"小桐是个很有主见的孩子，他虽然表面上答应得很好，但还是会有自己的小心思。爸爸看出了小家伙在想什么，于是又继续用温和的语气说："如果明天我再发现小桐吃饭的时候乱跑，我不会让妈妈给你喂饭，我还会没收你所有的零食，不吃饭，就不给零食。"小桐还是像没事人一样，听爸爸说完，他就跑开了。

第二天，小家伙像是把爸爸昨天说的话忘记了一样，吃饭的时候又到处乱跑了，这次爸爸制止了妈妈，不让她再去给小家伙喂饭了，小桐也不理会。过了一会儿，小桐饿了，缠着妈妈要零食吃，妈妈说："爸爸昨天不是提醒过你了吗？不吃饭，就没有零食！"小桐听妈妈这么说，躺在地上哭闹，妈妈拗不过小家伙，只能将藏起来的零食拿出来给他。等到爸爸前来制止的时候，小家伙已经开始吃零食了。爸爸只能无奈地摇摇头。因为有了这次先例，小桐到后来还是原来那个样子，一吃饭他就开始玩，妈妈跟在他后面，用小勺喂他吃。

坚持原则和温和交流是爸爸妈妈给予孩子的正面管教，温和交流是爸爸妈妈给予孩子情绪与行为的指导，在此基础上，爸爸妈妈一定要坚持原则，从始到终都要明确态度，让孩子清晰地知道你的要求，让他明白原则问题是不可以触碰的，只有这样，他们才能养成良好的习惯，知道什么该做什么不该做。当然，我们在坚持原则的同时，还要保持态度的温和，这样与孩子的沟通交流才会更有效，更易让孩子接受。

5. 将是非对错清晰地告诉他

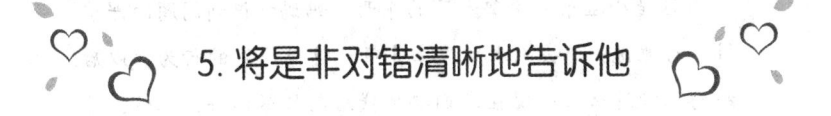

男孩在成长的过程中难免会犯错。小家伙犯错的时候，爸爸妈妈会怎么去处理呢？是埋怨小家伙呢？还是问明缘由，为他分析对错，然后改正呢？孩子犯错的时候，有的爸爸妈妈会火冒三丈，训斥孩子说："你这个小捣蛋鬼，又不乖了吧！让我说你什么好呢？"而有的爸爸妈妈则会先问："究竟发生了什么？跟我说一下吧。"然后征求孩子的意见，问他应该如何处理这件事。这也是引导孩子纠正错误的一种方法，在爸爸妈妈温和的引导下，孩子会自己去规划该如何改正错误。

小宝的金刚卡片丢了，他强烈要求妈妈再给自己买一套，可妈妈却说："你都那么多卡片了，还买什么？"因为妈妈不给买，所以他就想办法自己买。

小宝和妈妈来到了妈妈的朋友家做客，小宝和阿姨家的小伙伴玩在了一起。玩着玩着，小伙伴在小宝面前展示起了自己的存钱罐，看到里面放着好多钱，小宝动了歪心思，他决定拿出里面的20元给自己买卡片。

在回家的路上，小宝的表情有些不自然，妈妈看出他有些不对劲，便留心观察。等回到家的时候，小宝悄悄往沙发下面藏了东西，妈妈发现之后就去找，这才发现小宝藏的是钱。妈妈问小宝钱是从哪里来的，一开始小宝说话支支吾吾的，在妈妈再三的追问下，小宝说是自己拿阿姨家的。

这是小宝第一次拿人家的东西，妈妈意识到问题的严重性，对他说："去别人家里拿东西，这是偷窃的行为，以后绝对不能这么做。现在我们要把钱给阿姨送回去，记住，你从哪里拿的，就放回哪里，妈妈不会告诉阿姨，也不会告诉别人。"

妈妈之所以这么做，就是想要维护小家伙的面子，给予他宽容和理解，但这样的宽容和理解必须建立在让孩子明辨是非的基础之上。毫无底线的宽容，会让孩子认识不到自己的错误，错就是错了，错了就应该勇于承认错误，下次不再犯同样的错。

孩子如果做错了事，爸爸妈妈不要碍于面子替孩子遮掩，一定要大胆地说出来，让孩子拥有正确的是非观。这样孩子才能从根本上认识事情的对与错，时刻提醒自己做什么事是对的，做什么事是错的。要想让孩子能够听得进去爸爸妈妈的话，最关键的是爸爸妈妈首先要尊重孩子，接受他们的错误，耐心地开导他们，这样才能正确地指引孩子成长。

今天，小民在学校里和同学打架了，爸爸知道之后，来到学校处理孩子打架的事。爸爸来到老师的办公室，看到两个孩子都很狼狈，他慢慢来到小民身边，心平气和地问小民："小民，怎么回事？究竟发生了什么，能告诉爸爸吗？"小民告诉爸爸，和自己打架的同学是自己的同桌，

第六章
掌握与孩子相处的主动权

小民的笔坏了,想和同学借一支,同桌明明有,却不借给他,下课后小民说他的同桌不讲义气,两个人在口角的过程中打了起来。

爸爸什么都没有说,又继续问:"你怎么看待这次打架的事?感受如何?""我们不应该打架,我不应该记仇。"小民回答道。

爸爸接着问:"你会怎么处理这件事呢?"小民说:"打架不对,而且还是我先动的手,我应该主动赔礼道歉,和同学说声'对不起'。"

小民说完,就来到了同学面前,说了声"对不起"。"没有关系的,我应该把笔借给你的,是我不好!"就这样,两个小家伙又重归于好了。

爸爸妈妈在引导孩子认错的过程中,一定要告诉孩子,他的错误行为会给别人带来怎样的负面影响,才能够激发孩子发自内心的歉意,让他勇敢承认并改正错误。

6. 原则性问题不可以妥协

在孩子的教育问题上,很多时候爸爸妈妈要变通,通过灵活的教育方法教育孩子,但是有些原则性问题,爸爸妈妈必须坚持,没有妥协的余地,只有这样,才能让孩子明白什么可以做,什么不可以做,什么事情可以商量,什么事情必须完成,让孩子明白不能什么事都可以讨价还价。

> 小浩今年10岁,在家时不怎么玩手机,但自从到了外婆家,看到舅舅家的表哥一直拿着手机玩游戏之后,他就迷恋上了手机,每天吃饭的时候看,睡觉的时候看,甚至连上厕所的时候都看。
>
> 一开始妈妈看到小浩玩手机,就不让他玩,但小浩会反抗,他说:"妈妈,我就玩一会儿,10分钟。"但10分钟之后,小浩的手里依然拿着手机,没有要放下的意思,妈妈严肃地走过来,对他说:"放下手机吧,我们说好的时间到了。"可小浩却扭转了小身体,不理妈妈了。妈妈想要把小浩手里的手机抢过来,但小家伙拿着手机生气地跑开了,还做出了不耐烦的表情。妈妈看到小浩这样,就没有继续阻止孩子玩手机。
>
> 有一次,小浩在学校里对同学说:"我一点都不怕我的妈妈,每次我想做什么事,她不让我做我都会反抗,我一反抗,妈妈就会妥协。"因为小浩总是反抗,妈妈觉得这孩子实在难管,后来就不再因为手机的事唠叨了,任由小浩去玩。

案例中小浩妈妈最失败的地方就是在原则性问题上对孩子退让。父母想要与孩子建立健康的沟通模式,不仅要有爱,也要讲原则,守住底线。我们需要告诉孩子他们应该对自己的行为负责,没有惩罚行为的教育是不完善的。如果孩子打破了底线,却没有为此付出代价,那就等同于告诉他,底线形同虚设,你可以随意逾越。

> 小伟妈妈是个很有原则的人,她一直教育小伟做人要讲原则,如果儿子破坏原则,那她绝对不妥协。男孩都贪玩,

第六章
掌握与孩子相处的主动权

小伟也不例外,每当孩子想出去玩的时候,妈妈就会对他说:"要写完作业才可以。"

小伟觉得妈妈说得对,就答应妈妈先写完作业,然后再玩。周末时,妈妈和小伟说:"今天爷爷要来我们家,我们要欢迎,爷爷说要带你出去玩,不过你要记住,还是要先写完作业。"小伟答应了妈妈。

但是等到爷爷一来,小伟就出尔反尔了,他说:"爷爷,我们要不先出去玩儿吧,等晚上回来我再写作业。"妈妈在一旁听到之后,态度很坚决地说:"不可以,我们说好了的!"小伟听到妈妈这么说,立即用可怜巴巴的目光看着爷爷,爷爷想给小伟求情,可妈妈的态度还是那么坚定,说:"爸爸,您不是一直希望小伟做个有原则的孩子嘛,所以今天咱们必须让他先写完作业再出去,这是一直以来的原则,只有写完作业了才能出去玩。"

在妈妈的影响下,小伟慢慢地也成了一个讲原则的人。在学校里,他总是第一个完成老师布置的作业或任务,老师觉得小伟有责任心,就选他做了班长。小家伙自从当上班长之后,积极性更高了,做事更认真、更努力了。

爸爸妈妈的爱可以无条件,但一定要有原则。有原则,就是遵守规矩。原则就是孩子做错事时,我们要坚持原则,不能因为爱去纵容,要用坚决的态度使孩子明确行为的底线,不能轻易破坏规矩,降低底线,这样孩子才能健康成长。

第七章

培养自立的小男子汉

　　自立，对于男孩来说是人生中最重要的品格。对于爸爸妈妈来说，最宝贵的财富就是能够培养出一个自立的小男子汉，让他独立完成一件事，让他学会劳动，让他学会独立思考，让他学会担当，让他拥有应对挫折、战胜挫折的能力。爸爸妈妈爱自己家的男孩，并不是要一味地充当他的保护伞和护身符，而是要通过正确引导与科学培养，让孩子成为能自立的小男子汉。

第七章
培养自立的小男子汉

1. 要让孩子做力所能及的劳动

温室中生长的花朵,面对外界的自然环境,总是容易枯萎。在爸爸妈妈溺爱下长大的孩子,同样无法适应社会的竞争。所以在孩子的品格培养上,爸爸妈妈千万不能溺爱,要适当地让孩子接受锻炼,比如在劳动上,不要事事都帮孩子去做,要给孩子自己做的机会,培养他们的劳动意识,这样成长起来的孩子才能更快地适应社会的环境。

彭彭3岁了,刚刚上幼儿园。他来到幼儿园的第一天,老师就教彭彭叠衣服。彭彭把外套脱了下来,看着老师叠衣服,就想:"对啊,妈妈每天就是这样给我叠衣服的,今天我学会了,回家给妈妈展示一下。"

中午睡觉时,彭彭自己打开了自己的小被子,睡醒后主动和老师说要叠被子,后来在老师的帮助下,他叠好了被子,虽然被子叠得歪歪扭扭的,但彭彭却很有成就感。

下午,妈妈来幼儿园接彭彭,彭彭自豪地告诉妈妈说:"妈妈,我今天在幼儿园做了很多事情,叠衣服、叠被子……我喜欢做这些事情。"妈妈当时很惊讶,对彭彭说:"是吗?这些事我们彭彭以前都不会做,来幼儿园第一天就学会做了,

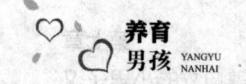

你真是太聪明了。"

听妈妈这么说,彭彭很高兴,他迫不及待地想要回家为妈妈展示今天学的东西。刚一进门,他就脱下自己的小外套叠了起来,彭彭叠得很认真,妈妈看到后很开心。晚上睡觉时,彭彭把自己的小衣服叠得整整齐齐的,然后掀开自己的小被子睡觉。对于彭彭的一举一动,妈妈都觉得那么可爱,虽然他做事情的时候有些不熟练,但看他那认认真真的样子,妈妈就会沉浸在彭彭开心的氛围中。

彭彭做这些事的时候,妈妈在旁边一直观察,如果哪里做得不好,妈妈会说:"这里如果这么做,就会更完美。"彭彭记住了。慢慢地,他做这些事越来熟练了,也做得越来越好了。

家务不是家长的专属,而是需要所有家庭成员共同完成的工作。对于男孩来说,做家务也是一项生存本领,父母在教男孩做家务的过程中,能增进亲子关系。这个过程会让他们体会到父母的不容易,还能锻炼他们的动手能力。当男孩做好了家务后,他们能够发现自身的价值,内心会更有自信。

星期天,老师给大家布置了一个任务,让同学们回家做一道自己喜欢的菜,并发图片在微信交流群里交流。小旭把这件事告诉了妈妈,他说:"妈妈,我喜欢吃可乐鸡翅,我就做这道菜吧!"可是妈妈觉得这道菜有些复杂,就一口否决了,并说:"可乐鸡翅你自己怎么能完成呢?我建议做西红柿炒鸡蛋,这道菜比较简单,适合你做。"

小旭听妈妈这么说,有些闷闷不乐,他不喜欢做西红柿

第七章
培养自立的小男子汉

炒鸡蛋，可妈妈不同意他做可乐鸡翅。小旭开始做的时候，带着一脸不高兴，妈妈告诉他做菜的步骤时，小旭也像没听到似的，一步都没有记住。结果，小家伙炒鸡蛋的时候炒糊了，西红柿切的块也很大，做出的菜难以下咽。这时妈妈却说："这是你人生中第一次做菜，已经很好了，我相信你下次一定会做得比这次好。"

小家伙虽然受到了妈妈的表扬，但心里还是会默默埋怨：我不喜欢做这道菜，所以才故意做不好的，妈妈这样夸奖我，那我下次就故意做不好，做得比这次还要差。

老师原本打算通过这次的劳动实践锻炼孩子们爱劳动的积极性，但小旭的妈妈却按照自己的意愿强迫小家伙做自己不喜欢的事，最后起到了相反的作用。

教育从来都不是只局限在课堂学习，家庭生活中的各种锻炼机会能带给孩子更多。看似无意义的家务劳动，带给孩子的独立、自信、快乐和能力却是他们一生的财富。前提是父母要尊重孩子的意识，不强迫，让孩子自主选择他愿意承担的家务，同时也要严格要求自己，给孩子做好表率。特别是爸爸要多参与家务劳动，示范作用效果更佳。

2. 让孩子摆脱依赖心理

"妈妈，我的校服在哪里？哎呀，这件还没有洗呢！妈妈帮我洗一下吧,我明天要穿。"生活上,孩子总是依赖你。"爸爸,你工作完了吗?我想让您陪我写作业。我有好多题都不会,需要您的指导。""我的小宝贝好可怜,今天又让人欺负了,不行,我要去给他讨回公道!"平时,你是不是也这样保护你家的孩子呢?小家伙是不是也在生活上、学习上依赖你呢?他享受着对你的依赖,你也享受着被他依赖。那么,爸爸妈妈有没有想过,孩子对你的过度依赖,会给他带来什么呢?

小刚从上一年级开始,每次写作业时妈妈都坐在他身旁,小家伙一有不会的题就问妈妈:"妈妈,这道题怎么做啊?"等到妈妈告诉他之后,不到三分钟,他又问:"妈妈,这个字怎么写呢?"妈妈又告诉了他。就这样,妈妈每天都陪他写作业。

期中考试时,小刚刚一答题就觉得大脑一片空白,因为妈妈不在自己身边,他看了看卷子上的题,感觉一道都不会做。这个时候他在想:"如果这个时候妈妈在我身边,那我一定可以考100分。"小家伙看到一道题是以前做过的,但当时是妈妈告诉自己的,他有一点点印象,却不敢下笔,怕出错。

就这样,小刚在犹豫中思考,在思考中犹豫,题答到一半的时候下课铃声响了,当老师过来收卷子的时候,他急得直哭。

等到卷子发下来之后,妈妈让小刚不要灰心,并坐在小刚身边,给他认认真真地讲了每一道题。

之后,妈妈还是一直坐在小刚身旁辅导作业。小刚都很纳闷:"为什么每次有妈妈在身旁的时候,我就感觉自己什么题都会做呢?但是一到了学校,我就什么都不会了,那个

第七章
培养自立的小男子汉

时候的我真希望妈妈在自己身边。"

现在,有很多孩子事事都依赖爸爸妈妈,他们从来不整理自己的房间,从来不帮妈妈干家务活,从来不独立完成作业。当爸爸妈妈看到孩子这么依赖你,你是不是恨铁不成钢,希望他独立,成为一个真正的男子汉?那么,要如何让孩子摆脱依赖心理呢?首先,爸爸妈妈应该教导小家伙独立完成自己的事情,并告诉他"自己的事情自己做"。爸爸妈妈凡事都不能代孩子完成,在孩子很小的时候就要锻炼他自己穿衣服、自己吃饭、自己整理玩具、自己整理书包、自己整理房间……凡是小家伙力所能及的事,都应该引导他自己完成。其次,孩子每做一件事,不管完成得好与坏、熟练与不熟练,爸爸妈妈都应该给予鼓励和肯定,不要打击孩子,不要否定他。最后,爸爸妈妈可以鼓励小家伙和独立性强的小朋友多接触,做朋友,通过与其长时间的相处,激发孩子的自我意识,呈现他的独立人格。

小可今年3岁,不管做什么事,只要妈妈或爸爸在身边,他就让妈妈或爸爸帮自己做。小孩子的依赖心就是这么强。他每天都让妈妈给他穿衣服,去幼儿园时让爸爸给他背书包,来到幼儿园后还要拉着爸爸一起,不管爸爸和老师说什么,小可都不松手,就要爸爸跟着自己。

爸爸和妈妈商量,觉得应该让小可增强独立意识,于是开始锻炼孩子。小可回家之后,和妈妈说的第一句话是"妈妈,我不想去幼儿园了",妈妈说:"可以啊,不过你要帮我干家务,从现在开始。"小可为了逃避去幼儿园,所以暂时答应了。在家里,妈妈一会儿让小家伙扫地,一会儿让他拖地,小家伙虽然拖得不干净,但妈妈什么也没有说。妈妈要做晚饭了,于是带着小可外出买菜,并让小可提着买菜的篮子,路上还一直说:"看看我们的小可,长大了!"就这么一会儿的工夫,小可觉得很累,他想:"还是上学好!"从这之后,小可再没提过不去幼儿园的事,到了幼儿园后,他还主动和爸爸说"再见",不再缠着爸爸了。

爸爸在家的时候,小可总是让爸爸给自己拉拉锁、系鞋带……爸爸为了让小可变得独立,就故意装作什么都不会。比如玩玩具的时候,爸爸会"请教"小家伙玩具的按钮在哪里,怎么操作,小可听到爸爸这么问,顿时就来了兴致,认认真真地告诉了爸爸流程。从这之后,爸爸只要抓住机会就"请教"小可一些事,小家伙也很想告诉爸爸,所以就会提前去学习,去操作。

慢慢地,小可形成了独立完成事情的好习惯,他不再依赖爸爸妈妈了!

教育孩子,让孩子摆脱依赖心理,需要一个循序渐进的过程。孩子的成长需要时间,锻炼独立自主的能力也需要时间。爸爸妈妈要放手让孩子完成自己的事情,不要怕他做错,给他一个锻炼自己的机会,即使做错了也没有关系,只要及时纠正,孩子的自立能力自然会提高,未来他在做事时才不至于手忙脚乱,才能做得好。

3. 培养孩子独立思考解决问题的能力

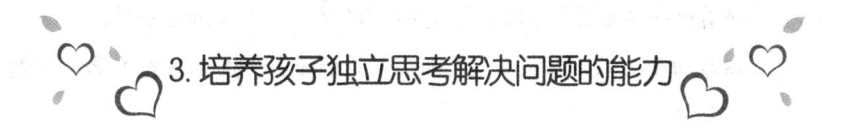

孩子对整个世界都充满了好奇，他不管遇到什么事，都会问"为什么"。"为什么我们夏天的时候要穿短袖，冬天的时候要穿羽绒服？""为什么秋天的时候大雁要飞往南方？""我们口渴的时候，为什么会想喝水？"他有很多问题，而在提问题的前一刻，他是在不断地思考的。如果爸爸妈妈不去回答孩子的这些问题，不引导孩子去寻找答案，慢慢地小家伙就会变得不爱提问了，因为得不到答案，他也不愿意去思考了，慢慢地就缺乏了解决问题的积极性。

小龙从小时候就有很强的好奇心，玩玩具的时候，他常常把玩具"大卸八块"，拆得乱七八糟，如果这时候爸爸在他身边，他还会不断地提问题："爸爸，这个零件是干什么的？它为什么会在这里？"爸爸为了满足小家伙的好奇心，就一一给小龙解答，如果爸爸不懂，还专门上网百度，把自己知道的告诉小龙。

大多数时间里，爸爸都会帮小龙把拆了的玩具重新组装，然后，小龙再折下来。不仅如此，小龙还会把家里的其他物品都拆坏，然后问很多奇怪的问题，每一次爸爸都会不厌其烦地告诉他。

小龙8岁的时候,开始和爸爸一起研究家里很多东西的使用原理了,有时候他会用自己的零花钱买一些小零件,尝试着安装或改装。而爸爸只要有时间,就会陪在小家伙的身边,跟着他一起组装。每次小龙只要有新的想法,就会和爸爸说,然后动手去做,在反反复复研究的过程中,小龙也学到了很多知识。

有一次,学校组织发明创造活动,小龙很感兴趣,毫不犹豫地报了名。他发明了一架夜间飞行的小飞机,获得了少儿发明创造二等奖。小明很高兴,而这个时候,最高兴的还是爸爸,因为爸爸一直都觉得小龙是这方面的天才,所以他一直支持小龙。

小龙的发明得到了爸爸妈妈、老师和同学们的认可,大家都说他是一个小小发明家。

男孩的独立思考能力强,就意味着他解决问题的能力也更强。男孩通过自己独立思考得出的结论、知识,他自己学习、记忆的效果自然也更深刻。如果一个孩子没有独立思考,他也就不会拥有独立的人格,做事情就会是被动的;相反,如果一个男孩有了独立思考的能力、有了自己的想法,才能真正地去为了自己的目标而主动学习、主动做事、主动探索,对事情也会有更为深刻、独到的看法。这样的男孩长大后,将比其他人有更多的机遇,更容易拥有成功的生活和事业。因此,每个父母都要尽早培养孩子独立思考的能力。

小海很喜欢听妈妈给自己讲故事,因为妈妈每天晚上给他讲故事时,都会让他猜故事的结尾。妈妈会先想象一个场景,

第七章
培养自立的小男子汉

然后让小海在妈妈的引导下想象故事的结局。

小海妈妈之所以这么做,就是想让小孩学会独立思考。这个小家伙平时总是不动脑筋,尤其是做数学题的时候,总是在还没有看题的时候就说:"妈妈,这个题我不会,你教教我吧!"实际上,小家伙连题目都没有读呢。通过长时间的观察与摸索,妈妈发现了小海存在的问题,于是就想锻炼他,让他学会独立思考,自己去解决问题,要不然,这小家伙不仅学习上的问题解决不了,以后生活上的事也要处处依赖人了。

妈妈想了很长时间,才想到了这个办法。以前她给小海讲故事时,讲得非常完整,小家伙听得很认真,但现在她想通过让小海猜故事结尾的方法来启发这个小家伙,让他多动脑筋。

妈妈讲故事与别人讲故事不同,只是把故事的开头、过程讲得特别详细,但结局不告诉儿子,而是让他通过故事情节去想象结尾会是什么样的,还要他说明为什么有这样的结尾,并鼓励他说出两个以上的不同结尾,最后才告诉儿子原故事的结尾。

通过这样的训练,小海的思维慢慢活跃了起来,思路也开阔了,有时他还会给妈妈讲故事,让妈妈猜故事的结尾。不仅如此,他在做作业的时候也喜欢思考了,渐渐地,小家伙喜欢上了独立思考。

孩子独立思考,是从提各种各样的问题开始的,这时候爸爸妈妈要尽全力配合孩子,不要嫌孩子烦,否则会打击孩子的积极性。爸爸妈妈应该尽可能地给孩子提供独立思考的机会,引导他从多个角度寻找答案,慢慢地,他就会习惯思考,从而得心应手地去解决问题。

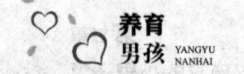

4. 让孩子学会担当

孩子刚会走路的时候，总会控制不住激动的小腿，跌跌撞撞地想往前跑，扑通摔倒了，这时候，爸爸妈妈是会用力踢开地上的石头子，说是这家伙绊倒了小宝贝，还是会告诉孩子以后走路的时候要慢一点，避免再像今天一样摔跤呢？如果你去埋怨那块无辜的小石子，就是在告诉小家伙，以后遇事要推卸责任；如果你告诉孩子以后走路要小心一点，那么就是在告诉孩子，要做一个有担当的小男子汉。

大家都觉得小文是个淘气包，他在家里的时候，总是满屋子乱蹦乱跳乱跑，妈妈和他说过好多次，让他慢一点，如果摔倒磕到鼻子或嘴巴很危险，但小家伙就像没听到似的，还继续跑。

妈妈怕他受伤，但又不忍心扫小家伙的兴，就只能任由他乱跑了。有一天，小文在屋子里跑来跑去时，突然碰到了桌子上，头磕了个大包。当时，他已经预知到了危险，但因为跑得太快，收不住脚，一下子就磕到了上面。小文感觉很疼，于是"哇哇"大哭了起来。

妈妈听到小文的哭声，赶忙来到孩子身边，看到孩子头

第七章
培养自立的小男子汉

上的大包时,在孩子面前狠狠地拍了一下刚刚碰到小文的桌角,然后嘀咕着:"谁让你磕到我家宝贝的,打你!"妈妈边说边又连续拍了几下桌角。

小文有了妈妈做自己的保护伞,不再哭了,他也学着妈妈的样子,开始拍打起桌子。这件事之后,小文就认为,不管发生什么事,都不是自己的错,都会推卸责任。一次在幼儿园,他故意把小朋友推倒了,当老师了解情况时,小文把责任推到小朋友身上,他说:"是他先打我的,而且,我没有推他,是他自己摔倒的。"慢慢地,小文成了一个没有担当的小孩子。

责任感是一个人在社会立足的必要条件,一个人无论是对家人还是亲朋好友都要负责任,这是一种最基本的生活态度。其实,孩子推卸责任的现象是相当普遍的,这并不是孩子天生性格有问题,或者是道德败坏,而是他们的人格还不成熟,需要家长的积极引导。一个孩子的成长过程中,如果父母给予的信任、理解和尊重过少,那么孩子就会受到误导,在潜意识里会形成"我要是承认错误,就会受到惩罚"的观念,慢慢地,他们就会有意识地撒谎,想方设法逃避责任。如果父母凡事都大包大揽,不让孩子去体验,孩子就会让父母去帮他们承担责任。培养孩子树立负责任的意识不可能是短时间就能完成的。父母首先要让孩子养成自己的事情自己做的习惯,一个"游手好闲"的孩子,是不会有健全的责任感的。其次,让孩子对自己的行为后果负责。无论事情的结果是好是坏,只要是孩子独立行为的结果,就应该引导并鼓励孩子敢作敢当,勇于承担责任。最后,让孩子履行自己的诺言。让孩子从小就学会做一个言而有信的人,自己许下的诺言,就应该尽力去履行。

妈妈一进家门，爸爸就对她说："小林今天回来无精打采的，问他怎么回事，他说生病了，我摸了他的额头，一点不烫。"妈妈听爸爸这么说，走进了儿子的书房。

小林趴在桌子上，看到妈妈进来，说："妈妈，我好难受，明天估计要发高烧了，我想请假。"妈妈听小林这么说，觉得很纳闷：孩子怎么会知道自己明天会发高烧呢？一定是有什么事。于是，妈妈问小林："是发生什么事了吗？"小林摇了摇头。妈妈说："好吧，那我给老师打电话，问问你在学校里有没有不舒服。"

小林一听妈妈这么说，立即制止了妈妈，说道："妈妈，是这样的，我今天在班里玩儿，不小心把玻璃弄裂了，老师还没有发现，但老师会通过监控查出来的。"小林接着说："老师说了，谁损坏了班集体的东西，都要受到惩罚，因为他连累了班里，要扣班分的。"

妈妈说："小林，玻璃是你打碎的，这个毋庸置疑，我认为承认错误的孩子下次一定不会再犯同样的错误了。明天妈妈带着你一起去和老师说，我们让爸爸给班里再换一块新玻璃，或许也不会扣分的。"小林听妈妈这么说，点了点头。

第二天爸爸妈妈带着小林来到学校，小林主动和老师承认了错误，还提出了要给班里换上新玻璃。老师知道之后，不仅没有批评小林，还夸奖了他，说他勇于承认错误，是大家学习的榜样。学校领导知道了这件事后，鉴于小林是无心犯错，还主动给班集体换上了新玻璃，没有扣小林班里的分数。

这件事之后，小林就下定了决心，遇事不再畏畏缩缩，要做个有担当的人、有责任感的人。

第七章
培养自立的小男子汉

责任感都是在一点一滴的小事中积累起来的,因此,让孩子学会担当,首先父母要懂得自己所担负的在品质和人格方面的教育责任。父母要学会放手,让孩子适当做做家务。重要的不是孩子做得怎么样,而是通过这些生活细节,孩子不仅能更多地参与到家庭生活当中,加强良好的亲子关系,责任感也会得以建立。奖惩分明,让孩子懂得承担行为后果。如果说"孩子犯错"是教育的良机,那么"适度惩罚"就是让孩子学会承担责任的开始。从适当的惩罚或者事情本身带来的可见后果,能深刻地增强孩子的责任意识,对自己的行为负责。所以教育孩子,首先要让他学会负起自己的责任来。

5. 培养孩子自信乐观的性格

小男孩不管做什么事,都是第一个往前冲,当妈妈问他:"你要和我一起做饭吗?"他会毫不犹豫地说:"要!"老师问同学们:"谁愿意第一个上讲台算完这道题?"他会毫不犹豫地举手说:"我!"他总是一副很开心的样子,遇事不慌不忙,小小年纪就可以处理各种事情。妈妈下班回来晚了没有做好饭,他从来不抱怨;看到小朋友遇到不开心的事,他可以宽慰他们几句,还积极地去开导他们……他是爸爸妈妈的开心果,也是爷爷奶奶的开心果,他经常讲笑话给他们听,逗得大家哈哈大笑。

乐乐的心态很好,大家都很喜欢他,喜欢他的性格。乐乐有个好脾气,遇到在别人看来不开心的事,他总可以宽慰自己，让自己变得开心起来。

　　萌萌是乐乐的好朋友。这天，两个人在一起玩，玩着玩着，萌萌的妈妈过来喊儿子回家，因为有亲戚来家里，他们要回去招待。萌萌对乐乐说："乐乐，我要回家了，再见！"萌萌看上去有些不开心，但乐乐却微笑着对萌萌说："没关系！我们明天还可以见面，我就在这里等你，记得来找我啊！"

　　萌萌离开之后，妈妈看到乐乐一个人玩，就问乐乐说："乐乐，你想让萌萌回家吗？"乐乐说："不想。但是他家里有事，他应该回去的。我和他约好了，明天还要一起玩。"乐乐说完，跑到一棵大树下面，用小棍子在地上画着线，他边玩边嘀咕着："这是我和萌萌的城堡，我要给他守住。"

　　妈妈原本以为萌萌离开之后乐乐会不开心，结果却并不像妈妈想的那样，乐乐并没有表现出不开心，他知道萌萌回家比和自己玩这件事重要。此时，乐乐不仅没有想不开心的事，还依然沉浸在刚刚的开心当中，乐乐可真乐观！

　　孩子的自信乐观来自家庭的感染，一个家庭就像一部复印机，爸爸妈妈是原件，孩子就是复印件。一个家庭是幸福快乐的，爸爸妈妈就是自信乐观的，而爸爸妈妈的自信乐观会在小家伙的身上体现得淋漓尽致。所以，爸爸妈妈想要培养自信乐观的孩子，首先就要为孩子营造快乐的家庭氛围，培养孩子积极乐观的心态，在和孩子交流的时候，要说乐观而充满正能量的话，从而让小家伙拥有乐观的品质。当然，每个人都有不开心的时候，爸爸妈妈不开心时，千万不要把不好的情绪发泄在孩子身上，而要随时保持乐观的心态，为孩子传递快乐。

　　奇奇爸爸妈妈的性格很好，他们从来都不会对奇奇发脾

第七章
培养自立的小男子汉

气,所以,奇奇拥有自信乐观的性格。

奇奇看到爸爸下班回来,总会先给爸爸端一杯水。有一天,当奇奇给爸爸端水时,小家伙没有拿稳,杯子落在了地上,啪的一声摔碎了。

爸爸听到声音之后赶忙出来,奇奇用抱歉的眼神看着爸爸,爸爸看到奇奇没事,很淡定地对奇奇说:"没有关系,谁都有不小心的时候,平时妈妈做饭的时候也会不小心打碎碗。"这时,奇奇松了口气,但眼里还是有惊吓的泪水。

爸爸又说:"奇奇,下次可要小心了,这个玻璃碴会划破你的手。"爸爸边说边蹲下来,收拾着地上的碎玻璃。他说:"奇奇,帮爸爸拿来垃圾桶,你用扫帚和簸箕来清理。"

奇奇受爸爸的影响,也经常会这样。有一次,小朋友来他家玩,不小心把奇奇的玩具弄坏了,小朋友很自责,不过奇奇并没有生气,而是很温和地和小朋友说:"没有关系!我可以自己修一下,你不用担心的!"顿时,小朋友脸上自责的表情烟消云散,两个孩子又继续玩了起来。

小孩子天真烂漫,原本就具有乐观的天性,但孩子的情绪也是有变化的,这时候爸爸妈妈就需要把如何调节自己的情绪的方法教给孩子,引导孩子用这些方法忘掉不好的、悲伤的事情,变得快乐起来。爸爸妈妈注意培养孩子自信乐观的性格,孩子就会快乐健康成长,未来的幸福指数也会提高。

6. 培养孩子的抗挫折能力

从孩子懂事的那一刻起,爸爸妈妈就应该告诉他:人的一生不可能一帆风顺,每个人都会经历大大小小的苦难和波折,当经历这些苦难与波折时,千万不能灰心丧气,更不能一蹶不振,要有面对困难的勇气,不断锻炼自己的意志,提高自己克服挫折的能力。在教育孩子的问题上,我们要坚信:从困难与挫折中走出来的人会更坚强、勇敢,会更加乐观地面对人生。

橙橙是一名三年级的小学生,一次,学校组织春游活动,但这次春游和往常不一样,这次春游的主要目的是锻炼孩子们的意志力。为保证孩子的安全,家长可以陪同。

橙橙和妈妈一组,他们选择的项目是走山间小道。这条道无比狭窄,还坑坑洼洼的。橙橙没有见过这样的路,所以有些排斥,他和妈妈说:"妈妈,我们回家吧!我不想参加这次的春游活动了。"

妈妈听橙橙这么说,立马给橙橙鼓气加油:"春游活动既然参加了,就不能放弃。过程虽然会很辛苦,但我们享受的不就是参与的过程吗?"妈妈接着说,"我们俩可以来一

第七章
培养自立的小男子汉

场比赛,看谁先到达终点,谁就赢了!"其实,妈妈的目的是想放手锻炼一下橙橙,平时如果遇到了这样的路,妈妈一定会领着橙橙,但这次妈妈决定放手,让孩子自己走。

橙橙答应了妈妈,因为这场比赛又激起了小家伙的斗志。他加快脚步跌跌撞撞地向前走,路上到处都是石头,有一次他差点儿被一块石头绊倒,妈妈看到了,却没有上前帮他,她要让橙橙自己面对,让小家伙享受过程。

为了保证孩子的安全,妈妈故意走在后面,当然,也为了观察这个小家伙在小小挫折面前的应对能力。橙橙没有让妈妈失望,一路上虽然很艰辛,小家伙满头是汗,但还是顺利地走出了崎岖的道路。他成功了!小家伙很高兴,也很有成就感。

爸爸妈妈要培养孩子抗挫折的能力,就要给孩子提供遭遇挫折的机会,让他勇于面对。因为孩子还小,爸爸妈妈可以在关键的时候帮他一把,但多数情况下要他自己来完成。除此之外,还应该让孩子有乐观的心态,这样孩子才会有面对挫折的勇气,在困难面前不至于退缩。当孩子面对困难,需要爸爸妈妈做自己的精神支柱时,爸爸妈妈需要给他安慰,告诉他"有爸爸妈妈在"。当你和小家伙一起面对他遇到的挫折时,孩子克服困难的勇气也会倍增。当然,最重要的一点是,在孩子陷入困境时,爸爸妈妈需要给予他鼓励,必要时给予他帮助,这样孩子战胜挫折的自信心也会随之提高。

平平今年5岁,很喜欢下棋,每天一写完作业,就缠着爸爸和他一起玩。小家伙觉得和爸爸玩,爸爸可以让着自己,自己也可以在下棋的过程中体验一把赢了的"成就感"。但今天平平和爸爸下了几盘棋之后，爸爸并没有让自己，这让平平很懊恼，但是小家伙还想玩，于是就和爸爸说："爸爸，我想赢！"

爸爸说："你想赢，就要不断提高自己。想一想，如果现在你对面坐着你真正的对手，他会让着你吗？"顿了一下，爸爸又说："你现在才5岁，能和大人下棋已经很厉害了，爸爸也很喜欢和你一起玩。虽然你每次都输了，却在一点点进步着，最起码你不会再犯同样的错误，知道如何提防我走的每一步棋了，这就是进步。"平平听爸爸这么说，点了点头，表示认可爸爸说的话。

这时，爸爸接着说："你下棋的时候很认真。你说你想赢，爸爸也可以故意让你赢！不过，那样的话，我就是在欺骗你了，你希望爸爸欺骗你吗？而且，那样一来，你的棋艺也不会提高，我感觉这么做毫无意义，不仅对你没有帮助，还间接地害了你。"

平平认真地听着，爸爸又说："你只有不断地挑战我，才能慢慢进步，终有一天你会真正地赢了我，因为我相信我的儿子！"

爸爸的话让平平不再因为总是输棋而失落了，小家伙反而增强了信心，和爸爸说："来，爸爸，再来一局！"

孩子不仅要身体健康，心理承受能力也应该加强，而加强小家伙的心理承受能力，并不意味着要让孩子多经历失败，或承受超过孩子可承受范围之外的压力。爸爸妈妈可以激励孩子坚持到底，不必把尽善尽美看得过重。要有意识地将孩子的失败作为教育的契机，引导孩子重新鼓起勇气大胆自信地再次尝试。同时，教育孩子敢于面对困难和挫折，提高克服困难和抗挫折的能力。

第七章
培养自立的小男子汉

7. 培养孩子坚韧的意志力

　　孩子小的时候，一切饮食起居都需要爸爸妈妈来照料，但是，他会慢慢长大，终有一天会一个人独自面对社会，遇到各种各样的困难，这个时候孩子就需要有坚强的意志力。培养孩子坚强的意志力，就要从孩子懂事时开始培养他行为的自觉性。如在学校参加某一项体育活动时要经过长时间的锻炼。这个过程很漫长，需要小家伙坚持，努力克服体力、技巧方面遇到的困难。这时候，爸爸妈妈起着关键性作用，要鼓励小家伙坚持，帮助他完成目标。

　　　　小浩很喜欢游泳，于是妈妈带他来到了游泳馆，他看到很多小伙伴都在游泳池里玩耍，便忍不住想要下去，但是游泳馆的工作人员却不允许，说得让孩子先学习游泳，再下去游，否则会有危险。
　　　　小浩觉得学游泳会很快，自己可以，所以就踊跃地报了名。学习游泳的第一天，小家伙跟着教练一个一个地做动作，练习完之后再去水里，一切都要听教练的。小浩就是想在水里自由地玩，不要任何人管，但是现在不可以。他回到家之后和妈妈说："学游泳太没有意思了，妈妈，我不想学了。"

妈妈听小家伙这么说，就说道："你不是喜欢玩水吗？学习游泳很快的，你都已经坚持一天了，总共10天，再坚持9天就可以了，等到明天学完，就剩下8天了，到第10天的时候，你就会游泳了，我很期待，我相信你也很期待吧！"

妈妈的这些话给了小浩鼓励，他又开始学了起来。等到第5天的时候，小浩呛水了，因为教练每天都会给他们撤掉一个游泳的保护设施。小浩害怕了，回到家之后怎么都不学了。"妈妈，我不想去了，再去我就淹死了！"妈妈笑了笑说："怎么会？放心吧，有游泳教练呢！"

小浩不想去，但在妈妈的坚持下，他还是去了。等到第八天的时候，小浩一下子就会游了，当时教练还夸奖了他，他也很高兴。小浩没想到自己竟然坚持下来了，还成功了，他也为自己感到骄傲。

自从坚持学习了游泳之后，小浩在学习上也加倍用心了，因为通过这件事小浩明白了，做事情只要坚持，有坚韧的意志力，就一定会成功。

要培养孩子坚强的意志力，爸爸妈妈可以从日常生活中的小事锻炼孩子。爸爸妈妈可以根据孩子身心发展和教育的需要，创设或利用某种情景，为孩子设置一些困难，让小家伙通过动脑、动手去克服困难。从而使他们逐步提高对困难的承受能力和对环境的适应能力，培养出迎难而上的坚强意志。

小童从小和爷爷奶奶生活在一起，老人很爱孩子，不管做什么都由着他的性子，所以当小童上小学回到爸爸妈妈身边时，就显得很任性。

第七章
培养自立的小男子汉

爸爸妈妈觉得小童再这样继续下去,一定会吃亏,所以决定让小童吃一点苦,感受生活的艰辛,这样小家伙就会拥有坚强的意志力。为了锻炼小童,爸爸妈妈带着小童参加野营活动,他们来到了没有食物、没有水的地方,一家人只带了一些水,却要在这里待一个星期。

一开始,小童感觉很烦躁,前两天还在耍小性子,但到第三天的时候,他就变了,因为他要和爸爸一起出去找食物,妈妈负责给大家做饭。他们要去附近给农民伯伯干活,通过劳动换来食物。活儿干得又快又好,就可以多换食物,不努力,就得饿肚子。一开始,小童没有出去和爸爸干活,所以食物不够吃,就只能饿肚子,后来,小童为了不饿肚子,就参与其中,一家人不再饿肚子了,小家伙干活也更卖力了。

7天很快就过去了,小童在这里磨炼了自己,他变成了一个坚强的孩子,再也不是那个娇生惯养的孩子了。

爸爸妈妈让小家伙克服困难也好,吃苦也罢,最终的目的就是锻炼小家伙的坚强意志,提高他的忍耐力。其实,锻炼小家伙坚强意志的场景在生活中无处不在,比如,写作业遇到难题时需要认真分析,搭积木时要有耐心,打扫房间要认真细致……孩子只要坚持去做,就是锻炼其意志力的一个过程,孩子每克服一个困难,就离实现目标又近了一步。每一个孩子都会跌倒,但一次次跌倒后自己爬起来,就会站得更稳。同时,他们感受到的不仅仅是爸爸妈妈的爱与鼓励,更是隐藏在爱中的坚强的力量,这种力量会激励他们在成长的道路上勇敢前行!

第八章

培养孩子的好习惯

你家里是否有一个爱干净的、懂礼貌、细心的小帅哥呢？小家伙有那么多优点，是因为他在日常生活中形成的好习惯。而好习惯是需要长时间的训练才逐步养成的，这就需要爸爸妈妈的耐心引导，千万不要"三天打鱼，两天晒网"。爸爸妈妈要为孩子做榜样，在平时的小事中锻炼孩子持之以恒的信念，让小家伙学会坚持，在生活和学习上拥有一个好习惯。

第八章
培养孩子的好习惯

1. 培养一个爱干净的小帅哥

小家伙吃东西的时候,你拿着湿巾正要给他擦嘴,他一扭头,躲开了;小家伙喜欢吃西瓜,你怕他弄脏自己的小衣服,手里拿着围兜要给他穿上,小家伙却摆着手,怎么都不肯围,结果弄得衣服、鞋子、地上到处都是;小家伙从幼儿园回来,一进家门你就提醒他先洗手,可是这个小家伙总是假装忘记。小家伙总是那么不拘小节,慢慢地就养成了不爱干净的坏习惯,最后就成了一个"邋遢大王"。

小东今年3岁,是个不讲卫生的小家伙。他的鼻涕总是冒着泡泡,妈妈拿着纸巾要给他擦拭,可他一溜烟就跑了,妈妈都逮不到他。妈妈刚给他换上新衣服,没过一会儿,他就会弄得浑身是土,小手也是脏兮兮的。

时间一长,妈妈觉得小东这样可不行,她要从现在开始培养一个爱干净的小家伙,爱干净就要从勤洗手开始。每当外出回来,或吃东西之前,妈妈都会带着小东先洗手。来到卫生间,妈妈先用水将手淋湿,然后挤一点洗手液两手来回搓。小东觉得挺好玩,于是也学着妈妈的样子,两只小手搓来搓去,洗完手之后,小东的手上散发着玫瑰味洗手液的味道,他喜欢这种味道,慢慢地,小家伙就养成了洗手的好习惯。

133

小东是个鼻涕虫，妈妈时不时就会递给小东一张纸巾，小东心领神会，一开始，他拿起纸巾，随便擦一下，然后丢进垃圾桶，这时妈妈会说："还有一点点没有擦净，小东可以照照镜子再看一看。"小东来到镜子前，看到自己没有擦干净的鼻涕，很不舒服，于是他自己去拿了纸巾，照着镜子不停地擦拭着，直到干净了为止。

小东的衣服经常脏兮兮的，妈妈为了帮他养成好习惯，总是不厌其烦地给他换衣服。因为经常穿干净的衣服，小家伙渐渐意识到自己干干净净的才舒服，后来，他在玩耍的时候也小心了很多，尽量让自己的衣服保持干净。

爸爸妈妈想要培养一个爱干净的小帅哥，首先就要让小家伙认识到什么是干净。培养孩子好的卫生习惯，最好从孩子小时候做起，爸爸妈妈可以和孩子一起看讲卫生的绘本和动画片，孩子通过有趣的动画和故事能够领悟到邋遢带来的坏处——会生病，会惹别的小朋友嫌弃。然后，爸爸妈妈可以通过言语引导，如："爸爸很喜欢爱干净的帅小伙子，让我看看你洗脸了吗？刷牙了吗？"如果孩子比较爱干净，爸爸妈妈就可以夸奖和表扬小家伙。而最关键的是爸爸妈妈要以身作则，经常打扫卫生，为家人营造一个干净舒适的环境，这样小家伙就会受到影响，成为一个爱干净的孩子。

小杰不爱洗澡，也不爱理发，所以每次洗澡都是爸爸带着他洗。有一次，爸爸给小杰洗澡，小杰感觉爸爸放的洗澡水很烫，而且还弄得眼睛和鼻子里都是水，他差点儿喘不上气了。爸爸在给他洗头时，他的眼睛都睁不开了。每次理发，小杰都怕理发师拿着剪子和理发器在自己头上绕来绕去的，尤其是听到理发器的声音，他觉得浑身都起了鸡皮疙瘩。

第八章
培养孩子的好习惯

为了让小杰爱上洗澡和理发,爸爸想了个办法,他在浴室里放了一个小水盆,在盆子里放了能漂浮的塑胶玩具,爸爸还上网查了一下小杰这个年龄段洗澡时最适宜的水温。为防止沐浴液和洗发水进入小杰的眼睛,爸爸给小杰买了无刺激的日用品。一切准备就绪,这一次在给小杰洗澡时,他不那么排斥了,而且在洗澡的时候,爸爸还专门拿了绘画本给小杰看。绘画本上有两个小孩儿,一个干干净净的,一个脏兮兮的,爸爸问小杰喜欢哪一个,小杰说喜欢那个干干净净的小孩儿。从这天起,小杰爱上了洗澡。

这一次给小杰理发的时候,爸爸特意邀请了经常和小杰玩耍的几个小伙伴,大家约好了之后,小杰和小伙伴们来到了理发店,看到几个小家伙老老实实地坐在那里等着理发师叔叔给自己理发,小杰也像小伙伴一样,坐在那里一动不动。这次他不能说自己害怕了,因为在伙伴们面前怎么能丢了面子呢?这样想着,小杰就从心里真的不害怕了,小家伙们边理发边讲着"打怪兽"的故事。这天小杰很开心,因为他克服了一直以来都不敢面对的一件事,小家伙在瞬间就有了一种成就感。

其实,培养一个爱干净的小帅哥没有那么难,关键是要让孩子明白该怎么做,小家伙的大脑里有了具体概念,再加上爸爸妈妈的正确引导,长时间地坚持下来,他就会改掉不爱干净的坏毛病,养成讲卫生的好习惯。

2. 培养一个有礼貌的小男孩

小男孩上学或出门玩耍的时候，会不会和你打招呼："妈妈，我上学去了！""爸爸，我出去玩了！"他走在路上，遇到了叔叔阿姨会不会问好？在学校里见到老师，他会不会敬礼，说"老师，早上好"？他和小朋友玩耍的时候，懂不懂得谦让？如果你家的小男孩做到了这些，那么可以肯定，这个小家伙是个懂礼貌的孩子。不懂礼貌的孩子将来在社会上是难以立足的，人际交往也不会顺利，因为他缺少对人基本的尊重。

小五是个很有礼貌的孩子，平时爸爸妈妈总教他一些社交礼仪，所以他见人就问好，如果有叔叔阿姨来家里做客，他一定会热情招待，大家都很喜欢他。

星期天，爸爸妈妈邀请他们的同事来家里做客，小五知道后，别提有多高兴了，因为叔叔阿姨还要带他们的小孩儿来，到时候他就可以和小朋友们一起玩儿了。

在客人到来之前，爸爸妈妈交给小五一个"任务"，因为小家伙很有礼貌，所以就让他在门口迎接客人。小五爽快地答应了。正在这时，妈妈的同事李阿姨来到小五家，小五很有礼貌地说："李阿姨好！"说完，小家伙从鞋柜里拿出

第八章
培养孩子的好习惯

拖鞋,让李阿姨换上,然后带着李阿姨来到客厅,又拿了一个杯子,学着妈妈平时的样子,给李阿姨倒水。李阿姨看这个小家伙这么小就这么懂事,喜欢得不得了。李阿姨连声和小五说:"谢谢!"

接下来,小五用同样的方式欢迎每一位客人的到来,大家享受到了小家伙的盛情款待,都觉得他是个懂事的孩子。小五把小伙伴们带到了自己的房间,他拿出了自己心爱的玩具,并教小朋友们怎么玩,小伙伴们都很喜欢他。

等到客人离开,爸爸妈妈夸奖小五今天做得很好,爸爸说:"你这个小家伙,热情地款待我和妈妈的每一个朋友,谢谢你!"

小五回答道:"那是应该的。而且我也在照顾我的朋友呢,我很喜欢和他们玩。"

说完,小五、爸爸、妈妈都笑了。

当你家的小家伙开口说话时,你就应该教他,见到认识的人应该主动打招呼,别人帮助了你一定要说一声"谢谢",做错了事而影响了其他人时记得说声"对不起"。爸爸妈妈在教孩子做一个有礼貌的孩子之前,应该先为孩子做个好榜样。因为孩子的礼貌语言行为都是来自对成人的模仿。父母的一言一行、一举一动,都在无形中感染和熏陶着孩子。所以,爸爸妈妈在孩子面前,一定要注意自己的言行举止。爸爸妈妈如果发现孩子的举止粗俗,尤其是在公共场所,当小家伙大声喧哗或者到处乱跑时,爸爸妈妈一定要及时纠正,并耐心教孩子学习一些社会公共礼仪。比如,不要大声喧哗;买东西要排队;要爱护公物,不乱丢垃圾;在公交车上给老人让座等。

乐乐从刚懂事起,爸爸妈妈就想让小家伙做一个懂礼貌的孩子。乐乐2周岁时,爸爸妈妈就亲身示范,教乐乐懂礼貌。妈妈带乐乐出门遛弯的时候,见到认识的人,总会轻声问候,乐乐将这一切都看在眼里,并在潜意识当中开始模仿妈妈的一举一动、一言一行,后来,乐乐遇到认识的人时也会主动上前打招呼。

在家里,爸爸经常教导乐乐要做一个懂礼貌的孩子:有喜欢的食物,一定要和大家分享;吃饭的时候,要等到大家都坐下来,长辈动筷子时,自己才可以吃;平时去别人家做客,不能乱翻主人家的抽屉和柜子,面对人家的热情款待,一定要说声"谢谢"。

乐乐要上幼儿园了,爸爸妈妈告诉乐乐去了幼儿园一定要问候老师"早上好",在幼儿园和小朋友玩耍时要懂得谦让,如果自己在幼儿园有了好朋友,可以邀请小伙伴来家里玩耍。

乐乐记住了爸爸妈妈的话,第一天上幼儿园时,见到老师他就说:"老师,早上好!"这个小家伙很懂事,来到幼儿园不哭不闹,还和别的小朋友相处融洽,老师很喜欢这个新来的小朋友。

乐乐的有礼貌,来自于潜移默化,在爸爸妈妈的引导下,小家伙的礼貌用语和礼貌行为已经成为一种习惯。

如果孩子从一开始就不愿意和人主动打招呼,爸爸妈妈也不要强迫,孩子拥有自己的个性,或许因为害羞,或许不明白与人打招呼的意义何在,所以他才排斥主动打招呼的。如果孩子言行很得体很礼貌,爸爸妈妈要及时给予表扬,让他知道懂礼貌的孩子是人人喜爱的,有礼貌的孩子会有很多朋友,从而让孩子体会到其中的快乐,用这种方式来培养孩子懂礼貌的习惯也间接地培养了孩子自信、开朗和活泼的性格。

3. 温文尔雅，不做暴力男

你家的小家伙平时和你交流时，是温和型的还是暴力型的？如果是温和型的，他会这样和你说话："妈妈，我想去朋友家玩，可以吗？"或者他和小朋友玩时，总是欢声笑语，从不吵闹。如果是暴力型的，和爸爸妈妈说话时会这样："妈妈一点都不好，我不喜欢你了，哼！"小家伙一边埋怨，一边用小拳头捶打着妈妈；或者和小朋友玩的时候，他总是无缘无故动手，这时孩子并不认为自己错了，他反而觉得自己很厉害，没有人敢惹自己。如果孩子是这样的，那作为父母，一定要从小纠正孩子的这种习惯，避免孩子长大后成为暴力男。

小阳是个调皮的孩子，爸爸妈妈说的话他从来都不听，所以爸爸就经常呵斥他，有时为了制止小阳的调皮，爸爸还会动手打他。慢慢地，小家伙学会了爸爸的样子，只要身边的人不按照自己的想法做事，或者小家伙看到哪个人不顺眼，就会伸出小拳头，"暴揍"人家一顿。

一次，爸爸带着小阳去公园玩，有个小朋友带着好吃的东西过来，要将好吃的分享给小阳，小阳看了小朋友一眼，将小朋友递到自己手里的吃的扔了。小阳看到小朋友手里拿着一辆小汽车，很喜欢，立即抢了过来，弄得小朋友不知所措，或许是因为害怕，小朋友放声哭了起来。小阳说："再哭，再哭我就揍你！"说着，他还挥动了几下小拳头。这时，爸爸制止了小阳，说："小阳，小朋友对你这么友好，你怎么能这样呢？来，赔礼道歉，说声对不起！"

"我才不要呢！我不想看到他，让他走！"爸爸看到小阳这样，又抢人家的玩具，就不分场合地批评着小阳："你这么做是不对的。还有，把玩具还给小朋友。"小阳不给，爸爸就硬生生地从小家伙的手里抢过了玩具，还给了小朋友。

小阳见爸爸对自己如此粗暴，很生气，转身就离开了，爸爸无奈，和对方说了声"对不起"，接着，紧跟在儿子的身后回家了。

爸爸妈妈想让自己家的孩子做个温文尔雅的孩子，首先要学会兼容并蓄，要接受孩子的所有情绪，无论是正面的还是负面的，要让孩子能够得到释放和宣泄，这样才能使孩子恢复心理上的平衡。然后要帮助他认清情绪，好的情绪能够让孩子和身边人心情舒畅，坏的情绪则会给自己和身边人带来负面影响。学会掌控情绪，是孩子在童年得到的最宝贵的财富之一，也是他们人生成功的保障。最重要的是，爸爸妈妈要为孩子做好榜样，当孩子淘气或不听话时，要耐心教育，绝对不可以用暴力来解决，否则，孩子会效仿，遇事总爱以暴制暴。上面例子中小阳的爸爸就是一个很不好的例子，他暴躁的情绪只能让孩子的脾气更加暴躁。

小旭和小满是邻居，两个孩子从小就在一起玩。小旭平时待人说话都很温和，很多人都喜欢他。小满则脾气暴躁，尤其是在学校里，动不动就和同学打架，爸爸妈妈经常被叫到学校，所以别的小朋友都躲着他，生怕他生出什么事端来。

这天，小旭和小满两家人在餐厅聚餐，一开始大家都吃

第八章
培养孩子的好习惯

得很开心，吃完饭之后，服务员过来收拾桌子，这时小旭和小满正在桌子旁玩耍，服务员一不小心，把盘子里的剩菜撒在了小旭的身上，小满看到后，举着小手打了服务员一下，说："谁让你把脏兮兮的东西撒在我朋友身上的！"服务员连声说："对不起！"

小旭则说："阿姨，没关系的，我等下回去重新换一件就可以了，没有吓着您吧！"这时，小旭的爸爸妈妈过来也说："没事的，孩子没有受伤就好！"

餐厅里的其他顾客被两个孩子的处理方式惊呆了，他们觉得小满不分青红皂白就过去为朋友出头，的确不妥，不过回头想一想，这小家伙还是个孩子。但他们却很佩服小旭的处理方式，小家伙处理起这样的事情，就像是个小大人似的，说实话，或许很多大人在面对这样的事时都不会这么大度，这个小家伙却做到了。

爸爸妈妈是孩子的第一任老师，也是培养他成为一个温文尔雅的人的最好的老师，所以，爸爸妈妈平时教育孩子时不要使用暴力，不要做总喜欢打骂孩子的家长，否则，小家伙就会学你，喜欢使用暴力来解决问题。爸爸妈妈遇事要有耐心，心平气和地与孩子交流，才能培养一个自信、大方、善良、热情、积极向上、懂事的男孩。

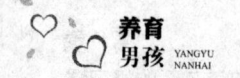

4. 粗心的毛病要克服

"主人，主人，来电话了……"你的手机铃声响起，一看联系人，是张老师，你接起电话。"小洪妈妈吗？小洪忘记拿作业了，麻烦您给他送一趟吧！"这小家伙又忘记拿作业了，看吧，老师打电话让送作业不止一次了。再看看小家伙写的作业，计算数学题时总把"+"看成是"-"，写语文作文时总是跑题，当你问他时，他还理直气壮地说："我没有看清题目！"看吧，这就是你家的男孩，因为粗心马虎，常常让人崩溃，拿他没有办法。因为每次生气的时候你都会安慰自己说："好了，不生气，亲生的！"

上面这样的情形相信很多爸爸妈妈都遇到过，孩子对于粗心的毛病没有深刻的认识，如果爸爸妈妈不及时纠正，一旦孩子养成粗心的习惯，再想纠正就难了。所以，对于孩子粗心的毛病，爸爸妈妈一定要想办法来帮助孩子从小克服。

小米写数学题时总是马虎，妈妈想要让小米改正，这天他坐在了孩子身边，说："今天妈妈盯着你写作业，如果你的计算题再错，那我就要惩罚了，错一道，罚你50道。"小米一听，顿时慌了："50道？我怎么做得完？！"

"那你就不要那么马虎嘛！认真一点，计算题最简单了，

第八章
培养孩子的好习惯

只要仔细,就不会错。"妈妈安慰道。可是,小米哪里会想到这些,此时他大脑里飘过的是妈妈刚才说的"错一道题,罚你50道"。因为压力太大,小米写作业时愁眉不展,好不容易才写完作业,结果妈妈一检查,错了两道计算题。

"没有办法了,这里是我出的100道计算题,完成它!"小米很不服气,但是又不敢反抗,只能做了。他做题的速度像蜗牛一样,妈妈看在眼里。眼看就要到晚上10点了,小米才完成了一半,妈妈担心小米第二天上课受影响,所以就让他暂时停下,当她为小米检查那50道题的时候,发现还是错得一塌糊涂。"怎么回事儿呢?原本想要改正小家伙粗心的毛病,结果却更严重了。他也太敷衍我了吧!"

妈妈对小米这样的惩罚并不管用,之后,小米不仅没有改变粗心的毛病,还越来越严重了,只要看到数学计算题,小家伙就苦着脸,一点都不想做,即便做了,也不会全部正确,而且,这小家伙在平时也是丢三落四的,不是今天忘记拿尺子,就是明天忘记拿文具盒……

爸爸妈妈对孩子的任意惩罚,会严重影响孩子的心情,孩子的心情不好,自然就没有心思学习。爸爸妈妈要让孩子改正粗心的坏习惯,在学习方面,就要从培养他良好的学习习惯开始,让孩子在学习的时候集中注意力,做完题要及时检查漏题、错题。有的时候,孩子粗心是因为学习的知识基础不扎实,爸爸妈妈就要让孩子在学习的过程中温故知新,牢固地掌握所学知识。学习靠自觉,爸爸妈妈平时要让小家伙养成爱查资料、爱探究的好习惯。在生活方面,爸爸妈妈应该让男孩做整理衣柜、收拾屋子的细活儿,锻炼小家伙的耐心,如果孩子稍有进步,还要及时进行夸奖,让孩子拥有自信心,小家伙才能积极认真地完成一件事。

小鹿今年上二年级，下学期开始学习除法，小家伙对平均数的知识掌握得不是很好，上课时，老师提出的问题，他有时能蒙对，蒙对了还挺高兴，心想："终于应付了差事。"回家写作业时，他有不会的题时总是"妈妈""妈妈"地喊着。

有一天放学，小鹿做应用题，因为他正在学习除法，所以他就连看都不看题，直接用除法解决，结果，得数怎么算都算不出来。他又一次喊来了妈妈。妈妈读完题之后，问小鹿："这道题是用除法解决吗？"小鹿看了看妈妈的表情，妈妈好像是在告诉自己"不是"，于是他摇了摇头。其实，这道应用题原本应该用乘法解决的。妈妈问小鹿："是用乘法解决吗？"小鹿纳闷了："到底是不是呢？"他又摇了摇头。

妈妈见状，觉得小鹿的基础知识并没有掌握好，于是就耐心地给小家伙讲了起来。妈妈整整讲了10分钟，突然，小鹿恍然大悟，说："妈妈，我懂了，我想起来了，老师上课还讲过呢！"

接下来是小鹿自我消化知识的时间，小家伙趁热打铁，开始认真思考，那小脑袋一会儿歪向左边，一会儿又歪向右边，思考着。终于，他做出了这道题，这时的他好有成就感！

爸爸妈妈想帮助小家伙克服粗心的毛病，就要帮孩子找到粗心的点，是小家伙审题不清，还是掌握知识不牢固？找到原因之后，"对症下药"。爸爸妈妈平时要嘱咐小家伙准备错题本，将错题收集在小本子上，平时多翻看、多练习，这样就可以改正。另外，爸爸妈妈如果发现孩子有粗心的坏习惯，不要抱怨、不要批评，要多肯定、多鼓励，耐心引导，慢慢让小家伙养成一种做事或学习细心的好习惯。

第八章
培养孩子的好习惯

5. 合理安排自己的时间

你家的男孩嘴里念叨过"一寸光阴一寸金,寸金难买寸光阴"吗?小家伙理解这句话的真正含义吗?小家伙每天放学回来,会不会按时完成作业?写作业的时候,他的手里是不是拿着一个奥特曼,嘴里说着"这个世界,我来守护"?完成作业后,他有没有尽情地去玩?而在玩的时候,他心里有没有巨大的压力,总想着自己的作业还没有完成?大多数贪玩的小男孩,他们嘴里每天都说着"珍惜时间",但是他们有没有付诸实际行动,在该学习的时候认真学习,该玩的时候尽情地玩耍呢?

放暑假了,孩子们又进入了轻松愉快的玩耍时间。小区院子里,孩子们在疯跑,而小肖却和其他男孩不一样,他在放假的第一天就给自己制定了假期时间表,因为这是他平时养成的好习惯。

小肖每天早上7点起床,因为妈妈告诉小肖,早上7点是起床的最佳时间。起床之后,妈妈已经给小肖做好了丰盛的早餐,早饭过后,他和妈妈一起去公园散步,有时也会喊别的小朋友一起去。散步回家之后,是9点钟,这时候小肖就开始安排学习了,因为长时间的学习经验告诉他,这个时候的大脑是最清醒的,可以做数学题。小肖每次学习的时候都十分认真,这个状态一直持续到 10 点半。

小肖很爱护自己的眼睛,学习过后他要休息一会儿,看一看窗外,做一做眼保健操。有时他还会帮妈妈做一点家务,如扫扫地、洗洗碗,还会切水果给妈妈,然后坐下来和妈妈聊聊天。中午的时候,他会和妈妈一起做午饭,小家伙最喜欢吃咖喱牛肉饭了,每次妈妈做这道美食的时候,他总会在旁边帮忙。吃过了香喷喷的饭之后,小肖进入了每天的午睡时间,午睡过后小肖就去找小伙伴玩。

下午 5 点,小肖会按时回家吃晚饭。稍做休息后,他外出开始锻炼身体,7 点 40 分回家,调节一下,8 点开始看书。小肖的书房里有很多课外书,《中国古今寓言》《我的狐狸爸爸》《苹果树上的外婆》等。每次看书,他都会把里面的优美句子抄录下来。

晚上 10 点,小家伙洗个澡,10 点半按时上床睡觉。

暑假里,小肖每天都是如此,他觉得每一天过得都很充实,也很轻松自在。

孩子安排时间时,需要爸爸妈妈的引导和积极参与,经过长时间按计划做事,小家伙会更加有积极性,慢慢就会养成合理安排时间的习惯。小家伙每天的时间表需要爸爸妈妈和他一起制定。爸爸妈妈也可以给自己制定时间表,为家庭营造合理安排时间的氛围,渐渐培养孩子合理安排时间的习惯。爸爸妈妈引导孩子合理安排时间时,要尊重孩子,不可以让孩子将所有的时间都用在学习上,要为孩子安排玩耍的时间,让孩子学会劳逸结合。另外,爸爸妈妈要做好监督工作,有些孩子一时兴起,会给自己制定时间表,但不会坚持太长时间,这时候就需要爸爸妈妈的监督和耐心引导。

小烁和小明是好朋友,每次小烁去喊小明玩的时候,小明都会说"妈妈让我在家里写作业",而小烁总会说:"我们的作业不是一样吗？用不了多久就可以完成的。你不是早就开始写了吗？怎么还没有完成呢？"小明回答道："完成了。不过，妈妈又给我安排了新的任务，让我都写完。"

小烁和小明在同一所学校的同一个班级，小烁每天都有玩儿的时间，也有学习的时间，成绩也很优异；小明却一直在学，妈妈还给他报了很多辅导班，可成绩怎么都提不上去。今天小烁来喊小明玩，他依然愁眉苦脸地说："不能出去，要学习。"

小烁因为妈妈给他合理安排了时间，小家伙的学习效率自然也很高。而小明总是处于学习的高压环境中，效率自然就没有那么高了，小家伙虽然嘴上不说，但心里总是在埋怨妈妈："为什么总是给我安排这么多作业？我好想像小烁一样，写完作业后出去玩一会儿……"

对孩子而言，合理安排时间是正常生活与学习的重要保证，如果爸爸妈妈不能给予正确的引导，孩子自然也不会积极配合，结果自然是时间被白白浪费。如果你家小男孩不能合理利用时间，那么他做什么事情都会感到疲惫；如果你家小男孩能够合理利用时间，那么他做起事情来就会事半功倍。

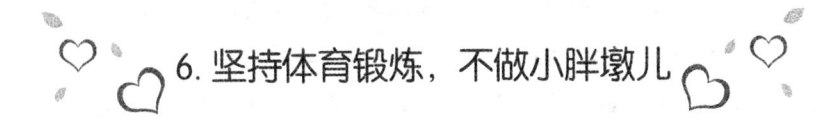

6. 坚持体育锻炼，不做小胖墩儿

看看这小家伙多可爱，是个"贪吃鬼"，每天起床开口的第一句话就是"妈妈，我饿了，我想吃汉堡、炸薯条，我还想吃肉馅包子，还有……"

147

于是，你满足了这个小家伙的要求，慢慢地，小家伙越来越胖了，你觉得他可爱极了。再看这小家伙，每日三餐过后一动不动，还经常坐在沙发上，边看电视边吃零食。之后，小家伙总是生病，每个季度他最少要感冒3次，每次都要输液、打针，因为他的体质太差了，吃药根本就好不了。小家伙因为身体胖胖的，经常被小朋友调侃说"大熊猫"，他不高兴了，于是大声对妈妈说："我不要去上学了，我好烦！"

上面的场景相信很多爸爸妈妈都遇到过，当孩子长成一个小胖墩的时候，爸爸妈妈都会后悔当初没有让孩子合理饮食，没有培养孩子锻炼的习惯，没有帮孩子塑造一个好的身材。

小平是个胖胖的小男孩儿，平时就喜欢吃零食，但小家伙不喜欢运动，总爱坐在那里，手里拿着零食吃。因为太胖了，小平走路的时候很笨拙，小朋友见到他之后都会喊他"唐老鸭"。这样一来，他就更不喜欢出门了。

小平的心情变得很压抑，在学校里经常和人打架，每天回家时他的脸基本上都挂了彩。慢慢地，小平的性格变得很孤僻、自卑。妈妈看到小平这样，曾想要通过劝导的方式让小平开心，可每次小平都会对妈妈说："烦死了，不想听，不想听！"他边说边捂着自己的耳朵。每次不高兴时，他都会安静地坐在那里吃东西，他觉得吃东西很快乐。

爸爸妈妈觉得小平应该多运动，通过运动消耗脂肪，于是对小平进行了劝导，小家伙也想改变这种状态，跟着爸爸锻炼了几天，小家伙觉得太累了，于是对爸爸说："运动太辛苦了，我不要坚持了，我要放弃！"说完，小家伙又恢复了原来的状态。

因为不锻炼，小平的身体很弱，经常生病，导致小家伙的心情也不好，经常冲着爸爸妈妈发脾气。

第八章
培养孩子的好习惯

爸爸妈妈要让孩子的身心健康,不做小胖墩,除了要合理安排小家伙的饮食之外,还应该合理控制孩子的饮食,不要让小家伙暴饮暴食,最关键的还是要多参加体育运动。研究表明,锻炼身体可以对孩子们在课堂上的学习和行为产生积极的影响。如果你发现你家的小家伙正在长胖,那么就每天晚饭后带着小家伙一起散步。爸爸妈妈也可以和孩子交流,进而得知孩子喜欢哪项体育运动,如果小家伙喜欢踢足球,爸爸妈妈可以陪着他一起踢;如果小家伙喜欢打羽毛球,爸爸妈妈就一起和他玩;如果小家伙喜欢跑步,那爸爸妈妈就带着他一起跑。

> 小帅今年13岁了,正是长身体的时候,妈妈经常给他做鸡肉鱼肉,为了让小家伙有均衡的营养,妈妈每天都要为他搭配一些青菜,小家伙很喜欢妈妈做的饭,每次都把盘子里的食物吃得光光的。
>
> 小帅很能吃,却一点都不胖,那是因为他摄入体内的热量都被运动给消耗了。小帅很喜欢体育运动,每天都会拉着爸爸和自己打羽毛球。另外,因为学校离家很近,每天他都会慢跑去学校,星期天的时候他还会去游泳馆游泳,小家伙每天都不闲着,就是喜欢动。不过,他的肚子似乎也不想闲着,他总是感觉很饿,每次只要他说出来,妈妈都会给他做他喜欢吃的东西。
>
> 小帅因为经常参加体育运动,所以身体非常结实,抵抗力很强,班里有小朋友感冒时,他很少被传染。
>
> 小帅的身体之所以会这么好,除了他有坚强的意志外,最关键的是爸爸妈妈对他的支持。爸爸妈妈只要有时间,就会陪小帅锻炼,小家伙很感谢爸爸妈妈。

多参加体育锻炼,可以有效地增强体质,所以爸爸妈妈要鼓励家里的男孩经常参加户外运动，这样不仅能让小家伙的心情好，还可以提高他的整体健康状况，培养运动技能，并改善大脑功能，这对他在学校的学习也是至关重要的。

7. 爱护身体，远离烟酒

一天，当你发现你家的男孩躲在一个没有人的地方，嘴里叼着一支香烟在吞云吐雾时，你会有什么感触呢？当所有人都在餐桌上端着酒杯喝酒，刚刚十多岁的孩子和大人一起举着杯喝酒的时候，你又做何感想呢？究竟是从什么时候男孩开始抽烟、喝酒了呢？是爸爸培养的吗？还是妈妈的纵容呢？相信爸爸妈妈最希望孩子健康快乐成长了，不希望他们过早地和烟酒沾边，所以，为了你的期望，要杜绝男孩从小染上这不好的习惯。

小强今年刚满12岁，是一名六年级的小学生，别看他这么小，却已经开始抽烟喝酒了。他在学校里抽烟，被老师抓包可不止一次了，老师也叫过家长，每次爸爸来学校里，都会向老师保证自己不在孩子面前抽烟，要给孩子做个好榜样，但是一回到家，只交代了小强几句之后，就又在孩子面前抽起了烟。

小强抽烟就是和爸爸学的。他记得每天爸爸下班回家，看起来都很疲惫的样子，于是便坐在沙发上，点燃了一支烟，

第八章
培养孩子的好习惯

抽了起来。小强感到好奇，也觉得好玩，于是就趁爸爸妈妈不在家的时候，悄悄点燃一支烟，抽了起来。第一次吸烟，小强被呛得一直咳嗽个不停，但是出于好奇，过了几天他又抽起了烟，而这两次都没有人发现。

慢慢地，小强开始拿着自己的零花钱去买烟，然后来到学校的厕所偷偷地抽，就这样，一次次被老师抓到。爸爸和小强说："小孩子是不能抽烟的，等你长大以后才可以抽。"但小强根本没听进去，他大脑里只想着爸爸抽烟的样子，很酷！

小强喝酒也是和爸爸学的。爸爸觉得小孩子喝一点酒没有关系，于是有一次给小强倒了一点点酒，小强得到了爸爸的允许，将酒一饮而尽，爸爸在一边说："儿子，可以啊！像个男子汉！"小强听爸爸这么说，立刻受到了"鼓舞"，又喝了一点点，但当晚小家伙头很疼。之后，参加同学聚会时，小强都会带头喝酒。慢慢地，这孩子就烟酒不离身了。

因为抽烟喝酒，小强的成绩直线下滑，当爸爸意识到这一点的时候已经太晚了，小强为此没有读完初中，只能辍学在家。

香烟里含有大量有害物质，而这些有害物质会伤害孩子的大脑，影响孩子的智力发育，严重时还会让小家伙患上肺炎、哮喘等疾病。酒精对孩子的肝和胃的刺激性很大，同样也会损害孩子的大脑，导致孩子记忆力下降，影响孩子的学习成绩。而且抽烟、喝酒还有可能影响孩子的性格塑造，让他们做出一些错误的行为和判断，导致不良后果。所以爸爸妈妈要多关心孩子的内心，多和他们沟通交流，让他们树立健康的生活观念，并告诉他们抽烟喝酒的危害，让他们自觉远离这些东西。为杜绝小家伙染上抽烟喝酒的坏习惯，爸爸妈妈要做好表率，尽量避免在孩子面前抽烟喝酒，提高自己的修养，给孩子树立榜样，一起为孩子创造

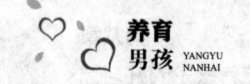

健康美好的环境!

小磊刚上初一，对新学校充满了好奇，之前很期待来到这里，因为从现在开始他要开始寄宿生活了，一个星期回家一次，还不错！他第一个星期来到这里时，就看到班里有个男孩在抽烟，他很好奇，心想："他是名学生，为什么要抽烟呢？"

回到家之后，妈妈问小磊在学校里的情况，小磊说了对新环境的感受，还给妈妈讲了宿舍里是什么样的，班级里是什么样的。讲到这里，小磊停了下来，开始思考着看到同学抽烟的事情。妈妈看到小磊有些异常，于是问道："小磊，你有什么疑问吗？"小磊听妈妈这么问，就说了："我看到同学在学校里抽烟，悄悄地抽，他还让我帮他保密，不让告诉老师。妈妈，他为什么要抽烟呢？"

"这么小就开始抽烟了吗？香烟里含有伤害人体的物质，你们这个年龄是承受不了的。记住，小磊，妈妈希望你以后要远离烟酒，保护好自己的身体。"

小磊听妈妈这么说，觉得很有道理。来到学校后，小磊委婉地提醒过同学，但是对方丝毫都不理会，之后小磊就不再和这个同学来往了。

"近朱者赤，近墨者黑。"如果孩子和那些抽烟喝酒的孩子走得很近，很有可能会染上抽烟喝酒的不良习惯，因此，爸爸妈妈在孩子的交友方面，一定要把好关，提醒孩子擦亮眼睛。爸爸妈妈在平时还应该多关心孩子，如果小家伙有压力，就要及时帮他排解，用心开导，让小家伙放松心态面对人生，坚决杜绝烟酒。

智慧家教

养育女孩

刘宝江/编

吉林美术出版社 | 全国百佳图书出版单位

图书在版编目（CIP）数据

智慧家教.养育女孩/刘宝江编.--长春:吉林美术出版社,2022.1

ISBN 978-7-5575-7105-4

Ⅰ.①智… Ⅱ.①刘… Ⅲ.①女性－家庭教育 Ⅳ.①G78

中国版本图书馆CIP数据核字（2021）第271141号

YANGYU NÜHAI
养育女孩

出 版 人	赵国强
作　　者	刘宝江
责任编辑	栾　云
装帧设计	于鹏波
开　　本	880mm×1230mm　32开
印　　张	5
印　　数	1—5000
字　　数	128千字
版　　次	2022年1月第1版
印　　次	2022年1月第1次印刷
出版发行	吉林美术出版社
地　　址	长春市净月开发区福祉大路5788号 邮编：130118
网　　址	www.jlmspress.com
印　　刷	天津海德伟业印务有限公司
书　　号	ISBN 978-7-5575-7105-4
定　　价	198.00元（全5册）

前言 Preface

孩子是父母爱情的结晶，当这个孩子是女孩的时候，父母心中会对孩子倾注更多的关怀和爱护，他们希望自己的孩子在自己的羽翼下健康成长，他们对女孩的期望同样很高，他们想要将自己的女儿培养成一个美丽、坚强、乐观、豁达、独立、善良的人，在他们的眼中，女孩是美好的代名词。

《养育女孩》是一部有关女孩成长的书，它描述了女孩成长的各阶段特征，告诉父母们该如何养育和培养女孩的高雅气质、良好性格、独立自强、品学兼优，以及如何帮助孩子制订自己的人生规划。同时也说到父母们对女孩的安全是如何担忧。全书力求避免从理论到理论的论道，采用贴紧生活实际，运用大量案例，让读者觉得案例中的女孩就生活在我们的身边。

家有女孩的父母，究竟要怎样来养育女孩呢。也许在你看来，女孩很乖巧、很安静、很懂事，相对男孩来说，养育起来好像并不难。但是女孩养育的过程真的像你所想的那样，只要给她准备好好吃的糖果、好看的洋娃娃、好看的衣饰，便可以了吗？如果你是这样想的，那就错了。女孩也会喜欢玩泥巴，也会喜欢去探险，也会喜欢去专研，请父母们不要一开始就用固有的思想去养育女孩。请你给她们空间，让她们去做自己喜欢的事情，让她们自己去探索。

可能家有女孩的父母，总觉得女孩是易碎的瓷娃娃，总想要将她护在掌心里，替她们去挡狂风暴雨，去挡人生所有的苦难，但是如果你将女儿养育得很天真、懵懂、善良、不谙世事，这对她们真的好吗？父母不能陪她们一辈子，她们总有需要独自去面对风雨的一天，那时她们有能力好好生活吗？

家有女孩的父母，请你们深思，你们究竟是想要培养一个怎样的女孩出来，是一个优雅高贵的公主，还是一个端庄美丽的女神，甚至是一个所向披靡的女战士？请家有女孩的父母根据各自女儿的特点，有的放矢地培养女孩。

我想父母无论期望女儿有多么优秀，但最衷心的企盼都是女儿一生健康平安、顺遂无忧。所以谨以此书，献给天下每一个爱女儿的父母，希望你们从中可以找到适合自己女儿的培养方法，让她们在你们的教育呵护下健康、快乐地成长。

目录 Contents

第一章　这个可爱的小姑娘,她是你的女儿

1. 她是你的小天使,需要你用一生守护 / 002
2. 0~2 岁,这时的她需要你给的安全感 / 005
3. 3~5 岁,这个世界到处让她感到新鲜 / 007
4. 6~10 岁,孩子越来越懂事了 / 011
5. 11~14 岁,身体慢慢发生变化 / 014
6. 15~18 岁,担心她的安全,担心她的学习 / 017
7. 不管多大,她都是你心中的宝贝 / 020

第二章　培养女孩高雅的气质

1. 做个爱干净的女孩 / 024
2. 给女孩足够的陪伴 / 027
3. 告诉女儿要心怀善意 / 030
4. 告诉女儿要相信自己 / 033
5. 培养女儿读书的习惯 / 036
6. 虽然是女孩,但也要有担当 / 039
7. 让女儿学一些才艺 / 042

第三章　好的性格决定女孩的幸福指数

1. 培养性格开朗的女孩 / 046
2. 培养知书达理的女孩 / 049
3. 培养女孩包容的性格 / 052
4. 培养女孩谦逊的性格 / 056
5. 培养睿智活泼的品格 / 058
6. 培养博学智慧的女孩 / 061
7. 培养浪漫有情趣的女孩 / 064

第四章　培养女孩独立自强意识

1. 女孩的独立需要父母从小培养 / 068
2. 女孩独立为了捍卫自己的价值 / 071
3. 女孩独立才能把握自己的命运 / 074
4. 女孩独立才有选择的权利 / 076
5. 独立的女孩才知道自己想要什么 / 079
6. 独立的女孩才能避免一叶障目 / 082
7. 独立的女孩才能有更高的追求 / 084

第五章　女孩心中有许多悄悄话等着你倾听

1. 女孩细腻的心思需要你呵护 / 088
2. 你是女儿坚强的依靠 / 091
3. 很多话女儿只能跟你说 / 094
4. 给女儿最合理的建议 / 096

5. 让负面情绪远离女儿 / 099

6. 与女儿交流要有方法 / 102

7. 让女儿没有心理负担快乐成长 / 105

第六章　培养学习优秀的女孩

1. 端正女孩的学习态度 / 110

2. 跟女孩一起制订学习目标 / 113

3. 尽量帮女孩把知识具象化 / 116

4. 为女孩营造良好的学习环境 / 119

5. 让女孩打牢知识基础 / 122

6. 让女孩学会自我思考 / 125

7. 改掉女孩粗心的毛病 / 128

第七章　让女孩制订自己的人生规划

1. 女孩要知道自己喜欢做什么 / 132

2. 自我意识让女孩明白自己想要什么 / 134

3. 人生规划要实际、可行、步步为营 / 138

4. 坚定目标,告诉女孩坦然面对挫折 / 141

5. 脚踏实地,告诉女孩不能耽于空想 / 144

6. 不断进步,才会无限接近目标 / 147

7. 努力坚持,让女孩为自己拼搏 / 149

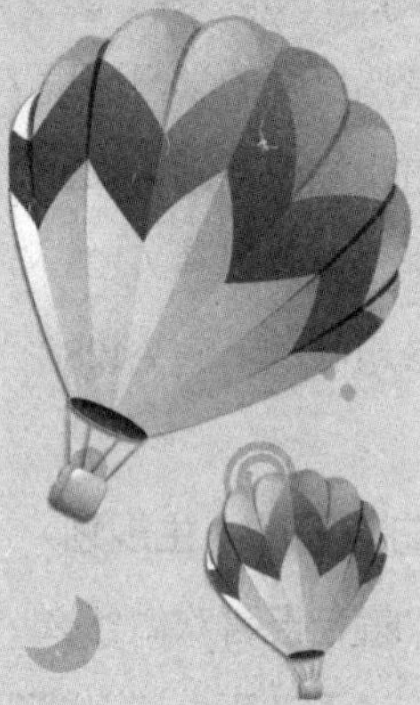

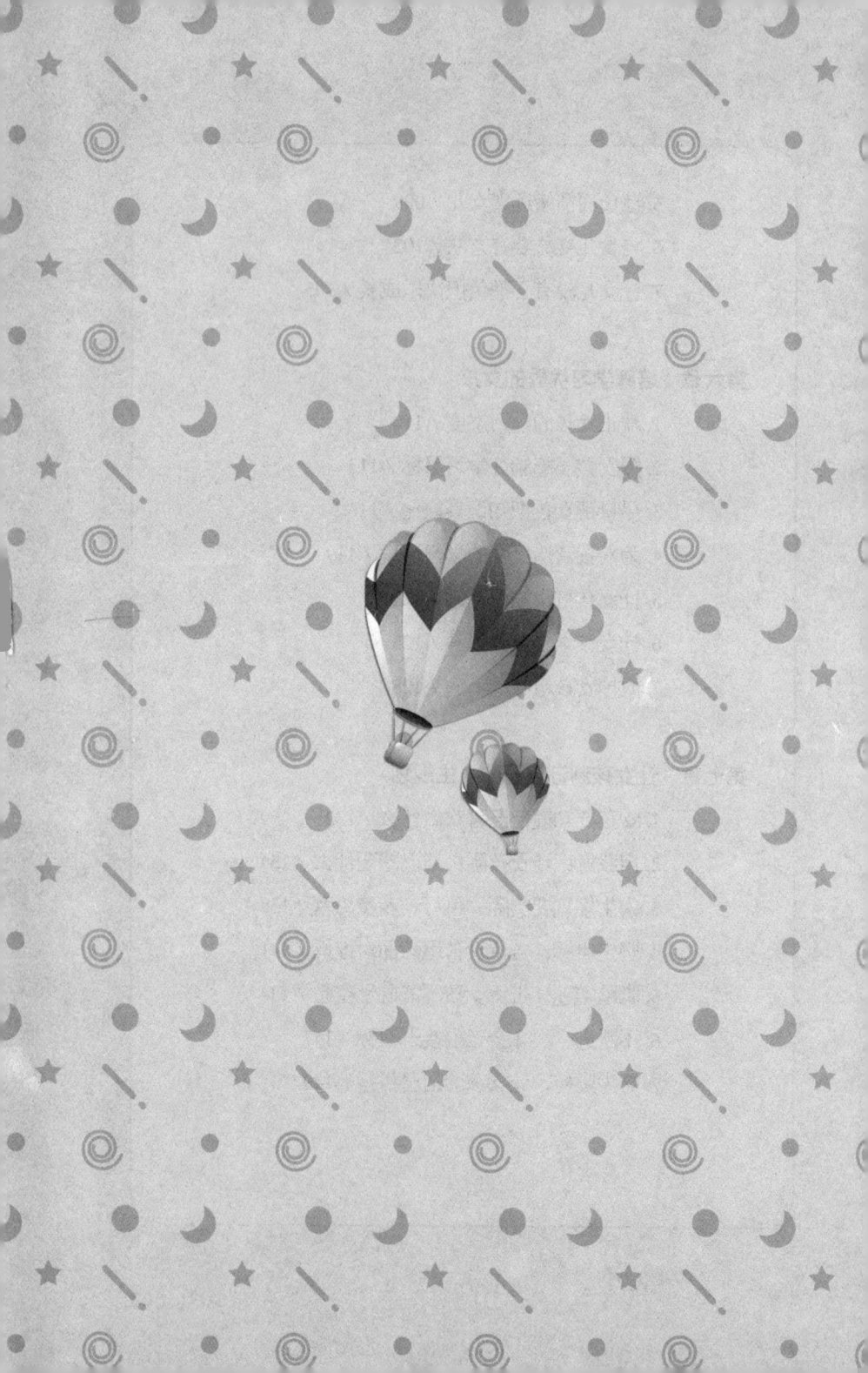

第一章

这个可爱的小姑娘,她是你的女儿

这个小姑娘,从呱呱坠地开始,便时刻牵动着你的心弦。她或懵懂,或聪慧,或活泼……无论哪种姿态,那都是她,她的每一面都令你喜欢,她的每一份开心都令你喜悦,她的每一份成绩都值得你骄傲,她的每一种成长都令你惊叹。她那么可爱,她是你的女儿啊!

1. 她是你的小天使，需要你用一生守护

这个小姑娘的到来照亮了身为父母的你们，赋予了你们新的生活意义。她对这个世界充满了好奇，她小心翼翼地用自己的方式探索世界，她可爱极了。她热爱生活中一切美好的事物，她喜欢漂亮的东西：花朵形状的发卡、亮晶晶的项链、星星形状的手链、有细腻纹理的石头、紫色的贝壳、竹编的心形小挎包……她把它们都装在了一个箱子里，说那是她的百宝箱，里面装的都是她的宝贝。

悦悦今年已经上幼儿园了，别看她年纪不大，却是一个爱美的小姑娘了，每天早上一定要打扮得美美的才会出门。

有一天早上，眼看就要迟到了，妈妈喊道："悦悦，快穿衣服，马上就要迟到了。"妈妈一边喊着，一边找出一套衣服让她穿。

悦悦却说："妈妈，这个衬衣和那个外套搭配不好看，我不要穿这个。"

妈妈说："那你想穿哪个？我觉得挺好看的啊。"

悦悦扭头生气地说："不好看，不好看！我要穿那条

第一章
这个可爱的小姑娘,她是你的女儿

粉色的裙子,这样才与这件风衣搭配。"

妈妈问:"你确定?"

悦悦说:"确定啊。你看之前那个绿色的就是没有粉色的好看啊,我就要穿粉色的裙子。妈妈,你要不给我穿,我就不出门。"

妈妈说:"行了,知道了,我给你去拿,这都几点了,磨蹭。"

妈妈一边说着:"你这么小就知道什么是美了吗?"一边亲昵地点了点她的额头。

小姑娘咯咯地笑了起来。

小女孩有时候十分闹腾,但大部分时间很安静。她喜欢画画儿,拿着一张白纸、一盒彩笔,就能够画上好长时间;她喜欢阅读,总是拉着爸爸妈妈带她去图书馆,在书架上找到自己喜欢的书籍,她会看上好几个小时;她也喜欢花花草草,家里花盆里养的花,她总是不忘记给它们浇水、除草;她还喜欢思考,总是会问许多奇奇怪怪的问题,如天上有多少星星啊,为什么白天还能够看到月亮啊,为什么黄河是母亲河啊,为什么这个颜色和那个颜色放在一起就变成了另一种颜色呢……她的问题千奇百怪,经常会让家长不知该怎么回答。

星星是一个安静的小女孩,但同时又很有自己的想法。

星星6岁的时候,妈妈的闺密唐阿姨送给她一套芭比娃娃,星星可喜欢了,认真地给娃娃梳头发,换不同美丽的礼服和连衣裙,还会为娃娃搭建舒适的卧室。

有一天，星星突发奇想，用卫生纸给娃娃裁出了一套衣裙来，裙子前短后长，线条流畅，腰上用皮筋儿做了一条腰带，裙摆上还用彩笔画上了漫天的星星。

妈妈看到后说："你这是给你的芭比娃娃设计衣服了？"

星星说："是啊，妈妈，你看，好看吧？"

妈妈说："不错，很好看。"接着又问道，"你为什么要给她设计衣服啊？"

星星说："我觉得她本来的衣服有些不好看，我想让她穿得漂亮些。"

妈妈又说："那怎么想起画上这么多星星呢？"

星星有些不好意思地说道："因为我是'星星'啊，我想要芭比娃娃的衣服上有'星星'啊。"

星星妈妈忽然间觉得自己的女儿很有想法，顿觉自豪不已，颇有一种我家女儿初长成的自豪感。

女儿的到来为父母增添了许多情趣，每天看着她或玩闹或撒娇或安静地做自己的事情，便觉得是最幸福的事情了。她是你的小天使，她会在你生气时抽抽噎噎，会在你累时帮你捶捶肩，也会在你伤心时给你安慰；她是你的小棉袄，她足够贴心，足够暖心，她懂你的辛苦，懂你的不易，懂你的需求，与其说是你们在陪伴她，倒不如说是她在陪伴你们。女儿的成长更加不易，作为她在这世上的最可依赖的人，愿所有的父母都可以好好看护她长大，让她平安喜乐，让她乐观豁达，让她好好成长。"女儿"是一个美好的词语，每当想起"女儿"两个字，你心间是否似有暖流淌过，唯愿世间所有的女儿都是父母掌心里的珍宝。

第一章
这个可爱的小姑娘，她是你的女儿

2. 0~2岁，这时的她需要你给的安全感

她离开了妈妈温暖的子宫，来到了这个陌生的世界，她有些许的无助，于是便表现为哼哼唧唧或者是哭哭啼啼。很多人初为父母，有时候并不能理解她为什么会这样，其实她只是缺乏安全感罢了，此时此刻，只要你抱一抱她、拍一拍她、摸一摸她，或者是与她说说话，她自然会体会到安全和爱，也便不会再哭闹了。

糯糯是一个小姑娘，马上就要满月了，家长发现她很喜欢哭，每当此时，家长总是第一时间去检查尿不湿，但发现这并不是她哭的原因。

有一回，糯糯哭得很厉害，糯糯妈妈一边说："妈妈的小糯糯，你怎么了？妈妈过来了。"一边抱起了她。

这时糯糯奶奶过来了，只听她说道："慧慧，孩子小时候不能抱，不然以后会很磨人呢。我养了三个孩子，他们小时候我从来没抱过他们，你看他们现在多么懂事。当时我婆婆重病在床，不止要照料他们，还要下地干活儿呢。"

糯糯妈妈说道："妈，你也说了是那时候了。你放心吧，这个事情我咨询过医生了。医生告诉我，糯糯这样的表现只是在表达她的情绪而已，她有些缺乏安全感，这时我们只要抱一抱她，或是与她说说话，她的大脑便会放松下来。"

糯糯奶奶不解："是这样吗？可这样会不会让她养成不好的习惯？"

糯糯妈妈说："不会的，这是正常现象，这种状况通常发生在婴儿0~2岁这个阶段，这个阶段的孩子还不大会安抚自己，所以才常常哭一下，这其实都是在寻求安慰而已。如果这时不管他，任他哭叫，那么宝宝在习惯以后便不会哭了，你可能会觉得他这是懂事儿了，很好，但是这也许会为以后留下隐患，他会觉得没人重视他，没人在乎他，可能会造成他心理抑郁，等他长大以后面对困难时，他会失去控制感与希望。"

糯糯奶奶听了糯糯妈妈的这一席话后陷入了思考中。

国外一位心理学家曾经做过一个实验：让小猴子离开母亲，将它单独关在一个笼子里，然后在笼子里放一个装奶瓶的铁妈妈和一个毛绒的妈妈。最后心理学家发现了一个有趣的现象：小猴子大部分时间在毛绒妈妈怀里，只除了吃奶时。通过这个实验我们知道了妈妈怀抱的重要性。0~2岁这个时期，孩子的安全感大多来自母亲，母亲在这个阶段里扮演着十分重要的角色。

青青妈妈在女儿满周岁时便上班了。有一天，青青妈妈公司加班，她回家的时候都晚上九点了。她回到家后首先去了女儿青青的房间，看到的是这样一个场面：青青睡着了，红润润的小脸上泪痕犹在，只是怀里还抱着妈妈的睡衣，似乎只有这样她才觉得安心。

青青爸爸说："你之前没回来，青青吃了辅食后很快便困了，但是却怎么都不睡觉，还哭了半天，最后看到你放在床头的睡衣便抱着不撒手了，然后抱着抱着居然睡着了。"

青青妈妈听着青青爸爸的叙说，那样的场景便一一展现在眼前，让她的心里软软的、酸酸的。

妈妈的怀抱，妈妈温柔的话语，妈妈的味道……对女儿来说便是安全感。安全感对于一个女孩子来说十分重要，0~2岁正是女孩获得安全感的重要时期，如果她获得了足够的安全感，那么在成长的路上将更加顺利，她会变得更好、更独立，也会有更好的社交能力。安全感是女孩未来人生路上的重要基石。所以对于女儿的依赖感，父母要尽量去满足；对于女儿的情感需求，父母要有好的回应；对于女儿的疑惑，父母要热情去回应。只有这样，女儿才能够获得安全感，才能够确定自己是被爱的，这样的信念将从婴儿期深深地根植在女孩心中，成为她将来幸福生活的基础。

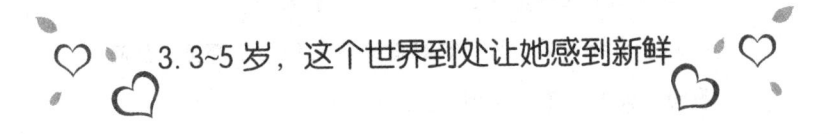

3. 3~5岁，这个世界到处让她感到新鲜

女孩到了3~5岁这个阶段，她的活动场地已经不仅局限于卧室

了，她开始探索客厅、厨房、阳台，她还想要出门去，到小区里、公园里、超市里，甚至是更远的地方。她很容易就能获得快乐，看到一个有趣的玩具会哈哈笑，见到一只小鸟也会看上半天，看到一只蝴蝶会去追逐，看到一朵花会盯着好久。你给她几支彩笔几张纸，她便可以涂鸦很长时间；你给她一袋沙子、几个铲子和小桶，她也可以堆上许久；你给她一堆积木，她可以一遍遍不厌其烦地搭城堡。她就是这样，以自己的方式探索着这个新奇的世界。

西西小姑娘今年3岁了，最近她对外面新鲜的事物产生了浓厚的兴趣，所以一有时间便拉上大人往外面跑。

这一天是周末，西西妈妈要去商场购置一些换季衣服，可是临出门的时候，西西无论如何都要跟上。

"妈妈，你要去哪儿？"西西奶声奶气地问。

西西妈妈说："我去商场给西西选些漂亮衣服啊！"

西西一边说着："妈妈，我也要去，我也要去。"一边转身去穿外套、换鞋子。

西西妈妈看到她这样，就答应她："那好吧。可是到了外边你要跟紧妈妈，不可以发脾气，不可以乱跑，你要答应我才带你去。"

西西迫不及待地说："我答应，我答应。"

到了商场以后，西西妈妈看到西西停在了那里，就问："西西，你怎么不走了啊？"

西西伸出手指着正在上升的电梯问："妈妈，那是什么？"

"电梯。"西西妈妈随口说道。

只听西西说道："妈妈，我想上电梯。"

第一章
这个可爱的小姑娘,她是你的女儿

西西妈妈说:"好的,妈妈带你去乘电梯。但你现在还小,自己不能靠近电梯,听明白了吗?"

西西好像听懂了的样子点了点头。

来到电梯边,西西妈妈扶着西西一脚迈到了电梯上,小丫头经历了初时的慌乱后马上兴奋地叫起来。

她觉得到处新鲜极了,她也似乎时时刻刻都精力充沛,不停地去做着自己喜欢的事情。每个女孩喜欢的东西都不一样,有的女孩喜欢芭比娃娃,有的女孩喜欢画画儿,有的女孩喜欢安静,有的女孩很调皮,整天玩泥巴、捉知了、逮蝴蝶等。哪儿都能够看到她们欢快的身影,她正在以自己的方法探索着这个世界。在这一阶段,父母请不要用你固有的认知去阻止孩子探索世界,因为女孩将来不止可以做老师、文员等,她也可以做警察、科学家、工程师等。这个时候,父母应该做的是引导,千万不要在此时给她设定什么女孩应当如何之类的规则。

蓝蓝今年 4 岁了,是一个漂亮而精致的小姑娘,她很爱美,她的妈妈总是将她打扮得漂漂亮亮的,头上戴着各种精致漂亮的发卡,身上穿着漂亮的小裙子,看上去就像一个小公主一样。大家看到蓝蓝小朋友,总是在第一时间送上自己的称赞:

"蓝蓝,你的小裙子好漂亮啊。"

"蓝蓝,你的发卡今天这么闪亮啊。"

"蓝蓝,你的衣服总是那么干净,不像我家那个臭小子,整天跟在泥水里滚过一样。"

……

蓝蓝的妈妈经常为这些称赞而扬扬自得：瞧，我的小姑娘是个小公主，永远都干干净净的。

后来有一天，蓝蓝滚了一身泥水回来，妈妈看到后马上抱怨道："你这是怎么回事？怎么弄得这么邋遢？"

蓝蓝一开始还有些不知所措，但是很快便喊道："我想像别的小朋友一样想玩儿什么就玩儿什么。"

蓝蓝妈妈很诧异："可是你是个小女孩啊，难道不该每天打扮得漂漂亮亮、干干净净的吗？"

蓝蓝说："可是我不喜欢。我想要去田野放风筝，捉虫子，玩泥巴，我还想要去广场上玩儿卡丁车，去游乐场里玩儿过山车……"

蓝蓝妈妈听了以后陷入了思考：我以前是不是错了？我不该自以为是地认为蓝蓝是一个女孩子就一定喜欢干净漂亮。

在这个世界上，她可能觉得一叶一花很美，也可能觉得一石一峰很美，她在用自己的眼睛发现美，在用自己的行动创造美，她在一点点探索着所有有趣的东西。这时父母并非只是任其发展，或者是约束其发展，而是要为她创造适合的环境，让她能够更好地了解这个纷繁复杂的世界。

第一章
这个可爱的小姑娘,她是你的女儿

4. 6~10岁,孩子越来越懂事了

女孩一般会比男孩早熟,到了6~10岁这个阶段,你会发现她好像忽然间就长大了,她会帮妈妈一起洗菜,会在妈妈累时倒上一杯水,还会将自己的喜欢的事物与妈妈分享,更会帮助妈妈整理衣柜;她会每天按时完成自己的作业,每天按时阅读打卡,每天睡前准备好自己第二天要穿的衣服,也会自己刷牙洗脸……这些都让你欣慰不已。瞧!这是我的宝贝女儿,她长大了许多,她现在越来越懂事了。

周末的时候,果果妈妈在家里洗衣服,这时,果果拿着一本日历过来,她指着日历上标红的日子问道:"妈妈,这里为什么做标记啊?"

果果妈妈说:"因为这一天是妈妈的生日啊。"

果果问道:"妈妈,那就是还有一天你就过生日了,是不是?"

"是的,没错,明天是妈妈的生日。"

第二天一早,果果起床后就抱着妈妈亲了一下:"妈妈,生日快乐。"然后又去抽屉里取出了一张贺卡,说道,"妈

妈，这是我给你做的生日礼物。"

果果妈妈打开贺卡一看，上面画了一个大大的蛋糕，还插着一支彩色的蜡烛，蛋糕周围环绕着五颜六色的气球，看上去十分喜庆。刹那间，果果妈妈的眼中充满了泪水，她问道：

"果果，这是你亲手给妈妈做的礼物吗？"

果果眨着亮闪闪的眼睛，说道："是的，妈妈，是我自己画的，你觉得好看吗？"

"嗯，好看极了。你什么时候画的啊？"果果妈妈问道。

果果说："你昨天去洗澡的时候我画的。"她的脸上一副求表扬的表情。

果果妈妈说："嗯，谢谢宝贝送给妈妈的生日礼物，妈妈很喜欢。妈妈的宝贝长大了。"

果果听了妈妈的称赞很开心。

她的懂事还不止这些，她在公交车上看到孕妇或是老人会去让座，在学校里获得帮助会说谢谢，在电影院不小心踩到别人的脚会说对不起，在公园里遇到折花的小朋友会上前制止，在家里买回一大堆吃的以后会公平地分给弟弟妹妹，在马路上遇到摔倒的小朋友会去扶……她是真的越来越懂事了你体会到了养育女儿的甜蜜，恨不得将她的这些点点滴滴分享给所有人。

最近，昕昕妈妈需要看管店铺，可昕昕不愿意去奶奶家，所以昕昕妈妈只好带着她。

昕昕妈妈每天十分忙碌，有时候难免会顾及不到小昕昕，但昕昕并没有闹腾，而是每天像个小尾巴一样跟在妈

第一章
这个可爱的小姑娘，她是你的女儿

妈屁股后面，看上去也很忙碌。

有一天，妈妈发现小昕昕在整理货架，她将货架上的货品都拿下来，然后又按照大小顺序，一个个摆好放整齐。等到整理完后，她来到妈妈这里邀功："妈妈，你看我整理得好不好？"

妈妈说："好，小昕昕整理得很好，都能帮妈妈做事情了呢。"

昕昕一边说："妈妈，我以后还能帮你做更多事情呢。"一边灿烂地笑着。

还有一次，昕昕妈妈去后面库房了，这时进来一位顾客，只听她问道："这里有人没？"

昕昕妈妈一边回复道："有的，有的。"一边往外跑，这时她听到自己的宝贝女儿问："阿姨，你要买什么啊？我可以帮你找哦。"

顾客阿姨笑眯眯地说："哟，这小姑娘好能干啊！阿姨想买个可以炖汤的砂锅。"

这时昕昕妈妈出来了，于是便接话道："真不巧，那个砂锅卖出去了，刚刚从供货商那里下了订单。您要是着急的话，可以……"只听昕昕接话道："前面红绿灯，往北……"

昕昕妈妈乐了，因为昕昕所指的路正是她家亲戚开的同类型店铺。

顾客看她这样忍不住夸道："你这女儿可真懂事呢！"

昕昕妈妈也乐呵呵地说："嗯，是呢，是呢，现在越来越像个小大人了。"

013

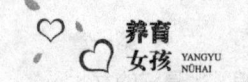

懂事原本代表的是一种美好和温暖，是孩子对父母养育他们的真心馈赠。父母不要想自己的女儿过分懂事，也不要让她被迫懂事，那样不利于她的成长，而其中的度需要父母去把握。她得到了来自父母家人的爱，产生了共情和体谅，这种懂事是对父母辛苦抚育的回馈，这种懂事是值得称赞的。希望所有女孩的成长中都被满满的爱包围着，她们的懂事是源于内心的丰盈。

5. 11~14岁，身体慢慢发生变化

女孩步入了11~14岁这个阶段，你会发现她的身体慢慢有了变化，她好像一下子褪去了女孩的娇嫩。此时，她的身高迅速增长，每年可以增长5~7厘米，甚至可以长高9~10厘米；她的臀部开始变宽，使得身体变得有了曲线；她的乳房开始迅速发育，其间可能会感到轻微疼痛，但这是身体发育中的正常生理现象；她的毛发开始生长；卵巢功能开始发育。

> 朵朵今年12岁了，最近她跑步时总觉得胸部伴有轻微的疼痛，她不知道这是怎么了，于是回去与妈妈说："妈妈，我这里可疼了。"
> 妈妈看她指着胸部，于是便查看了一番，发现女儿是由于身体发育而造成的乳房疼痛，于是安慰她说："你不要

第一章
这个可爱的小姑娘,她是你的女儿

害怕,这只是一种正常的生理现象,等到乳腺发育成熟后便好了。"朵朵妈妈又接着说道,"一会儿妈妈带你去商场挑一些合适的文胸,它可以保护你的乳房,在你跑步时起到支撑作用。"

朵朵妈妈一边说着,一边拿起了大衣和包包,带着朵朵走出家门,来到停车场,然后开车去了商场的一家内衣专卖店。

一走进店铺,便有导购小姐姐上前来问道:"欢迎您光临,请问有什么可以帮您的?"

朵朵妈妈说道:"我想给我女儿挑一件合适的文胸,请问你有什么可以推荐的吗?"

导购小姐姐看了一下旁边的小女孩便明白了,微笑着说道:"您女儿是刚刚发育吧,那我建议您选择这一款,它采用了优质弹力棉,设计合理。"然后又接着说,"您可以带孩子去试衣间试一下。"

朵朵妈妈看着那件文胸不错,于是带着朵朵去试,发现的确很舒服,适合现阶段女孩穿,于是便多选购了几件以便替换。

对于文胸这个第一次接触的东西,朵朵还有些害羞,只见她脸蛋儿红扑扑的,透着一股子局促。

朵朵的妈妈告诉她:"你不要害羞,这是女孩身体发育所带来的问题,这也是每一个女孩都会经历的事情。"

在这一阶段,女孩还要面临一个十分重要的事情,那便是初潮的到来,简单来说,便是月经的到来。通常来说,女孩在十三四岁来潮,当然根据个人体质不同,初潮来临的时间也略有不同。初潮的时候,由于卵巢功能还不太稳定,所以月经周期还没有形成规律,不过没

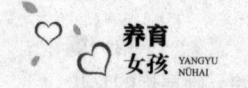

有关系，以后会逐渐有所改善，月经会变得规律起来。

冉冉今年13岁，近一年来她身体发生了很大变化，她的个子长高了，身体变得曲线分明，看上去已经颇有风姿了。

有一天上课结束后，她正要站起来活动一下，这时她后面的一位同学拍了她一下，示意她看一下自己的凳子。冉冉转回头一看，发现凳子上有一摊血渍，自己的裤子上也沾染上了血渍。一时间她慌了，搞不清楚是怎么回事，于是去了学校的卫生室。

那里恰好是一位医生阿姨在值班，冉冉上前问道："医生，我这是怎么了，我流血了，我害怕。"

医生阿姨一看便明白了是怎么回事，便说道："这位同学你不要怕，没事的，这只是初潮而已。"

冉冉不解地问："初潮？那是什么？"

医生阿姨说："通俗来讲就是月经。月经是每个女孩子都会经历的，是一种正常的生理现象。"然后一边继续说道，"我这里刚好备了卫生棉，你先拿去用。"一边递给她一包东西。

冉冉说："谢谢阿姨。"

医生阿姨说："不客气，只是你要谨记不要碰凉水，保持卫生，也可以冲一杯姜茶喝喝。"

冉冉说："好的，我知道了，谢谢您。"

女孩的身体发生变化，女性的第二性征也开始显现，这标志着女孩进入了青春期。青春期是一个全新的阶段，标志着女孩正在向

第一章
这个可爱的小姑娘,她是你的女儿

少女转变,这时女孩的生理在变化,心理也有一定的变化,而女孩的父母要时刻注意女孩的这些变化,帮助她们顺利度过这个阶段。

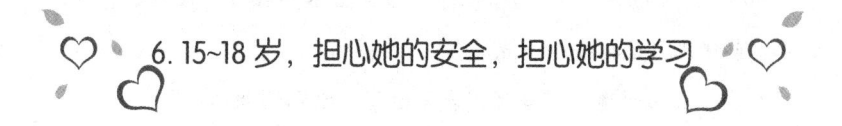

6. 15~18岁,担心她的安全,担心她的学习

女孩进入了15~18岁这个阶段,你会发现她已经长成一个亭亭玉立的大姑娘了,这时的她已经风姿绰约,于是你开始担心她的安全问题了。她每天上下学,你担心她的交通安全;她去与同学聚餐,你担心她的人身安全;她去外面旅行,你担心她的住宿安全……她无论做什么,她的安全问题都让你十分挂心,因为当今社会,女孩子的安全问题真是社会的一大问题,诸如女孩半夜打车失踪、遭受校园霸凌、遭遇人身威胁等问题常见于报端、网络,这常常让养女孩的父母担忧不已。

玉玉是一名中学生,她为了集中精力学习便申请了住宿。这一天,下了晚自习后,她去校外的超市买了些日用品。

她在回学校的路上要经过一个林荫小道,原本晚风习习,她想要散散步以减轻一下学习的疲劳。但是走着走着,她发现周围几乎没什么行人了,只有不远处有一个男人跟着,那人戴着鸭舌帽,玉玉看不清那人的样子。她有些害怕,于是加紧向前走,但是她发现那人也加速了。

她跑了起来,恰好前面走来一个人,是学校的老师,于是她加速跑了过去,喊道:"老师,那人好像一直在跟着我。"

老师看到是自己的学生,说道:"这么晚了,你怎么跑学校外边了?"

玉玉说道:"我出来买些东西。"

老师说道:"那你记得以后晚上不要独行,最好是找个伴儿,这样安全一点。"

玉玉说道:"老师,我知道了,刚刚谢谢你。"

老师说道:"不客气。女孩子要学会保护自己,不要将自己置身于危险的环境当中。你看看新闻,女孩子遇到危险的例子还少吗?我说你们这些小姑娘怎么都不经心呢?"

"老师,我记住了。"

"嗯。"

在老师的护送下,玉玉回到了宿舍。进了寝室后,玉玉还是有些后怕呢,她想她以后一定要保护好自己的安全,让父母放心。

15~18岁既是女孩学习的关键时期,也是学习的黄金时期,因为她的学习成为家长最为关心的一件事情,因为这关系着她以后的高考,甚至决定着她的未来。她学习成绩好,父母觉得安心;她学习成绩退步了,父母就像热锅上的蚂蚁一样着急;她因为一些事情而影响了学习,父母就像是装了探照灯一样去寻找其中的原因,然后将之掐断在萌芽状态。

青青今年初三了,马上就要中考了,但是青青妈妈发现,最近青青的成绩直线下滑,这让青青妈妈十分着急。青青妈

第一章
这个可爱的小姑娘，她是你的女儿

妈去找青青的班主任了解情况，班主任说："这个问题我也发现了，通过我的观察，我发现青青有早恋的迹象。"

"什么？早恋？"青青妈妈惊讶极了。

青青老师说："我本来想这几天找你说一说这件事的。你知道现在是他们人生的关键时刻，学校和老师、家长要为他们把好关，但其中的度还是要把握好的，否则会激起孩子的逆反心理。"

青青妈妈说："老师，我会配合您。"

青青老师说："嗯，你回去后与她私下谈谈，看看是怎么回事。"

青青妈妈说："好的。"

青青妈妈回去了，等青青晚上放学回家后，对她说："青青，今天我们去外面吃饭，然后看个电影怎么样？"

青青很诧异："你不是让我争分夺秒地学习吗？"

青青妈妈说："学习也要劳逸结合。走吧。"

晚上，青青过得很开心，也与妈妈敞开了心扉，说道："妈妈，我知道我最近学习成绩下降了，你很担心，但是我保证，我很快会赶上去的。"

妈妈也坦诚地说："老师说你最近有早恋迹象，你可以跟我说说吗？"

青青说道："没有的事儿。那是我的同桌，他看我最近压力太大了，就带我去操场上跑了跑，说是这样可以发泄压力。"青青接着又说道，"妈妈，我知道早恋影响学习，现在又马上要中考了，所以你放心，我知道该怎么做。"

"嗯，妈妈相信你。"

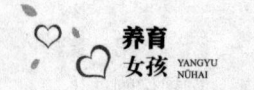

15~18岁正是女孩的花样年华,她们就像是含苞待放的花骨朵儿一样,需要更多的保护和关心,此时她们的安全和学习成为父母最为挂心的两个问题,父母总是想要给她们营造一个安全的环境。此外,这时也是她们成长的关键时期,她们将面临更多的诱惑,一旦走岔了路,那她们的未来和梦想都将发生变化,所以父母在此时总是格外敏感多疑,总想要为她们排除所有影响她们成长的不安定因素。

7. 不管多大,她都是你心中的宝贝

犹记得她刚刚出生时,丑丑的,皮肤皱皱的,你却丝毫不嫌弃,因为她与你血脉相连,她是你的宝贝。她每天要用掉那么多尿布,你也没有嫌弃脏或臭,总是把它们洗得香喷喷的,晾晒在太阳底下,你觉得阳光照暖了你的心田。她再大一些,学会了到处跑的时候,她将玩具到处扔,将家里弄得又脏又乱,你也没有什么怨言,哪怕很累了还是会重新收拾好。她上学了,她取得的每一份成绩,你都会与有荣焉。无论她是什么样子,你都珍之重之,因为她是你心中的宝贝。

> 木木刚出生的时候,小小的一团,很可爱,妈妈被她萌化了,暖到了心里,她觉得这是上天送给她的珍宝。
> 后来,大概是木木10岁那一年,木木想要帮助妈妈

第一章
这个可爱的小姑娘,她是你的女儿

做些什么,于是趁妈妈出去的时候,从衣柜里拿出了妈妈的一件桑蚕丝裙子,学着妈妈的样子,打开了电熨斗,帮妈妈熨起了衣服,可是她因为没经验而将妈妈的衣服烫了一个窟窿,还好木木妈妈回来得快,不然可能引起更严重的后果。木木妈妈想想就后怕,于是严厉地说:"你这样很危险,你想过后果没有?"

木木有些委屈地说:"妈妈,我就是想要帮你熨熨衣服,但是我把你的衣服熨坏了,呜呜呜……"

木木妈妈看她这样,心里酸酸的,只听她开口说道:"宝贝,别哭,妈妈没有说你错,那只是一件衣服而已,没什么的。妈妈只是担心你的安全,你知道吗?"

木木说道:"嗯,妈妈,我错了,我以后再也不做危险的事情了。"

木木妈妈说:"无论你做了什么,妈妈都希望你能先顾及自己的安全,因为你是妈妈的宝贝,知道吗?"

木木说道:"嗯,我知道了。妈妈,你也是我的宝贝。"

木木妈妈被她童稚的言语说得心中暖暖的。

等她再长大一些,她逐渐开始接触更广阔的世界,她有了更多的朋友,她去了更远的地方,她甚至开始住校了,这时父母也总是担忧她吃得好不好,穿得暖不暖,担忧她的学习怎样,担忧她与同学是否和睦相处,担忧有关她的一切,这大概就是儿行千里母担忧了吧。可见,无论她多大,她都是你心中的宝贝。

亭亭今年上了初中了,她看到其他同学都住校了,她便也想要住校。一开始的时候，妈妈怎么都不同意，因为她长这么大从来都没有离开过家，她怕她不习惯，但最终亭亭列出了好几条住校的理由，亭亭住校了。

亭亭的中学是寄宿制学校，学校方便统一管理，孩子们一个星期才会回一次家。刚开始住校的时候，其实不适应的是父母，而不是看什么都新鲜的孩子。

亭亭住校的第一个晚上，亭亭妈妈失眠了，她开始担心亭亭今天吃得怎样，睡得怎样，无论如何，她都睡不着。亭亭爸爸看她翻来覆去睡不着，于是便劝道："她都那么大了，你还是放心睡吧！"亭亭妈妈反驳道："你难道都不担心的吗？她就是长大成人了，那也是我的孩子，也是我的宝贝。更何况她现在刚刚初中，她从来没有离开过我们。"亭亭爸爸说道："哎，你就是操心，你应该放宽心，就像是小鸟总有离巢的一天，孩子也有离开父母独立生活的一天，我们做父母的只有在旁边看着她就好了，毕竟不管她多大，她都是我们心中的珍宝。"

亭亭妈妈也觉得亭亭爸爸说得有道理，无论她住不住校，不管她多大，她都是他们心中的宝贝。

无论何时，她都是你掌心里的宝贝，无论何地，她都是你放不下的牵挂。你在降温时会担忧她穿得是否暖和，你在天热时又担忧她懂不懂减衣服，你在她上学时担忧她的学习是否跟得上，你在她交朋友时又担心她的朋友品质，你在她外出时又担忧她是否安全。总之，她的一切一切都是你所在意的事情，因为不管多大，她都是你心中最珍视的宝贝。

第二章

培养女孩高雅的气质

女孩高雅的气质，主要表现为优雅的谈吐、优美的举止、高尚的品德、善良的心地、厚重的内在修养。气质高雅的女孩，哪怕没有倾城的容貌，没有华贵的衣饰，没有华美的公寓，她也自有一番风骨。气质高雅的女孩是一本耐读的书，初看可能不惊艳，却散发着一种镇定、一种自信、一种美丽，让你不由自主地沉浸其中。

1. 做个爱干净的女孩

当我们看到一个女孩时，最先看的是什么？没错，是外表。如果这个女孩外表邋遢、衣服肮脏、头发油腻腻的，那你对这个女孩还会有好印象吗？心理学有一种"首因效应"，简单来说就是第一印象效应，是说我们初见一个人，那人给我们的第一印象会决定将来与这个人的关系。如果第一印象让人心生厌恶，那么无论你有多么高尚的情操，多么美好的性格，恐怕都没有机会展示了。

妙妙是一个十几岁的大姑娘了，但是她不太在意自己的外表，总是穿着不太干净的衣服，也不怎么洗头发，看上去一点儿也不干净。她周围的邻居常常说：

"妙妙，你要把你的衣服洗干净。"

"妙妙，你的头发多少天没洗了？"

"妙妙，你妈妈那么忙，你起码把你的房间收拾一下吧？"

……

妙妙每当听到周围奶奶婶婶的这些话语时，整个人都很自卑，她又没什么朋友和玩伴儿，因此觉得孤单极了。

第二章
培养女孩高雅的气质

再过几天就是初中开学的日子了,马上要换一个新环境了,妙妙决心不再像以前一样,她要做一个全新的自己。

妙妙先是将脏乱的房间收拾整齐,换洗了窗帘被罩之类的家居用品,又将家里擦洗了一遍;然后她洗了澡,洗了头发,换上了干净的衣服,整个人都焕然一新了。她走出家门后,收获了大家一致的称赞,这让她更加自信了些。

妙妙到了新学校,参加了学校社团,也交到了几个好朋友,她的生活有了全新的开始。她没想到只是稍微改变一下自己,她便收获了那么多,这是她从前想都不敢想的。

女孩不仅要注意外表的干净整洁,还要注意内在气质的提升,这便是我们常说的内外兼修了。我们常常对那些干净利落的女孩心生好感,也喜欢与这样的女孩相处,因为她们干净、通透,与她们相处就像是春风拂面一样惬意。试想,如果站在你面前的女孩子拥有一颗脏污的心,总想着去嫉妒、陷害别人,那么这个人即使外表干干净净、温温婉婉、文文静静,但是内心染上了墨色,我们面对这样的人时也会不舒服的。

文文和莉莉是一对双胞胎,文文是姐姐,莉莉是妹妹,但是她们的父母对嘴甜的莉莉更喜欢。每当有什么事情的时候,文文总是会收到父母的警告,什么你是姐姐,要让着妹妹之类的事情,但是文文只比莉莉早生了几分钟而已。就这样,她们姐妹在父母的偏心当中长成了不同的模样,她们虽然是样貌长得一模一样,但是这姐妹俩长成了不一样的性格。

文文喜欢做实验，她虽然是高中生，但是她已经多次获得全国性奖项，是学校老师和同学眼中最耀眼的存在。仔细看她的眼睛，那里似乎一直都如一洼清澈的泉流，干净通透，让人心生喜爱。而莉莉则成长于父母的溺爱下，她的性格也变得娇蛮极端起来，她嫉妒自己的姐姐比自己优秀，嫉妒她受那么多人喜爱，于是便不断地在父母面前撒娇，但凡是姐姐喜欢的东西，她都要抢过来。

有一次，文文看上了一条围巾，她觉得与自己的朋友比较相衬，正好朋友要过生日了，于是她便用自己的压岁钱给买回了家。莉莉看到后，也很喜欢这条围巾，她去找自己的姐姐讨要，姐姐告诉她，那是她给别人买的生日礼物，她不会送给她。

虽然姐姐十分义正词严地拒绝了莉莉，但是莉莉还是趁姐姐出门的时候，从姐姐的衣柜里取出了那条围巾，围到了自己的脖子上，还自言自语地说："这明明就是为我量身定做的嘛！"等到姐姐回到家后，十分生气地找她大吵了一架，然后将自己关在了屋子里。但是莉莉找到了自己父母，向父母告了一状。等到父母回家后，不分青红皂白便又说了文文一顿。

文文很生气，她说："从小到大，父母都偏爱你，这我就不说什么了，但是你这样很招人烦，你不知道吗？你难道不知道女孩子也应该修身、修心吗？一颗干净纯粹的心，远比一些其他条件要招人喜欢得多。"

女孩在与人交往中，特别是第一次与人见面时，一定要注重仪

第二章
培养女孩高雅的气质

容仪表,通常情况下,女孩穿着干净整齐的衣服,妆容浓淡相宜,会给人留下一个好的印象;同时,态度不卑不亢、言谈幽默风趣,也会在人际交往中为自己加分。所以,一个爱干净的女孩在人际交往中更受欢迎。这里的干净不只是指外表的干净,还指内心的干净。

2. 给女孩足够的陪伴

女孩需要父母足够的陪伴,陪伴可以让她体会到童年的快乐,陪伴可以让她明白什么是爱,什么是勇敢,什么是责任,什么是担当,什么是感恩。陪伴是对女孩真正的富养,也是给女孩最好的教育,陪伴可以让女孩在成长中充满快乐、淡定和从容,让她面对任何风雨都无所畏惧,因为,陪伴才是父母给她最好的礼物,陪伴让她的内心足够丰盈,会让她成为一个内心充满力量的孩子。

李南和江心甜是一对夫妇,他们都是老师,一直盼着有一个女儿。这一年,他们的这个愿望终于实现了,他们如愿生了一个女儿,给她起名为玥玥。

玥玥一出生便成了父母的掌心宝,她很幸运,她的家庭条件不错,可以为她提供充足的物质生活,她的父母也有时间尽可能地陪伴她。

玥玥小的时候,妈妈不管外面的工作多忙,都会抽出时间与她一起踢毽子,与她一起跳绳儿,与她一起去游乐场,与她一起去野炊;也会每天晚上给她讲故事,带她去电影院看电影,领着她去外面吃风味小吃,让她体会到童年的快乐。妈妈的温柔教会了玥玥什么是爱。与此同时,玥玥的爸爸也没有缺席她的童年,他会带着她去爬山,会教她一些人生道理,也会在她疑惑时为她解疑,更会成为她最坚实的依靠,让她明白了什么是责任,什么是担当。

玥玥得到了足够的陪伴,这成为她力量的源泉,让她更有勇气去面对未来的风雨。转眼间,玥玥长大了,成为一个乐观活泼的女孩。有一次,她在运动的时候不小心伤了腿,父母很心疼,玥玥也很伤心,但是她没有就此一蹶不振,很快便振作了起来,积极地配合医生治疗,进行康复训练,最后终于重新站了起来。

女孩出生后,很多父母因忙于工作,或是出于这样那样的原因,难以陪伴她成长,这样女孩会变得缺乏安全感,从而导致敏感易怒,性格有所缺陷;她们的自制力变差,上课注意力不集中,为人处世没有规矩约束,很容易做一些出格的事情;她们变得叛逆,对事物缺乏正确的判断,家长越是阻止的事情,她们越要去试一试。总之,陪伴在女孩的成长过程中真的很重要。

小雪出生在小雪节气那天,所以家里人给她起名叫小雪。小雪出生的时候,家庭条件很差,父母要在外面打工赚钱,不能将她带在身边细心照顾,所以只能由爷爷奶奶带回老家代为照顾。

第二章
培养女孩高雅的气质

小雪小的时候,经常喊着要爸爸妈妈,每当这时,小雪奶奶便给她拨通父母的视频电话,小雪接触的只是视频另一端的父母,她想要让妈妈抱一抱她,想要让爸爸将她举得高高的,可是她只能在每年过节时见一见匆匆赶回来的父母。

她也曾哭着说:"妈妈,你不要走,我要跟你在一起。"

"爸爸,你和妈妈就不能不出门打工吗?"

小雪的父母也很心酸,可是为了生活,只能狠心地在小雪睡着的时候离开。

小雪就是在这样一次次的失望当中长大的。爷爷奶奶毕竟上了年纪,对小雪的生活和学业越来越感到力不从心了。小雪上学后,知道了"留守儿童"这个名词,也知道其中的含义。她学习跟不上,性格也变得十分敏感,总觉得周围人都在笑话她。

后来,老师打电话给小雪父母,父母问小雪:"你的学习是怎么回事?"

小雪瞬间像是点着了的炮仗一样,喊道:"你们还问我?这都怪你们!没错,怪你们,你们都多久没有回来了?在我很小的时候,你们就把我扔到乡下不管不顾,我那时候天天盼着爸爸妈妈陪我玩一玩,哪怕是一次呢,但是你们有一次做到过吗?"

小雪的话让她的父母明白,她需要的原来只是陪伴啊!

陪伴教育真的很重要,尤其是对女孩来说,父母的陪伴是她们受益一生的事情。她们在父母的陪伴中去感知幸福和爱,形成优良的品质，做到无愧于心，学会勇敢和感恩。我们要对父母说一句，陪伴教育不仅是陪在身边，而是一种接纳和信任，是将她们与你放在同等的地位上，遇事一起商量和解决，与她们一起玩耍和成长，告诉她们如何应对成长中的烦恼。

3. 告诉女儿要心怀善意

"善良"是一个美好的词语，它就像一束阳光，带着我们穿越黑暗，驱散阴霾，抵抗寒冷，让我们重新感受到温暖，重拾对生活的信心，指引我们走出迷路。善良是我们哭泣时陌生人的一句关心，是我们淋雨时撑在头顶的一把伞，是我们窘迫时别人的一句解围的话语，是我们捐给山区儿童的一本书，是我们帮环卫工人沏的一杯茶……善良就在我们身边，善良让我们的这个世界更美好。

> 翠翠发现，最近妈妈经常带她去一家饭店吃饭，那家饭店很简陋，东西也没有多么精致。翠翠不解地问道："妈妈，你最近怎么总爱来这家饭店吃饭？我也没发现有多么好吃啊！"
>
> 妈妈告诉她："你看到那个老奶奶了吗？她的儿子因赌博把家里财产输光了，儿媳也带着孙子跑了，只剩下了她一个人，是不是很不容易？"

第二章
培养女孩高雅的气质

翠翠想了想,说道:"嗯,是的,她都那么大岁数了,还要为生活而操劳,她的确很不容易。"

翠翠妈妈说:"反正我们在哪里吃饭都一样,那我们何不来这里吃饭呢?顺便还可以帮帮老奶奶,你说是不是?"

翠翠说:"妈妈,你说得也有道理。"

翠翠妈妈接着说:"妈妈想要让你知道,无论什么时候都要心怀善意,这样你会看到更多的善意,感到更多的感动,也会发现更多的美好。"

翠翠说:"妈妈,那什么是心怀善意呢?"

翠翠妈妈说:"比如,上一回你救助了一只受伤的小鸟,等它好了以后便将它放归山林,这便是对动物生灵的一种善意。再比如,你将自己的零用钱捐给福利院的小朋友了,这也是一种善意。"

翠翠说:"妈妈,我知道了,原来我已经这么做了。"

翠翠妈妈说:"对啊,我的宝贝真棒。"

我们对这个世界的善意终将回馈到我们身上。据说,曾经有这样一个小故事:在漫天的风雪当中,一个男人帮助了一位老妇人,后来老妇人要感谢他,但是他什么也不要,只是说:"请你将这份善意传递下去,为那些有需要的人提供帮助。"后来,老妇人看到一个女店主,这个女店主是个孕妇,正处于危困之中,于是老妇人帮了她。这个女店主想要给老妇人酬谢,她也如同那个帮助她的人一样说道:"请你将这份善意传递下去,为那些有需要的人提供帮助。"到了最后,那个男人因为脚踝受伤而倒在路边,恰巧被那个女店主看到,他获得了救助。

萌萌小姑娘今年8岁了,她想要让妈妈周末带她去植物园看植物,萌萌妈妈在她的软磨硬泡之下答应了。

等到了周末,萌萌早早就起床了,收拾好自己的小背包,戴上粉粉的遮阳帽,来到妈妈房间门口,喊道:"妈妈,赶紧起床了,我们要去植物园了。"

萌萌妈妈被她吵得起了床,然后带着这个兴奋的小姑娘吃过早餐,等到了去植物园的公交车。一上公交车,看到满车都是人,萌萌妈妈愁坏了,这可怎么办?萌萌太小了,公交车晃来晃去的,她肯定站不稳,而自己也抱不动她了。这时,在旁边座位上的一位阿姨说道:"你赶紧带孩子来这边坐。"

萌萌妈妈说:"大姐,还是你坐着吧,我扶着她好了。"

那位阿姨热情地说:"你坐,你坐,让孩子坐好,不然人多挤着了不好。"

萌萌妈妈说:"那谢谢大姐了。"

萌萌也说:"谢谢阿姨。"

那位阿姨说:"哟,小姑娘真懂礼貌!你不要谢我,等你长大了也帮助那些有需要的人就好了。"

萌萌说道:"好的,我记住了,阿姨。"

这时,车到站了,又上来一拨人,其中一个老人翻遍了衣兜,都没有找出一枚硬币来,于是与驾驶员商量,是否可以通融一下,驾驶员说自己没带钱,问有没有其他人能帮个忙。

这时萌萌喊道:"老爷爷,我这里有零钱,我帮你垫付。"

她一边说着,一边从自己的小背包里掏出了自己的零钱,递给那个老爷爷:"给。"

老爷爷十分感动,摸摸她的头,一边说:"好孩子。"一边拿给萌萌一块糖果。

萌萌道了谢,与刚刚那个让座的阿姨说道:"阿姨,我现在也可以去帮助别人了。"

那位阿姨很开心:"嗯,小朋友,你好厉害。"

请告诉你的女儿:我们要学会心怀善意地看待这个世界,唯有如此,我们才能感受到这个世界的幸福和美好。心怀善意不是毫无底线的善良,而是一种人生态度,当你对这个世界心怀善意的时候,你会发现这个世界会回馈给你善意。所以,我们要将这一份善意传递下去,说不定在什么时候,你就会收获不一样的美好。

4. 告诉女儿要相信自己

自信,就是相信自己。因为自信,爱迪生发明了电灯,让夜晚变得亮如白昼;因为自信,哥伦布发现了新大陆,刷新了人们对世界的认知;因为自信,海伦·凯勒克服了失明和失聪的障碍,成为一个作家和诗人,让我们收获了更多的勇气。自信是一种正能量,因为自信,我们远离沮丧,重获信心;因为自信,我们变得勇敢,

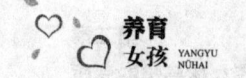

无所畏惧；因为自信，我们披荆斩棘，终获成功。

媛媛小时候，妈妈经常给她讲故事，如儿童绘本、杂文趣事、自然地理等，如今媛媛已经9岁了，媛媛妈妈还是会找一些故事讲给女儿听，让她拓展视野，明白一些道理。

这天晚上，母女俩躺在了被窝里，媛媛妈妈便继续讲起了故事：有这样一个故事，说有一个年轻人去了热带雨林，他想要找到一种宝物来换钱。他历经艰险，发现了一种不寻常的植物，这种植物闻起来很香，放到水里的话，它不会浮在水面，而是会沉入水底。这个年轻人想："这一定是一个宝物。"于是便将这香木运到了市场，想要卖上一个好价钱，但是时间过去了很久，他的香木也没有卖出去。他发现，旁边摊上卖的是木炭，很快便被抢购一空了，他便想："如果将我的香木烧成木炭，那是不是也会很快卖出去呢？"他说做就做，真的将香木烧成了木炭，结果一放到市场上，很快便都卖光了。这个年轻人开心极了，他跑回去与父亲说了这件事，他的父亲却哭了，因为这个香木是十分珍贵的沉香，哪是区区木炭可比的？这个年轻人知道后，后悔极了，他想："我要是坚持相信自己最初的判断就好了。"

故事讲完后，媛媛说："妈妈，这个年轻人可真笨啊！"

媛媛妈妈说："嗯，对啊，他如果一直坚信那就是宝物，那他便可大赚一笔，但是他怀疑起了自己的判断。这个小故事就告诉我们，无论什么时候，经过思考认定的事，我们不能轻易动摇，都要相信自己。"

第二章
培养女孩高雅的气质

媛媛说:"妈妈,我知道了。"

自信是一个人前进的勇气。没有自信的人,就像是断了线的风筝,终究会从天空掉落;也像是折了翅的飞鸟,再也不能飞翔;更像是迷了路的羔羊,不知道该走向哪里。所以,认定的事我们就要坚定地相信自己,这样我们才能够继续前进,一往直前。这样,遇到艰难险阻我们才能够走出困境,驱散阴霾,走向成功。

湘湘今年9岁了,有一次,湘湘与哥哥去爬树,不小心掉了下来,在医院住了3个月。刚刚住院那会儿,湘湘很沮丧,她怕自己将来再也跳不了舞,于是便询问道:"医生伯伯,我的脚以后会不会有后遗症,我是不是再也不能跳舞了?"

医生伯伯说:"这得看你的恢复情况了。如果你恢复得好,还是可以继续跳舞的;但如果恢复不好,也只能如常人一样走路了。你得好好配合我们的治疗,你要相信自己一定可以恢复的,也一定可以重新站在舞台上跳舞的。"

医生伯伯的话重新燃起了湘湘的希望,她相信自己一定可以重新跳舞的,于是她积极地配合医生的治疗和复健,哪怕是每一次都很辛苦,她都忍者剧痛做着枯燥的复健动作,终于,功夫不负有心人,湘湘的脚终于恢复了,医生检查过后宣布说:"小姑娘,你可以继续跳舞了。"

湘湘听后喜极而泣。因为湘湘从6岁开始练习民族舞,至今已有3年了,她很喜欢跳民族舞,但是这一次受伤,她很怕自己以后再也跳不了舞。现在她的脚虽然恢复了,

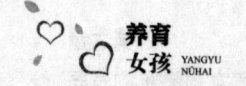

但是她需要重新练习跳舞。一开始的时候,她很辛苦,但是她没有放弃,她始终相信自己一定可以做道,最终她不但恢复受伤之前的水平,更是在业务上精进了不少。

后来,湘湘参加了一个国际性舞蹈比赛,没想到居然拿到了名次,这真的让她太开心了。

请告诉你的女儿:无论你身处何时何地,无论前路多么艰险、多么黑暗,你都要相信自己,对自己有信心。一个有自信心的女孩,身上似乎有光,不由自主就吸引了别人的目光;一个有自信心的女孩才会乘风破浪,越过重重困难,最终抵达理想的终点。愿每一个女孩都是一个拥有自信的人,都是一个闪闪发光的人。

5. 培养女儿读书的习惯

古语说:"腹有诗书气自华。"可见读书对于一个人的修养多么重要。一个爱读书的女孩,一定是一个气质高雅的姑娘,哪怕她什么都不做,只要往那里一站,便可以让人感受到她身上浓浓的书卷气,与其他人区别开来。阅读为我们打开了知识的大门,阅读让我们发现人性中的闪光点,阅读让我们学会了思考,阅读让我们感受到了读书的乐趣,所以一个好的阅读习惯,可以让一个女孩受益无穷。

第二章
培养女孩高雅的气质

舒舒很喜欢读书,她觉得书里的世界十分有趣,书里有各种各样的恐龙、种类繁多的植物和动物,也有引人入胜的故事,还有迥异的地理风貌和风俗人情。说起来,舒舒喜欢读书还源于舒舒妈妈带她去图书馆。

那一回是舒舒第一次踏进图书馆,看到那么多绘本,那么多种类的书,舒舒便喜欢上了阅读。那一次,舒舒似乎走进了一个未知的世界,那是一个浩瀚的知识海洋,舒舒舍不得离开,便央求妈妈办了一张借书卡。几年下来,舒舒看了很多书,也养成了一个读书的好习惯。

舒舒妈妈觉得女儿这样也好,便由着她去阅读。但是舒舒的奶奶总是对舒舒妈妈抱怨:"你看看,舒舒都多大了,一个女孩子天天看那么多书能有什么用?还不如帮我做做家务。"

舒舒妈妈说:"妈,您这么说不对。"

舒舒奶奶很生气:"有什么用啊?"

舒舒妈妈也不同老人计较,她觉得阅读很有用,而且这几年舒舒的气质发生了翻天覆地的变化,浑身上下都透着高雅。更何况,这几年下来,舒舒的作文年年拿第一,而且还在全国大奖赛上获了奖。前一段时间老师告诉她,以舒舒这样的情况,舒舒以后是可以保送进国家一流大学的。

阅读习惯是一个很好的习惯,它不仅可以让女孩收获知识,拥有智慧,还可以沉淀人生。因此,一个拥有好的阅读习惯的女孩,她的见解将更加独到,她会看到人性中的美好,她的生活将变得有诗情画意。书读得多了,她会见识到更为广阔的世界。

桃桃马上就要上小学了,但还是整天蹦蹦跳跳的,一点也不稳重。桃桃妈妈想让女儿多读一些书,于是从书店买了一些绘本和故事书,对桃桃说:"桃桃啊,你都长大了,你得多读些书。这些都是我给你买的书,你每天读上半个小时,可以吗?"

桃桃说:"不要,我要看动画片。"

桃桃妈妈说:"桃桃,看动画片很伤眼睛,你还是看书吧。"

可桃桃还是不同意,于是桃桃妈妈说:"那我陪你读总可以了吧?"

桃桃想了想说:"你要是陪着我,我便读,但是我读书时你不能玩手机。"

桃桃妈妈说:"好的。那我也挑一本书看,我们一起看。这样可以了吧?"

桃桃想了想说:"好的。"

桃桃妈妈又说:"我制订了一个时间表,每天晚饭后我们必须读上半个小时的书。"

开始的时候,桃桃有些不习惯,注意力老是不集中,但当她看到妈妈正在认真地看书时,便低头看了下去,没想到越看越有趣,她也就继续看了下去。看过之后,桃桃还会与妈妈说说这个故事,聊聊故事中的主人公,说说自己所受到的启发。

时间过得很快,不知不觉间,一个月过去了,桃桃已经养成了每天阅读的好习惯。

第二章
培养女孩高雅的气质

阅读习惯不是一朝一夕形成的，而是一个长期坚持的过程。父母要帮助女儿建立这个好习惯，让阅读融入女儿的生命，成为女儿的一种生活方式。父母要告诉女儿，阅读要一直坚持下去，这样才会由量变引起质变，让女孩成为一个知识渊博、充满智慧、气质高雅的人。

6. 虽然是女孩，但也要有担当

有些人觉得，女孩就该无忧无虑地长大，童年时靠父母，长大后靠丈夫，白发苍苍时靠儿女。其实，女孩的一生，同样要经历风风雨雨，要经历各种困境，如果女孩只安于现状，只求他人的庇护，那她便会成为附庸，这样的女孩会失去光彩。所以，哪怕你的孩子是一个女孩，也请不要放弃对她成长的关怀，一定要承担起父母教育儿女的责任。

时时是独生女，虽说从小就一直被娇惯，但是她明白自己身上的责任。记得小时候有一回，时时摔倒了，磕到门牙，流了许多血，时时当时被吓到了，所以一直哭个不停。时时奶奶一直哄着她，说："时时乖，不哭啊，都怪这块石板。"

时时也说："都是它的缘故。"

当时时时的爸爸也在现场，他实在是听不下去她们推卸责任的言辞了，于是便开口说道："时时，你奶奶说得不对，这明明是你走路不看路，最该怪的不应该是你自己吗？"

时时想了想说："爸爸，你说得对。我错了，我不该推卸责任。"

时时爸爸说："你知道错就可以了，记住以后不要再犯了。时时，爸爸告诉你，你童年时可以任性，可以淘气，因为爸爸妈妈会为你撑起一片天空。但是等你长大时，我和你妈妈都老了，到那时你就是我们的依靠了。"

时时爸爸停顿了一会儿又说道："时时啊，虽然你是一个女孩子，但是你与男孩子同样要接受教育，同样要接受社会的锤炼，同样要工作赚钱，所以你也同样要有担当，知道了吗？"

时时想了想，说道："爸爸，我明白了，我虽然是女孩子，但是我身上有我的责任，我要让你们过得快乐，让我自己的人生精彩。"

时时爸爸欣慰地点了点头。

女孩同样要做一个有担当的人。女儿的担当源于一份爱。女孩爱自己的父母，所以在他们生病住院时忙前忙后；女孩爱自己的家庭，所以要承担起家庭的责任；女孩到了为人母的时候，会爱自己的孩子，想为孩子撑起一片天；女孩爱自己，所以想让自己有担当，让自己不惧任何风雨，让自己有面对困境的勇气，让自己可以从容应对生活中的磕磕绊绊。

第二章
培养女孩高雅的气质

夏夏今年已经是一名高中生了,她很开心,她将要在这里度过一段十分美好的时光。

夏夏的班主任老师第一次站在了他们面前,她先是介绍了自己的名字,然后说班上要选出几名班委,协助老师做好班级管理工作。老师让大家毛遂自荐。

一开始的时候,大家都在观望,大家你推我让,似乎在显示自己的谦虚好品质,这时如果有哪一个同学站了出来,便是爱表现,大家便会将这个人排除出他们心中的圈子,他们都在想:明明大家都是一样的人,为什么你就要显得特别呢?

老师又问了一遍:"现在大家考虑得怎么样了?谁来做我们班的班长呢?"

这时大家还是你看看我,我看看你,大家都没有出声。就在大家以为可能会一直沉默下去的时候,夏夏站了起来,她先是笑着向大家做了自我介绍,然后是毛遂自荐说:"我要参选班长,因为班长不只是班委成员,也不只是离老师最近的学生,而是切切实实为大家服务的人。"夏夏停顿了一下,又接着说道,"可能大家会因为我是一个女生而心有疑虑,但是我爸爸从小便告诉我,我虽然是一个女孩,但我也要有担当。我想要做一个有担当的女孩,想要成为父母眼中的骄傲,其他大事我还做不了,那我便从做班长这件小事开始吧!"

她的话音刚落,班主任老师带头鼓起了手掌,她说:"夏夏同学的这番话,也值得在座的每一位思考,做一个有担当的人,这是你们的父母还有我们老师最大的期盼。希望大家牢记。那我们班的班长就是夏夏了。"

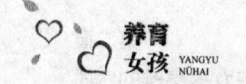

做一个有担当的人，对女孩来说同样适用。因为有担当，所以你会收获周围人的信任。生活中，你可以为家人撑起一片天；工作中，你可以成为同事眼中的依靠。亲爱的女孩，请做一个有担当的人，也许这条路上有些艰难，你会觉得有些累，但是人生路漫漫，谁也不知前方会发生什么。亲爱的父母们，你们不能陪女儿一辈子，那么就请培养她们可以抵抗风雨的能力吧。

7. 让女儿学一些才艺

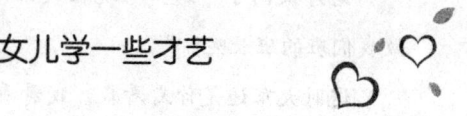

要培养女孩高雅的气质，就一定要让女孩学一些才艺。一个有才艺的女孩一定是一个迷人的女孩，一个有天赋有才艺的女孩，一定会在某一领域有所成就。什么是才艺？弹一首好听的钢琴曲，跳一段优美的舞蹈，画一幅美丽的图画，写一手好字，唱一首优美的歌曲……这些都是才艺。父母要结合自己女儿的个人兴趣，引导她学习一门才艺。

云云今年6岁了，长得十分漂亮可爱，走出门去常常会收获一片称赞声。云云妈妈想要让女儿学一学舞蹈，因为舞蹈不但可以提升女孩的气质，还会锻炼女孩的身材，通常学舞蹈的女孩子都身形优美、气质出众，所以云云妈妈将云云送去了一个舞蹈班。

第二章
培养女孩高雅的气质

哪知道云云上了一节课以后,便回来对妈妈说:"妈妈,我可不可以不上舞蹈课?"

云云妈妈问:"为什么啊?学舞蹈多好啊!练舞蹈可以提升你的气质,让你以后都做一个美丽而高雅的女孩。"

但是云云坚决地说:"不,我喜欢画画。我要去上画画辅导班。画画多好啊,每当我创造出一幅画,我可开心了。"

云云妈妈想了想,觉得学绘画也不错,可以培养孩子的审美能力,于是对云云检讨道:"云云,妈妈错了,我不该没有与你商量就给你报了舞蹈班,我也不该不顾你的兴趣一定要让你学舞蹈。"

云云说:"那妈妈你去帮我将舞蹈班改成绘画班好不好?我喜欢画画,我以后要一直画下去。"

云云妈妈说:"你真那么喜欢画画?"

云云说道:"嗯,是的,我看到美丽的东西就想画下来。我看到落叶想画,看到夕阳想画,看到小船也想画。每当我不开心的时候,画一幅画,我的心情便会好起来。"

云云妈妈听女儿这样说,觉得她是真的喜欢画画,于是不再阻止,帮她去课外培训班改了课程。

女孩要学什么才艺,一定要从她们的兴趣出发,而不是父母觉得什么好,便报什么培训班,对于孩子而言,这样不仅没有什么乐趣而言,还会让孩子疲于应付。所以在学什么才艺之前,父母一定要先问过孩子的真实意愿。女孩有兴趣了,才艺才会学好学精,这样不仅可以提升女孩的气质,还可以陶冶女孩的情操,提高女孩的自信心,甚至会成为女孩长大后成就自己事业的基石。

蓝蓝6岁那年，有一回正在看电视，她忽然指着电视说："妈妈，我要学这个。"

蓝蓝妈妈一看，那是一个少女在弹古筝。她穿着旗袍静静地坐在那里，手指轻拢慢捻，一曲优美的古筝曲便流淌而出。蓝蓝妈妈看到自己女儿被迷住的样子，也觉得女孩子学弹古筝也不错，于是咨询了培训机构后，在古筝班报了名。

蓝蓝妈妈起初也没想着蓝蓝一定要弹到什么程度，只是想着让女儿培养一门兴趣，陶冶一下情操，让她将来想要安静和放松之时，可以弹一弹，抚慰自己的心灵。

古筝学习起来很不容易，有时候练得手疼，大部分孩子学个两三年便放弃了，但是蓝蓝坚持了下来。后来，她还参加了许多全国性比赛，并且都获了奖。

这样直到蓝蓝大学毕业，由于她在大学学的专业比较偏，找工作不太容易，于是她到了一家琴行教小孩子古筝。后来，蓝蓝在一次机缘巧合下，开办了一家大型古筝培训学校。

蓝蓝妈妈对此很自豪，她没有想到，当时只是想让女儿学一门艺术，没想到最后却成了女儿事业起航的基石。

女孩一定要学一门艺术，无论是锻炼意志力的书法，还是锻炼想象力和创造力的美术，抑或培养气质的舞蹈，甚至是陶冶情操的乐器，都会帮助女孩提升艺术修养，成就女孩高雅的气质。女孩可以学一些比较安静的艺术，如围棋、陶艺、插画等，也可以学一些比较热闹的，如跆拳道、拳击或是轮滑等，但无论学什么，请父母一定要尊重女孩的想法，对她进行正确的引导。

第三章

好的性格决定女孩的幸福指数

好的性格是什么?独立、自信、乐观、善良、勇敢、谦虚、自制、自尊、智慧、豁达、坚韧等,这些都可以说是好的性格。女孩子拥有了这些好的性格,会成为别人眼中闪闪发光的存在,这有利于女孩子的人际关系,有利于她们迈向成功的高塔,更有利于她们一生的幸福。所以说,好的性格决定了女孩的幸福指数。

1. 培养性格开朗的女孩

性格开朗的女孩就像是阳光，可以让周围的人感到暖融融的，所以我们都喜欢与性格开朗的女孩交朋友。与性格开朗的女孩交往，你可以感受到不一样的舒适，你不会担心没有话题聊，也不用担心会有什么压力，更不用担心不知做什么。性格开朗的女孩，活泼、大方、阳光、积极、乐观，她们就像是一个发光体，总是会让人不由自主地被吸引。因此，性格开朗的女孩一定是值得信赖的好朋友，是老师喜欢的好学生，是讨长辈喜欢的晚辈。

元元从小就是一个性格开朗的女孩，她每天都笑呵呵的，似乎从来就没有不开心的时候。她天天带着一群小伙伴上树掏鸟窝儿，下河摸小鱼，时时刻刻都在调皮捣蛋。她就像是一个小太阳，温暖着周围的每一个人，老师和同学就没有不喜欢她的。

她中考的成绩不理想，于是便没有继续求学，但是她很乐观，很开朗，没有气馁过。她收拾行装出发去了另一座城市，开始的时候，也曾经常碰壁，后来一位阿姨觉得

第三章
好的性格决定女孩的幸福指数

她的性格不错，于是便对她说："我们工厂是国企，现在流水线上招工，你要不要来？"

元元想了想，说道："我去。"

元元在流水线上工作了几年，但是她并没有被生活磨平棱角，变得沉闷，依然是小时候那个招人喜欢的女孩子。后来，她的领导很欣赏她，就给了她机会学习，她终于离开了车间，去了办公室做销售。她做得很出色，这份工作也很适合她。这些年来，她不断成长，直到成为最好的销售。

也是在这时候，元元遇到了她未来的婆婆，老人家很喜欢这个开朗的小姑娘，于是撮合了她和自己儿子的婚姻。元元婚后过得十分幸福，丈夫和婆婆都很喜欢她。

女孩拥有开朗的性格，是每一对父母最衷心的期盼，但是这也需要父母的努力才可以实现。那么父母该做些什么呢？父母可以为女孩营造一个轻松愉快的环境，这样女孩就可以感受到来自父母的爱，如果女孩所处的环境中充满了争吵，充满了悲伤、压抑和愤怒，那么女孩就很容易变得自卑，从而将自己封锁起来，这样的她是难以开朗起来的。

沐沐原本是一个十分活泼的小女孩，但是最近沐沐的爸爸和妈妈吵架了，她也变得沉闷起来。

沐沐爸爸对沐沐妈妈说道："你看看你，现在还像个女人吗？整天什么也不做，还不能把自己收拾利落一点吗？"

沐沐妈妈用委屈的声音说道："你以为我不想收拾自己吗？你那点儿工资够干什么？我每天做那么多家务有时

间吗？"

沐沐爸爸却不耐烦地说："哪个女人不做家务？你嫌我赚的钱少，那你呢？你赚回一分钱了吗？"

沐沐妈妈说道："你这是嫌弃我了是吗？当初是谁说要养我的？"

沐沐爸爸说："你不要无理取闹。"

……

沐沐家里每天都要上演一场这样的戏码，家里已经没有了任何温情，让家里的人也变得压抑和悲伤。沐沐受到了严重的影响，从前那个活泼、开朗的女孩不见了，她开始变得小心翼翼，变得自卑起来。

从此，每当爸爸妈妈吵架的时候，沐沐都十分害怕，小小的她蜷缩在沙发的后面，听着他们互相指责，甚至看着他们动起手来。沐沐的心变得越来越冰冷，整个人也变得阴郁起来。

当爸爸妈妈回过神来发现这些的时候，沐沐已将自己的心封闭了起来，不再搭理他们，也不喜欢去上学。爸爸妈妈带她看了很多心理医生，但是依然不见好，他们当真是悔之晚矣。

要培养女孩开朗的性格，父母可以鼓励她们接触新的环境、新的朋友，可以对她们的优点进行鼓励，可以培养她们的多种爱好，可以与她们做朋友，倾听她们的心声，也可以让她们学会珍惜。这样，女孩一定不会处于负面的情绪当中，一定可以成为一个性格开朗的人。

第三章
好的性格决定女孩的幸福指数

2. 培养知书达理的女孩

世人常常用"知书达理"来夸赞一个女孩,那么知书达理究竟是什么意思呢?词典上的解释是有文化教养,通事理。一个有教养的女孩子,她心中自有一套标准,她有适宜的言谈举止,对他人尊重、包容。一个有教养的女孩子,她从来都不愿意给他人添麻烦,也不会用别人的痛处来开玩笑,更不会去显摆自己的优越感。所以,培养知书达理的女孩,首先要从培养一个女孩的教养开始。

叶叶过了年就12岁了,这些年,她在父母的培养下长得亭亭玉立,且性格也很好,受到了许多人的夸赞:

"叶叶怎么教育得这么好啊!我好久没有看到过这么有教养的女孩子了。"

"叶叶这丫头从来都没有给别人添过麻烦。上回有一次,她妈妈有事让我帮忙照看一会儿,她吃完饭还帮我收拾碗筷呢。"

"叶叶每次考试都是第一名,但是与其他孩子站在一起的时候,她从来没有显摆过。"

……

叶叶在父母的教导下十分有教养。

过年的时候,叶叶家来了许多亲戚,带来了许多小孩子。小孩子自然玩在了一起,他们玩得特别高兴,但是一个名字叫慧慧的孩子除外。那孩子是叶叶家在农村的远方亲戚家的孩子,穿着土气,行为举止与这群长在城市的孩子不一样,于是她在这里遭到了排斥,其他孩子还给她起了一个不好听的绰号。

这一天,那群孩子又喊起了慧慧的绰号,叶叶听到后说:"你们几个小家伙过来。你们以后不可以喊慧慧的绰号,这样是不对的,你们知道吗?"

其他孩子不解:"叶叶姐姐,为什么不可以?我们觉得很贴切啊。"

叶叶说:"请你们设身处地地想一想,如果别人给你们起个奇怪的绰号,喊你们的绰号,你们开不开心啊?"

那些孩子想了想说道:"不开心。"然后又接着说道,"叶叶姐姐,我们错了,你原谅我们吧!"

叶叶说道:"你们应当对当事人说道歉,而不是对我,得慧慧原谅你们才可以。"

于是那些孩子便争先恐后地道起歉来,最终慧慧原谅了他们,与他们一起继续玩了起来。

知书达理的女孩子一定是通情达理的。所谓通情达理,是说与人相处或做事情既有情意,又讲道理,这是对一个女孩子美好的评价。一个通情达理的女孩子,一定是一个既有情意又讲道理的人,她不

第三章
好的性格决定女孩的幸福指数

会无理取闹,不会自私冷漠。一个通情达理的女孩子,也一定是一个善解人意的女孩子,她不会给你压迫,不会让你下不来台,而是有着恰到好处的体贴。所以,要培养一个知书达理的女孩,父母要注重培养她做一个既有情意又讲道理的人。

娇娇是一个刁蛮的小姑娘,她是妈妈千盼万盼,在45岁的高龄时生下的小棉袄,难免被娇惯了许多。等娇娇长到十几岁的样子,她还是那么刁蛮,有时候甚至是不讲道理,这可愁坏了娇娇的父母。

这一年暑假,娇娇一家原本计划去海边度假,但是老家那边忽然打来电话,说娇娇的爷爷住院了,让他们一家人赶紧回去。

娇娇当时就发起脾气来:"你们明明答应了我去海边度假的,但是现在你们又要回老家。"她一边说一边哭了起来。以往每次她一哭,妈妈便会同意,但是这次妈妈虽然也不舍得她哭,也知道事情的轻重,于是开始劝道:"娇娇,我们先回老家看看爷爷的情况,然后再去海边好不好?"

"不好!我就要去海边,我都跟同学说了,我还答应了要拍好看的照片给她们看。"娇娇反驳道。

娇娇妈妈继续说道:"但是我们做事情要分个轻重缓急……"

娇娇爸爸一看娇娇还是这一副样子便发火了:"都是你将她娇惯成这样的!"然后又对娇娇严肃地说,"娇娇,你得讲讲道理啊。你爷爷住院了,我们得去看望甚至照顾。究竟是你去海边玩要重要,还是你爷爷重要?你要不去,

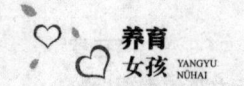

那我以后就当没有你这个女儿。你想想吧,我只给你两分钟时间。"

娇娇被爸爸的话吓到了,开始抽泣起来,过了一会说:"爸爸妈妈,我错了,我跟你们去看爷爷还不成吗?"

知书达理的女孩子也一定是讲礼仪的人,她懂得不同场合的礼仪,明白见到长辈要问好,清楚对帮助过自己的人要道谢。一个有礼貌的女孩子总是要受人喜欢些,一个懂得礼仪的女孩子才可以在社交中游刃有余,才可以在工作和生活中更受欢迎。所以,培养一个知书达理的女孩,是每一对父母都需要认真对待的课题。

3. 培养女孩包容的性格

你一定听过"海纳百川,有容乃大"这句话,它是说一个人要有像大海一样广阔的胸怀,包容万物。包容,可以说是一种修养,也可以说是一种风度。一个有包容心的女孩,一定是一个心胸宽广的人,她不会对你的错误斤斤计较,也不会容不下不同的声音,更不会让别人没有退路。所以,父母要培养自己的女儿做一个有包容心的人,要有宽阔的胸怀。

小芳从小喜欢美术,于是父母为她找了一位著名美术

第三章
好的性格决定女孩的幸福指数

大师跟着学画。小芳拜师这一天,看到了在老师身边还有一个比她大两岁的师姐。

老师指着师姐与她说:"这是你师姐,霖霖,你们以后要互帮互助。"

小芳和霖霖同时回复道:"好的,老师。"

春去秋来,四季轮转,小芳已经从一个懵懂小女孩成长为一位亭亭玉立的少女了。这一年,老师为小芳和霖霖同时报名了一项全国性的绘画比赛。

小芳闭关了几个月后,终于准备好了参赛作品。但是临到比赛前一天,她发现自己的作品不翼而飞了。后来,小芳没有参加成比赛,但是霖霖一路过关斩将获得了第一名。

领奖的那一天,小芳和老师都到了现场,她们是衷心地为霖霖高兴。

后来一个偶然的时间里,小芳在霖霖那里发现了她曾经准备参赛的底稿,她十分生气,于是找到霖霖一起去老师那里对质。

小芳说:"老师,霖霖偷藏了我的参赛作品,让我错过了比赛。"

老师问:"你怎么这么说?"

小芳一边说着:"看,这是在她房间发现的。"一边拿出了从霖霖房间拿来的画。

老师问:"霖霖,这是怎么回事?"

霖霖一开始还狡辩,但是发现实在圆不回来,便也不遮掩了,说道:"老师,自从小芳来了以后,你就没有夸过我一句,你觉得她才是最优秀的那一个,这次比赛你让我们俩都参加，您难道不是给我难堪吗？"

老师说："我从来没有这样认为过，我也没有这样想过，你怎么……"她脸上浮现出一种失望的表情。老师很伤心，然后说道："你们属于同门啊，你做出这种事情，你便离开吧！"

这时小芳，开口求情，说："老师，不至于啊，我与师姐几乎是一起长大的，请你再给她一次机会吧，好不好？"

老师说："小芳，你能原谅她的错误吗？毕竟是她一时起了私念，这才出了这事儿的。"

小芳说："老师，我的父母从小教育我，让我严于律己，宽以待人，霖霖所犯的错，我愿意她能有一次改过自新的机会。"

老师对霖霖说："霖霖，小芳可以原谅你的错误，你为什么不可以包容比你强的人呢？"

包容是一种胸怀，也是一种智慧，它不是毫无原则的妥协，也不是没有主见的顺从，而是给人战胜自己继续前进的机会。做到包容，你才可以获得朋友的信任和同事的合作，也才能够获得甜蜜的爱情、温馨的亲情。包容是一种生活的智慧，是既肯定自己，也承认他人，是既善待自己，也善待别人，它的背后是爱和坚强。女孩要是拥有了包容，那么她就会走向幸福。

艾艾今年是一名初中生了，她有一个很好的朋友，她们经常一起玩耍，一起学习，一起逛街。在她们看来，她们的友谊十分牢固，没有什么事情可以破坏。

这一天，两人因为一件事情而起了争执，原因是两人在逛街的时候同时看上了一件衣服，她们都想买来穿，但是又不想撞衫，所以她们都想要让对方不要买这件衣服。

艾艾说："你都那么多衣服了，这件衣服就让给我吧。"

艾艾的朋友说："你不是也一样。我也很喜欢这件衣服，所以还是你不要买了。"

艾艾说："我也想穿着它，到时候我一定是穿着最好看的那一个。我这次也不想与你撞衫了。"

最终两人僵持不下，然后两个人都对对方发出了最后通牒，让对方不要买这件衣服，但是两人又不约而同地买了。晚上的时候，两人高高兴兴地穿着新衣服去学校，大家都说这件衣服很漂亮，不过艾艾穿上更漂亮。艾艾的朋友很不高兴："我都说了让你让我一回，你偏不。我们的友谊到此为止吧！"

艾艾听她这样说很不开心。在她说出这句话时，她以为两人的友情真的止步于此了，艾艾很难过。但是，过了几天以后，艾艾的朋友来道歉，艾艾还是原谅了她，因为她想起了老师曾经告诉她们的一个词语，那就是包容。朋友应当是可以包容对方的缺点的。

包容的女孩是一个温柔的人，也是一个亲和的人；包容的女孩如玉般温润，如水般温柔；包容的女孩更容易获得朋友，也更容易走向幸福。也因此，父母要有意识地培养女孩的这一优秀品质，让她们成长为一个包容的人，一个具有宽广胸怀的人，一个具有大格局的人。

4. 培养女孩谦逊的性格

大家都听过"谦受益，满招损"，这是我国古代的哲学智慧，它告诉我们做人要谦虚的道理。谦虚是一个人的优秀品质，谦虚可以令人受益，所以父母要注重培养女孩谦逊的性格，让她们的人生路走得更顺畅些。首先，父母要帮助孩子戒骄戒躁。骄傲自大的人总是看不到别人的长处，犹如井底之蛙，只能看到自己眼下能看到的一方天地，这样的人是走不远的。

晶晶今年小学二年级了，前几天一回家便说道："妈妈，今天我数学考了100分，其他人都没有我好，我很厉害的。"

晶晶妈妈说："嗯，你很厉害，但是你不能贬低别人，或者是看不起别人，也许他们这一次没有你的分数高，但是下一次他们会超过你呢？所以你要继续努力才行。"妈妈停顿了一下，又接着说道，"还有你看人不能只看一点，也许你的某一个同学数学成绩是不如你，但是人家美术有天分，或者是运动有天分呢，人家在这一方面是第一，是不是也是比你好呢？所以你不能骄傲。"

第三章
好的性格决定女孩的幸福指数

晶晶说道:"妈妈,我明白了,我要保持谦虚,不能骄傲自满。"

晶晶妈妈说道:"嗯,对,我的女儿真棒!你要记得,我们可以适当骄傲,因为我们在这一方面取得了成绩,但是你也要记得,不要骄傲过了头,成为一叶障目,看不到别人优点的人,那便好了。"

晶晶很谦虚地听取了妈妈的意见。

其次,父母要帮助自己的女儿全面认识自己。一个女孩之所以骄傲,也许是因为她的某一方面很突出,也许是因为她在某一领域有天赋。这时,女孩需要父母帮助她更正确地认识自己,告诉她,她的这一成就只是在很小的一个范围内的成绩,须知天外有天、人外有人,如果将你放在一个更大范围内的时候,你这种优势是否还存在呢?

乐乐最近参加了县城电视台的一档舞蹈节目,乐乐是领舞,表现很突出,受到了舞蹈老师,甚至是媒体的称赞。乐乐开心极了,她更喜欢跳舞了,于是花了更多的时间在跳舞上,但她并不是按照老师的要求来跳,而是想起什么便跳什么,妈妈以为她过几天就会好,哪知道她这股兴奋劲儿持续了半个月还没有消下去。

这一天,乐乐妈妈带着她去了市里的少年宫,带她看了那里跳舞的小朋友,妈妈说:"你看他们,是不是比你跳得更好?"

乐乐看了看,然后点了点头。

乐乐妈妈然后说道:"他们比你参加了更多的比赛,

有的甚至拿到了全国比赛的奖项,但他们还是很谦虚地在努力,因为他们知道比她们更优秀的人比比皆是,他们只有更努力才可以在舞蹈这一领域脱颖而出,在全国拿奖,甚至是走向国际。"

乐乐妈妈停顿了一下又说道:"你不要只看到他们在舞蹈上的成绩,他们的功课同样在班级里名列前茅。你看看你呢,这几天都干了什么?你跳舞不再专心了,就连用在学习上的时间都少了。你喜欢跳舞,但是你没有深厚的文化底蕴,能够在舞蹈上有更出色的表现吗?你觉得这对吗?"

乐乐想了想说道:"妈妈,我错了,我不该骄傲,我以后一定保持谦虚。"

要培养女孩谦逊的性格,父母就要做出正确的态度,在她们骄傲懈怠时,帮助她们认识到这样做是错的,让她们正视自己的不足,带她们走出狭小的天地,见识更广阔的世界。父母还要帮助她们陶冶情操,多给她们讲讲历史名人故事,充实她们的大脑,让认知自己的不足变成她们继续成长的动力。

5. 培养睿智活泼的品格

睿智,是聪慧明智的意思。父母应当培养自己的女儿睿智的品格。

第三章
好的性格决定女孩的幸福指数

一个睿智的女孩,看事情通透,可洞悉人心,不会被骗,也有能力驾驭自己的生活。睿智的女孩聪明、有智慧、有远见,会运用自己的智慧达成既定目标。要培养女孩睿智的品格,父母应先从读史书开始,因为"读史可以明智,读史可以知兴替"。

丽丽今年是一名高一的学生了,她是一个十分聪慧的孩子,也是一个很睿智的孩子。

有一次,丽丽放暑假时,去了在乡下的奶奶家。她来到了奶奶家大门口,这里一片乱糟糟的,只听到不知哪个婶子说:"快,丽丽奶奶扭伤了,你们赶紧去弄车,我们好送她去医院啊!"丽丽只听清了这一句,其他都没有听清。丽丽赶紧挤进了人群,她看到了躺在地上正抱着腿的奶奶,她看到大家都要上手帮奶奶揉,这让丽丽吓了一跳,她赶紧喊道,"大家都不要动,来,都靠边,"然后对一个婶子说道:"这位婶子,还要麻烦您帮忙去冰箱里找个冰袋,没有冰袋,用毛巾包几块冰块也可以。"那位婶子点头应好。然后丽丽去查看奶奶的伤处,她让大家不要围在一起,小心翼翼地查看奶奶的伤处,然后用婶子递过来的冰块进行冰敷。与此同时,她打电话喊了120,然后又打电话告知了自己的爸爸妈妈,还安慰他们不要着急,奶奶的伤处不严重,她已经做了急救措施。

等到丽丽父母赶到医院的时候,丽丽奶奶已经脱离了危险期。爸爸去询问医生情况,妈妈留下来一起照顾丽丽奶奶。医生对丽丽爸爸说道:"这得亏是急救措施做得好啊,不然老人可受罪了。我听说做急救措施的是你女儿,你教育得很好啊!"丽丽爸爸听到医生夸奖自己女儿,一副与有荣焉的感觉。

睿智的女孩,也要添些活泼,整个人才会变得明媚起来。活泼是一种乐观,是一种在逆境中开出的鲜花,所以,在培养女孩睿智的品格时,也要培养她活泼的性格。父母可以培养女孩广泛的兴趣,以便女孩找到志同道合的朋友;也可以让女孩多参加一下集体活动,锻炼女孩的社交能力,让她变得外向且活泼。

依依小时候有些内向,抵触人群。妈妈觉得这样不行,于是经常在晚饭后带她到小区里玩。有一次,她们遇到了一个活泼的小女孩,那个小女孩很爱笑,身边总是围绕着一群小朋友。开始的时候,依依只是看着她玩,后来有一次,那个小女孩不小心摔倒了,依依很着急,马上走到那个小女孩身边,然后将她扶了起来。

依依问:"你没事吧?"

那个小女孩说:"没关系,不疼,谢谢你啊。"然后又问,"你叫什么名字啊?我以后可以跟你一起玩吗?"

依依想了想说:"我叫依依,我愿意跟你一起玩。"

两个小姑娘说完都笑了起来,她们很快便建立了友谊。这时依依妈妈走过去,与那个小女孩的妈妈说道:"你们家孩子可真活泼啊,我好羡慕。"

那个小女孩的妈妈说道:"这有啥好羡慕的呢。我看你们家孩子有些内向,我建议你给她报个兴趣班,这样她可以慢慢接触到与她有同样兴趣的人,就可以慢慢敞开心扉了。"

依依妈妈说:"你说得真对啊,我一直愁她这个性格呢。"那个小女孩的妈妈又说道:"你要多带她去热闹的地方看看,多参加一些活动,慢慢地她就变得活泼起来了。"

依依妈妈觉得她说得很对,于是在征得依依同意的前提下真的给她报了个舞蹈班。在舞蹈班,依依认识了好几个朋友,慢慢地,在这些朋友的带动下,依依的性格也活泼了许多。

一个睿智活泼的女孩,一定会让自己远离歧途,在人生最重要的十字路口做出正确的选择,而不会迷失自己的方向;一个睿智活泼的女孩,也一定会在逆境中坚韧地生长,成为自己所希望的样子。睿智活泼的女孩会把握自己的人生,让自己走向成功,走向幸福。所以,愿每一个女孩都是睿智活泼的人,都拥有走向幸福的能力。

6. 培养博学智慧的女孩

每一对父母都想培养出一个博学的女孩。博学的女孩不一定很美,但一定拥有特别的个人魅力。博学的女孩是"我自盛开,芬芳自来"。博学的女孩知识丰富,学识渊博。那么培养博学的女孩先从读万卷书开始吧。父母要为自己的女儿创造读书的环境,可以在家里设置专门的书房和书架,可以在图书馆办理阅读卡,还可以从网络上搜寻需要的书。

佳佳妈妈很喜欢一些益智类的电视节目，她觉得参加节目的人都很厉害，每一个人的知识储量都十分惊人。

佳佳妈妈也想将她的女儿培养成一个知识渊博的人，为此，她去咨询了身边的朋友、老师，甚至咨询了专家。最后佳佳妈妈得出了一个共同的结论，那就是多读书。

于是佳佳妈妈在佳佳3岁的时候，买了大量的绘本读物，每天陪着佳佳一起读。再长大一些，佳佳妈妈在佳佳的房间里布置了一个专门的阅读区，那是一套散发着木质清香的书架，上面摆放着她收罗回来的书。为了让佳佳养成阅读的习惯，佳佳妈妈便陪着佳佳一起阅读。

等佳佳上了中学后，她早已养成了睡前读半小时书的习惯，但是这时家里的书已经满足不了她的阅读了，于是她去图书馆办了张借书卡，隔三岔五地去借一些书回来。她爱上了读书，在不断地汲取着知识。慢慢地，佳佳妈妈发现，佳佳懂的知识越来越多，她与任何人都能有话题聊，从来不会冷场。有一次，佳佳参加了学校组织的知识竞赛，还拿了奖，成为了远近闻名的小才女。

博学的女孩，也一定是充满智慧的，因为她读的书多，所以她获取的知识也多，从这些知识当中，她总结出了一些人生经验、人生教训，从而让她在处理自己人生中的一些问题时，可以有所参考，这便是一种智慧。父母在培养自己女儿智慧的时候，除了让她多读书，还应该带她见识更宽广的世界。

第三章
好的性格决定女孩的幸福指数

宁宁从小到大读了许多书,她觉得自己已经懂了很多东西了,是一个很厉害的姑娘。这一天,她去看望住在乡村的爷爷奶奶。她去的时候,爷爷正在小院的树荫下听广播,奶奶正在菜园子里择菜,说是要给邻居送一些尝尝鲜。

宁宁好奇:邻居王奶奶家不是也种了菜吗?奶奶说:"你王奶奶家种得晚,她家菜园子的菜还得一星期才能吃呢。"奶奶停顿了一下,又接着说道,"与人相处的学问可就藏在这份心意里呢。只有你真心实意地对待别人,别人才会对你回以真心。"

奶奶的话引起了宁宁的深思,她觉得奶奶的话语中充满了人生智慧。

这时,宁宁爷爷说:"你奶奶说得没错。其实人生的很多学问都藏在这日常生活的一件件小事里,这可是生活凝练出来的智慧,是书本之外的知识。"

爷爷想了想又接着说:"有一句话你一定听过,那就是'读万卷书,不如行万里路'。你应该去见识更宽广的世界,不要整天扎在书堆里,你出门走走,感受一下不同的人文环境,多接触一些人,了解一下他们的喜怒哀乐,你会从中得到更多感悟。"

宁宁说:"爷爷,你说得有道理。从前,我的知识仅局限于书本上的知识,这是不对的,我应该从生活里、从外面的世界里,感悟更多的人生智慧。"

一个博学智慧的女孩,不仅拥有丰富的知识,还有人情的练达。博学智慧的女孩身上自带光环,无论走到哪里都闪闪发光,她可以

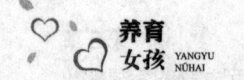

对一些历史典故、历史人物、地理知识娓娓道来，也可以三言两语便指点你的困顿，博学智慧的女孩就是这样一个宝藏女孩。培养一个博学智慧的女孩，不是一朝一夕的事情，这需要父母的耐心。

7. 培养浪漫有情趣的女孩

浪漫甜蜜的女孩就像是冬日里的暖阳、夏日里的凉风，让每一个接触她的人都觉得舒适。更培养一个浪漫有情趣的女孩，父母首先要让自己的女儿保持一颗童心。童心不是不谙世事的天真，而是你从繁华中走来，却依然保留着自己的初心。童心是纯粹的，是女孩给自己的礼物，它让女孩无论多大，都是父母、爱人眼中的掌心宝，是孩子眼中最好的妈妈。

心心小时候很喜欢毛绒娃娃，在妈妈的支持下，心心开始收集毛绒娃娃。心心觉得，这些毛绒娃娃就是她的朋友，她可以跟它们说自己的小秘密，也可以说说自己一天的日常，她觉得自己无论多累，只要看到这些毛绒娃娃，心情便会好起来。

后来心心长大了，将所有的毛绒娃娃都收了起来，只留了一个钥匙扣大小的小娃娃，藏在了自己的枕头底下。当她每天带着一身疲累回家时，一定会先看看自己的玩偶娃娃。

第三章
好的性格决定女孩的幸福指数

心心在工作中严肃且认真,让人觉得很苛刻,不好接触。这一天,公司举办聚餐活动,大家喝了些酒,玩起了真心话大冒险的游戏。当轮到心心的时候,一个同事问:"心心最喜欢的东西是什么?"

心心回答道:"玩偶娃娃。我从小到大收集了很多玩偶娃娃。"

这一回答让大家愣住了。大家实在是想不到平时那么严肃的一个人,居然喜欢这些充满了童趣的小东西。同事瞬间觉得,原来心心还有这么可爱的一面,她并不是那么难接触啊。

就是这件事情让心心与同事的关系变得融洽了许多,也让她在工作中变得更顺畅了。

浪漫有情趣的女孩,一定有着与众不同的性格,无论是倔强、天真抑或坚韧,都是独属于她们的气质,是与别人区别开来的特质。所以培养浪漫有情趣的女孩,就不要让生活磨平了她的性格,让她变得平庸,变得尖酸、刻薄,变得挑剔、势利,这些会让她远离"浪漫"这两个字。

蜜蜜是会在雨天里撑着伞漫步,会在雪天里堆雪人,也会在路边捡一颗漂亮的石头回来……她傻傻地做着自己的事情,性格有些娇憨可爱。蜜蜜就是这样一个浑身都散发着浪漫气息的女孩。

后来蜜蜜结婚了,开始的几年她还工作,生了孩子后便不再工作了,她再也没时间打扮自己了,而是将整个心都放在了孩子和这个家上面，但是渐渐地，她发现周围人看她的眼光变了。

邻居们用挑剔的眼光看着她："你看看那衣服皱巴巴的，还能穿吗？"

她买了一套化妆品回来，婆婆便念叨起来："你现在花的都是我儿子赚的钱，整天买这些没用的都干吗？"

丈夫也开始嫌弃她不赚钱，不修边幅。

生活的压力磨平了蜜蜜的性格，她从前的娇憨可爱不见了，取而代之的是平庸，她逐渐变得流于大众，再也没有了身上独一无二的性格特质，更何谈保留从前的浪漫的气质？

后来，她的闺密告诉她："想要让自己过得好，首先自己得有能力驾驭生活。"

蜜蜜一想，的确是这个道理，自己没有能力保留自己的性格特质，自己变了，周围的一切就会发生连锁反应，浪漫是需要呵护的，只有先成为自己，才能再谈浪漫。

浪漫有情趣的女孩，就像是一首优美的诗歌，也像是一株生机勃勃的树木，她们可以喜欢音乐，让音乐成为她们枯燥生活里的点缀；也可以喜欢读书，让书本陪伴自己遨游世界；更可以热爱生命里的一切，让自己热爱的、喜爱的事物将自己变得更美好。父母想让自己的女儿生活得更精彩、更美好，培养她拥有浪漫的性情，便是一种不错的方法。愿天下每一个女孩都是浪漫有情趣的，愿她们这种美好的性情能够一直保留下来。

第四章

培养女孩独立自强意识

独立,是每一个女孩都应该具备的品质。独立可以让女孩从容面对选择,追求自己的人生价值,把握自己的人生,创造幸福的生活。独立可以让女孩生活得更好,培养女孩的独立意识,让她们学会自立、自强、自尊、自爱,这是每一位父母最应该教会女儿的事情。

1. 女孩的独立需要父母从小培养

每一个女孩都是父母的掌心宝，都想将她一直宠着疼着，但是父母也明白，女孩总有长大的一天，也总有需要独自面对的时候。就像是雏鹰，它们刚出生的时候，鹰妈妈会衔来食物投喂，但是等它们稍微长大一些，便一定会被鹰妈妈推下悬崖，逼迫它们学会飞翔，可以独立生活。其实父母与鹰妈妈一样，都希望自己的女儿可以拥有独立的能力，但这不是一朝一夕的事情，这需要父母有意识的从小培养。

周末的时候，晴晴妈妈带着女儿去商场买衣服，但是晴晴的兴致不是很高，因为每一次去买衣服，晴晴妈妈都是按照自己的喜好来给晴晴买衣服，晴晴的衣橱里全部都是粉色系的衣服。

果然，晴晴妈妈一到商场，首先就奔着一件粉色的裙子过去了，拿到手里以后仔细看了看，然后便招手招呼晴晴：

"晴晴，过来啊，你看这件衣服多好看。"

晴晴浑身上下都写着不满意："我不喜欢这个颜色，我喜欢那件白色T恤……"

晴晴还没有说完，便被晴晴妈妈截断了，说："你相

第四章
培养女孩独立自强意识

信妈妈的眼光,真的是这件好看。"晴晴妈妈说完后执意选择了她自己认为好看的那件衣服。

晴晴看她这样,很生气,说:"你每次都这样,你买吧,反正你买了我也不穿。"说完就哭了起来。

这时店长大姐也走了过来,与晴晴妈妈说:"你好,我看了半天,我也知道你们为什么争执了,我跟你们说说我的女儿吧,她今年才5岁,但是在买衣服上她也有自己的偏好的,她喜欢可爱的卡通图案,但是我觉得卡通图案很幼稚,一开始也想过阻止她,让她按照我的意见来,后来还是孩子她奶奶告诉我:'孩子是一个独立的个体,你不能包办她的一切,她总有长大的一天,在她长大之前,你要教会她如何独立才行,那么家长首先要学会放手。'"

晴晴妈妈重复道:"'放手'吗?"然后又想了想才说道:"你说得有道理,"又转过来与晴晴说道,"我应该对你放手,让你独立,今天就从你自己选衣服开始吧!"

独立,关乎女孩的将来,一个独立的女孩,她可以掌控自己的生活,毕竟生活中并非总是顺风顺水,当一个女孩遇到风浪时,独立的女孩肯定也会乘风破浪,让自己越来越好。独立是一个女孩生活和学习的必备素养,父母要让孩子独立做事,从小便要将"自己的事情自己做"的概念灌输给孩子,让她们从心理上独立起来。

桃桃童年时,每天在父母的约束下,练字、看书、上才艺班,她很羡慕外面可以尽情玩耍的小伙伴们,她也想要向她们一样可以在外面自由自在地玩。

有一次,几个小伙伴们要去稻田那里捉蚂蚱,桃桃知道后,对妈妈说:"妈妈,我也想要与她们一起去捉蚂蚱,妈妈,你就同意吧,好不好?"

妈妈这才发现,桃桃有了自己的主见,她想要去体验一下捉蚂蚱的乐趣。妈妈并没有阻拦,而是带着她来到了稻田里,带她去认识什么是蚂蚱,教会她怎样去捉蚂蚱,然后妈妈就让她自己去捉了。

过了一会儿,桃桃汗津津地跑了过来,笑着对妈妈说道:"妈妈,捉蚂蚱可真好玩,我以后还要来玩。"妈妈笑着说道:"这我不管,你去找你爸去,他同意你便可以。"桃桃佯装生气地说道:"妈妈,我长大了,我是否可以自己做决定?"妈妈看到这样的桃桃,这才真的觉得她长大了,她该有自己的主见,该有自己的坚持、判断和思想。

桃桃妈妈回家后,与桃桃爸爸说起自己的女儿,桃桃爸爸也说道:"那就尊重她的愿望吧,只是要让她掌控好时间,桃桃大了,我们不能以自己的标准去要求她,也不能在她刚刚有了独立意识的时候,我们做父母的便给掐灭了。"桃桃妈妈也赞同,于是他们便尊重了女儿的这个小要求,也引导她去做更多自己喜欢的事情。

女孩小时候,正是塑造培养的好时候,这时培养她们独立将事半功倍。父母要为她们创造一个好的环境氛围,放手让女孩去体验人生,让她们试着独立去解决生活中的一些事情,逐渐地,她们的生活自理能力肯定会有所提高。我想除此之外,她们的心理上也会逐渐摆脱掉依赖别人的坏毛病。

2. 女孩独立为了捍卫自己的价值

生活中那些独立的女孩总是闪闪发光的存在，她们自信大方、从容镇静，她们可以很好地处理好自己的事情；她们从心理上不依赖别人，她们总是可以游刃有余地处理事情；她们不矫揉造作，总是大大方方的样子，总是很让人称赞。也因此，那些独立的女孩也总是最美丽的存在。

英英今年3年级了，她是一个十分独立的女孩儿。认识她的叔叔阿姨经常感叹，自己的孩子如果能像英英那样就好了。

有一次，英英的妈妈要出差，便把英英托付给同小区的赵阿姨。赵阿姨的女儿和英英是同班同学，俩人经常一起玩耍。放学后，赵阿姨把女儿和英英一起接回家，两个女孩子马上开始写作业。期间，赵阿姨发现，女儿只要遇到不会做的题，就马上询问自己，向妈妈要答案。英英却会独立思考，会努力想办法解决问题。晚上洗漱的时候，赵阿姨习惯性地帮女儿洗起了袜子，当她提出帮英英洗袜子时，却发现英英已经把自己的袜子洗好并晾了起来。赵阿姨不由自主地称赞道:"英英真棒!名不虚传!"

后来,英英的妈妈告诉赵阿姨,一开始,英英也不是这样的。究其原因,就是英英的妈妈当时还没有学会放手,其结果就是非但没帮到孩子什么,反而成了英英不能够独立的首要障碍。当时,英英的妈妈也想放手,可说起来容易,实践起来却很难,每当英英在那儿喊着:"妈妈,我的衣服在哪里?""妈妈,我的英语书找不到了。""妈妈,我不会做这道题。""妈妈,老师让带上彩笔。"……诸如此类的事情一再发生,导致英英的妈妈始终濒临崩溃的边缘。

赵阿姨说:"还真是,我也是这样,既希望女儿独立,又难以真正放手。前一秒还想着这次一定要狠下心来,不再理会她的任何要求;等女儿一撒娇,忍不住又去帮忙了。"

类似的故事,在我们的生活中不断上演,大多数父母在面对孩子的要求时,从来都狠不下心,这并不是什么好事,它只会慢慢地消磨孩子的独立性,变得事事依赖。父母们要明白,你如珍如宝的女孩终究要长大,终究要独自面对生活中的风风雨雨,而你们却不能陪伴她们始终。所以父母们,在该狠心的时候,一定要狠下心来,培养孩子的独立品质。

呦呦今年9岁了,她是父母的掌中宝。她要什么东西,父母基本都会满足,所以她在物质上很丰裕,在精神上也十分依赖父母。

最近,呦呦妈妈发现,孩子都这么大了,还不敢独自睡觉,每天总是要搂着妈妈才能够睡着。这实在不是一个

第四章
培养女孩独立自强意识

好习惯。于是呦呦妈妈决定让她自己去睡觉。

第一天的时候，呦呦妈妈让她回自己房间睡觉，但是呦呦就是抱着妈妈的脖子不撒手。第二天的时候，上一天的情境又一次重新上演。第三天的时候，之前的情境还是在重复。呦呦妈妈一看，这样不行，于是在呦呦的小卧室里放了很多她喜欢的芭比娃娃，然后狠心将她关在了自己的房间，不理会她的哭泣。等过了几小时，呦呦妈妈进去看到自己女儿缩在墙角，身上没有盖被子，脸上泪痕犹在，看得呦呦妈妈的心都揪起来了。

到了再一天的时候，呦呦又拽着妈妈的衣角，表达着她不要自己睡的意愿。妈妈问她原因，呦呦告诉妈妈她怕黑；妈妈问她为什么怕黑，她说天黑后有怪兽。即使妈妈告诉她，那只是电视和书上杜撰出来的，但是呦呦就是不信。呦呦妈妈差一点儿就妥协了，但是呦呦爸爸制止了她，告诉了她锻炼女孩独立的重要性。最终呦呦妈妈还是狠下了心肠，继续去锻炼女儿的独立性了。

女孩要独立，因为独立的女孩最美丽，但是这需要从小培养。独立不是凭空变出来的，而是在生活中潜移默化来的，也是女孩的一项最宝贵的财富。我们在养育女孩的过程中，有意识地锻炼女孩的独立性，让她变得越来越独立，相信这是每一位父母最应该关注的话题。

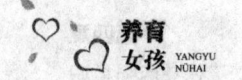

3. 女孩独立才能把握自己的命运

命运，是不可窥探预知的，人的一生中，总是会出现很多难以预料的事情，或者是不可抵抗的灾难，这时，独立的女孩总是可以做出最正确的选择，把握自己的命运；而那些不独立的女孩，则在受到打击后一蹶不振，生活和工作变得一塌糊涂。

人们常说，爱笑的女孩运气总是不会差，小白就是这样一个例子。小白是一个很开朗、很爱笑的女孩子，也是一个很独立的女孩子。

今年小白马上面临着中考，这眼看没有几个月了，学校告诉她市里一项竞赛需要她来代表学校参加，那是青少年杯知识竞赛，学校还告诉她，如果她拒绝，学校也不强求。

小白在思考了两天以后，她决定接受学校的要求，虽然为此她会更加累一些，但是她觉得那是一件十分值得的事情。于是，她的时间更加紧张了，除了准备高考的事情，她还得准备知识竞赛的事情，所以她常常忙得晕头转向。父母看在眼里，疼在心间，但是他们也不能帮上女儿什么忙，因为女儿将自己的学习安排得很好。

第四章
培养女孩独立自强意识

　　终于到了知识竞赛的那天，当小白被带队老师带到赛场时，小白因为准备充足而十分从容自信，她始终微笑面对镜头，她的思维反应很快，总是能够最快地抢答，最终她以一分的优势赢了对方。她为学校赢得了荣誉，也为自己赢得了一个机会。

　　这一天，她的老师告诉她，有一所学校看到了她在知识竞赛上的表现，想要让她免考入学，老师询问她的意见，让她慎重思考，因为那是他们全市的重点中学。

　　女孩没想到参加一次知识竞赛还能够有这样的收获，这真是太令人惊喜了。老师告诉她，是她的独立，才让她在这一次的命运轮盘面前有了选择的机会，这一次她可以自己来选择，而不是与许多人一样等待被选择。

女孩更应当具有独立的精神，因为我们永远都不知道明天会发生什么，也不知道意外什么时候到来，与其到时候手忙脚乱，不如修炼好自己，让自己拥有独立的精神，唯有如此，女孩才能够把握住自己的方向，活出真正的自己，成为命运的主宰。

　　小凝出生在农村，周围都是大山，小的时候她连县城都没有去过。她很小时就想：我不想一辈子被困在这里，我想要出去看看。她知道，她唯一的出路就是好好学习，考上大学，只有这样才可以改变自己的命运。

　　当小凝将自己的想法讲给自己的妈妈时，她的妈妈觉得很不可思议，说道："小凝啊，你怎么会这样想呢，你又不是男孩子，你读大学有什么用，反正以后都是要嫁人的。"

　　小凝说："我不管，我不要嫁人，我要上学。"

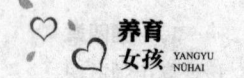

小凝妈妈说:"怎么可能,谁让你生成了女孩呢?"

小凝说:"女孩怎么了?女孩就不能上大学了?女孩就一定得结婚嫁人?女孩就不能走出大山看看外面的世界?"

小凝妈妈说:"是的啊,我们祖祖辈辈就是这样过来的,你为什么要不一样呢?"

小凝说:"是啊,我为什么要不一样呢?"小凝说完以后便陷入了自己的思绪里,她不断地问自己,最后她发现,她不想像这里的大多数女人一样结婚生子,每天围着锅台转,其他人都重要,唯独没有自我。小凝想要抵抗这男女不公平的命运,所以她一定要上大学,然后离开这里,去看看外面的世界。

最终小凝通过不懈努力,考上了一所很好的一本大学,同时获得了奖学金,再加上勤工俭学,她如愿上了大学,成为第一个走出他们村庄的女孩。

女孩是一个独立的个体,也许很多人都觉得女孩就得顺应世人的传统观念,但是女孩为什么不可以有自己独立的生活、独立的工作、独立的经济、独立的精神呢?女孩一定要拥有独立精神,唯有这样,女孩才能够在困难来临时,把握住自己的命运。

4. 女孩独立才有选择的权利

女孩独立便拥有了选择的权利。这时,她可以随意去选择很多

第四章
培养女孩独立自强意识

东西，经济独立可以去选择自己喜欢的衣服、包包、口红；去享用自己喜欢的食物；她可以来一场说走就走的旅行，想去哪里便去哪里。精神独立让女孩拥有更多机会，去选择自己想要体验的人生。所以独立让女孩的生活可以更加从容，更加自信。

小清今年高二了，她已经开始了高考前的奋战，她每天都沉浸在学习与复习当中，她每天起得特别早，睡得特别晚，但是每天过得都很充实。她几乎牺牲掉了许多的睡眠时间和与同学聚会的时间，她把时间都用在了学习上面。

有一次，小清班上的同学准备聚餐，让大家举手表决，全班52个人，只有两个人没有举手，她们一个是因为最近生病了，一个就是小清，她不想在这上面花功夫，所以才不愿意去聚餐的。小清表完态后就又投入到了题海中了。

小清的同桌觉得小清实在是太努力了，对小清说："现在距离高考还有一年半，你现在就这么努力了，你可让我们这些成绩一般的同学该怎么活啊？"小清告诉她，她之所以这么努力，那是因为她想要拥有更多选择的权利。她想要选择一所好的大学、好的专业，她的志向是成为一名中医，所以她一定要更努力才行。

小清这样的想法，让小清同桌着实没有想到，她只是觉得她在闪闪发光，亮得让人移不开眼睛。小清这样的想法并不是人云亦云的负荷，而是她的精神够独立，让她懂得该做些什么，才能在选择来临时拥有更多选择权。

独立的女孩才有选择权，就如小清，她思想上独立，不会人云亦云，随波逐流，她是为了自己的梦想在努力。生活中总有一些事情需要女孩自己来做决定,当女孩来到十字路口,何去何从;当女孩在人生岔路的时间点该如何选择,这都决定着女孩人生的不同走向,所以独立的女孩可以做出更好的选择。

小源今年10岁了,她正在上三年级,最近她在课外班学习国画。她的国画老师说,小源在国画上有天分,她想要收她做学生,让小源父母回去与孩子商量一下。

等到小源放学回家吃完饭后,爸爸妈妈喊来了小源,耐心地询问:"小源,你的国画老师让我们问问你,你要不要跟着老师学国画?"小源不解地说道:"我现在就在跟着老师学习啊。"父母说道:"不是这种学习,是让你跟着老师更深入更系统地学习。"小源想了一下说道:"我觉得我挺喜欢国画的,我也想让自己的画让更多的人知道。"

等到第二天,小源的父母回复了国画老师,孩子很愿意跟着学习,以后还请老师多费心。老师告诉他们放心,在小源成为她的正式弟子以后,他们也不用担心收费的问题,她不会跟他们收取什么费用的,她就是想要找个人将国画传承下去。

其实,这件事情是小源和小源父母赚大了,那位国画老师是国内知名大学退休的老教授,个人更是在国画领域有话语权的人,现在她要找的传承人,那么可想而知,在她的培养之下,孩子的成就一定很高。

独立是一个女孩的底气,是一个女孩安全感的来源,是一个女孩兴趣爱好的支撑,是一个女孩获得爱情的基础,是一个女孩幸福的基石。因为独立的女孩在面对选择时,能够更纯粹地遵循自己的心意,选择自己喜欢的,选择自己觉得对的,选择自己想要的。所以,女孩们,为了以后的日子,请不要虚度每一天,请努力提升自己搏斗生活的能力,这样在需要选择的时候才有能力去选择。

5. 独立的女孩才知道自己想要什么

女孩自己究竟想要什么,一些女孩其实她们自己也不清楚。她们一些人就这样浑浑噩噩地过完一生。生活中没有波澜,没有感动,没有悲伤,就按照世人的既定模式过着自己的日子。但是也有一些女孩,她们很独立,很清楚地知道自己想要什么样的未来,想要过什么样的生活,她们会为了这个既定目标去努力。

> 小方和小鱼是一对好朋友,她们算不上是大众眼中的美女,但是也不丑,而且她俩有一个共同的特点——她们都是单眼皮女生。
>
> 有一天,小鱼来找小方,悄悄地对她说:"小方,我们去做个双眼皮吧。我都打听好了,在第一医院有一个主刀医生,她的医术很好,成功率也很高。更何况,这只是一个小手术罢了。"
>
> 小方说:"我不去,我觉得我现在的样子很好。我虽然是单眼皮,认为双眼皮的女孩子漂亮,但是我觉得我也

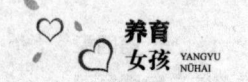

不丑啊。"

小鱼说："是不丑，但是你看那些做了双眼皮手术的女孩子是不是更漂亮了？"

小方说："是没错，但是我觉得一个人漂亮与否不能只看外貌，外貌终有老去的一天，我觉得我们还是通过读书和学习，提升一下自己的气质品格比较好，相信一个气质品格美的人才是真的美。"

小鱼说："不，我要去做双眼皮手术。我想你与我一起，我们一起变漂亮。"

小方说："那我尊重你的选择。但是我想要的从来不是那些外在的东西，那些东西华而不实，我要提升自己的气质品格，成为最好的自己。"

后来，小鱼真的做了双眼皮手术，看起来的确是比从前更漂亮了。从此，小鱼一发不可收拾，还做了其他微整形。而小方一直都知道自己想要的是什么，她看了很多书，养成了一身书卷气，无论谁看到都觉得她是一个独特的人。

随着时间的推移，小鱼曾经通过微整形改变的容貌在衰老，而小方虽然也老了，但是身上更多了一种岁月沉淀的美。两个人站在一块儿，真是截然不同。

独立的女孩，犹如一株历经风雪的寒梅，它知道只有过了寒冬，才有梅香芬芳的时刻。独立的女孩始终都明白自己想要的是什么，所以哪怕沿途风景再好，她也不会停留半刻，而是一往无前地达成自己既定的目标。

第四章
培养女孩独立自强意识

小夏从小就很独立，立志要有自己的事业。

小夏大四这一年，与舍友一起创业，她们代理了一款化妆品，每天利用课余时间穿梭在各个寝室之间，咨询的人很多，愿意掏钱买的人却不多，所以收效甚微。

小夏和舍友很失望，一个月下来，情况依然没有好转。舍友坚持不下去了，于是对小夏说："小夏，我们是不是不适合做这个啊？你看这么久了，连一单都没有开，我实在是坚持不下去了，我退出了。你呢？"

小夏说："你要不要再坚持坚持，说不定明天情况就好转了呢？这是咱们事业起步的基础，咱们不能半途而废。"

舍友说："还是算了，我坚持不下去了。"

于是就剩下了小夏继续推销自己的产品。她另辟蹊径，去了社区推销，没想到这一天遇到一位大姐，她终于开单了。后来这位大姐还为她带来了很多客户，小夏赚了很大一笔钱，足够做她事业的起步资金了。等到大学一毕业，她便在一条步行街开了自己的店铺。她很开心，她终于实现了自己最初的愿望，有了一份自己的事业。

亲爱的女孩们，你们一定要做一个真正独立的人，因为真正独立的女孩，在面对困境的时候不会退缩，而是为了目标坚持到底；真正独立的女孩，不在意外界的声音，会为了成为最好的自己而不断努力；真正独立的女孩，随时都保持着最好的人生态度，始终为自己的目标而努力着。亲爱的女孩们，请你们想一想自己想要什么样的人生，想通了便去努力吧！

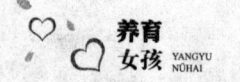

6. 独立的女孩才能避免一叶障目

现代人的育儿理念是富养女孩，但是由于父母只注重了物质的富养，在精神上没有做到富养，导致很多女孩变得很单纯，她们只能看到眼前的一片天空，难以看到事情的全部，认不清事情的根本，所以很容易因为选择不当而受到伤害。

小歌今年初三了，她从小被父母宠溺着长大，可以说，即使她想要天上的星星，她的父母也要给她摘下来。从她小时候的玩具到衣饰，到再大些的书籍，甚至是更多的东西，她都拥有，她觉得无论她需要什么，父母都会不遗余力地满足她。在小歌看来，父母就是哆啦A梦的盒子，他们总能给自己带来各种各样的好东西。

最近，小歌班上的同学都流行起了买鞋子，而且还兴起了攀比风，总是在比谁买得贵，似乎不比一比就显示不出鞋子的高档来，小歌看同学穿了一双新款鞋子，于是便回家说道："妈妈，那个牌子出了一双新款鞋子，你帮我买。"妈妈诧异地说道："你那个鞋子也是当季新款，这才没有买几天，你怎么又要买了？"小歌说道："我就要买啊，同学们都有，就我没有，我都没法出去见人了。

这时，小歌爸爸走了过来，听到她的话，说道："你这是什么毛病，这个鞋子的新款要九千多一万了，你前几天刚买了鞋子，这刚两天就又要买了，你知不知道，这一双鞋子的钱够我们家好几个月的开销了？你这孩子真是被我们给宠坏了。"小歌爸爸停顿了一下，然后又说道，"你整天只知道买衣服，买鞋子。你这是被从小的好生活迷了眼，不知道人间疾苦啊！"

女孩要避免一叶障目，首先做到独立，唯有独立的女孩，才有坚定的意志，不被外物所引诱；有洞若观火的本事，从细微处见真章；有更开阔的眼界，可以看到更广阔的天空。父母在富养女孩的同时，一定不要忘记了精神的富养，培养她们独立的精神，让她们不要止步于学习，不要太在意外物了。

小灵是一个很漂亮的女孩，她从上幼儿园开始便被要求自己穿衣服、自己叠被子、自己洗脸……在这样的训练下，小灵养成了坚强独立的性格。

刚开始的时候，小灵妈妈的朋友知道后，说道："你可真下得了狠心，人家都在富养女儿，恨不得含在嘴里的闺女，被你这么小就严苛对待。你可真是亲妈啊！"小灵妈妈说道："因为我是亲妈，我才这么对她，富养女儿不是物质上富养就行了，还得精神上富养，不然她以后成了娇娇女，眼高手低，哪会让人家喜欢。我们不求让大家都喜欢，但是不能被大家都讨厌吧！"小灵妈妈停顿了一下说道，"更何况我们就这一个女儿，她以后还要继承家业，

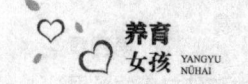

为我们养老，如果是什么都不懂的傻白甜，被人骗了还帮人数钱。那怎么行。"

朋友一想的确是这样，只有女孩够独立，父母才会有希望，不然很容易被外面的精彩世界给迷了眼，从而变得一叶障目，相信这并不是父母所希望的事情。

各位父母，请一定要告诉自己的女儿做一个独立的人。何为独立？首先是精神上的独立，女孩立于世间，总会遇到很多问题、很多人，只有修炼一双火眼金睛，才能看清楚站在面前的究竟是怎样一个人，看清楚问题隐藏的暗流，才可以成为那个更好的自己。

7. 独立的女孩才能有更高的追求

女孩生于这个世界，大部分人都觉得应当安安分分，按部就班地生活，过着大众眼中的普通生活。也只有那些独立的女孩，她们不甘于这种普通，所以想要有更高的追求，但是很多人就会有铺天盖地的语言袭来，指责她们特立独行，指责她们不贤淑。其实，这些人更多的是羡慕，羡慕那些追求梦想的女孩。

小敏是一个很聪慧的小姑娘，她从小便喜欢爬上爬下，调皮捣蛋，妈妈常常笑言，她是一个假小子。这个小姑娘从小开始，体育就很好，一直很招体育老师的喜欢。

第四章
培养女孩独立自强意识

小敏三年级的时候，市花样滑冰队来选拔苗子，一下子便看中了小敏，于是便去征求孩子父母的意见，但是小敏爸妈没有答应，因为走体育的路子有些辛苦，他们不想自己的女儿这么辛苦。市花样滑冰队的领导说道："孩子真的在体育方面很有天赋，我们希望你们仔细考虑，也去问一下孩子的意见。"

等到他们离开以后，小敏妈妈喊来小敏："小敏，刚刚市花样滑冰队的老师，让你去学花样滑冰，以后去参加比赛。我们是不希望你去的，因为体育太辛苦了，你说你一个娇滴滴的女孩去弄什么体育？"小敏问道："妈妈，什么是花样滑冰，是要像电视上那样参加奥运会，为国争光吗？"妈妈说："大概是的吧！"小敏说道："那我要去，我一定要去。"

妈妈询问原因，小敏说："我喜欢啊！妈妈，你就让我试试，万一我坚持不住呢？"妈妈一脸无奈地答应了她。

没有想到，平时除了学业以外，日常训练从来没有喊过累，她硬是一声不吭地坚持了下来。直到很久以后，她果真如愿拿到了金牌，妈妈也是十分感叹自己女儿有主见，够独立。

女孩的独立性需要从小训练，这便要有赖于父母了。培养女孩的独立性，可以从小事做起，可以试着让她自己洗脸、刷牙，让她自己叠被子、穿衣服，让她自己预习课文、完成作业，让她自己去商场选择东西……培养一个独立的女儿，是父母送给女孩最好的礼物。

小针出生在医学世家，爷爷是医生，爸爸也是医生，但是他们家有一个奇怪的规矩，那就是医术传男不传女。小针从小便帮助家里晾晒药材，但她做的都是一些粗浅的活儿，接触不到医术的核心。但小针从小的愿望便是将来做一名医生，救死扶伤。

小针还有个弟弟，从爷爷到爸爸都对小针弟弟寄予厚望，希望他继承自己家的祖传医术，并将自家的医术发扬光大。奈何小针弟弟不喜欢医术，他更喜欢去做生意，小小年纪就懂得赚零花钱了。小针弟弟知道自己姐姐想要学医，成为一名好医生，于是便将从爷爷爸爸那里拿来的医书悄悄给了小针："给你，反正我也不感兴趣。咱爷爷和咱爸真是老古董，女孩子学医怎么了？外面那么多女医生呢。姐，你好好学，咱家以后的医术就靠你了，我要去做生意。"

小针在弟弟的鼓励下，偷偷看了很多医书，后来在高考填志愿的时候，她填报了一家离家很远的著名中医大学，她如愿坐在了学习中医的课堂上。大学毕业后，小针以优异的成绩进入了一家医院，成为那里的大夫。小针弟弟上大学后学了与医学不相关的软件专业，这可把他爷爷和爸爸气坏了，说是要与他断绝关系。

小针已经可以独立给人看病了，但是她知道医术这条路不进则退，她还需要继续刻苦钻研。她也一直记得弟弟小时候对她的鼓励，她要在医术这条路上有更高的追求。

独立，是父母给女孩最好的礼物。独立的女孩不受外物的影响，只要她们认准了一条路，便会努力走到底。独立的女孩明白自己要做什么，只要她们想，她们就可以在某一个领域成为人人羡慕的存在。独立的女孩具有独立的人格，无论什么样的风雨，都不能摧毁她们的信念和追求。

第五章

女孩心中有许多悄悄话等着你倾听

女孩小的时候，整天像只欢快的小鸟儿一样，叽叽喳喳，将她的喜悦、悲伤、兴奋的事情一股脑儿地说与你听；女孩稍大些，有了自己的小秘密，但她还是会悄悄说给父母倾听；女孩长大后，有了很多的烦恼，也有了很多开心的体验，更有了自己的朋友圈，她不想与父母分享这些悄悄话了，这时父母能做的就是给足她空间，等她想说的时候，父母只要认真聆听就好了。

1. 女孩细腻的心思需要你呵护

女孩相对于男孩来说，心思有时候要更加细腻、更加敏感，她们可能会因为一只可怜的小动物而伤心落泪，也可能因为简单的日升日落而开心不已，也可能因为落叶而伤秋，还可能因为花开而感怀，更可能因为你不经意间的一句话而或喜或悲。这时，父母要关注女孩的这些心灵情感的起伏变化，让她健康成长。

小云最近上了幼儿园，每天都快快乐乐的。这一天，小云妈妈接到小云以后，发现小云不像往常一样叽叽喳喳地说她在幼儿园的趣事了，妈妈很好奇，于是询问道："小云啊，你怎么了？"

小云没有说话。

小云妈妈一路上都在逗小云说话，但小云就是不开口。

这可吓坏了小云妈妈，于是她通过手机与老师进行了沟通，老师说没有发生什么。

这下小云妈妈不解了，女儿这是怎么了？可无论她怎么问，小云都不说话。等到了晚上，小云妈妈更着急了，这时小云开口喊了一声"妈妈"。

第五章
女孩心中有许多悄悄话等着你倾听

小云妈妈看到女儿终于开口了,喜极而泣,连忙询问:"你之前为什么不与妈妈说话啊?发生什么事情了吗?还是有人欺负你了?"

小云说:"妈妈,没人欺负我。"

小云妈妈说:"那你怎么不说话啊?"

小云有些不好意思地说:"我在想一个问题。"

妈妈问:"什么问题啊?"

小云说:"我看到树叶变黄了,然后都飘落到了地上,很伤心。"

小云妈妈没想到是这样的问题,于是开解道:"你这是感怀伤秋啊!其实你完全没必要这样,因为这些落叶会化成大树的养分,等到来年春暖花开时,大树又会长出新叶的。"

小云说道:"妈妈,原来是这样啊!"

女孩心思细腻,她们会因为你的一个小动作,看出你的疲累,然后帮你端上一杯热茶;也会因为你生病了,然后变身乖乖女,帮你做些家务;更会因为你生气了,然后悄悄地离你远远的,等你气消后又过来逗得你哈哈笑。女孩的心思纯净,感受更加丰富,父母要关注她的这些小心思,不要让她的性格变得太过敏感。

小娜原本是一个很活泼的女孩,每天开开心心的,但是最近她发现家里的气氛有些不正常。她平时性格大大咧咧的,这次她便留心了起来。

有一天晚上,她听到了父母在压低声音吵架,只听妈妈压抑的声音传来:"你什么意思?你都多大年纪了,说都不说一声，便申请了国外的工作，而且还签了8年的合同。"

小娜爸爸说道："我这不是说了吗？这是多好的一个机会啊！"

小娜妈妈说道："是，对你来说，这是一个好机会，你可以拍拍屁股就走人，但是这一大家子难道让我一个人扛着吗？8年啊，人的一生有几个8年啊？"

小娜爸爸辩解道："我这还不是为了你们过得更好？"

小娜妈妈说："说什么为了我们，我看是为了你自己吧？你少拿我们当借口。"

……

小娜父母后面还说了什么，小娜没有再听下去了，她只知道她爸爸要出国工作，她想：爸爸要出国工作，还一走那么多年，这是为什么？难道是自己不乖吗？小娜一直被这个问题困扰着，而且她发现周围的阿姨、同学看她的眼神都变了，好像她就是那个被抛弃的小孩。

父母还在继续吵架、冷战，小娜整个人也变得越来越敏感，甚至有些歇斯底里，当父母回过神来发现小娜的情况时，他们后悔极了。

女儿是父母眼中最珍贵的宝贝，但是这个宝贝心思细腻，会为一些可能在父母眼中不值一提的小事而伤神，也有可能在不经意间受到了伤害。女孩天性心思细腻，请父母一定仔细呵护女孩那颗细腻的心，不然一旦受伤，女孩便会变得多疑、敏感，成为她们性格中的缺陷，这是任何父母都不愿意见到的情景。愿每一个心思细腻的女孩都能得到父母的呵护。

第五章
女孩心中有许多悄悄话等着你倾听

2. 你是女儿坚强的依靠

女儿来到这个世界是因为你的原因,所以她全身心地依赖着你,尤其是在女儿幼小时,你就是她头顶的那一片天空。女儿受伤了,第一时间告诉你,然后你帮她清理伤口,安抚她不再哭泣;女儿开心时,她会第一时间与你分享,你也会被她的喜悦所感染;女儿发现了什么有趣的事情,也会分享给你,你会发现这的确很有趣。

小洁3岁的时候,与小伙伴玩耍时被欺负了,她哭唧唧地回到家,扑到妈妈的怀里,哭得撕心裂肺。

小洁妈妈连忙问:"小洁,你告诉妈妈,你这是怎么了?"

小洁断断续续地说:"小黎还有小强揪我的辫子,还将我推倒了。"

妈妈一看,果然,小洁的膝盖受伤了,有血渗出来,于是赶紧拿来医药箱,一边用碘伏消毒并裹上纱布,一边安慰道:"小洁,不哭啊,妈妈找他们父母教训他们去。"

然后小洁妈妈分别给那两个孩子的父母打了电话,告知了这件事,等着他们的反应。

半小时后,小黎妈妈和小强妈妈带着水果上门了,对着小洁说道:"小洁啊,我们了解过了,的确是那两个臭小子的错,我们这就让他们给你道歉好不好?"

小洁没有说话,小洁妈妈说道:"本来呢,小孩子之间磕磕绊绊在所难免,如果是意外的事情导致我家小洁受伤,我肯定不找你们,但是小黎和小强两个小男孩合起伙来欺负我女儿就有些不好了。我觉得我教会了我女儿要做一个善良的人,做一个有礼貌的人,可是你们作为男孩子的家长,是不是也应该教一教他们爱护女孩子呢?"

两个男孩儿的妈妈知道自己的孩子平时被爷爷奶奶娇惯坏了,以前也欺负过其他小朋友,于是赶紧跟小洁妈妈说对不起,并责令自己的儿子向小洁道歉:"你们欺负小朋友是不对的,你们要保护小妹妹,而不是欺负她。现在你们马上向小洁妹妹道歉!"

见妈妈不像爷爷奶奶那样偏袒自己,两个男孩也没了刚开始时的霸道,低着头说道:"对不起,小洁妹妹,我们错了,我们以后再也不欺负你了,我们跟你做好朋友,保护你。"

见对方这样处理,小洁妈妈的气也消了一大半,她摸着小洁的头说:"既然两个哥哥知道错了,那咱们就接受他们的道歉,以后还跟他们做好朋友,好不好?"

小洁点点头,原谅了他们。

女儿褪去了童稚,长成了亭亭玉立的少女,将会遇到更多的事情:她的数学不及格,你着急地请辅导老师帮她补课;她收到第一封情书,你担心她早恋,从而影响她学习;她遇到学校霸凌,你第一时间站出来,为她讨回公道。她无论遇到什么事情,都知道你能够为她遮风挡雨。

第五章
女孩心中有许多悄悄话等着你倾听

小花看了下时间，马上就要十点了，该下晚自习了，于是她收拾好书包，向教室外面走去。她走着走着，感觉后面有几个人一直跟着她，但她不敢回头看，于是加紧跑了起来，还好这时路上有几个跳广场舞的阿姨还没有回去。她快速地跑回了家，父母看到她这个样子，连忙问道："你这是怎么了？"

小花说道："我回来的时候总感觉后面有人跟着我，还好路上有几个跳广场舞的阿姨，小区又离我们学校近。"

父母一听可吓坏了，马上拉过女儿来，左右看了看，看到她没事儿，这才稍微放了些心，这时妈妈说道："这样不行，我以后每天接送你吧。"

爸爸也附和道："应该地，以后每天早上和晚上我去接送女儿，中午你去接送。"小花妈妈想了想，这样安排很合理，于是同意了。

小花看到父母这样为她着想，很感动，于是抱着他们哭了一通："爸爸妈妈，你们真好！"

小花妈妈说："小花，你是我们的女儿，无论你遇到什么事情，我们都在，我们会与你一起面对。"

后来，小花父母果然每天风雨无阻地接送起了小花。

女儿哪怕是长大了，等她也成为一个母亲，甚至白发苍苍时，她都是父母眼中的孩子，父母总是想要将她护在自己的羽翼下，为她遮风挡雨，为她抵御这世界上的寒冷，为她筑起一道安全的屏障，成为她此生最坚强的依靠，让她健康成长，快乐无忧。

3. 很多话女儿只能跟你说

女儿呱呱坠地后，在她的世界里，起初只有父母，父母就是她的全部世界，她的第一句话喊的是"爸爸"或者"妈妈"；慢慢地，她学会了更多的话，每次都是叽叽喳喳地在你耳边说着一些童稚的语言；再长大时，她有了同学和朋友，她还是会与你说一些她的小秘密，因为在她的心中，父母是值得信赖的人。

小茜上小学了，有了很多同学，也交了几个好朋友。有一次，小茜的好朋友告诉她一个小秘密，说："小茜，我跟你说一个小秘密啊，我们在小区附近发现了一个小池塘，那里有好看的小金鱼，等周末的时候我们一起去看好不好？你可不能告诉你爸爸妈妈啊！"

小茜不解道："我为什么不可以告诉我爸爸妈妈啊？"

小茜好朋友说："因为我爸爸妈妈不让我去水边，如果被他们发现的话，我肯定会被他们打一顿的。"

小茜有些犹豫，她不知道要怎么办，所以晚上回去以后是一副心事重重的样子。

小茜妈妈问道："小茜，你这是怎么了？能跟妈妈说说吗？"

第五章
女孩心中有许多悄悄话等着你倾听

小茜说:"可是我好朋友说这是我们之间的秘密,我不可以告诉你。"小茜停顿了一下又说道,"可是,我觉得我应该告诉你。"

小茜妈妈说道:"哦,为什么啊?"

小茜说道:"我好朋友说,如果被家长知道了,她爸爸妈妈会打她。妈妈,我如果告诉你,你会不会打我?"

小茜妈妈说:"你说呢?我什么时候打过你啊?"

小茜想想也是,于是将她们的小秘密说了出来。妈妈听了便耐心地对她说:"小茜,首先,妈妈要谢谢你的信任,愿意与我说你的小秘密,但是妈妈要告诉你,你们背着大人去小池塘边看金鱼,这是不对的,这样有溺水的危险,你知道吗?小孩子不可以自己去水边的。"

小茜想了想,觉得妈妈说得有道理,于是答应了妈妈。

随着女儿的长大,她们有了更广阔的社交圈,她们不再愿意什么话都与你说了,父母要思考其中的原因。有的父母总是呵斥或是指责她,有的父母总是说教或是控制她,这样就激起她的逆反心理,让你的女儿不再愿意与你说些什么。

小美是一名初中生了,她最近发现她妈妈总是看不惯她,她看会儿电视放松一下,妈妈便来指责她学习不努力;她在周末睡个懒觉,妈妈也要指责她懒;她要去学美术,妈妈偏要让她去学音乐。小美觉得,她的妈妈不再是小时候那个温柔的妈妈了,也不再是她可以分享自己秘密的妈妈了。

小美与妈妈的矛盾还要从一次与同学出去聚会说起。那一次,小美的一个同学过生日,她们吃了火锅以后,便

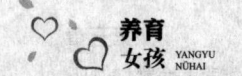

一起去KTV唱歌了。

　　后来妈妈知道后，便说道："你那些都是什么朋友啊，小小年纪便去KTV，你知道那是什么地方吗？"

　　小美反驳道："我们就去唱了个歌，有什么大不了的？"

　　小美妈妈说："反正那不是你这个年纪该做的事情，我不许你与你那些朋友再在一起玩。"

　　小美生气地说："我偏不！那是我的朋友，你凭啥要干涉我交友？"

　　小美妈妈说："我就干涉了，怎样？"

　　小美觉得妈妈不可理喻，于是跑进自己的房间。她觉得她跟妈妈真的是难以沟通了。

　　父母在与女儿沟通的时候，一定要时刻注意自己的言谈举止和方式方法，请一定要心平气和地与她沟通，毕竟你们是她最亲的人，不要因为一些外在的原因，让女儿不再愿意与你说些什么。父母也不要高高在上地端着父母的架子，让女儿必须按照你说的做，这样只能让女儿将自己想要说的话藏起来，不再与你沟通。父母要做女儿的朋友，认真地聆听她的心声，这样女儿才愿意与你们说她的事情。

4. 给女儿最合理的建议

　　亲爱的父母，女儿是你们握在掌心的珍宝，但在沟通时，你们

第五章
女孩心中有许多悄悄话等着你倾听

之间难免会遇到一些沟通不畅的问题,这可能是由于两代人年龄之间的差距造成的。这时,父母如果还在与女儿沟通,就要多观察女儿的细微反应,多倾听她的心声,而不是以"我这是为你好""我没有恶意"之类的言语去命令她做什么。

  小露妈妈觉得,小露最近十分叛逆,自己与她说些什么,她都要反着来。小露妈妈很生气,尤其是一件事情的爆发,更是点燃了小露妈妈的怒火。

  那一天,小露回来说:"妈妈,我与几个同学约好了,我们要去山上露营,因为今天晚上有流星雨。我的帐篷呢,你放在哪里了?"

  小露妈妈说:"露营?看流星雨?你们几个人啊?"

  小露说:"我们五个人啊,我们都选好了,就在离我们家不远的那座山上。"

  小露妈妈说:"不行,我不同意。这又不是你们学校组织的,就你们五个人,万一遇到什么危险怎么办?"小露妈妈停顿了一下后又接着说,"再说了,你们看流星雨在哪里不能看?为什么非要去那么危险的地方呢?"

  小露反驳道:"哪里危险了?我们有那么多人呢。"

  小露妈妈说:"你们那也叫人多?现在春暖花开,万物复苏,一些虫子啊蛇啊之类的都出来活动了,万一被咬上一口,你们几个孩子怎么办?"

  小露妈妈坚决地说:"反正我是你妈,你必须听我的,你没有反驳的权利。"

  小露很不喜欢妈妈这种说话的语气,觉得妈妈总是想要干涉自己,虽然她也知道妈妈是为她好,但是她就是不喜欢妈妈这样蛮横地替自己做决定。难道妈妈就不能好好地倾听一下她的心声吗？小露越想越难受，于是哭着跑出去了。

亲爱的父母们，请不要高高在上地摆着父母的谱，这样会将女儿推得更远。父母一定要放低姿态，与女儿平等地进行沟通，然后再根据女儿的不同问题，给出最合理的建议，让女儿避免走一些弯路。

小霜最近很苦恼，每天放学之后她都一副愁眉苦脸的样子。这一天小霜妈妈实在看不下去了，便问道："小霜，你这是怎么了？可以与妈妈说一说吗？"

妈妈一边说着一边端着一个果盘过来，小霜吃了一口水果后才说："我们学校最近要组织志愿者去养老院义务劳动，为期一周，我不知道要不要报名。"

小霜妈妈问道："为什么？"

小霜说："我觉得义务劳动太累了，怕自己坚持不下来，反而被人笑话。"

小霜妈妈想了想说："我觉得你应该去报名。我们在做一件事情的时候，不能还没做呢便先想到退缩，这是不对的。你再仔细想一想，然后自己做决定，无论你做了什么决定，妈妈都支持你。"

小霜想了一下午，她觉得妈妈说得有道理，于是下了决定要去做志愿者。

等小霜做完志愿者回来，她第一时间跑来与妈妈分享自己的收获："妈妈，妈妈，谢谢你的建议，这次义务劳动让我学到了很多东西，体会到了不一样的感受。"

小霜妈妈说："哦，太好了！你先是克服了你心理上的胆怯,这就是一种进步;之后你又学到了其他东西,这说明你的选择是正确的。"

父母在女儿成长的路上起着不可或缺的作用,因此父母要克服自身固有的一些缺点,不要固执地认为自己所说的就全部是对的,也不要高高在上地以父母的名义去命令女儿做什么,而是要多倾听,然后根据不同的情况,为女儿做出最合理的建议,谨记最终的决定权应当在女儿的手中。

5. 让负面情绪远离女儿

人都是有喜、怒、哀、惧、爱、恶、欲这七情的,其中当然也包括了一些负面情绪,如焦虑、紧张、愤怒、沮丧、悲伤和痛苦等。作为父母,自然不希望自己女儿被这些负面情绪困扰,但是情绪就存在我们的生命当中。当女儿有了情绪的时候,父母不能粗暴地制止,而是要引导她去理解和接纳自己的情绪。

最近,小芦的奶奶去世了,小芦十分悲伤,整个人周围都笼罩着一层淡淡的哀伤。

小芦妈妈十分担心,与小芦爸爸说:"小芦刚出生那会儿,我们俩都在忙工作,是小芦奶奶一手将她给带大的,现在小芦奶奶去世了,我真怕我们女儿不能从伤心里走出来。"

小芦爸爸说道:"放心吧,等晚上的时候我去找小芦谈谈。"

小芦妈妈说:"嗯,那你好好谈,可千万不能去刺激她。"

"放心,我知道的。"小芦爸爸说道。

等到了晚上,小芦爸爸带着小芦出了门。他们来到了一片空阔的草地上,小芦爸爸将事先准备好的毯子铺在了草坪上,然后和女儿一起躺了下来,然后小芦爸爸说道:"小芦啊,爸爸知道,你奶奶故去了你很悲伤,但是逝者已矣,现在已经过去好几个月了,你不能一直沉浸在悲伤当中啊。"

小芦说道:"爸爸,我知道,但是我就是忍不住。"

小芦爸爸又说道:"你看天上有那么多星星。据说,你看到的最亮的那一颗便是你的亲人。你奶奶她肯定是化作了一颗星辰,在那里看着你呢!她想要看着她带大的小丫头快快乐乐地长大。"

小芦说道:"是吗?"

小芦爸爸说道:"是的,小芦,那是你奶奶最大的愿望呢。"

小芦想了想,说道:"爸爸,我知道了,我有我的事情要做,我奶奶在天上看着我呢。"

当今这个时代,本就压力很大,女孩更是心思细腻,情绪的变幻自然要更多一些,其中也有很多的负面情绪,像是焦虑、紧张之类的,一旦这些情绪在女孩心中积压,很容易影响她们的身体健康,或是影响她们的正常生活,所以父母要注意引导自己的女儿去释放自己的不良情绪。

第五章
女孩心中有许多悄悄话等着你倾听

小颜在高考的前一个月，忽然变得焦虑和紧张起来，她整夜整夜地失眠，连头发也掉了很多，妈妈发现后也跟着着急起来，她知道这是女儿最关键的时刻，如果女儿在情绪这一关过不去，那是一定会影响高考的。

小颜妈妈试着让女儿放松，给女儿放舒缓的音乐，带女儿去逛超市，但是都没有用。由于失眠影响了小颜白天的学习效率，导致小颜学习下滑得厉害。

这一天，小颜妈妈报了一个旅行团，带着小颜去了一个乡村，住在了一家民宿里。那家民宿周围种了一大片薰衣草，小颜看到后说道："妈妈，这里的空气真好，景色也美。"

小颜妈妈说道："的确，妈妈知道你最近很焦虑，很紧张，但妈妈想要告诉你，高考没什么的，你只要发挥正常就好了。如果实在不行，我们便复读一年也是可以的。"她停顿了一下，又继续说道，"既然来了这里，便放轻松，我们痛痛快快地玩一场，怎么样？"

小颜说道："好的，我知道了，妈妈。"

于是小颜妈妈带着女儿去了田野里，那里一派生机勃勃的景象，很美。小颜还跟着那里的农民插秧，还坐了一下牛车，小颜觉得她的情绪在这里得到了舒缓。晚上，小颜躺在床上，闻着被清风送来的薰衣草花香，很快便睡着了。这是她这一段时间以来睡的第一个好觉。

清晨，小颜推开窗户，阳光照在了她身上，花香环绕着她，她觉得她曾经焦虑紧张的情绪在这里被治愈了。

女孩在成长过程中，会面对很多负面情绪，这些负面情绪可能会让她们变得脆弱，变得不完美，对她们的成长很不利。作为女孩

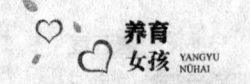

的父母，一定要引导自己的女儿控制自己的情绪，战胜恐惧、悲伤、焦虑等负面情绪，让她的情绪得到宣泄和抚慰。衷心地希望每一个女孩都能够远离负面情绪，做情绪的管理者。

6. 与女儿交流要有方法

父母在与女儿交流的时候要有方法，不能固执地让女儿一定要听你的话，你要明白，女儿不是你的附庸，她是一个独立的人，她对事情有自己的看法和思想，你首先得学会尊重女儿，对女儿要做到坦诚以对，而不是对她敷衍，须知她的感受很敏锐，但凡她感觉到你说的不是实话，她是会拒绝与你沟通的。

小沐妈妈生完小沐以后，一直没有外出游玩过，好不容易等到小沐上幼儿园了，她终于可以稍微脱开身了。她为自己计划了一个五天四夜的海岛游，她想：还是自己去吧，如果带上女儿的话，一来小孩子折腾，二来自己也累。

这一天，小沐妈妈在给小沐讲完故事以后，便对她说："小沐啊，妈妈明天要出差，你跟着爸爸和奶奶在家里好不好？"

小沐抱着妈妈的胳膊撒娇道："不嘛，妈妈，我要跟着你一起去，我不要在家里，我就要跟着你嘛！"

小沐妈妈被她缠得没办法，只能答应她："好吧，你

第五章
女孩心中有许多悄悄话等着你倾听

要乖乖的,我便带你去。"

小沐开心地说:"嗯,我乖,妈妈你明天出门的时候一定要叫我啊!"

等到第二天早上,小沐妈妈没有叫醒小沐,她没有按照与女儿的约定带上女儿。

果然,独立旅行真是一件很轻松的事情,小沐妈妈痛痛快快地玩了几天。但是等到她回到家,想要抱女儿的时候,女儿拒绝让她抱,跑到了奶奶怀抱里,也不和妈妈说话。

小沐妈妈看到女儿不理自己了,以为她在闹小孩子脾气,随便哄一哄就会好了。哪里想到,小沐这个小姑娘很倔强,连续一个星期没理她,最后小沐妈妈只能来找小沐商量:"小沐啊,你说你怎么才可以原谅妈妈呢?"

小沐说道:"我说了你能答应吗?"

小沐妈妈说:"能!"

小沐又说:"你能说话算话吗?"

小沐妈妈说:"我肯定算话。"

小沐说:"可是你之前就骗过我,明明说好了要带我去,可是结果呢?"

小沐妈妈说道:"好吧!那是妈妈的错,我保证以后跟你承诺的事情一定办到,可不可以?"

小沐想了想,说道:"好吧!"

许多父母在面对女儿的时候,总是担心这个担心那个,所以在与女儿说话的时候,也都有一个通病,那就是啰唆。女儿虽然知道父母是为自己好,但她就是觉得很烦躁。明明就那么一个意思,他们能够叮嘱上半个小时,甚至更多的时间。作为父母,要换位思考

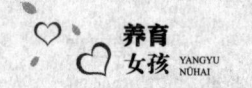

一下，如果是你被叮嘱半个小时，你能受得了吗？因此，父母在与女儿说话的时候一定要简洁明了。

小倩最近要去别的城市参加一场知识竞赛，由老师带队，家长不能去。小倩妈妈从一得知消息便开始念叨起来。

"小倩，你的衣服带够了吗？那里早晚温差大，你得带件厚衣服。"

"小倩，你路上一定要注意安全啊！跟紧你们的带队老师。"

"小倩，你还得带些感冒药，万一感冒了，你人生地不熟的，找不到药店怎么办？"

"小倩，你对竞赛有把握吗？我不是给你压力啊，即使没把握也没关系的。"

"小倩，你到了以后就先给我打电话，妈妈会一直等着你电话的。"

"小倩，你到了那里以后，晚上不要出来，听说女孩子出去不安全的。"

"小倩，你的学习资料收好了吗？"

"小倩，我给你准备些妈妈做的小吃吧，你去了那里吃不到了。"

"小倩，你回来的时候提前给我打电话，我去你们学校接你。"

……

小倩妈妈一直在唠叨，小倩只感觉脑袋嗡嗡的，什么都没有听进去，她也一点不想与妈妈搭话。

第五章
女孩心中有许多悄悄话等着你倾听

父母在与女儿交流的时候，是要讲究方式方法的。父母首先要给足孩子尊重，做到真诚倾听；遇到问题的时候，父母要与孩子一起商讨，而不是颐指气使地对女儿指手画脚；在孩子有些不自信的时候，父母要鼓励她，让她充满信心，而不是对她横加指责；在与女儿交流的时候，父母一定要控制自己的情绪，做到温和、客观、认真、坦诚。

7. 让女儿没有心理负担快乐成长

父母都有望女成凤的心理，所以从她一出生开始，便对她充满了期待。但只有积极的、正确的期待，才更加有利于树立女孩的自信心，并且让女孩在努力过程中获得成就感。父母要根据孩子的能力，去安排她的学习和生活，而不是给她定一个达不到的目标，这样会让她失去童年的快乐。

小叶今年上小学二年级了，期末考试时她的成绩很不错，数学和语文都是满分，她想：放了寒假，我终于可以休息一下了，我可以去研究自己喜欢的东西了。小叶的愿望是美好的，但是实际情况不然。

这一天晚上，小叶妈妈告诉女儿："小叶，我给你报了一个寒假的培优班，还有一个二升三的英语班，你明天开始上课吧。"

小叶一下觉得人生陷入了一种可怕的境地，她说道：

"妈妈,我这才刚考完试,你就不能让我缓一口气吗?"

小叶妈妈说道:"我也不想逼你啊,可你看看现在外边竞争多么激烈。你要是成绩不好,没有一个好初中上怎么办?考不上重点高中怎么办?考不上好大学怎么办?我这都是为你好,你知不知道?"

小叶说道:"妈妈,我现在才二年级,你是不是有些过于焦虑了?从前我不及格的时候,你希望我考及格;我考80分的时候,你希望我考90分;等我终于考了90分,你又让我考100分;现在我考满分了,你还是不满意,还要让我上培优。妈妈,你这样我很累的?"

小叶妈妈说道:"小叶啊,妈妈也不想让你这么累啊!但是没办法啊,现在就是竞争激烈,妈妈希望你以后上个'985'或是'211'大学,这样才算是有一块差不多的敲门砖啊!"

小叶很累,她觉得自己与妈妈完全沟通不了,她们的思想根本就不在一个频率上。她很不开心,她想要轻松地学习,可是每天的时间被各种补习班填满了。

有一部分父母,他们本身是完美主义者,所以他们也要求自己的女儿事事完美。当女儿画了一幅画的时候,父母觉得调色不够饱满,于是要求女儿重新画一张;当女儿学了陶艺,第一次做出了一个花瓶时,父母觉得有些瑕疵,于是让女儿摔了重新做一个;当女儿做饭的时候,父母觉得味道不好,便要教女儿重新烹饪。但是做父母的要知道,每个孩子都希望得到他人,尤其是父母的喜爱和鼓励。父母的赏识和积极的评价会让你的女儿备受鼓舞,可以让她具有成就感并获得新的发展。所以,请每位父母欣赏、拥抱、赞美你的女儿吧!

第五章
女孩心中有许多悄悄话等着你倾听

周末的时候，小玫一家决定大扫除，小玫妈妈给大家分配好了各自要做的事情：小玫爸爸擦玻璃，小玫擦桌子，小玫妈妈收拾整理屋子。

一开始的时候，大家都热情高涨地做着自己的事情，小玫也在很认真地将桌子擦了一遍又一遍，她觉得桌子被她擦得很干净了，她一定可以得到妈妈的表扬。

于是小玫喊道："妈妈，你看我擦干净了，我还能做什么呢？"

小玫妈妈说道："我这就来，稍等。"

小玫妈妈带着一块白色的抹布过来了，她看了一下，然后又用白色抹布擦拭了起来。小玫问道："妈妈，这桌子我明明已经擦得很干净了，你为什么还要再擦一遍呢？"

小玫妈妈说道："哪里干净了？你看看，上面还有一些脏东西呢。"

小玫左看右看都没有看到什么脏东西，于是很生气地说："哪有脏东西？妈妈，你就是不相信我，你总觉得我做得不够好。"

小玫妈妈说道："哪有？"

小玫说："就是有，你自己追求完美就罢了，还让我也跟你一样，我的书包要放在固定的位置上，我的衣服一定要整整齐齐地挂在那里，我看书你还要求我每天看多长时间。"小玫停顿了一下又说道，"妈妈，你追求完美，但是不能要求我也一丝不苟，我喜欢随性一些，你这样我觉得一点都没意思，我很不开心，你知不知道？"

107

如果你爱你的女儿，就必须学会走进她的情感世界，就必须把自己当作她的朋友，感受她的喜怒哀乐；如果你爱你的女儿，就应该给她足够的空间，让她做自己喜欢做的事，让她可以悠闲地看蚂蚁搬家、研究彩虹是如何产生的，甚至发发呆……让她以自然的速度去探索她所好奇的世界。唯有这样才能让她的想象力无拘无束地发挥。作为一个负责任的家长，你应该尽你的所能，提供给女儿一个快乐的童年时光。每个人的童年都只有一次，如何让女孩拥有一个美好快乐的童年需要家长和孩子共同努力，希望所有的女孩能在幸福快乐的环境中健康成长！

第六章

培养学习优秀的女孩

如果把"聪慧可人""钟灵毓秀""睿智通达"这些美好的形容词用在女孩身上,我们看到的是一个足够优秀的女孩,其背后却是父母多年的培养。现在父母都很注重女孩的学习,因为女孩可以通过学习,让自己自尊、自爱、自立、自强,让自己变得更美好,而这是每一位父母最衷心的期盼。

1. 端正女孩的学习态度

很多家长可能常常看到这样的情景：放学回家，孩子把书包一扔，拿起手机就开始玩游戏，家长说什么都和没听见一样；或者好不容易拿起书本写作业，还没写两行就不耐烦了——他们对学习没兴趣，认为学习没意义，不知道为什么学习，这些都说明了孩子的学习态度存在问题。

小轻是一个二年级的小学生了。最近，小轻妈妈发现，小轻最近一回家，就抱着手机看游戏的动画。小轻妈妈一看，小轻都看了好几百集了，她想：整天沉迷动画游戏怎么可以，这肯定也影响学习啊。

于是小轻妈妈语重心长地与女儿说："小轻啊，你现在年龄还小，不能成天看动画游戏，你这样会影响学习的。"

小轻屁股一转，继续沉浸在游戏的画面当中，对妈妈的话语置若罔闻。这激怒了小轻妈妈，于是她生气地喊道："小轻，妈妈跟你说话了，你听到没？"小轻还是不理她。小轻妈妈继续拔高了声音喊道："小轻，小轻，我跟你说话，

第六章
培养学习优秀的女孩

你怎么不理我啊?"小轻这才"啊……"了一声,然后又继续看她的动画游戏了。

小轻妈妈觉得这样下去不行,于是她趁小轻睡着的时候,将游戏App给删除了,等到第二天小轻睡醒后,照例拿起妈妈的手机,想要找出游戏来看,却发现无论如何都找不到了,便哭了起来。

小轻妈妈走过去,将小轻抱了起来,她告诉小轻,游戏动画那个App企业被查封了,所以你看不到了。小轻半信半疑。小轻妈妈看到自己女儿的样子实在是无奈,于是带她去公园里放风筝去了。

等放完风筝在回家的路上,小轻妈妈与小轻说道:"小轻啊,你今天开心吗?"小轻说:"开心。"小轻妈妈接着说:"小轻啊,我们拉钩约定一下好不好?"小轻问:"什么啊?"小轻妈妈说:"你以后不要再继续玩手机了,你将时间用在学习上,你要是表现好的话,妈妈以后还带你去放风筝。"小轻想了想答好。

逐渐地,小轻在妈妈的陪伴下,逐渐地摆脱了对手机和电脑的依赖。

现在很多孩子,一到做作业的时候,总是拖拖拉拉、马马虎虎的。这时作为女孩的父母,你们要做好督促工作,让孩子在规定时间内认真地、工整地完成作业,最好是与孩子一起计划好时间,做好相应的规划。

小丹妈妈发现,小丹最近在写作业的时候,总是敷衍了事，态度上一点也不认真。有一次，小丹的班主任老师布置了家庭作业，所有学过的课文的生字都要写一遍。

一开始，小丹还认真地写了两行，但后来她抬头看到了窗外的燕子，说道："妈妈，你看燕子飞那么低，这肯定是要下雨了。"

小丹妈妈说："我知道，你认真写作业。"

于是小丹答应说好，可是没过五分钟，她便又坐不住了："妈妈，我要喝水。"

"妈妈，我要吃水果。"

"妈妈，你看我的手好累啊。"

"妈妈，我想……"

各种千奇百怪的理由从小丹嘴里说出来，但是就是没有一句话是和作业有关的。

妈妈很生气，说道："小丹，你再不认真写作业，我可要惩罚你了啊。"

小丹便继续写了起来，她写得很快，没一会儿，便将所有作业都写完了，妈妈拿过来一看，简直是惨不忍睹，于是生气地对她说道："你看看你写的这些字，都躺下了，横不是横，竖不是竖的，你能认识自己写的什么字啊？"

小丹辩驳道："认识啊！"小丹妈妈说道："你必须重新写！"小丹觉得妈妈说得有道理，便开始认真写作业。后来再写作业的时候，小丹的学习态度改进了许多。

孩子的学习态度关乎她以后的学习成绩，尤其是对低年级的孩子来说，拥有一个端正的学习态度，对他养成良好的学习习惯，进而提高学习成绩有着巨大的帮助。父母要做好表率作用,在孩子写作业的时候,不要玩手机;在孩子阅读的时候,也拿起一本书陪着他一起看。请记住,父母的一言一行都在影响着孩子的学习态度,所以请给他们积极的影响。

2. 跟女孩一起制订学习目标

漫漫学习路,如果没有制订学习目标,便会如同无头苍蝇一样到处乱飞。所以父母应该帮助孩子制订一个学习目标,制订一个详细的学习计划,让孩子根据计划来一步步完成目标。一个好的学习计划,既可以帮助孩子学习,又能让孩子有玩耍的时间,会让孩子爱上学习,主动学习。

这天晚上,小乐妈妈将小乐喊了过来,说:"小乐,我们来制订一个学习计划怎么样?"

小乐说道:"什么是学习计划?"

小乐妈妈说道:"学习计划就是你制订一个目标,然后这个目标要分成几个时间段来完成。"

小乐问:"可是,妈妈,我为什么要制订学习目标啊?"

小乐妈妈说:"你看你,有时候说不想写作业便不写了,结果等到第二天没有按时交给老师,这是不是很不好?

制订个学习计划,你便可以克服自己身上的随性,能按时完成作业了,是不是?"

小乐说道:"妈妈,你说得也有道理。可是这时间怎么分配啊?我每天还要上学呢。"

小乐妈妈说道:"这样,下午放学回家以后,一个小时用来写作业,半个小时用来预习明天上课的内容,二十分钟的时间用来温习一下今天所学的内容,你觉得这样安排合理吗?"

小乐想了想说道:"可以。那是不是其他时间我就可以安排一些自己喜欢的事情了?"

小乐妈妈说道:"可以,但前提是你得先完成你的学习计划。其他时间你来安排,但是看动画片的时间不能超过半小时。"

小乐想了想,又问道:"我如果按照这个计划做了,那我的目标是什么?"

小乐妈妈说道:"超越自我,在你现在分数的基础上先每一科都提高5分,到时候我们再根据实际情况随时调整,可以吗?"

小乐说可以,然后跟妈妈一起找了一张卡纸,将刚刚商量好的内容列在了卡纸上,并贴在了自己的床头,这样就可以随时提醒自己了。

父母有时用高标准、严要求督促孩子学习,忽略甚至破坏了孩子的学习感受;或者把学习成绩当成衡量孩子学习能力的唯一标准,其实无论是哪一种方法都无法从根本上帮助孩子形成良好的学习态

第六章
培养学习优秀的女孩

度,而且这样还会导致孩子失去学习的兴趣,如果学习对他而言是一件痛苦的事情,那你怎么可能期待他学好呢?

  小珍的英语成绩有些不好,每次都是刚刚及格,小珍妈妈十分着急,为了帮忙小珍提高英语成绩她想了很多办法,但是都没有什么效果。

  最近,在小珍老师的建议下,小珍妈妈帮助女儿制订了一份学习计划。小珍妈妈告诉小珍:"女儿,这是妈妈给你制订的英语学习计划,你看一看。"

  小珍接过来一看:每天五点半起,朗读英语一个小时,晚上要完成当天老师布置的作业,还要进行复习和预习;另外,还要花一个小时学习新概念英语。小珍妈妈告诉她,一定要按照计划学习,希望她期末的时候能够考98分以上。

  小珍这一段时间按妈妈的计划拼命地学习,即使她用了全力,最后期末也只是刚刚满80分,小珍妈妈看到女儿的成绩后很生气,觉得自己的女儿一定是没有认真,其间肯定偷懒了,于是训斥了几句。

  小珍说道:"我哪里有偷懒?妈妈你没看到我每天多么辛苦吗?我连睡觉的时间都用来学英语了,你还要怎样?"

  小珍妈妈说道:"那你没有达到预计的成绩,就是你不对。"

  小珍说:"妈妈,你不讲理,现在这样的结果难道不是你将目标定得太高了的缘故吗?难道你就没有看到我的分数已经有进步了吗?"

  小珍的话令小珍妈妈陷入了深思。

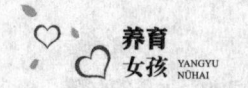

父母在帮助孩子制订学习目标的时候，一定要兼顾孩子的实际学习情况，不要制订一个他们达不到的目标，这样会打消他们学习的积极性。另外，每个孩子都是不一样的，他们各自的理想也不一样的，父母要根据各自孩子的特点，合理地为孩子制订学习目标。

3. 尽量帮女孩把知识具象化

学习是一个从不会到会的过程，在这个过程中，孩子可能会对一些知识难以理解，这时就需要父母帮助孩子将这些知识具象化，孩子拥有了具象思维，才不会觉得知识那么枯燥，才会将复杂的知识变得简单，才会让知识变得立体起来，从而理解和掌握知识。

小妍马上就要上小学了，最近小妍妈妈在教小妍一些简单的数学计算，但是小妍在学习过程中却有些不太顺利。

小妍妈妈一遍遍地向她解释 7 + 5 等于几，但小妍就是难以理解，这时小妍的爸爸说道："孩子还小，这个在你看来十分简单的算式，到了孩子那里就十分复杂了。还是我来教她吧。"

然后小妍爸爸转身对小妍说道："小妍，来，跟爸爸去阳台看看。"父女俩来到了阳台上，小妍爸爸说："小妍，爸爸知道你现在还难以理解，不知道怎么运算。"他从阳

第六章
培养学习优秀的女孩

台的箱子里取出了一盒积木，然后对小妍说道："孩子，你看这是7块积木，再加上5块积木，你数一数一共是多少积木了？"

小妍数了起来："1，2，3……"然后说道，"爸爸，一共是12块积木，我知道了，7＋5＝12是不是？"

小妍爸爸看着女儿兴奋地诉说着自己的发现，很开心，于是对小妍说道："没错，小妍，你看，数学题是不是很简单？你可以将它们想想成积木，或者是花朵、石头子儿，让你的思维变得具体起来，这是不是更加方便你理解和运算了？"

小妍想了想说道："是的，我明白了。"接下来的时间，小妍不厌其烦地又算了一遍又一遍。

小妍爸爸对小妍妈妈说："小妍这个年纪还理解不了那么抽象的知识，你得帮助她将知识具象化，这样她便容易理解了。"

女孩在刚刚接触世界的时候，对外面的世界充满着兴趣，她便通过眼睛去看，耳朵去听，手去触摸，心去感受，这一时期是孩子的具象化阶段。父母可以准备一些教具，如积木、七巧板，或者是就地取材的水果、蔬菜、小鸟等，来帮助孩子学习。

小溪最近在一本阅读书上读到了倍数，对于谁是谁的几倍，小溪很不理解，于是去问妈妈。

妈妈告诉她："你看，书上说这棵大树是这棵小树的两倍高。你想想，就用我们院子里种的那株海棠树和今年刚移栽过来的杏树来说，你看一看，那株杏树是不是只有

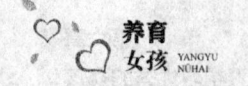

海棠树的一半那么高?"

小溪看了看,的确是那样,于是说道:"妈妈,你说得对。"之后小溪触类旁通,对于倍数有了自己的理解。妈妈又告诉她:"等你以后再遇到类似的问题,便可以将它们想象成实物,这样脑海中有了具体的形象,便容易理解了。"

后来有一次,小溪在读一篇关于动物迁徙的故事,一开始她读得云里雾里的,怎么也理解不了迁徙的距离,于是便去问妈妈:"妈妈,我不能理解这迁徙的路程究竟是怎么走的。你看这幅图是不是像迷宫一样?我总也找不到出路。"

小溪妈妈听她这么说,看了看图,然后:"来,我们找几支彩笔。你看,它们最初走的是这条路,"妈妈一边说一边用红色的彩笔画了一道,"之后走的是这边,"妈妈又用绿色彩笔画了下,"最后它们又转了个弯,走的是这边。"妈妈又用黄色彩笔画了出来,然后对小溪说道,"你看,这样是不是清晰多了?"

小溪看了一下,说道:"是的,妈妈。"

父母要尽量帮孩子把知识具象化,因为具象化是一种很科学的学习方式,孩子可以通过感受世间万物,去感知周围的一切。孩子通过身边一些熟悉的事物,在大脑中形成一个直观具体的形象,这样有助于提高孩子的学习兴趣,让他们轻松掌握所学知识,并且还能够触类旁通、举一反三。

4. 为女孩营造良好的学习环境

父母要知道,一个好的学习环境可以让孩子的学习成绩事半功倍。正是因为这样的原因,自古以来,父母都很重视孩子的学习环境,这其中最著名的故事要数孟母三迁了:孟子的母亲为了孟子有一个好的学习环境,不惜三次搬家,可见良好的学习环境对孩子学习的重要性。

这一天,小青爸爸对小青妈妈说:"你看,小青马上就要上小学了,我们应该给孩子布置一个学习的房间了。"

小青妈妈说:"在她屋子里摆上一张书桌便好了。"

小青爸爸说:"将书桌摆在卧室,这样不利于学习。"他想了想说道,"我们还是将她旁边那个小房间腾出来做她学习的地方吧。"

小青妈妈说:"也行。趁今天休息,我们便去收拾一下,然后添置一些东西吧!"

小青爸爸说:"好。"

小青父母经过一番劳动,终于将那个小房间收拾了出来。小青爸爸说:"你看,这个房间光线好,还通风,很适合做书房。到时候我们将墙壁刷成海洋的蓝色，这个颜色容易让人镇静下来；然后我们靠这面墙摆上一个书架，书架上要放满了书；书架的旁边，还要放一个藤椅，方便看书；接着在这边，我们放上适合的桌椅；最后在窗台上养上几盆绿植。"小青妈妈说道："嗯，你的设想很好。"

小青爸爸说道："既然你也觉得这个点子不错，那我们便尽快布置好吧！"说完，两人相视一笑。

几天以后，小青的书房布置好了，小青父母将小青带进了书房。小青一进去，很兴奋地说道："哇，这里可真好啊，这是专门为我布置的吗？"小青一边说一边坐在了书桌旁的椅子上，她实在是太喜欢这里了。

小青的爸爸妈妈对她说："我们为你创造了如此良好的学习环境，是希望你可以好好学习的。"小青说道："好的，我知道了。"

一个良好的学习环境，不仅包括安静的空间、充足的光线、各种的书籍、学习用品等，还包括一个良好的家庭氛围，这样才能培养出一个学习优秀的孩子。所以，父母要从各方面为女儿创造一个良好的学习环境，让她可以心无旁骛地学习。

小芹最近的成绩一塌糊涂，父母将原因归结为小芹不努力。小芹很生气地说："我学习成绩不好，怎么能够只怪我呢？难道你们没有责任吗？"

小芹父母说："我们有什么责任？学习好不好当然是看你自己了，我们还能代替你去考试不成？"

第六章
培养学习优秀的女孩

小芹说道:"我每天放学回来,你们要么在吵啊吵,要么就是看电视或是看手机,你们这样我怎么学习啊?"

小芹父母说:"怎么就不能学习了?人家楼下王阿姨家还天天玩麻将呢,也没见人家孩子学习不好怨父母啊!"

小芹说:"难道你们这样不影响我们的学习吗?你知道我们班考第一名的小华吧!她为什么成绩好?那是因为人家父母为她创造了学习的环境,很安静,很适合学习。她在家的时候,她的父母从来不开电视,也不看手机,而是拿着书在那里认真地看。这你们能做到吗?"

小芹妈妈说道:"小芹,你看,我们也有自己的事情,我们不能跟着你一起看书啊!"

小芹说道:"为什么别人的父母可以做到,你们就做不到呢?难道家里不该有一个良好的学习环境吗?"

小芹父母相互瞪了一眼,不由得反思起自己的行为来。

父母们,请在孩子的成长阶段,为他们创造一个良好的学习环境,这对他们来说是一件十分重要的事情。父母要明白"近朱者赤近墨者黑"的道理,我们是孩子的好榜样,我们希望孩子好好学习,就要在孩子面前表现出自己也学习的样子,希望孩子成什么样,我们自己就需要先成为什么样。

5. 让女孩打牢知识基础

学习如同攀登高峰，每一步都得走踏实了，否则就有坠落的危险。所以，孩子在漫漫求学生涯中，有一个牢固的学习基础，便会有一个不错的成绩，如果再加上后天的努力，那么成绩自然会优秀起来。打牢知识基础真的是一件十分重要的事情，需要每一位父母重视起来。

期中考试刚过，小糖的成绩有些不太理想，她将卷子拿过来让妈妈签字。妈妈先拿了数学卷子看，发现整张卷子后面的大题都对了，只是一些很简单的除法运算，像18除以6啊，5乘以7啊之类的题目扣掉了6分；然后又拿了语文卷子看，发现后面的看图写话和阅读理解都对了，扣分的题目是一些错别字和拼音。妈妈想，这是基础知识不扎实啊。

小糖妈妈不知道该怎么说好，于是便说道："小糖，你看看你的卷子，你这是基础知识不扎实啊。"

小糖不好意思地说："妈妈，我就是拼音和乘法口诀有的不太会。"

第六章
培养学习优秀的女孩

小糖妈妈说道："那就从今天开始，每天睡觉前背诵一遍乘法口诀；另外我会随时听写你的拼音和汉字。我们一起努力一下，将你的基础知识打扎实了，不然以后课程多了，你更顾不过来了。"

小糖说道："好的，妈妈。"

此后的几个月中，小糖妈妈定时抽查她的乘法口诀，也会每天雷打不动地进行听写，其间还会让小糖做一些试卷，虽然小糖总是抱怨妈妈把她的时间安排得太紧了，但她还是按照妈妈的要求去做了。等到期末的时候，小糖考了年级前几名，相对于期中时的成绩的确是提高了不少，她知道妈妈当初说她基础掌握不牢固是完全正确的。

从此以后，小糖再也不偷懒了，她明白了基础知识的重要性，每天都会夯实基础知识，然后巩固基础知识，最后在基础知识的基础上进行拓展。

基础知识就像是高楼大厦的基石，也像是参天大树的树根，只有它牢固了，大厦和大树才可以屹立不倒。打牢基础知识，尤其是对于小学阶段的孩子来说，是格外重要的一件事情。小学基础知识扎实了，初中和高中阶段的知识才更容易掌握，也更容易触类旁通，可以为将来学习更专业的知识做好铺垫。

小静妈妈从手机上看到一则新闻，说是以后语文考试要进入大语文时代，也就是提高了对阅读的要求。小静妈妈一下子变得紧迫起来，现在女儿已经上小学二年级了，我国的汉语言文学真的是浩如烟海，有优美的诗词、复杂的文言文，还有文学鉴赏之类的，如此多的内容，孩子究竟应该怎样打牢基础知识呢？

之后，小静妈妈去咨询了小静的语文老师："老师，我最近从网上看到一些消息，说是以后的语文考试不只是考课本上的知识，这是真的吗？"

小静老师说道："没错，语文考试进入大语文时代，这是趋势。"

小静妈妈问道："那我们现在该怎样给孩子打好语文基础呢？老师您有什么好的建议吗？"

小静老师说道："语文重在平时积累，孩子们在学好课本知识的同时，还要在平时加强对一些名著之类的课外书的阅读，背诵一些经典的古诗词，这对孩子积累基础知识十分重要，也会对他们在阅读和作文上有所助益。"

小静妈妈说道："老师，你说得有道理，我会按照你的建议帮助孩子打牢基础知识。"

小静老师说："嗯，打牢孩子基础知识，需要学校和家长的共同努力。"

让孩子打牢知识基础，这是每一位父母都应当重点关注的问题。当孩子在打牢知识基础的时候，父母要为孩子提供一些有效的帮助，帮助他们养成良好的学习习惯，相信孩子的学习成绩一定会有所提高，一定会为他们将来的学习提供帮助。父母要相信，一分耕耘一分收获，打牢孩子的知识基础，请从现在开始吧。

6. 让女孩学会自我思考

古人说"吾日三省吾身",意思是教育我们要每天进行思考,反省自身的对错。可见,思考在人的一生当中十分重要,那么父母就要让孩子学会自我思考。现在,父母都将孩子当成心头宝,一旦孩子稍微遇到些什么问题,父母便会出面帮助她解决,这固然是父母爱孩子的一种表现,但是却让孩子缩在了父母的羽翼下,难以有机会自己去解决问题。所以,父母要转变思想,让孩子学会思考,让孩子自己去面对问题。

小玥是父母的小女儿,从小娇养着长大,无论她遇到什么问题,父母都不舍得她难过,细心地帮她全部解决了。

小玥十岁那年,发生了一件事情:小玥被父母转去城里的学校读书。小玥到了那里以后,发现那里的作业不多,不像是她原来所在学校那样,每天有很多作业,对此,小玥很高兴。但是有一个读书笔记的作业,老师要求每天都要交上去。

一开始,小玥父母以为这个作业就像是写读后感之类的作业,通常是写一写故事梗概,然后再加上几句感受。

但老师每次都是不通过,批语写着"我要你的观点""你的想法是什么""你的感受是什么"之类。

小玥父母不解,来到了老师这里,问道:"老师,你每次批改作业都说什么感受之类的,但是小玥在语法中的其他错误您没有指出来,这是为什么?"

小玥老师说:"语法的错误都是些小问题,将来随着阅读量的提升,自然会减少;但是,孩子应该懂得思考,这样才会有自己的观点。"

小玥妈妈这才明白,原来思考是一件十分重要的事情,可是大多时候都被家长忽略掉了,这不利于孩子的成长。

父母应当教会孩子思考,只有他们学会了思考,才能在面对困境的时候,运用自己的智慧让自己脱困;只有学会了思考,才能够让他们从父母搭建的温室里走出来;只有学会了思考,才能够让他们有独立思考和解决问题的能力。

小可的舅舅送给她一套芭比娃娃,小可很开心,拿着娃娃就去找小伙伴玩了。可是,还没玩多久,便有一阵儿闹哄哄的声音传来,小可妈妈连忙赶了过去。

小可妈妈到现场一看,发现是孩子们起了争执,但是她想要引导小可学会思考,于是询问道:"小可,你能告诉妈妈这里发生了什么吗?"

小可说道:"小丽一直玩我的芭比娃娃,我跟她要的时候,她也不还我。"

小可妈妈问道:"那么你为什么不让她玩了。"

小可说:"因为她已经玩很久了,轮到我来玩了。"

小可妈妈又问:"所以你就将你的芭比娃娃给抢回来了?"

小可答道:"没错。"

小可妈妈说:"那你来想一想,如果是小丽来抢你正在玩的玩具,你会开心吗?"

小可想了想说道:"不会吧!"

小可妈妈继续引导道:"那推己及人,你觉得你这样做对吗?"

小可说:"我好像是不太对。"

小可妈妈说道:"那你仔细思考一下,这件事该怎么解决才好呢?"

小可想了想,然后开口说道:"我要么与她提前约定好时间,每人玩5分钟就换下一个人玩;要么我们一起玩。妈妈,你觉得我这样做对不对?"

小可妈妈说道:"嗯,你想得很对。以后你在做一件事情之前,一定要先想一想你这样做的后果,以及你想要达成怎样的结果,好不好?"

小可答应了。

孩子在成长过程中,难免会遇到很多大大小小的问题,这时父母因为心疼孩子,总是大包大揽地想为他们解决所有问题,想要他们一生顺遂。但是父母总有力不从心的一天,难以陪伴他一辈子,如果父母爱孩子,便要教会他自己去思考,去解决问题。所以,父母们,请给孩子空间,让孩子有成长的机会,锻炼他们独立思考和解决问题的能力,让他们成长为最好的自己。

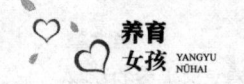

7. 改掉女孩粗心的毛病

我们总会听父母抱怨说："我家孩子真是太粗心了，那么简单的题目还出错。""你怎么这么粗心啊？""你这粗心的毛病什么时候才能够改改？"这类言语常常在我们耳边响起，可见，粗心是一个让父母头疼的毛病。当孩子因为粗心而丢掉分数时，父母更是十分懊恼。

小兰妈妈和小云妈妈就这次期末的考试成绩讨论了起来。小兰妈妈说："我们家孩子这次数学考了99分，因为粗心，有一个计算题忘记写了，真是气死我了。"小云妈妈也说道："我们家孩子也是因为粗心，将一道口算题给算错了，考了98分，你说这两分该不该丢啊。就是最简单的4乘以8，居然算错了。"

小兰妈妈说道："唉，你别说，这粗心真是一个不好的毛病啊，你说她们为什么就这么粗心呢？"

小云妈妈说道："我以前看过一个育儿专家讲座，她说孩子之所以粗心，或是因为基本概念模糊造成的，或是因为

第六章
培养学习优秀的女孩

基础知识不扎实造成的,又或者是因为养成了粗心的习惯。"

小兰妈妈说道:"是吗?我以前没有仔细想过这个问题,现在想想,还真是这么一回事。看我们家孩子这张试卷,她就是习惯性地写7却像是1。"

小云妈妈说道:"嗯,的确是这样。你看我们家孩子,她就是对概念掌握不牢靠,你看看,是不是这样?"

小兰妈妈接过小云妈妈手里的试卷,一看,果然如此,于是说道:"我看,我们得想想办法了,这粗心可不是个小毛病,如果一直让她们这样下去,肯定不利于她们的学习。"

小云妈妈说道:"嗯,的确,趁着她们现在还小,我们还有可以纠正的机会,否则将来悔之晚矣。"

之后,两位妈妈又一起商量了一些改正粗心的方法,认真地投入到了改掉孩子粗心的毛病这件事情当中。

父母一定要帮助孩子改掉粗心的坏毛病。每个孩子粗心的原因都不一样,父母要根据各自孩子的特点,有的放矢地帮助他们纠正各自的毛病。粗心是学习路上的一块拦路石,父母要帮助孩子搬掉才行,毕竟只有改掉了孩子身上粗心的毛病,他们才能够取得优异的成绩。

今天是小果考试的日子,早上的时候小果妈妈叮嘱了一遍又一遍:

"小果,你今天考试的时候一定要仔细读题,特别是题目比较长的,更好仔细且认真地读题。还有,在读题的同时,你要将其中的重要信息在演算纸上记录一下,不要题读到一半,就不看后面的条件而匆忙答题。这是做题时

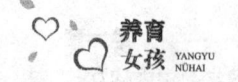

的大忌，你知道吗？"

"小果，你在演算纸上演算的时候，也不要写得乱七八糟，那样很容易让你看错或者弄错数据，你在演算纸上的字也一定要工工整整的才可以。你可一定要记住啊。"

"小果，你在正式答题的时候一定要专心做题，不要看别人怎么做，也不要管监考老师如何，你只要集中精神专心做题就好了。你明白吗？"

"小果，还有一件事情，你做完整张卷子之后，一定要重新检查一遍，这样可以检查出你算错的题目。你记住了，检查是一件很重要的事情。"

……

小果说："妈妈，你都说一大堆了，我知道了。我一定会按照你说的做，也一定会改掉粗心的坏毛病的。"

妈妈说："我这是为了谁啊，还不是为了你，你还嫌我啰唆了？"

小果说："没有没有，你就安心吧，我一定按照你说的做，认真审题，仔细答题，好好检查。"

粗心是一种很不好的习惯，希望父母重视这个问题，在孩子刚刚冒出这个苗头的时候，努力帮助他们改正。平日里，父母对孩子的学习必须监控，特别是学习之初。例如，在孩子完成作业后，一定要让他们自己进行复查，孩子自己发现错误了，才能加深记忆。相信经过父母和孩子的共同努力，坚持一段时间，粗心这个毛病是可以改掉的。另外，对知识掌握不牢固，也是造成粗心的重要原因，这就要求孩子在平时的学习中要脚踏实地，将知识学牢固、学扎实。

第七章

让女孩制订自己的人生规划

女孩的到来,让父母充满了喜悦,从此,父母的心里眼里都是孩子,他们总是想要替女孩计划好一切,让女孩按照他们希望的路线走,他们美其名曰都是为了孩子好。但是孩子是一个独立的个体,她有自己的意识,有自己喜欢的事情,有自己的目标,她想要成为自己想要成为的人,所以,亲爱的父母们,请让女孩制订自己的人生规划。

1. 女孩要知道自己喜欢做什么

女孩出生后,父母总是想要为她安排好一切,于是便打着为她好的旗号,安排她的食宿,安排她的学校,安排她的专业,甚至安排她的工作和婚姻,大多女孩长成了大众期望的样子,温柔贤良,整日围着自己的小家庭转悠,最终归于平庸。

小芳一出生便收获了家人的一致喜爱,父母更是将她捧在手心里,给她提供最好的生活条件,帮助她解决生活中的所有问题。可以说,小芳不用做什么,父母就给她安排好了一切。

终于,小芳高考完,到了要填志愿的时候了。这一天,小芳将填报志愿的单子拿回来,告诉父母,她将来要做一个出色的服装设计师,所以她要填报首都的设计学院。

小芳的父母一听她这样说,便急了:"小芳,我们不同意你报考什么设计学院,你应该去学法律。你看,你爷爷是有名的律师,你姑姑是有名的法官,你爸爸也是一名出色的律师,妈妈我也是一名律师,所以我们希望你也去学法律。"

小芳反驳道:"可是我不喜欢法律,我喜欢做设计,想要设计出漂亮的衣服来,我想让每个人都喜欢我设计出

第七章
让女孩制订自己的人生规划

来的衣服。"

小芳妈妈说:"你做什么衣服?我们家就你一个独生女,我们家相当于是律师世家了,你要是去做了别的,那像样吗?"

小芳说:"可是我不喜欢啊!"

这时小芳爸爸说道:"你的喜好并不重要,我当年还喜欢弹钢琴呢,但那不能当作是一个事业,只能作为一个爱好罢了。"最终,小芳爸爸一锤定音,帮她选择了法律专业。

小芳无奈之下接受了,按照父母期望的样子,也成了一个著名的律师,为他们家的荣誉再添光彩,但是她心底的梦想再也没有实现的可能了。

女孩的一生可以明媚,可以绚烂,可以平静,可以轰轰烈烈,就是不应该是一潭死水。女孩一定要知道自己喜欢做什么,即使前路坎坷,也要一路披荆斩棘,想方设法达成所愿。

小亭从小喜欢画画,因为画画可以让她天马行空,可以让她变得平静从容,她长大了想要做一个画家,这是她儿时的理想,多年来一直没有变过。

高一马上就要放假了,老师来到教室对同学们说:"同学们,我们下学期就要分班了,有文科班、理科班和艺术班,你们回去与家长商量一下,看看自己打算上什么班。"

小亭想:我那么喜欢画画,我肯定是要去艺术班的。回家以后,她便对父母说:"老师说下学期我们要分班了,我喜欢画画,我要上艺术班。"

小亭父母听了却说:"小亭,我们觉得上艺术班影响高考分数,我们还是希望你上重点大学的。如果你学了艺术,

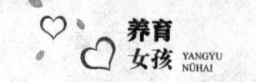

那你所学的专业也就有了限制。"

小亭说道："我不觉得啊,我觉得我就是为了艺术而生的,我这一生都要画画,我也没打算去学别的。"

小亭妈妈说："你要画画,我们不反对,你可以将它当作生活的调剂,当成一种兴趣,但是你不能以此来谋生啊!"

小亭问："为什么不可以?"

小亭妈妈说道："孩子,你得看现实情况啊!你看那些在酒吧唱歌的、天桥底下卖艺的,难道他们没有一个艺术梦吗?可是最后有几个人可以闯出名堂来的?"

小亭爸爸也附和道："的确,人还是要脚踏实地。"

小亭说："可是我就是喜欢画画啊,那是我的梦想,如果我还没开始便放弃了,那是你们所希望看到的吗?"

小亭的话让父母陷入了深思,他们觉得女儿的话也很有道理,于是他们同意了小亭上艺术班。

女孩,请你一定要做自己喜欢的事情,因为光阴如梭,时光短暂,人总要让自己活得自在些;女孩,请你不要因为一时的困难,便放弃自己喜欢做的事情,请你鼓起勇气,找准目标,努力前行,相信等你得偿所愿时,回过头来时,一定会为当时的自己喝彩。

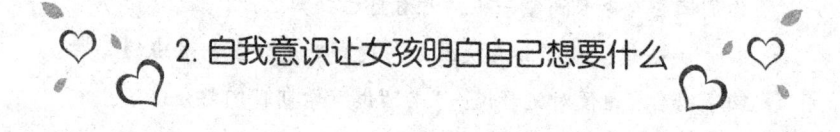

2. 自我意识让女孩明白自己想要什么

提起自我意识,大家也许会觉得云里雾里,搞不清楚这究竟是

第七章
让女孩制订自己的人生规划

什么，但是只要父母仔细观察，很快便会发现：孩子幼时便已经有了自我意识，她想要玩滑梯便一定要玩到，她想要吃汉堡包便一定要吃到，她想要穿裙子便一定要穿到，这时候她不接受反驳的意见，她一定要以自我为中心，这就是孩子的自我意识。

> 小凉小时候，妈妈帮她决定穿什么衣服，妈妈决定她吃什么，妈妈决定她上哪个幼儿园，妈妈决定她可以跟哪个小朋友玩耍，反正所有的事情都是妈妈决定的，她在妈妈和外人的眼中是一个乖乖女。
>
> 小凉5岁那年，妈妈出差了，爸爸带着她参加朋友的生日会。一到了那里，爸爸就忙着与人寒暄去了，让小凉去与小朋友玩。
>
> 过了一会儿，小凉爸爸过来寻找小凉，当他到的时候，看到一堆小朋友在玩游戏，其中一个小朋友对自己女儿说："小凉，我现在射箭，你一会儿帮我拿回来啊！"
>
> 小凉说："好的。"
>
> 那个小朋友射击了一次又一次，小凉帮他捡了一次又一次。等到下个小朋友射击的时候，他还是让自己女儿捡箭，而女儿也没有反抗。直到游戏结束，他的女儿也没有玩过射击。
>
> 他走向了女儿，问道："小凉，你怎么不去玩射击啊？我看你尽在那里帮忙捡箭了。"
>
> 小凉说道："他们说我还小，我不能玩，我只能帮忙捡箭。"
>
> 小凉爸爸又问："那小凉想玩吗？"
>
> 小凉说道："想。"
>
> 小凉爸爸鼓励道："你想玩就去玩啊！"

小凉还有些犹豫,说道:"可是他们说……"

小凉爸爸说道:"小凉,你不要去管别人的意见,只要你想,那就去做……"

之后小凉爸爸想:我得回去跟她妈妈说说,这孩子可不能像以前那样养了,得试着鼓励她自己去做决定,让她有自己的主见。

女孩的自我意识与生活的环境有关系,所以女孩出生后,父母不要过度保护,从而遏制了她成长的空间;父母应当帮助自己的女儿激发她的自我意识,让她明白自己想要什么,唯有如此,女孩才不会被别人左右自己的行为,也唯有如此,女孩才能成长为有主见的女孩。

小花是一个刚刚三年级的小女孩,漂亮文静,活泼可爱,虽说只有10岁,却已经长得亭亭玉立,爸爸妈妈希望小花长大以后可以成为一名舞蹈家,所以在她很小的时候便给她安排了各种各样的跳舞班,小花一直以来都学得特别认真,特别用心,虽然此时此刻的她并不知道什么是舞蹈家,但是她清楚并且深刻地记住了只要用心练习,用心表演,长大以后的自己就会成为爸爸妈妈期待的那样,小花也一直以为这也是她想要的未来,没有想到暑假去姥姥家的一次经历改变了小花的想法。

姥姥家在一个美丽的小山村,那里远离都市的喧嚣,无处不在的树木和花草让人忍不住惊叹大自然的神奇,在一大片碧绿的森林中还隐藏着飞流直下三千尺的瀑布,站在不远处就能听出"飞流而下"的感觉,让人有无限的遐想,还有大片大片的草地,草地上有很多叫得出、叫不出名字

第七章
让女孩制订自己的人生规划

的花花草草和各种虫鸟，那里的人们淳朴善良，热情洋溢，虽然小花每年寒暑家都会来姥姥家小住一段时间，可是这一年的暑假，对于小花来说印象好像格外不一样，以至于改变了小花的人生追求。

一个美丽的清晨，小花听着格外动听的声音醒来了，窗外一只特别漂亮的小鸟冲着屋里轻轻地唱着，伴着鸟儿动听的歌声醒来的小花被眼前这只可爱的小鸟迷住了，忍不住起来和小鸟玩耍了起来……

不知不觉中，时间过了好几个小时，如果不是姥姥姥爷过来喊小花上山采蘑菇，小花还会和小鸟继续玩耍，和小鸟依依不舍地说再见之后，小花高高兴兴地和姥姥姥爷上山了，一会儿发现了从来没有看见过的花朵，一会儿碰见了叫不上名字的昆虫，一会儿又发现了新奇的风景，大自然的神奇和美丽深深地震撼了这个只有10岁的小女孩，她太喜欢山山水水了，她太喜欢这些小动物和花草了，她太喜欢这片风景了，还有采蘑菇也是那样有趣……就这样在姥姥家度过了暑假，不知不觉中就要和爸爸妈妈回城里了，依依不舍地离开了这个她格外喜欢的地方，并且和姥姥姥爷约定，只要有假期就过来玩耍。

回去的路上，小花不停地和爸爸妈妈讲述暑假在姥姥家看到的一切，爸爸妈妈从小花的描述中也看到了很美的风景，让他们备感意外的是小花坚定有力地说："爸爸妈妈，以前你们让我学习舞蹈，让我长大以后成为舞蹈家，我一直以来都跳得很好，我以为那也是我的理想，可现在我才知道，我长大以后要做一位科学家，研究植物和动物，因为我发现原来是那么神奇，请你们支持并且相信我。"

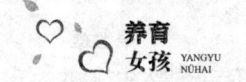

爸爸妈妈面面相觑，相视一笑："只要是你喜欢的就努力去实现，需要爸爸妈妈帮助的时候告诉我们，我们全力以赴帮助你。"

从那一天起，小花学习更认真了，还让爸爸妈妈买了很多关于动物植物的书籍，也会去植物园动物园观察，一步一步地在为自己的梦想努力着，实现着……

根据相关统计，从两岁开始，儿童有了自我意识，并开始有了强烈的自我主张。这时，孩子接触最多的就是自己的父母，父母的行为态度直接影响着孩子，所以父母要注意自己的言谈举止，呵护孩子自我意识的增长。因为自我意识让孩子明白自己想要什么，让孩子知道该怎么去为了目标而努力。

3. 人生规划要实际、可行、步步为营

每一个人都有自己的人生理想，都有自己想要到达的远方，有的人梦想成为救死扶伤的医生，有的人梦想成为保家卫国的军人，有的人梦想成为教书育人的人民教师，有的人梦想成为科学家、工程师……无论是医生、军人、教师、科学家还是工程师，有了目标之后，还需要制订可行的人生规划，这样才能很好地实现梦想。

佳佳今年刚上初中，能上现在的初中还是因为爸爸妈

第七章
让女孩制订自己的人生规划

妈的努力，自己以最低的录取分择校上的。作为择校生，佳佳总是有着低人一等的自卑。新生开学的时候，校长的第一句话："首先，祝贺同学们以优异的成绩考入咱们的学校。"听着这话的佳佳觉得特别难过和伤心，总觉得校长的这句话有意无意地将自己排除在外了，也就是在那时，佳佳便偷偷下决心决定努力奋斗，向别人证明自己的存在，也向自己证明自己。因为，佳佳希望自己的人生有个新的开始。

初中的第一个月对佳佳来说格外难熬，既要熟悉陌生的环境，又要抓紧时间把学习成绩提升上来。

佳佳认真分析了一下自己的情况，给自己列出一个清晰的计划：利用半个学期的时间改变错误的方法，把基础夯实，然后利用半个学期的时间追上来。同时，佳佳也制订了实际可行的方法。

首先，不要灰心，不要丧失信心，保持一种坚持不放弃的刻苦钻研的精神。

其次，调整自己错误的方法，之前总是学到很晚，不注重上课的时间，也不注重课前预习和课后复习，结果导致成绩不尽如人意。

最后，找老师和其他同学请教。

经过一段时间的调整，学习有了很明显的进步，在一次次的进步中，有了更多的欣喜和自信，也更加愿意展示自己，她的学习和生活有了更多的色彩，佳佳也给自己制订了下一个阶段的目标：考一个好的高中，在自己喜欢的画画上再有个新的进步。佳佳也给自己制订了切实可行的计划，一步步地向着自己更高的目标努力着……

女孩的人生应该是绚丽美好的，应该是精彩绽放的，这离不开清晰的人生目标和切实可行的规划，有了明确的目标，便如同有了前进的灯塔指引；有了可行的计划，便能一步步靠近自己的目标，直到实现目标，加油，每一个如花绽放的女孩。

小霞是家里的小女儿，从小便是被父母宠着长大，她的家庭是教育世家，所以她想：她将来也是要做一名老师。

小霞想来想去，她觉得她要做一名英语老师，于是她从初中开始便在这方面努力。她花在英语学习上的时间一直比较长，每天早上，她会在学校的小花园里背英语单词、背课文，等晚上的时候，她还会花上一小时时间听听力。功夫不负有心人，她在高中时的英语成绩一直遥遥领先其他同学。

等到高考完成，小霞选了一个英语大学的英语专业，她成为了一名英语专业的学生。她在校期间，同样保持着从前学习英语的习惯。另外，她还参加了英语角等一些校园活动，与外教面对面练习口语，同时她还报名参加了学校的广播站做英语播报员。大学的英语学习丰富了小霞的视野，她在英语学习上更加得心应手了。在大学期间，她考过了英语四六级考试，而且经过努力，还考过了英语专业八级考试。

等到了毕业季，小霞的其他同学有的去了外企，有的去了政府机构，有的自己开了培训班，但是小霞参加了国家"三支一扶"考试，如愿成为了一名乡村教师，她要教

第七章
让女孩制订自己的人生规划

授那里的孩子学英语，让他们也有从小接触英语的机会。

女孩们，你们应当知道自己的目标是什么，这样你们就可以心无旁骛地前进，哪怕路上其他风景再好，你也不可以脱离了原先的道路，拐到了一条看似花团锦簇却虚无缥缈的道路。女孩们，请你一定要自信、坚强，同时对自己的人生负责，坚定不移地朝着让生活美好和有意义的方向努力。

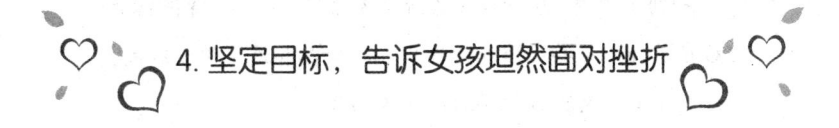

4. 坚定目标，告诉女孩坦然面对挫折

女孩们，你们一定听过一句俗语："天有不测风云，人有旦夕祸福。"这是说人的一生不可能总是一帆风顺的，总会遇到各种各样的不如意，或是学业上的困难，或是爱情上的挫折，或是婚姻出了状况，或是事业遇到瓶颈，这时你们是就此沮丧，一蹶不振下去呢？还是坦然面对这些人生中的小风雨呢？

小诗今年考上了外省的大学，她很兴奋，去学校报到时她不让父母相送，自己带着行李箱，怀揣着激动的心情独自踏上了前往学校的列车。

小诗一下火车便看到了学校的横幅"欢迎新同学"，周围是一些穿着校服的学长学姐，她正在打算上前的时候，一位有着儒雅笑容的学长走了过来，说道："这位同学，你是我们学校的新生吗?"

小诗正要说话,只听这位学长又继续说道:"你看,这是我的学生证,我是我们学校学生会的主席,我是你的学长哦。"

小诗还有些局促,那位学长已经接过了她手里的行李箱,带着她往学校租的旅游大巴那儿走去。小诗找了个座位坐好,等这车坐满了后,那位学长便跟着车带着他们这些新生去了学校,其间这位学长担任起了导游的职责,帮助他们介绍车路过的景点。

等到了学校,这位学长又帮她安排了一番,小诗很感激。之后在学校的一些社团和比赛中,小诗都和这位学长有过接触,终于有一天,这位学长跟她表白了。

他们在大学里度过了甜蜜的两年时光,这一年,那位学长毕业了,然后回到了他的家乡,后来那位学长就换了手机,忽然就不与小诗联系了。小诗十分不理解,为什么会有这样的事情发生?她找到了那位学长的家,没想到正赶上他与另一个女孩的婚礼。她伤心,她质问,但是他告诉她,那个女孩可以在事业上给他提供帮助。

小诗失恋了,但她一直走不出来,整天浑浑噩噩的,为此还影响了学习,不得已向学校申请休学了一年。

女孩们,挫折不会眷顾某人,人人都会遇到,只是你遇到的方式不一样罢了。当挫折来临时,请你不要沮丧,不要放弃;要坦然面对,要有战胜挫折的勇气。只有一直坚持到最后的人才能成功,世界上没有"不可能"。成功就站在失败的后面,超前几步就会看见。

第七章
让女孩制订自己的人生规划

小菊从小就是众人眼中漂亮的小姑娘。小菊妈妈想："女儿容貌姣好，还是送她去学舞蹈吧，这样说不准有一天她可以登上全国性的舞台呢。"

之后的几年，小菊在妈妈的安排下，去舞蹈学校学习了舞蹈。练舞蹈很辛苦，但是小菊坚持了下来，她有一个目标，就是像舞蹈界的前辈一样，成为著名舞蹈家。

在她12岁那一年，因为要参加一个国际性舞蹈比赛，小菊一直苦练舞蹈，她一遍遍地练，每天的大部分时间都花在了跳舞上，导致她的身体超过负荷，终于一时不慎扭了脚。医生经过一番诊断，告诉她："你这是严重骨折，最起码得休养个一两年，这期间你是不可以再跳舞的。"

小菊觉得自己的世界轰然倒塌了，她哭着说："可是那场国际性的少年杯比赛在下个月就举行了，我是再也参加不了了吗？"

小菊妈妈安慰她："小菊，乖啊，今年我们就不参加了，等你好了再参加，好吗？"

"可是等我腿好了得一两年，到时候还得再重新练习个一两年，那时我就超龄了啊。"小菊有些沮丧地说。

小菊妈妈说："小菊，人生的道路不可能尽是坦途，这些我们都可以在以后的日子里补回来，但身体的健康才是最重要的，你不能透支自己的身体来参加比赛。"

小菊觉得妈妈说得有道理，之后积极配合医生打针、吃药、复健，终于恢复了健康。在这段挫折晦暗的日子里，她也对自己进行了沉淀，根据自己的切身体验，创作了一段新的舞蹈——破茧，后来她的这段舞蹈成了她的成名舞。

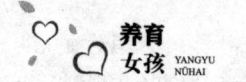

亲爱的女孩们，身处逆境的过程也许只是一瞬间，也许将艰难而漫长，请你一定要坚强，保持心态的从容。这一点难能可贵却尤为重要。

5. 脚踏实地，告诉女孩不能耽于空想

"将来我要成为一名画家。""将来我要成为一名科学家。""将来我要成为一名作家。""将来我要出名。""将来我要有很多很多钱。"……这是女孩的梦想，但是这些梦想最终都实现了吗？我们根据实际调查，发现大多数的理想和梦想最终没有成真，它们只停留在了空想阶段。

小梦小时候在电视上看到警察很帅，每天拿着枪，与犯罪分子斗智斗勇，除暴安良，她也想要成为那样的人，还让妈妈帮她买了很多玩具手枪。

这一天，老师在课堂上布置了作业，题目是"我想要成为一个什么样的人"，这时，小梦儿时的梦想又出现在脑海，她写了一篇"我想要成为一名警察"的作文，老师看到后还夸奖了她。但小梦也只是兴奋了两三天，这种情绪便消退了。

小梦一直告诉自己"我以后一定要成为一位警察"，

第七章
让女孩制订自己的人生规划

但是她没有任何实际行动，直到高考过后，到了填报志愿的时候，她又想起了自己的这个理想，于是她参加了提前批的考试，但是最后由于体检不合格而失去了报考军校或是警校的资格。她想：如果当时我确定了理想以后，每天坚持锻炼身体，现在会不会有不一样的结果呢？

现在结果已定，她也没办法了，只能与自己儿时的梦想说再见了。小梦报考了一个与警察不搭边的专业，就这么到了毕业，也没有再想起自己儿时的梦想。毕业后，她收到了县警察系统招聘辅警的公告，而且没有什么专业限制，这时她从前的梦想又浮现出来，她去报考了，没想到她再次在体检这一环被卡住了。

小梦哭了，向闺密诉苦。闺密听了她的话，说道："你既然当时有梦想，平时为什么不锻炼身体呢？只要你锻炼了身体，那么在机遇来时便一定会抓住机遇去实现你的梦想。但是你呢，有那么多次接近梦想的机会，却都由于你的懒惰，让梦想停留在了空想阶段。"

女孩们，你们一定有很多没有实现的理想，你们有想过为什么会没有实现吗？那是因为你们没有为理想付诸行动，没有为理想而奋斗。当然，也有一些人确实是付诸行动了，但她选择走了捷径，这样实现理想的方式是不可取的。

小莲出生在一个贫困的家庭里，她上面还有一个姐姐，一个哥哥，下面还有一个弟弟，家里的经济情况一直不太好。

小时候，小莲想吃糖了，妈妈会说糖不好吃；小莲想要买一根好看的编绳，妈妈也不给她买；哪怕是过年的时候，她也没有新衣服穿。等到她入了学，她发现周围的同学都比她吃得好，穿得好，她连买学习资料的钱都没有，更别说课外书了。

贫穷的生活让她的学生时代比别的人多了更多的遗憾和伤感，可也是这种贫穷的经历让她更加坚强和勇敢，一种想要改变命运的强烈渴望深深地扎根在她的心灵深处，她想，以后一定改变自己贫穷的命运。

从此，她学习更加刻苦了，每天起得很早，睡得很晚，不断地调整自己的状态，不断地向老师同学学习，她把大多数的时间花在了学习上，因为她深深知道：对于如此贫困家庭出身的自己而言，读书是她改变命运的唯一的方式，她的人生没有向其他人那样拥有更过的选择，所以只能拼命的学习，好在，命运之神终于把幸运送到了她的跟前，她考上了好的大学，她的人生有了更多的选择和可能。虽然她比任何人都深知这份幸运的来之不易，那是多少个日日夜夜努力的结果，那是别人在玩耍时自己还在看书学习赢得的，她也很骄傲，她凭着那颗永不哭泣、勇敢的心，靠着自己的能力改变了自己的命运，也改变了家庭的命运。

女孩们，相信你们每个人都有很多未实现的梦想，很多人的很多梦想和志向停留在了空想阶段，更有一些人已经走了99步，就差最后一步了，却被周围的风景滞留下来。女孩们，无数生活经验告诉我们，生活是没有捷径的。坚韧，是成功的必要条件。

6. 不断进步，才会无限接近目标

确定了目标后，如何才能够无限接近目标，或是达成自己的目标呢？答案是：只有不断进步，你才会与你的目标越来越近。倘若你三天打鱼两天晒网，能偷懒一刻是一刻，除非天上掉馅饼，你有运气接住了，否则，你会与你的目标越来越远。

小芹今年上初二了，还有一年就要中考了，她的妈妈对她说："小芹啊，离中考就剩下一年时间了，妈妈先把你对画画的兴趣往后面挪一下，在剩下的时间里努力一把，争取考上我们县城的重点高中，可以吗？"

小芹想了想，说道："我一定要上重点高中吗？"

小芹妈妈说道："是啊，这也是为了你以后打基础。如果你上了普高，你还能考上好大学吗？"

小芹在妈妈的逼迫下，不得不答应了妈妈的要求。

可是，小芹只是坚持了一个礼拜就忍不住了，放学后她悄悄地买了绘图本和笔，等晚上做完作业以后，悄悄地又画了起来，她想："我画一张，换一下脑子，这样更有利于学习呢。"

渐渐地，小芹发现妈妈没有检查过她的书包，对她信任有加，她觉得自己应该好好学习，于是又认真学习起来，这回坚持的时间有些长，有一个月呢。但是，很多事情往往是家长越不让去做，孩子越要去做。一开始的时候，小芹只是在完成作业以后，画一幅画来解压，但是到了后来，在课间也画，甚至在老师讲课的时候也画。

等到小芹妈妈发现的时候，只剩下一个月的时间便要考试了，可是她的成绩没有提高，甚至还有些下滑，妈妈生气地看着她，说道："小芹，你看看你干的这叫什么事儿？你知道吗，你只有不断进步，才会无限接近目标，你在中间懈怠偷懒，我们之前订好的目标能实现吗？"

在目标达成的路上，总是有各种各样的风景在吸引着我们的目光，这时就是考验我们定力的时候，只要我们每天都前进一点，那么我们就是在一点点进步，唯有如此，我们才会无限接近既定的目标。

小筱是一名建筑设计专业的学生，她当初在选择这个专业的时候，她的父母就告诉她："小筱，这个专业虽说听起来很好听，但它确是很辛苦的一个专业，一开始的时候，你还得去工地，只有这样，你才会了解建筑设计的方方面面。"

小筱说："妈妈，我不怕辛苦，我要成为一名出色的建筑设计师，就像林徽因一样，在城市中留有自己的建筑。"

小筱妈妈说："好吧，你既然确定了目标，那我们就全力支持你。"

小筱大学期间的生活过得很充实，她没有像其他女孩子一样将时间花在化妆、谈恋爱和聚会上，而是专心地投入到了专业课的学习当中。有时候,老师布置实地勘察建筑的作业,她也不怕风吹日晒,即便要徒步爬很高的山,她也要亲自去看一下,仔细琢磨一下。就这样,她以专业课第一的成绩从学校毕业。

小筱毕业后,进入了一家建筑企业实习,她和所有新人一样都是从基层做起,每天去工地勘察、搜集数据,即使被晒得起了皮,也坚持每天去工地。当然,这样的付出是有收获的,她由此在理论知识的基础上,综合实际,将二者进行了系统化的梳理,为她未来的设计生涯积累了丰富的实践经验。

几年下来,小筱的建筑设计越来越出彩,后来她终于成了一名著名建筑师。

女孩的一生,可能有很多的诱惑,让她们不由自主地就偏离了既定目标,所以父母要尽到监督的责任,随时随地督促和陪伴自己的女儿,让她不要耽于享乐,不要偷懒,要按照计划不断努力,不断进步,这样才会无限接近目标,最终走向成功。

7. 努力坚持,让女孩为自己拼搏

孩子出生后,甚至是没有出生时,父母就想:"如果我有了孩子,我一定要让他们一生平坦,让他们快乐无忧。"正是基于很多父母这样的想法，父母总是要帮孩子安排好一切，让孩子赢在起跑线上，以后随着孩子的成长，父母还要帮孩子安排学校、工作、事业、婚姻，他们似乎总有操不完的心。

小学的时候，班主任老师经常在课堂上问："难道你们努力是为了我吗？""难道你们努力是为了爸爸妈妈吗？"答案肯定都不是。"那努力是为了谁？""自己，为了自己更够有更过的选择。"

其实那时候的小彩并没有特别深刻的理解，但是这种反复的回答让小彩深深地记住了："人必须为自己努力，为自己拼搏。"

小彩的妈妈也经常循循教导她说："努力学习，好好学习，将来有出息，才不会被人瞧不起，才不会被人欺负。"开始的时候她也嫌妈妈烦，讨厌她的唠叨，听得多了也就深深记住了："努力的意义就是为了将来可以出人头地。"

所以小彩小小年级就参加了很多的课内课外培训班，学钢琴、学跳舞、学画画、学英语……，因为她记住了妈妈说的：现在可能觉得累，但是将来需要选择的时候就会比别人拥有更多的机会和选择。

在这样的努力中，小彩升入了初中，从进入初中校园的那一刻起，她对初中生活充满了向往和期待，她也给自己制订了很多的计划，她清楚地明白自己要为自己负责，自己要为自己拼搏。

当前社会，总是父母在咬牙坚持，甚至是力不从心，也要为孩子的未来拼一把，这似乎是有些本末倒置了。父母应当将这种权利

第七章
让女孩制订自己的人生规划

交还到孩子的手上,毕竟那是属于孩子的人生,孩子对自己的人生应当有自己的见解,哪怕他们会不那么顺利,但是他们也会努力坚持到底。

小胖今年要初中毕业了,马上就要升入高中了,一个周末的下午,爸爸特意请小胖吃麦当劳,对于爸爸的心思小胖心里明白:"爸爸哪是要请自己吃饭啊,分明是考前动员大会。"但是小胖还是非常高兴地和爸爸一起出门了。

果然,吃到一半时,爸爸开始进入预计模式了:"胖,咱们还有一学期就要中考了,虽然爸爸相信你的实力,但是在准备考试的这段时间里,我们会享受考得好时带给我们的喜悦和成就感,也会在学习上遇到困难和挫折,这时候你会有挫败感,有时也会觉得迷茫,有时候也会想要放弃,这些都很正常,爸爸希望你不要被困难打到,可以问爸爸妈妈,也可以向老师求助,我们都会帮助你。但是孩子你要记住,你才是自己的主宰,你自己才是自己的力量源泉。爸爸相信你,凭借自己不服输的精神、不放弃的坚持,用自己的智慧和努力打拼出属于自己的绚烂天空。"

听着爸爸语重心长的话,小胖陷入了深深的思考,其实她早已做好了准备,她坚信:只要生命不息,就要奋斗不止、坚持到底,在学习和未来的人生道路上勇往直前,永不放弃,无论遇到什么困难和挫折都要积极面对,小胖相信:那些打不到自己的,只会让她更加强大和有力量。

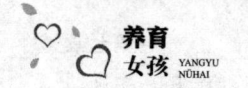

"爸爸，你放心吧，我自己的人生需要我自己负责，所以我不会虚度荒废，我会牢记：胜不骄败不馁，迎着风向前冲，为我自己搏个好未来，爸爸请你相信我，并且为我加油吧。"

父母们其实有时候很焦虑，他们不想让孩子重复自己人生道路上的错误，所以总是想要将这些父母认为是真知灼见的见解和经验一股脑地传授给自己的孩子，让孩子们的人生路上少一些弯曲，但是亲爱的父母们，请你们相信自己的孩子，请你们放手让自己的孩子去经历，去奋斗，相信他们自己会体会其中的酸甜苦辣，相信他们会咬牙坚持到底，收获独属于自己的灿烂人生。

智慧家教

陪孩子走过青春期

刘宝江/编

吉林美术出版社 全国百佳图书出版单位

图书在版编目（CIP）数据

智慧家教 . 陪孩子走过青春期 / 刘宝江编 . -- 长春：吉林美术出版社 , 2022.1
　　ISBN 978-7-5575-7105-4

Ⅰ . ①智… Ⅱ . ①刘… Ⅲ . ①青春期—家庭教育 Ⅳ . ① G78

中国版本图书馆 CIP 数据核字（2021）第 271136 号

PEI HAIZI ZOUGUO QINGCHUNQI
陪孩子走过青春期

出 版 人	赵国强
作　　者	刘宝江
责任编辑	栾　云
装帧设计	于鹏波
开　　本	880mm×1230mm　32 开
印　　张	5
印　　数	1—5000
字　　数	128 千字
版　　次	2022 年 1 月第 1 版
印　　次	2022 年 1 月第 1 次印刷
出版发行	吉林美术出版社
地　　址	长春市净月开发区福祉大路 5788 号
	邮编：130118
网　　址	www.jlmspress.com
印　　刷	天津海德伟业印务有限公司
书　　号	ISBN 978-7-5575-7105-4
定　　价	198.00 元（全 5 册）

前言
Preface

　　青春期是我们每个人都要经历的一个特殊人生阶段,作为父母,我们都经历过那段青涩的岁月,也都曾幻想过、叛逆过。现在,我们的孩子也要步入这个特殊的人生阶段,那么我们能为孩子做些什么?我们怎么做,才能让孩子平稳度过这个人生阶段呢?

　　很多爸爸妈妈和青春期的孩子都出现了沟通上的问题,而绝大部分责任都在父母这里。随着身体的发育、知识的增加以及不断增长的阅历,他们的自我意识增强,他们渴望脱离对父母的依赖,他们变得更为喜怒无常、情绪紧张……青春期就是这样一个不断经历变化的过程。作为过来人的爸爸妈妈,已经"历尽千帆",经过人生积淀,应该理解这一时期孩子的心理状态,要理性地看待这些问题并加以引导。如果爸爸妈妈也跟孩子一样去"较劲",那只能说明这些父母还没有长大。

　　与青春期的孩子相处和沟通,父母需要智慧和包容,要尊重孩子,要学会倾听,包容他们可能出现的一些过激反应,根据他们的心理特点用正确的方式与之沟通,当孩子真正接纳你以后,他们便愿意对你敞开心扉了。

　　陪伴是父母对孩子最好的关爱。尤其是青春期的孩子,他们在这一特殊的年龄段遇到了之前从来没有遇到的问题，心理上承受着巨大的压力。爸爸妈妈从小陪他们长大，是他们心中最坚实的依靠，一定要与他们建立顺畅和谐的亲子关系，在其成长的道路上为其指引方向，让他们少走弯路，健康快乐地度过青春期。

目录 Contents

第一章 青春期的孩子更需要爱和关怀

1. 孩子不是存心想跟你顶嘴 / 002

2. 看着你生气,他也不开心 / 005

3. 多愁善感让人难受 / 007

4. 脾气大与不耐烦是标配 / 010

5. 仗剑走天涯的躁动 / 013

6. 学习动力减小 / 016

第二章 沟通前先提升你的沟通能力

1. 少说多听更易打开孩子的心扉 / 020

2. 唠叨的话语就像慢性毒药 / 022

3. 青春期的孩子尊严胜过一切 / 025

4. 求同存异就可以了,言听计从不可能 / 027

5. 激将法或许是个好办法 / 030

6. 不能控制脾气,必然要出问题 / 033

第三章　正面冲突，两败俱伤

1. 必须承认孩子已经长大了 / 038

2. 站在他的角度，问题不再是问题 / 040

3. 暴风骤雨的管教方式不灵了 / 043

4. 平等的交流会有意外的收获 / 045

5. 距离产生美，空间彰显爱 / 048

6. 有些权利你必须要放手了 / 051

7. 过度加压会把孩子压垮 / 054

第四章　用爱心体谅青春期的孩子

1. 青春期的孩子脆弱而敏感 / 058

2. 青春期的孩子瞬间就会逆反 / 061

3. 青春期的孩子虚荣心很重 / 064

4. 青春期的孩子很执着 / 067

5. 少命令，少用祈使句 / 070

6. 多一些鼓励，少一些说教 / 073

第五章　给青春期孩子的几点建议

1. 不要盲目崇拜谁 / 077

2. 少一些浪漫，多一些理性 / 079

3. 少一些幻想，多一些目标 / 082

4. 少一些冲动，多一些理智 / 084

5. 不是所有人都会围着你转 / 087

6. 忘掉你曾经看过的奥特曼 / 089

7. 培养孩子的敬畏感 / 092

第六章　青春期的果子有些涩

1. 情窦初开的懵懂很正常 / 096

2. 可以心动，不要行动 / 099

3. 拒绝是一件很重要的事 / 102

4. 引导孩子多交一些朋友 / 105

5. 多一点坦然，少一点忐忑 / 108

6. 被拒绝没什么大不了 / 111

第七章　青春期的孩子渴望自由

1. 自由可以给，但要设禁飞区 / 116

2. 对孩子限制太多容易适得其反 / 119

3. 孩子是风筝，线要抓在手里 / 122

4. 适当了解孩子的交际圈 / 125

5. 你不能成为孩子的社交障碍 / 128

6.给孩子一些社交建议 / 131

第八章　学习不能耽误，不想听也得说

1.青春期是学业的关键时期 / 136

2.寓教于乐，让孩子在玩中学 / 139

3.学习是为了什么，该说的还是要说 / 142

4.用迂回战术谈学习问题 / 145

5.施压如果有用，要老师干什么 / 148

6.不要比，每个孩子都独一无二 / 150

第一章

青春期的孩子更需要爱和关怀

青春期是一个特殊的人生阶段，在这一时期，孩子开始由儿童向成人进行转变，这一转变过程不单单指身体发生的各种变化，还有心理认知方面的变化。在这一转变过程中，孩子会面临许多困扰、许多迷茫，如果这些问题得不到及时有效的解决，就会对孩子的成长造成非常不好的影响。所以，青春期的孩子更需要关怀和理解，只有解码青春期孩子的心理特点，了解孩子在青春期遇到的问题，我们才能更好地为孩子解惑，让孩子顺利度过青春期。

1. 孩子不是存心想跟你顶嘴

孩子进入青春期后，许多爸爸妈妈会发现孩子没有以前"听话"了。以前家长要是跟孩子说什么话、讲什么道理，孩子总是频频点头，一副受益匪浅的样子，看着就让人喜欢；但是现在再跟他们这样说话的时候，虽然他们还站在你的面前，但已经开始表现出一丝丝不耐烦，这难免让家长感到不舒服，或者说不适应。

其实这只是一个开始，让家长更不适应的还在后头。每一个进入青春期的孩子必然要经历这样的阶段，而作为孩子的父母，我们也要适应孩子的变化，明白孩子并不是在刻意针对我们，他们不是不再爱我们了，也不是不再尊重我们了。事实是他们已经开始长大了，开始有自己的思想和看法了，当我们的观点或意见与他们的不一样时，他们就会反抗，而这种反抗最直接的方式就是顶嘴。

张峰是一名六年级的小学生，最近他的妈妈发现他越来越喜欢顶嘴，而且满嘴都是自己的"歪理"，说得还头头是道。下午写作业的时候，张峰一边写一边鼓捣他的变形金刚，作业写得字迹潦草，错误百出。

妈妈生气地说："赶紧写吧，一会儿又晚了。"

第一章
青春期的孩子更需要爱和关怀

妈妈话音刚落，张峰就说："爸爸每天不是工作到深夜嘛，爸爸那么辛苦，我要向爸爸学习。"

妈妈被儿子气得直跺脚："爸爸是为了工作，为了挣钱让我们过好的生活，跟你能一样吗？你这是在浪费时间！"

妈妈的话并没有让张峰感到惭愧，他说道："怎么不一样？我写作业不也是为了考试的时候考个好成绩让你们高兴吗？大家都是为了这个家。"

妈妈有些欲哭无泪，她不知道张峰从哪儿学的这些逻辑，失望地说道："算了，我不管你了，让你爸回来管吧，你爱写到几点就写到几点。"

没想到张峰并不罢休，他接着妈妈的话说道："老师说了，不管孩子学习的家长是不负责任的家长，如果孩子成绩不好，家长要负主要责任。"

正准备去厨房做饭的妈妈被张峰的话气乐了，说道："行，我没你会说，你厉害，我服你了，你就在那儿慢慢磨蹭吧。"

虽然妈妈被气笑了，但张峰的表现肯定让妈妈很不舒服。曾经乖巧听话的孩子突然间变得油嘴滑舌、歪理成篇，那个曾经给妈妈捶腿揉肩、嘘寒问暖的小男孩变成了这个样子，妈妈心里真的很不好受，她现在不知道自己该如何跟孩子相处。不管他吧，心里又放不下；管吧，你说一句他顶你三句，有时候真怕被他气出心脏病来。

张峰的爸爸是一名工程师，每天有忙不完的工作，即使回到家里，也要工作到很晚才会休息。一天早上，张峰吃完早饭准备去上学，爸爸突然昏倒了，他和妈妈赶紧打电话叫救护车，将爸爸送到医院。经过医生的救治，爸爸苏醒了过来，医生说是劳累过度所致，让爸爸以后一定要注意休息。

张峰想起那天用爸爸加班的事跟妈妈顶嘴，心中充满了愧疚。爸爸看着张峰，用虚弱的声音说："小峰，以后不要跟妈妈顶嘴了，妈妈说你都是为了你好，爸爸平时工作太忙，也顾不上照顾你，你一定不要惹她生气。"

看着虚弱的爸爸，张峰哭着说："爸爸，我知道了，我不惹妈妈生气了。其实我也不是故意要惹妈妈生气的，只是她总是翻来覆去地说那几句话，把我说烦了，我才说那些话应对的。"

一旁的妈妈听着张峰的话，回想自己与孩子相处的点滴，也意识到自己的嘴确实"碎"了点，决定以后跟孩子沟通要讲求方法，不能再像他小时候那样对他说话了。

生活中像张峰这样叛逆的孩子有很多。进入青春期的他们，自我意识逐渐觉醒，不再希望所有的事情都由家长来做主，处处受管束，他们想要改变现状，反抗家长对他们的束缚，而顶嘴就是他们挑战家长权威的"第一枪"。

从根本上来讲，孩子们并不是要故意跟家长过不去，只是他们青春期的"小敏感"受到了挑战，才会本能地做出反击。所以作为父母，一定要了解孩子此时的心理状态，在与他们交流的时候尽可能地讲究一些技巧，不要继续用生硬直接的沟通方式来沟通，要互相理解。这样，跟青春期的孩子相处起来就不会有那么多问题了。如案例中张峰妈妈爱唠叨的毛病，必须要改一改了，否则顶嘴的情况肯定还会出现。

第一章
青春期的孩子更需要爱和关怀

2. 看着你生气，他也不开心

进入青春期的孩子，因为自我意识的觉醒，自己的想法越来越多，会不可避免地与父母的管束产生冲突。毕竟在孩子小的时候，父母处于绝对的强势地位，现在孩子不再乖乖听话了，要让孩子按自己的想法来生活，父母怎么可能不生气呢？

但是，我们作为聪明的父母，千万不要被情绪所左右。生气是解决不了问题的。你是否想过，你在跟孩子生气的时候，其实他们也不开心，他们何尝不希望与自己的爸爸妈妈快乐相处呢？

琳琳是五年级的小学生，周末的时候她告诉妈妈，自己跟同学约好了要到野外宿营，周六晚上不回家住了。琳琳妈妈被这个消息吓了一跳，这还了得！一个女孩子怎么能够在外面过夜呢，而且还是露营？这样的要求琳琳妈妈是万万不可能同意的。面对妈妈的反对，琳琳很生气，她冲着妈妈叫嚷道："这也不行那也不行，我跟你说什么你都反对。我都这么大的人了，不要你管着我，我就要出去！我们都约好了，我不能说话不算话。"

一时间，母女之间剑拔弩张，谁都不让步，妈妈被琳琳气得脸色发青,便转身离开,去厨房做饭,不再理琳琳。琳琳则待在自己的房间里生闷气。

在房间里待了一会儿,琳琳有些无聊,便悄悄跑出来看妈妈在干什么。她将头探进厨房,看到妈妈正在做她爱吃的可乐鸡翅,便嗲声嗲气地说道:"哇,真香啊,你真是个好妈妈。"琳琳的一句话瞬间将家里的氛围逆转,刚才还阴云密布的房间瞬间就艳阳高照了。看着调皮的女儿,妈妈也没气可生了,谁让她是自己疼爱的小宝贝呢。

不一会儿,香喷喷的饭菜被端到了桌上,琳琳狼吞虎咽地吃起来,一边吃一边夸妈妈的厨艺好。见妈妈脸上露出笑容,琳琳知道妈妈不生自己的气了,才一本正经地说:"妈妈,刚才我也不知道为何自己突然就情绪激动起来,大吵大嚷是我不对,看着您生气、难过,其实我的心里也不好受,我不是故意要惹您生气的。露营的事情我又考虑了,不去就不去吧,反正这个事情也没有说定,前几天在安全教育课上老师也教育我们要保护好自己,您讲的也有道理,我们私自结伴露营确实有危险。"

看着瞬间乖巧无比的女儿,妈妈有些诧异。听着女儿懂事的言语,妈妈心里暖暖的,但刚才女儿那歇斯底里的表现还是让她有些心有余悸。

妈妈给女儿夹了一块鸡翅,说道:"妈妈不是非要干涉你跟同学约定好的活动,但这些活动必须要建立在安全的基础之上,妈妈不希望你出任何问题,希望你能理解妈妈的担心。如果学校组织你们参加露营活动,妈妈一定不会拦着你。"

听了妈妈的话,琳琳点点头说:"嗯,那我就跟同学说，等学校组织活动的时候我们再一起露营。"

一场母女争执就这样圆满地化解了。很多人都对琳琳前后判若两人的表现感到不可思议，但这就是现实，这就是青春期孩子的特点。因为他们的自我意识刚刚觉醒，一股摆脱父母控制的冲动会瞬间充斥他们的大脑，让他们表现出想摆脱父母束缚的强烈欲望。这时他们会对父母大喊大叫，用他们自认为有效的极端方式与父母对抗，以求得所谓的自由。

但是他们毕竟还未真正长大，父母在他们的心中依然占据着极其重要的地位。在每次惹爸爸妈妈生气之后，他们的心里其实也不开心，他们也很纠结、很矛盾，他们既渴望获得自由而不惜与父母对抗，又不愿意看着父母伤心难过。这样，故事中琳琳的表现就可以理解了，冲动时可以和妈妈针锋相对，冷静下来后也会想方设法缓解与妈妈的关系。聪明的父母要合理引导孩子的思维方式，用智慧的办法应对孩子青春期情绪的变化，跟孩子一起平稳度过他们的青春期。

3. 多愁善感让人难受

青春期的孩子，非常容易多愁善感，不知道为什么，突然心情就压抑难受，说不出的沮丧难过。更有一些孩子会悄悄躲在没人的地方暗自垂泪。很多家长面对孩子这样的表现感觉难以理解：不缺你吃不缺你穿，你多愁善感什么呢？持这种观点的家长把问题想得太简单了。

心理学上讲，青春期的孩子多愁善感，属于青春抑郁期的一种表现，这是一种心理状态，不是孩子主观意愿可以决定的，家长需要加强引导，宽慰孩子的心情，与孩子一起度过这段时光。

孩子在青春期多愁善感，与他们所处的生活环境、学习环境等有着直接的影响。再加上青春期的孩子本身就非常敏感，生活中的任何细小事情都有可能对其产生影响，导致其情绪的波动。

玲玲这几天心里又莫名地难过起来，她学习还不错，上课能跟得上老师的节奏，与同学们相处起来也挺开心，家庭温馨幸福，按理说她应该高兴才对，可玲玲就是高兴不起来，总感觉有什么事情压在自己的心头，让自己情绪低落。玲玲已经不是第一次有这样的感觉了，她甚至怀疑自己是不是得了什么心理疾病。

玲玲将自己的感受告诉了妈妈，妈妈也很担心玲玲这种状态，便带着她去找心理医生。医生听了玲玲的讲述后说道："这是青春期孩子常见的心理状态，并不是什么心理疾病。进入青春期后，我们的身体和心理都在发生着巨大的变化。面对这种变化，很多孩子都会有不适应的感觉，这就导致孩子有时候会很敏感、很脆弱，表现在情绪上就是多愁善感。面对这种情况时不要恐慌，合理应对就可以了。妈妈在平时要多关心孩子的心理状况，多跟孩子沟通，解开孩子心中的小烦恼。作为孩子，自身也要学会给自己减压，正确看待自己的青春期发育，积极面对每一天的生活。遇到不开心的事情不要自己憋在心里，要及时找爸爸妈妈或者自己信得过的朋友沟通，很多时候你所担心的问题都是自己给自己制造的，而个别真正需要解决的问题，正确面对加努力解决就

第一章
青春期的孩子更需要爱和关怀

好了,没必要让它长时间占据你的内心,影响你的心情。这个问题通俗一点来讲,就是这一时期的孩子心思重、想得多,往往别人的只言片语、学习上的一点小困难,都能让孩子难过好几天,所以放宽心、勇敢面对,是克服这一情绪最好的方法。"

听了医生的话,玲玲感觉压在心头的一块石头瞬间落了地,原来被这种情绪困扰的人不单单是自己,这只是自己成长道路上必然经历的一个阶段,既然这样,自己就放心多了。有问题不可怕,可怕的是不知道该如何应对。既然知道了问题的症结所在,那自己一定能克服困难,健康成长。

处于青春期的孩子,很小的事情就能让其心神不宁,乱了方寸,这正是青春期孩子情绪波动的特点,不知道哪件事会拨动他们脆弱的心弦,让他们本来平静的内心荡起阵阵波澜。如果这个时候爸爸妈妈不能正确引导,任由孩子在这种情绪的波动中游荡,将会给孩子的成长带来非常不好的影响。这种情绪波动是一种非常痛苦的状态,此时孩子的内心就好像阴云密布的天空,看不到任何太阳的光亮,低落的心情不但严重影响孩子的学习,更可怕的是会对孩子的身心造成严重的伤害,甚至会让孩子陷入抑郁症的泥潭,无法自拔。

很多父母并不了解孩子的这种心理状态,他们或是无法觉察,或是压根儿就不关心孩子的心理状态,当孩子陷入不良情绪中苦苦挣扎的时候,不能及时给予孩子帮助,他们只是认为给孩子提供优质的物质生活,孩子就能生活得无忧无虑了。这种想法是错的。青春期的孩子,他们成长的每一步都需要父母细心的呵护和陪伴。

有很多原因都能让处于青春期的孩子突然间陷入多愁善感中无法

自拔：与同学之间发生矛盾、家庭环境发生变化、身体发育时的生理反应、过于追求完美而自尊心受挫、曾经遭受的心理创伤被触动等，都是多愁善感的诱因。作为家长，我们要时刻关注孩子的心理状态，及时介入，抚慰孩子脆弱的心灵，让他们的身心健康地成长。

4. 脾气大与不耐烦是标配

孩子进入青春期后，很多父母会明显感觉到孩子的脾气越来越大，原来温顺得像小绵羊一样的乖宝宝，会突然间变得暴躁起来，屡屡挑战家长的心理底线，仿佛谁招惹了他们一样，浑身带刺，碰不得、说不得，往往家长的话还没有说完，他们已经不耐烦地反驳，或者直接摔门进入自己的房间，不再与家长交流。

今天妈妈又跟小强生气了，起因是小强放学后就拿着手机躺在沙发上打游戏，不写作业。小强已经上初二了，明年就要中考，妈妈看着他的状态心中都快急死了。她一把夺过小强手中的手机，厉声说道："写你的作业去，有完没完了？"

看着生气的妈妈，小强也不示弱："把手机还我，我在跟人组队，一会儿该掉线了。"

小强说话的口气让妈妈心中很难受，这一点也不像自己呵护长大的儿子，感觉就像陌路人一样冷漠。妈妈把手机扔

第一章
青春期的孩子更需要爱和关怀

给儿子的同时,眼中的泪水夺眶而出。她放下手中择了一半的菜,开门出去,想自己静一静。她也不知道为什么最近跟儿子的关系这样紧张,每天不吵几句就不正常,但每一次争吵都让她的心有如针扎般的痛。

有时候妈妈会偷偷地抹眼泪,跟自己的朋友倾诉心中的委屈:"以前小强不是这样的,小的时候很贴心,处处想要保护我,我坐下的时候会给我拿垫子,我难受的时候会给我端杯水,我咳嗽的时候会过来给我拍拍背……现在不知道为什么会变成这样,就好像我欠了他什么似的,处处跟我作对,总是有那么多不满和反对,好像我要害他一样。"

朋友宽慰道:"问题没你想的那么严重。每家的孩子都要经历这个阶段,这是他们成长的正常现象。作为父母,我们要适应孩子的成长节奏,不能总当他们是小孩子,他们正在慢慢长大。作为一个过来人,我劝你要适当调整你跟孩子相处的方法,不要总是用孩子小时候的方法来跟他相处,那样孩子不适应,你也会很受伤。"

听了朋友的劝慰,妈妈停止了抱怨,问道:"难道与孩子相处还有这么大的学问?我应该如何调整呢?"

朋友继续说道:"在进入青春期以前,孩子对你是充满依恋的,你就是他的全部,你说什么他都认为是对的,即使你的有些要求孩子不认同,但是他也会选择按照你说的来做,因为与对你的依恋比起来,那些不认同对他的影响微不足道。但是随着孩子逐渐长大,特别是进入青春期后,他的自我人格已经逐渐成熟,他有了自己的思想,想要按照自己的想法去做事情,当他感受到你对他的管束与束缚时,他会本能地反抗，去争取他自己心中所谓的自由，你们之间必然就会产生冲突和矛盾了。"

听了朋友的话，妈妈若有所思地点了点头，然后追问道："那我应该怎么办呢？我不可能不管他，要是一切都按照他的意思来，那还不把孩子荒废了啊？"

朋友笑了笑，继续说道："青春期的孩子需要的是引导而非强制。他们的脾气大和不耐烦，其实是他们在自我保护，他们希望用这样的方法来保护自己，避免家长对他们的束缚。所以对于青春期的孩子，不是管与不管的问题，而是怎么管的问题。与青春期的孩子沟通，要讲求方法，面对他们的'暴脾气'，我们要试着站到他们的角度看问题，给他们合理的建议而非霸道的要求，要化解矛盾而不是激化矛盾。"

听了朋友的话，妈妈点了点头。她承认，以前她跟小强沟通的方式确实已经不适用了，自己该改变与孩子相处的方法了。

在现实生活中，像小强妈妈这样的父母不在少数，曾经家长的话在孩子面前就如圣旨一般，必须严格执行，打不得半点折扣，孩子对家长也是言听计从。但孩子进入青春期后，他们已经知道，不经过自己的同意，父母不能强迫或阻止自己做任何事。他们会得出这样的结论："要不要听父母的话，我自己说了算！"

面对这样的问题，家长也不要过于担心，凡事都有规律可循，包括应对青春期孩子的各种叛逆反抗，只要找到合适的方法，问题就可以解决。父母与孩子之间的矛盾本来就是一个伪命题，哪有父母不疼自己的孩子，孩子不爱自己的父母的道理呢？问题就出在沟通方法的

第一章
青春期的孩子更需要爱和关怀

滞后上。孩子已经进入青春期，希望有自己的自主权利，而父母依然停留在孩子小时候的那种管理方法上，这样双方的矛盾必然会爆发。聪明的父母在此时都会调整自己的管理方法，尽量不触碰孩子敏感的"小心情"，在和谐沟通的基础上解决实际相处中遇到的问题。

5. 仗剑走天涯的躁动

许巍有一首歌曲名为《曾经的你》，里面有一句大家耳熟能详的歌词，生动地诠释了青春期孩子最大的特点："曾梦想仗剑走天涯，看一看世界的繁华。"每一个走过青春的人，听到这首歌都会想起自己青春时的样子，是那样的放荡不羁、那样的渴望驰骋天涯。

"仗剑走天涯"是每一个人心中曾经的梦想，尽管很多人最后没能实现，但这丝毫不影响步入青春期的孩子执着地追求心中的那个"天涯梦"。

面对孩子"仗剑走天涯"的冲动和梦想，作为父母的我们应该如何应对？这是困扰很多家长的问题。青春年少的孩子，懵懂而冲动，涉世未深，对世界充满了好奇和向往，他们羡慕武侠小说中那些仗剑走天涯的大侠，渴望有朝一日自己也能创造出震惊世人的业绩。

孩子步入了青春期，身上的躁动和活力越来越明显，隔着几步远，你都能感觉到他们无处安放的青春活力。该如何看待他们的这种变化？作为父母很困惑，也很担心。有多少人生的遗憾都是因为青春年少懵懂无知而引发,又有多少痛心是因为放纵孩子肆意妄为而铸就!面对孩子仗剑走天涯的冲动,父母的心情是那么惴惴不安。

正在上班的妈妈接到了班主任的电话,电话中老师焦急地告诉她李梦离开学校出走了,不知道去了哪儿。李梦是一名初三的学生,自从上了初中后就一直住校,每个周末回一次家。之前妈妈丝毫没有觉察出李梦有什么异样,不知道孩子为何突然间离校出走。

一时间寻找出走的李梦成为当地人们朋友圈里的热点新闻,好心的人都帮李梦妈妈转发寻找孩子的消息,终于警察在火车站找到了李梦,此时李梦正准备去南方,说是去寻找机会,挣钱养活自己的爸爸妈妈。

见到李梦后,妈妈号啕大哭,她问孩子为何要离开学校,为何要不辞而别。已经长得比妈妈高的李梦说道:"妈妈,我长大了,我想要自己挣钱,让你们过好的生活。你看爸爸为了我常年在外打工,我们父子俩一年也见不了几面,您看您为了照顾我,白头发明显多了。我现在长大了,我想像那些成功的人一样仗剑走天涯,去追逐自己的梦想,我想要寻找属于自己的机会,去挣很多的钱,让您和爸爸不再为生活而操劳。你看那些成功的人士都是南下打拼,最终获得了成功,我也想去实现自己的梦想。"

孩子的一席话让在场的人都为之动容,这是多么懂事又多么不懂事的一个孩子!他爱自己的父母,体谅自己父母的辛苦,但他又是这样的天真,差点儿因为自己的不懂事而犯了大错。

最终孩子回到学校,继续自己的学业,而妈妈也在反思

第一章
青春期的孩子更需要爱和关怀

自己的教育。她忽略了孩子思想的起伏，忽略了孩子已经是一个步入青春期的大小伙子，她低估了孩子"仗剑走天涯"的雄心壮志，没有及时告诉孩子如何才能成为那个"仗剑走天涯"的大侠。

好高骛远、眼高手低，是青春期孩子的通病。他们往往怀着美好的理想，却并不知道自己的理想应该如何去实现。就像上面故事中的李梦，他的出发点是值得肯定的，父母为我们操劳一生，我们应该去回报他们，但他的方法是错误的。李梦的爸爸妈妈尽自己最大的努力给李梦好的生活，让他能够安心成长，但是他们忽略了孩子精神世界的成长，他们的辛劳让孩子感到内疚和不安。青春期的孩子心怀壮志，渴望通过自己的努力回报父母的恩情。他们自信满满，相信自己拥有无穷的力量，他们笃信"金麟岂是池中物，一遇风云便化龙"，他们渴望仗剑走天涯，遍览这世间的繁华。

青春期是最富勇气和创造力的人生阶段，而心中有梦想，是每个孩子内心最大的学习驱动力，因为梦想是用来追求的，实现梦想需要知识、能力，这才是为什么要学习的理由。所以，作为父母，首先要做的是不打击孩子，让孩子保留那份雄心壮志，然后鼓励孩子追逐自己心中的梦想，因为梦想真的有可能实现。

6. 学习动力减小

谈到青春期的孩子，学习肯定是绕不过去的话题。在青春期，学习占据了孩子绝大部分的时间。因此，父母和孩子之间的矛盾，往往是因为学习而引发的。而这一矛盾，早在孩子刚刚步入学校时就已经开始，只是在孩子青春期的时候才爆发。因为青春期的孩子已经有了自己的人格，他们渴望独立，渴望自己做主，于是学习就成为双方爆发矛盾的重灾区。

"你能不能把你的那张卷子写完？你都磨蹭一下午了，你一会儿还睡不睡觉了？能不能别总这样拖拖拉拉？你看看谁像你了，人家小琴早就写完了。"妈妈又在唠叨了，躺在床上看漫画的小亮感觉耳边有无数只苍蝇在飞，此时，在他的心中妈妈就好像是《大话西游》中的唐僧。

小亮坐起身，说道："我一会儿就写，我先看完漫画。"

妈妈丝毫没有罢休的意思，继续说道："整天看一些没用的东西，看漫画考试时能告诉你答案啊？你看看人家小刚，又报了个英语补习班，他总是不放弃任何学习的机会。"

第一章
青春期的孩子更需要爱和关怀

小亮心中的怒火在燃烧,他感觉自己已经忍无可忍了。

小亮突然扔掉手中的书,大喊道:"你还有完没完了啊?总是这个孩子怎么样了,那个孩子怎么样了,你要不给他们当妈妈去吧,我一星期就回来这么一天,况且我已经做了一上午作业了,就剩这一张卷子了,你就不能让我歇一歇吗?你再这样,下礼拜我不回来了,我在学校过周末,这样总行了吧!"

听完儿子的咆哮,妈妈不再说话,只是自己在厨房抹眼泪,感觉孩子一点也不理解自己的一片苦心。让他学习,还不是为他好吗?居然冲自己大吵大嚷,太伤人心了。

看着妈妈的表现,一旁的小亮一脸的无奈。从小听话懂事的小亮也不想惹妈妈生气,他是真的想歇一歇,只歇一会儿就去做那张让人头疼的数学卷,但妈妈的唠叨让他心烦意乱。

这样的大战不知道在多少个家庭上演过多少次。"不谈学习,母慈子孝,一谈学习,鸡飞狗跳",已经成为广为流传的段子,但很少有人去考虑为何会出现这样的情况。

学习决定着孩子的未来,每一个家长都渴望自己的孩子学习成绩优异,在班里名列前茅。望子成龙、望女成凤是人之常情,但很多时候这种期望会转化成压力压到孩子身上,当孩子感受到这种压力的时候,就会对学习产生厌倦、恐慌,进而影响学习效果。小的时候,孩子还能按照父母的想法去努力学习,但当孩子步入青春期后,他们对学习的逆反会表现得越来越明显,在学习上与父母的矛盾也会越来越激烈。

如果这个时候父母还一味地对孩子施压,逼迫孩子埋头苦学,那么效果往往是反的,对孩子的学习不会带来丝毫的帮助。

步入青春期的孩子，很多大道理都已经明白了，他们也知道学习对他们而言意味着什么，但他们渴望有自己的一片天空，想自己去主动学习，而不是听命于父母才去学习。

同时，随着学习的深入，孩子会在学习上会遇到很多的困难，这让他们感到焦虑和不安。这个时候，聪明的父母会帮助孩子解决学习中遇到的问题，而不是强迫孩子学习，把本来已经焦头烂额的孩子逼到崩溃的边缘。

在这个时期，如果家长能在学习上助他们一臂之力，他们是渴望接受你的帮助的。这就要求家长在与青春期孩子沟通交流的时候讲求方法，实实在在地去帮助他们，而不是站在道德的制高点，打着"为你好"的旗号，将孩子越推越远，筑起父母与孩子沟通的鸿沟。

第二章

沟通前先提升你的沟通能力

作为父母,特别是作为青春期孩子的父母,与孩子能否"和平"相处,能否愉快地度过孩子的这一特殊成长时期,父母是否拥有良好的沟通能力起着非常重要的作用。拥有良好的沟通能力,便能洞悉孩子的心理状态,进而采取恰当的话语和切入点,打开孩子的心扉,让孩子感受到爸爸妈妈的关爱和支持;而糟糕的沟通,只能让事情越来越糟,让本来就充满隔阂的关系雪上加霜,严重影响孩子青春期的健康成长。

1. 少说多听更易打开孩子的心扉

很多时候，在与孩子沟通时，父母都是强势的一方，从孩子出生开始就是这样。父母很少倾听孩子的心声，总是希望孩子按照自己设定好的路线去生活。但是孩子进入青春期后，很多父母发现之前的那一套管教理论行不通了，父母与孩子之间呈现出一种压力越大反抗越激烈的恶性循环状态。这让很多父母束手无策，不知道孩子到底是怎么想的，也不知道如何才能与孩子沟通。

宁宁上六年级了，他明显感到学习压力越来越重，老师每天留的作业很多，让他疲于应付。他无数次下决心，一定要考个好成绩，为自己的小学生涯画一个完美的句号，并为此比以前下了更多的功夫去学习。

妈妈一直以来都因为宁宁的优秀享受着家长们的羡慕与老师们的赞扬，宁宁从入学以来就是老师眼中的好学生，大家都说宁宁妈妈会教育孩子。

晚上，妈妈跟宁宁说："宁宁，你快要毕业考试了，妈妈给你报了个网上课程，咱们每天晚上写完作业后，抽时间再跟网上的老师学习一下，打牢基础，争取取得好成绩。"

第二章
沟通前先提升你的沟通能力

正在写作业的宁宁抬起头:"妈妈,我想……"

"这个事就这么定了,听说那个老师是北大毕业的,教语文很有一套的。"没等宁宁说完,妈妈继续说道。

"妈妈,我最近作业有点儿多……"宁宁低声说道。

"哎呀,你不知道,妈妈听这个老师讲课觉得他讲得是真好。"妈妈好像没听到宁宁说话。

宁宁不再说话,埋头写自己的作业,眼泪却在眼眶中打转。

妈妈好像没看到宁宁的反应,自顾自地看着手机走了出去。

一直以来妈妈都是这样,只要是她决定了的事情,宁宁只有服从,根本不允许说半个"不"字。

像宁宁妈妈这样的家长,在现实生活中有很多很多,他们总是打着为孩子好的旗号指挥着孩子学习,不给孩子留下丝毫自主的空间。其实这种行为在无形中已经对孩子造成了伤害,为孩子的成长埋下了隐患。他们只是一味地将自己的想法强加到孩子头上,丝毫不了解孩子的想法,长此以往与孩子之间的鸿沟只会越来越大。

宁宁的同桌小雨,发现宁宁最近总是精神恍惚,于是关心地问宁宁怎么了,宁宁委屈地说:"本来每天我们的作业就很多了,可是妈妈还给我报网课,写完作业还让我听课到很晚,我真的好累啊。"

小雨说道:"阿姨也真是的,我妈也想让我听网课,我跟她说我现在学得有些累了,能不能不报,我争取把老师布置的作业做好,把老师在课堂上讲的知识学会,结果妈妈同意了我的意见,不给我报网课了。"

听了小雨的话,宁宁好羡慕小雨,要是自己的妈妈也能

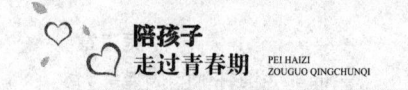

像小雨妈妈那样,听一听自己的意见就好了。

尊重孩子的想法,与孩子平等地沟通交流,父母与孩子之间才能和谐有效地沟通,才能建立健康的家庭关系。无数的案例告诉我们,像宁宁这样从小受到压制的孩子,步入青春期后必然会对父母的束缚进行激烈的反抗。父母越是施压,孩子的反抗越激烈。很多像宁宁一样小时候的好孩子步入青春期后与之前判若两人,让父母手足无措,但他们只看到了孩子的叛逆和不听话,却丝毫不去反思他们给孩子带去的压力和愤懑。

懂得与孩子沟通的父母,都明白少说多听的道理。少说,给孩子减少强制的压力;多听,让孩子敞开心扉,倾听孩子的真实想法。了解了孩子的真实想法,才能知道孩子究竟想要家长做什么,才能判断孩子的想法是对还是错。在尊重孩子的基础之上,家长才能对孩子的成长给予正确的引导。也只有在这样的基础上,与孩子的沟通才是有效的沟通,孩子乐于接受沟通,才会乐于接纳家长的建议,才能健康地成长。像宁宁妈妈那样丝毫不考虑孩子的想法,丝毫不顾及孩子情感的做法,是非常不可取的,那样只会将懂事听话的孩子推向叛逆的边缘,对孩子的成长贻害无穷。

2. 唠叨的话语就像慢性毒药

妈妈的唠叨,对于很多人而言,儿时是母亲给予的温暖,是母亲深情的关爱,但对于青春期的孩子而言,不管是妈妈还是爸爸,他们的唠

第二章
沟通前先提升你的沟通能力

叨就是一种折磨，是一种精神毒药，毒害着父子母子之间的亲情关系，让父母与孩子之间的隔阂越来越深，沟通越来越困难，给孩子的成长造成巨大的伤害。

小慧今年上初二了，平时在学校住宿，每个周末会回家去住。按理说一周不回家了，周末回家应该是一件非常高兴的事，但小慧有些害怕回家，因为她受不了妈妈的唠叨。妈妈总是没完没了地围绕着一件事不停地说，起初小慧还能体谅妈妈，但是经年累月这样，小慧怕了家里那种被妈妈唠叨出来的压抑氛围。

"你爸爸没本事，我跟他一辈子了，没享什么福，净跟着受罪了，你一定要好好学习，考个好大学，别再受妈妈的苦。"妈妈又在说了。

如果第一次听妈妈说这话，对孩子而言是励志的。小慧刚开始听妈妈这样说的时候，她下定决心要好好读书，长大了让妈妈过上好的生活。

但是现在这句话已经成为小慧每个周末回到家后妈妈固定的开场白。接下来妈妈会不停地催促小慧学习学习再学习，不给小慧留任何休息的时间。只要看到小慧没有在书桌前读书，那个熟悉的声音就会响起。

除了教育小慧学习，对于小慧的生活琐事，妈妈也是整天地唠叨：多穿衣服，多喝热水，吃饱喝足，别怕变胖……这些都是妈妈的常规语言。对于小慧的人际交往、与同学相处，妈妈也要横加干涉：这个人不能处，那个人要远离，妈妈是过来人，一切都是为了你好！

小慧知道妈妈是为了自己好，但是她真的受不了妈妈针对一个观点翻过来调过去地说。

在生活中，像小慧妈妈这样的家长有很多，她们往往饱受生活艰辛的折磨，渴望自己的孩子能够通过学习改变命运，于是在孩子面前就会一遍遍不厌其烦地"谆谆教诲"。但是在青春期的孩子面前，这样的话会让他们本来就脆弱的神经雪上加霜。

心理学研究认为，父母爱唠叨是他们自身不自信或缺乏安全感的外在表现，他们将自己的担心和焦虑通过唠叨转移到孩子身上，长时间在这种语境中生活，孩子会对自己的认知产生怀疑，将父母身上的焦虑承接过来，使自己变得和父母一样焦虑惶恐，这对世界观正在形成的青少年而言是非常有危害的。当青少年对父母通过唠叨传递的负面信息进行反抗拒绝时，外在表现就是与父母争吵。

爱唠叨不是一种好习惯，这种习惯会在不知不觉中对孩子造成心理上的伤害。像上面故事中的小慧，因为妈妈的唠叨，她感觉与妈妈在一起的时光非常压抑，导致她为了逃避这种压抑的感觉宁愿回家的时间少一些，这种表现令妈妈非常伤心，自己辛辛苦苦拉扯大的女儿，到头来居然不愿意跟自己相处。但反过来想，小慧有这样的想法不都是妈妈唠叨出来的吗？

唠叨给人最直观的感受，就是会让别人产生一种不被信任的感觉，使双方的关系变得疏远。另外，唠叨还是控制欲的一种表现，有很多父母面对越来越"不听话"的孩子，从内心深处接受不了这种变化，意图通过反复唠叨来加大自己在孩子心中的分量。其实这样的行为往往适得其反，不仅加剧了子女的叛逆，还让双方的关系越闹越僵。更可怕的是，长期在唠叨的氛围中生活，双方对彼此的感觉会逐渐淡化，最后演变成你说你的我说我的。到了某些时候，即使父母的意见是对的，孩子也不会采纳。因为在孩子看来，那不过又是一次可有可无的唠叨罢了。

所以，面对青春期的孩子，父母要少一些唠叨，多一些包容，提高与孩子沟通的质量，减少沟通中的无效话语，给孩子留一些思考的空间。

3. 青春期的孩子尊严胜过一切

尊严是一个人安身立命的根本，是一个人的脊梁，没有尊严的人在世上生活就如同行尸走肉一般，所以我们从小就要教育自己的孩子要有尊严。青春期的孩子正是世界观、人生观、价值观形成的关键时期，是一个人人格定型的时期，这一时期的孩子最看重自己的尊严，有着高于常人的自尊心。作为家长，我们一定要维护好孩子的尊严，为其日后的成长打下良好的基础。

青春期的孩子对于尊严的守护，最直接的表现就是"好面子"，为了自己的面子，他们可以奋发图强，同时也可能冲动鲁莽。所以这一时期的孩子，需要家长合理地引导，自己的尊严不被侵犯肯定是没错的，但更要让孩子明白什么是真正的尊严。

今年读高一的雨辰，酷爱打篮球，身边有一群爱好相同的同学，每天学习之余，大家都要在篮球场互相切磋。打篮球的孩子，往往都对球鞋特别在意，有很多同学在球场上都穿着名牌篮球鞋。雨辰家境一般，只穿着一双普通的篮球鞋，在同学面前觉得很没面子，这让雨辰感觉自己的自尊心受到了侵犯。

周末回家的时候,雨辰跟妈妈说自己想要一双球鞋,妈妈以为儿子说的是普通的鞋子,就拿出一百块钱来递给雨辰:"妈妈下午还得上班,你自己去市场买一双吧。"看着妈妈递过来的钱,雨辰有些不高兴,说:"妈,我要买的是球星代言的篮球鞋,最便宜的也得八百多吧。"妈妈一听吓了一跳,说道:"雨辰,咱们家的条件你是知道的,妈妈一个月的工资也就两千多块,你一双鞋就把咱们半个月的生活费花出去了。"

"算了算了,不买了,你快去上班吧。"没等妈妈把话说完,雨辰就打断了妈妈的话,扒拉了几口饭,扔下碗筷,回自己屋里去了。看着儿子埋怨的眼神,身为环卫工人的妈妈心里难受极了。

下午,雨辰应约去公园篮球场跟同学打篮球,路上他看到妈妈正在吃力地推着一大桶垃圾往垃圾车里倒,刺鼻的味道隔着几米远都能闻到。看着妈妈一边干呕一边倒垃圾的样子,雨辰心中有些内疚,觉得自己中午不应该那样跟妈妈说话,他想等晚上妈妈回来,一定跟妈妈道歉。

吃晚饭的时候,妈妈掏出八百块钱给雨辰,说道:"妈妈知道你长大了,爱面子,同学们都有,你没有,心里肯定难受。这是八百块钱,你拿去买鞋吧,大不了妈妈和你爸再辛苦一些。本来你爸说要从工地上回来待几天,我跟他说别回来了,多挣点钱好供你上学。"

听妈妈说完,雨辰红了眼眶,说道:"妈妈,我不买了。我想清楚了,获得尊严的方式有很多种,不一定非得比谁的鞋买得贵,我篮球技术出众,虽然穿的是几十块的篮球鞋,但照样把他们打得毫无还手之力,大家都特崇拜我。"

第二章
沟通前先提升你的沟通能力

看着懂事的儿子,妈妈说:"爸爸妈妈没本事,让你受委屈了。"

雨辰说道:"不要这样说,妈妈,你和爸爸辛勤劳动供我上学,吃了那么多苦,委屈的是你们,我一定会好好学习,不辜负你们的期望。"

不得不说,雨辰是一个懂事的孩子,他明白自己想要的是什么——父母安康,他懂得尊严不是攀比,而是凭自己的实力获得的。他的篮球技术一流,是篮球场上的明星,并不会因为他的普通球鞋而逊色。

作为父母,我们要懂得跟青春期孩子交流的方法,要知道他们的自尊心是非常强烈的,要维护好他们的自尊心,无论交流什么,我们都要在维护他自尊的前提下进行,这是双方能顺畅沟通的大前提。你给了孩子面子,孩子就愿意聆听你的教诲。而孩子的自尊心一旦受到伤害,他们就会感受到剧烈的挫败感,进而影响他们的健康成长,这是作为父母要尽力避免的事情。

4. 求同存异就可以了,言听计从不可能

很多父母在孩子进入青春期后,还奢望孩子能够像小时候一样,对自己言听计从。坦白地说,这是不可能的。与青春期的孩子相处,能做到求同存异就已经很不错了,如果想要让他们对你言听计从,那简直比登天还难。

与青春期的孩子相处，最失败的方式就是生硬地压制孩子，这样相处往往会招致孩子激烈的逆反，双方不欢而散。

聪明的父母在孩子处于青春期的时候，首先做的一件事就是告诉自己：孩子已经长大了，不可能再回到从前言听计从的时代了。与青春期的孩子相处的最好的办法就是找到与孩子的共同语言，除了事关孩子三观培养的问题不可妥协之外，很多无关紧要的问题都要通过求同存异来解决。

周末放假，小强在家里写作业，小东来找小强一起去打篮球。小强很想去，但是作业没做完，妈妈肯定不会同意他出去的。但小强又确实很想去，于是他试着跟妈妈沟通："妈妈，我做完这张语文卷，然后出去打会儿篮球行不行？"

"你们总共留了几张卷子？你还有多少没写？"妈妈问道。

"数学一张、语文一张、政治一张、物理一张、化学一张，数学卷我已经做完了。"小强说道。

"小强，快期中考试了，咱们得努力啊！"妈妈说道。

听妈妈这口气，小强觉得妈妈肯定是不会放自己出去了，心中不由得有些气恼。

但让他没想到的是，妈妈开出了条件："不过学习也要劳逸结合嘛。你把其他的都做完，化学留着回来之后做，减少半小时你晚上上网的时间，你觉得咋样？"

妈妈的反应有些出乎小强的意料，居然有商量的余地！小强想了想，说道："妈妈，我做完这几张卷子后估计他们都散伙了，要不这样，按您说的条件，语文卷的作文我也回来写，您看可不可以？"

妈妈笑着说："好，成交。"

得到了妈妈的同意，小强看到了出去跟朋友打篮球的希

第二章
沟通前先提升你的沟通能力

望,做作业的效率一下就上来了,他以最快的速度做完了几张试卷,然后出去打篮球了。

小强的妈妈是很聪明的家长,她明白如何跟自己已经迈入青春期的孩子相处。如果是小时候,妈妈不让小强出去玩,小强肯定会言听计从。但是妈妈明白,已经上初三的小强不可能甘于被管制,与其自己强行将他留下来在这里消极怠工,还不如让他提高学习效率,出去玩上一会儿,这样不仅作业能最大限度地完成,孩子心里还不至于不满意。

其实小强妈妈的做法就是我们所讲的求同存异,这里的"同"就是同意小强出去玩,"异"是怎样小强才能出去玩,这样妈妈就和小强站在了同一条战线上,母子二人都在为小强能够出去打篮球而努力,妈妈做出了自己尽可能大的让步,小强也用自己的学习效率回报了妈妈的信任,这样母子二人的关系就非常融洽了。

但是有的父母没有小强妈妈这样的智慧,他们在与孩子相处的过程中习惯于"一言堂",对孩子的意见置之不理,任何事情都是自己说了算,孩子的一举一动都必须要听自己的,这就导致在与孩子的相处过程中火药味十足,双方总是在压制与逆反的恶性循环中互相折磨。

张扬与同学约好周末去野外游玩,但是张扬的妈妈以学习为由不让张扬出去,这让张扬非常生气,他觉得自己已经是大人了,妈妈还这样管着自己,太欺负人了。中午趁妈妈睡觉的时候,张扬偷偷地跑出了家,自己在外面瞎逛了两天而没有回家。家里人急坏了,在找了很长时间无果后,只得报警。当警察找到张扬的时候,张扬满不在乎地说:"家里就是个监狱,他们天天跟看犯人一样看着我,我才不想回去呢。"

029

在场的警察同志不由得感慨："父母对孩子管束得有多严，才能让孩子说出这样无情的话语啊！"旁边妈妈一边抹眼泪，一边对张扬说："咱们回家吧，妈妈不那样管着你了，你想跟同学一块儿玩就去玩，妈妈肯定不拦着你了，只求你别再离家出走了。你不知道你离开家的这段时间妈妈有多担心。"

可以说，张扬的妈妈在处理亲子关系上很失败。管束太严，导致孩子逆反心理爆棚，最后孩子离家出走；当孩子离家出走行为出现后，又无原则地妥协，让孩子以为离家出走这一招可以用来挟家长，从而助长他离家出走的侥幸心理。张扬妈妈的这一系列行为都是不对的。

与青春期的孩子沟通，要用心交流，要尊重孩子的心理需求，让他在同学面前下得来台，但又不能放任孩子的胡闹行为。规矩要立，但不能教条，可以商量，但不能放纵。

5. 激将法或许是个好办法

每个人都有一颗好胜心，而青春期孩子的好胜心尤为强烈。聪明的父母往往懂得如何利用孩子的好胜心，用激将法对孩子进行反向激励。而孩子在父母激将法的作用下，貌似是在与父母对着干，实际上却达到了父母想要得到的教育效果。激将法有时是一种非常高明的与孩子沟通

第二章
沟通前先提升你的沟通能力

的方法。

激将法的使用要因人而异,父母要在了解自己孩子性格特征的基础上,来选择是否采用激将法。对性格强势、要强的孩子,使用激将法能够激发其体内潜藏的能量,让其在考试或做其他事情中超水平发挥,取得好的激励效果。但是如果孩子本身抗压能力低,性格偏软弱,就不适合用激将的方法来激励,只能用鼓励的方法帮孩子建立信心。

李明性格强势,轻易不服人。针对他这样的性格特点,李明爸爸就经常用他同学的事情来激发他的好胜心,以此来激励他取得进步。

这天晚上,爸爸故意在李明面前提起他的小学同学张华,爸爸说:"张华这孩子真是不错,他爸爸告诉我,这次期末考试张华又考了全班第一。为了奖励张华,他爸爸准备带他去南方旅游。"

一旁的李明听了爸爸的话,撇撇嘴说:"你看看人家的爸爸,真是大方,我长这么大了,连咱们市区都没出过。唉,孩子之间的差距就是这样拉开的啊!"

听了李明阴阳怪气的话,爸爸微微一笑,他明白这小子上钩了。

爸爸故作生气地说道:"你还有脸说这话!我倒是想带你出去转转,但你倒是给我机会呀,我不求你考个全班第一,你要是考进了你们班前十名,我就带你出去玩。"

"这话可是你说的啊,我要真考到前十名你可不许耍赖。"李明急切地说道。

"至于吗,我啥时候说话不算话过?小时候答应给你买变形金刚,你想想是不是当时就买了?"爸爸语气坚定地说。

031

"一言为定,你可不许反悔啊。考第一有难度,前十名的话我努力一下,还是有可能的,你就准备好你的钱吧。"李明在爸爸面前摆出一副嚣张的神态。

爸爸看着李明心中暗笑,脸上却摆出一副不屑一顾的表情,神情间表现出对李明的极度不信任。

妈妈有些担心,觉得爸爸这样看轻李明,会对李明的自信心产生不好的影响。

爸爸笑了笑说道:"放心吧,我的儿子我自己了解,这小子不激一激他是不会给你拿出真本事的。小时候那个张华是他的小跟班,现在拿张华的例子来激他再合适不过了。"

期末考试的成绩证明了爸爸的激将策略在李明身上非常有效,李明的成绩出人意料地排在了全班第三名,让任课老师大跌眼镜,李明这次真是一鸣惊人啊。

寒假的时候,爸爸和妈妈带着李明到南方去旅游,在南下的列车上,李明兴致勃勃地说:"老爸,敢不敢再赌一下,我要是下学期期中考试拿下全班第一,你给我买我喜欢的篮球鞋……"

爸爸在一旁笑笑,说道:"你以为我傻啊!这趟旅行已经花去我两个月的工资了,再给你买鞋,我还活不活了?"

爸爸的激将法成功了,而成功的根本是爸爸对李明性格的深刻了解,他明白李明有着超强的抗压能力和坚实的知识储备,只要用一个事件激发一下,就能让他发挥出巨大的潜力。很多家长可能很疑惑:为什么李明爸爸没有乘胜追击,再跟李明赌一次,再激他一下呢?其实这里面的道理很微妙,激将法属于兵行险招,出其不意往往能取得很好的效果,但如果无休止地使用,其效果就会大打折扣,甚至无效。另外,激将法是把双刃剑,用的对象不准确,不但不会起到促进孩子提高的效果,还会产生反作用。所以,当李明提出新的条件时,爸爸巧妙地拒绝了。看上去,考个全班第一给买双篮球鞋,爸爸很划算,但教育孩子不是绝对的支出与收入那么简单。

  王刚的妈妈听说了李明爸爸的故事后,也想用激将法激励一下自己的儿子。但是王刚的性格与李明正好相反,本来王刚的性格就偏弱势,自信心严重不足,与人交往时也唯唯诺诺的,妈妈将激将法用在王刚身上,就好像一拳打在棉花上,王刚非但没有像李明那样触底反弹,反而日渐消沉,真的像妈妈说的那样"萎靡不振"了,这让妈妈很困惑,也很后悔。

  出现这样的结果,归根结底是王刚不适合激将法,王刚这样的孩子更适合鼓励法,需要家长努力去帮他树立信心。在孩子最需要帮助的时候去激他,将他的军,效果当然不会很好了。

6. 不能控制脾气,必然要出问题

  青春期的孩子躁动不安,对于家长的管束有强烈的逆反心理,他们就像是一堆火药,稍微一点火星就能将他们引爆,对此无数家长颇感头疼与无奈。孩子进入青春期后,很多家长都有与孩子产生矛盾进而争吵的经历，而这些争吵稍有不慎就会引发不可想象的后果。许多冲动的孩子因为与家人闹意见而选择离家出走，最终酿成无可挽回的后果，之所以出现这样的局面，很多时候是因为家长不会与孩子沟通造成的。

王潇再次因为学习的问题与妈妈发生了激烈的争吵，正在气头上的王潇无法忍受妈妈对自己的管束以及无休止的说教，对妈妈大声喊道："我讨厌这个家，我再也不想在这个家里待下去了。"说着就摔门而出。而气头上的妈妈也不甘示弱，她追到楼门口，冲着王潇大声喊道："你现在翅膀硬了，可以自己飞了，你今天离开，就永远不要再回来，就当我没有生过你。"

这母子两人说话都很冲，每一句话都像刀子一般插入对方的心脏，恨不得将对方伤得撕心裂肺。而妈妈最后几句话说出口后，本来还略带迟疑的王潇坚定了自己前进的步伐，他这次真的离家出走了。

迈着沉重的步伐回到房间后，妈妈就后悔了，她想去找王潇，但又有些迟疑。当她最终下定决心去找王潇的时候，已经是茫茫黑夜，城市那么大，去哪儿找儿子呢？妈妈试着给王潇的几个同学打了电话，对方都说王潇没有来过。妈妈彻底慌了，她后悔对王潇说那么绝情的话，要是可以重来，她肯定不会那样说话，她会控制自己的情绪，给王潇留下缓和的余地，孩子就不会真的离家出走了。

青春期的孩子冲动而叛逆，做事没有轻重，如果家长不能很好地控制自己的脾气，那么在与孩子的沟通中就必然出问题。如果家长也像孩

第二章
沟通前先提升你的沟通能力

子那样冲动易怒,说话没有轻重,那只能说明这个家长是不合格、不称职的。与青春期的孩子沟通时,千万不能让孩子的情绪左右了自己,即使你已经生气到了极点,也要时刻牢记与孩子说话要留三分,事后才有缓和的可能。

  看着小丽的数学期中测试卷,那红红的59分刺痛着妈妈的心,她没有想到自己的女儿的成绩居然已经沦落到不及格的地步,这真是让她难以接受。尽管心中十分愤怒,妈妈还是强忍着怒火没有发作,说道:"这次怎么考得这么低?你的数学不是一直还算稳定吗?"

  小丽只是低着头不说话。

  妈妈没有再多说什么,让小丽回自己房间写作业去了。

  妈妈打电话给小丽的数学老师,询问小丽在学校的情况,以及为何这次考试发挥得如此反常。数学老师在电话中告诉小丽妈妈,考试的时候小丽突然肚子疼,虽然她坚持到了考试结束,但是成绩差强人意,孩子应该已经尽力了。

  打完电话,妈妈很庆幸刚才没有对小丽说什么难听的话,否则孩子心里肯定会更委屈的。

  过了一会儿,妈妈端着一杯姜糖水来到小丽的房间,对小丽说:"妈妈知道我的女儿是最优秀的,以后有什么特殊情况就告诉妈妈,妈妈能体谅你的痛楚。这次是妈妈疏忽大意了,还请我的宝贝女儿不要责怪妈妈。"

  小丽看着妈妈,感激地点了点头。本来她已经做好了回家被妈妈劈头盖脸痛骂的准备,但是没想到妈妈如此理解自己,一时间小丽的眼眶湿润,扑入妈妈的怀中抽泣起来,将这一天心中的委屈都发泄了出来。

哭够了，小丽对妈妈说："妈妈，放心吧，我一定好好努力学习，争取下次考试考出让您满意的成绩。"

小丽的妈妈在与小丽的沟通中，虽然很愤怒，但是她控制住了自己的脾气，而且及时了解了真实的情况，留下了与小丽缓和关系的余地，使得母女关系更和谐。如果妈妈一开始就对小丽劈头盖脸一顿骂，那只会激起小丽的逆反心理，到时候小丽难免自暴自弃，对学习产生非常不好的影响。

作为青春期孩子的家长，千万要记住，在言语上一定要留下转圜的余地，即使当时再愤怒也不要忘记，否则当你把门堵死时，再想走进孩子的内心就难上加难了。

第三章

正面冲突，两败俱伤

与青春期的孩子沟通，最怕的是什么？答案是"针尖对麦芒"。爸爸妈妈最愚蠢的行为就是跟孩子"正面冲突"。青春期的孩子，思想单纯而偏激，急需要父母加以引导，帮他们从自己偏激的思维中走出来，这是每一个成功的家长应该去做的事。如果面对孩子出现的问题，不是引导开解，而是针尖对麦芒般地冲突，那结果只能是两败俱伤，做父母的伤心失望，而孩子则是无措和迷茫。

1. 必须承认孩子已经长大了

很多时候，父母会觉得青春期的孩子变了，跟小时候完全不一样了。其实出现这样的认知的根源不在孩子，而在家长。孩子只不过是按照自己身体和心理发育规律自然地生长，是父母对孩子的认识没有随着孩子的成长而成长。这就和"刻舟求剑"这个成语的寓意一样。你一直用孩子五岁时的教育方法教育孩子，可现在孩子已经十五岁了，他还能听你的话吗？你觉得问题出在谁身上？

作为青春期孩子的父母，所要做到的最重要的一点就是必须承认你的孩子已经长大了。不管你愿意还是不愿意，他真的已经长大了，你与他相处的方式、对他的教育方法也要随着他的成长而变化了，这考验着父母的教育智慧，更考验着父母自我调整的能力。

周涛今年十五岁，是一名初二的学生。从很小的时候开始，他就已经习惯了妈妈对他生活的安排，尤其是在兴趣爱好的培养上，可以说妈妈是"一手遮天"。由于妈妈对音乐的特殊爱好，从幼儿园开始，妈妈就为周涛报了很多音乐类的课外兴趣班，从小到大，周涛除了学习课内文化外，还穿梭于课外的钢琴培训班、古筝培训班、架子鼓培训班、小提琴培训班……周涛早就厌倦了音符带给他的感官刺激，他对音乐不多

第三章

正面冲突，两败俱伤

的兴趣也早就在日复一日的练习中消磨殆尽。周涛喜欢体育，喜欢看足球和篮球，但每当他想安安静静看会儿球的时候，传来的都是妈妈催促他赶紧去练琴的声音。

进入初中后，周涛越来越忍受不了妈妈的专制。周末他写完作业后跟同学约好一块儿去体育场打篮球，但是妈妈拦住了他，让他去房间练琴，一股怒火在周涛的心中燃起，一个声音在他的脑海中不停地盘旋："我忍你很久了，妈妈，你欺人太甚了。"

周涛声音有些颤抖地说："妈妈，我已经跟同学约好了，我要去打篮球，请您不要再拦着我了。实话跟您说了吧，我不喜欢练琴，也许对您而言琴声是享受，但对我而言，琴声就是一种折磨，我早就听烦了，感觉从一生下来我就在不停地练琴。您是否问过我喜不喜欢练琴？我爱运动，妈妈，我想去踢足球，想去打篮球。"

说完，周涛摔门而出。

看着儿子离开的背影，妈妈眼中蓄满了泪水，眼前的儿子让她感觉有些陌生，这还是自己那个听话的小涛吗？以前妈妈让干什么，周涛就会去干什么，从来不会顶嘴或者反驳。自己所做的一切都是为了他好啊，将来做个音乐家，多有气质、多有前途，怎么这个孩子就不明白呢？妈妈无力地瘫坐在沙发上，脑子混乱极了，究竟是哪儿出了问题？为什么孩子会变得这么不听话呢？

其实，不是小涛不听话了，而是妈妈的教育方法已经严重滞后了。妈妈在孩子小的时候违背孩子意愿，想当然地让孩子学各种音乐课程是不对的。孩子所有的兴趣学习，是建立在孩子感兴趣的基础之上的，而妈妈却以个人的喜好来决定孩子的未来。孩子在小的时候，会遵从家长的要求，按照其要求去做，家长也可以左右他的决定。但是孩子进入青春期后，已经有了自己的想法，他们想要自己去做决定，家长如果还用他们小时候的那一套方法与他们沟通交流，肯定就行不通了。

孩子长大了，这是客观存在的事实，父母必须深刻认识到这一点，孩子已经有了自己的想法，有了自己的主张，家长再也不能替他们包办一切，家长觉得是在为孩子保驾护航，可在孩子看来，这一切则是对他的束缚和压制。所以在同青春期孩子交流的时候，家长要做的第一点就是承认他们已经长大的事实，站在平等的角度与他们交流，在讲问题之前，尽可能地在情感上与他们达成一致，形成一种和谐的相处关系，让他们不再抵触家长。

要做到这一点，家长需要在很多方面做出改变，比如在称呼上，小时候家长都是称呼孩子的小名，但到了青春期，家长要尽量称呼孩子的大名；在说话的语气上，家长要尽可能避免使用祈使句，多用一些征询意见的话语，让孩子感觉到自己被尊重、被认可，满足孩子的成人感；在做决定的时候，家长要尽量尊重孩子的意见，只要不是事关孩子安危的问题，尽量不要与孩子产生冲突。

青春期是人一生当中从孩童向成人转变的关键时期，父母在这一时期需要不断调整自己的定位以达到与孩子和谐地相处，想要平稳度过这一时期，就从承认孩子已经长大这一点开始吧。

2. 站在他的角度，问题不再是问题

很多时候，人与人产生冲突的根本原因就是所站的角度不同。每个人都只关注自己这方面的因素，有意无意地忽略别人的关切，双方沟通

第三章
正面冲突，两败俱伤

起来自然不会顺畅。在与青春期孩子的交流过程中，许多家长就是犯了这样的错误，一味地站在自己的角度看问题，忽略了孩子的自身需求，导致双方矛盾丛生，势同水火。

孩子刚刚从孩童向成人转变，看问题难免单纯偏激，这时拥有丰富社会阅历的家长就需要对孩子多加引导，不仅是通过人生阅历对孩子进行简单的说教，更应该通过行动为孩子做出好的表率，多站在孩子的角度看问题，尽可能地消除双方的分歧。一些无关紧要的问题，不要跟孩子对着干，多给孩子一些尊重，满足他们的合理需求，双方之间的沟通自然就会顺畅了。

赵阳是一名阳光帅气的大男孩，今年读初三，和爸爸妈妈相处得非常融洽。很多家长都羡慕赵阳的妈妈，问她平时是如何跟孩子相处的，为何自己家总是因为孩子的问题闹得鸡犬不宁。

面对大家的询问，赵阳妈妈说道："我也没什么秘诀，无非就是多站在孩子的角度来看问题。很多时候只要不是原则性问题，我都会尽量尊重赵阳的想法。比如上次月考前，赵阳在家里复习，下午的时候他跟我商量，说晚上六点半有一场足球赛，他很想看，并表示他愿意多做一张卷子以换取看球赛的机会。面对孩子的要求，我没有拒绝，孩子主动跟我商量，是孩子对我的尊重和信任。学习，关键不在时间的长短，而在效率的高低。一场球赛不会影响赵阳的学习效果。所以我没有拒绝孩子，并且告诉他，他不用非得做那张卷子。我让他看球赛是对他的尊重和信任，我相信他能够安排好自己的时间。"

赵阳妈妈这样的决定后来证明效果是很好的，看完球赛的赵阳很满足，对妈妈的理解很感激，八点多就回到自己屋里开始复习。十点多时妈妈让他早点休息,孩子很懂事地说:"妈妈,我再复习一会儿,争取把刚才看球赛落下的内容复习完,答应您的那张卷子我已经做完了,我可是说话算话的男子汉。"

赵阳妈妈的教育心得告诉我们,与孩子沟通,特别是与青春期的孩子沟通,一定要站在孩子的角度考虑问题,你站在他的角度,他就能感受到你的理解和尊重,就能平心静气地与你沟通和交流,青春期孩子容易出现的叛逆、烦躁等情绪就能被化解,双方沟通起来就能顺畅很多。

很多时候,父母和孩子之间出现这样或那样的问题,都出在父母思想的自我上,父母总是按照自己的想法去考虑问题,很少能照顾到孩子的感受,导致孩子感觉没有得到父母的尊重和认可,激发了孩子青春期的逆反情绪,使双方关系进入恶性循环。

>玲玲和妈妈的关系一直以来非常融洽,但进入初中后,母女二人经常因为穿衣服的问题产生分歧,有时甚至会大吵起来。妈妈说玲玲翅膀硬了,学会顶嘴了,自己怕她冻着,一片苦心玲玲总也感觉不到;而玲玲则说妈妈什么都要管,把自己打扮得土里土气的,让自己在同学面前抬不起头来。

这样的琐碎问题在我们的生活中非常常见。其实母女之间能有多大的问题呢?都是因为彼此不能站在对方的角度考虑问题导致的。作为妈妈,考虑问题不全面,一味按照自己的行事风格压制孩子,结果适得其反。妈妈的本意是让玲玲穿暖和一些,保护好身体,而玲玲不满的地方在于妈妈总把自己穿得鼓鼓囊囊的,已经开始在意自己形象的玲玲肯定接受不了妈妈这样的安排。

其实,妈妈只要考虑到玲玲的关注点问题就很好解决了,并不是玲玲喜欢穿的衣服都是不保暖的,在给她置办衣服的时候首先满足玲玲爱美的需求,在这个前提下再考虑衣服的保暖问题,问题就很容易解决了。

3. 暴风骤雨的管教方式不灵了

对于孩子的管教,很多家长都是粗放式管理,信奉的都是"强权政治"——我是你爸(你妈),你就得听我的,我让你干什么你就要干什么。更有甚者,笃信"棍棒之下出孝子"这样的理念,孩子在家庭中可谓"苦不堪言"。

这样"暴风骤雨"式的家庭教育方式,对父母而言可以说是"省时省力",但在孩子进入青春期后,对家庭而言可以说是灾难。

有这样一句话:"压迫越严重,反抗就越激烈。"这句话用在这里再合适不过了。从小遭受压制的孩子,在进入青春期后会出现"报复性"逆反的现象,小的时候力量弱小,无法反抗父母的压制,进入青春期后,自我意识增强,面对父母的压制必然会激烈反抗,导致父母在这时候措手不及,于是很多父母会说:"这孩子长大后跟变了个人似的。"

> 明明的爸爸是个性格暴躁的人,孩子小的时候稍有不对,就会被拳打脚踢,虽然妈妈每次都护着孩子,但明明小时候还是没少挨打,让他最难以忘记的就是有一次自己考试没及格,爸爸一脚就把自己踹到了门外面,屁股上一片乌青。
>
> 上了初中后,明明在学校住宿,周末回一次家。初二那

年的一个周末,明明在家里写作业,爸爸让他跟自己去集市卖西瓜,明明说:"我今天作业挺多的,您先去吧,我做完了就去集市找你。"爸爸一听这话,火气瞬间冲上来,抄起扫帚就要打明明。明明反应也快,瞬间从橱柜里抽出一把菜刀,大喊道:"我忍你很久了,从小到大,一不顺你心意你就打我,今天你打我试试。"

爸爸被明明的举动镇住了,他从来没有想到孩子会有这样的反应。长期以来,在父子关系中,自己是绝对的主宰,根本没有孩子说话的份儿,今天孩子突然间抄起了菜刀,让爸爸感到措手不及。

爸爸放下手中的扫帚,悻悻地出门卖西瓜去了。

案例中明明爸爸对孩子的教育可谓是失败至极,心中得有多大的怨气才能让明明对自己的爸爸拔刀相向!小的时候,面对爸爸"暴风骤雨"式的管教方法无力反抗,只能默默承受;但到了青春期以后,明明已经无法再忍受爸爸的"暴力管教",于是,案例中的一幕终于发生了。作为父母,有必要认真思考一下该如何管理自己的孩子。

小刚今年已经上初二了,对于许多事情他都有自己的想法,比如这次的学校篮球比赛,他非常想参加,但是这样肯定会占用一部分学习的时间。从进入学校上学开始,小刚就知道妈妈对自己的学习抓得很紧,生怕自己跟不上老师的讲课进度。

于是小刚试着跟妈妈沟通,希望妈妈可以同意自己参加篮球比赛。

小刚对妈妈说:"妈妈,学校要组织篮球比赛,我觉得我应该参加,您是不知道我们班那几个打篮球的,那叫一个臭。要是没有我的组织,我估计我们班连小组赛都出线不了。"

第三章
正面冲突，两败俱伤

正在做饭的妈妈说道："看把你能耐的，没有你地球还不转了？不就是想打球嘛，妈妈尊重你的意见，但有一条，学习不能受到影响，你要能做到，妈妈不反对。"

小刚高兴地说："我的妈妈是最讲道理的妈妈了，放心吧，我肯定不会耽误学习。"

这事要是放在以前，妈妈肯定不会同意小刚参加的，但是最近妈妈逐渐认识到自己之前的教育方法已经不适合小刚了，小刚之前对于自己的要求总是无条件执行，但是随着孩子慢慢长大，小刚开始提出一些自己的意见，妈妈觉得孩子已经长大了，如果不考虑孩子的感受，一味地压制孩子的想法，与孩子的关系肯定会搞僵。所以妈妈改变了自己跟孩子沟通的方式，尽量站在孩子的角度去考虑问题，如果孩子提出自己的想法，要尽量去满足他而不是打击或反对。目前来看效果不错，自己跟儿子的关系还算融洽，没有出现其他人说的那种孩子青春期的问题。

孩子进入青春期后，父母必须要及时反省自己的教育方法，"暴风骤雨"式的教育方法已经不再适合青春期的孩子了，这种教育方法只能将事情越弄越糟，使得父母与孩子的关系越来越紧张，问题重重。

4. 平等的交流会有意外的收获

在孩子的青春期，很多父母都会与孩子发生这样或那样的矛盾，究其根源，就在于双方沟通地位的不对等，不对等的沟通必然引发种种矛盾。聪明的父母在与孩子沟通的时候，会放低自己的姿态，主动弯下腰，用平等的视角与孩子交流，并通过这样的方式了解自己的孩子，感受孩子的想法，以更好地引导孩子。

娜娜跟爸爸去看演出时，因为场地简陋的原因，大家都站在那里，围成一圈观看。演员的表演很精彩，爸爸看得很开心，但是娜娜一个劲儿地扯爸爸的裤腿喊着要走，爸爸有些不耐烦：这么好看的演出，为何要惦记着走呢？后来娜娜实在闹得不行，爸爸只能无奈地准备离开，娜娜要求爸爸抱，当爸爸弯下腰准备抱娜娜的一瞬间，他突然间发现在娜娜的视线里，除了人们的腿什么都看不到。爸爸意识到自己错了，是自己太自我了，以自己的视角来看问题，忽略了女儿的感受，怪不得女儿嚷着要走呢！

在故事中，爸爸与孩子本来看问题的视角就是不同的，又因为身高差，爸爸非要用自己视角看到的内容来要求孩子，这对孩子而言是不公平的。我们把这个道理引入到家长跟青春期孩子的沟通上来，虽然孩子此时在身高上已经快要跟家长差不多了，但不可忽视的是，他们的心理还在飞速地成长过程中，在这一过程中，作为家长，切不可想当然地以大人看问题的视角为基准来与孩子们沟通，孩子的认知能力和社会阅历还没有达到家长的高度，家长需要弯下自己心中的"腰"，尽可能站在孩子的视角看问题，平等地与他们进行交流。

班里要举行演讲比赛，老师在微信群里发了消息，希望同学们可以踊跃报名。小华妈妈想给小华报名，她觉得这是展示小华演讲才华的好机会。在妈妈心中，小华的表达能力一向很好，这次比赛肯定会大放异彩。

第三章
正面冲突，两败俱伤

听到妈妈给自己报名的消息，小华很不满，觉得妈妈太霸道，没有征求自己的意见就给自己报名了，她表示自己肯定不会参加比赛。

妈妈觉得这是个机会，但小华并不这么认为。因为这学期新增加了几何、物理等课程，所以小华的学业压力比较大，对于新增加的这两门课程小华还不是很适应，平时学习成绩很好的小华，最近几次测验的分数被这两门课程拉得比较厉害，所以小华自己增加了学习时间，想要将这两门课学好。对于这一切，妈妈并不知道。

后来，妈妈在与小华的沟通过程中，了解到了小华最近遇到的问题，她当即夸奖了小华这种不服输的精神，并全力支持小华专心学习，如果小华觉得精力有限，无暇准备演讲比赛，妈妈也尊重小华的意见。

站在小华的角度来看，此时确实不是参加演讲比赛的好时机：不好好准备，便不能取得好名次，参加的意义不大；精心准备，势必影响自己的学习计划，导致跟不上老师的节奏，会对今后的学习产生影响。要想弄明白小华为何会强烈地拒绝演讲比赛，妈妈只有站在与小华平等的角度去交流，让孩子感受到对她的尊重和关心，才能明白其中的原委，才能解决问题，可见平等交流是多么重要。

站在与孩子平等的角度看问题，是父母同青春期的孩子顺畅交流、和谐相处的前提，也是父母与孩子进行高效沟通的先决条件。家长弯下了腰，孩子就会让你走入他的内心，知道了孩子心中的想法，与孩子的沟通就会畅通无阻。

但与孩子平等交流不只是说说而已，需要家长身体力行地去做。在这一过程中，家长首先要明确与孩子平等交流的观念，要从内心深处与孩子平等地交流，而不是假模假样地与孩子演戏，否则非但不能走入孩子的内心世界，反而会让孩子产生反感；其次，家长要认真倾听孩子的心理诉求，了解孩子的真实想法，权衡利弊后做出自己的判断，如果可以，要尽可能地尊重孩子的想法；最后，也是最重要的，家长要创造与孩子沟通的良好氛围，好的氛围才可能实现心与心的交流，如果家庭氛围死气沉沉，是不可能实现顺畅沟通的。

5. 距离产生美，空间彰显爱

我们在与人相处的时候，常常会说"距离产生美"这句话，意思就是人与人之间相处，不要太过紧密，要适当地与对方拉开一些距离，给彼此留下一些空间，只有这样，亲戚之间、朋友之间的情谊才可能长久。如果两个人长年累月地黏在一起，彼此之间一点空间都没有，那么两人的关系迟早会出问题。这个道理同样适用于家长同青春期孩子的相处上。

进入青春期的孩子，已经有了独立的人格与独立的个性，有自己独立的想法，渴望摆脱父母的束缚，有一些自己的空间，他们反感父母对自己的干涉，尽管此时他们还没有能力独自生活。家长的干涉和管束会在他们的心中催生一种焦虑感，他们渴望独立，但又无法真正独立，他们希望有自己的空间，又没有能力阻止父母对他们生活的介入，于是他们就只能通过叛逆的方式来表达自己的诉求和不满，以求获得一丝属于自己的空间。

李成是一名初二的学生，学习之余，他经常会把自己生活

第三章
正面冲突，两败俱伤

中的一些小感触写进日记本里。但是有一天，李成发现自己的抽屉被人动过了，而且日记本上做的标记也明显被动过。

李成心中有些气恼，感觉自己的隐私受到了侵犯。他来到客厅问妈妈："你是不是动我的日记本了？你怎么能随便翻我的东西？尊重别人的隐私你不懂吗？"

"没有啊，我哪儿动你的东西了？"妈妈企图抵赖。

"我粘住的页角都被撕开了，爸爸又不在家，除了你，还有谁能动我东西？难道家里进贼了？"李成愤愤地说道。

看无法再抵赖，妈妈索性来硬的："我怎么就不能动你东西了？你都是我生的，你有什么东西是我不能看的？我这不也是关心你吗？"

看着妈妈如此蛮横不讲理，李成摔门进了自己的屋里，不再理她。

妈妈坐在客厅里发愣，她有些后悔说那样的话，自己一直教育孩子要讲道理，现在却给孩子做出了不好的榜样。她后悔早晨打扫房间的时候没有忍住好奇心而翻了孩子的抽屉，而且她也没想到李成心思这么缜密，还学会在日记本上做标记了。

妈妈想了一会儿，然后轻轻地敲了敲李成的门，说道："小成，别生气了，妈妈错了，妈妈再也不乱翻你的东西了，你就原谅妈妈一次吧。"

李成看看房门，说："我希望您能尊重我的隐私，给我一点空间。"

妈妈笑着说："好，好，妈妈尊重小成，下不为例。"

母子之间关于家庭教育的一段小插曲就这样拉下了帷幕，但是这样的桥段在不同的家庭中不断地上演。父母想当然地认为孩子是自己的全部，对于父母而言，孩子应该是透明的，自己要掌控孩子的一切，否则心里会没底。我们换位思考，如果你背后总有一双眼睛盯着你，你会是什么感觉？那是一种非常不舒服的感觉，很容易使孩子加重逆反心理，严重时会导致学习上的对立情绪。

每个人都需要自己的空间，孩子也一样。小的时候，孩子对父母很依恋，所以貌似没有自己的私人空间。进入青春期后，孩子已经格外在意对自己隐私的保护，这时候父母应该自觉地给孩子留出个人的空间，让孩子有一个宽松的环境调整自己的情绪和状态。

在这个问题上，小佳的妈妈就做得很好，她从不去窥探小佳的隐私，并跟小佳约法三章：第一，小佳自己的屋子自己打扫，妈妈不再负责小佳房间的卫生，理由并不是妈妈不愿意照顾小佳，而是妈妈希望小佳自己休息的环境自己管理，不要给妈妈留下发现小佳隐私的机会，妈妈怕自己控制不住自己的好奇心；第二，不管是在学习上还是情感上，小佳遇到不顺心的事情不能自己扛着，要及时找妈妈，妈妈永远是女儿最坚强的后盾；第三，小佳在事关自身安危的问题上不能自己擅自做主，要找妈妈商量，对于安全的问题，小佳没有自主裁定权，必须听妈妈的。

在这三条约定的指导下，小佳和妈妈的关系丝毫没有因为小佳青春期情绪的波动而受到影响，母女之间就像相处多年的好闺蜜一样，有什么问题女儿都会跟妈妈倾诉，让妈妈帮着拿主意，而妈妈也非常信任自己的女儿，有疑虑就会直接询问女儿，而不是采取偷看等行为。

空间感真的很重要，因为空间感是安全感必要的保证。家长给孩子留下空间，孩子就会感受到家长的尊重，就会感受到家长带给他们的安全感。父母要用关心、平等和尊重的态度对待孩子。尊重孩子的隐私权，尊重孩子的人格特点。

6. 有些权利你必须要放手了

很多时候，父母与青春期的孩子发生矛盾，起因往往是父母对孩子管得太严、太细，导致孩子产生逆反心理，进而双方发生矛盾。前面我们已经讲过，这里有必要再强调一遍：作为青春期孩子的父母，必须要告诉自己，孩子已经长大了，不能再用之前的方式来教育孩子了。在这一时期，聪明的父母要懂得给孩子放权，将一些权利还给孩子，让孩子自己来做决定，这样能有效降低父母与孩子之间发生矛盾的频率。

放暑假了，芳芳妈妈给芳芳在网上报了一个暑假补习班，但是在报之前妈妈并没有征求芳芳的意见。从学校回来的芳芳听完妈妈的话后很生气，表示自己暑假里已经做好了规划，没有时间去上网课。妈妈听了芳芳的话也很生气，说道："你现在正是学习的时候，学习是你的主要任务，你要多拿出时间来学习，而不是干其他的事情。"妈妈的话一下引燃了芳芳的怒火，她说道："我已经初二了，应该怎么安排我的学习是我的自由，况且我期末考试成绩排在全班前三名，我觉得我已经学得很好了，为什么还要让我上什么补习班？暑假我要去图书馆看书，去打羽毛球，去爬山，另外，我会安排时间复习上学期的知识，预习下学期的知识，这些我都已经计划好了，为什么非要替我安排我的假期生活呢？"说完芳芳生气地摔门而出，留下妈妈坐在沙发上发愣，她有些纳闷：这孩子是怎么了？以前自己说什么她就干什么，现在怎么这么不听话呢？

很多家长都有芳芳妈妈这样的困惑，她们从孩子出生开始就事事为孩子操劳，不管大事小事，都是自己说了算，很少去关心孩子是否喜欢她们的安排，只是感觉自己整日为孩子操劳，累并快乐着。其实家长的这种想法和做法是不对的。在孩子小的时候，孩子还没有自己的想法，也没有能力反对家长的安排，所以就这样过来了，但孩子没有反对，并不代表着家长的这种安排就是对的。孩子进入青春期后，自己的意识已经形成，有了自己的想法，渴望自己为自己的事情做主，这个时候家长还为孩子安排所有事情，孩子与其产生冲突就是难免的了。

孩子进入青春期后，已经有了自己安排生活和学习的能力，而且他们也乐意自己来安排自己的事情，所以许多小时候爸爸妈妈代为行使的权利，是时候还给孩子了。家长把属于孩子的权利握在手中，孩子不反抗，那这个孩子长大后会缺乏自理能力，也就是我们通常所说的"妈宝男"；而孩子如果反抗并争取属于自己的权利，就会面临很多青春期常见的问题，家庭就会纷争不断，家庭关系也会势如水火。聪明的父母会选择在孩子青春期这个特殊的成长阶段逐步对孩子放权，培养孩子的自理能力，这样不但锻炼了孩子，给了孩子成长的机会，而且家庭关系和谐，有利于孩子身心健康成长。

那么，在孩子的青春期，家长应该给孩子下放哪些权利呢？

首先，是自主权，就是上面案例中芳芳索要的权利。孩子长大了，有权根据自己的想法安排自己的事情，只要孩子的行为不涉及人身安危，不涉及思想健康，父母就应该放手让孩子自己去做决定。比如父母

第三章
正面冲突，两败俱伤

和孩子都希望能取得好成绩，至于如何才能取得好成绩，每个人的方法是不一样的，如果孩子有自己的想法，那就应该让孩子自主决定应该如何去做，而不是由父母要求孩子怎么去做。生活中很多父母口中的"你要怎么做""你应该怎么做""你必须怎么做"等话语，都是剥夺孩子自主权的行为。

其次，父母应该给孩子足够的发言权。要让孩子在家庭中感到一种尊重、认可，让孩子觉得自己很重要，提升孩子的自信心。

再次，父母应该给孩子支配时间的权利。孩子已经长大了，他们的思想非常活跃，有许多自己感兴趣的事情要去做，而这些都需要有时间才能完成。在不耽误学业的前提下，家长应尽可能满足孩子的想法和爱好，让他们合理安排自己的时间。如果家长管束太严，孩子心中的想法无法实现，他们会认为是因为家长强迫学习而让他们丧失了接触新鲜事物和实现想法的机会，进而排斥学习，结果弄巧成拙。

最后，要尊重孩子的隐私权。家长不要因为他是你的孩子，就窥探他的隐私，这是对他极大的不尊重。很多时候，对孩子隐私权的侵犯都是家庭中家长与孩子矛盾的导火索，因为家长对孩子的隐私不够尊重，导致孩子对父母失去信任，进而产生隔阂，疏远了父母。

除了上面说到的权利，还有诸如参与权、决定权、知情权等与孩子相关的权利。作为青春期孩子的家长，应该让孩子逐渐学会安排自己的事情，学着去担当、去负责。当然，下放权力不意味着放任不管。家长将做事的主动权交给孩子后，要做好监督和指导的工作，在确保孩子健康成长的前提下信任他们、引导他们。

7. 过度加压会把孩子压垮

"没有压力就没有动力",这是很多人经常说的一句话。不可否认,压力有时确实可以转化为动力,促进事物的发展,但是凡事皆有度。作为青春期孩子的家长,适当地给孩子一些压力,可以激励孩子努力奋斗,但是如果这种压力过头了,就会产生负面的效应。特别是对于性格懦弱的孩子,给他压力,不但起不到激励作用,还会让孩子在压力下心态失衡,将孩子压垮。

李静很苦恼,因为她不明白妈妈如何才会对自己满意,不管自己考试取得什么样的成绩,妈妈总能找到理由说她一顿,并且对她进行一次忆苦思甜教育。李静今年已经念初二了,从小学到现在,这种经历已经快要成为李静的梦魇。其实有时候李静也理解妈妈的辛苦,知道妈妈一个人将自己拉扯大很不容易,经常挂在妈妈嘴边的话就是:"你一定要好好学习,将来出人头地,不要再受妈妈的苦。妈妈命不好,妈妈没文化,你爸爸走得早,只能自己扛着,妈妈就全指望你了,你一定要好好学习。"懂事的李静从小就努力学习,每次考试都是班里的第一名,即便如此,依然避免不了妈妈的说教。有一次李静考了全班第二,退步了一位,妈妈的反

第三章

正面冲突，两败俱伤

应让李静感到恐慌，好像发生了什么天大的事情一样，妈妈居然拉着李静谈话谈到了半夜十二点。这让李静有了心理阴影，她已经很努力地学习了，她不知道自己是否还能够一直坚持学下去。

李静很羡慕同桌安然。安然的成绩只能勉强算得上中等，每次考试不管考了多少分安然都很轻松，安然说她爸爸妈妈只希望她能取得进步，至于考多少，顺其自然吧。李静想，如果妈妈能这样想就好了。每次考完试，俩人都会有不同的表现：考了99分的李静愁容满面，而考了89分的安然却喜形于色。李静在愁回家怎么跟妈妈解释那一分是怎么丢的，而安然开心的是上次考试她考了88分。

李静明白妈妈的苦，也理解妈妈的啰唆、唠叨，但是她发现最近自己的心理状态很不好，有些厌学，每天都逼着自己学习，当她不想学的时候，又会内疚、自责，会拿小刀划自己的手臂，作为给自己的惩罚，告诉自己学习不是为了自己，是为了以后给妈妈好的生活，她没有理由懈怠。但越是这样，她的心理压力越大，心情也越烦躁，一种莫名的挫败感困扰着她。

看了上面的案例，我们有些心疼李静。生活中有许多这样的孩子，他们学习时就好像是戴着镣铐跳舞一样，本来学习对于孩子是一件再正常不过的事情，但是如果添加了其他特殊的意义，那对于孩子而言就是一种无形的压力了。尤其是进入青春期后，越懂事的孩子越能清晰地感受到这种压力，就好像李静。妈妈其实并不想让李静如此辛苦，但是她的经历让她在无形中将自己的压力传递给孩子，从而让孩子肩头的担子越来越重。

孩子进入青春期后，想法很多，懂得的事情也很多，懂得多了，压力自然就来了。那么，作为青春期孩子的父母，不要让孩子因为父母的压力而感到崩溃，应该如何跟孩子相处，如何让他们轻装上阵呢？

首先，要避免将成人的压力无限度地传递给孩子。给孩子适当的压力是没错的，这样可以培养孩子的责任感。但是，要先做到了解孩子，了解他们的性格，了解他们的内心，他们能承受多少压力？他们是越挫越勇还是多愁善感？父母要根据自己孩子的特点选择给他们多大的压力，甚至不但不给他们压力，还要避免让他们背上压力。

其次，要时常赞美孩子，提升孩子的自信心和抗压能力，让孩子感受到父母的信任和期望。

最后，要帮助孩子正确处理遇到的问题。人之所以有压力，是因为能力达不到。想要缓解压力，除了避免制造压力之外，最直接的办法就是学会解决问题，提升能力，直面压力。所以，父母要刻意去培养孩子解决问题的能力，引导孩子提升学习能力是最直接的手段。

总之，青春期的孩子处在由孩子向成人转变的关键时期，这时候的他们需要家长细心地呵护，家长要尽量给孩子一个思考问题的空间和比较宽松的生活环境，从而营造一个良好的家庭氛围，让孩子快乐地度过青春期。

第四章

用爱心体谅青春期的孩子

　　青春期对于每个人而言，是一段特殊的人生阶段。说到青春期，人们本能地会想到"叛逆""暴躁""不受约束"等词语，但这些只是处于青春期的孩子的表象。青春期的孩子，在此时更多的情绪是矛盾、惶恐、不知所措。随着身体的变化，进入青春期的孩子，他们的心理也进入一个特殊的阶段，他们渴望关心但又拒绝约束，他们想要独立又无法割舍对家庭的依恋，他们是矛盾的、纠结的。这个时候孩子最需要的是关怀和理解，作为父母，这时需要用爱心来体谅和照顾孩子，让他们快乐地度过人生的这一重要阶段。

1. 青春期的孩子脆弱而敏感

青春期的孩子是脆弱的，很多时候家长都会忽略孩子的这一特点，总是觉得孩子进入青春期后脾气变得很大，很难沟通，排斥父母的照顾。其实，在孩子看似浑身长满刺的背后，是孩子那脆弱的内心，他们很矛盾，既渴望父母给自己照顾和指引，又不再甘心父母给自己安排一切，想要自己独立地生活；他们很焦虑，有时候他们也不知道自己为什么会如此烦躁。

初中毕业的小强，利用假期的时间来到工地跟爸爸一起打工挣钱，他想在高中开学前挣够自己的学费，减轻家里的负担。来到工地后，现实残酷得让小强有些受不了。习惯了在教室里学习的小强哪见过这场面，看着父亲在那里埋头干活，汗流浃背的，小强心里有些难受，想着自己一定要好好学习，争取早日不让父亲再受这样的罪。干活的时候，工头让小强把十袋水泥装到车上，小强没搬两袋就累得气喘吁吁，一旁的工头看着生气地说："能干就干，干不了赶紧回家。"被工头一说，小强感觉受到了莫大的侮辱，眼泪不争气地流了下来。一旁的工头有些不知所措，都是一个村里的，他其实并不是有意要为难小强，只是平日里跟工人们说话就是这

第四章
用爱心体谅青春期的孩子

样的口气,说习惯了,没想到一句话就把小强说哭了。远处的爸爸看到小强在抹眼泪就跑了过来,工头不好意思地跟爸爸笑笑,没说什么,离开了。看着爸爸,小强心中既有说不出的委屈,也有看到爸爸辛苦的心酸,还有自己受到工头训斥时的屈辱。爸爸看着儿子,心头也不是滋味,说道:"要不回去吧,你吃不了这份苦。工地上就是这样,工头就是那样说话的,他不是针对你,爸爸知道你受不了。"小强擦擦自己的眼泪,说道:"没事爸爸,我能坚持。"说完,小强倔强地扛起地上的水泥,往车上放。

小强是个懂事的孩子,他知道父母的辛劳,想要凭借自己的劳动减轻家里的负担,但是当现实刺激到他脆弱的神经的时候,他心中的自尊受到挑战,眼泪不自主地流下来,虽然小强现在身高已经像个大人了,但他的心理还是非常脆弱的,在生活的压力面前还是那么稚嫩。但小强又是个坚强的孩子,面对现实的残酷,他没有退缩,而是咬牙坚持,这一刻,小强开始长大了。

除了脆弱,敏感也是青春期孩子的明显特征。一丝微风吹过,也许就能撩动他们敏感的神经。他们很在意别人的看法,别人一句无心的话也能让他介意好几天,这样的特征,让孩子的心理压力非常沉重。

小鹏的哥哥到了找对象的年纪,媒人们隔三岔五就来家里给哥哥介绍对象。正在上初中的小鹏偶尔周末回来的时候也能碰上这些媒人们。一天,楼下的王阿姨来到家里跟妈妈说给哥哥介绍对象的事情,正在自己屋里写作业的小鹏能够隐约听到她们的谈话。只听妈妈说:"他王姨,孩子对姑娘倒是挺满意,就是不知道姑娘家里有什么条件。"只听王阿姨回答:"姑娘家对咱们孩子也挺满意,就是感觉家里是两个孩子,怕姑娘嫁过来婆家给不了多大的支持。"说者无心,听者有意,身为家里老二的小鹏突然间感觉自己就好像是家里的累赘一样,因为自己的存在而给哥哥找对象带来了麻烦。接下来的几天里,王阿姨的话好像魔咒一样萦绕在小鹏的心头,让他难以释怀。他有一种强烈的负罪感,感觉是自己拖累了家里和哥哥,如果没有自己,凭哥哥的长相,一定能找个好对象。妈妈注意到了小鹏的不开心,她有些纳闷:这孩子到底是怎么了?家里也没人惹他呀,怎么好端端地就开心不起来了?妈妈来屋里找小鹏谈心,当得知小鹏不开心的原因时,妈妈笑着说:"你这孩子,心怎么这么窄?大人说的话,关你什么事了?你哥的婚姻家里自会安排妥当,跟有没有你没任何的关系。妈妈因为有你们哥俩才幸福,当初就是想着你和你哥有个伴,等以后我和你爸爸都不在了,你们也有亲人可以相守,哪儿来的谁拖累谁的说法呢?"听了妈妈的话,小鹏一下就释怀了,之前心中的阴霾也随之烟消云散。

青春期的小鹏非常敏感,别人一句无意的话就让他感到难过、伤心,这是很多处于青春期孩子都有的特征,他们的心情非常容易随着外界的刺激而发生变化,使情绪产生剧烈的波动,这会对孩子的成长造成极大的困扰和不利的影响,家长要及时调节孩子的情绪,解开孩子的心结,让孩子能够无忧无虑、健康成长。

第四章
用爱心体谅青春期的孩子

2. 青春期的孩子瞬间就会逆反

逆反是青春期孩子最明显的特征，很多时候，家长觉得孩子不讲道理或不懂得体谅家长的一片苦心，不知道该如何跟孩子相处。其实，作为正处在青春期的孩子，他们又何尝不茫然和痛苦？他们不知道该如何跟自己相处，他们也解释不了为何突然间就把爸爸妈妈当成了自己的"敌人"。

青春期的孩子脆弱而敏感，自尊心极强，自我保护意识随时开启。当他们认为自尊心受到挑战的时候，会瞬间开启反击模式，以保护自己的尊严不被侵犯，而这外在的表现形式就是我们常说的逆反。逆反心理是瞬间产生的，没有任何征兆，青春期的孩子或多或少都会有这样的心理状态出现。

振华是一名正在读初二的学生，星期天下午，他在客厅看足球赛，正在做饭的妈妈走过来说："快去写你的作业吧，眼看着就快期末考试了，一天就知道看球，看球能看出重点高中来啊？"

听了妈妈的唠叨，振华瞬间暴怒，冲着妈妈大嚷起来："看个球也说我，整天就让我学习学习，我是机器吗？我就不能休息一会儿，就不能干自己喜欢的事情吗？看会儿球我就考不上重点高中了吗?"

　　妈妈看着振华:"我就说你一句,你有十句话等着我。看吧看吧,懒得说你。"

　　这样的冲突,妈妈已经司空见惯了,妈妈也不知道从什么时候开始,振华变得烦躁、不好交流。只要是自己说的,他几乎都要反驳,都要反对。当然,从客观上讲,妈妈在这其中要负有很大的责任,她太过唠叨,进入青春期的孩子本来就容易逆反,在妈妈碎嘴的催化下,振华的逆反心理更加强烈。

　　青春期的孩子逆反,是非常常见的现象,作为家长,要学会与孩子正确相处。孩子的逆反是青春期心理的本能反应,家长如果能够正确应对,就能有效降低孩子的逆反心理,在与孩子和谐相处的同时,帮助孩子平稳度过青春期,健康成长。

　　欢欢今年也读初二,但是在与欢欢相处的问题上,欢欢妈妈就非常讲究方法。她很少与欢欢发生冲突,在很多与欢欢相关的事情上,妈妈都会主动征求欢欢的意见,并针对欢欢的看法给出自己的合理建议,在母女取得一致的前提下,再付诸实施。当然,不可能每件事母女俩都能取得一致,遇到这样的情况时,妈妈绝不会简单粗暴地压制欢欢。妈妈知道,那样做只能激发欢欢的逆反心理,使事情变得更糟。在这样的原则下,大多数情况下妈妈和欢欢都能够很好地相处,即使有时候欢欢因为逆反心理跟妈妈闹一下小别扭,妈妈也能理解欢欢特殊的情绪状态,总是想办法缓和母女间的关系,让母女的关系步入正轨。

　　通过上面正、反两个例子,我们知道,青春期孩子的逆反心理

第四章
用爱心体谅青春期的孩子

是正常的心理反应。聪明的父母不会跟孩子顶着干，而会根据孩子特殊的心理状态进行疏导和应对，避免和孩子发生矛盾，帮助孩子健康成长。

在与孩子相处的过程中，做父母的要经常反思自己，用平等的态度与孩子交流，了解孩子的想法。有时候孩子的想法还是有一定道理的，父母想的也并不一定都对。父母需要诚恳地听取和考虑孩子的想法，这样才能最大限度地降低孩子逆反心理的发生。

另外，为人父母，一举一动都是孩子最好的表率。你做到了什么，孩子就会努力去做；如果连你自己都做不到，却要求孩子去做，孩子心中肯定不服。比如每天起床，如果父母能够按时起床，那孩子起床一定很准时；如果父母每天都睡懒觉，却想要孩子自律按时起床，那无异于痴人说梦。

有的父母脾气暴躁，很多时候会将自己生活中的负面情绪传递到孩子，尤其是在对孩子的批评上，没轻没重，东拉西扯，这就可能成为孩子负面情绪出现最直接的导火索。这就要求父母在对孩子进行批评的时候要有艺术性，不能生硬地、直接地去打击孩子的自尊和自信，也不要急于去完全否定孩子，要给孩子接受的过程，留下一定的缓冲余地，对孩子循循善诱，让孩子心悦诚服地接受父母的意见。

父母一定要了解自己的孩子。对于父母而言，了解自己孩子内心的想法，可以说是最基本的要求。但是在现实生活中，很多父母其实做得并不合格，他们自认为很了解自己的孩子，事实上他们已经很久没有跟自己的孩子好好聊聊天，很久没有去关心自己的孩子最近在想什么了。要消解孩子的逆反心理，家长就要尽量了解他在想什么、在意什么、有什么需求，要让孩子明白他们始终是安全的、被爱的。

3. 青春期的孩子虚荣心很重

青春期的孩子正是自尊心膨胀明显的时期，在这一时期里，孩子非常注意别人对自己的评价，他们往往为了追求别人对他一句个性的评价而叛逆不羁，不计成本地去追求和维护所谓的自尊心，到最后这些自尊心便转化成了虚荣心。

还有，一个孩子虚荣心的形成原因是父母的不当教育方式。有很多家长因为怕孩子受委屈，而对他们有求必应，让他们处处不落人后。于是，在家长无意识的纵容下，孩子的欲望无限膨胀。

作为父母，我们不得不去思考如何避免我们的孩子被虚荣心绑架。

小凯是一名高一的学生，期末放假的时候，爸爸来学校接他。爸爸背着小凯的行李在前面走，小凯在后面慢腾腾地跟着，一脸不开心。到了爸爸的三轮车旁边，爸爸放下行李，问道："怎么了孩子？是没考好吗？怎么一脸不开心？考试嘛，总有考好考坏的时候，都是过去的事儿了，努力考好下一次就行了。"

看着微笑的爸爸，小凯有些不自然。每次考试爸爸从来没有说过必须让小凯考多少分的话，总是以最宽容的语言鼓励自己，小凯从内心感谢爸爸的宽容，正因为如此，小凯从

第四章
用爱心体谅青春期的孩子

小学开始学习的氛围都是比较轻松的,对待学习的态度很积极,最终凭自己的努力考上了现在就读的高中。

但是进入高中以后,小凯感觉有些自卑,因为周围有许多同学穿着时尚,出手阔绰。尤其是今天,许多同学的爸爸妈妈来接他们回家的时候,都是开着小轿车,而自己的爸爸却是骑着三轮摩托车来接自己,小凯感觉没面子。

小凯低声跟爸爸说出了自己心中所想,爸爸有些愧疚地笑笑:"不怪你孩子,是爸爸没本事,让你受委屈了。一直以来爸爸都努力工作,尽力给你好的生活,同时爸爸也尽力给你创造好的学习条件,希望你能好好学习,长大后别再吃爸爸吃过的苦。爸爸曾经也有一个买车的梦,让我儿子坐上去风光风光,可惜爸爸没好好读书,尽管很努力工作,但依然没买上车,爸爸希望你长大了能实现自己的梦想,让爸爸坐上你买的车,在这个爸爸流过汗水的城市转一转。"

看着听得入神的儿子,爸爸继续说道:"爸爸不会说话,但爸爸明白,人要有志气,你现在正是学习的大好时光,爸爸希望你能不比吃穿,比成绩,学生,只有拿出过硬的学习成绩才是最厉害的。"

听了爸爸的话,小凯点了点头,说:"爸爸,我知道了,这么多年您辛苦了,是我不好,总是胡思乱想,我知道自己该怎么做了,您放心吧。"

小凯是个懂事的孩子,他明白爸爸的辛苦,知道爸爸对自己的付出。虽然在一段时间里虚荣心占据了他的大脑,但在爸爸的开导下,他很快就明白了自己该做什么,并坚定了自己努力的方向。生活中并不是所有的孩子都像小凯这样懂事。很多时候,孩子们的虚荣心源自年少无知，遇到这种情况，家长就需要用自己的智慧解决问题，通过折中变通的方式来与孩子达成一致，避免矛盾出现的同时，解决眼前的问题。

小华是一名初二的学生，从小乖巧听话，是妈妈心中的乖乖女。但最近一段时间以来，小华非常在乎自己的外表及着装。天气降温了，妈妈给小华拿出保暖裤让她换上，小华板着脸说："我不穿，穿上保暖裤显得腿粗。"

妈妈被小华的话气得够呛，放在以前，小华一定会乖乖穿上，哪敢这样跟妈妈说话？她压着自己的脾气说道："乖，听妈妈的话，天气冷，不穿保暖裤冻坏腿怎么办？现在不保养，老了会腿疼的。"

小华对妈妈的劝说有些不耐烦，说道："我才多大啊，你现在就说到老了的事儿了。今天外面也没多冷，再说我大部分时间都在教室里坐着，不出去，怎么会冻着？你让我穿这么厚的衣服，跟个大熊猫一样，让我的同学怎么看我，他们会笑话我的。我不穿！"

小华的态度很坚决，怎么也不肯穿保暖裤去上学，甚至威胁妈妈说，如果逼着她穿保暖裤她今天就不起床，不去上学了。

"要不这样，你穿上保暖裤，妈妈再给你找一套裙子，这样会显得我闺女更漂亮了。"妈妈以夸赞的方式提出了自己的建议，既满足了女儿爱美之心，也保护了女儿的健康。

妈妈的说话方式让小华很受用，她想了想，觉得妈妈的建议不错，就同意了妈妈的建议。

在这个案例中，我们要为聪明的妈妈竖大拇指。面对孩子的虚荣心，家长要做的不是压制，而是引导。每个人都向往好的事物，青春期的孩子想要更好的东西也是很正常的心理，家长在此时要引导孩子，告诉他们所有美好的事物都不是凭空得到的，需要自己去努力、去奋斗，这样赢得的东西才是自己的。父母可以暂时给你想要的东西，但那只是父母给你的，不是你自己赢得的，只有通过自己努力得来的东西才会真正让人感到有成就感。家长要培养孩子阳光的心态，"不以物喜，不以己悲"，"若衣服、若饮食，不如人，勿生戚"，要让他们明白，在学生时代，学习到的知识才是自己最值得骄傲的资本，其他不过浮云而已。

4. 青春期的孩子很执着

青春期的孩子很执着，这是很多爸爸妈妈对自己孩子的评价。孩子为什么会这样？根本原因在于青春期的孩子对自我认同的强烈需求，对自己尊严的强烈保护。父母都希望自己的孩子能够学会变通，学会因势利导，能根据实际情况选择不同的应对策略。但事实是，孩子有时候就像不会拐弯的牛，认准一个道理不松口，一副不达目的不罢休的样子，让很多爸爸妈妈伤透了脑筋。

小贾今年读初二，快要期末考试的时候，语文老师临时将体育课改为语文课，这让酷爱打篮球的小贾有些受不了，他觉得老师占用体育课是不对的，学校应该鼓励学生全面发展。他在课堂上与语文老师对峙，据理力争，历数语文老师占用体育课的种种不对,并且鼓动班里的其他同学也一块儿抵制上语文老师的课。语文老师是一位刚入职的年轻老师,面对小贾咄咄逼人的气势,眼泪不由得流了下来,她收起自己的教具,离开了教室。班主任知道这件事后,在班里对小贾进行了严厉的批评,并且叫来了小贾的妈妈,通报了小贾今天的表现。

晚上回到家里,妈妈跟小贾说:"儿子,今天妈妈去见你们班主任了。"

"肯定是说我上课捣乱的事情,哼!"小贾愤愤地说。

妈妈笑着说道:"你们班主任倒没有说你坏话,人家很客观地评价了你今天的表现。"

"哦?那他说我什么了?"小贾有些疑惑地问道。

妈妈继续说道:"你们班主任比较担心你看问题的方式,认为你应该换个角度来看问题,而不是死揪住一点不放。比如今天的事情,语文课占了体育课的时间,从理论上讲是不应该的,但你也该想到临近期末了,老师希望你们多学一些知识。更何况体育课变成语文课,人家语文老师不得付出额外的劳动吗?你只看到了你失去出去玩的机会,却没有体谅老师付出的辛劳,孩子,这样是不对的。"

听了妈妈的话,小贾若有所思地点点头,说道:"妈妈您说得对,今天是我冲动了,当时只想着自己不能打球了,没有想其他的,看着语文老师被气走了,我心里其实也挺难受的。"

"没事的孩子,你明白了这个道理就好,明天去找语文老师真诚地道个歉,相信老师不会跟你计较的,只是以后遇事要提醒自己多思考,冷静处理问题。"

"我知道了妈妈。"小贾说道。

第四章
用爱心体谅青春期的孩子

很多时候,青春期的孩子在认定一个道理之后,会努力地去维护这个道理。像案例中的小贾,他认定的道理便努力去维护,他没想期末考试快到了,也没想老师因此也付出了额外的劳动,脑子里只有他打球时高兴的样子。

凡事都有两面性,孩子认死理、不变通,对孩子处理事情会造成影响,但这样的性格何尝不是一种执着、一种坚持呢?

菲菲的爸爸又要外出打工了,父女二人一年可以说聚少离多。在送别爸爸的路上,爸爸对菲菲说:"女儿,快要中考了,爸爸希望你能发挥出你全部的实力,在这剩下的半年中拼一把,考个好高中。"在离别伤感的氛围中,爸爸的这句话显得特别凄怆,菲菲的内心很受触动,从小到大,爸爸一直都在为自己而辛苦工作,现在自己长大了,是时候拼一次了。在后来的日子里,菲菲废寝忘食地学习,妈妈劝她适当休息一下,她说:"我答应爸爸了,一定要考上重点高中,这样才对得起爸爸的辛劳。"功夫不负有心人,在半年后的中考中,菲菲取得了理想的成绩,被自己心仪的学校录取。

菲菲为了爸爸的一句话而努力学习,我们可以将其看成菲菲执着的一种表现,他们像古代侠客那样"重承诺",答应了爸爸的事情就一定要做到,哪怕拼得筋疲力尽也要实现自己的诺言。青春期的孩子就是这样,当他们认准一件事的时候,就会义无反顾地去努力实现,而这份执着是否用对了地方,在于家长如何去引导,如果你引导孩子做了一件正确的事情,那对孩子的成长就会大有帮助,反之则会对孩子的成长造成伤害。

5. 少命令，少用祈使句

中国语言博大精深，变幻万千，有时候同样一句话，说的时间、地点、人物、语气不同，就会产生完全不同的语言效果。通常情况下，祈使句给人一种命令的感觉，让人听了很不舒服。因为人与人之间是平等的，即使身为父母，对待自己的孩子也应该讲究语言艺术，不能单纯地命令孩子去做什么、不做什么。

很多时候，孩子听不听话的关键在于话好不好听。青春期的孩子自我意识开始变得强烈，情感更加细腻，很容易受伤。如果家长总是用命令的语气跟孩子说话，他们会感受自己没有被尊重，自然也就不愿再听，甚至开始反抗。

森森妈妈是典型的强势妈妈。她跟家人说话从来都是用命令式的祈使句，这让森森和爸爸敢怒不敢言。爸爸还好，基本不怎么惹妈妈生气。可森森就不行了，几乎每天都会收到妈妈的无数条命令。

"关掉电视，写作业去！"

"睡觉时间到了，赶紧上床！"

"作业没完成，不许出去玩！"

……

第四章
用爱心体谅青春期的孩子

就连很多关心的话,也总是说得让人不爱听。

"给,把这杯牛奶喝了!"

"今天天冷,不能穿裙子!"

"放学哪儿都不能去,等着我来接你。"

……

在淼淼的眼中,妈妈从来都不是个温柔的妈妈,她似乎始终没有征求过自己的意见。慢慢地,淼淼长大了。有时候,她不愿做什么事情时,就会反感妈妈的命令,这种情绪越来越强烈。有一天,她实在无法忍受妈妈说话的语气,哭着对妈妈说:"你从来都没有真心爱过我,在你眼中,我只不过是一个随意供你驱使的孩子罢了。"

"我怎么就不爱你了?我为你付出了多少心血,难道你不知道吗?"

"我怎么会知道,你说过吗?你没有,你每天只是告诉我这个要干,那个不能干。你知道吗,我根本不喜欢别人命令我。"

淼淼的话无疑给了妈妈重重一击,她自以为的无私付出却被淼淼理解成对她的命令和不尊重,这让妈妈太伤心了。看着眼前同样痛哭的淼淼,妈妈深深地感慨青春期的孩子实在是太难教育了!

事实上,青春期的孩子好不好教育,关键要看家长的教育方式。好的教育方法往往让孩子心服口服,自然不会有什么反抗情绪。那么什么是好的教育方式呢?那就是在与孩子交流沟通的过程中,注意说话的技巧,尽量少使用祈使句。

米亚的妈妈是一个十分注重孩子心理感受的妈妈。尤其是米亚进入青春期以后，妈妈在说话方面更加谨慎。她不仅考虑哪些话该说，哪些话不该说，就连说话的方式和语气都十分看重。

一次，家里有朋友来做客，米亚心情很好，坐在电视跟前一直看着，似乎早已忘了自己还有功课没有完成。这时，妈妈说道："米亚，你光知道看电视了，是不是忘了什么事情？"这时米亚才猛然想起自己的作业，恋恋不舍地走去写作业了。

过了一会儿，妈妈想让米亚去楼下买点水果，于是说道："米亚，妈妈想请你帮个忙——"

"什么忙呀？"

"你去楼下给家里买点水果吃，行吗？"

"好吧。"虽然米亚还有自己的事情，不太想去，但是妈妈请求的语气让她不好拒绝，于是就去买了。

米亚出门后，朋友对米亚妈妈说："你对孩子真客气，米亚也真听话。"

妈妈笑了笑说："我不客气，她就该不听话了。现在青春期的孩子很敏感，我们有一点不客气，他们都会受不了。"

"是吗？难道我们家孩子叛逆不听话是我说话不客气的缘故吗？"

"可能是，你不要总是命令孩子干什么，换种口气同样可以的。"

后来朋友按照米亚妈妈的方式跟孩子沟通，效果很不错，她给米亚妈妈打来电话，说她的方式还挺管用的，现在跟孩子的关系缓和了不少呢。

青春期的孩子个性快速发展，他们渴望获得尊重，希望在言语交流的时候与父母处于平等的地位，如果这时家长说话不加注意，还

第四章 用爱心体谅青春期的孩子

用孩子小时候的那种语气与他们交流,他们很容易受伤,或者理解偏差,所以家长与孩子交流时要格外用心,要让他们感受到家长对他们的爱。

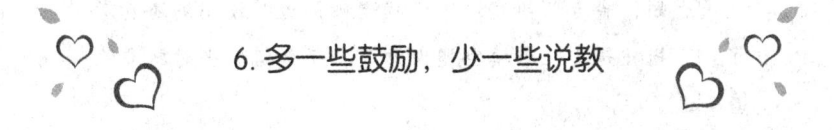

6. 多一些鼓励,少一些说教

有句话说,好孩子是"夸"出来的,这话非常有道理。很多时候,你说孩子是什么样子,他就会向着那个方向发展,这是一种心理暗示。当你夸孩子、肯定孩子的时候,他的心理会自我激励,向着更好的自己发展。所以在生活中,我们要多给孩子一些鼓励,让他们成为自己心中那个优秀的自己。

在小学的时候,小军的成绩一般,现在进入初中了,妈妈很担心小军的学习。如果说小学成绩一般还有时间追赶的话,现在已经是初中了,如果成绩再上不来,就要对以后的前程产生影响了。

妈妈隔三岔五就会叮嘱小军,要好好学习,再不努力就来不及了。每次听到妈妈的话,小军总是不耐烦地回一句:"知道了,真烦。"

第一学期的期中考试结束了,小军的成绩不理想,看着小军的卷子,妈妈忍不住又要数落小军。这时爸爸拦住了刚要说话的妈妈,摸了摸小军的头说:"不错啊儿子,本来爸爸还担心你适应不了初中的学习生活,没想到你适应得还行,尤其是数学,那么多难题都做对了,前途无量啊。不过要是再把你粗心的毛病改一改,把会的题都做对了,没准儿咱们也能进全班前三名呢。"

被爸爸一夸,小军有些不好意思,他说:"确实是有些可惜,其实老师上课讲的内容我都听懂了,尤其是那几道大题,我专门研究过,还找老师问过,没想到还真考了。可惜就是那几个填空题大意了,早知道我当时就多检查一遍了。"

爸爸说道:"算了,不用遗憾这些了,以后考试多的是,每一次考试都是你证明自己、展现自己实力的机会,你要做的就是做好充分的准备,充满信心地迎接下一次考试。爸爸相信你没问题的。"

听了爸爸的话,小军郑重地点了点头。

妈妈在一旁埋怨爸爸:"你就惯着他吧,看下次给你考成什么样。"

小军不满地看了妈妈一眼,说道:"就爸爸理解我,你只知道打击我。"

期末考试的时候,小军的成绩取得了突飞猛进的进步,总成绩虽然没进入前三,但进入了全班前十名,是他们班"最佳进步奖"的获得者。

看着小军的成绩,妈妈开心得合不拢嘴,不停地说:"你爸爸说得对,我们小军真是太棒了。"

在学校里像小军这样的孩子有很多,这些孩子有一个共同的特点,就是有一个爱说教的家长。这样的家长就像小军妈妈那样,总是不停地说教,小到一次单元测验,大到未来的理想抱负,生活中的任何事都能被他们拿来说教一番,仿佛自己的孩子一无是处,随时有一

第四章
用爱心体谅青春期的孩子

失足成千古恨的危险,仿佛他们的说教能挽狂澜于既倒,将自己的孩子从失足的边缘拉回来。

其实这样的父母是打着为孩子好的名义在摧残孩子,在他们的说教下,孩子长期背负着沉重的压力,在这样的精神氛围中学习,孩子很难取得理想的成绩。

许多话,父母说一次就够了,重复太多,反而起不到应有的效果。本来孩子很认可家长的观点,但家长总是拿大道理当作管教孩子的武器,孩子难免逆反,相较于鼓励,说教对于孩子而言是没有任何营养价值的东西。

作为孩子的父母,要多鼓励孩子,让孩子感受到家长对他的支持,而不要一味地空洞说教。尤其是已经步入青春期的孩子,很多大道理他们都已经懂了,他们需要的不是说教,而是家长的引导,告诉他们应该怎么去做,如果在学习上家长帮不上他们,那么就给予他们信任和支持,减轻他们身上背负的压力,让他们明白无论何时爸爸妈妈都是他们最坚强的后盾。

第五章

给青春期孩子的几点建议

父母要知道,青春期是孩子成长的一个过程,并不是他人生的最终结局,所以,父母应该给正处于青春期的孩子一些建议,不要让孩子盲目崇拜,让他们理性判断一件事,做事要有目标,要理智行事;告诉他做人不要太自私,在这个世界上,不是所有人都要围着他转;不要让孩子沉迷于虚拟的世界,要让孩子学会敬畏。作为这个世界上孩子最亲近的人,父母的建议对孩子的成长非常重要。

第五章
给青春期孩子的几点建议

1. 不要盲目崇拜谁

青春,追求的是时尚,缺乏的是理性,所以青春期的孩子,更容易盲目崇拜。有的孩子会为了追某一明星,不惜走遍"千山万水",只为追随明星的脚步;有的孩子会为了赢得主播的一声夸赞,不惜将自己所有的零花钱都拿出来打赏;有的孩子非常喜欢游戏里的某一个人物,不惜花钱买装备,熬夜打游戏。这就是盲目崇拜,对此,父母一定要多关注孩子,对孩子做出正面的指导。

小强很喜欢某一位篮球明星,喜欢在电视上或手机上看这位篮球明星的比赛,时刻关注着这位篮球明星。那天,他得知这位篮球明星将在晚上7点半开始比赛后,竟逃课到网吧去看他的比赛。当天,老师因为找不到小强而通知了小强的爸爸妈妈,最后大家一起在网吧找到了他。

小强对这位球星就是这么痴迷,每次上体育课,他都会和几个同学一起打篮球,每次投篮的时候,小强都学着这位球星的动作,下课铃声响了,小强仍然意犹未尽,继续打着,直到上课的前几分钟,他还要学着这位球星的动作最后再投个篮。

小强的卧室里到处挂着这位篮球明星的海报，只要有钱，他就会买和球星相关的东西，如球星同款衣服、球星同款运动鞋、球星海报，等等。妈妈和小强说："买这么多东西有什么用呢？你心中可以有偶像，但凡事都要有个度，不能这么痴迷！"

无论妈妈怎么说，小强都像没听到似的，依然沉浸在自己崇拜球星的世界里。现在的小强，心思完全不在学习上，每天只关注自己崇拜的球星什么时候参加比赛，这让爸爸妈妈很担心。

作为父母，你想知道青少年为什么会产生崇拜心理吗？其实崇拜是青春期孩子对自己理想化的一种幻想。孩子小的时候，依赖爸爸妈妈，随着年龄的增长，孩子不断寻找着理想中的自己，进而开始追捧理想中的自己。青少年时期的孩子正在慢慢脱离父母的庇护，但是，他们还是希望获得一些安全感，于是他们开始寻找，直到一位偶像出现在他们面前，才拥有了情感寄托。青少年崇拜偶像具有两面性，如果孩子对自己崇拜的偶像达到了痴迷的状态，不惜为此花费父母辛苦赚来的钱，并荒废自己的学业，就是盲目地崇拜；反过来，如果青少年以自己崇拜的偶像为目标，以此来激励自己朝着目标前行，有所成就，则是值得提倡的。

张忠从小就喜欢画画，上幼儿园时，妈妈给他报了绘画班，因为太喜欢了，他到现在还在学习。上了小学，张忠看书的时候接触到了画家齐白石，从此他就喜欢上了齐白石爷爷，他模仿齐白石画画，学习他一丝不苟的精神。

张忠尤其痴迷于齐白石的画作，经常去画展参观齐白石画的画。到星期天时，他还会临摹齐白石的画。张忠很自觉，每次画画或去画展参观齐白石的画时，都会先完成作业。张忠现在已经是一名初中生了，一直以来他都很自律，从来不会因为过度痴迷画作而迷失了自我。

张忠为什么能做到这样呢？起初，张忠并不喜欢学习，而是一心只关注画画，且只关注齐白石的画。有一次，他想要模仿齐白石的那幅《墨虾》，却无从下手，因为他对虾一点都不了解，不知道虾长什么样子，也不知道虾身扭动的意义。好在他遇到了困难，知道找爸爸妈妈帮忙。这时，爸爸妈妈就对张忠说："如果你想成为像齐白石一样的画家，就要学习很多知识，画里蕴含着丰富的知识，需要你用心体会。"张忠一下子恍然大悟了，这之后，他牢牢地记住了这句话。

张忠从小就想成为齐白石一样的大画家，但从那天起他才明白，在理想面前，学业更加重要。所以每天上课的时候，他都认真听讲，认真完成老师布置的作业，因为他想做一个学识渊博的画家。

2. 少一些浪漫，多一些理性

孩子进入青春期后，身体和心理有了明显变化，部分青少年还会为自己的青春营造一些浪漫——他们非常关注来自异性的评价，性意识也开始萌动。比如在课间与异性同学漫步于操场，节假日和异性"朋友"去看电影，假期里来一次说走就走的旅行……这些大概是他们从电视上的青春偶像剧里学来的，在孩子看来都是很浪漫的，并不一定是早恋。对于这些，父母一定要正确认识，要明白这是孩子成长中的必经过程。如果父母过多地责难孩子，会令孩子在面临困境或受到伤害时不敢告诉父母，这不但会影响孩子的学习，甚至还可能给孩子的身心造成更大的伤害。

  王欣长得很漂亮，被公认为班上的班花，班上的好几个男生都在追她，但她只对其中的一个男生有好感，因为这个男生平时总会用自己的零花钱给她买玫瑰花。王欣很喜欢看青春偶像剧，因此很享受被送花的感觉，因为她觉得男生给女生送花是一件很浪漫的事。

  没过多久，王欣的爸爸妈妈知道了这件事，他们觉得孩子要以学业为重，于是对王欣进行了批评教育，还找了那个男生的家长，让他们管好自己家的孩子。王欣完全不认可爸爸妈妈的做法，她觉得爸爸妈妈这么做让自己颜面扫地，于是和他们大吵了一架，之后和爸爸妈妈一见面就像仇人似的。

  因为不认可爸爸妈妈的做法，从那一刻开始，她变得更加叛逆了。她完全不顾及爸爸妈妈的反对，去和男生一起看了电影。她觉得男生给自己送礼物后，和他一起散步是最放松的时刻，而和爸爸妈妈在一起的时候则是最受束缚的，是最不自在的。可以说，现在她只要看到爸爸妈妈，就觉得讨厌。

第五章
给青春期孩子的几点建议

每个人都喜欢浪漫，不光是青少年，成人也是如此。作为父母，应该尊重孩子的人格和情感。面对孩子早恋，父母不要过分约束，否则不仅不起作用，还会引起孩子的叛逆，导致父母和孩子产生矛盾。爸爸妈妈应该寻找合适的机会，及时和孩子沟通，理解孩子，像和朋友谈心一样走入孩子的内心世界，了解孩子的想法，化解他心中的情感困惑。对于青少年而言，喜欢异性大部分是出于对对方优点、好成绩或容貌的欣赏，这时候，父母就要引导孩子学习对方的优点，和对方共同学习、一起进步，理性地面对这一问题。

李刚很喜欢班里的一名女同学，他觉得这个女生不仅漂亮，学习也好，于是，他开始想着怎么引起这名女同学的注意，获得她的青睐。他绞尽脑汁也想不出来，回到家之后，他故作镇定地问爸爸："爸爸，我们男生要怎么做才能引起女生的关注呢？"

爸爸听李刚这么问，顿时就明白了。他问道："那要看是什么样的女生了。"李刚说："人很漂亮，成绩也好！女生不都喜欢浪漫吗，那我就买一束花送给她好了！"爸爸说："我觉得这么做不妥当，如果人家学习好，我建议你多请教人家学习上的问题，这样会好一点。"爸爸又接着说："如果你通过不断请教问题，学习成绩提高了，她就会关注你，也会欣赏你，到时候，你们就会一起进步，那多好啊！"

李刚一想，也对。从那开始，李刚只要有不懂的题，就去请教那名女生，女孩也很热心地告诉他。就这样，没过多长时间，李刚的成绩提升了，他和那名女生也成了很好的朋友，他们在学习上你追我赶，成绩都很优异。

当然，父母建议孩子少一些浪漫多一些理性的同时，还应该丰富他们的生活。有的时候，孩子营造浪漫是因为学习压力太大，父母可以在节假日带着孩子外出旅游、吃美食，也可以培养孩子的兴趣爱好，让孩子放松之后将精力放在学习上，面对任何问题都会理性思考。

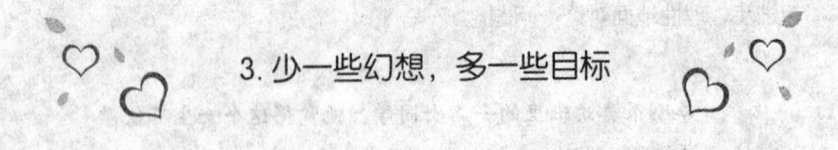

3. 少一些幻想，多一些目标

青春期的孩子处于迷茫时期，他们在理想与现实之间徘徊，因理想与现实之间的巨大差距，再加上学习压力大，他们很容易陷入幻想当中，而且乐此不疲。

处于青春期的孩子还会对异性产生好感，进而幻想一些与异性同学浪漫相处的场景，这些幻想虽属于青春期孩子的正常反应，但父母也应该给予正确引导，让孩子脱离幻想，朝着现实目标前行。

王博上初三了，学习成绩一直都很好，最近却开始心不在焉了，上课总是走神。前几天，他和几个同学在一起，看到他们打游戏，和他讲述游戏里的人物和游戏场景时，王博还不怎么感兴趣，但是，看到大家玩得热火朝天的，他也凑上去看了起来。这时，有个男生还将自己的手机递给了王博，让他玩几把。

这一玩王博就上了瘾。回到家之后，他在手机上也下

第五章
给青春期孩子的几点建议

载了这款游戏，和同学们一起玩了起来。也就是从这一刻开始，王博迷恋上了玩游戏，每天吃饭的时候玩，写作业的时候玩，睡觉的时候还想着玩，就连上课的时候也时常走神。老师发现之后，多次提醒王博，但他就像没事人一样，继续沉浸在游戏中，这时的他感觉现实生活中的学习好难，而游戏里就轻松多了，就这样，慢慢地，王博开始变得不爱学习了。

等到爸爸妈妈发现王博总是在玩游戏时，他已经陷得太深了。爸爸妈妈和他谈这件事时，王博告诉爸爸妈妈，他在现实生活中很苦恼，只有在游戏世界里才能感受到快乐，该怎么办？

青春期的孩子很容易出现各种各样的幻想，父母首先要以平常心对待，平时多观察孩子的反应，趁早发现，及时引导，引导孩子正确对待自己的变化；其次要和孩子多沟通，了解孩子内心的真实感受，为孩子树立正确的"三观"，让孩子分得清现实世界与虚拟世界，排解心中的压力。

最近一段时间，玲玲总是陷入胡思乱想当中，她总幻想着自己很漂亮，有一名俊俏的男生在追求自己，她幻想着两个人在青春偶像剧的场景里，每次自己遇到困难，男生总会出现在自己的面前，并帮助自己。

有一次，玲玲因为上课时幻想这样的场景而被老师发现，老师让玲玲回答问题，玲玲甚至连老师提问的是什么问题都不知道。慢慢地，玲玲的成绩下降了。

这段时间妈妈一直在关注着玲玲，她要通过这次考试和玲玲好好沟通一下。妈妈通过与女儿的沟通知道了玲玲是因为进入青春期产生幻想后,为玲玲讲了理想和目标的重要性,还给她讲了很多励志的故事。那天,母女俩聊了好久,通过和妈妈聊天,玲玲从幻想里慢慢回到了现实生活中,开始理智地思考问题了。

对于青春期的孩子,爸爸妈妈要以正确的方式让孩子少一些幻想,多一些目标,千万不能和孩子发生正面冲突,以粗暴的方式对待孩子,那样不仅起不到教育作用,还会使孩子越陷越深,孩子会因此逃避现实,沉迷于幻想,迷失自我,荒废学业,耽误青春,蹉跎人生。

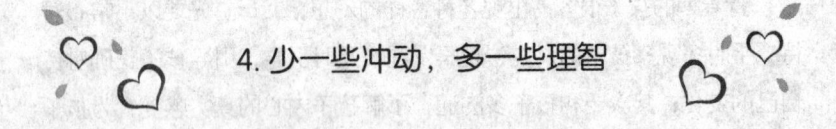

4. 少一些冲动,多一些理智

进入青春期的孩子很容易冲动,用一个词来形容他们,就是"情绪化"。有的时候,孩子的情绪一激动,就会不分场合、不分时间地大吼大叫,弄得自己脸红脖子粗的,完全不顾及后果。为此,一些父母总会哀叹:"我的孩子进入青春期之后,就像变了个人似的,完全不像小时候那么乖巧了,现在的他冲动、易怒、做错事,这个家伙,做事之前怎么就不知道想一想后果呢?"

李睿自从上了初中,就变得不听话了,每天的作业不按时完成,回家之后还总是和爸爸妈妈要零花钱,他骗父母

第五章
给青春期孩子的几点建议

说是学校里收各种费用，妈妈通过和其他家长打听和咨询老师，才知道李睿管家里要钱是去参加同学聚会，爸爸知道了之后，对李睿进行了批评教育，可是这孩子现在一点都不怕爸爸，不仅如此，他还学会了顶嘴，爸爸说一句，他顶撞一句，弄得爸爸哑口无言。

妈妈曾尝试和李睿沟通，但每当他看到妈妈要和自己谈话时，就躲避出去，丝毫不给妈妈走进自己内心世界的机会。这个十七八岁的孩子，总是那么冲动，一天，他的"好哥们儿"要赶火车，李睿悄悄拿着爸爸的车钥匙，让"好哥们儿"开着自家车去了火车站。在路口时遇到了交警，因为开车的"好哥们儿"没有驾驶证，在慌乱中闯了路障，最后被处罚了。

爸爸妈妈对李睿实在是无奈，不知道要怎么去教育了，通过谈话，他们发现孩子的情绪更加暴躁了，家长的话一点也听不进去。

面对青春期易冲动的孩子，父母首先应该去了解孩子，理解孩子，站在孩子的角度思考问题，循序渐进地让孩子接受自己。接下来就是对青春期孩子的再教育，这个时期的孩子不能放手不管，但管不好又会引起和孩子之间的冲突，这时候父母要多锻炼孩子的自控力，让孩子自己提醒自己，什么事该做、什么事不该做，不该做的就提醒自己立即停下来。孩子最需要父母的信任，所以父母要试着去相信孩子，让他们自己去处理一些事，当然，父母也可以通过提问的方式引导他们去完成一件事。

吴磊是一名初三的学生，他想拥有一部手机，但是爸爸妈妈怕他控制不住自己，总是玩手机而荒废了学业，所以不愿意给他买。

因为爸爸妈妈迟迟不肯给自己买手机，吴磊最近一段时间总是和爸爸妈妈闹别扭。爸爸觉得孩子已经长大了，如果直接拒绝，会让孩子面子上过不去，于是就找了个时间和孩子坐下来，想心平气和地和孩子谈一谈。

这天，爸爸把吴磊叫到自己的书房，说："磊磊，爸爸可以给你买手机。"吴磊听爸爸这么说，顿时就乐开了花，对爸爸的态度也一下子好了很多。

"不过，我想听一听你要手机干什么。"吴磊说他学习上有很多东西都不懂，需要借助手机来查资料，不过偶尔累了的时候，也会玩一会儿游戏。

爸爸又问："用手机查资料很好，娱乐也可以，但是，你有使用计划吗？这样吧，你给自己列一个使用计划，我看一下，如果合理，我们就买！不过，你要严格按照你所拟订的计划实施，否则我和妈妈是要没收手机的。"

吴磊点头答应了，他给爸爸列出了手机的用途和使用时间，爸爸看了之后非常满意，给他买了手机。接下来，吴磊也信守承诺，按照计划表使用手机。因为有了约束，吴磊学会了自我管理，学会了理智地运用手机。

当然，这一招也不是百试百灵，但父母多关注孩子，在孩子做事之前多问问孩子的意见肯定是没错的。要知道，孩子已经长大了，他们知道什么事情该做，什么事情不该做，做父母的只要以正确的方式引导就行了。必要时，父母要为孩子分析利弊，让孩子自己做出选择，让他们自己为自己定规则，这样他们才会逐渐成长。

5. 不是所有人都会围着你转

这个世界上有一种自私叫作"所有人都围着我转",处于青春期的孩子,是不是也有这种现象呢?答案是肯定的。这样的孩子,他们总觉得这个世界上的人都应该关注自己说的每一句话、做的每一件事,他们完全以自我为中心,一言一行都以自己的立场和观点去认识事物,完全不理解他人,也不会站在他人的角度去思考问题。而这些以自我为中心的青少年,有的是因为父母的忽略导致的,有的则是受父母潜移默化的影响,自私的心态一旦成为一个人稳定的人格特征,最终是有害无益的。

冯燕很小的时候就受爸爸妈妈的影响,不管做什么事就想着自己,从来不考虑他人的感受。她在学校宿舍里总是使用舍友的东西,而当别人和她借东西的时候,她总是和她们说没有了。

星期天回家时,冯燕看到自己的舍友有公交卡,于是就和舍友开口借,这时舍友说:"如果借给了你,那我用什么呢?"冯燕回答道:"你不是有钱吗?用你自己的钱就好了。"她的话被其他舍友听到了,大家都觉得冯燕是个自私的人，而且自私得不可思议，大家都排斥她，不愿意和她相处。

从那之后，再没有人愿意帮冯燕了，当她再请别人帮忙时，大家都果断地拒绝了，冯燕却这么想："帮助人不是应该的吗？你们现在不帮我，很不地道，会遭报应的！"

回到家之后，冯燕将自己的委屈告诉了妈妈，妈妈也很生气，觉得女儿正在被宿舍里的人欺负，总想为女儿打抱不平。冯燕这一家人就是这样，从不觉得自己错了，只认为都是别人的错，他们这种恨不得全世界的人都围着自己转的想法，就是自私的表现。

青春期的孩子中总有个别的喜欢以自我为中心，他们喜欢高高在上，希望被所有人关注，恨不得让地球都按照他转，他们只喜欢做主角，从来都不会做配角。如果你的孩子是这样的，那么你一定要告诉他，在这个世上没有人欠你，别人帮你是情分，不帮你是本分，不要觉得别人帮你是理所当然的。父母应该告诉孩子，凡事多站在别人的角度上思考问题，理解、尊重、关心他人，这样才可获得更多的友谊，从中也可体验到人生的价值与幸福。

韩晓的妈妈总教育韩晓，要做一个有爱心的人、乐于助人的人。

有一次，妈妈带着韩晓坐公交车去姑姑家。他们上公交车时，车上的人不是很多，韩晓和妈妈就找了座位坐了下来。过了几站之后，车上的人越来越多了，这时上来了一位老人，老人颤颤巍巍地往后面走着。这时，妈妈突然站了起来，扶着老人坐到自己的位置上，老人连声说着"谢谢"。

不一会儿，韩晓看到了有一位老奶奶站在自己的身旁，他也学着妈妈给老奶奶让了座，周围的人都朝韩晓竖起了大拇指，不停地夸赞着韩晓是个好孩子。

父母应该告诉正处于青春期的孩子，在这个世界上，除了他自己，还有很多很多的人，既要善待自己，也要善待身边的每一个人，这样别人才会以同样的方式来善待他，未来他的社会圈才会越来越广，人生才会越来越开阔。

6. 忘掉你曾经看过的奥特曼

孩子小的时候总是沉浸在动画片营造的各种理想环境当中，像奥特曼暴打小怪兽这样的剧情是大部分男孩子小时候模仿的对象，他们觉得自己就是那个无所不能的奥特曼。当孩子步入青春期后，如果他们还整天想着奥特曼打小怪兽，未免有些太幼稚了。父母应该在恰当的时机告诉他们，不应该再沉浸在虚幻的世界里，应该务实。

董鑫现在已经是一名高中生了，邻居家有一个小弟弟，很喜欢看奥特曼的动画片，小家伙经常给董鑫讲里面的情节，董鑫每次听完都会很礼貌地笑一笑。

有一次，邻居家小弟弟又给董鑫讲了动画片里的情节，他很纳闷：董鑫哥哥为什么每次听完自己说的都会笑一笑呢？董鑫这时告诉他："动画片里表演的情节都是假的，哥哥现在已经这么大了，对这个已经不感兴趣了，不过，我像你这么大的时候，也喜欢看。"

小家伙问："哥哥，那你崇拜什么呢？"

董鑫说："我崇拜张文秀、陈祥榕、肖思远，他们为了祖国不怕牺牲，他们是国家的英雄，是我学习的榜样。"

小家伙听董鑫这么说，似乎不怎么懂，但是也不失礼貌地点了点头。

孩子长大了，尤其是进入青春期后，大脑正趋于成熟，他们不会再沉浸在曾经的童话世界中。此时，作为父母应该引导孩子将时间和精力都用在学习和对未来人生的思考上，最主要的是要端正自己的学习态度，严于律己，勤奋努力，立志成为祖国的栋梁之材。

小玲已经上高二了，但每天依然浑浑噩噩，一门心思地追她心中的那些明星偶像。曾经有一次，小玲为了看一位男歌手的演唱会，瞒着父母偷偷地逃课去另一座城市待了三天，受到了学校留校察看的处罚。

在小玲的卧室里，挂满了那位男歌手的海报，虽然父母无数次规劝她现在的任务是好好学习，不要在应该学习的年龄荒废了自己，有自己喜欢的歌手明星没问题，但是如果走火入魔就不好了。但是对于父母的规劝，小玲置若罔闻，甚至数次跟父母因为自己追星的问题发生激烈的冲突。

期中考试的时候，小玲的成绩一如既往地垫底，而她依然在她的"偶像梦"中沉沦。直到有一天，她所挚爱的那位明星因为个人品行问题触犯法律，被公安机关逮捕，小玲整

第五章
给青春期孩子的几点建议

个人仿佛被迎头浇了一盆凉水，她彻底清醒了，原来她所挚爱的偶像并不是神，他们也不过是凡夫俗子，他们身上的光环不过是像小玲这样的傻孩子给他们套上去的罢了。

在小玲万念俱灰的时候，爸爸带着她看边境线上解放军战士抗击外敌的新闻，看全国人民送别袁隆平爷爷的新闻，爸爸告诉小玲，只有那些为国家、为人民无私奉献的人才是真正值得我们去追的星，一个人只有为国家做出贡献才配得上人民的尊敬和爱戴。现在小玲正是学习知识的黄金年龄，不要辜负了自己的青春年华，要奋发努力，提高自己，争取做一个对国家和民族有用的人。

听了爸爸的话，小玲想想自己曾经荒唐的岁月，心中懊悔不已，她暗暗告诉自己，不能再这样下去了，接下来的日子里，一定要奋发努力，做一个对国家有用的人。

青春期的孩子，很容易就会偏离正确的方向，父母在这个时候一定要关注孩子的思想动向，多告诉他们积极向上的道理，让他们明白自己应该成为一个什么样的人，让他们树立自己的理想，并且为了实现自己的理想而努力奋斗。当发现孩子误入歧途的时候，一定要找对方法与孩子有效沟通，让孩子知道自己应该怎么做，切不可生硬粗暴地压制孩子，那样非但解决不了问题，反而会让事情变得更糟。

7. 培养孩子的敬畏感

常常听到很多父母说："现在的孩子真是越来越不好管了！"生活条件好了，很多家庭对孩子娇生惯养，孩子的胆子越来越大，他们顶撞父母，不尊敬老师，见了长辈不问候，这些都是青春期孩子缺乏敬畏之心的表现，未来，孩子很有可能变得肆无忌惮，无法约束自己。作为父母应该培养孩子的敬畏心，让他们懂得尊敬老师、孝敬父母、尊重长辈，让他们拥有正确的价值观和崇高的理想。

李强很小的时候，爸爸妈妈疼爱他，不管他做什么事，都会由着他的性子来。上小学时，妈妈带着他去游乐场玩，可是只要他玩得不开心，就打身边的小朋友，打小朋友的家长，但妈妈并没有制止他的这一行为，反而"夸赞"他以后绝对不会吃亏。

现在，小强已经是一名中学生了，他在学校见到老师从来不打招呼，上课老师让他回答问题时，他一副毫不在乎的样子，一句话都不说，不仅如此，他还不好好听课，上课不是睡觉就是随便出入教室，老师很无奈，就喊来了李强的父母。李强的爸爸妈妈听老师讲完后，只对老师说了一句话：

第五章
给青春期孩子的几点建议

"老师,没关系的,我们的孩子快乐就可以。"

李强有了父母的纵容,在学校里更加肆无忌惮,他认识了几个社会青年,和他们一起抽烟喝酒,只要有同学反对他,他就把这些社会青年喊来把同学打一顿,学校对李强进行了批评教育,也警告过,但李强不听,依然我行我素。有一次因为打架,李强被学校开除了。

李强长大以后,看着同学们都有所成就,他却只能靠做苦力维持生计时后悔了,他后悔在读书的年纪放弃了学业;他的爸爸妈妈也后悔了,他们后悔当初没能好好教育自己的孩子,没能让他有个好前途。

孩子进入青春期后,培养敬畏心尤为重要。处于青春期的孩子大部分时间都在学校度过,父母应该配合学校,引导孩子遵守各项规章制度,让孩子拥有"没有规矩,不成方圆"的意识;父母应该在孩子很小的时候就培养孩子拥有良好的品行,严格做到赏罚分明,如果孩子犯了错,要及时纠正错误并牢牢记住教训;父母还应该培养孩子浓厚的学习兴趣,孩子拥有了求知欲,就拥有了学习的动力,接下来他会将时间和精力放在追求美好的事物上,这种良好的习惯可以为他拥有敬畏心打下坚实的基础。除此之外,家长还应该培养孩子拥有一颗感恩的心,让他尊重身边所有的人,爱护花草树木,爱护大自然的一切生灵,珍惜生命,在不知不觉中产生敬畏心。

燕燕的妈妈经常告诉她:"做人一定要懂得感恩,如果有同学帮助过你,你一定要记得感谢人家,当他遇到困难时,记得向他伸出援助之手;在学校里见到老师要记得打招呼,要尊敬老师……"

在妈妈的熏陶下,燕燕一直都很懂事。在学校里,她尊重老师,有礼貌,上课的时候,她总是积极回答问题。老师见燕燕表现突出,就选她做了班干部,因为燕燕是个很正直的人,班里的同学们都很信服她。

回到家里,燕燕也经常帮爸爸妈妈做家务,她在潜意识里就觉得,爸爸妈妈在外面工作非常辛苦,她应该多帮帮他们。

燕燕平时很乐观,看到谁不开心了,她就会给他讲笑话,逗得他哈哈大笑。如果是她自己遇到了不开心的事,也能很快将自己的负面情绪调整过来,因此燕燕身边的人都很喜欢她。

孩子已经进入青春期,培养孩子的敬畏心刻不容缓,在此之前,父母要为孩子做好榜样,让他们在不知不觉中心存敬畏,主动学习,这样,孩子才会感受到身边事物的美好,从而珍惜幸福生活。

第六章

青春期的果子有些涩

孩子进入青春期后,身体开始二次发育,对异性的好奇促使他们开始对异性产生难以名状的情愫。这时候的孩子,如果父母不加以引导,很有可能会走入感情的歧途,身心都受到伤害。所以,作为父母,要教育孩子正确面对异性,理性表达自己的情感,将精力放在学习上,为自己心中的梦想努力奋斗。

1. 情窦初开的懵懂很正常

青春期的孩子，会逐渐意识到两性之间的差异，他们通常都喜欢和异性接触，这是孩子美好情感的流露。

初一开学的第一天，小刚就对班上一名叫小蝶的女生有一种莫名的亲切感，看到她就觉得心情舒畅。小刚不知道为什么，平时开朗热情的自己，见到小蝶总是感到害羞紧张。女生也注意到了小刚对自己的关注，对于帅气潇洒的小刚，女生并不排斥，偶尔会对小刚的关注报以微笑，这让本就慌乱的小刚心情更加激动，仿佛有只小鹿在心头怦怦乱跳。

小蝶是班里学霸级的存在，每次考试都稳稳地位居全班第一名。小刚的学习却马马虎虎。

本来有些邋遢的小刚，最近每次去学校前总是要好好打扮一番，整个人变得干净整洁起来。这一反常的变化让妈妈注意到了，聪明的妈妈隐约感觉到了什么，毕竟这个小家伙小时候可是每天都需要妈妈追着洗脸的，要不是长得还算俊朗，那可真没救了。

第六章
青春期的果子有些涩

妈妈笑着问小刚:"怎么了帅哥?最近这么爱干净,碰上白雪公主啦?"

听了妈妈的调侃,小刚的脸一下子红了,结结巴巴地说道:"没,没有,你别瞎说。我们老师说了,不让早……早恋。我现在要安心学……学习。"

妈妈哈哈大笑,说道:"看把你吓的,我就是开个玩笑而已。我们家小刚这么帅的小伙儿,有姑娘看上也是正常的,不过你说得也有道理,你现在确实应该安心学习,最起码学习要比你的白雪公主强才行,要不在女生眼中就不是白马王子遇上了白雪公主,而是一头邋遢小猪要拱人家的好白菜。"

小刚不知道妈妈是有意还是无意,反正感觉妈妈每句话都说到了他的心坎上。他觉得妈妈的话说得确实有道理,小蝶学习那么好,如果自己学习差,人家肯定看不上自己。

妈妈的话也让小刚慌乱的心平静了许多,他想了很多,觉得妈妈的话带给了自己无尽的力量。看妈妈那轻松的表情,好像所谓的早恋话题并不是那么严肃和可怕,妈妈还是很开明的。

此后的日子里,小刚爱干净整洁已经成为习惯,更关键的是,妈妈发现儿子在学习上投入了巨大的精力,每天都是自己主动去学习,根本不用妈妈督促。看着孩子的表现,妈妈感觉孩子的学习状态并没有因为感情而受到影响,也就没有再过多地讲关于"早恋"的话题。

期末考试的时候,小刚的成绩不错,考了全班第二名,总成绩比第一名少了一分,妈妈有些遗憾,但儿子很开心,一个劲儿地说着:"这样挺好,这样挺好,考第一就没意思了。"

开家长会的时候，小刚妈妈看到了考全班第一的那个同学，没错，就是小蝶。看着小刚的表情，妈妈瞬间明白了儿子为啥考第二名那么开心，也明白儿子为什么如此努力学习了。

既然孩子已经将自己青春期对异性的好感转化为学习的动力，那让孩子在心中保留着一份对青春期爱情的美好向往也未尝不可，这也许会成为孩子一生当中非常美好的回忆。

上面故事中小刚的妈妈真是一位聪明睿智的妈妈，她懂得如何跟自己青春期的儿子沟通，更可贵的是她能够通过孩子细微的变化敏感地捕捉到儿子正在面临的情感问题并给予正确的引导。当孩子陷入困惑和不安的时候，妈妈没有将事情挑破，这样就避免了孩子自尊心受到伤害，毕竟暗恋一个人是非常隐私的个人情感，如果被人挑破，面子上必然挂不住，进而对孩子的内心造成伤害。

而这正是现实中很多爸爸妈妈经常犯的错误。本来孩子并没有早恋的想法，但是当父母突然间将这个问题放在孩子面前的时候，孩子心中的逆反情绪必然被激起，进而被动陷入"早恋"的不良情绪当中无法自拔。

情感问题，是每一个处于青春期的孩子无法避免的问题，只是发生在每个孩子身上的具体情况不同而已，父母要做的就是及时发现问题，对孩子加以正确引导，而不是粗暴干涉，伤害孩子的自尊。相信在父母的正确引导下，孩子必然能走出青春期情感的困扰，做出自己正确的选择。

第六章
青春期的果子有些涩

2. 可以心动,不要行动

十五六岁的少男少女们,正处于情窦初开的年纪,很容易对异性心动,这种心动可能就发生在普普通通的一件小事里,可能是他的篮球打得很好,可能是她说话很温柔;可能是他没有不会做的题,可能是她英语读得特别优美;可能是他今天的白衬衣很好看,可能是她今天笑得很美。对异性心动是正常的,不要付诸行动。怎样才能让处于青春期的孩子既正常,又不越线呢?父母真的要花费些精力,才能把握好这种平衡。

小艾是一名高二的学生,大部分时间都花在了学习上。她平常的活动地点就是教学楼、食堂、宿舍,可以说简单得不能再简单了。

这一天,她下了晚自习,已经很累了,收拾好东西就打算从教学楼离开。当她踏出教学楼的那一刻,外面正飘着纷纷扬扬的雪花,在不远处路灯的照耀下,雪花似乎染上了一层暖色,让小艾心中也充满了温暖。此时,地上已经积了薄薄的一层雪,小艾小心地踩在上面,听着鞋底与积雪接触的声音,但是在下台阶的时候,小艾还是一不小心摔了个四脚朝天。

这时,一个穿着红色羽绒服的男孩子,撑着伞站到了她面前,先是不客气地笑了起来:"哈,你这样子……"小艾起先很是气恼,但是很快她就听到了自己的心不可抑止地跳了起来,一下一下地,跳得她心慌,她知道那是心动的声音。男孩子看她愣在了那里,于是伸手扶起了她,温柔地询问道:"你还好吗?"

小艾回了一句:"还行,没事儿。"

男孩子说:"那这把伞给你,你走的时候小心些,现在路上滑。"

小艾说:"谢谢了。"停顿了一下,小艾又说道:"这伞我怎么还你啊?"

男孩子说:"哦,我就是你们隔壁班的,我知道你,我明天过去找你拿好了。"

小艾说好。回到宿舍后,小艾还在回忆当时的场景,她知道,那一刻她是真的心动了。

这是情窦初开,是一刹那的怦然心动,是一种很美好的感情。但这时正是孩子人生的重要阶段,这种感情多多少少还是会影响到他们的日常学习,所以青春期的孩子可以心动,但最好不要行动。

小信是一名高三的学生,他的心动源于一场野炊露营。那一次,班长提议大家放松一下,选择到距离学校几十公里外的一座山上野炊。大家都积极地响应了。

那一天,他们雇了一辆旅游大巴,带了各种烧烤用的食材,奔向目标地点。等到了地方,他们看到这里环境优美,

第六章
青春期的果子有些涩

有山，有溪流，有草坪，的确是一个娱乐的好地方。男孩子看到小河里有鱼，纷纷下水去了，说是要捉几条鱼上来烧烤。还有一些人在忙着收拾食材，搭帐篷。

小信在下河摸鱼的时候，不小心被尖锐的石子儿划伤了，被同学们扶上了岸，这时一名女同学过来，先是检查了一下小信的伤处，然后拿出医药应急包，处理了他的伤口。这名女同学父母都是医生，爷爷奶奶也开着中医诊所，所以她懂得处理应急伤口。小信看着她利落的手法，很是钦佩，再看看她那认真专注的神情，这一刻他心动了，喜欢上了她。

小信明白了自己的心意以后，有些心神恍惚，只要有那个女孩在的地方，他总能一眼从人群里看到她。小信想要大声地告诉她，他喜欢她，但是他不能，因为他知道她的理想是上重点中医大学，他不能在这重要的关头让她分心，但是他可以期待他和她的将来。

孩子们正处于青春悸动的时期，他们会在某一个时间、某一个特定的场景因某一个人心动，这是很正常的一件事情，父母不要孩子一有风吹草动便如临大敌，责怪、抱怨，甚至惩罚孩子，应该理解、包容和沟通，共同探讨他所遇到的问题，这样才能帮助孩子渡过情感难关。

3. 拒绝是一件很重要的事

当有人向你表达爱意的时候,你的第一反应是什么呢?我想肯定是欣喜,如果恰好你也喜欢这个人呢?你会更加欣喜若狂。但是对于青春期的少男少女来说,此时一定要理智,要明白这个时期学习的重要性,要清楚现阶段是你们人生的关键转折点,所以此时你们应当学会拒绝,这是一件很重要的事情。

小曼今年高二了,她是一个漂亮且安静的女孩。这一天下了晚自习,她回到宿舍后便去洗漱了,等她从水房回来的时候,看到同宿舍的几个女生正围在窗户那里看着外面,嘴里还不时地发出各种惊喜的声音。

这时,一个舍友看到小曼回来了,便喊道:"小曼,快来,快来。你看外边!"

小曼笑着说:"你们这是看什么呢?"

那位舍友说道:"哎呀,你过来就知道了。"

小曼走到床边,看到宿舍楼外面的地面上,用粉色的蜡烛围成了一个巨大的心形,中间写着这样的字:"小曼,我喜欢你。"小曼一时间没反应过来,说道:"这是哪个小曼

第六章
青春期的果子有些涩

啊,她跟我同名儿呢。"

舍友看着说道:"你看那个捧着玫瑰花的是谁?你认识吗?"

小曼说:"哦,那是咱们班的。"

舍友都看着她,然后问道:"然后呢?"

小曼说道:"还有什么然后啊?"

舍友被这么呆的小曼给气坏了,纷纷转过头去不理她。

这时,那个男孩子对着她们的窗户喊了起来:"高二(3)班的小曼,我喜欢你。"他的喊声引得男女生宿舍的人纷纷将头探出窗户,起哄地喊了起来。

小曼的舍友将她推到了窗户边,对着她说道:"你看到了,这是跟你表白呢。小曼同学,你说一说你此时的感想呗。"

小曼说道:"我没什么感想。"小曼说完后下了宿舍楼,来到那个男孩子面前,说道:"首先呢,我很感谢你喜欢我。"

那名男同学听后十分高兴,以为小曼会同意做他的女朋友,接下来却听小曼温柔地说道:"但是现在不是谈情说爱的时候,我想要考上我心仪的大学,不想因为谈恋爱分心,所以我现在是不会答应你的。"

那名男同学虽然有些失望,但是也能接受:"那你要考哪个大学,我争取跟你考上同一个大学。"

青春期的少男少女很容易冲动,很容易走极端,所以拒绝他们表白的时候,要讲究方式方法。建议你首先让对方看到你坚决的态度,切记不要犹豫不决,从而给对方以希望;其次要选择一个恰当的环境,不要在周围人很多的时候去拒绝，那样对方很可能在心理上接受不了；最后要快刀斩乱麻，避免因为这个影响到双方的正常学习和生活。

小云今年初二了，她是一个活泼、讲义气的女孩，她和她的同桌小南处得跟哥们儿似的，俩人一块儿上课，一块儿吃饭，一块儿玩耍，但是最近小云发现小南有些奇怪，他似乎总是在躲着她，这是从来都没有过的事情。

这天一下课，小南便要跑出去，却被小云拦住了。小云生气地质问："小南，你这两天是怎么回事儿？为什么要躲着我，我做什么事情惹你生气了？"

小南说："没有。"他看周围同学都看向他们这边，便强硬地挤开小云跑了出去。

小云有些莫名其妙，这人是发什么疯呢？

这一天上完晚自习，小云正要回宿舍，但是在经过校园的小花园时，小南出现在了小云面前，他并不说话，就那么看着小云。

小云说："你这究竟是怎么了啊？你别吓我。"

小南似乎鼓起了很大的勇气，说道："小云，我最近发现我喜欢上你了。"

小云摸了摸他的头，又摸了摸自己的头，心想：这一定是幻听。但这是自己平日里的"好兄弟"，她不知道该怎么回复他，一时间愣在了那里。

时间过去了很久，小云还是决定狠心地拒绝小南，她说："我们现在的关系就很好，我把你当兄弟，至于这个感情将来会发展到什么地方，等我们长大再说吧！好吗？"

小南想了想，说道："嗯，听你的，未来还很长，我们将来再说好了。"

处于青春期的孩子们毕竟年纪还小，还不能很好地处理自己的感情，因此需要家长在这一时期多注意孩子的心理变化，并接纳这些变化，要给孩子在情感上留出足够的空间，给他讲些道理，告诉他人生的不同时期有不同的任务，帮助孩子学会选择、学会放弃、学会自我控制，这样他们才有可能把自己的学习与生活处理好。

4. 引导孩子多交一些朋友

青春期的男孩女孩，感情还很朦胧，对异性的好感也很单纯。他们写写情书，表白一下，很多家长就如临大敌，给他们贴上"早恋"的标签，对他们横加干涉，轮番教育。聪明的父母会帮助孩子正视"青春期恋情"，告诉孩子这是正常的，证明他们已经从小孩子进入青春期阶段。引导孩子多交一些朋友，鼓励孩子把这种美好的情感化为互相鼓励的动力。这样，孩子的未来才会以更好的方式到来。

小真妈妈在给女儿收拾书桌的时候，发现了她藏在日记本里的情书，当即就拿着这些情书找小真爸爸，她生气地对小真爸爸吼道："你看看你的宝贝女儿，这么小就开始早恋了，这可怎么得了？"

小真爸爸说道："你可别瞎说，她那么乖的姑娘，怎么会早恋呢?"

小真妈妈说道:"怎么不会呢?你看看这些情书!"

小真爸爸说:"即使真的是情书,也不能代表什么。行了,你又乱翻孩子的东西,把东西给孩子放回去,这件事你不要管了,我来跟小真说。"

小真妈妈说道:"那你一定要说啊!"

小真爸爸说道:"放心吧!"

等到晚上小真放学回家,吃过晚饭之后,小真爸爸说道:"小真啊,爸爸要去小区里散步,你要不要陪爸爸一起?"

小真说:"好的。"

他们来到了小区的花园里,小真爸爸说道:"小真啊,一转眼你就长这么大了,有时候爸爸还真有些担心你被哪个臭小子骗走呢。"

小真说:"哪里会,我才不会被骗走呢。"

小真爸爸笑呵呵地说:"嗯,嗯,不会,我女儿这么漂亮,难道学校里没有追求你的男孩子?"

小真不好意思地说道:"爸爸,你怎么这样啊?"

小真爸爸说道:"这有什么不好意思的?'窈窕淑女,君子好逑',这很正常啊!爸爸跟你说个秘密,爸爸像你这么大的时候也追求过女孩子呢。"

小真好奇地问:"啊?还有这事儿?那我妈知道吗?"

小真爸爸说道:"这可是我们之间的秘密,你可别告诉你妈啊!"

小真说道:"嗯,我保证不说。那后来呢?"

小真爸爸说:"后来啊,我们成了最好的朋友,那个姑娘有她的理想要去实现,再后来,我们并没有走到一起,但

第六章
青春期的果子有些涩

是并不影响我们的友谊。"小真爸爸停了一下又说道："小真啊，你们这个年纪正是追求学业的时候，谈恋爱不是合适的时间，但可以多交一些朋友。"

听了爸爸的话，小真若有所思地点点头，说道："谢谢爸爸，我知道自己该怎么做。"

青春期的少男少女，在最好的时光里相遇，他们一起学习，一起玩耍，一起度过青春；他们可以摒弃男女的身份，成为最好的朋友，学习对方的优点，相互鼓励；他们可以是同学、是知己、是同伴，但是此时却不适合成为恋人，因为他们心理还不够成熟，还没有为自己未来负责的能力。

小美是班上的语文科代表，小黎是班上的数学科代表，两人成绩优异，是同学们心中的"金童玉女"。为此，同学们经常起哄让他们在一起，但是这两个当事人却没有这样想过，他们照常一起讨论问题，一起玩耍。

有一天，小美生病了，家人不在县城，于是她自己去了医院输液。等到晚上的时候，小黎去医院看她，说："这是我给你打包的皮蛋瘦肉粥，你先吃点，你还想吃什么我再去给你买。"他停顿了一下又说道："今天上课的笔记我也给你抄好了，你先安心养病吧。"

小美觉得心里暖暖的，说道："谢谢你。我已经好多了，等会儿输完液我就可以回去了。"

小黎说："那我陪你一起。"两个人又说起了别的话题，真的是越聊越投机，最后不知道是月色正好，还是心里正暖，小美没头没脑地说了句："要不，我们试试？"小黎好像一下子就听懂了:"试试就试试。"

之后的很长一段时间,两个人真的在老师和同学们的眼皮子底下谈起恋爱来了。期末考试结束后,老师发现这两个人成绩掉得厉害,便留心起来。老师终于发现这两个人在早恋,于是通知了两个人的家长。他们的父母都感到很惊讶,因为他们一直关注的都是孩子的学习成绩,至于其他的都很少过问。

青春期的少男少女之间作为同学或者同桌,由于日常交往密切,会对对方产生更为细致和透彻的理解,很容易对其产生爱慕之心。作为父母,在信任孩子的同时,也要经常关心孩子,了解他们的心理状态、情感状况,不过度干涉孩子与异性交往,但也不能放任孩子越陷越深。

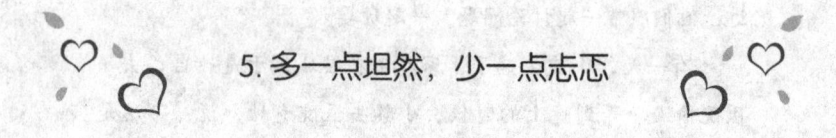

5. 多一点坦然,少一点忐忑

孩子进入青春期后,由于生理上的一些变化,对异性的好奇心随之而来。此时,家长需要对孩子进行正确的引导,否则,孩子的好奇心可能越来越旺盛,对于越是朦胧的东西越要探究到底,从而出现家长们痛恨的早恋现象,最后影响了学习,反而得不偿失。

"多一点坦然,少一点忐忑",这句话不仅适用于青春期的孩子,也适用于父母。毕竟,只有孩子能够坦然应对青春期的感情问题,父母

第六章
青春期的果子有些涩

那颗提着的心才能放下，才能不再忐忑不安。

小菱今年初二了，她们班最近刮起了早恋风，据她所知的就有好几对，她最近也在被男孩子追求。那个男孩子很活泼、开朗，尤其是笑起来的时候，犹如一团暖阳。他帮小菱值日，帮她讲解难题……点点滴滴似乎都留在了小菱的心里。

这天上完课之后，那个男孩子给她扔过来一个纸条，上面写了一行字：明天周六，我们去看电影好吗？

小菱没有回复，随手将纸条装在了衣兜里。去还是不去呢？小菱带着这样的疑问回到了家里。晚上，妈妈给小菱洗衣服的时候，看到了她衣兜里的纸条，于是来到小菱面前，沉着脸问："小菱，你跟我说，这是怎么回事儿？你是不是早恋了？"

小菱不服气地说："我没有早恋。"

妈妈说道："那就是你有早恋的苗头了。"停顿了一下，妈妈语重心长地说道："你知不知道早恋有多影响学习？"

小菱说道："你都说八百遍了，你当年就是因为早恋才没有考上大学的。你说着不嫌烦，我听着都烦了。我不是你，我即使早恋了，也不会影响学习的。"

妈妈打了小菱一巴掌："你这孩子怎么就不听劝呢？"

小菱生气地跑了出去，心想：你不让我谈恋爱，我偏要谈给你看看。于是第二天就跟那个男孩见了面，答应了对方的请求。

父母的一言一行都在影响着孩子的行为举止，倘若父母不能很好地处理自己的情绪，不能心平气和地与孩子交谈，势必将孩子推向相反的方向。父母要多看一些关于青春期孩子心理方面的讲座，多学习一些如何引导孩子保持平常心的知识，让孩子学会如何坦然与异性交往。

小香放学回家后对妈妈说："妈妈，明天我同桌要来写作业。"

小香妈妈说："知道了，我一会儿去超市多买些水果和零食，明天好招待你同学。"

小香说："妈妈，你难道不知道我那同桌是男生吗？"

妈妈说："我知道啊。男生怎么了？这有什么啊？"

小香说："我们班同学的妈妈们，一听到有男生上门写作业，便要查问一番，就怕她们会早恋，从而影响学习。"

小香妈妈点了点女儿的额头，说道："你呀，小时候还天天嚷着要嫁给我们以前隔壁家那个哥哥呢，是不是？"

小香说道："有吗？我怎么不记得了？"

小香妈妈说："当然有了，你觉得那个小哥哥长得很可爱，经常跟在人家屁股后面与一群大孩子上树掏鸟、下河摸鱼的，也不怕晒黑。有一回，那个小男孩给了你个草编蚂蚱，你很喜欢，整天抱着，不让我们碰，还说你长大了一定要嫁给他，让他给你编一堆小动物。"

小香听着妈妈揭老底的话，简直不知道该说些什么好了，赶紧找了个借口逃出去了。

第二天，小香的同桌来到家里，有礼貌地与小香妈妈打了招呼："阿姨，我来跟小香一起写作业，我有一些不会的题，还得小香帮我讲一讲。"

小香妈妈说道："嗯，你们去书房学习吧，阿姨去给你们切水果，你不要拘束。"

小香同桌随着小香来到了书房，他说道："小香，你妈妈好温柔啊，一点也不像我妈妈，每次我要是带女孩回去写作业，她能够盘问好久，恨不得坐在我们面前，眼睛眨也不眨地盯着我们写作业。我都快受不了她了。"

小香笑着说道："那是！我妈妈很开明的，再说了，我们又没有早恋。"

小香同桌说："对啊，我们是最好的哥们儿呢，还是你们家的氛围好，下回写作业我还来你家。"小香笑着说好。

孩子进入青春期后，有了与异性交往的渴望，这本来是很美好的。父母要消除孩子心中的忐忑，帮助他们处理好与异性之间的关系，鼓励他们与异性正常交往，这样反而能够引导孩子获得良好的异性关系，有助于孩子身心的健康发展。

6. 被拒绝没什么大不了

抛开早恋正确与否的问题不谈，青春期的少男少女们，因为喜欢上了一个男孩或是女孩，终于鼓起了勇气，走到了对方面前，大声地告诉对方"我喜欢你"，最后却听到对方拒绝的声音，这时候很多孩子都会觉得很没面子，觉得整个世界都在笑话他，会从此将自己封闭起来，失去往日的青春光彩。

今天，小雨妈妈一进办公室便发现办公室里气氛不对，原来是小晨妈妈的事情。她说："我们家那个臭小子，你们知道吧？当年好不容易考上市里的重点高中，多么不容易，这两天死活闹着要退学。"

"啊？为什么啊？我记得你们家孩子学习挺好的啊！"

"对啊，这好好的怎么就要退学啊？"

"难道是在学校受欺负了吗？"

……

同事们七嘴八舌地猜测着各种原因。

这时小晨妈妈说："哎，都不是。他闹着要退学又不说原因，我便去了一趟学校，找老师了解情况。老师告诉我，那个臭小子喜欢上了班里一个女生，他去找人家女孩告白，结果人家女孩没同意，他便觉得丢脸了，无论如何都不想去那里上学了。你说说这……哎！"

小雨妈妈说："你没有好好开导一下你家孩子吗？"

小晨妈妈说道："怎么没有啊！我们全家齐上阵，而且昨天还带他去找了心理老师，但他就是怎么都转不过那根筋来，我都不知道怎么办好了。"

小雨妈妈说道："那得想想办法啊，这重点高中多难考啊，放弃简直是太可惜了，哎！"

其他同事也七嘴八舌地议论开了，都觉得因为这样的事情退学，简直就是毁了孩子的前途。

又过了几天，大家从小晨妈妈嘴里得知了事情的最新进展：小晨果然从重点高中退学了，选了一所普通高中。大家听到这个消息都为这个孩子惋惜不已。

第六章
青春期的果子有些涩

其实孩子们应该明白，家长们也有必要让孩子明白：青春期并不是谈恋爱的最佳时机。退一步说，如果孩子实在无法抵御情感的诱惑，决定要向对方表白，那么在表白自己的爱意之前，也要做好被拒绝的心理准备，告诉自己哪怕对方现在拒绝了自己，也不一定是因为对方不喜欢自己，而是因为现在这个年纪是学习的重要阶段，并不适合恋爱。让孩子把这份感情埋在心里，不失风度、落落大方，这样也能够帮助孩子树立正确、健康的爱情观。

小彤今年刚上高中，是一个活泼可爱的女孩。有一天，她在校园里看到一个穿着白色校服的男孩，迎着朝阳走来，她觉得对方帅极了，想要对方做自己的男朋友。她经过一番打探，了解到对方是他们学校高三的学长。

后来，小彤在舍友们的鼓动下，鼓起勇气等在了那位学长常常经过的路上，一看到对方过来，小彤就走上去，拦在了那位学长面前，吞吞吐吐地说道："学长，我叫小彤，……我想要……想要告诉你……"

学长笑着看着她："你想要告诉我什么啊？"

小彤说："我喜欢你。"

学长一愣，温和地问道："哦，你为什么喜欢我呢？"

小彤说："因为你长得帅。"

学长说："小彤，首先我很感谢你喜欢我，但是我不能答应你。"

小彤当下就觉得天塌了似的，问道："为什么啊？我长得也不丑吧？"

学长微笑着说："嗯，你长得很可爱。只是现在我已经高三了，马上就要高考了，我不能分心，你知道吗？"

113

小彤说道:"嗯,我知道,我妈妈也说我上了高中要好好学习,不能早恋。"

学长继续说道:"看,家里父母都是这样的心思,所以现在我们应当好好学习,对吗?"

小彤说:"嗯,对。"

等到学长走了很远,小彤才反应过来,自己这是表白被拒绝了,但是她本人并没觉得怎样,还是整天乐呵呵地与舍友们打闹。

青春期的少男少女们,一旦表白被拒绝,他们脆弱的心灵就很容易遭受重击,这时父母需要及时介入,好好开导,帮助他们走出被拒绝的阴影。父母要在平日里注重对孩子性格的培养,培养他们豁达的心性、乐观的性格,这样他们在表白被拒绝的时候,才会有强大的自我修复能力。别总说"学业最重要",青春期的孩子需要学习的远不止课堂上那点儿知识。

第七章

青春期的孩子渴望自由

像鸟一样自由地翱翔，像鱼一样无忧无虑地在水中徜徉……每一个青春期的孩子心中都有着对自由的渴望。他们想要按照自己的方式去生活，他们不希望父母给自己安排一切，他们渴望拥有自己可以支配的时间，他们想要自由，他们想要尽情地享受这青春年华。但做父母的无法释怀，生怕涉世未深的孩子遇到危险，走上弯路。面对孩子的渴望与希冀，为避免矛盾的发生，父母要用自己的智慧处理自由与约束之间的问题，在孩子能够享受自由的同时，确保他们能够安全、健康、快乐地成长。

1. 自由可以给,但要设禁飞区

青春期可能是家长在教育孩子过程中最为头疼的一个阶段,这个时期的孩子似乎转眼之间就变成了家长的"敌人",沟通稍有不畅,家里顿时火药味四起,形同战场。面对处于青春期的孩子,家长不能打骂,不能说教,但是很多事情又不能不管,那么怎么说怎么管,就真的是一种智慧了。

婷婷进入青春期以后,对妈妈的管教十分不满,她觉得妈妈管她的目的就是为了彰显自己的家长地位,限制她的自由。而妈妈则觉得孩子长大了,应该对孩子的行踪多加了解,以免孩子在外面放飞自我。所以,母女俩经常因为自由的事情吵得不可开交。

一天,婷婷收拾好东西准备出门。妈妈看见了,赶紧问道:"婷婷,你这是要去哪儿呀?"婷婷知道妈妈又想唠叨,于是装作没听见。这时,妈妈又问:"婷婷,你这是要出去玩吗?"

"出去不是玩,我还能干什么?"婷婷不耐烦地说道。

"那你去哪儿玩呀,都有谁去呢?"妈妈很小心地问道。

第七章
青春期的孩子渴望自由

"你问这么多干什么,跟你有关系吗?"

"我是你妈,问问还不行啊?"

"有什么好问的?我不去了还不行吗?"说完婷婷踢开正要穿的鞋,怒气冲冲地回到了自己的房间,重重地甩上了房门。

妈妈看到婷婷这个样子,顿时火冒三丈,冲着婷婷的房间大声嚷道:"你这是什么态度,是该对妈妈的态度吗?我只是问问你,又没说不让你出去,你至于跟我发脾气吗?"

"你那样问就是想限制我的自由。"婷婷隔着门喊道。

"我看你就是不知好歹。"

两个人你一句,我一句,越吵越激烈,最后婷婷和妈妈都哭了,也都沉默了。

其实孩子在青春期很容易和家长产生矛盾,但很多时候并不只是孩子的原因,家长的教育方式也有不当的地方。那么对于青春期的孩子,家长该怎么做呢?简单来说,就是自由可以给,但是要设置禁飞区。生活中,家长可以适当给孩子自己的空间,让他们随心所欲地做自己想要做的事情,但一定要明确地告诉孩子,什么能做什么不能做,只要在安全的范围内,家长就要最大限度地放手。这样,孩子就能够保持心情愉悦,对家长没有那么反感了。"己所不欲,勿施于人",如果有人限制我们的自由,我们也必定会奋起反抗,就是这个道理。

儿子升初中前的一段时间,李阿姨只要一想到儿子长大了,就忧心忡忡。因为她总是听人说,孩子上了初中就会越来越叛逆，整天只想着和家长对着干，完全不再听家长的话，这让她不知如何是好。一直以来，儿子都是个乖小子，她真不敢想象他突然变得不听话是什么样子。

后来，孩子真的上了中学以后，并没有像其他人说的那样叛逆，李阿姨渐渐就放心了。很多认识她的家长都说："你家儿子很乖，很阳光，跟你的关系也很好，你是怎么做到的呢？"

"我也没怎么管他，他也没有太叛逆。"李阿姨看上去一副自然而然的样子。

"我们一直管着还叛逆得不行，如果不管，说不定会变成什么样子呢。"

"不是完全不管，是不管那么多。"李阿姨说道。

"快跟我们分享一下你的经验呗！你家孩子没有叛逆，肯定是你教育得当。"其他家长说道。

"其实也没什么，平时我只告诉他什么事情一定不能做，正常情况下，他有绝对的自由。例如，他可以跟同学们出去玩，但晚上必须要回家；他可以跟同学去打球、看电影、图书馆……但去网吧绝对不行。当孩子可以自由选择的空间大了，他就不会非得去做我们不允许的事情了。"

听了李阿姨的话，家长们纷纷点头，觉得她说得有道理。

所以，家长在教育孩子的时候，应该给予孩子自由，不能用"都是为了你好"将孩子限定在狭小的空间内，使他们感到快要窒息而奋起反抗。家长教育孩子是爱孩子，不是战争中镇压敌人，所以在教育时要注意别伤害孩子的情感。家长要站在孩子的立场上看待问题，冷静地帮他们分析什么事情是危险的，不能触碰的，让他们感受到的是家长的关爱，而不是压制，那么孩子的反感情绪自然就没有那么强烈了。

2. 对孩子限制太多容易适得其反

生活中，你是不是一个爱唠叨的家长呢？家长要求孩子这个不能干，那个不能干，给孩子提出了无数的条条框框，几乎把孩子死死地抓在手中，结果孩子实在无法忍受这份让人窒息的爱，开始不停地与家长作对，不让干什么偏干什么，从而导致亲子矛盾不断升级。

其实家长教育孩子是可以运用鱼缸法则的。鱼养在鱼缸里，虽然也能自由自在地游动，好好地吃食物，但是总也长不大，可一旦将鱼放到更大的池塘里去养，鱼用不了多久就会长大很多。教育孩子也是如此，如果家长用自己的各种限制将孩子圈起来，那么他们将很难成长起来，这与家长希望孩子健康成长的初衷是相背离的。相反，如果家长给孩子更多的自由，让他们自己去探索生活，反而能够促进他们对生活的认知，健康成长。

一直以来，冉冉都是一个乖乖女，妈妈希望她有才华，有学识，温文尔雅，所以对她的学习和生活都非常上心，唯恐照顾不周。上了中学以后，妈妈害怕冉冉变得不乖，所以总是限制她的想法，不允许她跟一些喜欢玩的同学多接触，以免被带"坏"。

冉冉想看会儿手机，妈妈说容易沉迷网络，不给她看；同学组织春游，妈妈担心男同学太多，不让她去；同学找冉冉出去玩，妈妈说耽误学习时间，不让她去；就连看电影，妈妈也说没必要出去，在家看书一样很好。

在妈妈的管束下，冉冉成了同学们眼中的"落伍的人"，大家说的是什么事情，她不明白；大家用的东西，她没见过，好像自己真的遗世独立一样，这让她非常懊恼。一次，同学来找冉冉玩，妈妈一如往常地不同意她出去，这一次冉冉没有乖乖听话，而是偷偷溜了出去。原来跟同学在一起玩是那样自由快乐，这一天，冉冉看到了好多自己没有见过的东西，也有了很多新的尝试，觉得快乐极了。

回到家后，妈妈语重心长地对她说："妈妈不让你出去就是为了让你健康快乐地成长，你怎么就不明白我的苦心呢？"

"健康快乐？那只是您自己的看法，在您的精心呵护下，我什么都不懂，什么都不会，根本就不快乐，也不健康。"母女二人最终也未达成一致意见。从那以后，冉冉开始越来越"不听话"，妈妈越是限制，她越是反抗，妈妈觉得自己的教育完全失败了。

很多父母爱子心切，生怕孩子脱离自己羽翼的保护后会受到伤害，于是处处约束、限制孩子，希望他们在一个纯净而安全的环境里成长。然而我们忘了，孩子终究是要独立面对社会的，如果把孩子培养成温室里的花朵，那他必定经不起风雨，这是我们不愿看到的结果。所以，家长在教育孩子上需要讲究技巧，要站在与孩子平等的位

第七章
青春期的孩子渴望自由

置上,去理解孩子,给孩子提供建议,而不是以高高在上的姿态去限制他们的自由。

不知道从什么时候开始,甜甜家里出现最多的就是"不行"的声音。

"妈妈,我出去玩会儿。"

"不行!"

"妈妈,我想跟同学们去参加联欢会。"

"不行!"

"妈妈,天气预报说今天气温很高,我想穿裙子。"

"不行!"

"妈妈,我想到田间去体验生活。"

"不行!"

……

每次听到妈妈坚定而有力的声音后,甜甜就知道这件事没有商量的余地,于是默默地做起了妈妈交代的事情。可是她太渴望外面的自由了。她在想,外面的田野是翠绿的,同学们玩在一起是欢乐的,穿上裙子一定是很美的,可是,自己连这一点小小的事情都无法自主,实在让人伤心。甜甜越想越不甘心,越想越委屈。

一天,甜甜听说同学们下午会去郊游,特别想参加,于是再次向妈妈请示,不出意外地,她又得到了两个字的回复"不行"。

"为什么不行?"甜甜鼓足了勇气问出了这句藏在她心中许久的话。

"没有为什么,不行就是不行。"妈妈很强势地回答。妈妈以为自己保护女儿的心，女儿慢慢会懂，可甜甜却被妈妈的限制压得就要窒息了，她的心都快死了。

上中学后甜甜选择了住宿，每个星期天可以回家。可甜甜自从住在学校后就很少回家了。星期天她总是借口作业多留在学校，即使偶尔有事回家，也只待片刻，然后匆匆赶回学校。对于甜甜来说，住校生活是自由美好的，终于不用再听"不行"这两个字了。

妈妈渐渐感觉到了甜甜和自己的疏离，她不明白自己事无巨细地付出为什么会换来甜甜如此的冷漠，每每想到这些，她就觉得自己的心凉透了。

很多时候，家长的"不行"中掺杂了很多为孩子的考虑，怕他们青春期走偏，无法健康成长，但是在孩子耳中，"不行"是对自己最刺耳的控制。所以，家长想要对孩子表达时，应该平心静气地跟孩子沟通，找到他们认为舒适的方式，而不是一味地限制他们的自由。好孩子是教出来的，不是管出来的，尤其是渴望自由的青春期的孩子，家长更应该尊重他们的自由，以免适得其反。

3. 孩子是风筝，线要抓在手里

或许很多家长都曾给过孩子"海阔凭鱼跃，天高任鸟飞"的祝福，希望他们能够自由成长，去探索无边无际的人生。然而在现实生活中，

第七章
青春期的孩子渴望自由

家长却很难兑现自己的祝福，真正做到对孩子放手。对于青春期的孩子来说，他们正是不知艰难险阻，想要见识世界的时候，于是对自由有了很多的渴望。而家长经历过生活的酸甜苦辣、人情冷暖，害怕孩子受到伤害，于是想要保护他们，便有了更多限制他们的想法。就这样，家长便和青春期的孩子逐渐产生了各种摩擦。

那么，这是不是一个必然的过程呢？答案是否定的。智慧的家长会平衡好孩子的渴望和对他们的约束，就像放风筝一样，孩子可以去飞，但线始终牢牢掌握在家长的手中。

进入青春期的刘宣性格上发生了很大的变化。他不想再安心学习，一心想去社会上闯荡一番。听了刘宣的想法以后，爸爸虽然很不高兴，但是仍旧答应给他一个假期的自由，假期结束后必须回到学校上课。

因为年纪小，刘宣转遍大半个城市才找到一份洗车的工作。正值盛夏，他穿着宽大的工作服，汗流满面地洗着一辆又一辆汽车。傍晚，他才结束一天的劳动，挣到了六十块钱。当他腰酸背痛地回到家之后，才发觉钱真的太难挣了。爸爸没有限制他第二天出去寻找自由，但刘宣知道生活没有自己想象的那么简单。

有一次，刘宣带一个同学来家里玩。那名同学穿着奇装异服，染着红发，爸爸看着极不顺眼，于是对他一顿盘问，同学只待了片刻就走了。等同学走后，爸爸一脸严肃地告诉刘宣，以后绝对不能再跟那个同学玩了。

在教育刘宣的问题上，爸爸常说："教育孩子就要像放风筝，该紧时紧，该松时松，这样孩子才能飞得高，又飞不跑。"后来，刘宣也体会到了爸爸的良苦用心，便安心学习，认真对待生活，对爸爸的教育和引导也有了更多的认同，不再有什么异想天开的想法了。

有时候，孩子叛逆是对家长教育方式的不认可。孩子想要自由，家长偏要约束，凡事都与孩子的想法相左，于是双方就产生了不愉快。事实上，家长与孩子的关系完全是可控的。只要把握住孩子发展的大方向，家长可以放手让孩子去飞，去实现他们想要的自由。

在孩子的教育问题上，佳佳的妈妈一向反对强权教育。她说："孩子是独立的个体，和家长有着同样的权利，因此，家长对他们的教育要注重引导，而不是强制。然而孩子对社会的认知尚浅，家长必须保证他们不走歪路，不向错误的方向发展。"

过去，佳佳是一个小心谨慎、乖巧听话的女孩，一直都是"两耳不闻窗外事，一心只读圣贤书"，很少让妈妈操心。上了中学以后，佳佳来到了更大的校园，接触到了更多的同学，眼界也宽了不少，开始对交友和外面的世界充满向往。妈妈清楚佳佳长大了，需要更广阔的空间，虽然对她有些担心，却没有过多地约束她。妈妈对佳佳说："只要让妈妈知道你在干什么，没有做什么错误的事情，妈妈一定会最大限度地给你自由。"为此，佳佳非常感动。为了维护好和妈妈这样的和谐，佳佳做事情前都会跟妈妈说。

"妈妈，我今天要到公园去玩一天，同行的同学有小虎、小红、小华，因为路程远，所以可能会回来晚一些。"

"好的，知道了，去吧，注意安全。"妈妈没有因为女儿

第七章
青春期的孩子渴望自由

可能会晚归而阻止她，佳佳度过了快乐的一天。

"妈妈，同学约我去网吧上网。"

"这个妈妈不建议你去。首先，网吧的环境并不适合你们中学生，容易接触到一些社会人，这对你的成长是有影响的。其次，上网容易成瘾，一旦陷入其中，很难自拔。你觉得你还应该去吗？"

在妈妈这样的教育方式下，佳佳对自己的现状很满意。她觉得妈妈不仅给了她足够的自由，也给了她足够的关注，自己就像一只风筝，虽然飞得很远，但妈妈始终牵着那根线没有放手，眼睛也始终注视着她，让她感到踏实而轻松。

所以，青春期的孩子会不会叛逆，会不会固执己见，关键要看家长如何对待他们。如果家长在教育和引导时，张弛有度，给孩子创造一个舒适的成长空间，就会为孩子走向社会打下良好的基础。

4. 适当了解孩子的交际圈

把一匙酒倒入一桶污水里，得到的是一桶污水；把一匙污水倒入一桶酒里，得到的同样是一桶污水。污水和酒的比例并不能决定桶里的东西的性质，真正起决定性作用的是那一匙污水，这就是酒与污水定律。它告诉我们，任何组织中都不能有坏的东西，否则将影响到整体。孩子的交际圈也是如此。如果孩子结交到坏朋友，那么很可能被带坏，从而做一些原本不敢或不想去做的坏事。这也是我们常说的"近墨者黑"。

孩子进入青春期以后，交友的渴望会变得越来越强烈，在这种冲动下，他们可能会没有选择地交友，从而认识一些坏朋友，给他们的成长带来不利的影响。所以，作为父母很有必要去了解一下孩子的交际圈，在朋友的选择上给孩子正确的引导。

宋楠是一个性格很温和的男孩，他心地善良，敦厚老实，很多人都喜欢找他玩。因为性格原因，宋楠基本上是"来者不拒"，只要有人跟他玩，他就一定会去，哪怕心中稍有不情愿，一般也不会说出口。

一个星期天，爸爸发现宋楠偷偷从妈妈的包里拿走五百块钱，这引起了爸爸的注意。一直以来，他们都给宋楠零花钱，如果不够，宋楠还会主动再要，从来没有偷偷拿过家里的钱。于是爸爸问道："儿子，你零花钱不够花了吗？"

"嗯，不够。"宋楠有些迟疑地回答道。

"为什么这个星期不够了呢？之前不是一直给你这么多的零花钱吗？"

宋楠没有说话。爸爸又问："你是不是有什么事情要做啊？"

"爸爸，我新认识了几个朋友，他们非让我请吃东西，可是我的零花钱不够。可他们说：'是朋友就应该拿出诚意，如果爸妈不给钱，你可以想办法啊！'所以我就想着私自拿点儿。"

爸爸知道后便认真地了解了一下，告诉宋楠这几个朋友

第七章
青春期的孩子渴望自由

不可交。然而宋楠是当局者迷，认为这几个朋友并没有什么不适合的地方。

后来，这几个"朋友"隔三岔五就叫宋楠出去玩，宋楠经常置作业于不顾，成绩很快就下滑了。这一次，爸爸没有急于否定孩子的"朋友"，而是用交朋友谈心的方式与宋楠探讨那几个"朋友"的品行，然后给他分析了很多不能与之相处的原因。宋楠觉得爸爸说得有道理，也就不再反对爸爸的建议了。

等下次这些朋友再来找宋楠时，他找了个借口拒绝了，慢慢地与这些孩子疏远了，爸爸也就放心了。

孩子的生活阅历尚浅，很难辨别哪些人对自己有益，哪些人对自己有害，尤其是青春期的孩子，他们思想迅速发展，性格还不稳定，很容易就会出现"三观"偏差，结交一些坏朋友。这时，家长就要给孩子把好关，帮助他们正确地认识朋友，以免被其引入到歧途，受到伤害。那么家长该如何帮助孩子建立好的交际圈呢？古有孟母三迁，虽说我们不能随便更换自己的房子，但是帮助孩子营造良好的交友环境，帮助他们辨别朋友的好坏还是可以做到的。当孩子进入一个不利于成长的交际圈时，家长可以将他们带离，然后给他们介绍一些积极向上，有正能量的朋友，这对孩子的发展是大有益处的。

自从欣雨上了中学，她就结识了很多小区里的朋友，每到星期天，她们都会来找欣雨玩。刚开始，妈妈觉得欣雨多认识一些朋友挺好的，毕竟远亲不如近邻，相互都有个照应，做什么事情可以结伴而行。

后来，妈妈打扫卫生时无意间听到了她们的谈话。她们聊得要么是某个明显的八卦，要么就是什么地方好玩好吃，甚至有时还会商量一些对付父母和老师的方法，就是没有关于学习的话题。妈妈觉得，如果长时间这样下去，欣雨不仅不能从这些朋友身上学到什么正能量，还可能被她们带偏。她觉得应该给孩子介绍有益于自己成长的朋友。

之后，妈妈注意留心朋友们的孩子，谁家的孩子优秀，她就会刻意带着欣雨去玩，帮助孩子建立关系。就这样，欣雨跟妈妈朋友们的孩子相处，爱上了绘画，对乐器也产生了兴趣，他们聊英语课堂，聊语言趣事，甚至还聊人造卫星、火星计划，欣雨整个人的状态都变得积极向上了。

所以，家长要经常跟孩子沟通，了解一下他们的交际圈，鼓励他们和积极开朗、阳光向上的人交朋友，劝诫他们远离消极懒怠、不思进取的人，这样孩子才会越来越好。

5. 你不能成为孩子的社交障碍

生活中，我们经常会看到这样一类孩子：他们遇到陌生人会害怕，遇到陌生的孩子也会害怕，需要讲话时，吞吞吐吐说不出话来。有时候他们很想融入其他孩子的群体中去，但是始终没有勇气，最终在羡慕中放弃。通常情况下，这类孩子或多或少都有社交障碍。

第七章
青春期的孩子渴望自由

孩子不会社交的原因有很多,其中绝大部分与父母的教育有关。如果家长过多地参与孩子的社交,经常约束他们去社交,或者没有起到良好的榜样作用,那么孩子的社交就可能出现问题。

小军的邻居家有一个比他大两岁的男孩子,去年刚上中学。小学时,他还算是一个乖觉听话的孩子,但是上了中学后,他认识了很多新朋友,其中有一些与社会上的无业青年有来往,在他们的影响下,邻居家的男孩学会了抽烟、上网吧、逃课,有时还会参与打群架,让家长操碎了心。看着他的变化,小军妈妈吓坏了,心想等小军上中学时可得好好管他,不能让他学成"小混混"的样子。

上了中学以后,妈妈果然加强了对小军的管制。这与进入青春期的小军的意愿正好相反,于是母子二人每天在家斗智斗勇,最后妈妈成功地"降服"了小军。妈妈规定,每天放学小军要准时回家,周末不能跟别人出去玩,除非自己陪同;即使用手机也不能跟同学闲聊,大家的交流仅限于就事论事。不仅如此,妈妈还经常关注小军在学校的一举一动,每天捕风捉影,提醒小军这个不能干,那个不能做,完全把小军管教成了笼中之鸟。为了让妈妈不再唠叨,耳根清净,小军彻底把自己封闭了起来。在学校他不跟同学交流,回到家自己就在房间看书,和爸爸妈妈也不怎么说话,慢慢地,他就彻底不想再说话了。

有时候,妈妈会带小军到一些必要的社交场合,可他还是不说话。现在的他已经不是不想说话,而是不知道该怎样说,不会顺畅地与人交流了。

很明显，小军的社交能力差是妈妈严加管教的结果，她一手造就了不会社交的孩子。所以，家长应该给孩子一定的社交自由，锻炼他们的社交能力。当发现孩子不会社交时，应该怎样补救呢？首先，家长要给孩子树立榜样。家长是孩子最好的老师，家长待人接物的方式与态度对孩子有着非常直接的影响。其次，家长要引导孩子表达。当孩子没有表达欲望的时候，家长要去带动他，给他们讲故事，让他们讲故事，让他们多说，这样他们的表达能力就会慢慢提升上去，跟别人交流时，才能够有效表达自己的意思和个人意愿。最后，家长要鼓励孩子社交。家长要带着孩子多参加一些集体活动，给孩子增加社交的机会，这样他们慢慢就能够放开自己了。

莹莹的妈妈性格强势，对莹莹的管束比较严格，所以莹莹很胆小，也很内向，妈妈却自我感觉良好，觉得自己培养出了一个听话的乖女儿。可面对陌生人时，莹莹连打招呼都不敢，妈妈越是往前推，她越是往后缩。看见陌生的同龄人，莹莹内心渴望去结交，却始终没有勇气。

进入青春期以后，莹莹想要交友的渴望越来越强烈，尤其是看见其他人能在一起谈天说地的时候，心中更是羡慕不已。她不敢参加，因为不知道该如何跟大家互动，于是回到家就闷闷不乐，她心里多少有些埋怨妈妈，总是跟妈妈生气。

后来，爸爸知道了莹莹内心的想法，他劝妈妈说："现在孩子正处于青春期，是发展社交能力的好时候，如果你再像之前那样约束她，孩子可能会越来越胆小，甚至将来不敢独自面对社会。"妈妈也为莹莹最近一段时间的表现懊恼不已，于是决定帮助莹莹去社交，让她学会与人交流。

从那以后，只要有什么有益身心健康的集体活动，妈妈就会带着莹莹去参加，在良好氛围的带动下，莹莹渐渐变得开朗起来，敢于主动交朋友了。

社交对于孩子来说非常重要，不会社交的孩子容易自卑、不自信，很难融入集体中去，这对其未来的发展会产生阻碍作用，所以家长要鼓励孩子去社交，让孩子成为一个乐观开朗、善于沟通的人，而不是为了自己的权威或者太过呵护孩子而成为他社交的障碍。

6. 给孩子一些社交建议

通常情况下，活泼开朗、积极健谈的孩子很受同伴的欢迎，容易建立起较好的社交关系，从而更好地适应未来的各种环境变化。然而，如今很多孩子都是独生子女，他们因为缺少同龄伙伴，接触面窄，再加上父母的严格管教，形成了以自我为中心、不合群的性格特征，很难交到朋友。越来越多的家长开始认识到社交的重要性，开始关注并鼓励孩子进行社交。

青春期的孩子进行社交时往往带有一定的盲目性，这是因为他们的性格尚未稳定，对朋友的选择也没有清晰的定位，很可能因为缺少辨别能力而交到一些坏朋友。这时，作为家长，应该给孩子一些社交建议，告诉孩子怎样更好地去交往，这样孩子才能避免受到伤害。

小林进入青春期以后,爸爸妈妈对他的管教渐渐变得宽松了许多。他们常说:"孩子大了,需要更多的个人空间,如果管教太紧,反而不利于孩子的成长。"对于爸爸妈妈的理解,小林非常感动。

升入中学的第一天,爸爸把小林叫到自己的跟前,对他说:"儿子,你又开启了人生的一个新阶段,上中学后你的社交面更广了。爸爸妈妈不想干预你太多,希望你能够更自由一些。"

"谢谢爸爸!"小林说道。

"不过,爸爸妈妈虽然不会严格要求你怎样,但并不是完全不管你。所以爸爸还是想跟你谈谈社交方面的几个问题。"

"爸爸,你说吧。"

"交朋友要交真心的朋友,质胜于量,不能为了交朋友而来者不拒。另外,交朋友要有底线,不尊重自己、'三观'不正的朋友是不能交的。"

"爸爸,我知道了,如果有必要我会请教您的。"

后来,爸爸发现小林结交的朋友个个都很优秀,有的学习好,为人敦厚;有的性格开朗,无不良习惯;有的并没有什么过人之处,只是性格跟小林相近……在他的朋友中,从未有过不讲文明道德的人,这让爸爸妈妈格外放心。小林说:"我每次交朋友的时候,都会想起爸爸的叮嘱,然后仔细地观察他,合适做朋友我才会多跟他玩。"

由此可见,家长的经验和想法对孩子来说还是非常重要的。然而,有些父母个性非常强,要么孩子乖乖听话,要么放任不管,最后导致青

第七章
青春期的孩子渴望自由

春期的孩子要么不敢交友,要么盲目交友,最后对自己的成长产生了不利的影响。

向东的妈妈脾气火暴,在家里向来说一不二。过去,她对向东的教育非常严苛,要求他凡事必须要听她的话。进入青春期以后的向东,对妈妈的做法渐渐开始不满,叛逆的情绪一天比一天旺盛,并且有不可阻挡的趋势。因为交朋友的事情,妈妈和向东经常吵得不可开交。

一天,妈妈看见向东与一个抽烟的同学在一起玩耍,于是火冒三丈,立刻喊了向东回家。一进家门妈妈就将向东劈头盖脸地一顿数落,警告他以后离那个同学远点。向东很不服气,开始跟妈妈辩论:"我为什么要远离他?难道就是因为他抽烟?"

"抽烟就是不良的习惯,这种朋友会带坏你的。"

"我觉得他很好。"

"你必须远离他,否则就别认我这个妈了。"

"不认就不认。"向东气到极点,脱口而出。

"好,既然你这样说了,那我以后再也不会管你了,看你能成什么样子。"

后来妈妈真的赌气不再管向东了,可是向东并不明白抽烟有什么不好,他觉得对方很真诚,对他很热情,就继续跟他交往。在那个同学的带动下,向东也学会了抽烟,慢慢开始拿家里的钱,浑然不知自己有什么问题。

青春期的孩子各方面认知还不完善、不成熟,还不能真正独立地去社交,所以家长仍旧有教育和引导的责任。然而这一时期的孩子自我意识比较强烈，家长的教育方式必须迎合他们的性格特点，才容易被他们所接受。青春期的孩子开始注重权利意识，希望能与家长站在平等的地位上，这时，他们愿意接受的教育方式是委婉的建议，而不是居高临下的指导，这一点家长要极为重视。

第八章

学习不能耽误，不想听也得说

  青春期的孩子，情绪波动大，容易与父母闹矛盾，因此有些时候家长就会想，既然这个时期的孩子不好沟通，那能不能不与他们交流？交流少了，引发矛盾的概率就降低了，尤其是在学习上，这是父母与孩子矛盾的高发领域。答案是不可能不交流，因为孩子的青春期与孩子学习的黄金期是无缝衔接、完美重合的，孩子步入了青春期，便进入了吸收知识的旺盛期，这是学习知识的黄金年龄，此时的孩子理解能力强，记忆力好。所以在孩子处于青春期时，即使可能引发矛盾，作为家长也需要跟孩子沟通学习的问题，这是无法避免的。

1. 青春期是学业的关键时期

青春期是孩子学业的关键时期，随着孩子年级的升高，他们所学的课程也一步步增多，学业压力也越来越大。青春期与学业在这个时候完美"撞车"，将身处其中的孩子困住，作为父母在这个关键的时刻要助孩子一臂之力，帮助孩子解除这个困局，降低青春期对孩子的困扰，提高学习效率，完成学习任务。

小敏的学习一直都很好，每门成绩都在班里名列前茅。初三的时候开始增加了化学课，对于这门新的课程，小敏有些好奇，但更多的是慌张。看着那些化学公式小敏总是像看天书一样，但长期做好学生的小敏不允许自己有任何一门课程落后于人，对于新开的这门课，她告诉自己必须要学好，没有任何退路。

但结果不尽如人意，第一次单元考时小敏考得一塌糊涂，对于化学的学习她迟迟无法进入状态，更让她担忧的是，因为无法进入状态，她整个人的状态不是很好，感觉天快要塌下来一样，整天浑浑噩噩、多愁善感的。妈妈看到小

第八章
学习不能耽误，不想听也得说

敏的状态，很是担心。看到小敏的化学成绩后，妈妈知道了小敏为何出现这样的状态。周末的时候，妈妈没让小敏学习，而是带着她去逛街、去游玩，让小敏放松心情。期间妈妈开解小敏说："我们小敏是妈妈眼中最优秀的女孩，特别是在学习上，从来不让妈妈操心，从小到大都做得那么好，每次去学校，其他学生家长别提有多羡慕妈妈了。"

听了妈妈的话，小敏的眼圈有些泛红，心中却是甜丝丝的，但转念一想自己现在遇到的困境，心里不由得又是一慌。

这时妈妈继续说道："妈妈知道小敏非常努力了，即使有个别课程暂时学不好，也是正常的，许多未知的东西需要去探索才能享受其中的快乐，就比如化学这门课程，是非常有意思的一门课程，如果你将它当成一种乐趣而非压力，妈妈相信你能够很好地解决这个问题。你这么聪明这么用功，只要把问题想清楚了，困难自然就不在话下了。"

听了妈妈的话，小敏若有所思："妈妈说得对，是我把问题想得太复杂了。不就是一门新开的课程嘛，我不了解，其他同学也同样是第一次学啊，有什么好怕的呢？以前数学、语文、英语、物理……那么多课我都学得挺好的，没有道理学不好化学。"

想到这些，小敏微笑地对妈妈说道："谢谢妈妈，我知道该怎么做了。成绩的好与坏只是暂时的，只要我努力把知识学好，获得好成绩自然是水到渠成的事情，之前我已经成功过很多次了。我觉得我能够战胜眼前的困难。"

看着自信满满的女儿，妈妈笑着说："我女儿是最棒的。"

不断增设的课程，一次次考验着孩子们的适应能力，而处在青春期的孩子很容易在学习的过程中出现情绪化波动，影响学习的情绪和信心。作为父母，要设身处地理解孩子面临的困难，不能一味地说教、压迫孩子，要帮他们想想解决问题的办法，通过引导让孩子走出误区，对学习充满信心。

遗憾的是，并不是所有的父母都明白这个道理，他们只会一味地加压，不能理解孩子心中的痛苦，只要孩子成绩出现波动，就认为孩子没有下功夫学习。

小亮感觉心中压着一块大石头，对于几何这门课，他真的已经很努力地在学习了，但是那些图形形状怎么也无法在他的头脑中形成一个具象的概念，各种辅助线也让他眼花缭乱。一直都是好学生的小亮心中难受极了。周末的时候，小亮写完作业后在电视机前看了会儿足球，妈妈没有好脸色地过来说："还有脸看电视？你看看你那张几何卷子考的，就是闭着眼睛答卷也能考你那几分，有时间不懂得多看看书，就知道看电视！"

本来小亮心中已经很难受了，让妈妈这么一说，他心里更难受了，他感觉自己已无颜面生存在这个世上了，他仿佛对不起这世间的所有人，谁都有理由来指责自己，只因为自己没学好几何。

相信还有很多孩子都面临着小亮这样的困境，他们真的想要学好，但是各种因素导致他们暂时无法取得理想的学习效果，这对青春期的孩子信心的打击是很有杀伤力的。作为父母,在孩子学习的关键时期要循序渐进地引导孩子,给予恰当的鼓励和肯定,不要急于求成,以避免造成反作用。

2. 寓教于乐,让孩子在玩中学

孔子曾经说过"知之者不如好之者,好之者不如乐之者",这句话阐明了兴趣的重要性。在学习过程中,孩子只有对所学的知识感兴趣,才会自主探索,进而有更大的进步。有一部分孩子进入青春期以后,随着学科的增多,渐渐感到力不从心,于是表现出想要放弃的状态,这时,作为家长就要及时帮助孩子,找到他们的兴趣所在,使其学习不掉队。

上中学以后,课程增加了好多,娇娇一时间有些不适应,所以对学习产生了厌烦的情绪。尤其是化学这门课程,更让她一个脑袋两个大。她觉得化学知识本就很抽象,还在不停地变化、反应,实在是太难学了。于是努力了一段时间后,娇娇便想要放弃了。有了这样的心态,成绩自然很难提高,每次考试都是让人大跌眼镜的分数。妈妈心想:这可不成,一门课程学不好就会影响整体成绩,将来还怎么升学呢？必须想办法培养她对化学的兴趣才行。

  周末的时候，妈妈带着娇娇在家里打扫卫生，厨房的灶台上有很多油渍，妈妈刻意让娇娇去清理灶台。那些油渍沉积了很久，已经干了，娇娇拿湿抹布擦了许久也擦不下去，这时候妈妈过来说："来看老妈给你变个魔术吧。"

  只见妈妈拿洗涤灵、啤酒、肥皂等混合了一种液体，将这种液体喷到沾满油渍的墙上，娇娇拿抹布轻轻一擦，墙壁就干净如初了。娇娇感觉很神奇，也佩服妈妈懂得多。

  妈妈说："其实这就是化学反应。你学化学，学得越多，就知道面对不同的污渍该用什么样的溶液来溶解它了。化学真的很神奇，一定要好好学啊。"

  妈妈还结合书本告诉娇娇化学课上学到的其他化学知识在生活中的应用，让本来抽象枯燥的化学反应具象化，使娇娇提升了对化学的学习兴趣。

  当孩子不愿学习的时候，家长就要努力去启发他们的兴趣，这样孩子才愿意做更多的尝试。如果家长硬逼着他们去学，必会招来孩子的强烈反抗，他们的厌学情绪会越来越严重。

  青春期的孩子更喜欢干一些自己喜欢的事情，当家长找不到教育他们的好方法时，不妨从他们的爱好入手。很多时候，家长可以寓教于乐，让他们在玩中学习，这样孩子更容易接受。

  扬扬进入青春期以后，性格变化特别明显，对学习的兴趣急剧下滑，对爸爸妈妈的态度也变得十分淡漠。妈妈跟他说话时，他总是一副厌烦的表情，还时不时地表现出"话不

第八章
学习不能耽误，不想听也得说

投机半句多"的态度。就连妈妈的问话，他也总是懒洋洋地回复一两个字。为了让他好好学习，妈妈曾小心翼翼地做了很多谈话的尝试，但是都收效甚微。

为了让他再次对学习产生兴趣，妈妈决定从他的兴趣入手与他沟通。妈妈发现扬扬最感兴趣的是游戏，每次谈到游戏，他都有着非常高的兴致。于是妈妈对扬扬说："儿子，你看这样行吗？如果你不想我阻止你玩游戏，我就陪你玩，但是每次玩完之后，咱俩每人写一篇游戏心得，然后让爸爸点评，如果你写得好，以后还可以玩，如果我写得好，你就得一个星期不能玩游戏。"

扬扬考虑了一会儿，觉得与其每天因为玩游戏跟妈妈闹得不愉快，还不如接受这个条件呢，至少还有玩的希望。于是就答应了妈妈的条件。为了能够赢得下次玩的机会，语文一向不好的扬扬努力学习写心得，有时候为了能够出彩，他还查词典，看作文书。慢慢地，扬扬的写作能力提高了不少，在学校得到语文老师的夸奖后，扬扬很高兴，渐渐对学习又产生了兴趣。

看到扬扬一点一滴的变化，妈妈很高兴，她自己也想不到竟然用这样的方法让扬扬喜欢上了写作，喜欢上了学习。

所以，家长在教育孩子时，不能一味地墨守成规，对他们进行说教，对于青春期的孩子来说，这样会适得其反。如果家长能够引导他对某一类知识的兴趣，帮助他们建立学习的意愿，同时对他的强项和特长给予认可，他就会获得自信心，品尝到学习的乐趣了。

3. 学习是为了什么，该说的还是要说

很多孩子在小的时候，每当大人问："你将来想做什么呀？"这时，孩子就会兴高采烈地回答"科学家""警察""老师""飞行员"……每个孩子都有自己的梦想。然而孩子上学以后，每天上课听讲，回家写作业，周末、假期上辅导班，很少再有人问他们学习为了什么，孩子也慢慢淡忘了自己的梦想。就这样，孩子越来越盲目，以至于进入青春期以后，会在各种外在因素的影响下渐渐对学习失去了兴趣，因为他们不知道自己为什么要承受学习的压力和苦闷。面对一时迷失的孩子，家长应该帮助他搭建欲望系统，欲望是学习和成长的动力。树立自己的理想，并提醒其为之努力。

欣欣刚上小学时，立志要考清华大学，所以学习格外努力。在学习的问题上，妈妈对她非常支持，经常给她加油打气。

升入中学以后，课程一下子多了很多，欣欣一时间有些消化不了，感觉学习越来越吃力。为了不让她掉队，并且保持过去的成绩，妈妈开始帮她报各种补习班，只要哪

第八章
学习不能耽误，不想听也得说

一门功课成绩不理想，立刻就在课外进行补习。所以欣欣的生活变得异常忙碌，往往是这个补习班结束就要到那个补习班去。渐渐地，她忘记了自己最初的梦想，只感到身上的压力巨大。

上学、补课、兴趣班几乎瓜分了欣欣吃饭、睡觉之外的所有时间，她越来越苦恼，越来越压抑，开始变得烦躁不安。看着她厌学情绪越来越严重，妈妈生怕她出什么问题，于是渐渐退掉了一些补课班，可从那以后，欣欣再也不想学习了，甚至不愿意听妈妈说关于学习的事情。

然而学习不能耽误，即使欣欣不愿听，妈妈还是得说。妈妈只要有机会就找欣欣谈心，聊以后的生活、工作，聊她的梦想。经过一段时间的调整以及妈妈的耐心开导，欣欣好转了很多。于是妈妈帮助她树立了新的学习目标，有了目标之后，欣欣又变得生机勃勃，对未来充满了信心。

家长在关注孩子学习的时候，也要关心孩子的内心，了解他们的理想是什么，他们是不是知道为什么而学，这样可以有效避免孩子在学的过程中迷失方向。心中有理想对于孩子来说非常重要。一旦孩子认识到自己未来想成为什么样的人，就会从内心激发出无穷的动力去努力实现自己的目标。所以，家长必须让孩子知道学习是为了什么，只有他们心中有了坚定的理想，学习动力才会提高。

亮亮的爸爸妈妈是普通的上班族，家庭经济并不宽裕，以至于亮亮从小就对自己的生活状态不满意。妈妈常常教育他用知识改变命运，争取自己想要的生活。亮亮也深知学习对于自己的重要性。然而进入青春期以后，亮亮似乎忘记了学习的初衷，一度痴迷游戏，放纵自己，将学习抛到九霄云外。这让爸爸妈妈既着急又伤心。

一次，亮亮逃课去上网，妈妈知道后，心中蓄积已久的情绪终于爆发了。她哭着跟亮亮进行了长谈，从生活聊到人生意义，亮亮深刻地认识到自己放任自我的错误。看着伤心不已的妈妈，他也意识到爸爸妈妈努力让自己上学是为了什么，于是心中不禁涌起一阵愧疚之感。

从那天以后，亮亮发誓要好好学习，奋起追赶。这个过程是相当艰苦的。很多次，他一想起游戏，想起不学习的自由，就想要放弃，可爸爸妈妈却时刻提醒他学习是为了什么，这让他重新找到了动力。后来，在他坚持不懈的努力下，学习成绩缓缓提升了，亮亮看到了学习的希望，于是变得更加努力了。

作为父母，不能代替孩子去学习，但是可以给他们精神鼓舞，尽管有时候孩子会嫌父母唠叨，嫌父母烦，但必要的提醒还是要有的。这样孩子才能始终保持警醒，在青春期不迷失。

第八章
学习不能耽误,不想听也得说

4. 用迂回战术谈学习问题

随着孩子年级的升高,孩子也逐渐进入了青春期。这时,学习繁重,压力大,孩子性格变化大,一部分孩子开始对学习产生了疑惑,不知道为什么学习,也不知道学习有什么用处,于是渐渐开始厌学。

因为孩子的自我意识开始变得强烈,不太容易接受不同于自己的意见,尤其是学习问题,更让他们烦躁不已。这时,探讨学习问题就成了家长与孩子不敢面对又不得不面对的问题。那么怎样跟孩子强调学习问题又不引起他们的反感就成了家长冥思苦想的新问题。

初二那年,胡强觉得上学太没意思了,他认为,与其多少年寒窗苦读,去跟几百万人、几千万人争抢名牌大学,不如早早地步入社会,在摸爬滚打中学习积累经验,最后也能功成名就。当他把自己想要放弃学业的想法告诉爸爸以后,爸爸虽说怒火中烧,却压制住没有表现出来。他用平静的语调问胡强:"你现在不上学打算要干什么?只要你的计划可行,我就同意让你去做。"胡强原本以为爸爸听了会暴跳如雷,这样的结果是他没想到的。他回答:"总有能适合我干的事情吧。"

"好吧，既然你这样说，我就给你两个周末的时间去找工作，如果你能找到适合自己干的事情，爸爸就同意你的决定。"

第一个周末，爸爸带着胡强跑了很多个地方。他们到金融公司去，那里到处是IT精英，看见大家熟练地操作着电脑，回复着英文邮件，说着他听也听不懂的话，胡强露出了羞愧之色；他们来到律师事务所，听着大家流利的口才，看见大家满腹才华自信的样子，胡强胆怯得话都不敢多说一句；他们又来到医院，胡强连药的名字也不认识，更别说像医生一样治病救人了……他们去了好多地方，可没有一个是胡强能干的。

第二个周六，爸爸带胡强来了洗车店，胡强觉得这个自己能干，于是请求老板让自己干一干。整个上午，胡强洗了四辆车，一点休息的时间都没有，中午回家吃饭时累得腰都直不起来了，胡强打了退堂鼓，下午没有去。后来，胡强又想去做业务员，觉得那个工作轻松，还自由，可当他吃了无数闭门羹、遭了数不清的白眼时，就不想再继续了。第二天周日，爸爸带他去了一个房地产公司，整整一天，他一直对客户点头微笑，礼貌接待，却没有卖出去一套房子，他彻底灰心了。晚上，他跟爸爸说："我以后会好好学习的。"爸爸没说什么，他知道胡强以后一定能用心学习。

在对胡强的教育中，爸爸一句关于学习的话都没有说，却起到了比之强一百倍的效果。这就是迂回战术。然而有些父母并没有这样的理念，他们崇尚棍棒教育，根本不尊重孩子，结果闹得不可开交。

第八章
学习不能耽误，不想听也得说

进入青春期的李牧对学习失去了兴趣，他回家跟爸爸妈妈商量想要辍学打工，妈妈耐心地劝说他："儿子，你现在年纪还小，应该以学业为重，以后打工有的是机会。"还没等妈妈说完，一旁的爸爸就着急了："你个小兔崽子，一天不想着好好学习，想干什么？你给我辍学一个看看！"

"我就是不想上了，一点也学不进去了。"李牧说道。

"学不进去也得学，你坐也得给我去学校坐着。"

这时，李牧的脾气也上来了，大声说道："我就不去坐了。"

"嘿，我还管不了你了是不？"爸爸说完重重地踢了李牧一脚。

李牧很不服气地怒视着爸爸，喘着粗气，一句话也没有说。

"你再瞪我？又想挨揍了是不？"爸爸说着又想上前，结果被妈妈拉住了。李牧夺门而去，妈妈紧追慢赶也没有追上。

爸爸妈妈本以为李牧冷静一下自己会回来，可等到晚上十点多，还不见李牧踪影，爸爸妈妈有点儿着急了，赶紧出门去寻找。当在公园的长椅上看到因寒冷而蜷缩的李牧时，爸爸心中五味杂陈，怒孩子的负气出走，悔自己的一时情急，愁孩子的前途渺茫。看到爸爸妈妈，李牧也没有说话，默默地跟着回了家，之后的几天里，李牧始终没有跟爸爸说一句话，也没有心思好好学习。

对于青春期的孩子来说，学习是一个敏感的话题。说多了，他们会厌烦；说少了，又怕耽误他们的学业。所以，在学习这个问题上，家长应该学习一些与孩子沟通的技巧，多表扬鼓励，少指责打骂，这样才不会影响亲子关系，才不会让孩子仇视家长。

5. 施压如果有用，要老师干什么

在孩子的学习教育上，不同的家长持有的态度千差万别。有的父母注重孩子身心健康，认为孩子快乐学习很重要，于是放任孩子，期望孩子自主学习；有的父母注重学校教育，认为只要把老师讲解的知识理解透彻，就不用再费力气去学其他东西；还有的父母重视压力教育，认为只有孩子身上的压力足够大，他们才会有学习的动力，才能学好，于是不停地给孩子施压，希望他们学得越来越好。事实上，在孩子的学习过程中，老师的作用是不容忽视的，家长应该配合老师的教育。

老师是经过专业学习的教育人才，懂得如何讲解知识点孩子们容易理解和接受，也明白哪些知识点是最重要的，所以认真听讲对于孩子的学习至关重要。在课堂的学习效果远比课后努力几倍重要。家长应该明白这一点，从而教育和引导孩子专心在课堂听讲。

小丽是一个是学习非常努力的孩子，每天放学回到家，她就开始写作业、复习，周末还主动参加各种补课班，可以

第八章
学习不能耽误，不想听也得说

说身上的学习压力非常大。尽管她舍不得浪费一点时间，每天勤勤恳恳学习，可成绩就是难以提高。后来，小丽的爸爸妈妈找到老师，希望多了解一点小丽的情况，老师向他们反映，小丽上课总是无法集中注意力，有时候听着课会发呆，有时候还做小动作，学习效率非常低。老师几次与小丽谈心，可她始终无法改正这个坏习惯。

晚上，爸爸妈妈找小丽谈心，了解到小丽难以集中注意力的原因可能是学习压力太大的缘故，于是给她退掉了补课班的课程。另外，他们告诉小丽专心听老师讲课是最高效的学习方法，比课后多学几倍时间都要有效，因为老师会启发学生开动脑筋、发散思维，这是课后自主学习所欠缺的。

从那天以后，为了督促小丽认真听课，爸爸妈妈总是会问"今天老师讲了什么内容""这个知识点老师是怎样讲的"……慢慢地，小丽集中注意力听讲的时间越来越长，学习效率也提升了，成绩自然也跟着提高了，就连她自己都不得不说："认真听课的确有事半功倍的效果。"

在教育孩子学习的时候，一定要注重老师的作用，引导孩子尊重老师、相信老师，养成认真听讲的好习惯，这样才是正确的学习之道。磨刀不误砍柴工，学习成绩的优劣不是由时间和压力来决定的，效率才是关键。因此，家长不要妄图施压给孩子，让他们考出成绩，如果这样真的可取，那国家培养教师的意义何在呢？

6. 不要比，每个孩子都独一无二

我们大部分人似乎都有一个习惯，不是拿自己的孩子跟别人家的孩子比较，就是让他跟兄弟姐妹比较，经常说"你看看隔壁家的孩子考得多么好""你哥哥小时候可比你乖多了"之类的话，其实家长的本意是让孩子变得更好，殊不知这些话落在孩子的心中，却是对他们的否定。他们会认为家长不爱他们，觉得自己特别差，各个方面都不如别人。他们可能会想努力去做好，但是在不停的否定中，他们的自信和自尊被一点点消磨掉，感觉自己无论怎样努力，始终都会无法超越其他人，无法得到父母的肯定，从而逐渐产生自卑心理，严重时会产生破罐子破摔的想法，放任自己。家长拿自己的孩子和其他人比较，这种做法对孩子来说是一种莫大的伤害。

小志是一个刚上中学的男孩子。十几岁的年龄，本该是阳光快乐的，可他却整天一副无精打采的样子，对什么都提不起兴趣。生活中，小志对自己没有一点信心，甚至还非常自卑。他之所以会变成这样，跟他的爸爸妈妈有很大的关系。

第八章
学习不能耽误，不想听也得说

小志的爸爸妈妈都是追求完美的人。他们对小志的要求非常高，总是希望他能做得好一点，再好一点。为了实现这个目的，他们经常拿小志和其他人比较，希望小志可以向更优秀的人看齐。当小志考了全班第一时，他们会说"你看王阿姨家儿子，人家每年都是年级第一名"；当小志拿到全市绘画比赛优秀奖时，爸爸妈妈会说"这有什么好夸耀的，人家李叔叔女儿拿到的可是省级绘画比赛优胜奖"……他们以为这样会激发小志的斗志，从而更加发奋努力，事实上却伤害了孩子的自信和自尊，一次次地打击着他的积极性。后来，小志干脆不努力了，因为他知道，在爸爸妈妈眼中，他永远都有一个超越不了的人。即使他再努力，也始终无法得到爸爸妈妈的肯定。既然这样，那他又何必去努力呢？

看到小志一副不求上进的样子，爸爸妈妈更是气不打一处来，终日在小志耳边说着"你看看……""你看看……"，后来小志终于爆发了，他大声怒吼着："我能不能只做自己，谁也不看？我做自己不行吗？"说完，夺门而去，只留下爸爸妈妈站在那里，一脸错愕。

每个孩子都是独一无二的，没有谁愿意承认自己比别人差。青春期的孩子尤其希望得到家长的肯定，希望在家长的评价中寻找自我。当家长经常去打击孩子时，他们很容易陷入自我否定的情绪中，从而形成自卑感，甚至是严重的心理疾病。

父母通过与其他孩子对比，按"同一"的标准去教育孩子时，实际上是在否定孩子的独特性，降低孩子的自我价值感。

张文和李亮是一对儿要好的朋友,两个人都很优秀。虽然在学习成绩上张文不如李亮,但是在艺术方面,张文却是李亮所不及的。所以两个人在一起很和谐,经常互补长短,形影不离。

然而慢慢地,张文开始疏远李亮,甚至有时还跟别人说李亮的不是。这让李亮百思不得其解。其实,造成这段关系疏离的不是别人,而是非常喜欢李亮的张文的爸爸妈妈。张文的爸爸妈妈非常喜欢李亮,经常当着张文的面大夸李亮。每次写作业、考试,爸爸妈妈都会把李亮拿过来和张文比较,以至于张文每次跟李亮走在一起时都有低人一等的感觉。于是张文渐渐对李亮心生不满,甚至有些仇视,一段很好的友谊就这样在比较中结束了。

原本张文和李亮是可以互相督促进步的,结果张文父母的比较斩断了二人的关系,影响了孩子的良好发展。每个孩子都渴望得到父母的爱。父母要及时发现孩子的进步和优点,肯定孩子的一点点进步。成功和进步给孩子带来的激励和信心是巨大的,甚至有可能改变孩子的一生。父母要让孩子明白他们始终是安全的、被爱的!